ALCATEL ALSTHOM

Histoire de la
Compagnie Générale d'Électricité

Distributeur exclusif au Canada : les éditions Française Inc.

I.S.B.N. 2-03-523230-9

ALCATEL ALSTHOM

Histoire de la
Compagnie Générale d'Électricité

Larousse

Conception
et Direction éditoriale
Jacques Marseille

Coordination
Michel Guillemot

Rédaction des textes
Recherche iconographique
PUBLIC HISTOIRE
direction-rédaction
Félix Torres
recherche et analyse historiques
Albert Broder
Fabienne Gambrelle
histoire technique
André Gambrelle
histoire générale
Patrick Eveno
recherche iconographique
Fabienne Gambrelle
Marie-Lise Sabrié

Conception graphique
Composition
Photogravure
Editimes

Service de correction-révision Larousse

Fabrication
Jacques Suhubiette

Une aventure industrielle

En 1992, au moment où Alcatel Alsthom engrange les contrats, multiplie les succès, le public découvre enfin le visage de l'un des plus grands acteurs de la scène industrielle mondiale, présent dans les domaines majeurs que sont les systèmes de communication, l'énergie et les transports. Ayant changé littéralement d'échelle en moins de dix années, le groupe semble bien aborder un tournant majeur de son histoire.

Une histoire opiniâtre qui s'ancre en fait dans la longue durée d'une aventure industrielle réussie. C'est le 21 mai 1898 qu'un jeune ingénieur âgé de trente-trois ans, Pierre Azaria, fonde la Compagnie Générale d'Électricité avec pour ambition de rivaliser avec les « géants » que sont alors A.E.G., Siemens ou General Electric. De l'ambition, il en fallait en effet à une époque où Allemands et Américains avaient acquis une telle avance industrielle et commerciale qu'ils exerçaient un quasi-duopole mondial.

Contrairement à l'Allemagne et aux États-Unis, la France souffrait en effet d'être un pays « ancien ». Un pays où le gaz occupait de solides positions et où le marché intérieur était trop étroit pour favoriser des entreprises de grande taille. Un pays où la faible croissance urbaine ne stimulait pas la construction de lignes de tramway et où les capitaux ne se portaient guère vers les affaires naissantes. Un pays aussi où l'opinion manifestait quelque inquiétude devant la vie nouvelle que promettait la « Fée électricité ». « Eh bien, oui! écrivait alors un journaliste, toute cette explosion de science mène droit à l'écrasement de ce qui était la vie normale de l'homme. L'homme à venir aura plus de confort et moins de joie, plus de luxe et moins de bonheur. L'électricité, qui décuple la vie, lui enlève aussi de son charme. On n'a plus, dans l'existence que nous feront les savants, le temps de savourer les mets, de causer, de vivre, de faire halte. Les vieux domestiques fidèles et classiques, mourant dans la maison qui était un peu la leur, deviennent rares : ils n'ont même plus de raison d'exister : un bouton les remplacera. »

En 1913, quinze années après la naissance de la CGE, la consommation de matériel électrique n'atteignait que 4 750 francs par habitant, contre 15 000 en Grande-Bretagne et 16 750 en Allemagne.

Mais, de l'audace, Pierre Azaria n'en manquait pas. Peu connu, il fait pourtant partie de ces « aventuriers » qui ont écrit l'histoire industrielle de la France. Ni héritier ni grand commis de l'État, né orphelin en décembre 1865, au Caire, d'un père négociant, reçu dans un rang moyen à l'École centrale, réussissant mieux dans les projets individuels que dans les disciplines rigides, il montre dès son plus jeune âge des qualités exceptionnelles d'entrepreneur.

En 1888, à l'âge de 23 ans, il entre à la Société Normande d'Électricité, une société financièrement fragile, qu'il redresse de manière spectaculaire. En 1890, il met en service dans son usine la première batterie d'accumulateurs importante installée en France. En 1892, 4 100 lampes étaient installées chez les abonnés ; elles sont 80 000 en 1899. Au nombre de kilowatts vendus annuellement par nombre d'habitants, la station de Rouen est au premier rang de toutes les usines de production électrique en France à cette époque.

C'est là que le fondateur de la Compagnie Générale d'Électricité fait ses premières armes et tisse les relations qu'il rassemblera ensuite autour de la CGE, les banquiers Nemours et Charles Herbault et le Suisse Walter Boveri, l'un des principaux « électriciens » de l'époque.

Ces liens mettent surtout en évidence la triple partition que Pierre Azaria orchestrera à la tête de la CGE pendant près de quarante ans : profiter du retard de l'électrification urbaine pour constituer, dans les villes moyennes à fort potentiel d'expansion, un réseau de stations centrales de production d'électricité ; assurer ainsi un débouché pour les activités industrielles dont dispose la Compagnie, les câbles, les lampes, les isolants et les accumulateurs ; harmoniser la marche de l'ensemble en adoptant dès l'origine et de façon étonnante une gestion décentralisée, le comité de direction déterminant la politique générale mais n'intervenant pas dans la vie quotidienne des entreprises qui composent le groupe. Au tournant des années 1930, quand la grande crise mondiale s'installe en France, cette partition a permis à la Compagnie Générale d'Électricité de se hisser au rang de groupe industriel majeur. À cette date, elle emploie plus de 20 000 personnes et rassemble une cinquantaine de sociétés, dont les Câbles de Lyon, Tudor, la Manufacture Industrielle d'Objets Moulés, les Ateliers de Constructions Électriques de Delle, SAFT, les Accumulateurs Fulmen, la Société Industrielle des Téléphones, la Compagnie Générale d'Entreprises Électriques, le Joint Français... Le chiffre d'affaires, qui s'élevait à 16 millions de francs-or en 1914, est passé à près de 240 millions de francs-or en 1930, une multiplication par 15, alors que, dans le même temps, le volume de la production intérieure brute en France a été multiplié par 2. Diversification, prudence financière, méthode de gestion, choix industriels avisés : autant de qualités qui permettent à la Compagnie de traverser sans grand dommage la période particulièrement chahutée qui voit se succéder, en 15 ans, la dépression économique, la guerre, et la nationalisation du secteur de l'énergie en 1946.

Cette dernière ouvre en fait la voie à la réorganisation industrielle d'ensemble qui, au fil des ans, va dessiner les contours d'un groupe nouveau : un groupe qui mise sur l'excellence technologique et l'élargissement de ses horizons pour atteindre la taille internationale. Vulcanisation continue des câbles, voltablocs, répéteurs étanches, laser, TGV, commutation temporelle, Minitel : autant de victoires qui lui ont permis d'affronter sans complexe la bataille technologique et de gagner partout dans le monde des parts de marché. Autant de constance dans une politique de recherche et de développement qui absorbe aujourd'hui 9 % du chiffre d'affaires total mais qui classe Alcatel Alsthom au plus

haut rang mondial des entreprises « profitables ». Autant d'atouts qui lui ont permis de traverser sans écueil la dépression des années 1970, comme elle avait aussi surmonté sans trouble majeur celle des années 1930, et de verser chaque année, depuis sa création en 1898, un dividende à ses actionnaires, sauf en 1903 !
Rationalisant son outil industriel, chassant sans relâche les gains de productivité, maintenant comme à ses origines le principe de la décentralisation et de la responsabilité cher à son fondateur, la Compagnie Générale d'Électricité a su réaliser des coups de maître dont les observateurs la croyaient peu capable, digérer les filiales européennes d'ITT rachetées en 1987, fondre dans un même moule deux cultures différentes, tutoyer le « géant » américain ATT, réussir la privatisation et parvenir à une position de leader mondial sur ses métiers de base.
Une aventure exemplaire réalisée par des hommes qui ont su s'appuyer sur l'histoire pour construire l'avenir.

Jacques Marseille
professeur d'histoire économique à la Sorbonne

REMERCIEMENTS

Nous remercions tous ceux qui ont apporté leur témoignage, des documents, des photographies ainsi que leur concours lors de la réalisation de cet ouvrage :

MM. les présidents Pierre SUARD, Ambroise ROUX, Jean-Pierre BRUNET, Georges PEBEREAU.

Mmes Anne ARGERYOU, Yvette BERTRAND, Jacqueline BESSIS, Marielle BIENVENUE, Vanina de BOUVET, Suzanne CLAUSSE, Yolaine GALHIÉ, Marie-Claude GELCHE, Véronique GILBERT, Francine GIRIN, Brigitte GIROUX, Micheline GIVRY, Maryvonne HERVE, Claudie MAE, Catherine MARZIN, Christiane OLIVÉ, Béatrice PACOUD, Germaine de PEYERIMOFF, Chantal PONTAILLER, Marie-Laure ROULAND, Françoise SAMPERMANS, Céline SELLIER, Chantal SERFON, Karine TOURET, Alice VERGER, Agnès VERLEY.

MM. Ramaswami BADRINATH, Guy BAUDEU, Philippe BISSARA, Pascal BOULVARD, Pierre BOLLACHE, Pierre BONAFE, Hubert BOULANGER, René BOURDIN, Claude BOVIS, François BUDIN, Robert CAMUSET, Louis CARPENTIER, Dominique de CAUSANS, Paul CLAUDEL, Josef CORNU, Bernard COURBON, René CRESPEL, Guy DALLERY, Bernard DANTHEZ, Philippe DARGENTON, Louis DELATTRE, Robert DESCHAMPS, Jacques DILLARD, René DUBART, Bernard DUFOUR, Henri DUHAMEL, Gabriel DUREAU, René GAUCHAT, Georges GLASSER, Claude GOGUEL, Bernard GONDOIN, Michel GOSSOT, Jean GREGOIRE, Jacques HAMANN, Jacques HANCY, Jean-Pierre HARDOUIN, Raymond HONO, Gérard KELLER, François de LAAGE DE MEUX, Marius LARGUIER, André LECHUCHOIS, Louis LE SAGET, Paul LEGRAND, Bernard LEMARQ, André LIBOIS, Daniel LORANGE, Roger LUCAS, Claude MARCILHACY, Marcel-Henri MARTY, Bernard MATHONNIER, François MERLIN, René MIRIGUET, Gilbert MONTAGNIER, Max MURANO, Raymond PELLETIER, André PINET, Alain de PLACE, Christian PLUQUET, Georges POUILLEVET, Guy QUESNEL, Pascal RAMADIER, Jean-Paul REPAIN, Claude RICHARD, Jérôme RICHER, Jacques RONZE, Gilbert RUELLE, Jean-Claude SCHNEPP, Roger SCHULZ, Jean SILVERE, Roger STROOBANTS, François TALLEGAS, Philippe THOBIE, Jean-Paul TRAMBOUZE, Yves TRUELLE, Franck VAINGNEDROYE, Jacques VANDAMME, Renaat VAN MALDEREN, Jean VERHOLLE, François VIANEY, François VIARD, André WETTSTEIN, Francis WILLIEME.

SOMMAIRE

DE LA NAISSANCE À L'ÉPANOUISSEMENT D'UN GROUPE INDUSTRIEL 1898-1932

LA BELLE ÉPOQUE 1898-1914

Au commencement du XXe siècle était l'Europe. Et l'Europe était le monde. La Belle Époque représente l'apogée, après un siècle de révolution industrielle et d'expansion économique, de la domination des Européens sur le monde. Les quatre grandes puissances économiques, Royaume-Uni, Allemagne, France, États-Unis, sont européennes ou peuplées d'une majorité d'Européens. L'Europe produit 40 % de la richesse mondiale et fournit 60 % des exportations. Les grandes puissances financières, Grande-Bretagne et France, assurent les deux tiers des investissements internationaux. En dépit de l'émigration outre-mer, plus du quart de la population mondiale réside sur le vieux continent. Riche et peuplée, l'Europe contrôle le monde, par ses armées puissantes, ses flottes modernes et ses vastes empires coloniaux. Figurent encore au premier rang la France et l'Angleterre, auxquelles il faut ajouter l'Allemagne, dotée d'une redoutable armée. Missionnaires, militaires, explorateurs et commerçants accroissent chaque jour l'emprise européenne sur le monde. Dominante certes, mais aussi rayonnante, l'Europe innove. Ses savants, Albert Einstein ou Marie Curie, ses inventeurs, les frères Lumière ou Rudolf Diesel, ses ingénieurs, Gustave Eiffel ou Gottlieb Daimler, ses industriels, Louis Renault ou Ernest Solvay, mettent en place, conjointement avec les Américains, les techniques du XXe siècle. Car l'Europe et l'Amérique du Nord connaissent une ère de croissance de la production, liée aux nouvelles techniques et aux nouvelles énergies, et de consommation de masse, due à l'augmentation des revenus et des loisirs. Aussi la Belle Époque semble-t-elle joyeuse et pleine d'allant. Plus que les *Folies-Bergère* ou les grands restaurants, les vases d'Émile Gallé ou le phénomène de l'Art nouveau représentent cette grâce et cette joie de vivre.

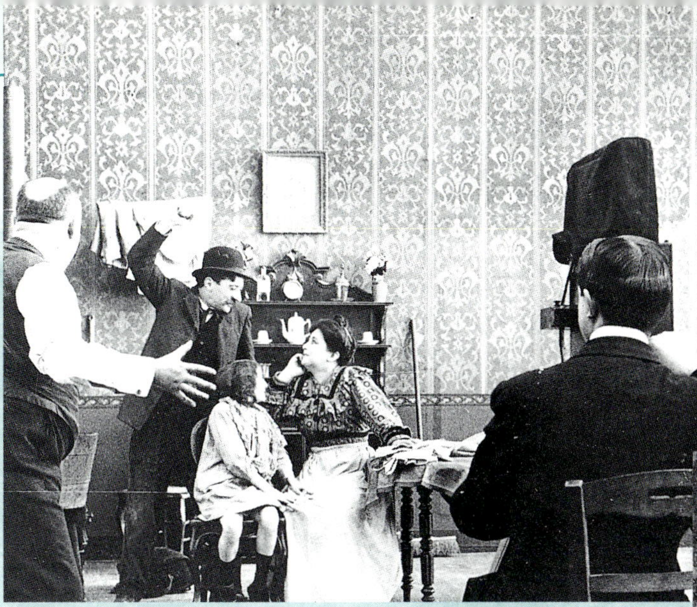

Les débuts du cinéma
(tournage en studio, 1913).

Sarajevo, 28 juin 1914 : l'archiduc
François-Ferdinand et sa femme,
une heure avant l'attentat.

Départ pour le front
des soldats allemands (1914).

L'Europe, cependant, affronte des concurrents redoutables. Les États-Unis d'Amérique deviennent, au tournant du siècle, la première économie mondiale. Puissance encore dissimulée par le repliement sur son continent et sur son marché intérieur, mais puissance en devenir, qui forge dans ses usines la suprématie des décennies futures. Frederick Taylor, avec l'aide d'Henry Ford, d'Andrew Carnegie et de bien d'autres, planifie autour des Grands Lacs l'organisation scientifique du travail. Pendant ce temps, le Japon en pleine expansion, encore au stade de l'imitation, conteste déjà la puissance européenne en Extrême-Orient. Ses divisions internes menacent plus l'Europe que les puissances étrangères.
Si les ouvriers et les paysans reçoivent quelques bénéfices de la croissance, les dissensions sociales restent fortes dans un monde où la bourgeoisie triomphe. Autre coupure majeure, géographique et économique, celle qui sépare une Europe du Nord-Ouest riche et industrielle, techniquement et socialement avancée, d'une Europe du Sud et de l'Est encore agricole et archaïque.

La division apparaît politique enfin, entre les démocraties libérales, Grande-Bretagne, France, Belgique ou Europe du Nord, et les empires de l'Est encore très autoritaires. Or ces empires, russe, austro-hongrois et turc, sont malades, ils deviennent le lieu de querelles qui dégénèrent, avec les rivalités commerciales et militaires, en un vaste affrontement meurtrier.

LES ANNÉES FOLLES 1914-1932

Née des divisions de l'Europe, la guerre, devenue mondiale, place l'Amérique en position d'arbitre international. Deux blocs s'affrontent : d'un côté les empires centraux, Allemagne et Autriche-Hongrie ; de l'autre une coalition hétéroclite composée du Royaume-Uni, de la République française et de l'Empire russe, que la crainte de l'expansionnisme prussien réunit.
Au cours de l'été 14, à la suite d'un conflit entre les Serbes et les Bosniaques, des millions d'Européens se lancent dans une guerre qui devait être « courte et joyeuse ». Cette dernière guerre à l'ancienne voit se succéder offensives et contre-offensives, mais la puissance de feu moderne oblige bientôt les combattants à s'enterrer.
De l'automne 14 jusqu'au printemps 18, l'Europe tout entière s'enlise dans une guerre totale.
La mobilisation des hommes ne suffit plus, il faut enrégimenter les esprits par la censure et la propagande, enrôler les économies pour ravitailler le front. Ingénieurs et industriels, ouvriers et capitalistes, stimulés par l'État, produisent toujours plus d'armes et de munitions, anciennes et nouvelles.
Dans cette course effrénée, les économies et les hommes s'épuisent.
La Russie s'effondre, secouée par une révolution qui marque le siècle.
Les Alliés, au bord de la rupture, ne doivent leur salut qu'à l'intervention des Américains qui, avec leur puissance économique, permettent la victoire des démocraties occidentales.
Des ruines de l'Europe, de ses habitants meurtris, naît la première tentative d'une paix juste et durable.

La paix : Versailles, 28 juin 1918.

L'Europe en guerre (1914-1918).

La Société des Nations en assemblée plénière, Genève, 1920.

Pourtant, de la Conférence de la paix ne sortent que des traités déjà caducs à peine signés et un frêle organisme, la Société des Nations, impuissante dès sa création. Car les grands empires du sud et de l'est de l'Europe éclatent en un puzzle d'États qui représentent autant de problèmes nationaux, et un coupable désigné, l'Allemagne, à qui l'on décide de faire payer les frais de cette guerre fratricide. Après une phase de réadaptation des économies à la paix, le monde des années 20 renoue avec la croissance de l'avant-guerre. Cependant, la fin de la convertibilité des monnaies, jointe à l'inflation issue de la guerre, perturbe les échanges mondiaux et le règlement des dettes européennes. L'Allemagne, qui ne peut payer ses dettes, voit sa monnaie s'effondrer en 1923. L'Europe affaiblie entre dans une phase de déclin qui rend plus brillante la puissance américaine. Toutefois, la prospérité demeure l'apanage des années folles. Les productions s'élèvent rapidement grâce surtout aux gains de productivité obtenus par la taylorisation. Le travail à la chaîne et la standardisation gagnent tous les pays développés, particulièrement dans les industries électriques et les constructions mécaniques. La concentration des entreprises et le management moderne, la distribution de masse jointe au crédit et à la publicité, font espérer une croissance sans fin. Les plaisirs de ces années s'affichent d'autant plus que les drames de la guerre restent proches.

L'heure du bain, 1927.

La société industrielle, déjà transformée par la guerre, en est bouleversée. Tandis que les femmes confirment lentement un début d'émancipation acquise pendant la guerre, les petits rentiers touchés par l'inflation disparaissent, cédant la place au monde des « cols blancs », alors que le monde ouvrier en pleine expansion vit encore dans des conditions très précaires. Les mutations rapides engendrées par la guerre puis le retour à la prospérité obligent le monde à observer une pause.

CHAPITRE 1

GENÈSE D'UN GROUPE
LA COMPAGNIE GÉNÉRALE D'ÉLECTRICITÉ 1898-1901

Au début de l'année 1898, Pierre Azaria, un jeune ingénieur centralien de 33 ans, désire élargir les horizons de la Société Normande d'Électricité qu'il dirige. Il entame alors une série de démarches pour constituer une entreprise plus grande et plus ambitieuse. Le 26 janvier 1898, il écrit à maître Lanquest, notaire à Paris, en le priant de « vouloir bien faire faire des recherches pour savoir si les dénominations suivantes sont prises ou si je pourrais éventuellement me les approprier : Compagnie Générale d'Électricité, Compagnie Générale d'Éclairage Électrique, Compagnie Générale d'Éclairage par l'Électricité, Compagnie Générale Industrielle ; c'est de beaucoup la première qui me conviendrait le mieux », précise-t-il...

Dans le même courrier, il sollicite le conseil de l'éminent juriste Lyon-Caen, afin que celui-ci étudie les conditions légales de dissolution de diverses sociétés déjà existantes et destinées à être intégrées dans la nouvelle. Le professeur répond quelques mois plus tard par une « savante et très complète consultation », qui constate que « les statuts des sociétés apportées autorisent les liquidateurs à accepter en paiement des actions de la Société cessionnaire ».
Fort de ces avis convergents, Pierre Azaria convoque une assemblée générale constitutive le 10 mai, qu'il fait précéder, au mois d'avril 1898, par une longue *Notice*, intitulée tout simplement « Compagnie Générale d'Électricité - Société Anonyme en formation, capital actions : 10 millions, capital obligations : 5 millions ». Conçue dans le but d'attirer actionnaires et souscripteurs, la *Notice* décrit les projets et perspectives d'avenir de la future société. Elle débute par un étonnant panorama de la situation générale de l'industrie électrique de l'époque, à l'étranger et en France. D'emblée, avant même sa naissance, la Compagnie Générale d'Électricité s'inscrit au cœur des enjeux mondiaux d'un secteur destiné à marquer le XXe siècle : celui de l'électricité.
« Les résultats financiers obtenus à l'étranger et en particulier en Allemagne, en Suisse, aux États-Unis par les sociétés d'électricité sont concluants : fondées il y a quelques années à peine, elles ont à l'heure actuelle atteint un développement considérable qui les place à la tête de la grande industrie.
Bornons-nous à citer, pour l'Allemagne seulement, la maison Siemens et Halske, l'Allegemeine Electricitäts Gesellschaft (AEG), la Société d'Électricité Schuckert et Cie, l'Union, la Société Hélios : les capitaux engagés dans ces cinq affaires atteignent le chiffre colossal de 400 millions de francs.

Réflecteur électrique de San Jose, Californie.

Fontaine lumineuse
(Exposition internationale, Paris, 1889).

Or, s'il s'est constitué en France, depuis très peu de temps d'ailleurs, de puissantes compagnies de traction électrique, rien de semblable n'a été fait en ce qui concerne l'éclairage et la fabrication de matériel électrique autre que les machines dynamos, tel que : fils de cuivre électrolytique, lampes à incandescence, accumulateurs électriques, crayons pour lampes à arc, etc. Nous avons même été tellement devancés que l'on compte les maisons qui, en France, ne sont pas tributaires de l'étranger ; la plupart de nos principaux constructeurs exploitent, en effet, des brevets ou des licences de maisons étrangères, allemandes et suisses pour la plupart.
Le moment semble des plus favorables pour sortir de cette torpeur à la veille de l'Exposition universelle (de 1900) et des grands travaux qu'elle suscite ou nécessite, et alors que les capitaux français commencent à rechercher les affaires industrielles »...
Ce véritable manifeste en faveur d'une industrie électrique nationale montre que la genèse et les premiers pas de la CGE s'insèrent étroitement dans les enjeux qui sont alors ceux de l'industrie électrique internationale.

Acte notarié de la fondation de la CGE.

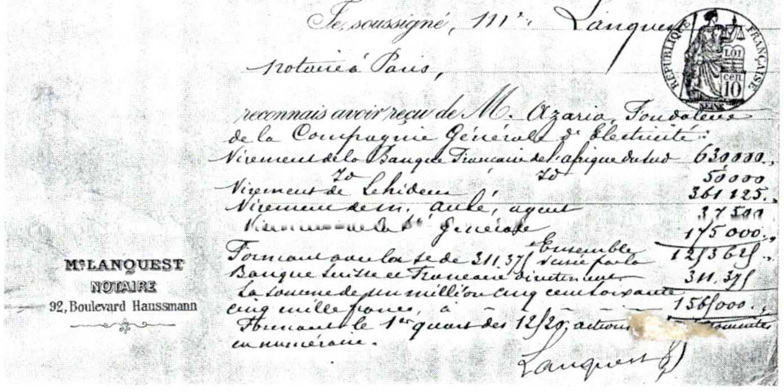

M

Paris, le 16 mai 1898

Je soussigné, Me Lanquest
notaire à Paris,
reconnais avoir reçu de M. Azaria, Fondateur
de la Compagnie Générale d'Electricité :

Me LANQUEST
NOTAIRE
92, Boulevard Haussmann

Virement de la Banque Française de l'Afrique du Sud	630000.
[illegible]	50000
Virement de [illegible]	361125.
Virement de M. [illegible]	37500
[illegible] Générale	175000.
Formant avec la somme de 311.375 versée par la Banque Suisse et Française [illegible] ensemble	1253625
	311.375
La somme de un million cinq cent soixante cinq mille francs, à	1565000.

[illegible] le 1er quart des 12520 actions [illegible] en numéraire.

Lanquest

Éclairage de l'escalier de l'Opéra de Paris, 1890.

Une conjoncture économique favorable, un milieu industriel difficile

La cartellisation de l'industrie électrotechnique mondiale

Dans la France du début du XXe siècle où les hauts fonctionnaires et les professions libérales occupent une place de premier ordre, créer une entreprise *ex nihilo* dénote une audace peu commune. Le contexte économique international est, quant à lui, des plus favorables. La croissance économique est vive ; les grandes innovations – chimie, électricité – ont un effet d'entraînement général sur l'économie qui décolle à l'aube de ce nouveau siècle. Pourtant, la nouvelle CGE apparaît tardivement au sein du marché de l'industrie électrique, déjà vieux de trente ans. Le marché mondial, mais aussi français, est dominé par plusieurs grands groupes industriels. Nés dans les années 1880, ceux-ci n'ont cessé de se développer jusqu'à la fin du siècle.

L'expansion urbaine et l'essor de l'électricité

L'électricité est sans doute le secteur le plus caractéristique de ce que l'on a appelé la « deuxième révolution industrielle ». Entre 1885 et 1895, la nouvelle énergie révolutionne les transports urbains avec l'électrification des tramways, grâce aux systèmes que mettent au point les sociétés Siemens et Sprague. Le métro électrique fait ainsi ses débuts à New York, à Berlin et à Hambourg. En Grande-Bretagne, l'américain Yerkès et General Electric prennent le contrôle des réseaux de transports londoniens et se préparent à les électrifier. En France, l'urgence de la grande Exposition internationale de 1889 permet de surmonter les conflits qui empêchent la mise en œuvre d'un tramway électrique et les projets de métropolitain dans la capitale.
Les transports urbains présentent des exigences techniques et financières bien plus contraignantes que celles du simple éclairage. Pour répondre à ces exigences, il faut accroître la puissance et la fiabilité des installations électriques, qu'il s'agisse des génératrices, des transformateurs ou des réseaux. Les années 1880 sont ainsi celles des mises au point essentielles : le transformateur de Gaulard imité par Ganz et Westinghouse date de 1882, le premier tramway à moteur Sprague circule commercialement en 1888. En 1885, Charles Desprez réalise le transport de courant continu de Creil à Paris sur une distance de 57 kilomètres et, en 1891, à Francfort, Brown transporte sur 171 kilomètres du courant triphasé à haut voltage. L'année suivante voit le dépôt des brevets Tesla (Westinghouse) et Dobrowolsky (AEG) sur le moteur polyphasé.

Le tramway à Nice vers 1900.

L'importance des installations nécessaires au transport urbain apporte une dimension nouvelle à la « fée électricité ». Autrefois instrument de luxe – dans les résidences de notables et les grands opéras – ou de prestige – pour les grandes voies urbaines et les grands magasins –, l'électricité est désormais distribuée en abondance. Son coût de production baisse et ses applications deviennent de plus en plus nombreuses.

La France et la Grande-Bretagne en perte de vitesse

Seules les grandes métropoles urbaines en expansion peuvent à l'époque investir dans la recherche de nouvelles techniques et la production de matériels à des conditions de prix, de délais et de fiabilité acceptables pour les usagers. Il faut une agglomération de plus de 100 000 personnes pour rentabiliser un système de tramways électriques. Un réseau de métro n'est quant à lui concevable qu'à partir d'un million d'habitants. Les États-Unis bénéficient d'une croissance urbaine rapide avec des métropoles comme New York et Chicago. L'empire allemand compte, en 1910, 7 villes de plus de 500 000 habitants (dont deux – Berlin et Francfort – dépassent le million). En France pourtant, seules Paris, Lyon et Marseille atteignent ce chiffre.
Tout comme sa voisine la Grande-Bretagne, qui ne compte que 5 villes de plus d'un demi-million d'habitants, la France connaît à la fin du XIXe siècle une faible croissance urbaine. Les villes françaises disposent d'un équipement urbain assez complet, même s'il est techniquement dépassé. Paris, Lyon, Marseille et Lille sont très bien éclairées au gaz et sont desservies par des réseaux d'omnibus hippomobiles. Ces derniers sont peu efficaces, mais jouissent de monopoles de longue durée qui constituent un frein à l'innovation.
La stagnation démographique et économique des métropoles françaises nuit à la création d'entreprises électriques puissantes et dynamiques. Le marché français n'offre pas le caractère porteur et stimulant caractéristique des marchés allemand et américain. Cela explique l'échec de la plupart des tentatives de création d'entreprises industrielles électrotechniques en France au cours des années 1880-1895.

L'allumoir électrique de M. Maigret.

Pose du câble télégraphique Berlin-Cologne, 1880.

Alors que les entrepreneurs français ou britanniques affrontent un contexte difficile, leurs confrères américains et allemands bénéficient de conditions économiques, techniques et financières exceptionnelles : les transports urbains existants n'empêchent pas l'innovation, les autorités sont bienveillantes et la demande ne cesse de croître. Les industriels américains ou allemands qui maîtrisent les nouvelles techniques vont exploiter cet environnement favorable. Les banques leur accordent sans réticence de larges appuis financiers. Outre-Atlantique et outre-Rhin, les banquiers participent directement à l'essor de l'industrie : ils siègent aux conseils d'administration des entreprises, leur assurent une trésorerie confortable et placent leurs émissions de titres.

Une impressionnante structure industrielle et financière se met en place. Des filiales de commercialisation à l'étranger et le concours d'ingénieurs et de techniciens de très haut niveau renforcent l'édifice. Ces professionnels, qui ont reçu une formation technique très poussée, deviennent aussi les cadres qui travaillent activement à l'expansion internationale. Marchés nationaux en expansion, industriels dynamiques bénéficiant de financements appropriés et de ressources humaines de qualité... À la fin du XIXe siècle, Allemands et Américains ont acquis une formidable avance industrielle et commerciale, qu'ils transforment en un quasi-duopole mondial.

La puissance allemande

En 1901, deux géants dominent l'électricité allemande : AEG, présidée par Walter Rathenau, (avec un capital équivalent à 75 millions de francs) et Siemens (67,5 millions de francs). Ils sont suivis par cinq autres grandes sociétés : Schuckert, Hélios, Kummer, Lahmeyer et Bergman. Le capital respectif des deux premiers représente plus de 20 fois celui de la Compagnie Générale d'Électricité à ses débuts... Malgré leur rivalité, AEG et Siemens tendent à se partager le marché plutôt qu'à faire jouer la concurrence.

Une restructuration majeure intervient au début du XXe siècle, provoquée par ce que les contemporains qualifient de « crise ». En fait, l'expansion rapide de l'industrie électrotechnique se traduit à la fin des années 1890 par de fortes tensions sur le marché. La construction des lignes de tramway et de l'éclairage public se ralentit, relançant ainsi la guerre des prix. L'apparition de concurrents dynamiques comme Schuckert et surtout Bergman vient aviver la situation. Ce mouvement à la baisse, sensible au niveau des bénéfices et des cours de la Bourse, est rapidement contrôlé « à l'allemande ». Les divers bailleurs de fonds, la Deutsche Bank en tête, activent divers pourparlers pour la création de cartels et imposent les fusions nécessaires.

Une réaction hostile de l'opinion fait pourtant échouer la fusion AEG-Schuckert, et cette der-

nière société, d'une taille considérable (son capital est de 62,5 millions de francs), intègre le groupe Siemens. Bergman, Lahmeyer, Felten et Guilleaume (premier producteur de câbles en Europe) entrent pour leur part au sein d'AEG qui a déjà absorbé, en 1897, l'Union (UEG), filiale du groupe Loewe et de General Electric.
Ainsi confortés sur le marché national, les deux groupes allemands peuvent poursuivre leur expansion à l'étranger, où ils disposent d'importantes filiales de production : en France – avec Siemens/Alsacienne – en Autriche-Hongrie, en Russie, en Italie, en Espagne et en Norvège. Ils ont aussi dans certains cas des participations, comme Siemens au Japon. Un véritable partage du monde des marchés consommateurs a lieu avec les États-Unis, les Allemands se réservant le sud de l'Amérique latine (Argentine, Brésil, Chili, Uruguay), l'Europe orientale et la Chine.
Les chiffres traduisent cette puissance et ce dynamisme. En 1913, l'industrie électrotechnique allemande fournit, en valeur, près du quart (23,5 %) de la production mondiale – plus du tiers (34,9 %) avec ses filiales –, et assure près de la moitié (48 %) des exportations mondiales...

Le dynamisme de l'industrie américaine

Plus puissante encore, l'industrie électrotechnique américaine réunit dès 1880 les trois premières entreprises mondiales par la taille : Edison, Thomson et Brush. L'ensemble représente un capital de 40 millions de dollars (216 millions de francs). En 1890, deux groupes, General Electric et Westinghouse, font leur apparition. Ils sont le résultat d'une série de fusions qui répondent à la logique d'un marché mondial en rapide expansion, et d'une technologie qui évolue très vite, exigeant d'importants capitaux.

Thomas Edison, 1889.

General Electric naît le premier en 1892 de la réunion des deux principaux producteurs : Thomson-Houston et Edison, eux-mêmes issus de nombreuses fusions et absorptions, parmi lesquelles celle de la société de moteurs électriques Sprague. La nouvelle société, créée pour tirer profit des opportunités qu'offre le marché, dispose d'un capital initial hors filiales de 34,5 millions de dollars (186,6 millions de francs) et fournit plus de la moitié du marché américain. Sa domination est particulièrement écrasante dans le domaine de l'éclairage où elle impose un cartel inégal à Westinghouse au sein de Mazda, des turbines avec Curtiss et des transports urbains grâce au brevet Sprague.

Le tramway électrique Siemens, Paris, 1890.

La Centrale Edison à Brooklyn, New York, 1890.

General Electric occupe en outre de puissantes positions mondiales. En Allemagne, nombre de brevets utilisés par AEG dans l'éclairage lui appartiennent et l'acquisition de sa filiale UEG par le groupe berlinois en fait le second actionnaire de celui-ci. En Grande-Bretagne comme en France, General Electric domine les marchés nationaux et coloniaux grâce à ses filiales British Thomson-Houston et la Compagnie Française Thomson-Houston. À l'image de son allié allemand AEG, General Electric possède une structure économique, financière et industrielle extrêmement moderne. La stratégie de la société consiste à interdire, dans la mesure du possible, l'accès du marché aux concurrents. Elle utilise pour cela son avance technique et le contrôle de ses clients, notamment des sociétés de distribution électrique.
Westinghouse n'a pas la même envergure et ne dispose pas d'appuis bancaires aussi puissants que son concurrent. Son fondateur, G. Westinghouse, assure contre vents et marées le contrôle effectif d'un groupe qui réalise, en 1892, 8,7 millions de dollars de chiffre d'affaires (8,7 millions de francs). Les points forts de la société résident dans la production de courant. Grâce aux brevets Tesla, Westinghouse dispose d'une avance incontestable et réussit de brillantes réalisations, comme la centrale hydraulique des chutes du Niagara. Mais son expansion, comme celle du lointain troisième, Allis Chalmers, se heurte aux positions acquises de General Electric. Les producteurs d'électricité américains, que General Electric contrôle directement ou indirectement, lui réservent leurs commandes.
Ne disposant que de moyens limités, Westinghouse est peu présent à l'étranger. La société possède trois filiales industrielles situées au Canada, en Grande-Bretagne et en France, ces deux dernières étant de faible importance, et des accords de brevets avec Siemens.
La faiblesse de la balance des paiements des États-Unis à cette époque, le rayonnement international modeste des banques new-yorkaises et la spécificité technique des matériels américains entraînent une internationalisation des groupes

américains. Cette internationalisation passe par la création de filiales européennes autonomes. Celles-ci sont constituées en association avec des capitaux locaux, et contrôlées par le moyen de participations acquises contre la cession de savoir-faire et de droits de brevets. La prééminence de la société mère est renforcée par l'obligation d'utiliser en priorité les nouveaux brevets venus des États-Unis.
Une industrie puissamment concentrée et étroitement cartellisée contrôle donc le marché mondial au début du XXe siècle. Du fait de l'importance des brevets, de l'indispensable fiabilité qui doit être celle des matériels électriques et du coût élevé de la maintenance sur des marchés lointains, l'espace apparaît fort limité pour toute industrie nationale qui n'entre pas dans la mouvance des « quatre grands » mondiaux que sont General Electric, Westinghouse, AEG et Siemens.

Appareils électriques américains.

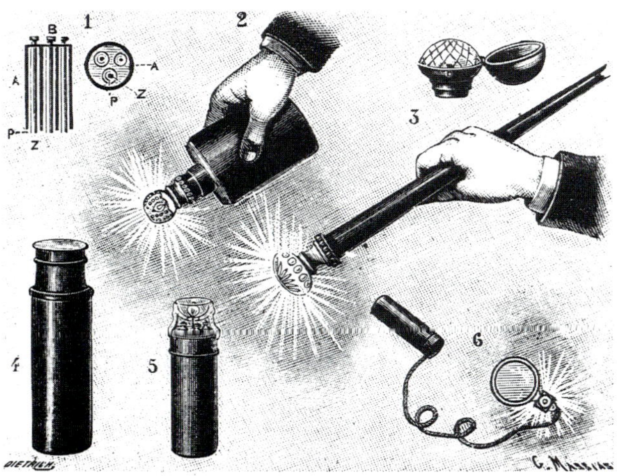

L'INDUSTRIE ÉLECTRIQUE, UN MARCHÉ CARTELLISÉ À HAUTE VALEUR AJOUTÉE

L'industrie électrique tire ses formes précocement multinationales d'un ensemble de faits essentiellement techniques. Progressant par multiplication des produits, l'industrie électrotechnique connaît une obsolescence accélérée de ses productions. Le savoir-faire nécessaire s'acquiert difficilement, sous la forme de brevets hautement protégés, et pour le gros matériel, les frais de transport et surtout l'après-vente (maintenance et pièces détachées) sont très élevés. Pour réussir, il faut donc relever un véritable défi technico-financier : la recherche et l'élaboration de produits nouveaux exigent des unités et des laboratoires puissants permettant le passage du modèle à la série. Ceux-ci ne peuvent être mis en place qu'à partir d'une production élevée assurant un chiffre d'affaires apte à assurer la recherche, l'amortissement rapide des installations et la rémunération d'un capital important...

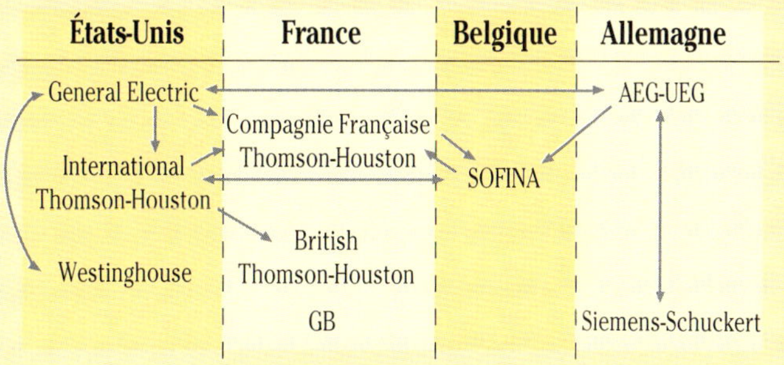

Entente internationale des courants forts au moment de la création de la CGE, 1901.

Au départ, seuls deux marchés nationaux sont capables de fournir les éléments d'un tel ensemble, l'Allemagne et le continent américain. La nécessité de regroupements s'impose très tôt avec, dès la fin du XIXe siècle, la présence de quatre géants, General Electric, Westinghouse, Siemens et AEG. Ceux-ci sont rapidement obligés de s'assurer des débouchés extérieurs et de nouer des accords de cartellisation réciproques. La logique interne propre à l'industrie électrique conduit ainsi à l'expansion multinationale des électriciens américains et allemands et à la cartellisation d'un marché à très haute valeur ajoutée. Ce phénomène rend difficile, dès le début du XXe siècle, la percée de nouveaux venus, dont la CGE fait partie.

TRAMWAYS ET MÉTROS À LA CONQUÊTE DE LA VILLE

Le tramway imaginé par F. Raffin, années 20.

Les embarras de Paris, célèbres depuis Boileau, s'amplifient avec le développement industriel et commercial et la croissance urbaine du XIXe siècle. Les responsables politiques et administratifs ainsi que les entreprises privées tentent alors d'organiser un réseau de transports cohérent et efficace. Les réseaux mis en place dès le milieu du siècle par les compagnies d'omnibus et tirés par des chevaux habituent les Parisiens aux transports en commun, aux horaires et aux itinéraires fixes, mais ils sont trop lents et trop encombrants et ne représentent pas une solution durable. Il faut attendre la mise au point de la motrice à moteur électrique par Siemens à partir de 1879 pour qu'apparaissent les transports urbains de l'avenir. Circulant sur des rails et puisant leur alimentation à des fils aériens, ou à un troisième rail, les nouvelles machines permettent d'équiper les villes avec la création de réseaux de tramways et de métros, ou par la transformation des tramways à chevaux et des métros à vapeur.

C'est aux États-Unis qu'est réalisé, par J.- F. Sprague, l'ensemble du système d'exploitation du tramway électrique, qui investit rapidement les agglomérations américaines dont les trois quart des tramways sont électrifiés à la fin du siècle. En Europe, l'électrification est très inégale ; rapide en Europe centrale, mais très en retard en France où le tramway électrique ne triomphe vraiment qu'à partir de 1900. Les derniers omnibus et tramways à chevaux circulent ainsi à Paris jusqu'en 1913 ! Le réseau parisien s'étoffe dans les années 20, transportant jusqu'à 1 milliard de voyageurs en 1925, mais il entre vite en concurrence avec l'autobus. En 1937, des groupes de pression liés à l'automobile obtiennent finalement la suppression des tramways parisiens.

Cependant, seul le métro pouvait libérer de l'espace dans les capitales asphyxiées par une circulation anarchique, et lui seul pouvait accroître considérablement les possibilités des transports en commun grâce à ses lignes autonomes par rapport à la circulation urbaine, construites en souterrain ou en surélévation. Londres inaugure sa première ligne de *Metropolitan Railway*, un véritable chemin de fer à vapeur, en 1863, suivie bientôt par New York en 1868, puis Chicago (1892), Budapest (1896) et Vienne (1898). En dépit de nombreux projets élaborés depuis 1855, Paris est retardataire ; l'État et les compagnies de chemin de fer souhaitent relier les gares entre elles et faire pénétrer les trains dans la cité. La Ville, quant à elle, préfère réaliser un réseau de transports autonome au maillage fin limité au territoire parisien. L'insuffisance des transports en commun, jointe à la perspective de l'Exposition universelle de 1900, oblige les édiles à accélérer la réalisation de leur projet d'un métro entièrement électrique.

Entrée d'une station de métro réalisée par Hector Guimard, vers 1900.

En 1898, la Ville de Paris signe une convention avec la Compagnie générale de traction (qui devient l'année suivante Compagnie du chemin de fer métropolitain de Paris) ; la municipalité finance les infrastructures, grâce à un emprunt, et la CMP se charge des voies, des accès et du matériel roulant.

La Ville reçoit une fraction du prix de vente des billets, fixé à 15 centimes en seconde classe et 25 centimes en première (environ 2,50 et 4,25 francs actuels) – en contrepartie de la concession de trente-cinq ans accordée à la CMP à partir de l'achèvement des six lignes projetées. Les travaux sont rondement menés sous la direction des ingénieurs de la Ville, dont Fulgence Bienvenüe est le principal responsable. La première ligne est inaugurée le 19 juillet 1900, trois lignes sont terminées en 1904 et les trois suivantes en 1910. Le conseil municipal décide alors un programme complémentaire de deux lignes pour la CMP, plus deux autres lignes attribuées au Nord-Sud, une compagnie concurrente, qui doit respecter les mêmes normes techniques. En 1913, avec 93 kilomètres de lignes construites, le succès populaire est acquis ; le trafic passe de 18 millions de voyageurs la première année à 140 millions en 1904 et 467 millions en 1913. Les accès, imaginés par Hector Guimard dans le style Art nouveau, donnent une touche d'originalité au métro parisien. Les tunnels sont creusés directement sous la chaussée, à faible profondeur, pour des raisons d'économie, mais le franchissement de la Seine exige des prouesses techniques. L'incendie de la station Couronnes, qui fait 84 victimes en 1903, entraîne la disparition des voitures en bois. Elles sont alors remplacées par les motrices Sprague-Thomson qui tirent des wagons métalliques peints en vert ou en rouge, aux parois intérieures en verre étiré. Pendant plus de cinquante ans, elles équiperont le métro parisien.

L'industrie française dominée par les firmes étrangères

Dans ce contexte, la situation de l'industrie française au tournant du XXe siècle ne se présente pas sous un jour très favorable. Certes, les succès techniques n'ont pas manqué au cours des années 1870, qu'il s'agisse de la dynamo de Gramme, un Belge installé à Paris, des intuitions d'Hippolyte Fontaine, véritable « inventeur » du moteur électrique, des expériences de Charles Desprez et surtout des progrès décisifs que Gaulard apporte au courant alternatif. Cependant, même si l'on y joint la turbine de Rateau et la découverte du procédé de l'électrolyse de l'aluminium par Paul Héroult, cette série de percées techniques ne se confirme pas sur le plan industriel par la suite.
De façon générale, un fossé se creuse, au cours de la dernière décennie du XIXe siècle, entre la capacité industrielle française et celle des États-Unis et de l'Allemagne. En témoignent l'équipement accru des ateliers en machines-outils allemandes, le déficit grandissant des échanges de biens d'équipement, la constitution de nombreuses filiales de sociétés mécaniques étrangères, alors que leurs homologues français à l'étranger s'installent difficilement malgré leurs réalisations techniques remarquables. Dans toutes les industries nouvelles, comme l'automobile, les brevets étrangers sont de plus en plus utilisés.

Causes et conséquences du retard français

On peut attribuer cet état de fait, qualifié par les contemporains de « retard français » au début du XXe siècle, à la grande dépression économique qui frappe la France à partir des années 1880. Si celle-là a été mondiale, la France est le seul grand pays industriel dont le produit national brut diminue durant cette période, en raison de la violence de la crise agricole. Cela explique la taille médiocre des entreprises françaises et la faiblesse de leur chiffre d'affaires au regard de leurs concurrents étrangers. Par conséquent, les possibilités de financement de laboratoires et de mise au point de brevets nouveaux sont mises en péril. À cela s'ajoute un élément particulier et peu connu, le fait que la réussite industrielle d'une innovation scientifique ou technique exige souvent une collaboration avec d'autres branches industrielles, un fait coutumier en Allemagne.

Promenade en voiture, vers 1900.

LE SALON DE L'AUTO DE 1898

Le premier Salon international de l'automobile s'est tenu à Paris dans le jardin des Tuileries, en juin 1898. Dans des baraques de planches sont présentés aux amateurs de plus en plus nombreux les modèles de différents constructeurs européens.

L'automobile en est encore à ses balbutiements, depuis que Nikolaus Otto avait présenté le premier moteur à quatre temps à l'Exposition universelle de Paris de 1878. Mis au point par Carl Benz et Gottlieb Daimler à la fin des années 1880, le moteur à essence équipe le véhicule construit en 1891 par Panhard et Levassor, le premier qui possède vraiment les caractéristiques d'une automobile. Dans les années 1890, l'allumage électrique, le carburateur, les pneumatiques à chambre à air permettent de sensibles améliorations. Les ventes restent encore modestes (179 véhicules pour les frères Renault en 1900), mais croissent rapidement, Renault commercialisant déjà 10 000 voitures en 1913. Fort nombreux (Panhard, Peugeot, Delahaye, De Dion, etc.), les constructeurs français d'automobiles sont, au tournant du siècle, les premiers producteurs mondiaux, avant d'être dépassés par les entreprises américaines qui fabriquent en série des modèles standardisés. Ford vend ainsi 16 millions d'exemplaires de sa célèbre « T » entre 1908 et 1917.

Une clientèle de luxe, désireuse de se distinguer, assure le succès de ce nouveau mode de transport, puis l'automobile, devenue plus fiable, attire les classes moyennes de la bourgeoisie. Cependant, le prix élevé des véhicules et leur coût d'entretien restent prohibitifs pour le plus grand nombre. Les classes populaires restent pendant longtemps attachées à la bicyclette qui les a conquises à la fin du siècle, à tel point que plus d'un million de deux-roues circulent en France en 1900.

L'atelier de production de lumière à l'hippodrome de Paris, 1888.

La France souffre en outre d'un important déficit de moyens de recherche universitaires, y compris dans les écoles d'ingénieurs ; cela handicape et retarde fortement la mise au point de produits issus de la recherche. Les mésaventures de Gaulard, dont les découvertes sont littéralement pillées puis brevetées par Westinghouse, en fournissent un exemple frappant dans le domaine de l'électricité.
La méfiance des banques françaises à l'égard des nouvelles industries constitue un autre aspect du retard français. Échaudés par le krach boursier de 1882 avec la chute de la Banque de l'Union Générale suivie de la faillite du Comptoir d'Escompte de Paris en 1889 et bien entendu l'affaire de Panama, les banquiers français, à la différence de leurs confrères allemands, belges ou américains, ne s'aventurent plus guère dans l'aide directe aux affaires industrielles. Et ce, d'autant moins que la réussite d'une entreprise naissante exige une longue patience et... un affrontement éventuel avec les géants mondiaux. L'un des plus célèbres experts financiers de l'époque, Alfred Neymarck, n'écrit-il pas : « Pour les actions, il faut choisir des compagnies ayant un long passé, ayant donné des résultats bénéficiaires et sur lesquels des renseignements réguliers sont proposés. » Combien d'entreprises naissantes dans le secteur de l'énergie électrique peuvent, vers 1895, satisfaire ces exigences ?

La toute jeune industrie électrotechnique française subit de plein fouet le handicap de ce contexte économique peu porteur. À l'absence de dynamisme urbain s'ajoute la stagnation des industries traditionnelles dont la modernisation – et donc l'électrification – ne reprend qu'à l'extrême fin du XIXe siècle. Si le marché des centrales d'entreprise et des moteurs électriques prend alors son essor, c'est avec un décalage de 15 à 20 ans sur l'Allemagne et la Suisse. En 1913, malgré une croissance de près de quinze années (l'une des plus fortes du monde), le marché français n'a pas rattrapé son retard initial. Sa consommation de matériel électrique par habitant atteint seulement 4 750 francs, contre 15 000 en Grande-Bretagne et 16 750 en Allemagne... Si l'on tient compte de la différence de population, le marché français représente à peine un cinquième de ce dernier.

Le métro parisien.

L'industrie électrotechnique manque en outre de spécialistes. L'École supérieure d'électricité ne voit le jour qu'en 1894. Elle propose une scolarité d'un an et sert avant tout, durant ses premières années, d'institut de spécialisation des ingénieurs venus de l'École centrale. De 1892 à 1908, huit instituts universitaires et écoles spécialisées sont créés, proposant dans la majorité des cas trois années d'études. C'est donc seulement à la veille de la Première Guerre mondiale que l'industrie électrique française peut disposer de cadres techniques de haut niveau, quoique en nombre toujours insuffisant.

Les positions de la Compagnie Française Thomson-Houston

La prestation de l'industrie électrotechnique française à l'Exposition universelle de 1900 illustre le déséquilibre existant avec la concurrence étrangère. Dans le secteur de l'électricité, l'Exposition marque la domination écrasante de la Compagnie Française Thomson-Houston (CFTH), qui fournit 60 % du volume de la production nationale. En 1909, la Compagnie dispose de 256 brevets exclusifs, dont 60 % proviennent de General Electric et 20 % d'autres producteurs étrangers, en particulier AEG et British Thomson-Houston. 20 % sont d'origine française, soit environ 50 brevets, certains ayant été mis au point au sein de la société. L'emprise réelle de la CFTH va bien au-delà de ces chiffres. La possession de la licence des procédés Sprague lui permet d'équiper la totalité des motrices de tramways et de celles à boggies du métropolitain de la capitale. Les motrices Sprague-Thomson fournissent ainsi, pendant près de soixante ans, jusqu'aux années 1970, la base et le nom générique des rames du métro de Paris !
Signe de la prépondérance étrangère, des accords de non-concurrence signés entre la CFTH et AEG, et conclus sous l'égide de General Electric, garantissent au groupe berlinois une participation statutaire à tous les contrats obtenus par la Compagnie en France et dans son empire colonial, et ce sans réciprocité.

La Compagnie Française Thomson-Houston met en place en France, à son échelle, une structure analogue au modèle AEG-General Electric. Celle-ci comporte en premier lieu des entreprises de distribution d'électricité, détenues directement, comme l'Énergie électrique du littoral méditerranéen et l'Énergie électrique du Sud-Ouest, ou bien indirectement par l'intermédiaire de holdings, souvent au côté d'associés allemands et belges, comme la Compagnie centrale pour l'énergie électrique, la Société centrale pour l'énergie électrique, la Compagnie générale de distribution d'énergie électrique ou l'Hydro-électrique de la Truyère. Viennent ensuite de nombreuses entreprises de tramways, en France, avec la quasi-totalité de la région parisienne, puis Bordeaux, Nice et Alger, mais aussi à l'étranger, à Athènes, Rome et Constantinople. On compte également quelques entreprises industrielles comme les Ateliers Postel Vinay et Delaunay Belleville.

La « fée électricité » : costume de bal.

La plupart de ces entreprises disposent d'un capital limité au sein duquel la CFTH ne conserve qu'une minorité de blocage. L'essentiel du financement se fait à l'aide d'emprunts obligataires dont la charge pèse sur les profits à tel point que, dans de nombreux cas, le bénéfice réalisé par la Compagnie provient essentiellement de la vente des équipements. Cela permet une défense active contre tout concurrent éventuel.
Le poids et l'extension des intérêts de la Compagnie Française Thomson-Houston limitent considérablement l'expansion de véritables concurrents. Ceux-ci sont d'abord des filiales d'entreprises étrangères, allemandes, suisses, belges et austro-hongroises, qui considèrent la France comme un marché marginal en termes d'investissement, mais important en matière de profits, surtout au moment du redémarrage de la croissance économique.
La société belge Empain contrôle les Ateliers du Nord et de l'Est à Jeumont, la Parisienne pour l'Industrie Électrique à Longueville ainsi que de nombreux réseaux d'électricité et de tramways dans le nord de la France et en région parisienne (l'Électricité de Paris, l'Électricité et Gaz du Nord, le Tramway Nord parisien, celui de Lille et la Compagnie du chemin de fer métropolitain de Paris). Les industriels austro-hongrois occupent des positions limitées mais significatives. Il en est ainsi pour Ganz, dont les brevets sont acquis par Schneider ou Von Hardmuth, principal producteur en France de charbons pour l'électricité.

Les difficultés rencontrées par les pionniers français

Face à cette situation de quasi-quadrillage industriel du pays, les producteurs français sont en position de faiblesse. Ils subissent en outre, du fait de l'archaïsme de la législation française en matière de brevets et de douanes, les importations des sociétés étrangères, appuyées quant à elles depuis longtemps par un marché national déjà actif.
Ce climat défavorable explique les difficultés considérables que rencontrent en France les pionniers de l'industrie électrique et montre le défi qui sera d'emblée celui de la jeune CGE. Gramme ne parvient pas à valoriser son avance technique au sein d'une première CGE, également dénommée Compagnie Générale d'Électricité, créée en mars 1880. Celle-ci ne peut, malgré plusieurs brevets, rassembler les 8 millions de francs de son capital initial. Le célèbre horloger Bréguet, concurrent direct de Siemens dans le domaine du télégraphe au milieu du XIXe siècle, se transforme en société anonyme en 1882. Son capital initial de 2 millions de francs (dont la moitié est constituée d'apports industriels) atteint difficilement les 3,35 millions de francs en 1914. Trop modeste pour lancer des émissions obligataires, la firme végète pendant un tiers de siècle avec des fonds propres insuffisants.
Le cas de Mors, une entreprise de couronnes funéraires que dynamise son jeune héritier, centralien de formation, est symptomatique. Son capital passe de 2 à 4 millions de francs en 1904, mais la société limite son activité à la sous-traitance (balais pour collecteurs de dynamos). Puis elle change d'actionnaires et se

LE DÉSÉQUILIBRE DES ÉCHANGES DE MATÉRIELS ÉLECTROTECHNIQUES À LA BELLE ÉPOQUE

	Importations Exportations(b)	Import. Export. (b)	Vol. en tonnes	Valeurs en MF (a)
1892	512	391	2,1	1,7
1900	6 385	2 225	17,8	7,2
1908	5 870	2 990	27,1	15,6
1913	7 208	10 000	32,7	32,7

(a) Les douanes estiment à la même valeur au Kg les importations et les exportations par numéro de la nomenclature. La relation aux valeurs réelles est donc approximative.
(b) Y compris l'empire français.

L'électricité aux Halles, Paris, 1889.

Secteur électrique de la place Clichy « grand anneau Gramme », Paris, 1891.

lance dans l'automobile, à l'initiative du jeune André Citroën. En 1905, sur un chiffre d'affaires total d'un peu plus de 5 millions de francs, le matériel électrique représente moins de 1 million de francs.

Les perspectives de la société Lombard-Gérin semblaient plus prometteuses. Celle-ci s'établit à Lyon en 1892 avec un capital fort modeste de 600 000 francs, mais elle dispose de la licence française des excellents brevets hongrois Ganz relatifs aux turbines et transformateurs. Le groupe Schneider fait en outre son entrée dans le capital Lombard-Gérin, mais de façon très discrète. De fait, le but du nouvel associé est d'obtenir la confiance de Ganz et de transférer les brevets de ce dernier à ses ateliers de Champagne-sur-Seine. Le groupe du Creusot déclare alors, devant l'inquiétude de ses actionnaires, qu'il n'a pas l'intention de réaliser dans l'électrotechnique des investissements comparables à ceux qu'il réalise dans la sidérurgie ou la mécanique lourde.

La société Fives-Lille poursuit d'autres ambitions en construisant à Givors une usine fort bien équipée. Elle se donne comme double objectif l'installation de centrales électriques urbaines et minières ainsi que la fourniture de motrices de tramways. Pourtant les commandes s'avèrent difficiles à obtenir. Faute de s'appuyer sur un omnium (holding), la société suscite la méfiance du monde bancaire par sa grande fragilité financière. La part dominante des divisions ferroviaire et sucrière interdit en outre des opérations à risques dans d'autres productions. À l'image de Schneider, les dirigeants de Fives-Lille décident significativement et de façon publique de « limiter en volume et en proportion la part du matériel électrique dans l'activité sociale ». Entre 1909 et 1913, l'électrotechnique plafonne ainsi en dessous de 15 % du chiffre d'affaires de l'entreprise.

À l'aube du XXe siècle, créer une grande entreprise française sur le marché de l'électricité apparaît comme une gageure. C'est pourtant le défi que relève Pierre Azaria en 1898.

« La Jamais contente » de Camille Jenatzy est la première voiture à dépasser les 100 km/h en 1899. Équipée d'accumulateurs Fulmen, elle atteint les 105 km/h.

LES PREMIÈRES PELLICULES

Le Cinématographe, inventé par les frères Lumière en 1895, naît de la photographie. George Eastman, le fondateur de la firme Kodak, pour remplacer les plaques de verre, invente la fabrication d'un système complet incluant une pellicule souple en rouleau et un appareil photographique de maniement simple. Les frères Lumière, eux-mêmes propriétaires d'une entreprise de produits photographiques, conçoivent le système assurant le déroulement saccadé de la pellicule et inventent le premier appareil de cinématographe. La projection publique, le 28 décembre 1895, de *l'Arrivée du train en gare de La Ciotat* leur assure un succès rapide. Louis tourne les films tandis qu'Auguste s'occupe de la distribution. L'entreprise familiale fabrique les appareils et les pellicules. Mais l'affaire menace bientôt de s'éteindre, les scènes de la vie quotidienne ne pouvant attirer longtemps les foules.

Georges Méliès invente véritablement le langage du 7e art, avec le montage, la mise en scène et les truquages. *Le Voyage dans la Lune* , réalisé en 1902, remporte un triomphe en Europe et aux États-Unis, où Méliès s'allie avec Thomas Edison pour éviter le piratage de ses copies. Aux États-Unis, la création du réseau de salles dites « Nickelodeon », au prix d'entrée de 5 cents, permet une rapide expansion du cinéma ; on compte ainsi 10 000 salles en 1910. La profession s'organise avec la signature d'un accord entre les quatre grandes compagnies américaines (Biograph, Vitagraph, Eastman et Edison) et les trois entreprises françaises (Gaumont, Pathé et Méliès).

Léon Gaumont et Charles Pathé, qui comprennent très vite le potentiel extraordinaire de cette nouvelle industrie, construisent leurs propres studios de cinéma aux Buttes-Chaumont et à Joinville. Le métier de réalisateur apparaît à la même époque pour fournir au public de véritables divertissements. Les séries comme *Fantômas* ou *Judex*, tournées par Louis Feuillade, connaissent d'importants succès. Si, en 1914, 90 % des films projetés dans le monde sont français, au cours de la Première Guerre mondiale et dans les années 20 la production américaine, orchestrée à Hollywood, détrône la production française.

Construction du métro parisien, ligne n° 1, vers 1900.

Les installations souterraines du métro (vue en coupe).

Les origines de la CGE

Le fondateur de la CGE, Pierre Azaria, convoque ses futurs actionnaires le 21 mai 1898. La reprise économique s'amorce en France et s'accélère à l'étranger. La CGE fait donc ses premiers pas à une période propice aux affaires. La hausse des prix est générale, particulièrement dans le domaine agricole alors essentiel pour les Français. L'euphorie touche les marchés financiers et les milieux de l'épargne, qui réservent un meilleur accueil aux nouveaux types d'activité. Ce retour de la confiance rejaillit sur toute l'industrie et en particulier sur l'industrie électrique. Celle-ci bénéficie en outre de l'effet d'entraînement des préparatifs de l'Exposition universelle de 1900 qui réunit des participants prestigieux, notamment étrangers, et marque avec éclat l'entrée dans le XXe siècle. On prévoit des records d'affluence. L'Exposition est localisée sur deux sites distants de 10 kilomètres : le Champ-de-Mars et la pelouse de Reuilly. On s'aperçoit alors que Paris ne dispose pas des moyens de transport, métro ou tramways, nécessaires pour gérer l'afflux de visiteurs. Il faut de toute urgence investir dans les transports électriques et construire parallèlement les centrales et les lignes alimentant métro, tramways et lieux publics.

La ligne n°1 du métropolitain parisien est ainsi achevée au printemps 1900 pour l'ouverture de l'Exposition. Mais sa centrale du quai de la Rapée n'est pas prête, en raison d'un retard de livraison des génératrices électriques. La Compagnie du métropolitain, pour démarrer son exploitation, doit recourir à une unité de production électrique toute nouvelle située en banlieue.

Le marché existe donc, mais l'on ne s'improvise pas constructeur de dynamos ou de transformateurs du jour au lendemain. Une bonne expérience des techniques de réseau et de tous les sous-traitants nécessaires au fonctionnement de la « chaîne électrique » est indispensable. Toutes ces connaissances, Pierre Azaria les a acquises au cours de ses années de formation, et les a mises au profit d'une intelligence et d'une personnalité peu communes. À ce titre, la constitution de la CGE est en germe bien avant la date du 21 mai 1898.

UTILISER L'ÉLECTRICITÉ

2_La bouteille de Leyde.

3_La Pile de Volta.

5_Pile secondaire de Planté 1re Forme des accumulateurs.

7_Pile Leclanché à vase poreux pour Sonneries.

18_Tramway à Caniveau.

46_La Cuisine électrique.

Dans les dernières années du XIXe siècle, puis au XXe siècle, le monde émerveillé assiste à l'explosion des techniques d'exploitation industrielle de l'électricité et de l'électromagnétisme. Commence alors pour le grand public la magie de l'électricité, qui prend des allures de « fée » ou de « servante », selon la belle expression d'Alain Beltran et de Patrick A. Carré. Pour les entrepreneurs, c'est le début d'une grande aventure industrielle. L'histoire de la CGE depuis sa création en 1898 participe largement au développement et à l'exploitation des applications pratiques de l'électricité et des phénomènes électromagnétiques.

Quelques définitions relatives à ces domaines dressent un glossaire qui illustre un siècle d'évolution des métiers de l'électricité qui ont marqué, en particulier, l'identité professionnelle de la CGE.
Si chacun sait que l'énergie tire son nom du grec *energia,* qui signifie « force en action », les notions d'énergie électrique, courant, production, transport et transformation méritent quelques éclaircissements.
L'énergie partout présente dans l'Univers trouve son origine dans trois des quatre forces fondamentales dont nombre d'applications pratiques contribuent peu à peu à moderniser les conditions d'existence des hommes sur la planète. Comme la force gravitationnelle mène l'eau des montagnes vers la mer, elle fournit l'énergie hydraulique et contribue à l'énergie marémotrice dans laquelle intervient aussi le mouvement des astres.
La force électromagnétique, quant à elle, déclenche toutes les réactions chimiques mises en œuvre dans la fabrication et le fonctionnement des piles et accumulateurs, et permet aux générateurs ainsi qu'à tous les types de moteur électrique de tourner. Enfin, la force nucléaire faible, responsable de la fission des atomes, génère la chaleur utilisée dans les centrales qui produisent l'énergie nucléaire. Toutes ces formes d'énergie convergent vers l'énergie électrique que transporte le courant électrique, né de la circulation des électrons des atomes dans un matériau conducteur ; le courant est *continu* si les électrons s'écoulent toujours dans le même sens, il est au contraire *alternatif* s'ils oscillent dans un sens puis dans l'autre.

Ainsi, la *production* de l'énergie électrique se confond avec la transformation d'une énergie différente en courant électrique. Celui-ci peut s'obtenir à partir de l'énergie des chutes d'eau ou des marées comme on l'a vu, mais aussi de l'énergie thermique que procurent la combustion du charbon, du pétrole ou du gaz dans les centrales thermiques ou encore la fission des atomes dans les centrales nucléaires. La *transformation* du courant permet le passage d'un voltage élevé à un voltage très bas, et vice versa, établissant la distinction entre courant « fort », celui des lignes à haute tension de 220 000 à 400 000 volts, et courant « faible » (de quelques volts) qu'illustre parfaitement l'électronique. En effet, les courants faibles assurent le transport d'informations dans les domaines de la télégraphie, de la téléphonie, de l'informatique ou de la vidéo. Les courants forts, utilisés dans les moteurs électriques, s'appliquent plutôt au transport de l'énergie électrique. Le *transport* du courant électrique, fort ou faible, s'effectue par câbles. Les câbles électriques procèdent à l'acheminement de l'énergie du lieu de sa production à l'endroit où elle sera utilisée, tandis que les câbles de télécommunications, comme les lignes téléphoniques, convoient l'information du point d'émission au point de réception. L'*utilisation* de l'énergie électrique consiste donc à transformer celle-ci en une autre forme d'énergie capable selon les besoins d'effectuer un travail (c'est le rôle des moteurs, par exemple) ; de fabriquer des produits chimiques ou métallurgiques (ainsi que le démontrent l'existence des engrais azotés ou la transformation de l'alumine de la bauxite en aluminium) ; de créer de la chaleur (comme le font dans nos maisons les radiateurs ou les fours électriques) ; ou bien de traiter des informations, pour les véhiculer sous forme de données et les restituer (c'est le cas des réseaux de télécommunications).

Les courants alternatifs ont joué un rôle décisif dans le développement de l'électricité. Ils sont en effet capables de produire un champ magnétique alternatif lui aussi, susceptible d'engendrer un autre courant dans un *transformateur*, ou un mouvement dans un *moteur*. Leur capacité à reproduire par analogie les oscillations d'une onde sonore permet aux courants alternatifs de transporter et restituer celle-ci lors d'une *transmission téléphonique*.

Enfin, leur aptitude à émettre des ondes électromagnétiques (ondes radio), reproduisant elles-mêmes leurs oscillations, autorise la restitution d'un courant analogue après « transmission sans fil » (TSF).

Pose de canalisations souterraines, Paris, 1910.

Pierre Azaria, fondateur de la CGE, naît au Caire en 1865 et meurt à Paris en 1953. Accaparé par son travail, son rôle le place parmi les grands chefs d'entreprise du début du XXe siècle. Pourtant, il demeure toute sa vie un homme discret et réservé, peu attiré par la vie de représentation.

La Société Normande d'Électricité, creuset de la CGE 1888-1898

Pierre Azaria, une personnalité exceptionnelle

L'image du chef d'entreprise « à la française » telle que la véhicule l'historiographie ne correspond en rien au fondateur de la CGE. Ni héritier ni grand commis de l'État, encore moins élevé dans le sérail des grandes banques, Pierre Azaria est, avec André Citroën, Pierre Pigozzi, Louis Renault, Marcel Bloch-Dassault et bien d'autres, un créateur d'industrie qui doit tout à son génie personnel, à une énorme capacité de travail, à un jugement précis appuyant un goût du risque calculé et une insatisfaction permanente.

Rien ne permet à l'origine d'entrevoir le destin exceptionnel du fondateur de la CGE. Né orphelin en décembre 1865 au Caire d'un père négociant décédé peu auparavant, Bedros Azaria appartient à la communauté de commerçants arméniens orthodoxes connus sous le nom d'« Arméniens d'Égypte » et anciens sujets de l'Empire ottoman. Sa famille avait occidentalisé ce nom par l'abandon du « n » final (Azarian). Suivant la tradition des chrétiens d'Égypte, le jeune Bedros est envoyé dans un collège de religieux français dont il sort avec le baccalauréat avant de partir compléter ses études en France.

Bien que possédant un goût prononcé pour la lecture et le théâtre, Pierre Azaria entre en 1882 dans un cours préparatoire à l'École centrale, l'école Duvigneau-de-Lanneau, un établissement privé placé au troisième rang derrière les lycées Saint-Louis et Louis-le-Grand, pour la réussite des candidats étrangers au concours. Reçu 169e sur 244, grâce à d'excellentes notes en mathématique qui compensent celle de physique-chimie, Azaria, qui prend en première année le prénom de Pierre, est un élève moyen, quelque peu indiscipliné. Assez curieusement, c'est en « électricité-lumière » qu'il obtiendra sa seule moyenne inférieure à 10 !

Sa préférence pour le travail créatif rejaillit sur le classement de sortie en 1887 : le projet personnel qu'il élabore lui fait gagner 40 places. Il sort ainsi classé 110e sur 186 diplômés. Décidé à faire sa vie en France, il accepte le poste de directeur de l'Électricité de Rouen, parmi un choix de propositions limité par son rang de sortie de l'École centrale et l'absence de relations personnelles. Son association avec Paul Bizet s'explique de la même manière.

Ce dernier, issu de l'École des arts et métiers, est certes un technicien hors pair ; mais à l'époque ce diplôme n'est pas reconnu à l'égal de ceux des grandes écoles et le recrutement s'effectue au sein de familles très modestes. Confronté aux balbutiements de la production et de la distribution d'électricité à Rouen, Pierre Azaria accède immédiatement, alors qu'il est dépourvu de moyens financiers, au poste d'administrateur délégué lors d'un changement d'actionnaires. Les frères Herbault, animateurs de la Banque Française pour l'Afrique du Sud, reconnaissent très vite ses qualités et lui font confiance.

Ayant très vite mesuré les limites de l'entreprise qu'il a largement contribué à redresser, Pierre Azaria va utiliser ses nouveaux contacts pour élargir son champ d'action et créer dix ans après son « entrée en électricité » la jeune CGE. Dès lors, ce qui intéresse Pierre Azaria, c'est la construction financière et la mise en place d'un groupe. Il laisse à Paul Bizet l'ensemble des questions industrielles, car, ainsi qu'il le déclarera au début des années 1930 devant une assemblée d'actionnaires quelque peu surpris: « Ma compétence industrielle s'arrête à la porte des usines ! »

Son mariage avec Hélène, fille de Jean-Baptiste Chauveau, spécialiste d'économie rurale et membre de l'Académie des sciences depuis 1886, le met en contact avec le monde scientifique. Pourtant, même après le mariage de sa fille unique avec Henri de Peyerrimhoff de Fontenelle, fils du délégué général du Comité des Houillères, on ne le rencontre pas dans la haute société des grands notables de l'époque, encore qu'il ait été fait commandeur de la Légion d'honneur. Malgré les liens étroits qu'il noue avec Paul Doumer, futur président de la République, dont il fait un président de la CGE et le ministre Raoul Dautry, qu'il convainc de devenir administrateur délégué, c'est l'intérêt de la CGE qui le guide en toute occasion plus que la recherche d'une position sociale. Il participe, en revanche, avec assiduité aux réunions de deux cercles mondains à vocation littéraire et théâtrale.

Très hiérarchique dans sa conception des rapports au sein de l'entreprise, Pierre Azaria en déduit une responsabilité morale du chef, fréquente à l'époque. Ordre social et liberté, qui pour lui vont de pair, ne peuvent se consolider dans la pauvreté ou même la médiocrité, ce qui explique sa campagne constante en faveur d'une politique généralisée de hauts salaires, marquant une nette différence en faveur des ingénieurs et techniciens. Peu fortuné au regard des richesses qu'il a largement contribué à créer et à distribuer, il ne cherchera jamais à être l'un des grands actionnaires de ses sociétés. Son pouvoir découle de ses qualités et de la confiance totale que lui accordent avec raison les détenteurs du capital. On en a l'illustration avec la création de la fondation Hélène Azaria destinée à aider le personnel accidentellement dans le besoin et entièrement dotée par Pierre Azaria sans faire appel à l'entreprise. De santé moyenne, Pierre Azaria doit ralentir ses activités à partir de 1935. En 1937, il se retire de la présidence de la Compagnie et, bien qu'administrateur et président d'honneur, il n'assiste plus aux réunions du conseil d'administration que très épisodiquement.

La disparition de son équipe, l'âge venant et le désir de ne pas interférer avec les nouveaux responsables font que son image s'efface de la vie publique. Pierre Azaria s'éteint en 1953.

Le Caire, au XIXe siècle.

Station centrale de Rouen.

Le défi de Pierre Azaria : Paris-Rouen, 1888

« C'est le 8 octobre 1888, jeune ingénieur imberbe et inexpérimenté, seul, sans collaborateurs et pour ainsi dire, sans argent, que j'acceptais bien étourdiment mais bien à propos les fonctions de directeur de la station centrale de Rouen en quasi déconfiture, fonctions qu'aujourd'hui, plus expérimenté, cependant, je n'oserais assumer. L'affaire était si précaire, elle jouissait d'une telle réputation qu'il lui fallait payer son charbon avant même qu'il ne fût déchargé... Malgré tout, petit à petit, la fortune nous sourit et j'ai pu m'entourer de collaborateurs dont les efforts tenaces transformèrent l'affaire en une brillante entreprise.» C'est en ces termes, empreints de la touche propre aux temps héroïques, que Pierre Azaria confiait, peu de temps avant le conflit de 14-18, ce qu'avaient été ses débuts au sein de la Société Normande d'Électricité.

Pierre Azaria n'a que vingt-trois ans quand il entre en 1888 à la Société Normande d'Électricité, au moment des premiers balbutiements de l'industrie de l'électricité en France. La même année, la Ville de Paris accorde à diverses sociétés des concessions d'éclairage pour six secteurs de la capitale : Champs-Élysées, Clichy, Montmartre, Villette, Hôtel-de-Ville et est de Paris, rive gauche. Fin 1889, au moment de la célébration du centenaire de la Révolution française, il n'existe, dans toute la ville Lumière, que 184 réverbères électriques ! Le secteur Montmartre, qui couvre en fait les quartiers de l'Opéra à la gare de l'Est et de Montmartre à la Seine, en incluant le palais de l'Élysée, confié à la Compagnie Continentale Edison, alimente à peine 3 863 lampes à la même date... Quatre ans plus tard, en 1893, le premier réseau national de tramways électriques, comprenant trois lignes d'une longueur totale de 14 kilomètres, est inauguré à côté de Rouen, au Havre.

La société où entre Pierre Azaria est de fait toute récente et financièrement fragile. Elle a été fondée par un ingénieur parisien, Léon Lecordier. Le 13 avril 1887, celui-ci reçoit l'autorisation d'installer rue du Petit-Salut – tout près de la cathédrale –, pour une durée de cinq ans, une « station centrale ». Celle-ci fournit du courant continu dans un rayon de 500 mètres, grâce à 4 machines à vapeur à grande vitesse de 80 chevaux chacune, actionnant 4 dynamos Edison de 320 ampères-120 volts.

En septembre 1888, Léon Lecordier transforme son entreprise en société anonyme, la Société Normande d'Électricité, au capital modeste de 200 000 francs, avec l'intention de faire appel à des capitaux extérieurs. L'intervention d'une banque jeune et dynamique, fondée en 1895, la Banque Française pour l'Afrique du Sud, répond à la demande de Léon Lecordier. Elle reprend l'entreprise en main et met à l'écart son fondateur. Pierre Azaria fait alors son entrée comme directeur et administrateur délégué, accompagné de Paul Bizet, qui jouera dès lors un rôle administratif et technique essentiel.

Station centrale de Rouen.
Vue intérieure de la salle des machines.

Peu connue et ayant existé peu de temps, la Banque Française pour l'Afrique du Sud connaîtra une postérité néanmoins prestigieuse, puisqu'elle forme en 1901 avec une autre banque, sous l'égide de Maurice Rouvier, ancien président du Conseil et plusieurs fois ministre des Finances, la Banque Française pour le Commerce et l'Industrie (BFCI). Celle-ci rejoint par la suite en 1921 la Banque Nationale de Crédit (BNC), devenue en 1932 la Banque Nationale pour le Commerce et l'Industrie (BNCI), l'une des deux maisons mères en 1966 de la BNP. Arrivée tardivement sur le marché, la Banque Française pour l'Afrique du Sud montre une plus grande ouverture pour les affaires nouvelles que les grands établissements de la place. En outre, comme sa raison sociale l'indique, elle s'intéresse aux gisements miniers d'Afrique australe, notamment les minerais non ferreux. Elle dispose d'un riche portefeuille de relations d'affaires, en particulier avec la firme Metallgesellschaft de Francfort et sa branche anglo-américaine, le groupe Merton.

Sous l'impulsion de Pierre Azaria, secondé par Pierre Bizet, la Société Normande d'Électricité progresse rapidement. Son capital reste faible, tout en atteignant 1 million de francs en 1894, complété par une dette obligataire. En 1890, la société met en service dans son usine la première batterie d'accumulateurs importante installée en France, d'une capacité de 4 200 ampères-heures sous 110 volts. En 1892, la vente du courant électrique ayant progressé de façon très sensible, la Société acquiert, près de sa première usine devenue trop exiguë, une ancienne église désaffectée du XIe siècle et un vieil hôtel Régence. Elle y installe une nouvelle station, dotée de deux groupes électrogènes de 500 chevaux, « machines énormes pour l'époque », comme le remarque Paul Bizet, qui actionnent des dynamos fabriquées dans les ateliers de Brown Boveri et Cie. De façon pittoresque, le clocher de l'église, dépourvu de sa flèche, sert de pylône de départ aux câbles aériens qui portent la lumière 800 mètres à la ronde !

Quand le dessinateur Robida imagine une ville fonctionnant à l'électricité…
(La Vie électrique, *1892*)

L'essor de la Société Normande d'Électricité

Le succès est immédiat. Le nombre des abonnés passe de 305 en 1891 à 500 en 1892, 800 en 1894, 1 300 en 1896, 1 700 en 1899. 4 100 lampes sont installées en 1892, 8 800 en 1894, 25 000 en 1896, 51 300 en 1898, 80 000 en 1899... La station centrale de Rouen vient alors, si l'on rapporte le nombre de kilowatts vendus annuellement au nombre d'habitants, au premier rang de toutes les usines de production d'électricité en France à cette époque. Ce développement continu suscite des agrandissements réguliers de la station centrale, dont la force motrice passe à 4 000 chevaux. Parallèlement, la ville de Rouen prolonge de 10, puis de 50 ans la durée de la concession contre une baisse substantielle et planifiée des tarifs, l'abonnement au compteur se substituant à l'abonnement au forfait pour les clients.

Cependant, la société, dont l'essor a été très rapide, atteint peu à peu les limites du marché que lui impose son environnement. La modicité du revenu moyen des Rouennais limite la consommation individuelle d'électricité qui reste un produit cher, alors que la compagnie du gaz locale monopolise l'éclairage public de la ville. Celle-ci compte, au début du siècle, 4 605 réverbères à gaz, contre 136 réverbères électriques. En outre, les deux compagnies de tramways de Rouen créées à cette époque disposent de leurs propres centrales et les industries, consommatrices potentielles, se trouvent hors de la ville. En 1898, le bénéfice net atteint à peine 190 000 francs. L'avenir de la Société Normande d'Électricité dans les limites juridiques et économiques qui sont les siennes ne peut satisfaire le dynamisme de Pierre Azaria, qui a noué durant cette décennie de nombreux contacts industriels et bancaires en France et en Europe.

La petite Société Normande d'Électricité permet en effet au fondateur de la CGE de faire ses premières armes, de comprendre et maîtriser les problèmes techniques et économiques de son métier et surtout de se constituer, notamment par l'intermédiaire de la Banque Française pour l'Afrique du Sud, un riche tissu de relations industrielles qu'il rassemblera ensuite autour de la CGE. Le directeur de la Banque Française pour l'Afrique du Sud, Nemours Herbault, ancien syndic des agents de change de Paris, deviendra l'un des administrateurs de la Compagnie Générale d'Électricité. Son frère, Charles Herbault, administrateur de l'établissement bancaire et de toutes les sociétés qui vont former la CGE, préside aussi le conseil d'administration de la Société Normande d'Électricité.

Station centrale de Rouen. Tableau de distribution.

Enfin, c'est au cours de cette décennie que Pierre Azaria rencontre et se lie avec l'un des principaux fabricants de l'époque, le Suisse Walter Boveri, qui soutiendra la CGE débutante par ses appuis techniques et bancaires en particulier.

« Les fondateurs de la Compagnie Générale d'Électricité ont précisément créé à Rouen, sous le nom de Société Normande d'Électricité, il y a déjà près de dix ans, la première station centrale qui, en France, ait donné des résultats probants et qui ne font que s'accuser d'année en année », mentionne la *Notice* éditée en avril 1898 à la naissance de la CGE, qui poursuit en soulignant : « L'expérience qu'ils ont acquise par une exploitation relativement aussi ancienne, le personnel dont ils ont su s'entourer, les écoles mêmes qu'ils ont pu faire. » Dès le départ, l'aventure de la Compagnie Générale d'Électricité débute sur des bases solides.

Mai 1898 : création de la Compagnie Générale d'Électricité

Le 10 mai 1898, Pierre Azaria convoque pour le 21 du même mois les futurs actionnaires de la société, à 4 heures de l'après-midi, rue Boudreau, près de l'Opéra de Paris. Tout ne peut être réglé ce jour-là et une seconde assemblée constitutive est réunie le 31 mai. Elle procède à la nomination des premiers administrateurs et fixe le capital social à dix millions de francs. Son ordre du jour, annoté par Benjamin Rossier, président provisoire, prévoit la lecture du rapport du commissaire aux apports et la nomination de cinq premiers administrateurs « désignés par un groupe très important des actionnaires et qui paraissent devoir réunir une très forte majorité ».

Banquiers et industriels : une direction solide et homogène

Les liens industriels et financiers des premiers dirigeants de la CGE mettent en évidence l'originalité du double appui industriel et bancaire qui préside à la constitution de l'entreprise. Celle-ci associe, d'une part, les milieux financiers suisses liés à la grande industrie électrotechnique européenne et, d'autre part, des milieux industriels et d'affaires français, engagés surtout dans le négoce des métaux non ferreux. Point de convergence des deux ensembles, Pierre Azaria s'érige en chef d'orchestre brillant, qui impose ses choix par son autorité et sa compétence.

Deux des cinq premiers administrateurs sont en effet suisses. Le plus connu, Walter Boveri, est l'un des deux fondateurs du grand groupe helvétique Brown Boveri. Celui-ci est devenu en moins de dix ans l'un des plus importants producteurs mondiaux de générateurs, turbines et transformateurs, notamment grâce au soutien des milieux bancaires de Bâle et de Zurich. En France, le groupe suisse contrôle la Compagnie Générale Électro-Mécanique, filiale qui dispose de ses brevets pour le pays. Mais cette présence sera de courte durée : Walter Boveri n'assiste qu'à deux réunions en 1899 et démissionne finalement le 17 janvier 1899, invoquant son emploi du temps trop chargé et l'éloignement géographique de la capitale française.

Les liens étroits de la CGE avec la société suisse se maintiennent cependant jusqu'au lendemain de la Seconde Guerre mondiale. La CGE bénéficie, grâce aux brevets Brown Boveri, d'une garantie face au cartel qui contrôle de fait le marché français électrique et ses matériels. Cette dimension est exposée clairement dans la *Notice* : la CGE entreprend la fabrication et la vente de matériel électrique, lampes ou turbines, « spécialités qu'aucune des grandes maisons de construction électrique n'exploite ».

Le second représentant des intérêts helvétiques, Benjamin Rossier, est administrateur délégué de la Banque Suisse et Française, fondée en 1894, qui prendra en 1917 son nom actuel, celui de Crédit Commercial de France (CCF). Au départ simple succursale parisienne des banques de Bâle, cet établissement apparaît comme une émanation des groupes financiers suisses liés à Brown Boveri et préserve donc fortement les liens avec ce dernier. La Banque Suisse et Française est en outre la banque privilégiée des sociétés suisses en France, comme Alioth, la CEM, Jeager, Sprecher et Schuh, et apporte donc à la jeune CGE un prestige et des appuis certains sur la place parisienne. Benjamin Rossier assure une liaison efficace avec le marché financier et sera l'un des grands pourvoyeurs de la Compagnie en capitaux, selon la tradition de partenariat étroit avec l'industrie propre à la banque allemande et helvétique.

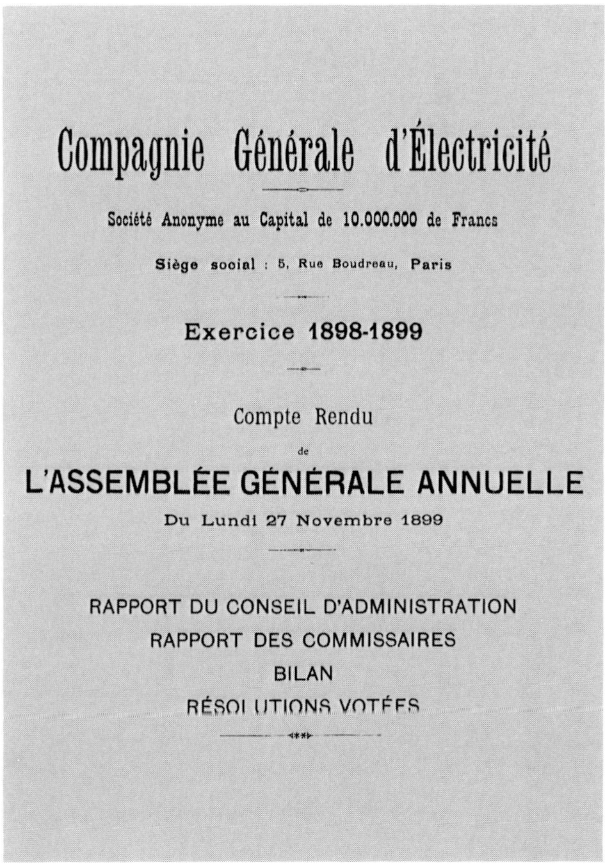

Compagnie Générale d'Électricité

Société Anonyme au Capital de 10.000.000 de Francs

Siège social : 5, Rue Boudreau, Paris

Exercice 1898-1899

Compte Rendu

de

L'ASSEMBLÉE GÉNÉRALE ANNUELLE

Du Lundi 27 Novembre 1899

RAPPORT DU CONSEIL D'ADMINISTRATION

RAPPORT DES COMMISSAIRES

BILAN

RÉSOLUTIONS VOTÉES

Benjamin Rossier fait bénéficier la jeune CGE de nombreux liens avec l'industrie en sa qualité d'administrateur de l'Alsacienne de Construction Mécanique, où l'on retrouve la famille Kœchlin, des banquiers et industriels à Bâle et à Mulhouse, mais aussi le groupe Siemens. De la même façon, un troisième administrateur, Camille Chabert, regroupe au sein du holding l'Omnium Lyonnais qu'il préside diverses participations dans les transports urbains, qu'il s'agisse de lignes de tramways ou de la ligne de métropolitain Nord-Sud de Paris. Administrateur de la Banque Française pour l'Afrique du Sud, il dispose de relations parmi les plus grandes banques parisiennes, la Banque de Paris et des Pays-Bas, la Société Générale et le Crédit Lyonnais. Mais les difficultés de cette dernière en 1901 et la crise de l'Omnium Lyonnais en 1903 l'amèneront à se retirer précocement du conseil de la CGE.

Pierre Azaria et Charles Herbault apparaissent à tous égards comme les deux figures clés de la constitution de la CGE. Ce sont eux qui apportent les quatre affaires destinées à constituer la Compagnie : la Société Normande d'Électricité, la Compagnie Générale des Lampes à Incandescence, la Manufacture Française F. Gabriel et G. Angenault et les Établissements Mouchel, dont ils sont à chaque fois administrateurs. Logiquement, Pierre-Jean-Félix Mouchel, ancien président des Établissements Mouchel, entre au conseil d'administration de la toute jeune CGE. Tout en devenant président du conseil, Charles Herbault conserve une position en retrait dans la Compagnie du fait de ses engagements bancaires. À sa mort en 1909, son poste d'administrateur est confié significativement à son neveu par alliance, Lehideux, gendre de son frère Nemours Herbault, et qui dirige une banque privée fort active.

Dès mars 1899, les cinq hommes à l'origine de la CGE sont rejoints par E. Chevallier, De Metz-Noblat, Genebrias de Fredaignes et Edmond Rodier, qui appartiennent tous à l'industrie électrotechnique. Le dernier, administrateur de la Compagnie Fives-Lille, devient en 1909, à la suite de la disparition de Charles Herbault, le second président de la CGE.

Aux côtés de la Société Normande d'Électricité, la Compagnie Générale d'Électricité rassemble cinq autres sociétés : la Société Anonyme des Usines Mouchel, la Compagnie Générale et la Manufacture Française des lampes à Incandescence, ainsi que deux petites sociétés engagées dans la production d'isolants électriques : la Compagnie Française pour la Pulvérisation des Métaux et la Société Française de l'Ambroïne.

Les Établissements Mouchel, ancêtres de la Compagnie Générale d'Électro-Mécanique

L'importance de ces entreprises est très inégale. Les Établissements Mouchel sont une tréfilerie normande dont les origines remontent au XVIIe siècle, qui fabrique dans ses deux usines de Boisthorel (Orne) et de Tillières (Eure) du fil de fer puis, à partir du milieu du XIXe siècle, du fil de cuivre et de laiton. L'entreprise devient une société anonyme en 1895 sous l'égide d'un groupe étranger, Metallgesellschaft de Francfort. Le propriétaire précédent, M. Mouchel, en reste le président, même si le contrôle de Metallgesellschaft s'exerce par le biais d'accords techniques et d'avances financières conséquentes – 1,6 million de francs en 1898, alors que le capital n'est que de 900 000 francs –, et des marchés de fourniture de cuivre.

La présence indirecte et fort discrète de la société allemande s'explique par le fait que les Établissements Mouchel reçoivent de nombreuses commandes militaires, comme par exemple 300 tonnes de bandes de laiton pour la fabrication de cartouches en 1898. Au moment de la fondation de la CGE, Metallgesellschaft est cité de façon très mystérieuse, sous l'euphémisme « d'un groupe étranger des plus puissants, possesseur de la majorité des actions », lequel par « ses relations personnelles avec les fondateurs de la CGE » lui a « apporté ses actions à prix coûtant ».

Grâce à l'appui « commercial, technique et financier » du groupe allemand, les Établissements Mouchel connaissent une forte expansion. En 1895 et 1896, le bénéfice double largement, passant de 140 000 à 375 000 francs. Il s'agit donc d'une affaire solide et sérieuse qui va constituer de fait l'un des piliers de la CGE.

Voitures électriques pour les Postes (1901).

Conçues dès 1891, les automobiles à accumulateurs dépassent la vitesse de 100 km/h, avec « La Jamais contente » de Jenatzy, mais elles manquent d'autonomie. Cependant, en 1904, les 15 fourgons électriques des Postes parcourent chacun 45 km par jour dans Paris. De nos jours, la voiture électrique retrouve ses chances pour combattre la pollution, grâce à l'amélioration de ses performances.

LE MONDE DU TRAVAIL À LA BELLE ÉPOQUE

La croissance économique, l'industrialisation, la diffusion de l'instruction transforment les sociétés d'Europe occidentale et se traduisent par un accroissement sensible de la richesse ; cependant de fortes inégalités persistent. En Europe, la population rurale, quoique en déclin, reste importante, et les paysans représentent encore 30 à 40 % des actifs. Toutefois, ce n'est pas le cas de la Grande-Bretagne, plus industrialisée que le continent. La modernisation des campagnes est largement entamée, mais le travail des agriculteurs demeure essentiellement manuel. L'introduction des produits manufacturés, favorisée par le développement du chemin de fer, et l'accès à l'école primaire rompent l'isolement traditionnel du monde rural.
La population urbaine dont le tissu social se diversifie est en pleine croissance. Les ouvriers, qui atteignent ou dépassent 40 % de la population active au début du siècle, voient leurs conditions de vie et de travail s'améliorer progressivement. Si la journée de travail reste longue, en général dix heures dans les usines, souvent plus dans les petits ateliers ou à domicile, l'hygiène et l'éclairage par exemple sont en progrès. Avec les revendications de la journée de huit heures et de la semaine anglaise (congé hebdomadaire du samedi midi au lundi matin), la réduction de la durée du travail, déjà amorcée, se poursuit.
De plus, les salaires journaliers, qui atteignent fréquemment 5 francs (70 à 80 de nos francs), favorisent l'évolution des habitudes des consommateurs principalement axées sur l'alimentation.
Aux côtés des ouvriers et des domestiques, de nouvelles catégories sociales apparaissent dans le secteur tertiaire, demoiselles du téléphone, employés de bureau, de banque ou de magasin. Ces classes moyennes, fascinées par la réussite d'Octave Mouret dépeinte par Zola dans son roman *Au bonheur des dames*, rêvent d'accéder à la bourgeoisie.

Deux sociétés de lampes à incandescence

Le second groupe d'apports est constitué de deux fabricants de lampes électriques, la Compagnie Générale des Lampes à Incandescence et la Manufacture Française de Lampes à Incandescence F. Gabriel et G. Angenault. Fondée en 1888, la première détient, mais sans exclusivité et pour le seul marché français, les brevets américain Edison et anglais Swan. Elle connaît une forte expansion – près de 30 % par an – et, outre ses propres établissements, a absorbé ou créé diverses sociétés annexes. Dès 1890, elle compte dans son usine d'Ivry, qui deviendra l'un des fleurons de la CGE naissante, plus de 175 ouvrières et ouvriers.

F. Gabriel fonde la Manufacture Française en 1888 dans un petit moulin à eau à Combs-la-Ville, en Seine-et-Marne. Un an plus tard, il prend pour associé H. Angenault et installe une usine à vapeur augmentant ainsi les capacités de l'usine. La marque « F. Gabriel et H. Angenault » conquiert très vite la faveur du public grâce à la qualité de ses lampes et devient le fournisseur exclusif des lampes pour la Marine nationale.

À la veille de la création de la CGE, la Manufacture est reprise par la Compagnie Générale des Lampes à Incandescence mais, pour des raisons commerciales, les deux entreprises restent distinctes, les grosses commandes allant de préférence à la Compagnie, celles de moyenne importance à la Manufacture. Alors que la fabrique d'Ivry se contente, rue Boudreau, d'un bureau de réception des commandes, la Manufacture dispose, du fait de la qualité de la marque F. Gabriel et H. Angenault, d'un magasin de vente dans le quartier de l'Opéra, rue Gaillon, « aménagé avec une certaine recherche d'élégance » et de deux dépôts, à Londres et à Madrid, ce dernier à l'adresse prestigieuse du 1 Puerta del Sol...

L'usine de Combs-la-Ville comporte une cristallerie dotée de trois fours et qui alimente l'ensemble des usines des deux sociétés, avec une production journalière de 18 000 ampoules en 1900. Plus encore que les Établissements Mouchel, l'activité de fabrication de lampes paraît offrir un marché et une expansion très prometteurs. Les capitaux requis sont cependant importants, et la Compagnie Générale de Lampes à Incandescence ne dispose que de 1,25 million de francs en fonds propres.

La Compagnie Française pour la Pulvérisation des Métaux et la Société Française de l'Ambroïne

À l'ordre du jour de l'assemblée générale du 31 mai 1898, il est enfin fait mention de l'acquisition de deux autres entreprises auxquelles participent Azaria et Herbault. La première est la Compagnie Française pour la Pulvérisation des Métaux, constituée en 1894 avec un capital de 400 000 francs afin d'exploiter le brevet des accumulateurs électriques à la poudre de plomb de la marque « Pulvis ». Ceux-ci présentent la particularité d'être chargés plus rapidement que les autres accumulateurs similaires existant sur le marché et sont garantis deux ans, signe de la fiabilité du procédé.

La seconde est la Société Française de l'Ambroïne, créée en 1897 pour exploiter les brevets de l'ambroïne, un produit isolant composé essentiellement de résines et de silicates fibreux, mieux adapté que l'ébonite aux usages électriques. Après des débuts modestes, avec seulement 10 ouvriers, la société, dont l'usine se trouve à Ivry près de l'usine des lampes à incandescence, se développe rapidement. Ses produits multiplient leurs applications : pièces isolantes de toute nature, plots et appareils pour systèmes de traction, bacs pour accumulateurs, etc. Au tournant du siècle, l'usine, qui s'étend sur 3 000 m², apparaît comme l'ensemble de moulage le plus important en France. Elle emploie une centaine d'ouvriers et dispose d'un matériel important, à savoir une vingtaine de machines-outils pour la fabrication des moules en acier, des broyeurs et des pulvérisateurs de matières premières et 17 presses hydrauliques d'une force variant de 15 à 1 000 tonnes.

Usine de l'Ambroïne à Ivry-sur-Seine.

Usine de l'Ambroïne.
Moulage d'un bac accumulateur.

Les premiers pas

Bien que toutes les sociétés qui fondent la CGE appartiennent au domaine de l'électricité, l'ensemble reste malgré tout à la fois disparate et modeste. La Compagnie Générale d'Électricité est créée avec un capital de 10 millions de francs composé de 20 000 actions. 1 200 actions sont attribuées à Pierre Azaria « en représentation des apports et rémunération des études, démarches et arrangements faits par lui ». Compte tenu des charges qui pèsent sur elle, comme les frais d'établissement et le remboursement anticipé des obligations Mouchel, la CGE ne dispose d'aucune trésorerie à sa naissance !
C'est pourquoi elle procède à l'émission immédiate d'une première série d'obligations à 4 % sur 35 ans placées sans difficulté, via la Société Générale et son réseau national d'agences. Cela procure à la CGE 4,7 millions de francs de ressources de départ. Par la suite, l'entrée du représentant de la Société Générale, Genebrias de Fredaigues, au conseil de la CGE facilitera le placement d'émissions de la Compagnie tout au long de la Belle Époque.

Au début de l'année 1899, la Compagnie Générale d'Électricité, installée dans ses locaux de la rue Boudreau, est à la tête d'un groupe d'entreprises isolées chacune dans son secteur, sans véritable synergie, mais elle dispose de sérieux appuis techniques et bancaires. Ces derniers lui assurent des facilités de trésorerie et de caisse qui illustrent la confiance placée dans son équipe dirigeante et la reconnaissance du potentiel des différentes sociétés venant d'être regroupées sous la houlette de Pierre Azaria.

Une organisation moderne

Nommé administrateur délégué le jour même de la fondation de la Compagnie, le 31 mai 1898, Pierre Azaria préside aux destinées de la maison. Fixés par le conseil d'administration, ses pouvoirs, très étendus, s'apparentent à ceux des grands managers modernes de l'époque, américains ou allemands, dirigeant leur société sans en être l'héritier ou le propriétaire. Pierre Azaria est chargé d'organiser, de réglementer, de diriger, d'engager (ou de congédier) le personnel en fixant ses traitements, de percevoir et de payer toutes les sommes concernant la Compagnie, de représenter celle-ci en justice mais aussi « auprès des villes et des gouvernements », de signer tous les actes, enfin, de la représenter dans les conseils des autres sociétés. Son salaire annuel s'élève à 25 000 francs et il bénéficie en particulier d'une participation de 5 % aux bénéfices.

Salle du broyage.

Pierre Azaria, également directeur de la Société des lampes, est assisté dans ses fonctions à la CGE par Paul d'Ocagne, l'un de ses condisciples à l'École centrale, nommé secrétaire général. À partir du 28 mars 1898, une direction administrative le décharge des tâches courantes. Le conseil d'administration de la même date renforce la direction de la CGE en créant un comité de direction composé de trois administrateurs : Charles Herbault, Benjamin Rossier et Pierre Azaria.

Les usines des Établissements Mouchel, à Boisthorel, dans l'Orne.

Ce comité se réunit toutes les semaines et jouit de larges pouvoirs ; il peut prendre, en cas d'urgence mais à l'unanimité, toute décision qu'il juge nécessaire. Avec l'expansion de la Compagnie, le rôle du comité ira croissant et le conseil lui déléguera de plus en plus de compétences, notamment à partir de février 1901. Ses décisions sont approuvées et consignées dans les procès-verbaux des réunions du conseil d'administration.

C'est lors des réunions du conseil d'administration que l'on détermine la politique générale de la CGE, l'affectation des crédits, la nomination et la rémunération des hauts responsables. Les diverses parties composant la Compagnie travaillent déjà de façon autonome. Un administrateur délégué effectue régulièrement, par établissement, un rapport sur la situation financière et son contrôle *a posteriori*, sans entrer dans le détail des problèmes quotidiens. Dès l'origine, la CGE adopte, de façon étonnante, une gestion et une organisation décentralisées, traits qui la caractérisent toujours aujourd'hui.

La qualité et le mode de rémunération et d'intéressement des hauts cadres qui animent la société y sont pour beaucoup. Paul Bizet, le bras droit de Pierre Azaria à la Société Normande d'Électricité, est nommé à la tête de la branche Stations centrales, avec un salaire fixe de 8 000 francs et une participation de 2 % aux bénéfices de la société. Son adjoint, l'ingénieur principal Paul Delaporte, reçoit un salaire minimum garanti de 10 000 francs, dont un fixe de 6 000 francs et une participation de 1 % sur les bénéfices. Il en va ainsi pour l'ensemble des cadres dirigeants de la Compagnie occupant des charges opérationnelles, le niveau des revenus et la part d'intéressement variant selon chaque société.

Les salaires des ouvriers sont également assez élevés. Un ouvrier des services extérieurs des Stations centrales de la CGE reçoit 5 à 6 francs par jour, un excellent salaire à l'époque, un mineur touchant en comparaison 4 francs . À sa création la CGE rassemble 1 200 personnes, ouvriers pour la plupart. Ce chiffre, considérable pour l'époque, passe dès 1901 à 2 000 personnes, signe de l'appétit de croissance qui est celui de la jeune société.

Atelier de la presse à refouler.

L'usine de Tillières, dans l'Orne.

Une politique de développement en faveur de l'éclairage

Pour le tandem Pierre Azaria et Charles Herbault, la réunion des entreprises qui constituent la CGE n'est à l'évidence qu'un point de départ. Dès les premiers jours de la Compagnie, Pierre Azaria dégage plusieurs grandes orientations afin d'assurer l'expansion de celle-ci. Les établissements réunis ne disposent, malgré leurs qualités, que d'un faible potentiel de croissance interne. Il faut également assurer la croissance externe, par le biais de diverses acquisitions et la constitution de ce que l'on nomme alors des omniums, c'est-à-dire des services publics assurant la production d'électricité.

Du fait de la puissance des groupes industriels en place, tout comme de celle de partenaires tels que Brown Boveri, la CGE naissante ne saurait s'engager directement dans la fabrication de matériel électrotechnique. Elle n'en a ni les moyens financiers, techniques ou humains ni la volonté. Pierre Azaria a, sans nul doute, arrêté les grands traits de sa stratégie industrielle avant même la création de la Compagnie. Celle-ci en constitue à la fois une étape et un instrument.

La politique de Pierre Azaria consiste en premier lieu à profiter du retard de l'électrification urbaine pour se constituer un portefeuille de concessions et de stations centrales de production d'électricité. À cet égard, les fondateurs disposent de l'expérience acquise avec succès à Rouen et de l'équipe performante rassemblée autour de Pierre Azaria et de Paul Bizet. La production d'électricité, outre des revenus stables et réguliers, offrant « les meilleures garanties de sécurité », assure un débouché préférentiel pour les activités industrielles dont dispose la Compagnie : les câbles, lampes, isolants et accumulateurs. Dans ce dernier domaine, les brevets Pulvis permettent, s'ils tiennent leurs promesses, de fournir les batteries qu'exige la continuité du service, dans l'état actuel de la technique. En outre, comme l'explique la CGE en 1901, les industries de fabrication, « qui sont d'un rapport moins régulier, mais en même temps plus rémunérateur, sont à même de fournir l'appoint de bénéfices qui permet d'attendre la période de pleine production des stations centrales ».

C'est ce « programme général » composé de deux volets complémentaires qu'expose, en 1901, le conseil d'administration de la Compagnie :

– « Poursuivre, par l'exploitation méthodique de Stations centrales de première importance, basées sur des traités de longue haleine et aménagées avec un matériel perfectionné de marche économique, la consolidation de la situation financière de la Compagnie grâce à la rémunération régulièrement progressive des capitaux engagés, qui est la caractéristique de ce genre d'industrie ;

– Augmenter les bénéfices ainsi obtenus de ceux, proportionnellement plus importants, que sont en mesure de procurer diverses industries de fabrication dont la réunion assure, autant qu'il est possible, la régularité du rapport. »

Refroidissement des planches de laiton.

PAUL BIZET, L'HOMME DE CONFIANCE

Directeur général des distributions d'énergie électrique et à ce titre responsable de toutes les stations centrales de la CGE, Paul Bizet est le collaborateur de Pierre Azaria pendant près de 40 ans. Ingénieur des Arts et Métiers de formation, administrateur de plusieurs filiales, il entre au conseil d'administration de la CGE en 1912 et représente celle-ci au Syndicat des producteurs d'électricité et dans d'autres organismes comme le conseil de la *Revue générale d'électricité*. À ce titre, il est l'auteur de divers articles techniques et conférences, comme ses « Considérations sur la production, la distribution et l'utilisation de l'énergie électrique en France », une conférence faite à la Société Industrielle de l'Est à Nancy en 1913. Il y dresse un tableau général des utilisations, des perspectives mais aussi des problèmes économiques de la nouvelle énergie.

Ce pionnier de la CGE disparaît en 1929. Pierre Azaria lui rend alors un hommage ému lors de l'assemblée générale des actionnaires de la même année, en déclarant : « Paul Bizet était pour moi un collaborateur et ami de quarante ans. Ingénieur des Arts et Métiers, il fit ses débuts à Rouen comme sous-directeur de la modeste Société Normande d'Électricité, alors au capital de 100 000 francs, dont 8 000 d'apports, constitués par un invraisemblable matériel de production, dont il tira le meilleur parti. Il sut rapidement assimiler la technique de cette industrie naissante dont il aida de toutes ses forces, de toute son intelligence, le prodigieux développement. »

Produire de l'électricité

Comme ses dirigeants l'expliquent avec conviction en 1901, « l'installation et l'exploitation de Stations centrales d'énergie électrique constituent la base même de la Compagnie Générale d'Électricité. C'est, parmi les différentes branches d'industrie qu'elle comprend, celle qui est appelée, par la force même des choses, à prendre le plus d'extension dans l'avenir, grâce au développement naturel des Stations existantes et à l'obtention de nouvelles concessions dont la recherche judicieuse fait l'objet des préoccupations constantes du conseil d'administration de la société »...

Nancy, Amiens, Nantes : la politique des villes moyennes

L'année même de sa création, la Compagnie acquiert ainsi la concession de deux réseaux, ceux de Nancy et d'Amiens, complétés par la prise de contrôle, l'année suivante, de la société concessionnaire de Nantes. La rapidité de ces acquisitions, préparées minutieusement, montre qu'elles ont été sans nul doute prévues et étudiées avant la constitution de la Compagnie. Celle-ci procède à chaque fois de manière à peu près identique. L'acquisition à bas prix d'une station existante en mauvais état est suivie de sa modernisation rapide par les services extérieurs de l'entreprise, afin de déboucher sur une rentabilité immédiate – à l'instar de la démarche réussie par Azaria et Bizet à Rouen. La même sûreté d'exécution est mise en œuvre pour des créations *ex nihilo*, comme à Amiens, puis Brest et Meaux.

Station centrale de Nancy.

Nancy vers 1900.

Les trois villes de Nancy, Amiens et Nantes présentent des caractéristiques voisines. Au regard de l'urbanisation française, ce sont de grandes cités promises, dans un proche avenir, à une « merveilleuse extension », humaine, industrielle, commerciale. Les trois villes sont chacune des capitales régionales et des centres de communication privilégiés, avec des carrefours ferroviaires et pour Nantes un grand port. Si, à Amiens, le textile végète, les deux autres villes sont au cœur d'une expansion industrielle renouvelée. Outre la perspective de clients industriels, le dynamisme urbain est porteur d'une demande d'électricité accrue, à la fois pour l'éclairage et l'alimentation des tramways.

Salle des machines de la station centrale de Nancy.

Pour chacune de ces concessions comme pour celles qu'elle acquiert par la suite, le choix de la CGE s'avère mûrement réfléchi. La Compagnie ne cherche pas à obtenir le maximum de concessions, mais s'intéresse à des villes disposant d'un potentiel d'expansion important et qui ne relèvent pas des positions acquises par la Compagnie Française Thomson-Houston ou le groupe Empain. D'où l'absence délibérée de la CGE dans la région parisienne ou dans la région du Nord. Enfin, les moyens financiers limités de Pierre Azaria et de ses associés, et les aspects techniques particuliers à la construction de centrales hydroélectriques, expliquent sa non-intervention dans les zones où les concessions font appel à ce mode d'énergie.

Le modèle rouennais : les centrales de Nancy et d'Amiens

Les conditions de la reprise de la concession de Nancy, en août 1898, s'apparentent étroitement aux débuts de la station de Rouen. Créée en 1887 par des industriels et des ingénieurs de Nancy, la société de distribution d'éclairage locale débute avec un capital de départ trop faible de 100 000 francs. Malgré deux modifications de statuts, elle ne parvient pas à trouver son équilibre financier et son exploitation pâtit de diverses insuffisances techniques – existence de deux réseaux en continu et en alternatif, distribution intermittente – et d'une implantation trop exiguë en centre-ville .
Mise en liquidation à la demande de ses actionnaires, elle est rachetée par la CGE qui remporte l'adjudication publique. La Compagnie acquiert l'ensemble pour 1,108 million de francs et transforme la simple autorisation de voirie – c'est-à-dire le droit non exclusif de poser des lignes – en concession de cinquante ans dont vingt-cinq avec exclusivité. À la suite d'une étude qui montre qu'il valait mieux « établir une usine nouvelle, unifier le système de distribution, remplacer complètement le réseau existant et assurer la continuité de la distribution » (Paul Bizet), elle installe un an après, fin 1899, un nouveau réseau et une usine moderne, située au bord du canal de la Marne au Rhin, permettant un approvisionnement aisé en houille et en eau. Cette dernière entre en activité avec une force motrice disponible de 2 500 ch, alimentée par 3 groupes électrogènes, et sa conception lui permet, dans un court délai, le triplement à 7 500 ch de la force motrice.

Station centrale d'Amiens.

La concession d'Amiens est obtenue en novembre 1898, à la suite d'un appel d'offres du conseil municipal qui l'avait mise aux enchères. Cette fois-ci, le contrat se révèle plus contraignant, car la CGE s'engage à alimenter dans un délai de 21 mois l'ensemble des voies publiques et des bâtiments municipaux. Cela représente l'équivalent de 7 000 foyers de 30 W. Comme à Nancy, les travaux sont menés à bien rapidement : commencées en janvier 1899, les installations sont inaugurées à la fin de l'année, à la veille du jour de Noël. De la même manière, les équipes de la CGE apportent un soin particulier aux conditions d'exploitation : choix d'un emplacement favorable pour la station centrale, tout proche du port fluvial, construction d'un vaste bâtiment, et une puissance installée de 1 750 ch dont le triplement est également prévu.

Nantes : le levier de la filialisation

L'implantation à Nantes illustre une autre facette de la tactique des responsables de la CGE : la souplesse. Les acquisitions précédentes avaient été financées directement par la maison mère, faute d'existence juridique de la société reprise. La préexistence de la Société Nantaise d'Éclairage et de Force par l'Électricité, un environnement financier régional méfiant et des conditions de production particulières conduisent la CGE à adopter à Nantes une prudente politique de contrôle par filialisation.

LES STATIONS CENTRALES DE LA COMPAGNIE GÉNÉRALE D'ÉLECTRICITÉ AU 1er JUILLET 1901

	Puissance (Ch)	Abonnés	Lampes à incandescence (a)	Eclairage Public	Moteurs (b)
Rouen	5 000	2 184	93 246	302	90
Nancy	2 500	688	57 115	229	14
Amiens	1 750	473	25 737	106	6
Nantes	1 750	747	34 174	96	64
Total	**11 500**	**4 092**	**210 272**	**733**	**175**

(a) théoriques de 30 W (b) Total puissance 1 137 Ch soit une moyenne de 1,55 Ch

Les anciens actionnaires apportent l'actif alors que la Compagnie souscrit une part majoritaire du capital. Parallèlement, en avril 1900, la Société Nantaise d'Éclairage et de Force par l'Électricité voit sa concession renouvelée et prolongée dans le temps. De 1901 à 1903, comme à Nancy, une nouvelle usine, plus vaste et moins enclavée, est édifiée. Les machines du type le plus économique forment trois unités de 750 et deux fois 1 500 ch, avec une extension possible à 10 000 ch. Cette politique de filialisation, qui sera largement appliquée par la suite, permet à la CGE de limiter ses engagements financiers. Ceux de la filiale sont facilités grâce au double recours des banques locales et du marché financier, rassurés par la garantie de la maison mère.

Station centrale de Nantes.

Nantes vers 1900.

Salle des machines.

L'essor des « services extérieurs »

Ces acquisitions ainsi que l'efficacité des ingénieurs et des ouvriers de la CGE permettent à la société de disposer d'une véritable division de Grands Travaux, dite des « services extérieurs ». Celle-ci se charge bien entendu des travaux pour les filiales, comme à Nantes où, sur un total de 2,3 millions de francs, la CGE prélève 350 000 francs comme maître d'ouvrage. La nouvelle division réalise également des travaux de centrales et leur mise en service pour diverses compagnies concessionnaires d'éclairage urbain. En 1901, son intervention à Reims, Vesoul et Vernon assure par exemple à la Compagnie un chiffre d'affaires de 2 millions de francs.

Malgré ces succès et les espoirs de ses dirigeants, l'activité de production d'électricité de la Compagnie et ses perspectives apparaissent, au début du XXe siècle, plutôt modestes. La concurrence générale du gaz, moins cher et dont les citadins apprécient les techniques sûres et modernes, interdit, à l'exception d'Amiens, tout développement de l'éclairage public. Les industriels, clients potentiels, sont installés, comme à Rouen, à la périphérie des agglomérations, ce qui empêche la mise en œuvre d'économies d'échelle sur la production et la distribution d'énergie électrique. Les milieux politiques et administratifs demeurent enfin quelque peu méfiants à l'égard de compagnies susceptibles d'établir des monopoles de production.

Station centrale d'Amiens : tableau de distribution.

GLOSSAIRE ÉLECTRIQUE

La Tension *V* (ou différence de potentiel) et l'Intensité *I* d'un courant électrique peuvent être assimilées respectivement à la hauteur H et au Débit *D* d'une chute d'eau ; dans les deux cas, la Puissance *P* (énergie produite dans l'unité de temps) s'exprime par la même formule :

P = V x I pour la puissance électrique ;

P = H x D pour la puissance hydraulique.

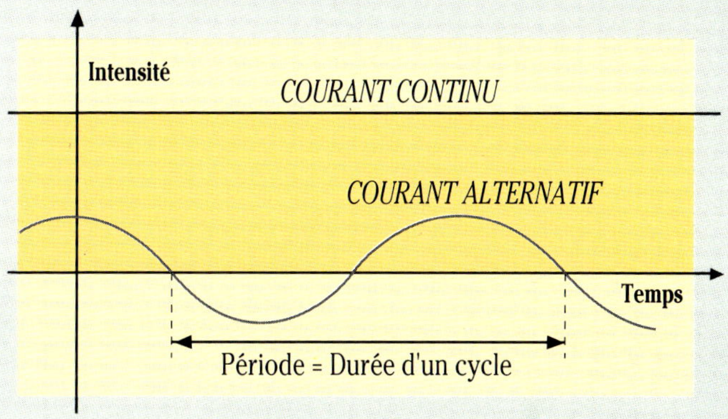

Courant continu et courant alternatif

• La Résistance *R* d'un câble électrique peut s'expliquer de la même manière en comparant un câble à une conduite d'eau : plus le câble est fin (c'est-à-dire de « faible section »), plus sa résistance est grande ; plus le câble est gros (de « forte section »), plus sa résistance est faible.

• La loi d'Ohm relie différence de potentiel, intensité et résistance :

$V = R \times I$ et $P = V \times I = RI^2$;

la tension s'exprimant en *volts*, l'intensité en *ampères* et la puissance en *watts*.

• Le courant est *continu* si son intensité est invariable dans le temps ; il est *alternatif* quand son intensité varie dans le temps selon une loi généralement sinusoïdale. La période du courant alternatif exprime la durée d'un cycle ; l'inverse de la période étant la *fréquence*, soit le nombre de cycles par seconde.

• Les *ondes sonores* et les *ondes électromagnétiques* voient leur intensité osciller dans le temps de la même manière. Une de leurs caractéristiques essentielles est leur fréquence. La fréquence du courant électrique et des ondes électromagnétiques s'exprime dans la même unité, le *hertz* égal à une période par seconde.

Les usines de fabrication

Plutôt que d'appliquer une politique d'expansion, la CGE cherche, dans ce secteur fortement concurrentiel, à consolider et rationaliser les acquis qu'elle a regroupés en 1898.

La modernisation des usines

Avec l'aide de la Banque Suisse Française, la CGE modernise les matériels et procédés des usines Mouchel, « afin de les mettre à la hauteur de l'industrie étrangère et plus particulièrement de l'industrie américaine ». L'installation de machines à tréfiler Fulton, importées des États-Unis, permet d'augmenter sensiblement la production de fil de cuivre et de laiton dans les deux usines de Boisthorel et Tillières, qui rassemblent respectivement 350 et 250 ouvrières et ouvriers. La première se consacre surtout au cuivre, avec une capacité de production de produits finis d'environ 30 tonnes par jour en 1901 ; la seconde, au laiton, avec une production journalière de 10 tonnes de planches de métal et de 1 tonne de fil environ. De fait, une faible partie de ces produits est destinée à l'électricité.

L'accord avec Metallgesellschaft se termine en novembre 1901. La CGE rembourse, après une transaction, le compte courant et les avances faites par la société allemande. Cela lui permet de ne plus soumettre ses comptes à cette dernière et de lui attribuer un pourcentage des bénéfices. La CGE dispose désormais d'une liberté totale en ce qui concerne ses approvisionnements de cuivre, à un moment où la production mondiale subit un fort accroissement qui fait baisser les cours.

Une fois intégrée au sein de la CGE, la production de lampes à incandescence est rationalisée et s'accroît fortement. À Ivry, les ateliers primitifs de l'usine triplent de superficie et l'accroissement de la production nécessite l'installation, dans des bâtiments séparés, de deux fabrications annexes, celle des filaments et celle des culots en cuivre. Une nouvelle cristallerie, beaucoup plus importante que celle qui fonctionnait à Combs-la-Ville, est édifiée en 1901, comportant deux fours et permettant une production de 50 000 ampoules par jour, susceptible d'être rapidement portée à 100 000 unités.

Du fait des agrandissements successifs de la fabrique de lampes et de ses industries connexes, le site d'Ivry-Port devient, avec la proximité des Usines de l'ambroïne, le centre industriel le plus peuplé de la CGE, rassemblant au total, en 1901, plus de 800 ouvrières et ouvriers.

Fabrique de lampes à incandescence à Combs-la-Ville : la cristallerie.

Fabrique de lampes à incandescence à Madrid, la première implantation internationale de la CGE.

LES LAMPES ÉLECTRIQUES D'IVRY EN 1901

« La fabrication des lampes comprend, la production et la carburation du filament, le montage du filament dans l'ampoule, l'extraction de l'air de l'ampoule, l'étalonnage, le montage de la lampe sur son culot.
Les ampoules, après leur fabrication, sont triées avec le plus grand soin afin d'éviter le déchet qui se produirait au cours de la fabrication des lampes du fait des défectuosités du cristal. Celles qui sont reconnues trop minces ou qui présentent le moindre défaut sont mises au rebut. Les autres sont séparées en plusieurs lots et placées généralement par boîtes de 25 lampes.
La fabrication d'Ivry comporte plus de 500 types différents de lampes en raison de la variété des formes et des couleurs des ampoules, des systèmes et des dimensions des culots, enfin des voltages et des intensités lumineuses des filaments.
Le prix des lampes à incandescence, par quantité, qui était de 5 francs en 1888, est descendu successivement à 2,50 francs en 1890, 1,25 franc en 1893 et 0,60 franc en 1898. En même temps que le prix des lampes baissait, leur consommation de courant, qui atteignait à l'origine 5 watts par bougie d'éclairage, se réduisait à 3 watts et même à 2,5 watts.
Malgré l'avilissement des prix, l'industrie des lampes, telle qu'elle est pratiquée par la Compagnie Générale d'Électricité, c'est-à-dire montée sur un très grand pied, a pu se maintenir, et même progresser, grâce aux nombreux perfectionnements apportés aux procédés de fabrication et à l'augmentation constante de la consommation. Ces deux facteurs ont permis, en effet, d'abaisser progressivement le prix de vente des lampes au point de rendre possible leur exportation dans différents pays étrangers, et il est bon de constater en passant que, sur ce point, le commerce de la France est suffisamment armé pour pouvoir lutter, souvent avantageusement, avec celui de l'Allemagne... », relève la CGE dans une brochure anniversaire (1901). D'une taille semblable, les usines de Combs et de Madrid sont toutefois plus modestes, leur activité représentant sensiblement le quart de celle d'Ivry. La première se consacre, outre la fabrication de la marque F. Gabriel et H. Angenault, aux commandes de lampes de type peu courant ou spéciales. Comme celle de Madrid, elle tire les éléments qui entrent dans la composition de ses lampes (ampoules de cristal, filaments et culots en cuivre) des usines d'Ivry-Port. Combinée avec le magasin de vente situé Puerta del Sol, l'usine de Madrid assure aux lampes de marque CGE ou F. Gabriel et H. Angenault une large diffusion dans la péninsule Ibérique.

La Compagnie annonce fièrement, à cette date, la présence de sept établissements distincts sur le même lieu : l'usine de lampes elle-même, une usine à gaz fournissant l'énergie, les fabriques de filaments et d'appareillage, la cristallerie, la fabrique de produits isolants à partir de l'ambroïne et un laboratoire de recherches et d'études. À la différence des concurrents, « la réunion de ces différentes industries assure aux lampes à incandescence de la CGE l'unicité d'origine et le contrôle de l'ensemble des éléments constituants », y compris la matière des culots à cuivre, qui sont confectionnés avec l'aide de planches à laiton provenant des Établissements Mouchel...

Fabrique de lampes à incandescence d'Ivry-Port. Atelier de plâtrage des culots.

Du trolley automoteur
à la Compagnie Générale d'Accumulateurs

Deux initiatives montrent que les dirigeants de la Compagnie recherchent tous les moyens de participer aux industries de fabrication de matériel électrique. Ils investissent tout d'abord dans le procédé de « trolley automoteur » Lombard-Gérin. Cet ingénieur lyonnais a mis au point un astucieux système de trolley à conducteur souple, permettant une certaine amplitude aux mouvements du véhicule à moteur électrique et le libérant ainsi de la rigidité des rails.

La CGE présente à l'Exposition de 1900 le procédé Lombard-Gérin et équipe grâce à celui-ci avec succès une première ligne, d'une longueur de 2,5 km, avec des omnibus de 24 places. Ses perspectives apparaissent prometteuses. Exigeant en effet peu d'équipements extérieurs, ce trolleybus semble se prêter particulièrement aux villes moyennes dont la Compagnie a fait son domaine privilégié. Il s'agit de construire les lignes proprement dites et d'assurer la fourniture du matériel nécessaire à leur exploitation, en cédant la licence de celle-ci à des concessionnaires locaux.

Filiale de la CGE, la Compagnie de Traction par trolley (procédé Lombard-Gérin) est constituée en mars 1900 avec un capital de 2 millions de francs. En 1901, deux lignes fonctionnent, entre Fontainebleau et Samois et dans la commune allemande d'Eberswalde, près de Berlin. Mais l'affaire tourne court en raison de la lenteur et de la faible capacité des voitures. À cela s'ajoute une difficulté technique insurmontable : l'existence d'un caténaire unique oblige les omnibus à échanger leurs trolleys à chaque croisement ! L'apparition massive des premiers autobus à essence, qui sont déjà au nombre de 1 000 à Londres en 1905, signe la condamnation du procédé et la fin de la société, qui est dissoute.

Au sein des entreprises de la Compagnie, les fils de cuivre des Établissements Mouchel et les lampes à incandescence disposent d'un marché défini. Ce n'est en revanche pas le cas des accumulateurs Pulvis et des produits isolants issus de l'ambroïne. Une synergie existe entre ces deux domaines ; mais le premier ne repose que sur un brevet très concurrencé, en particulier par la marque « Tudor », un brevet luxembourgeois dont AEG a l'exclusivité sur de nombreux marchés. L'accroissement des besoins en accumulateurs, tant au niveau de la distribution d'électricité que de l'automobile, fait ressortir la taille trop limitée des entreprises françaises, et notamment des positions de la CGE dans le domaine.

C'est pourquoi, au mois d'août 1900, une opération de concentration, la première de l'histoire de la CGE, a lieu sous l'égide de la Compagnie.

L'accumulateur Tudor : Usine de Lille.

Tudor : Usine de Lille.

Les accumulateurs Pulvis et deux autres marques, Tudor France et « Excelsior », forment la Compagnie Générale d'Accumulateurs et de Tractions, au capital de 5 millions de francs. Sur un total de 55 000 actions, 15 000 proviennent de l'apport des affaires Pulvis et Excelsior. Le surplus, soit 4 millions de francs, est consacré au rachat de la Société Française Tudor, « la seule à jouir d'une réputation dans toute l'Europe ». La CGE devient ainsi actionnaire majoritaire du nouvel ensemble dont elle réalise l'assainissement financier par une double opération. L'exercice 1901 s'étant clos par une perte de 667 679 francs, contre un bénéfice de 6 145 francs l'année précédente, le capital est ramené à 2,2 millions de francs, ce qui permet un fort amortissement sur les actions et actifs Tudor tout en renforçant le poids relatif de la Compagnie.

Celle-ci opère une restructuration générale du « pôle » accumulateurs ainsi constitué en se séparant de l'usine Pulvis de Beauval et en concentrant l'ensemble de la production à Lille, dans l'usine Tudor. Comme elle l'explique, la nouvelle société est devenue « la plus importante affaire d'accumulateurs en France ; elle se trouve, pour cette raison, particulièrement bien placée pour recevoir les commandes des grosses batteries indispensables aux compagnies de traction ou d'éclairage électrique. Elle est appelée, en outre, à bénéficier dans l'avenir de la suppression de toute concurrence entre les marques fusionnées ainsi que de la réduction des frais généraux qu'entraîne le regroupement ». Un type d'opération que la CGE aura l'occasion de rééditer maintes fois par la suite... Cet ensemble reprend, en 1907, l'ancienne raison sociale Tudor, sous le nom de Société de l'Accumulateur Tudor.

STATIONS CENTRALES
LAMPES·A·INCANDESCENCE
FILS & CABLES EN·CUIVRE
1901
COMPAGNIE GÉNÉRALE D'ÉLECTRICITÉ
MONOGRAPHIE DES ETABLISSEMENTS
TROLLEY AUTOMOTEUR
IVORINE AMBROINE MICANITE
SIEGE·SOCIAL·RUE·BOUDREAU·5·PARIS

Pour fixer le souvenir de sa participation à l'Exposition universelle de 1901 où elle reçoit plusieurs récompenses, la CGE publie cette brochure illustrée. En trois ans, depuis sa création, la CGE possède déjà quatre centrales produisant l'énergie électrique et dix usines de fabrication, ou dispositif industriel complété par deux succursales de vente et un laboratoire de recherche à Ivry-Port.

1898-1902 : la réussite d'un acte de volonté

Malgré un contexte général favorable, les dirigeants de la CGE montrent une certaine prudence dans leurs engagements au cours des premières années de la vie de la société. Cette réserve est probablement due, d'une part, à la volonté de ne pas éveiller l'hostilité des grands groupes étrangers qui dominent alors le marché français et, d'autre part, à la taille restreinte des partenaires financiers de la CGE. Certes, la Banque Suisse et Française appuie fermement celle-ci, mais ses ressources sont limitées et elle tient au maintien de relations privilégiées avec les industriels suisses.

La Société Générale n'apparaît véritablement intéressée que par les revenus tirés de l'émission de la dette obligataire de la jeune société. L'entrée au conseil d'administration de Genebrias de Frédaigues, l'un de ses sous-directeurs spécialisés dans les industries électriques, pour prestigieuse qu'elle soit, traduit aussi la volonté de contrôler les décisions de la Compagnie et d'éviter ainsi tout ce qui pourrait affaiblir le revenu tiré des intérêts de la dette obligataire.

Au demeurant, la situation financière ne peut que satisfaire le plus timoré des banquiers. En 1900, le capital de la CGE est porté à 15 millions de francs par l'émission de 10 000 nouvelles actions. Deux séries d'obligations sont émises en trois fois, en 1898, 1899 et 1901, dans d'« excellentes conditions », placées respectivement à 99 %, 98 % et 97,4 %. Cela représente une charge annuelle, amortissements compris, de 1,03 million de francs, soit, au total, 5,4 % d'un chiffre d'affaires qui atteint 19 millions de francs en 1901. Dès le départ, la CGE s'engage dans la tradition de gestion prudente et avisée qui forme l'un des traits distinctifs de la société.

Elle célèbre avec éclat ses premières années en participant à l'Exposition universelle de 1900. La CGE y édifie un somptueux pavillon au sein duquel le public, nombreux, peut admirer un atelier de fabrication de lampes à incandescence. La Compagnie, ses filiales et collaborateurs reçoivent, dans la tradition de l'époque, un grand prix, six médailles d'or et quatorze autres médailles. Pour fixer cet événement, la Compagnie édite en 1901 une brochure illustrée avec la monographie de ses divers établissements, rappelant dans l'avant-propos que « l'Exposition Universelle de 1900, a été, pour elle, l'occasion de s'affirmer comme l'une des affaires d'électricité les plus importantes de France et la seule qui puisse être comparée, au point de vue de l'organisation, aux Omnium existant à l'étranger, principalement en Amérique et en Allemagne »...

Cette volonté d'affirmation explique également la création d'un laboratoire de recherche à Ivry, d'une surface de 300 m², doté d'un « budget » de 25 000 francs et de trois salariés. Mais ce personnel et ses crédits seront rapidement réduits, une fois atteints les effets médiatiques liés à l'Exposition universelle. La jeune entreprise n'a pas encore le potentiel technique et les moyens financiers de mettre au point des produits originaux. Elle subit en outre durement les effets de la récession passagère qui suivent l'Exposition de 1900.

Le pavillon de la Compagnie Générale d'Électricité à l'Exposition universelle de 1900.

EN REVENANT DE L'EXPO

La Ville de Paris, qui organise sa cinquième exposition depuis 1855, s'habitue à se donner en spectacle aux Parisiens comme aux provinciaux et aux étrangers assez fortunés pour faire le déplacement. Tout est fait pour que cette Exposition soit la plus belle, la plus joyeuse et la plus réussie de toutes les expositions universelles. Dotée d'un budget de 120 millions de francs (plus de 2 milliards actuels) auquel il faut ajouter les contributions des exposants, en particulier les quarante nations qui construisent leur pavillon, l'Exposition, inaugurée le 14 avril par le président de la République Emile Loubet, reste ouverte jusqu'à la fin octobre. Cette « apothéose de l'industrie et de la science, de l'expansion coloniale et de la paix, de la République et de l'Art nouveau » (Alfred Picard) est un véritable succès populaire avec ses 50 470 440 visiteurs. Le prix d'entrée de 60 centimes (environ 10 francs actuels) semble certes modique, mais de nombreuses attractions sont payantes. L'expo s'étend sur 112 hectares de part et d'autre de la Seine, entre la Concorde et le Trocadéro et des Invalides au Champ-de-Mars. On y accède par cinquante entrées, dont celle de la porte principale place de la Concorde, constituée d'une coupole gigantesque dans le style byzantin, qui repose sur une armature métallique en hommage à Gustave Eiffel. Deux flambeaux, moitié obélisque moitié minaret, la précèdent ainsi qu'un porche monumental orientaliste, surplombé d'une *Parisienne* de huit mètres de haut dans le plus pur style des bronzes « Belle Époque ».

La porte monumentale de la place de la Concorde.

Le XXe siècle ne pouvait débuter que par une immense fête qui consacre les 100 ans écoulés et leurs progrès industriels ; elle inaugure également la modernité triomphante du siècle nouveau. Paris, la ville Lumière, centre du monde artistique, passée maître dans l'organisation des expositions universelles, présente l'indispensable écrin de ce déferlement de joie et de jeux. Car l'Exposition de 1900 doit allier le sérieux pédagogique aux spectacles les plus réjouissants. La préparation commence dès 1892, sous la direction du polytechnicien Alfred Picard, rapporteur de la précédente exposition de 1889, devenu commissaire général pour celle de 1900. Dans les actes organiques, publiés en 1896, il annonce qu'elle « sera la fin d'un siècle de prodigieux essor scientifique et économique ; ce sera aussi le seuil d'une ère dont les savants et les philosophes prophétisent la grandeur et dont les réalités dépasseront sans doute les rêves de nos imaginations ».

Partout les prouesses techniques rivalisent avec les sculptures rococo ; l'Exposition accélère la construction de la première ligne de métro, qui ouvre ses portes avec un peu de retard le 19 juillet. Outre les gares d'Orsay et des Invalides, construites à cette occasion, comme la gare Saint-Lazare en 1855, le Petit Palais et le Grand Palais, ainsi que le pont Alexandre-III figurent parmi les monuments nouveaux. On y retrouve à chaque fois l'industrie triomphante avec le fer, le verre et l'électricité, bien souvent dissimulés cependant par une accumulation de fanfreluches et de « pâtisseries » modern style. Parmi les grandes attractions, les visiteurs remarquent le trottoir roulant à trois vitesses qui longe l'expo, la galerie des Machines, le pavillon de l'Électricité et la Grande Roue, la plus haute jamais conçue alors, qui permet d'admirer le panorama parisien tout en frissonnant de crainte. Sur la rive droite de la Seine se succèdent les pavillons à thèmes et les spectacles.

En revenant de l'expo.

Certains sont grandioses, comme le « Maréorama » qui vous emmène en croisière sur un paquebot de luxe, ou le « Transsibérien » qui vous transporte de Moscou à Pékin, d'autres sont plus inventifs, comme le cinématographe sur grand écran des frères Lumière. Sur la rive gauche de la Seine se pressent les pavillons étrangers le long de la rue des Nations. Presque tous les États indépendants, de la Suisse aux Etats-Unis et du Monténégro à l'Empire russe, ont tenu à construire un château ou un palais pour manifester leur puissance, et les têtes couronnées viennent nombreuses pour visiter l'Exposition. Pendant cet été fort chaud, les innombrables buffets et restaurants (absinthe et limonade coulent à flots), les cafés-concerts, les théâtres et cabarets entretiennent la fête parisienne. L'électricité omniprésente prolonge le spectacle tard dans la nuit, et en juillet les jeux Olympiques se joignent à l'expo pour faire de Paris la capitale du monde. Le style Art nouveau d'Hector Guimard, d'Emile Gallé ou du Tchèque Alfons Mucha triomphe à Paris qui devient alors la ville Lumière.

CHAPITRE 2

LE TEMPS DE L'AFFIRMATION NATIONALE
1902-1914

Si le XXe siècle s'ouvre pour la CGE par la crise des industries électriques en 1901, les années qui suivent viennent au contraire confirmer l'expansion de la toute jeune société. Principalement tournée vers la distribution d'électricité, la CGE s'implante dans deux grandes villes, Bordeaux et Marseille, pour se lancer ensuite dans l'ambitieux programme d'électrification de la Lorraine. Centrales et réseaux électriques apparaissent comme le nerf de la Compagnie alors qu'en réalité près des trois quarts du chiffre d'affaires proviennent des activités industrielles dominées de manière incontestée par les usines Mouchel. Cette orientation s'accentue à partir de 1910 par l'acquisition des Câbles de Lyon (1912) et des Ateliers de Constructions Électriques de Delle (1913).

La fausse alerte de 1901

1901 est une année difficile pour l'ensemble de l'électricité française, trop dépendante d'un marché parisien encore limité. Très vite en effet, l'euphorie de l'Exposition universelle de 1900 retombe. Les illuminations des édifices publics sont en forte baisse dès le lendemain de la fête. Les nombreuses compagnies de tramways créées à cette occasion dans la région parisienne voient leur fréquentation s'effondrer alors qu'elles ont engagé d'importants frais juridiques et techniques. D'où une cascade de faillites et de « réorganisations » qui s'ajoutent au lent démarrage des tramways de province. La Bourse répercute immédiatement cette baisse de conjoncture d'autant que, pour des raisons différentes, la puissante industrie allemande connaît elle aussi un ralentissement marqué.

Chute des bénéfices et recentrage industriel

La crise atteint la CGE sur le plan financier comme au niveau des fabrications industrielles. Lors du conseil d'administration du 15 janvier 1901, Pierre Azaria informe ses collègues que la Société Générale ne peut pas garantir l'émission de la troisième série d'obligations de la Compagnie, qui est retardée au mois de mars suivant. Début février, une grève éclate à l'usine des lampes d'Ivry, où les salaires ont été diminués de 6 % en raison de la chute du prix des lampes, passé de 0,75 à 0,45 franc. Mais le conflit s'arrête rapidement. En outre, une baisse du cours mondial du cuivre s'amorce en 1901 et s'accélère en 1902, ce qui entraîne une dépréciation du stock de la Compagnie. Celle-ci enregistre, lors de l'assemblée générale du 13 décembre 1902, une perte de 572 000 francs. Au cours de l'année 1902, l'action de la Compagnie baisse fortement. Dans ce contexte difficile, l'exercice 1901-1902 est le seul de toute l'histoire de la CGE à ne pas distribuer de dividendes.

Ce passage délicat n'est cependant pas entièrement négatif pour la CGE. La diminution des commandes d'accumulateurs facilite la restructuration de l'entreprise Tudor et son contrôle complet par la Compagnie. Celle-ci en profite également pour dissoudre la Société Française de l'Ambroïne. Parallèlement, la Manufacture d'Isolants et d'Objets Moulés (MIOM) est créée comme simple branche de production, afin d'assurer la fabrication de pièces isolantes pour appareils électriques. La CGE liquide enfin la Compagnie de Traction par Trolley Automoteur et se tient désormais prudemment à l'écart du secteur des transports électriques.

Un conseil d'administration plus homogène

Ce recentrage se traduit aussi dans la composition du conseil d'administration, qui prend un profil plus professionnel. En 1903, Pierre Mouchel, dans le sillage de la rupture avec Metallgesellschaft, et surtout Camille Chabert s'en retirent, le dernier à la suite des difficultés passagères de l'Omnium Lyonnais et de la décision de la CGE de se retirer du secteur des transports. Ils sont remplacés par Hyppolyte-Eugène Boyer, qui siège déjà au conseil de nombreuses sociétés industrielles, et par Ernest Genty, administrateur de la « Générale électrique et industrielle », qui est en fait la structure financière de la banque Rothschild pour les affaires d'électricité. Cette substitution n'entraîne aucun

infléchissement majeur de la politique suivie par la CGE. Elle montre surtout l'élargissement de son rayonnement tout comme son entrée à part entière dans le club restreint des électriciens français.
L'alerte de 1901-1902, malgré le caractère limité des pertes subies par la société, la place néanmoins sous les feux de la presse financière. Disposant d'informations limitées et mal au fait des objectifs poursuivis par Pierre Azaria et ses collaborateurs, celle-ci publie simultanément des opinions favorables et critiques, à l'image du *Globe* du 15 décembre 1902.
« Pour se faire connaître, sa valeur n'atteint pas le nombre des années. À peine née, en 1898, la jeune société, qui avait de puissants parrains, s'engagea vaillamment dans la mêlée industrielle. Pendant les deux premières années de son existence, on voit son activité se répandre de tous les

L'ALLUMEUR DE RÉVERBÈRES À HUILE (1825)

LES PHARES

L'ÉCLAIRAGE AU GAZ

LES FLAMBEAUX FIXÉS DEVANT LES IMAGES SAINTES (XVe S)

L'ACÉTYLÈNE

côtés... Successivement à Rouen, à Nancy, à Amiens, à Nantes, elle installe ou reprend des Stations centrales d'éclairage électrique. En même temps, elle fonde des usines de fabrication d'appareillage ou s'intéresse à des entreprises existantes. C'est presque de la mégalomanie et c'est au beau milieu de cette dépense d'activité un peu désordonnée que vient la surprendre la crise économique dont elle n'avait su percevoir les premières manifestations. (...) La société avait trop embrassé. Elle paie aujourd'hui ses fautes de la suppression de son dividende. »

C'est mal connaître la qualité des choix industriels et financiers effectués par la CGE, tout comme sa capacité d'adaptation aux contraintes propres au marché de la production d'électricité.

Bordeaux, Marseille : politique des métropoles

L'entreprise continue en effet à porter en priorité ses efforts vers le secteur des concessions d'éclairage. Elle obtient au cours de la décennie trois concessions : celle mineure d'Angers, mais surtout celles de Bordeaux et de Marseille, qui l'installent au cœur de métropoles urbaines en expansion.

Angers et Bordeaux, des concessions limitées

En 1902, la concession de la ville d'Angers est obtenue par l'intermédiaire de la Société d'Électricité d'Angers et Extensions, créée à cet effet. Celle-ci assure les travaux, grâce à une avance de la maison mère de près de 1 million de francs et par l'émission d'obligations par la société locale. L'affaire demeure pourtant marginale. Avec 80 000 habitants au revenu plutôt médiocre, la ville d'Angers souffre de l'absence d'industrie et d'un négoce languissant. Le trafic de sa compagnie des tramways stagne. L'intérêt de la CGE réside avant tout dans la mise en place du réseau.

Avec la concession de Bordeaux, acquise en coparticipation en 1903, la CGE se lance au contraire, à l'instar de Nantes, dans l'équipement électrique d'une ville disposant d'un important potentiel d'expansion. Bordeaux dispose en effet d'une population aisée, de commerces et d'industries dynamiques, dont l'activité des magasins, bureaux ou usines débouche directement sur la croissance des transports urbains.

Pourtant, la CGE ne peut dépasser sa position minoritaire d'un quart du capital et se heurte localement à la présence d'une filiale de la Compagnie Française Thomson-Houston, la Compagnie des Omnibus et Tramways, qui est l'un des plus gros consommateurs d'électricité. C'est pourquoi, arguant d'un conflit avec la municipalité, la CGE cède en 1906 l'essentiel de sa participation, tout en réalisant une plus-value de 1 million de francs.

L'implantation phocéenne

La grande affaire est celle de la concession de Marseille obtenue, à la suite de plusieurs années de négociations, en 1905. Acquise de haute lutte dans un environnement économique particulièrement complexe, elle témoigne du haut niveau de compétence, tant industriel que financier, acquis par la Compagnie. Le marché local est en effet dominé par la Compagnie Française Thomson-Houston, actionnaire principal de la toute récente Énergie Électrique du littoral méditerranéen, qui s'impose peu à peu sur l'ensemble de la région, en contrôlant notamment les tramways de Nice et les sites locaux de production d'hydroélectricité.
Dans la ville de Marseille même, la CGE trouve sur son chemin la Compagnie de Gaz de Marseille, titulaire du monopole de l'éclairage public. Après maintes hésitations, cette dernière, confrontée aux propositions de la CGE, s'engage dans l'investissement électrique et se transforme en 1905 en Compagnie du Gaz et d'Électricité de Marseille. Devant la présence de deux projets concurrents, la Ville de Marseille décide de procéder non par secteurs, comme à Paris, mais par

L'usine génératrice de Marseille, 1913.

une double autorisation de voirie, une situation déjà appliquée à l'étranger, notamment à Madrid. Fidèle à sa méthode désormais éprouvée, la CGE crée une filiale locale, la Société Marseillaise d'Électricité, au capital de 500 000 francs. Deux séries d'émission d'obligations réalisées par la Société Générale, qui lui rapportent respectivement 4,68 et 4,85 millions de francs, lui donnent les moyens de financer une partie des travaux. Le reliquat est couvert de façon ingénieuse. D'abord par le moyen d'augmentations contrôlées du capital de la Société Marseillaise d'Électricité, puis par l'émission d'obligations, la CGE imposant en effet aux entrepreneurs chargés de la construction de la nouvelle usine le paiement de leurs travaux en ... obligations. Cette méthode déjà ancienne avait déjà été largement utilisée lors de la construction des chemins de fer.

Comme à son habitude, la CGE agit rapidement et avec efficacité pour mettre au point sa station. Paul Bizet et son adjoint, l'ingénieur en chef Drouin, effectuent une tournée en Allemagne, en Belgique, en Grande-Bretagne et en Suisse, pour visiter les grandes stations centrales d'électricité et rencontrer les principaux constructeurs pour le choix des matériels. Un terrain important est acheté pour l'usine au Cap Pinède, à 5 kilomètres du centre-ville et des bureaux rue de Noailles et sur la Canebière, avec des magasins et des centres de démonstration. Ce plan ambitieux se déroule sans anicroches. Dès 1906, la centrale du Cap Pinède, dont la direction est confiée à M. Poujol, le directeur de la station centrale de Nancy, fonctionne et fournit en électricité en 1907 plus de 2 000 abonnés, un chiffre que seule la station de Rouen dépasse.

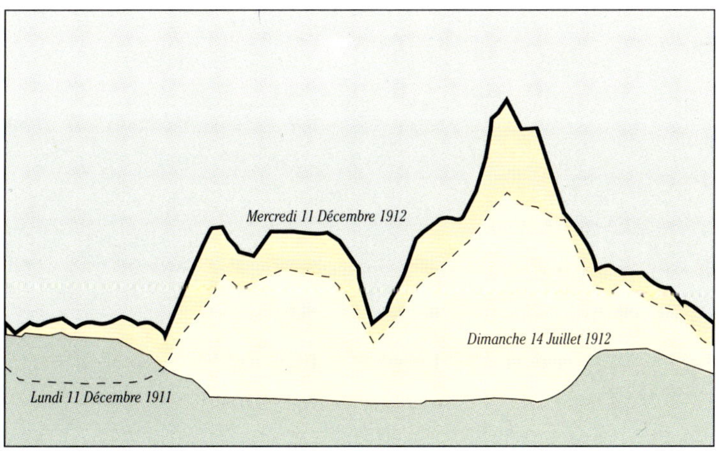

Production de la journée la plus forte et de la plus faible de l'année 1912.

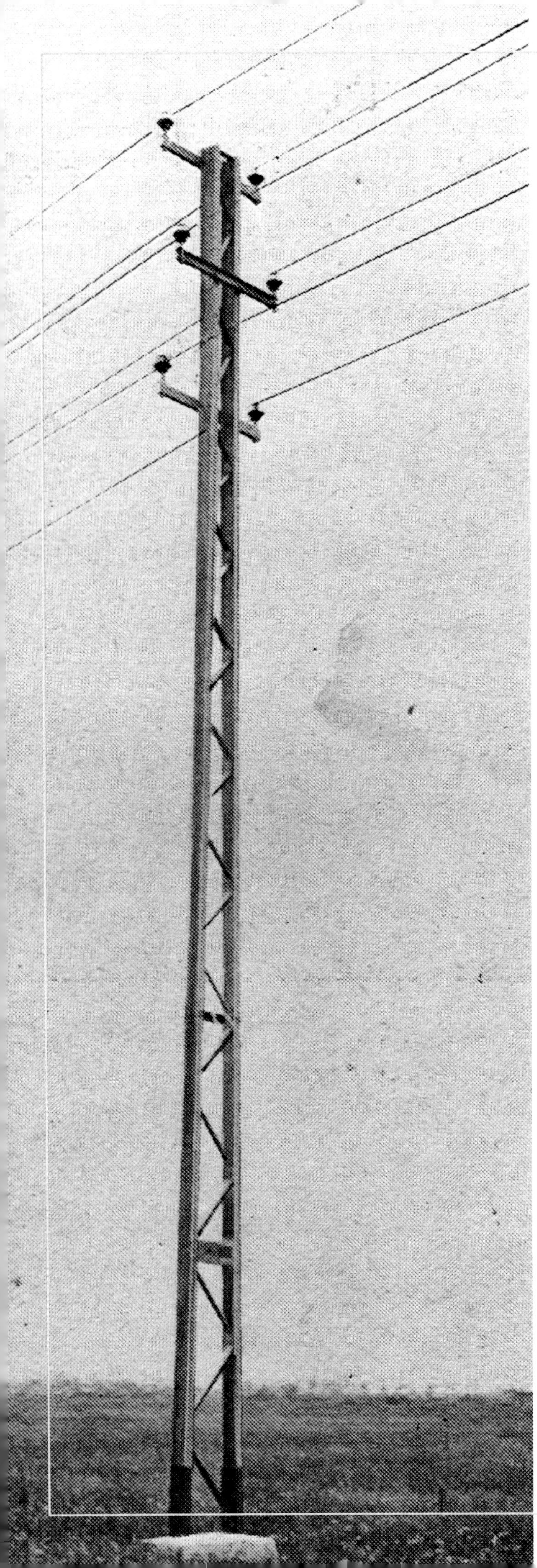

Pylône flexible pour lignes 11 000 volts.

L'ÉMERGENCE DES RÉSEAUX

L'exemple lorrain

À la fin de la décennie, en 1910, la CGE se lance dans un projet encore plus ambitieux. Il s'agit de l'équipement électrique d'une région particulièrement développée, la Lorraine. Les progrès techniques réalisés dans le domaine des matériels de centrales et du transport à distance favorisent en effet l'essor des réseaux ainsi que des équipements hydroélectriques. Après avoir obtenu les concessions des vallées industrielles du département de la Meurthe-et-Moselle, la Compagnie crée une nouvelle société, la Compagnie Lorraine d'Électricité. Son capital est de 10 millions de francs, détenu à 95 % par la CGE et complété par un emprunt obligataire, placé notamment par la banque locale Renault de Nancy. Cette nouvelle structure englobe la station centrale de la ville, apportée pour la somme de 11 millions de francs, et les concessions des vallées lorraines. Trois acquisitions s'y ajoutent en 1911, la Vosgienne d'Électricité, la Société Énergie et Éclairage de Briey et surtout l'Énergie Électrique Meuse et Marne. Dès 1912, le courant est lancé dans 75 kilomètres de lignes de transport, sous 30 000 volts d'abord, puis 65 000 volts.

Parallèlement, la CGE acquiert la concession de Brest qui concerne, sur un rayon de plus de 100 kilomètres, l'ensemble du bassin de Châteaulin jusqu'aux abords de Lorient et de Saint-Brieuc. La Compagnie crée également, à la même époque, la modeste concession de Meaux, dont l'intérêt réside surtout dans la proximité de la capitale. Pour la CGE, il s'agit, semble-t-il, d'un relais potentiel entre l'Énergie Électrique Meuse et Marne et la société parisienne Est Lumière, à laquelle s'intéresse l'état-major de la Compagnie. Mais la guerre de 1914-1918 retarde ce grand dessein parisien.

Les problèmes de la branche production

Alors que la CGE semble se déployer sur l'ensemble du territoire avec des projets de plus en plus ambitieux, elle opère pourtant, au tournant de la décennie, un repli stratégique dans ce secteur, pour des raisons à la fois commerciales et financières. Un ralentissement du marché de la production d'électricité intervient en effet à la fin des années 1910. Du fait des contraintes techniques et de la présence de nombreux groupes puissants et concurrents, les possibilités de bénéficier de nouvelles concessions rentables se réduisent fortement dans la première décennie du XXe siècle. En outre, les conditions de mise en place pèsent lourdement sur les résultats et affectent la rentabilité des concessions acquises.

Le cas de Marseille est significatif. Comme à Nantes ou à Angers, la CGE a mis au point un montage juridique qui lui garantit des revenus indépendants de la marche de l'entreprise. Après avoir acquis et bâti les terrains l'usine de la station centrale et les bureaux, elle loue ces derniers à la Société Marseillaise d'Électricité. La cession d'obligations lui a permis de financer en partie les travaux et elle assure la trésorerie de sa filiale par la récupération progressive de ses diverses avances. Malgré son important engagement, notamment dans le capital de cette dernière, avec 7,63 millions de francs, elle est conduite à différer la distribution de dividendes comme à Nantes.

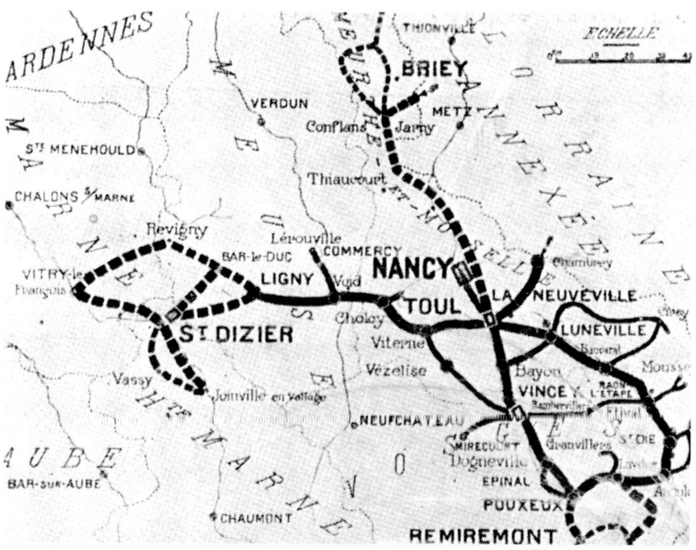

En effet, la concurrence avec la Compagnie du Gaz et d'Électricité de Marseille entraîne une guerre des tarifs et fait chuter le prix du kWh. À la veille de l'assemblée générale de décembre 1909, un article du *Temps* s'inquiète de cette situation : « L'on établit à Marseille, sous les mêmes voies, deux canalisations où une seule suffirait, on offre gratuitement à la clientèle amusée des colonnes montantes dans les maisons, on lui livre l'électricité à des prix injustifiés... ». De plus, les clients industriels, établis à la périphérie, et les sociétés de tramways échappent à la CGE, ces derniers étant liés à la Compagnie Française Thomson-Houston qui fournit en électricité son concurrent marseillais.

Partout la CGE est confrontée à un problème structurel. Dans la majorité des villes où elle dispose de concessions, les deux grands secteurs de consommation de masse lui échappent. L'éclairage public est assuré (sauf à Amiens) par des compagnies de gaz locales et les sociétés de tramways dépendent toutes, directement ou indirectement, de la Compagnie Française Thomson-Houston, que ce soit à Amiens, Bordeaux, Rouen, Marseille ou Nancy. Cette situation est aggravée par la rigidité des concessions d'éclairage, entérinée par plusieurs décisions restrictives du Conseil d'État. Enfin le coût de la mise en place d'une compagnie de tramways, lorsqu'on ne dispose pas du complexe financier et industriel qui est celui de Thomson ou du groupe Empain, reste prohibitif et dissuade tout investissement autonome.

L'accord du 11 juillet 1911, par lequel la Compagnie d'Électricité et la Compagnie du Gaz et d'Électricité de Marseille parviennent à un *modus vivendi,* traduit à la fois la solidité du groupe CGE et les limites qu'imposent ses concurrents à son expansion. Les tarifs deviennent identiques alors que, sur la base des recettes de 1910, les clientèles sont partagées : 63 % de l'éclairage reviennent à la filiale de la CGE et 71 % de la force électrique à la Compagnie de gaz marseillaise. Une fusion des deux rivaux intervient par la suite le 11 décembre 1923, dans le cadre de la Compagnie d'Électricité de Marseille au capital de 85 millions de francs réparti à égalité entre les deux partenaires.

Compagnie Lorraine d'Électricité. La construction du réseau lorrain

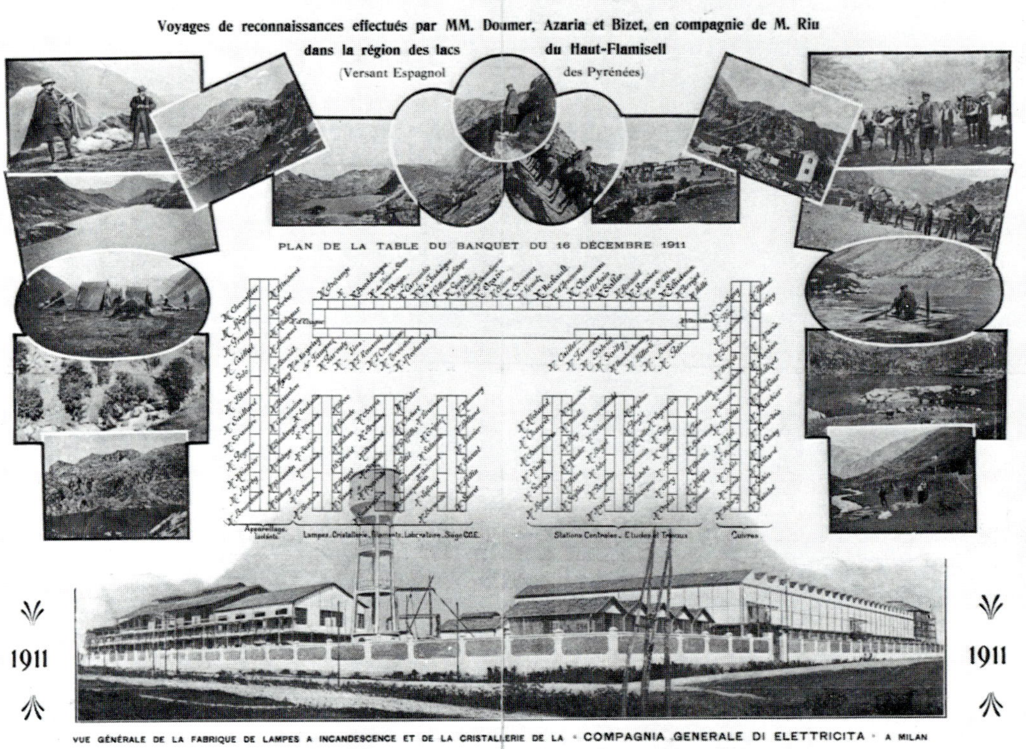

L'importance du secteur industriel

De façon paradoxale, malgré la primauté que les dirigeants de la CGE donnent aux usines de production d'énergie électrique, prestigieuses et spectaculaires tant aux yeux des membres de la Compagnie que des contemporains, c'est la branche industrielle qui assure de façon écrasante durant cette décennie l'activité de la CGE, avec une proportion de près de trois quarts du chiffre d'affaires.

Au sein de la branche industrielle, l'essentiel de l'activité provient des usines Mouchel qui assurent, jusqu'en 1911, la moitié du chiffre d'affaires de la CGE. Le secteur des lampes, malgré son caractère avant-gardiste et de grande consommation, plafonne à 5 % du total.

Pour la CGE, cette situation est préoccupante, car elle traduit l'absence de la société dans les secteurs de biens d'équipement à forte progression, qui suscitent, en période de bonne conjoncture, des profits élevés. C'est pourquoi le redéploiement qui intervient en 1910 s'accompagne d'un recentrage sur les industries de fabrication, avec une ouverture sur de nouveaux secteurs et l'acquisition d'entreprises qui vont s'intégrer de façon durable à l'histoire de la CGE.

COMPOSITION DU CHIFFRE D'AFFAIRES DE LA CGE DURANT LA « BELLE ÉPOQUE » (en pourcentage)

Exercice	Concessions électriques	Entreprise	Industrie de fabrication	Divers
1899/1900	7,5 %	12,8 %	76,7 %	3,0 %
1904/1905	11,9	7,4	80,7	NC (a)
1908/1909	18,4	8,3	73,3	NC
1909/1910	14,6	6,8	78,6	NC
1912/1913	10,6	25,1	64,3	NC

(a) non communiqué

LE REDÉPLOIEMENT DE 1910

Les contraintes d'une politique financière réfléchie

De fait, les contraintes du marché des stations pèsent sur les finances de la CGE. Faute de bilans consolidés, inconnus à l'époque, le marché boursier ne connaît que les résultats de la société mère. Compte tenu des réticences des milieux bancaires et de la presse spécialisée, les dirigeants de la CGE sont condamnés à une gestion prudente. La société doit à la fois se constituer de solides réserves et distribuer un dividende régulier, sous peine de ne pouvoir faire appel à l'épargne. Et ce, d'autant plus que la CGE se porte garante des emprunts de ses filiales de production électrique.

CONCOURS ET FOIRES

Les Expositions universelles et les Salons internationaux rythment la vie économique française de la Belle Époque. Plus modestement, les concours et les foires prennent le relais dans les provinces entre deux temps forts parisiens. À ces occasions, les industriels et les artisans exposent leurs productions nouvelles pour les grossistes et les détaillants qui viennent s'approvisionner, et des inventeurs de tous types présentent leurs ingénieuses découvertes.

Au Concours Lépine

L'ingéniosité de nos fabricants de jouets et de nos petits inventeurs est connue en France, voire dans le monde entier. Cependant, à chaque exposition annuelle, rééditant l'exposition organisée pour la première fois par le sympathique Préfet de Police, les visiteurs éprouvent une surprise nouvelle. Ici, plus que partout ailleurs, l'utile côtoie l'agréable.

La fièvre inventive des premières années du siècle donne l'idée, en 1902, au préfet de police de Paris, Louis Lépine, de réunir les inventeurs et fabricants français, pour une exposition annuelle, qui prend rapidement le nom de « Concours Lépine ». On peut voir à cette occasion tous les détenteurs de brevets, sérieux ou farfelus, présenter le nouveau modèle de lampe, de fer à friser, de pneumatique, d'engrenage ou de machine à battre le beurre. On y trouve aussi quantité de tire-bouchons automatiques et d'ouvre-bouteilles de sécurité.

Moins inventive, mais plus commerciale, la Foire de Paris voit le jour en 1904. Elle est organisée par les fabricants de jeux et de jouets dans le but de prolonger les effets bénéfiques, pour leurs ventes, de l'Exposition de 1900. Dans les années suivantes, la Foire de Paris prend son essor et draine des millions de visiteurs.

Grâce au réseau de chemin de fer, à ses capacités hôtelières, à ses loisirs variés et à sa renommée internationale, Paris est la ville privilégiée de ce genre de manifestation. Beaucoup d'autres grandes villes en France et dans le monde proposent foires et concours. Sur le modèle parisien, de nombreuses foires et salons fleurissent en province, créés par les chambres de commerce et d'industrie.

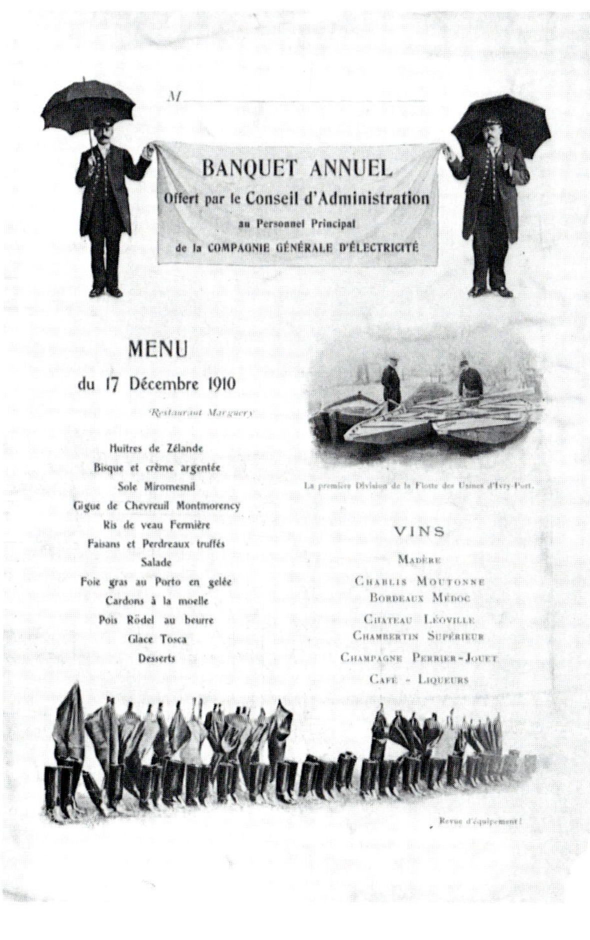
M.

BANQUET ANNUEL
Offert par le Conseil d'Administration
au Personnel Principal
de la COMPAGNIE GÉNÉRALE D'ÉLECTRICITÉ

MENU
du 17 Décembre 1910

Restaurant Marguery

Huitres de Zélande
Bisque et crème argentée
Sole Miromesnil
Gigue de Chevreuil Montmorency
Ris de veau Fermière
Faisans et Perdreaux truffés
Salade
Foie gras au Porto en gelée
Cardons à la moelle
Pois Rödel au beurre
Glace Tosca
Desserts

La première Division de la Flotte des Usines d'Ivry-Port.

VINS
Madère
Chablis Moutonne
Bordeaux Médoc
Chateau Léoville
Chambertin Supérieur
Champagne Perrier-Jouet
Café - Liqueurs

Revue d'équipement !

Menu 1911.

Dans ce contexte, la Compagnie réalise avec sagesse et circonspection ses augmentations de capital, parce qu'elles conditionnent la capacité d'emprunt qui est la sienne. Son capital social passe à 18 millions de francs en 1910 puis à 25 millions en 1913, deux augmentations qui s'accompagnent de fortes primes et qui témoignent de la faveur dont jouit le titre CGE en Bourse. Le total du dividende distribué passe ainsi de 600 000 francs en 1904 à 900 000 francs en 1909, puis à 1,26 million de francs en 1910 et atteint 1,44 million de francs à la veille de la Grande Guerre. La dette obligataire connaît une évolution identique avec, en 1906 et 1909, l'émission des deux dernières tranches de la troisième série, qui rapportent une somme brute de 9,75 millions de francs.

« Paris dans les ténèbres » les abords de la place Clichy, le soir de la grève des électriciens. « Le petit Journal », 1907.

L'abandon des affaires de Rouen et de Nantes

Cette gestion financière très serrée a ses contraintes. Pour poursuivre l'expansion de l'entreprise, les dirigeants de la CGE doivent opter entre une forte augmentation de capital, qui risquerait de leur faire perdre le contrôle de la société, ou opérer des choix à l'intérieur de leur portefeuille d'activités. Le choix implicite du second terme de l'alternative débouche, après la cession de la participation de Bordeaux en 1906, sur celle, bien plus importante, des concessions de Rouen et de Nantes en 1910.

Alors que de dangereux concurrents apparaissent, l'avenir de ces deux entreprises semble en effet limité, sauf à procéder à des investissements coûteux et risqués. À Rouen, un puissant concurrent, la Société Centrale d'Énergie Électrique, un holding géré par la SOFINA (une société belge de gestion contrôlée par General Electric et AEG, associée à la Compagnie Française Thomson-Houston), se porte candidat à l'extension du réseau. À Nantes, un « groupe puissant et ami », la Société Parisienne pour l'Industrie des Chemins de fer et Tramways Électriques, appartenant au groupe Empain, se montre désireux d'unifier l'exploitation et d'électrifier les tramways locaux.

Plutôt que de livrer des batailles incertaines, la CGE se retire chaque fois dans d'excellentes conditions, mettant en œuvre une caractéristique que l'on retrouvera au cours de sa longue histoire. Elle cède ainsi toutes ses installations rouennaises pour 12,5 millions de francs, payés comptant, en espèces, et conserve à Nantes une participation et un siège au conseil d'administration. Cette dernière position attentiste porte d'ailleurs ses fruits en 1922. La CGE rachète alors l'ensemble de l'affaire, la Société Parisienne n'ayant pu faire face aux charges des travaux, aggravées par les conditions d'exploitation que provoque la guerre de 14-18.

L'ÉLECTRICITÉ EN FRANCE : RETARD ET RÉTICENCES

Malgré l'engouement initial pour l'Exposition internationale d'électricité de 1881, qui fait de Paris une « capitale électrique », la France du tournant du siècle et de la Belle Époque a longtemps une attitude ambiguë vis-à-vis de l'électricité, tout à la fois qualifiée, selon le titre d'un ouvrage récent, de « fée et de servante ». Des raisons tant économiques que culturelles expliquent cet état de fait. À la veille de la Première Guerre mondiale, l'industrie électrique française est effectivement en retard par rapport aux autres grands pays économiques. Le réseau de production et de distribution est morcelé en fiefs rivaux de taille modeste, qui produisent un kilowattheure relativement cher. Malgré la réalisation des premières interconnexions à moyenne distance, notamment dans la région de Lyon ou de Marseille, cet émiettement freine la croissance d'une grande industrie électrotechnique en France et empêche une large diffusion de l'électricité. Celle-ci reste un produit rare, cher et souvent considéré comme dangereux.

Après les fastes et l'expansion du second Empire, la faible urbanisation et la dépression économique qui marquent la IIIe République à partir des années 1880 handicapent durablement le développement de la nouvelle source d'énergie. Celle-ci se heurte à des concurrents redoutables et bien installés : les compagnies d'éclairage par le gaz occupent de solides positions et monopolisent jusqu'à la Grande Guerre le marché de l'éclairage public. De la même façon, alors que les premières lampes électriques connaissent des problèmes de qualité et de fiabilité, les lampes à pétrole prospèrent, pénétrant tous les intérieurs privés de 1880 à 1915. « Ces lampes constituent un progrès réel sur ce qui avait été fait jusqu'à ce jour. Le pouvoir éclairant est considérable, l'éclairage facile », note un contemporain en 1880... Enfin, au début du XXe siècle, la place de l'électricité dans l'industrie française, où les petites entreprises sont nombreuses, reste modeste. Dépendants d'un approvisionnement extérieur, les moteurs électriques ne disposent d'aucun avantage particulier face aux puissantes machines à vapeur ou à l'énergie hydromécanique issue des chutes d'eau que l'on utilise de plus en plus grâce à l'amélioration des turbines autour de 1900.
Le seul domaine où l'électricité s'impose avant 1914 est celui des transports, avec la construction de nombreuses lignes de tramways et du métro de Paris. Mais cette percée reste limitée. Malgré les succès de la « Jamais contente », la première voiture à dépasser les 100 kilomètres à l'heure, le pétrole ne tarde pas à prouver sa supériorité d'emploi sur l'accumulateur électrique, et les lignes de chemin de fer électrifiées restent limitées pour l'essentiel au réseau Paris-Orléans.

Enfin plusieurs accidents entretiennent la crainte des dangers de l'électricité. À la suite de l'accident du métro de la station Couronnes en 1903, provoqué par l'alimentation en énergie électrique des motrices, Fulgence Bienvenüe, pourtant le père de ce nouveau transport, déclare que « l'électricité est une puissance mystérieuse et capricieuse que nous ne connaissons pas encore très bien. (...) On s'habitue trop aux dangers qu'elle fait courir ! » Enfin, les premières pannes générales de courant, conjuguées à la forte syndicalisation des premiers ouvriers électriciens, qui mènent plusieurs grèves de 1907 à 1910, entretiennent la peur d'un « Grand Soir » ... électrique. Deux syndicalistes extrémistes, Émile Pataud et Émile Pouget, écrivent en 1909 un ouvrage en ce sens, au titre explicite : *Comment nous ferons la révolution.* « Ces extinctions d'électricité (organisées), survenant sans qu'aucun symptôme ne les eût annoncées, déconcerteraient l'opinion publique, donneraient à la multitude la sensation d'un effritement du pouvoir. »

Il faudra attendre l'entre-deux-guerres, avec l'achèvement de l'électrification du territoire, notamment dans les campagnes, pour voir l'électricité imprégner progressivement la vie courante et les espaces industriels. Sa banalisation est en marche.

L'exposition coloniale de 1906, organisée par Jules Charles-Roux, président de la Compagnie Générale Transatlantique, est la première grande exposition coloniale française sur le Maroc. L'empire français fournit à la métropole des matières premières et des produits tropicaux, mais surtout un sentiment de puissance et des soldats.

Ces cessions apportent à la Compagnie une plus-value nette de 10 millions de francs dont 9 pour l'affaire de Rouen et 1 pour celle de Nantes, une fois déduites, pour cette dernière, les charges afférentes aux diverses obligations. Avec la transformation de la concession de Nancy en société anonyme, les moyens financiers du groupe accrûs de plus de 13 millions atteignent désormais 20 millions de francs... Comme ils l'expliquent en 1910, grâce aux « ressources considérables dont nous disposons aujourd'hui », les dirigeants de la Compagnie ont désormais les moyens d'investir dans de nouveaux secteurs, plus rentables ou plein de promesses pour l'avenir.

L'ART DU DÉSINVESTISSEMENT : LA CESSION DE LA CENTRALE DE ROUEN, BERCEAU DE LA CGE, EN 1910

En 1910, la CGE inaugure une longue série de désinvestissements dans des secteurs jugés non stratégiques, en cédant le « berceau » même de la compagnie, la concession de la ville de Rouen. Autre trait distinctif, ce retrait s'effectue selon des modalités financières favorable à la compagnie.

« (L'extension de la concession de Rouen aux villes et communes avoisinantes) a tenté un groupement industriel concurrent qui a trouvé à Paris des appuis financiers de premier ordre. Menacés dans nos intérêts, mais forts de nos droits et d'une situation acquise depuis plus de vingt années, décidés à ne pas nous laisser encercler dans Rouen ni à nous borner à une lutte purement défensive, notre ligne de conduite était toute tracée. Le 10 juin dernier, la Compagnie Générale d'Électricité déposait de son côté, une demande de concession concurrente. La lutte paraissait inévitable lorsque, dans un même esprit de conciliation, les mandataires autorisés des deux groupes se sont rapprochés, grâce à l'interposition d'amis communs, et après des négociations longues et laborieuses, une entente survenait, laissant au conseil d'administration de la Compagnie Générale d'Électricité le choix entre l'une ou l'autre des solutions suivantes : céder notre exploitation de Rouen moyennant le prix principal de 12 500 000 francs payable en espèces, au comptant, ou acheter par d'assez lourds sacrifices l'effacement de la Compagnie (adverse).

« Malgré des raisons de sentiment que comprendront toux ceux d'entre vous qui ont assisté aux débuts modestes, à la croissance rapide et finalement à la prospérité de cette entreprise de Rouen qui fut le berceau de la Compagnie Générale d'Électricité, votre conseil d'administration s'est, à contre-cœur, mais à l'unanimité, rallié à la première solution.

« Le bénéfice brut apparent de cette opération dépassera 5 000 000 de francs, différence entre le prix de cession et la valeur portée au bilan. Mais comme nous conservons en toute propriété la part contributive de 3 000 000 de francs de réserves (...), comme nous conservons aussi l'intégralité des bénéfices de l'exercice 1909-1910, c'est en réalité un profit réel de près de 9 000 000 de francs que l'entreprise cédée aura donné à la Compagnie Générale d'Électricité... »

Rapport du conseil d'administration à l'assemblée générale annuelle du 17 décembre 1910.

Les dirigeants de la CGE résument leur nouveau programme dans le rapport du conseil d'administration à l'assemblée générale du 17 décembre 1910 :

« – donner aux affaires actuelles le développement le plus intensif que chacune d'elles puisse comporter ; (...)

« – prendre des participations dans des entreprises existantes ou à créer, choisies, soit à cause de leur rendement, soit à cause de l'avantage qu'en pourrait tirer, directement ou indirectement, l'une de nos quelconques sections ; (...)

« – procéder, avec ou sans le concours de groupes amis, à l'acquisition ou à la création d'affaires nouvelles se rapportant de préférence à des entreprises de distribution d'énergie électrique ou à des industries qui nous soient déjà connues. »

La réorientation industrielle

L'acquisition des Câbles de Lyon

La prise de contrôle en 1912 de la société lyonnaise de câbles Berthoud Borel, devenue Câbles de Lyon puis, aujourd'hui, Alcatel Câbles, est caractéristique de la démarche de Pierre Azaria. S'il reste ouvert aux secteurs en expansion et se montre sensible à toutes les possibilités de synergie industrielle, il sait ne pas prendre de risques excessifs au regard des capacités financières de sa Compagnie.

DE LA SUISSE À PARIS ET DE PARIS À LYON, LA GENÈSE MOUVEMENTÉE DES CÂBLES DE LYON

La première presse à plomb du Docteur François BOREL

En 1879, le docteur François Borel imagine la première presse à plomb, construite à Lyon, qui recouvre à chaud, d'une gaine étanche et sans soudure, les câbles électriques en grandes longueurs. Il s'associe avec un industriel suisse, Pierre Berthoud, installé à Cortaillod, dans le canton de Neuchâtel. Celui-ci lui fournit l'appui matériel nécessaire et lui offre son atelier pour fabriquer les premiers câbles gainés de plomb. Les deux hommes comprennent très vite l'importance du procédé pour distribuer de façon souterraine, en ville, les fils téléphoniques comme le courant électrique.

En 1882 naît la Société anonyme des Câbles Électriques Berthoud, Borel et Cie, qui s'installe à Paris. Mais un incendie détruit presque aussitôt l'usine de la rue de Lourmel alors que survient le krach retentissant du banquier de la jeune société, l'Union Générale. Aussi les deux dirigeants décident-ils de ne pas reconstruire l'usine parisienne et de regrouper en 1884 les activités dans les locaux de l'usine suisse de Cortaillod. Celle-ci prend alors un essor considérable et acquiert une réputation mondiale.

Cependant, très rapidement, le développement des « Secteurs électriques français » ne permet plus à l'usine suisse de satisfaire toutes les demandes. Les fabrications de câbles destinés à la région parisienne sont alors transférées à la suite d'un accord dans un atelier loué aux Établissements de mécanique Cail à Paris, jusqu'en 1896, date de la faillite de ceux-ci et de leur absorption par le groupe Fives-Lille.

Le premier atelier de l'Usine de Lyon 1897.

Le marché français est en plein essor, notamment à la suite du développement des équipements hydroélectriques alpins, quand le conflit douanier qui oppose les deux pays vient freiner les ventes de matériel suisse au profit des leaders allemands (Felten et Guilleaume) et britannique (la filiale Siemens Brothers). L'entreprise Cortaillod, qui bénéficie de la commande des câbles nécessaires à l'électrification de la ville de Lyon et de sa banlieue, édifie alors une usine locale à Lyon, chemin du Pré-Gaudry, dans le quartier de Gerland, et crée en septembre 1897 une nouvelle société, la « Société Française des Câbles Électriques, Système Berthoud Borel et Cie », au capital de 1 300 000 francs, présidée par Louis Souchon. Avec l'appui de la banque locale Cottet, dont le journal, *la Correspondance Cottet*, joue un rôle essentiel dans la collecte des capitaux, la future « Compagnie Générale des Câbles de Lyon » – dénomination adoptée en juin 1917 – voit définitivement le jour.

Saisissant la synergie possible avec les Établissements Mouchel, qui fournissent du cuivre laminé et tréfilé à la nouvelle société, Pierre Azaria s'intéresse à l'affaire et prend une option sur toute nouvelle augmentation de capital. Celle-ci survient en 1912. Entre-temps, l'usine de Lyon fournit les câbles nécessaires à l'équipement électrique du secteur de Nancy confié à la CGE et développe sa production. En 1900, l'entreprise participe à l'Exposition universelle et y expose une longueur de câble maintenue en permanence sous une tension de 30 000 volts.

Au cours de la première décennie du XXe siècle, les Câbles de Lyon démontrent une maîtrise technique de plus en plus affirmée. En 1902, la fabrication de câbles téléphoniques isolés au papier sous gaine de plomb est mise au point : la société est alors admise au rang des fournisseurs de l'administration des PTT. Elle réalise également à cette époque les premiers câbles avec conducteur en aluminium et les câbles dits « sectoraux ». En 1906, elle effectue la pose d'un câble de 50 000 volts en courant continu, en 1909, d'un câble triphasé de 400 000 volts, en 1911, d'un câble triphasé de 65 000 volts pour la Compagnie lorraine, susceptible d'atteindre 150 000 volts...

PIERRE ET MARIE CURIE

Pierre et Marie Curie, 1896.

Dans l'histoire scientifique contemporaine, la famille Curie tient une place particulière et quasi mythique, au même titre qu'Albert Einstein. Autant que la découverte de la radioactivité et du radium, les épuisantes conditions de travail dans un hangar de l'École de physique et chimie de Paris contribuent à la célébrité de Pierre et Marie Curie.
La séparation chimique des constituants ne permettant d'isoler que des quantités infimes de radium, il faut traiter plus d'une tonne de résidus de pechblende pour obtenir quelques dixièmes de grammes de radium. Marie Curie peut alors mesurer la masse atomique du radium et affirmer, avec son mari, Pierre, que l'énergie émise sous forme de rayonnement et de chaleur provient de l'atome radioactif. L'Académie suédoise des sciences décerne à Marie Curie le prix Nobel de physique en 1903, conjointement avec Pierre Curie et Henri Becquerel, puis, à elle seule, le prix Nobel de chimie en 1911.
Après la mort de son époux en 1906, Marie Curie prend sa succession à la Sorbonne ; mais l'Académie des sciences, n'acceptant pas les femmes, l'évince de ce poste. Pourtant sa renommée est devenue mondiale, et Marie Curie reçoit plusieurs dizaines de distinctions honorifiques. En 1921, des groupes féministes américains réunissent les fonds nécessaires à l'achat d'un gramme de radium et l'invitent aux États-Unis pour le lui remettre. Marie Curie y connaît un accueil triomphal.

La prise de contrôle de ce qui devient en 1917 la Compagnie Générale des Câbles de Lyon est caractéristique de la démarche de la CGE et de sa capacité à négocier des accords industriels. En 1911, l'expansion généralisée des réseaux électriques et la concurrence internationale obligent la société suisse Cortaillod à envisager d'importants investissements et à chercher divers rapprochements, en Suisse – pour former un « trust suisse des câbles » –, comme en France. De nationalité helvétique, Émile Bitterli, le négociateur de la CGE, parvient rapidement à un accord sur la base de la condition exigée par Azaria, à savoir disposer de la majorité absolue de l'entreprise.
En 1911, le capital de la société lyonnaise est porté à 3 millions de francs, la CGE souscrivant 3 400 actions nouvelles avec l'appui de la Banque Suisse Française. Tout en demeurant actionnaire minoritaire, le groupe suisse Cortaillod abandonne ses droits, en échange de la cession de la réserve inscrite au bilan de la société, à l'instar de la CGE lors de la cession de la station de Rouen.

La mise en place d'un secteur Isolateurs

La logique industrielle issue de la liaison des usines Mouchel et des Câbles de Lyon est renforcée par la décision prise à la même époque par Pierre Azaria de s'engager dans la production d'isolateurs en porcelaine. Il s'agit en effet d'un secteur complémentaire de la production de câbles et de l'installation de réseaux, dont la CGE fait, en ce début du XXe siècle, l'axe principal de son expansion.
En 1904, Pierre Azaria s'intéresse ainsi fortement au projet industriel que monte dans ce domaine de l'électro-céramique Paul Sailly. Le site de la

CGE à Ivry-Port accueille les débuts de la fabrication. Ils sont laborieux, du fait de concurrents français, comme Parvillié (lié à la Compagnie Française Thomson-Houston) et Genty, et surtout de la très forte concurrence des allemands Kahla-Hermadorf Hentschell et Rosenthal. Ceux-ci bénéficient des énormes débouchés de leur marché et ne sont pas arrêtés par les barrières douanières françaises, qui accusent un fort retard en matière de nomenclature des produits importés.

En 1906-1907, les ventes n'atteignent que 350 000 francs. Paul Sailly a épuisé la totalité de ses ressources. Mais l'annonce d'une augmentation des droits douaniers relance l'espoir. Un petit industriel, Caillet, accepte d'apporter son concours. En 1907, l'atelier se transforme en société à commandite « Sailly, Caillet et Cie », au capital de 1,05 million de francs. La CGE y apporte des terrains et bâtiments appartenant au site d'Ivry-Port, en échange desquels elle reçoit 28,6 % des parts.

Stand CGEE, Exposition internationale, 1914. Les « services extérieurs » de la CGE deviennent la Compagnie Générale des Entreprises Électriques en 1913.

Grâce à la révision des tarifs douaniers, la croissance reprend dès 1910, provoquant la saturation rapide des moyens de production et occasionnant de graves retards de livraison. Devant l'essor de la concurrence nationale – l'entreprise Parvillié double au même moment sa capacité de production –, la CGE, sous la pression de Paul Sailly, fait passer le capital à 1,5 million de francs, ce qui autorise l'extension des installations d'Ivry. La société, qui reçoit un transformateur Siemens de 500 000 volts, est désormais en avance sur ses concurrents français et peut égaler les meilleures productions germaniques.

Devant les perspectives d'expansion d'une entreprise qui figure désormais au premier rang français, la CGE remodèle la structure de celle-ci afin d'en prendre le contrôle complet. En juillet 1914, elle prend le statut de société anonyme avec pour raison sociale « Compagnie Générale d'Électro-Céramique ». Son capital, porté à 3 millions de francs, n'est réalisé du fait de la guerre qu'en mai 1916, l'augmentation des fonds provenant directement ou indirectement de la CGE, désormais majoritaire.

Souhaitant assurer dans les meilleures conditions la mutation technique de l'entreprise, Pierre Azaria subordonne en 1914 les investissements nouveaux et l'augmentation de capital à un voyage de Paul Sailly en Allemagne pour « visiter l'une des grandes fabriques de porcelaine » et « se rendre compte de visu de ce qui s'y fait »... Enfin, pour renforcer le rayonnement de l'Électro-Céramique, il offre à l'académicien Arsène d'Arsonval, un éminent physicien fondateur de l'École supérieure d'électricité, la présidence de la société. Cette habile démarche, alors inhabituelle, assoit la réputation de l'Électro-Céramique comme entreprise à la pointe de la technique de son temps. La relation entre les deux hommes a été facilitée par le beau-père d'Azaria, lui-même membre de l'Académie des sciences.

Interrupteurs 65 000 volts.

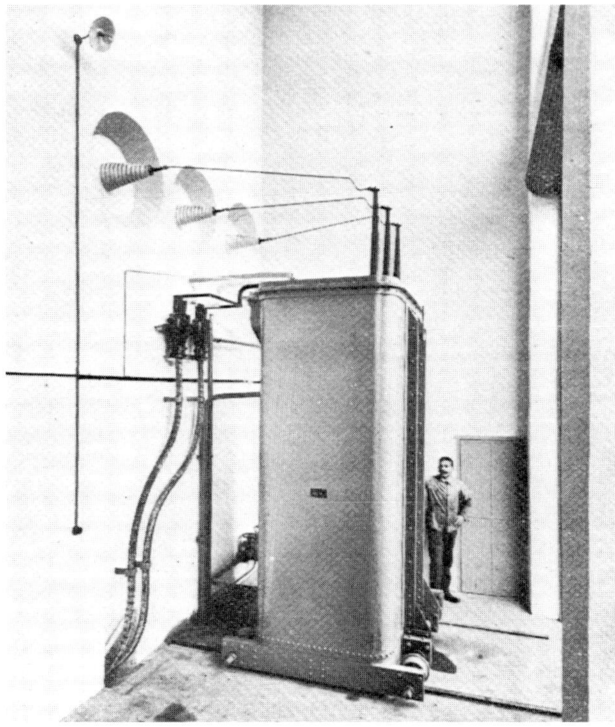

Transformateurs 4 000 kva., 65 000 volts.

Sprecher et Schuh : l'entrée de Delle dans la CGE

Beaucoup plus complexe et importante pour l'avenir du groupe, l'acquisition de la filiale française de Sprecher et Schuh fait entrer la CGE dans le cercle fermé des constructeurs de matériel électrotechnique de haute qualité. Le sous-emploi des terrains d'Ivry au début des années 1910, les difficultés d'accroissement des productions de lampes et de céramiques conduisent la CGE à s'engager dans la production d'appareillage haute tension. Cette dernière pourrait constituer l'axe principal de la branche électricité du groupe, lui fournir des clients, accroître sa technicité et devenir une référence pour les marchés extérieurs.

Dans ce but, les dirigeants de la Compagnie prennent une série de contacts avec plusieurs fabricants, mais leur volonté de détenir la majorité absolue quelle que soit la solution retenue fait tourner court toutes les négociations, à l'exception d'une société suisse située à Aarau, Sprecher et Schuh. Celle-ci est de taille modeste, son capital s'élevant seulement à 800 000 francs pour un total de bilan de 2 445 millions de francs. Mais elle détient des brevets réputés : transformateurs, relais électriques à temps, isolateurs HT. Elle dispose en outre d'une bonne implantation française, avec une usine à Delle, à proximité de l'Alsacienne de Belfort, ainsi que de bureaux de vente à Paris. Les négociations entre les deux compagnies, entamées au début de l'année 1912 entre Sprecher et

Émile Bitterli, directeur de la CGE et administrateur des Câbles de Lyon – l'homme des affaires suisses du groupe –, aboutissent rapidement en avril de la même année. Les deux idées fortes de l'accord sont la prise de majorité de la CGE au sein de Sprecher et Schuh, la Compagnie voulant « être assurée du contrôle de la nouvelle société », alors que l'usine de Delle est constituée en société française indépendante, les Ateliers de Constructions de Delle. Dans le détail, les choses s'avèrent plus complexes, pour des raisons financières et politiques. La société suisse disparaît au profit d'une nouvelle société dont la CGE a, par l'intermédiaire de divers actionnaires, le contrôle théorique. Son conseil d'administration traduit un subtil équilibre diplomatique : le groupe helvétique est représenté par cinq membres, dont André Mayer, directeur français de l'agence de Paris, le groupe de la CGE disposant pour sa part de trois représentants.
Les établissements français naissent le 1er janvier 1913, avec un capital de 1,2 million de francs contrôlé par la CGE et un conseil d'administration où cette fois les représentants français l'emportent sur les Suisses, avec quatre membres contre trois.

Grâce à cette opération menée de main de maître, la CGE s'engage avec intelligence dans un secteur qui va se révéler l'un des plus dynamiques de l'industrie française. Elle bénéficie de l'apport des brevets suisses et le montage réalisé lui permet de financer l'extension de Delle, tout en détenant désormais le contrôle de cette société. La guerre confirme en outre ce choix judicieux : les ateliers de Delle, alors situés à moins de 10 kilomètres de la frontière allemande, seront transférés sans problèmes en 1914 dans l'usine des Câbles de Lyon.

Le 28 janvier 1910, la crue de la Seine transforme Paris en Venise du Nord. Délaissant les tramways incapables de circuler dans les rues inondées ou les métros immobilisés, les Parisiens redécouvrent les plaisirs de la navigation fluviale, embarquant parfois directement depuis leurs fenêtres.

LE TÉLÉGRAPHE ET LA TSF

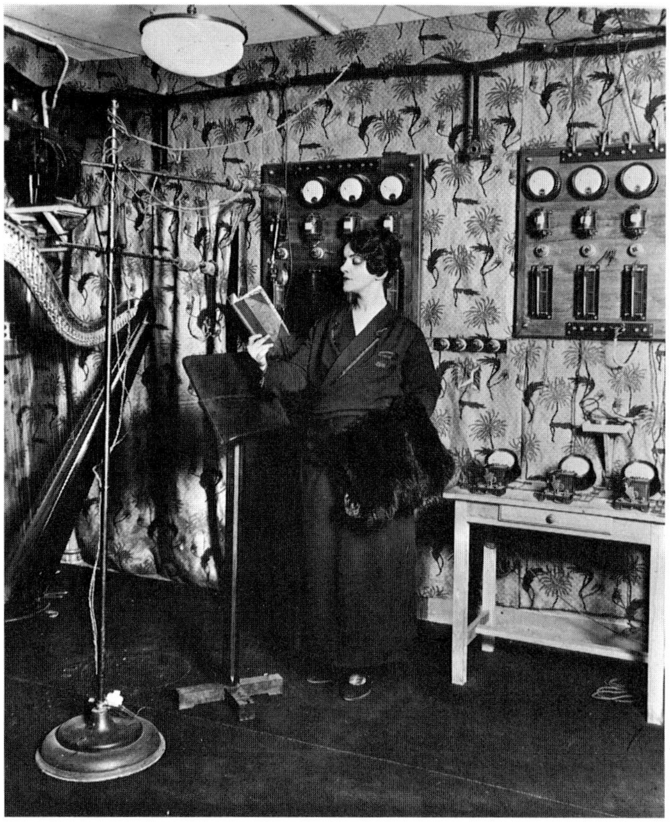

Mme Dussane dans un studio de la TSF.

Le télégraphe aérien, inventé par le Français Claude Chappe en 1792, s'est développé en France dès 1794, puis en Grande-Bretagne, en Prusse et aux États-Unis selon des principes identiques, mais en utilisant un appareillage différent. Ce télégraphe aérien a fonctionné jusqu'au milieu du XIXe siècle, léguant à la France un véritable réseau ainsi qu'un corps de « télégraphiers », qui fourniront l'ossature de l'administration des P et T puis de France Télécom. Son remplacement par le télégraphe électrique, c'est-à-dire l'utilisation pratique de l'électricité pour le transport d'informations, s'effectue aussitôt que sa production par piles devient fiable. Dès 1838, une liaison télégraphique expérimentale est réalisée en Bavière et l'année suivante la Grande-Bretagne inaugure la première ligne commerciale de télégraphe électrique transmettant une vingtaine de mots par minute. En 1850, Samuel Morse développe un système analogue aux États-Unis, basé pourtant sur un codage beaucoup plus efficace, constitué de traits et de points séparés par des interruptions du courant électrique de transport, qui autorise un débit de 50 à 60 mots par minute. Dès cette époque, la Grande-Bretagne est équipée de 3 500 km de lignes télégraphiques électriques en fil de cuivre, et son réseau est le plus important du monde à la fin du XIXe siècle avec 250 000 km de lignes . La Prusse entreprend aussi de remplacer son réseau aérien dès 1848 par le télégraphe électrique de Werner Siemens. À la fois inventeur et entrepreneur, ce dernier monte une société qui construit le réseau russe (5 000 km dès 1855!) et entame en 1867 ce qui sera la plus longue ligne

Heinrich Hertz, physicien.

télégraphique électrique de l'époque, reliant Londres à Calcutta. Véritable aventure technique et humaine, cette ligne restera en service jusqu'en 1931. Parallèlement, l'idée de la transmission sous-marine parcourt un chemin difficile. En effet, la mise au point de câbles suffisamment bien isolés pour assurer l'acheminement

des informations et la recherche de méthodes de pose vraiment fiables s'avèrent compliquées. Enfin, l'utilisation du caoutchouc résout ces problèmes et marque les débuts de l'histoire des liaisons sous-marines : la première liaison transmanche date de 1852, et celle qui relie les États-Unis à l'Europe de 1866.
La construction de réseaux étendus, comme celui de Russie ou de la ligne Londres-Calcutta, montre rapidement les limites de l'alimentation électrique par piles, le signal s'affaiblissant en s'éloignant de son point d'émission. L'invention décisive de la magnéto puis de la dynamo, générateurs électriques de courants plus « forts », permet de remédier à ce problème des pertes en lignes. La première magnéto à manivelle utilise la rotation d'une bobine dans le champ d'un aimant permanent : l'induction génère alors un courant électrique dans la bobine. On accorde généralement à Werner von Siemens la construction de la première magnéto opérationnelle en 1856, puis le remplacement, dix ans plus tard, de l'aimant permanent par un électroaimant alimenté par le courant de la machine elle-même fonctionnant désormais par « auto-excitation » : la dynamo est née, de même que le moteur électrique à courant continu, dont le principe fonctionne à l'inverse. Zénobe Gramme, artisan menuisier, met au point en 1867-1868 l'application industrielle de la dynamo.
Ces découvertes successives supplantent définitivement l'alimentation des lignes télégraphiques par piles à partir de 1870.

Expérience de H. Hertz (1887-1888)

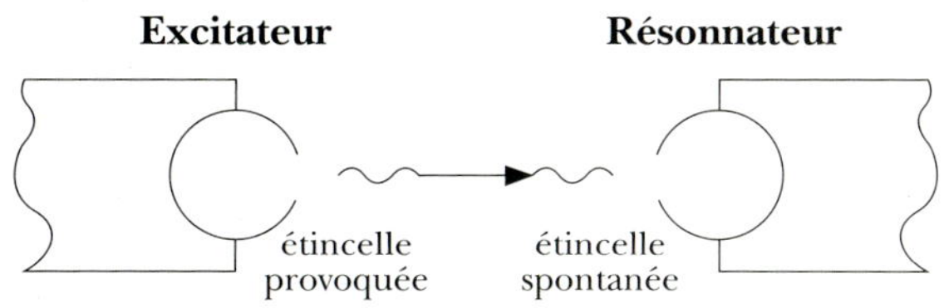

L'induction dans le circuit ouvert de l'excitateur d'un courant à haute tension et haute fréquence provoque une étincelle entre les bornes du circuit…

… une étincelle analogue apparaît alors entre les deux bornes du circuit ouvert du résonnateur, révélant l'apparition dans celui-ci d'un courant induit par l'onde électromagnétique générée par l'étincelle de l'excitateur.

L'histoire des télécommunications franchit une nouvelle étape avec la fameuse TSF, opérationnelle dès que sont conçus et fabriqués des émetteurs et des récepteurs d'ondes électromagnétiques, se substituant au câble transportant jusque-là les informations.
On doit à Heinrich Hertz la démonstration, en 1887-1888, qu'une décharge de fréquence élevée entre les deux bornes d'un circuit électrique ouvert génère un « phénomène » électromagnétique pouvant être capté à distance par un circuit analogue et inerte. L'expérimentateur relève en effet dans ce circuit un courant oscillant de même fréquence que le premier, comme si le courant du premier circuit s'était transmis sans fil au second. Heinrich Hertz identifie rapidement le « phénomène » électromagnétique mis en évidence avec une onde électromagnétique telle que J. C. Maxwell l'avait décrite en 1865.
Le Français Édouard Branly commence en 1890 à utiliser des ondes hertziennes pour la transmission d'informations télégraphiques sur quelques dizaines de mètres, mais c'est l'Italien Guglielmo Marconi qui réalise en 1895 la première transmission

Tête de ligne. Expédition d'une dépêche télégraphique.

Station de départ. Piles et Manipulateur.

significative sur 13 km en Grande-Bretagne. Il dépose son brevet dans ce pays l'année suivante et fonde la première compagnie de télégraphie sans fil en 1897.
L'ère de la radio débute alors et vient étonner par ses perfectionnements et multiples applications les hommes du XXe siècle.

Les premiers pas dans les télécommunications

Enfin, la CGE n'oublie pas d'explorer toutes les perspectives qui s'offrent à elle. Elle démarre diverses créations sans lendemain, comme celle des automobiles Alda ou la Société d'éclairage par tubes luminescents. Surtout, elle manifeste pour la première fois son intérêt pour le secteur naissant des télécommunications, en participant à deux créations, celle de la Compagnie Générale Radiotélégraphique, créée en 1911, et celle de la Compagnie Universelle de Télégraphie et Téléphonie sans fil, en 1912.

La première affaire, au capital considérable de 3,5 millions de francs dans lequel la CGE prend la majorité, semble prometteuse. Elle est bâtie autour du brevet Lepel, un procédé permettant de transmettre à moyenne distance 20 000 étincelles par seconde, contre 10 000 pour le système Marconi. Mais, à la différence de celui-ci, le procédé Lepel n'est pas capable de traverser une étendue comme celle de l'océan Atlantique, objectif qui reste bien sûr l'enjeu majeur de l'époque en matière de transmissions. Jean Bordelongue, un ancien directeur de l'administration des PTT à qui, du fait de ses compétences, Pierre Azaria a confié le dossier, prend contact avec une nouvelle société, la Compagnie Universelle de Télégraphie et Téléphonie sans fil, qui semble détenir la solution. Après quelques hésitations, la CGE y prend une participation de 1 million de francs.

Cette incursion dans les télécommunications reste éphémère. Dès 1914, la CGE cède sa participation dans la Compagnie Universelle de Télégraphie et Téléphonie sans fil à la société de Marconi, la Marconi's Wireless Telegraph Company, la Compagnie Générale Radiotélégra-phique étant purement et simplement dissoute. Aucune explication n'est alors donnée, mais on peut imaginer que la Compagnie n'est pas à l'époque en mesure de suivre avec attention ces affaires, du fait de leurs exigences financières et de leur technicité. La CGE distingue aussi rapidement leurs incertitudes économiques. Comme le note de façon prémonitoire en 1912 la revue *le Répertoire financier :* « Une nouvelle branche devait attirer les dirigeants de la CGE. Elle a pris de gros intérêts dans deux affaires de télégraphie sans fil, pour des communications à grande distance et à grand rendement commercial. Il serait encore prématuré de se livrer à des conjectures en ce qui touche l'avenir de ces entreprises, qui requièrent beaucoup d'études et beaucoup de temps. »

TSF, 29 juillet 1898.

Tout est dit. Il faut pourtant voir encore une fois dans cette tentative une preuve de l'intérêt général d'Azaria pour les nouvelles techniques et sa volonté de ne pas être écarté de secteurs prometteurs. Au même moment par exemple, des entreprises électriques comme Mors en France et AEG en Allemagne sont aussi des constructeurs automobiles. Si la capacité d'un chef d'entreprise à ne pas ignorer les secteurs d'avenir apparaît aujourd'hui comme un trait banal, celle-ci est alors bien moins fréquente dans la France du début du XXe siècle. Dans le même temps, le sens des réalités et la connaissance des moyens réels de l'entreprise l'emportent toujours chez Pierre Azaria et justifient la confiance que ses actionnaires et banquiers n'ont de cesse de lui accorder.

1914 : un bilan positif

Le 2 novembre 1914, quelques mois après le déclenchement du conflit mondial, la CGE installe son siège social dans l'immeuble qui est toujours le sien, au 54, rue La Boétie. Ce transfert consacre, économiquement et socialement, la réussite du projet lancé par Pierre Azaria et ses associés une quinzaine d'années plus tôt. La composition de son conseil d'administration en témoigne, avec l'entrée en 1906 du président de la Banque Suisse et Française, A. Salles. En 1909, la mort de Charles Herbault porte à la présidence Edmond Rodier. Celui-ci disparaît prématurément et est remplacé par le diplomate Paul Doumer, futur président de la République française dans l'entre-deux-guerres.

LA CGE EN 1914

Sociétés et filiales installées dans les nouveaux bâtiments de la Compagnie Générale d'Électricité, rue La Boétie, en 1914 :
- la Compagnie Générale des Lampes à Incandescence
- la Cristallerie d'Évry
- la Fabrique de Filaments
- le Laboratoire Central
- la Société d'Accumulateurs
- la Société Générale d'Entreprises Électriques
- l'Appareillage et les Constructions Électriques (dont les Ateliers de Constructions Électriques de Delle)
- la Manufacture d'Isolants et d'Objets Moulés (MIOM)
- la Fabrique d'Articles Métalliques
- les Établissements Métallurgiques (usines Mouchel)
- la Compagnie d'Électricité d'Amiens
- la Compagnie d'Électricité d'Angers
- la Compagnie d'Électricité de Brest
- la Compagnie d'Électricité de Marseille
- la Compagnie d'Électricité de Meaux
- la Compagnie Lorraine d'Électricité (Nancy)
- la Compagnie Vosgienne d'Électricité (Remiremont)

Sociétés étrangères ayant des bureaux au nouveau siège :
- The Electric & General Works Ltd. (société commerciale) - Londres
- Compañía Generala Española de Electricidad - Madrid
- Energia Electrica da Cataluña - Barcelone
- Compania Generale Italiana di Elettricita - Milan

La CGE contrôle également :
- la Société Française des Câbles Électriques Système Berthoud-Borel - Lyon
- la Société des Accumulateurs Tudor - Lille.

Affiche publicitaire créée en 1906 par Alfons Mucha pour les accumulateurs Tudor

Advertising poster designed for Tudor Batteries in 1906 by Alfons Mucha

La réussite d'un conglomérat électrique

Les faits sont éloquents. Le groupe constitué par la CGE dispose d'un portefeuille de centrales électriques limité mais de grande qualité. Ses actifs industriels, s'ils sont de taille réduite, relèvent tous de secteurs en expansion et disposent – notamment grâce aux associés suisses – de techniques de pointe très fiables, dans un domaine où celles-ci s'avèrent essentielles. Une étude du Crédit Lyonnais en 1909 va jusqu'à s'en étonner à propos de la centrale de Nancy. L'enquêteur note en effet : « On peut même dire que les bâtiments présentent un aspect trop luxueux qui les fait ressembler à ceux des usines allemandes » ...

Cette réussite a été bâtie avec des ressources peu importantes. Le capital n'a été multiplié que par deux et demi auquel il faut ajouter 8,5 millions de francs de prime nette sur émission d'actions. Si l'on excepte le capital initial, la CGE s'est financée sur le marché à hauteur de 52,2 millions de francs depuis sa création, ce qui est peu. Cette modestie se justifie au regard d'un chiffre d'affaires en croissance régulière, qui passe de 16 millions de francs en 1898 à 33,3 en 1905-1906, 77,8 en 1910-1911 et 73,5 en 1913. La volonté constante de consolider les acquis se manifeste également par la constitution de fortes réserves, qui égalent le capital social en 1914 ; ce qui réduit quelque peu les dividendes versés aux actionnaires, comme Pierre Azaria l'indique clairement à plusieurs reprises à son conseil d'administration.

Malgré la perception qu'en ont les contemporains, la Compagnie Générale d'Électricité n'est pas l'« omnium électrique » que décrivent certains. L'importance de la métallurgie du cuivre demeure. Elle continue d'assurer jusqu'aux années 1920 de 40 % à 50 % du chiffre d'affaires, même si cette proportion ne cesse de décroître. Deux autres secteurs interviennent pour environ 10 à 15 % du chiffre d'affaires, la distribution électrique et les lampes, alors que les « services extérieurs », c'est-à-dire le secteur de l'entreprise électrique, évoluent entre 15 et 20 %. Ce secteur devient, en 1913, une société autonome, la Compagnie Générale d'Entreprises Électriques (CGEE), actuelle Cegelec. Son capital est porté à 3 millions de francs en 1920.

Energia Electrica da Cataluña : pylône de ligne 88 000 volts.

Comme on l'a noté, la diversification garantit la survie à long terme de l'entreprise et assure ses percées successives vers des secteurs nouveaux. On voit en effet coexister, au sein de la Compagnie, des industries lourdes, comme la métallurgie du cuivre, les stations centrales avec leurs réseaux, requérant des taux d'investissement particulièrement élevés, et des industries légères, comme les lampes, les accumulateurs ou les piles.

La direction de la CGE a su harmoniser la marche de cet ensemble. Un style de gestion s'affirme qui va caractériser la Compagnie dans le temps. Il est appuyé par une politique financière qui ne perd jamais de vue l'étroitesse des ressources et les contraintes des marchés.

Des ambitions internationales prématurées

Au début des années 1910, la CGE songe à étendre ses activités à l'extérieur des frontières nationales. Deux faits sous-tendent les prémices de cette ambition internationale : l'existence de l'usine de lampes à Madrid et la nécessité de disposer d'un marché plus large que celui du territoire national qui reste étroitement cartellisé. La modification de la nature des concessions d'électricité et le renforcement de la concurrence avec l'apparition de sociétés disposant d'accords privilégiés font en particulier craindre à la CGE que les « services extérieurs », devenus la Compagnie Générale d'Entreprises Électriques, ne trouvent pas en France les éléments d'une exploitation rentable.

Le 18 janvier 1912, la CGE crée à Barcelone la société espagnole Energia Electrica da Cataluña, avec un capital de 20 millions de pesetas (10 millions de francs). La nouvelle entreprise se donne pour but l'électrification de la Catalogne par l'exploitation de chutes d'eau et la mise en œuvre d'une usine thermique. Ce choix s'explique facilement. La proximité géographique de cette province industrielle et commerçante, en pointe dans la péninsule, permet aux industriels et banquiers français d'y jouer un rôle privilégié, que ce soit dans les banques, les chemins de fer, les mines ou les services publics. À Barcelone, les compagnies des eaux et du gaz ainsi que l'un des réseaux de tramways sont français. L'expansion économique de la région en fait une zone prometteuse pour la consommation d'électricité.

À cette époque, la CGE n'a aucune expérience dans ce domaine. C'est pourquoi, afin de réaliser les travaux, elle s'assure le concours de la Société Suisse d'Industrie Électrique de Bâle (SSIE), filiale de Siemens, qui a déjà mené à bien plusieurs grandes installations hydrauliques en Suisse et en Italie. La SSIE souscrit une part importante du capital dont seulement la moitié est émise devant la méfiance de l'épargne locale. On espère un regain d'intérêt lors de la mise en marche des installations. Il s'agit ainsi de « laisser aux Catalans une part quand l'entreprise sera sortie de l'époque ingrate... ».

Barcelone, 1910.

Très vite les difficultés commencent. L'Énergie Électrique de Catalogne est une société de production qui ne dispose au départ d'aucun réseau de distribution. Elle tente dans un premier temps d'acquérir la filiale de l'AEG, la Barcelonesa de Electricidad, qui assure la distribution de l'électricité de la capitale catalane. Malgré plusieurs conférences au plus haut niveau à Berlin, auxquelles participent Pierre Azaria, Paul Bizet et Émile Bitterli, l'accord ne peut aboutir. Sans doute les liens complexes d'entente et de rivalité entre AEG et Siemens, second actionnaire de l'EEC, ont-ils été un élément essentiel de cet échec.

La CGE se heurte en outre à l'intervention du plus puissant groupe d'électricité du monde, General Electric, lié à AEG, qui se place au même moment en Catalogne, avec un projet visant à y installer un trust de l'électricité contrôlant la production, la distribution et l'électrification des chemins de fer régionaux, sur le mode de systèmes déjà réalisés en Amérique latine, à São Paulo, Rio de Janeiro et Mexico. Le représentant de General Electric, l'ingénieur Pearson, acquiert ainsi à partir de 1911 des chutes en haute Catalogne. Il crée la Barcelona Traction Light and Power Cie Ltd, concurrente directe de la Barcelonesa de Electricidad, prend le contrôle des chemins de fer catalans et, le 6 décembre 1911, achète, par l'intermédiaire du holding AEG-General Electric SOFINA, la Barcelonesa de Electricidad.

Confrontée à la stratégie conjuguée des deux premiers groupes mondiaux, General Electric et AEG, la CGE doit composer. Ne pouvant lutter à armes égales, ni compter sur son associé, Siemens-SSIE, elle abandonne son implantation catalane en deux étapes. En février 1913, l'Énergie Électrique de Catalogne cède, dans des circonstances complexes et controversées, 49 % du capital à la Barcelona Traction Light and Power Cie Ltd, qui fait par la suite l'objet de plusieurs poursuites judiciaires internationales. Les travaux d'équipement de l'Énergie Électrique de Catalogne sont néanmoins menés à terme, la CGE assurant la maîtrise d'ouvrage et la production de câbles et isolants, aux côtés d'autres constructeurs français, suisses et allemands.

Paul Doumer, président de la République a été administrateur de la CGE.

L'évolution de l'économie française, les problèmes de reconversion industrielle de la CGE après la guerre de 1914-1918 et l'impossibilité de faire progresser l'Énergie Électrique de Catalogne de façon autonome entraîneront le désengagement total de la CGE en 1923 dans des conditions financières très favorables.

Une curieuse tentative est amorcée en 1912-1913 à Moscou. La seconde ville de l'Empire russe compte à l'époque 1,6 million d'habitants et sa population augmente annuellement de 50 000 personnes. L'usine de Moscou, obsolète et d'une puissance insuffisante, doit être refaite alors que la concession d'une filiale d'AEG, l'Éclairage Électrique de Saint-Pétersbourg, arrive à échéance. Le groupe Pieper, de Liège, enlève la concession dans des conditions obscures et, recherchant des associés susceptibles de l'épauler, entre en contact avec la CGE. Pierre Azaria se déclare intéressé par l'importance des travaux à réaliser et les perspectives d'expansion de la seconde ville de l'Empire. Dans les faits, il semble surtout que la CGE cherche à peser sur les négociations qu'elle mène au même moment en Catalogne avec AEG et Siemens pour acquérir la filiale locale de l'AEG, la Barcelonesa de Electricidad.

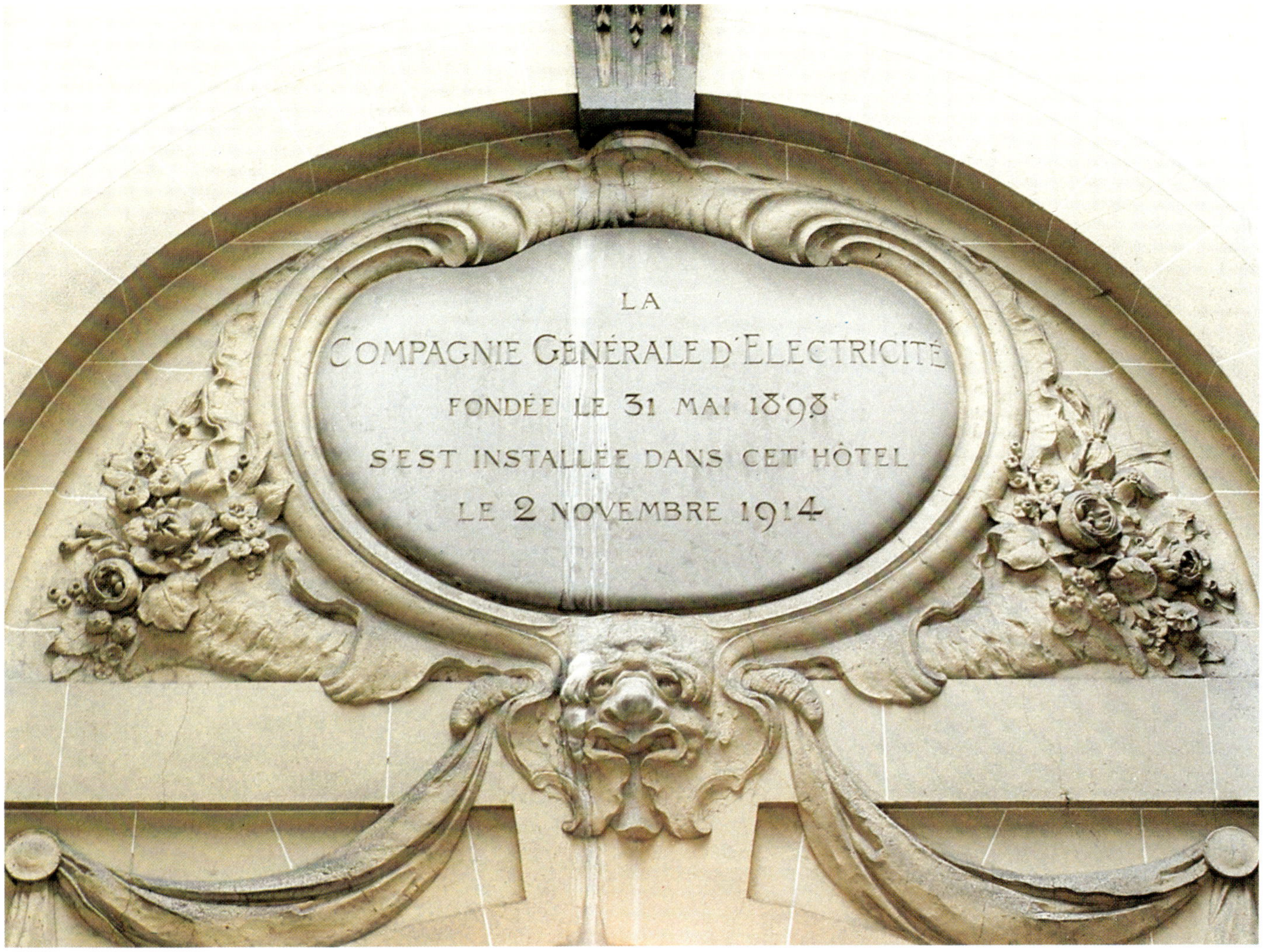

Plaque commémorative au 54, rue La Boétie.

C'est pourquoi l'affaire russe tourne court, devant la réaction du groupe AEG qui parvient à récupérer la concession en 1913. Entraîné par Paul Doumer, l'homme des négociations outre-Pyrénées, le conseil de la CGE refuse le projet à la suite de la ferme opposition des administrateurs suisses. Les banques suisses, dont dépend encore la CGE, sont fortement impliquées dans les entreprises allemandes en Russie. Elles ont trop de projets en commun avec l'AEG pour cautionner une brèche dans ce que les groupes électriques allemands considèrent alors comme leur chasse gardée.

Les premières incursions internationales de la CGE ne vont pas plus loin. Les moyens techniques limités de la Compagnie ne lui permettent pas d'envisager de puissantes unités industrielles hors des frontières. L'usine de lampes de Madrid demeure ainsi d'une capacité de production modeste. Une timide implantation est néanmoins réalisée en Italie. Un projet d'usines de lampes est mis en œuvre à Milan en 1910, sous la forme de la création d'une Compania General de Electricita, créée en novembre 1910 grâce aux fonds obtenus par la cession de la centrale de Rouen. L'usine italienne ne prend vraiment de l'importance qu'au moment de la Grande Guerre, en collaboration avec Sprecher et Schuh. À la même époque, la CGE prend également une petite participation dans une société allemande, la Regina Bogenlampen, dont la technologie l'intéresse pour ses usines de lampes.

En 1914, la CGE est devenue l'une des valeurs sûres de la Bourse de Paris.

À la veille de 1914, l'expansion de la CGE hors des frontières nationales apparaît donc prématurée. Confrontée à des marchés nationaux protégés et à la puissance d'un cartel germano-américain peu disposé à admettre de nouveaux concurrents, la CGE ne dispose pas de ressources suffisantes, quelles que soient les qualités et l'envergure de son équipe dirigeante. Cette dernière a la sagesse de ne pas risquer la jeune société dans des aventures aléatoires, aux conséquences imprévisibles. L'étonnement et les reproches du représentant en Catalogne de General Electric, l'ingénieur Pearson, dont les moyens sont quasi illimités et qui note, par exemple, en 1912 à propos de la CGE qu'il est « trop facile de constituer des sociétés et de les vendre avec profit », apparaissent comme un hommage à la sagacité d'une entreprise qui n'oublie jamais les limites que lui assignent ses capacités financières.

La reconnaissance financière de la place de Paris

À partir de 1910, l'image de la CGE dans la presse financière devient très favorable. La hausse du titre, le versement régulier de dividendes ne peuvent qu'impressionner le milieu boursier parisien, même s'il ne dispose sur la Compagnie que de données très générales.

C'est ce qui explique peut-être le son discordant de l'hebdomadaire *Finances Journal* qui, déçu par des dividendes à son avis médiocres, estime que « la CGE a atteint son maximum d'expansion et qu'elle n'est guère susceptible de connaître de nouveaux progrès. En cédant dès le début la meilleure partie de son actif, elle a sacrifié, à proprement parler, la poule aux œufs d'or et si ce sacrifice n'a pas été sans profit pour elle, il l'a condamnée pour l'avenir aux affaires secondaires ! ... ».

Cet avis savoureux au regard de la postérité reste isolé. Les publications les plus sérieuses, *l'Information*, *le Globe*, la *Revue financière*, consacrent régulièrement à la Compagnie des études fouillées, à l'égal de la Compagnie Française Thomson-Houston, de la Compagnie Électro-Métallurgique ou des sociétés minières et métallurgiques. C'est le plus bel hommage à la réussite d'hommes qui, partis de peu de choses, ont rapidement réussi à faire de leur entreprise une valeur boursière en vue. Tous soulignent l'équilibre entre la sécurité des réseaux et le fort potentiel de bénéfices des industries, parfois avec exagération. Ainsi la *Revue financière* du 2 janvier 1908 note que, pour Marseille, la filiale de la CGE « dispose d'une importante clientèle de force motrice » et que la Compagnie « pourra en retirer des revenus élevés ». Or il ne s'agit que de 520 moteurs développant au total 2 000 ch, soit 3,8 ch par unité !

Pour tous, l'entreprise est saine et son avenir assuré, comme l'écrit la *Vie financière* le 21 janvier 1911 : « Les actions de cette société viennent de franchir une marge importante de plus-value, bien influencée tant par son passé prospère que par l'avenir favorable de l'entreprise. » Le dividende, que l'on juge en général insuffisant, est perçu comme la volonté de gérer l'affaire avec sagesse et prudence. D'où une sympathie générale de la Bourse à l'égard de la Compagnie. La confiance des porteurs dans cette dernière apparaît remarquable et constitue un réel hommage à la réussite de ses dirigeants, quand on connaît la méfiance du milieu boursier à cette époque envers les affaires industrielles. Comme le note encore la *Gazette de Paris* : « Cette entreprise, très bien administrée, peut réserver d'agréables surprises aux capitalistes qui momentanément peuvent se contenter d'un revenu réduit... »

La CGE n'a dû en effet compter que sur quelques appuis et beaucoup sur elle-même pour réussir. La Banque Suisse et Française a joué un rôle essentiel, mais du fait de ses origines helvétiques ses moyens sont restés limités, sa fonction principale consistant avant tout à aider les entreprises suisses hors de la Confédération. Le futur CCF a néanmoins garanti en permanence à la CGE un découvert important, a conforté sa réputation et lui a apporté de précieux liens internationaux. La Société Générale a fourni, quant à elle, un engagement précoce et non négligeable, en assumant avec constance le rôle de chef de file des émissions obligataires, placées sans coup férir grâce à la densité de son réseau. Cela a permis aux filiales concessionnaires d'émettre avec succès leurs propres émissions. Sa fonction cependant ne dépasse pas ce stade et ne saurait se comparer à l'appui actif des banques allemandes ou américaines à l'industrie.

Cela souligne la contrainte financière qui n'a cessé de peser sur la Compagnie tout au long de ses quinze premières années. À la veille d'une guerre à laquelle les milieux industriels ne s'attendent pas, même s'ils l'appréhendent, le pari des fondateurs de la CGE est pourtant en passe d'être gagné. En 1914, la CGE n'est certes pas une AEG française, ni ne peut se comparer à la Compagnie Française Thomson-Houston. C'est en revanche un holding diversifié, solide, qui dispose de moyens industriels sérieux et qui est dirigé par un industriel à la fois prudent et visionnaire. En cela, le projet risqué de Pierre Azaria et de Charles Herbault en 1898 a été mené à bien. Les années à venir vont lui donner une tout autre dimension.

CHAPITRE 3

DE LA GUERRE À LA CRISE :
LA NAISSANCE D'UNE GRANDE ENTREPRISE 1914-1931

La Grande Guerre donne un vigoureux coup de fouet aux activités de la CGE qui bénéficient, la métallurgie en particulier, de nombreuses commandes de la Défense nationale. Après la reconversion qu'impose le retour à une économie de paix, la CGE entre dans une période d'expansion, que favorisent la prospérité des années 1920 et l'électrification grandissante du pays. Avec 20 000 personnes, un chiffre d'affaires qui passe, de 1918 à 1930, de 283 à 1 302 millions de francs et une cinquantaine de sociétés, la CGE devient, sans renier ses habitudes de prudence financière, un groupe industriel majeur, doté d'usines dans tout le pays. Cette croissance s'accompagne d'un rééquilibrage notable des activités de la Compagnie : la métallurgie cède le pas devant les matériels électriques, qui forment désormais le cœur du groupe avec la distribution d'électricité.

Vue extérieure des ateliers de la Cie Générale des Câbles de Lyon, 1917.

L'IMPACT DE LA PREMIÈRE GUERRE MONDIALE

Le choc du conflit

Le premier conflit mondial surprend la Compagnie en plein essor. Un projet d'augmentation du capital, alors à l'étude, est évidemment retardé, et la mobilisation générale de l'été 1914 provoque, comme dans tout le pays, un profond désordre dans le fonctionnement de l'entreprise : 2 500 hommes partent sous les drapeaux, ce qui, dans un premier temps, ralentit fortement les activités.

La mobilisation industrielle

L'interrogation des dirigeants de la CGE au début du conflit sur la politique d'ensemble à adopter ne dure pourtant que quelques semaines. La bataille de la Marne et celle de l'Ourcq conduisent à remédier à « l'insuffisance absolue de la mobilisation industrielle telle qu'elle avait été prévue en temps de paix ». La CGE met sur le pied de guerre l'ensemble de ses ressources, à l'exception de l'usine Tudor de Lille, passée, comme le nord du pays, sous le contrôle de l'ennemi, et de celle de Delle qui, trop proche du front, arrête momentanément sa production sur l'ordre de l'état-major de l'armée.

La guerre qui se prolonge exige des moyens matériels énormes, et les industries du pays sont amenées à adapter leurs usines aux besoins de la Défense nationale. La CGE participe rapidement à cet effort, seule ou en collaboration avec les autres groupes français. Les tréfileries de Rai-Tillières comme les câbleries de Vitry et de Lyon répondent rapidement à la demande des armées. Douilleries et bandes d'alimentation de mitrailleuses deviennent en particulier des spécialités de la Compagnie, grâce à sa maîtrise de la métallurgie du cuivre et du laiton.

L'insuffisance des installations existantes suscite la création de nouvelles usines : à Bordeaux, la Manufacture Générale des Munitions (MGM), en collaboration avec les Tréfileries et Laminoirs du Havre ; à Courbevoie pour le forgeage d'obus ; à Vincey, dans les Vosges, où un ensemble sidérurgique comportant une aciérie Martin et des laminoirs d'une capacité de production de 30 000 tonnes est créé ; à Saint-Jean-de-Braye, près d'Orléans, pour la fabrication de grenades à fusil.

LA GRANDE GUERRE

Des hommes qui se battent atrocement dans la boue des tranchées, écrasés par la mitraille et les obus, asphyxiés par les gaz, mal nourris, luttant contre les rats et les poux, incompris de leurs gouvernants et des civils, mais tenant malgré tout jusqu'à la fin, c'est cette image qui reste de la Grande Guerre. Le monde de l'avant-guerre, qui croyait construire le bonheur sur le progrès, chavire et bascule dans un univers d'angoisse et de massacre.

La situation du front au 20 octobre 1918.

L'abondance de la littérature sur les combattants et leurs souffrances (Erich-Maria Remarque, Henri Barbusse, Ernst Jünger et bien d'autres) ne doit cependant pas cacher la grande mutation économique de la guerre de 14-18. Près de 30 millions d'hommes mobilisés des deux côtés, qu'il faut remplacer à l'usine ou aux champs, et qu'il faut ravitailler, équiper d'armes de plus en plus élaborées et approvisionner de munitions toujours plus nombreuses.

En France, la production annuelle d'avions passe de 1 000 à 25 000 entre 1914 et 1918, tandis que la fabrication journalière d'obus s'élève de 14 000 à 300 000. À la fin de la guerre, l'industrie française produit 1 000 canons par mois et 6 millions de balles par jour. L'État doit, pour satisfaire les commandes des armées, freiner les secteurs non stratégiques et réorganiser bon nombre d'entreprises.

Pour payer cette production à son juste prix, la République s'endette auprès des Français et à l'étranger pour un total de 140 milliards de francs (plus de 2 000 milliards de nos francs actuels), tout en faisant tourner la planche à billets et en épuisant ses réserves en devises et en or. L'inflation et la dépréciation monétaire qui en découlent sont inévitables. Presque tous les pays belligérants affrontent cette situation, à l'exception des États-Unis qui peuvent mettre leur puissante industrie au service des Alliés et deviennent les créanciers du monde.

Cette importante et rapide mobilisation, au regard des capacités de la Compagnie au début du conflit, poursuit des objectifs à plus long terme dans l'esprit des dirigeants de la CGE. Les « Tubes de Vincey », installés sur un terrain de 45 hectares proche de la centrale de la Société Lorraine d'Électricité, doivent constituer, après la guerre, un important débouché pour le courant de celle-ci. Cette dernière n'a en effet jusque-là jamais distribué de bénéfices, et ses « seules recettes fructueuses sont celles de l'éclairage ». On retrouve une préoccupation du même ordre pour l'acquisition des terrains de Saint-Jean-de-Braye, pour lesquels le conseil d'administration de la Compagnie prévoit déjà une « utilisation future ». De manière identique, la CGE participe à l'augmentation du capital de la Société d'Électrométallurgie Française, qui lui offre l'opportunité de se rapprocher du principal producteur d'aluminium français, Alais Froges et Camargue (devenu après la guerre Pechiney), grand consommateur d'électricité et intéressé par l'hydroélectricité alpine.

Registre des paiements d'une employée de la CGE, 1917.

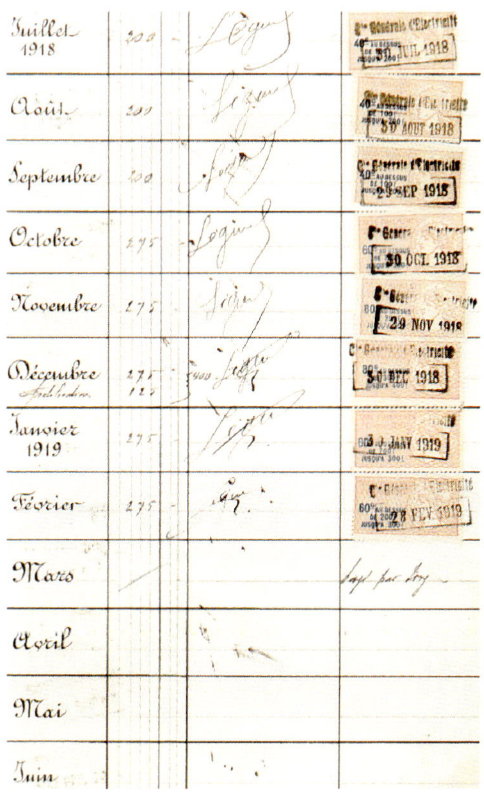

LA BAÏONNETTE
DESSINS DE
PAUL IRIBE, NAM,
PAVIS, VILLEMOT,
ZYG BRUNNER, etc.
TEXTE DE
ABRIC et MARCEL PUNCH
Les Usines
de Guerre

LES TECHNOLOGIES MODERNES FACE AU CONFLIT

En août 1914, l'armée française, bousculée par l'offensive allemande, peut faire repli en bon ordre grâce à la maîtrise du réseau de chemin de fer disposé en étoile autour de Paris. Elle peut mener la contre-offensive sur la Marne grâce à l'appoint des célèbres taxis parisiens (dont la course est rémunérée). Les technologies modernes font leur entrée dans la guerre et transforment les conditions du combat.
La majeure partie des techniques utilisées sont déjà connues avant la guerre, mais elles changent d'échelle. L'utilisation massive des avions, des automobiles, des chars et des gaz transforme la guerre de 14-18 en une guerre de mobilisation industrielle.

Parmi les secteurs les plus novateurs figurent l'aviation et les armes chimiques, et plus encore les techniques de communication. Dès le début du conflit, les Alliés interrompent le câble transatlantique allemand et pratiquent le blocus télégraphique. Cependant, l'Allemagne peut encore communiquer avec ses navires par son réseau de TSF. De même, les liaisons entre la France et la Russie sont rendues possibles grâce aux postes à forte puissance installés à Lyon et sur la tour Eiffel. Les câbles télégraphiques avec les États-Unis étant sous la menace des sous-marins allemands, le radiotélégraphe assure les liaisons transatlantiques entre alliés.

On utilise encore la télégraphie sans fil sur les champs de bataille pour coordonner et diriger les opérations. La fabrication en série de postes émetteurs et récepteurs stimule l'industrie radioélectrique. À la fin du conflit, 10 000 postes sont en service dans l'armée française. Les services du colonel Ferrié industrialisent la fabrication de la lampe triode et les lampes produites en France, au rythme de 1 000 unités par jour à la fin de 1918, et équipent l'ensemble des armées alliées.

L'essor des différentes activités provoque l'explosion des effectifs de la CGE après le creux temporaire causé par le départ des mobilisés. De 6 000 salariés à la veille de 1914, le chiffre des effectifs de la Compagnie a déjà pratiquement doublé en août 1916 avec 11 000 personnes et s'élève à 20 184 en novembre 1917 ! Animée de patriotisme, la Compagnie n'oublie pas les membres de son personnel partis au front et leur verse une avance de trois mois de salaire, dans l'espoir d'une guerre courte. Celle-ci est remboursable en dix mensualités, qui s'élèvent au total à 1 million de francs. Cette avance se transformera par la suite en don. Elle souscrit également deux emprunts nationaux, en 1915 et en 1916, pour un montant de 4 millions de francs.
Le coût des nouvelles installations et la nécessité d'importants stocks de cuivre et de zinc, dont les prix quadruplent, pèsent sur les finances de la société durant toute la période. Mais ce problème apparaît mineur face à la dynamique industrielle que suscite la guerre dans le secteur métallurgique de la Compagnie.

Les difficultés de la distribution électrique

Les sociétés de production et de distribution d'électricité, fondement de la prospérité d'avant-guerre, connaissent quant à elles des jours difficiles. Elles souffrent des restrictions d'éclairage, car leurs clients sont essentiellement des particuliers, et de la hausse du prix du charbon qu'elles n'ont pas le droit de répercuter dans leur prix de vente, bloqué par l'État. La guerre prive par exemple Nancy d'une partie de son réseau et arrête totalement l'activité de la centrale d'Amiens pendant six mois, au moment de la grande offensive allemande du printemps 1918.
Seule la Société d'Électricité de Marseille, située dans une région épargnée par les hostilités et bénéficiant d'un contrat de fourniture de lignite à long terme auprès des mines de Gardanne, qui lui permet de ne pas souffrir de la hausse du prix du charbon, traverse sans trop de mal les années de guerre. Elle peut même distribuer des dividendes réguliers à ses actionnaires, alors que les affaires d'Angers, Brest et Meaux ne couvrent pas leurs frais et connaissent des difficultés chroniques de trésorerie. La situation de la Société Lorraine d'Électricité devient même critique. Afin d'éponger ses pertes, la CGE procède en 1917 à une réduction de son capital tout en lui avançant de fortes sommes d'argent pour la maintenir à flot. L'année suivante, la Compagnie agit de même envers la centrale d'Amiens dont le réseau est très endommagé par les combats du printemps 1918.

LA LOI ASTIER ORGANISE L'ENSEIGNEMENT TECHNIQUE

L'apprentissage « sur le tas », qui n'assure pas toujours un niveau suffisant de qualification, reste jusqu'à la Première Guerre mondiale la seule formation professionnelle des ouvriers et employés en France. Les projets d'enseignement technique se concrétisent en 1919 avec le vote de la loi Astier qui crée des cours professionnels, obligatoires pour les apprentis et les jeunes ouvriers et employés du commerce et de l'industrie. Ces cours, de quatre à huit heures hebdomadaires prises sur le temps de travail, sont obligatoires pour les moins de dix-huit ans. Après trois années de cours, les jeunes employés et ouvriers peuvent obtenir par examen le certificat d'aptitude professionnelle, auquel s'ajoute en 1926 le brevet professionnel.
L'organisation de ces cours correspond à un vœu des organismes professionnels qui désirent élever le niveau de connaissances théoriques et pratiques de leurs employés. Le Conseil supérieur de l'enseignement technique, assisté de comités départementaux et cantonaux, dans lesquels industriels, commerçants et ingénieurs ont un grand poids, assure le contrôle de l'enseignement dispensé dans les écoles professionnelles ou pratiques, qu'elles soient publiques ou privées.
Une circulaire de 1920 autorisant les élèves de ces écoles à réaliser des travaux pour les entreprises renforce les liens avec l'industrie. Cependant, le manque de crédits freine le développement des cours professionnels, obstacle levé par l'institution de la taxe d'apprentissage en 1925. En revanche, le rattachement de l'enseignement technique au ministère de l'Instruction publique en 1920 lui confère une certaine rigidité, préjudiciable à une formation professionnelle en symbiose avec l'entreprise.

L'Énergie Électrique de Catalogne connaît aussi des problèmes de fonctionnement à partir de 1917. Si l'accord conclu en 1913 n'est pas remis en cause, la hausse du prix du charbon se révèle conséquente dans la région. Il faut réaliser d'importants travaux hydrauliques qui sont freinés par le manque d'équipements. C'est pourquoi le lancement d'obligations de la société sur le marché espagnol en 1917 connaît, dans le contexte de crise économique et politique que traverse l'Espagne à l'époque, un échec. 35 000 obligations seulement sont placées sur les 250 000 émises.
Développer les fabrications de guerre qui nécessitent un important financement et assurer tous les engagements en cours posent de délicats problèmes de trésorerie. La Compagnie parvient à mobiliser la somme de 75 millions de francs à la suite d'une augmentation de capital en janvier 1917. À cela s'ajoutent plusieurs emprunts dont l'un, très important, est contracté auprès d'un consortium de banques suisses et garanti par la Banque de France. Enfin, l'autofinancement est permis grâce à l'augmentation considérable des bénéfices et du chiffre d'affaires.

Une reconversion nécessaire

La dernière année de guerre s'avère la plus difficile pour la CGE. L'élévation du prix du cuivre et du zinc pèse sur le financement et la gestion des stocks, qui doivent constamment prendre en compte la perspective d'un retournement possible de la situation et d'une baisse brutale des prix. Les usines voient leur production décroître sans cesse, faute de charbon et de moyens de transport. À Saint-Jean-de-Braye, la fabrication des grenades s'interrompt après l'exécution de la moitié du marché et doit être réorientée vers des productions adaptées à la reprise de la guerre de mouvement. L'armistice de novembre 1918 provoque, outre de longues négociations portant sur le règlement des comptes en suspens, l'arrêt de toutes les commandes au moment où de nouveaux équipements viennent d'être réalisés.
Sur ordre ministériel, les travaux de l'aciérie de Vincey sont suspendus avant son achèvement, alors que la centrale électrique d'Amiens ne fonctionne plus depuis le 1er mars 1918. Dans ce contexte troublé, les dirigeants de la Compagnie, convaincus de la fin prochaine du conflit, préparent le retour à la paix en renforçant notamment les moyens des usines de Delle et des Câbles de Lyon.
Les années 1918-1919 apparaissent bien évidemment comme une période charnière. Malgré la fin des combats, la crise du charbon et des transports demeure. Parallèlement à la réduction pro-

Les tranchées.

La vie des soldats de la Grande Guerre se déroule pour l'essentiel dans des tranchées à ciel ouvert, conçues pour se protéger des tirs rasants. Les dessins de* l'Illustration*, organe de presse quasi officiel, enjolivent considérablement la réalité, souvent beaucoup plus sordide, des tranchées.

gressive des fabrications, la CGE doit licencier une grande partie de ses effectifs, en particulier à Orléans et à Bordeaux. Le total de son personnel passe ainsi de 17 171 en janvier 1919 à 11 936 six mois plus tard. La Compagnie se trouve également confrontée au problème de la flambée des prix qui suit la fin de la guerre. Dans le sillage des mouvements ouvriers qui marquent en France les années 1919 et 1920, presque toutes les entreprises du groupe sont touchées par des grèves dues à l'augmentation du coût de la vie et les revendications du personnel qui en découlent. Les conflits sont particulièrement durs à Lyon et à Rai-Tillières. En réponse à ces demandes, la CGE accorde des indemnités de vie chère de 2 francs aux ouvrières et ouvriers âgés de plus de 18 ans, de 1,50 franc aux plus jeunes et de 1 franc aux ouvrières de moins de 18 ans. Une augmentation des salaires de 15% intervient également. En mai 1919, la Compagnie introduit la journée de huit heures dans ses établissements et, en décembre de la même année, la semaine anglaise de 5 jours pour ses employés de bureau.

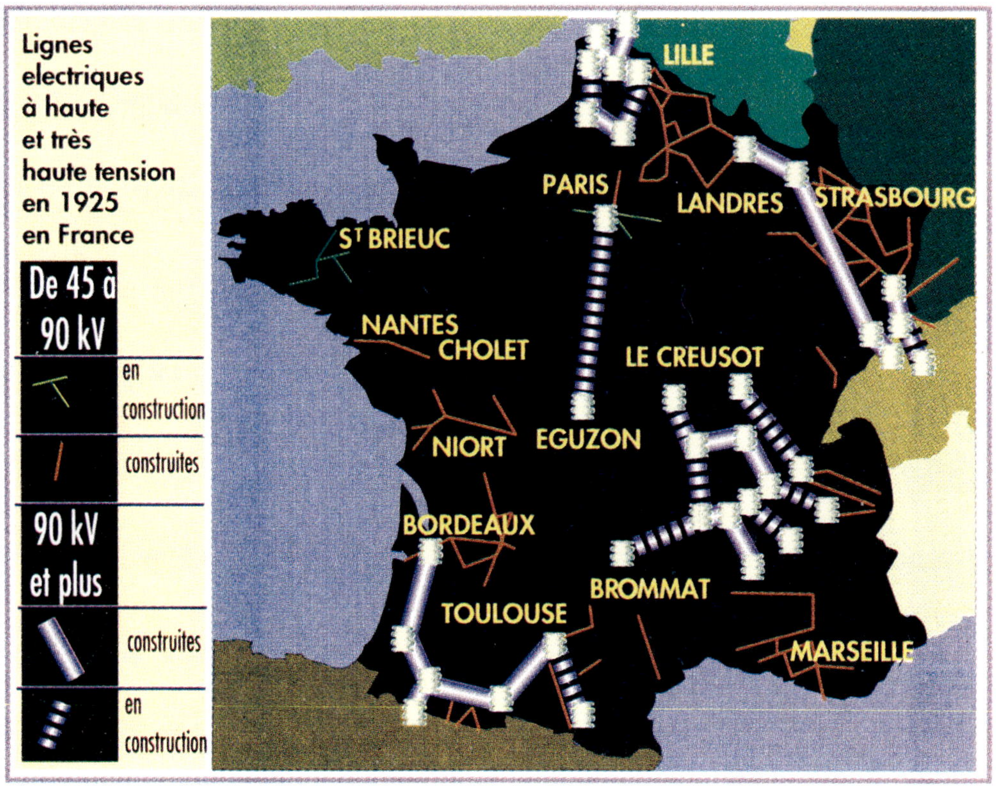

Louis Bréguet et la Compagnie Aérienne des Messageries.

Descendant d'une dynastie franco-suisse d'horlogers, Louis Bréguet se lance très tôt dans la construction d'aéroplanes, avions puis hélicoptères. La guerre de 1914-1918 lui permet de construire ses avions en série. Il reconvertit son entreprise à la construction civile, en créant, en 1919, la première compagnie de transports aériens.

La fin du conflit marque enfin un renouvellement du conseil d'administration. Jean Bordelongue, Charles Renaud – président de la Compagnie Lorraine d'Électricité –, le banquier Genebrias de Fredaigue disparaissent, et Paul Bizet fait son entrée au comité de direction de la Compagnie.

Malgré les troubles et aléas entraînés par la guerre et les problèmes de reconversion à gérer, la CGE sort grandie et transformée par le conflit de 14-18. À tous égards, elle a changé de dimension. La société de taille moyenne qui comptait en 1914 4 000 personnes, pour un chiffre d'affaires de 80,7 millions de francs, comprend en 1919 plus de 20 000 salariés, qui assurent un chiffre d'affaires de 206 millions de francs... Grâce à son activité pour la défense nationale et les bénéfices importants qu'elle a générés, la CGE a conforté son assise financière, développé ses capacités industrielles et son rayonnement. Elle traite maintenant sur un pied d'égalité avec les grands groupes industriels de l'époque, qu'il s'agisse des Tréfileries du Havre ou de la Compagnie Française Thomson-Houston, sa grande rivale. Si la CGE a désormais les moyens de ses ambitions, il lui reste à réussir la reconversion de l'après-guerre et surtout à gérer au mieux le nouveau contexte d'expansion des années 1920.

L'EXPANSION DES ANNÉES 1920

Une réorganisation préalable

Le contexte de l'après-guerre reste troublé. L'incertitude économique est aggravée par l'instabilité monétaire, l'effondrement des comptes extérieurs du pays, et les grèves déstabilisent la marche des entreprises, rendant plus difficiles les choix de reconversion.

Une politique d'assainissement stratégique

Bien que le conflit ait permis, directement ou non, l'essor rapide de secteurs nouveaux comme ceux de la lampe à incandescence, du téléphone et de la TSF, les lendemains de l'armistice ne bouleversent en rien la domination de l'industrie électrotechnique mondiale par la cartellisation des groupes américains et allemands. À la différence de la chimie par exemple, l'industrie électrique française ne bénéficie pas de la confiscation des brevets allemands. Owen D. Young, délégué américain à la commission des réparations, également président de General Electric, veille à ce qu'aucun brevet électrique allemand ne soit transféré aux vainqueurs européens, et en particulier aux entreprises françaises.

Les dirigeants de la CGE tirent rapidement les conclusions du maintien de l'équilibre existant en 1914 dans leur domaine et prennent en conséquence une série de décisions stratégiques. La Compagnie renonce à toutes les ambitions extérieures qui dépasseraient les moyens du groupe, comme une extension en Europe centrale, envisagée un moment. Son choix consiste à assainir et à recentrer ses activités nationales sur les secteurs les plus rentables et offrant les meilleures perspectives. Cette politique signifie le désinvestissement, rapide ou à plus long terme, des activités non électriques édifiées durant la guerre et la diminution progressive de la part du secteur métallurgique, devenu instable et dangereux en raison de la hausse des prix des métaux. Simultanément, la CGE met l'accent sur les centres de distribution de Lorraine et de Marseille appelés, en raison de l'accroissement de la consommation, à poursuivre leur développement. Enfin et surtout, elle mise sur une diversification des activités dans ce domaine de l'industrie électrique, à l'évidence de plus en plus « porteur » d'avenir.

Cette stratégie est mise en œuvre par une direction générale réorganisée et étoffée. Aux côtés de l'ancien comité de direction du conseil d'administration, composé de Pierre Azaria, de Benjamin Rossier et de Paul Doumer, un comité nommé « conférence de directeurs » assure, à partir de 1919, une meilleure liaison entre la haute direction et les différentes unités d'exploitation. Cette « conférence » se compose de cinq directeurs généraux titulaires : Émile Bitterli, Paul Bizet, Brossard, Dufour et Terwagne, assistés de cinq suppléants.

Émile Bitterli est, après Paul Bizet, l'artisan du développement industriel de la CGE.

Les barrages électriques.

Les premiers barrages hydroélectriques datent de la fin du XIXe siècle, mais il faut attendre les années 1920 et le programme d'interconnexion à haute tension pour que les compagnies françaises de production électrique lancent la construction de grands barrages en série. L'édification de 150 barrages entre les deux guerres permet de fournir la moitié de la consommation électrique en 1939.

Désinvestissement et reconversion

De l'aveu même des dirigeants, la reconversion s'effectue plus difficilement que prévu. L'usine de Bordeaux est apportée à une nouvelle société, les Établissements Métallurgiques de Gironde, composée de la CGE, des Tréfileries du Havre et d'un nouvel associé, les Aciéries de la Marine. Disposant d'un capital de 15 millions de francs, elle est reconvertie en laminoir de tôles minces d'acier, de fer-blanc et d'aluminium. En 1936, les Établissements Métallurgiques de Gironde sont finalement cédés par la CGE aux Ateliers de la Marine d'Homécourt.

Créée dans un contexte de pénurie de guerre, l'aciérie des Tubes de Vincey se trouve désormais en porte à faux par rapport à son marché potentiel. Une fois achevé, l'ensemble industriel de Vincey se heurte à la concurrence d'installations neuves et au grand spécialiste de la région, Pont-à-Mousson. La cession par la CGE semble logique, étant donné l'absence de synergie avec les autres métiers du groupe. Cependant la Compagnie, du fait de ses ambitions lorraines dans la distribution d'électricité, préfère mettre sur pied une solution complexe. Elle transforme les Établissements de Vincey en une société dans laquelle entre, d'une part, un groupe composé de la Compagnie des Aciéries de la Marine, de Pont-à-Mousson et de la Banque des Pays du Nord, et, d'autre part, la CGE, qui en demeure l'actionnaire principal.

Malgré un important financement, l'entreprise ne devient opérationnelle qu'au printemps 1922, avec la mise en route d'un seul four Martin sur les

Chiffre d'affaires de la CGE par proportion d'activité, 1899-1940.

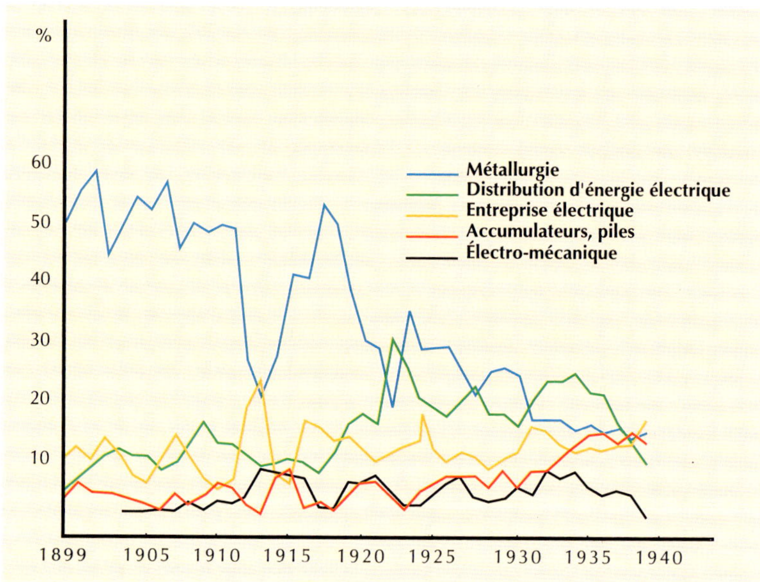

Publicité Philips, partenaire de la CGE dans le Cartel des Lampes (1931).

deux prévus initialement. Elle est alors confrontée à un marché sidérurgique en plein marasme, ce qui suscite de fortes inquiétudes et entraîne une réorganisation du capital. L'amélioration de la conjoncture des années 1923-1930 permet à la nouvelle société de trouver des débouchés à ses produits et de prendre son essor. En 1930, bien qu'étant devenue bénéficiaire, la CGE la revend à la Société de Métallurgie de Longwy. De fait, cette solution était envisagée dès 1922 par les dirigeants de la Compagnie qui attendaient le moment le plus favorable financièrement pour se défaire de leur filiale. Cette cession clôt l'incursion de la CGE dans la sidérurgie.

À l'inverse de Vincey, la reconversion des Ateliers d'Orléans à la production de moteurs électriques et de transformateurs répond à une demande du marché. La CGE y entreprend aussi la construction de chariots de manutention électriques en liaison avec sa filiale d'accumulateurs Tudor. La solution trouvée pour les bâtiments de Pont-en-Royans, inachevés après les conflits, apparaît tout aussi satisfaisante. Ceux-ci sont affectés à la production de petit appareillage électrique transféré d'Ivry, en particulier les interrupteurs et les douilles de lampes qui sont bien adaptés à la conversion du matériel pour douilles de cartouches. La qualité de la main-d'œuvre locale et la proximité de l'axe électrotechnique Lyon-Grenoble assurent un tel succès qu'une deuxième usine de petit appareillage est construite à Saint-Marcellin, dans l'Isère. Les fabrications d'Ivry y sont entièrement transférées dans le cadre de la cession de l'usine à la Compagnie des Lampes.

Esso
12

Les 24 Heures du Mans (1923).

Les années 1920, avec le développement des industries automobiles, voient se multiplier les courses et les défis techniques ou sportifs. Les 24 Heures du Mans, organisées par l'Automobile-Club de l'Ouest à partir de 1923, connaissent rapidement le succès grâce aux performances des premiers vainqueurs (2 209 km parcourus) ainsi qu'au soutien publicitaire et médiatique.

1921-1924 : la CGE dans le cartel des lampes à incandescence

Une décision étonnante au premier abord intervient en effet en 1921. Sous la pression de General Electric, désireuse de reconstituer le Cartel international des Lampes, la CFTH et la CGE regroupent leur exploitation sous la marque Compagnie des Lampes, avec l'usage des brevets Edison. Cette opération s'explique par la réorganisation du cartel européen dominant la production au lendemain de la guerre. À l'entente existant avant la guerre entre General Electric/Westinghouse et le groupe allemand Osram (AEG/Siemens/Auer) s'adjoignent de nouveaux venus qui se sont affirmés pendant la guerre, comme Philips, mais aussi des entreprises installées dans des pays désormais indépendants, comme Tunsgram, en Hongrie. Le cartel est créé en 1921 à Genève, sous la forme de la société anonyme « Phoebus », regroupant tous les producteurs déjà cités. Chaque pays européen se trouve partagé en trois secteurs : les producteurs nationaux, les filiales étrangères produisant sur place et les importations, très réduites.

La volonté américaine de freiner le processus de concurrence né pendant la guerre se traduit par le voyage en France de l'un des dirigeants de General Electric, afin d'y imposer un seul producteur « national » et de garantir dans ce cadre le respect du cartel. Deux conventions, entre General Electric et la CFTH d'une part, et entre celle-ci et la CGE d'autre part, sont signées le 2 et le 3 mars 1921. Elles créent une société commune, la Compagnie des Lampes (marque Mazda), à laquelle la CGE apporte l'ensemble de ses usines et ses fonds de commerce d'Ivry et de Madrid. La Compagnie s'interdit en outre toute activité industrielle dans ce secteur. La CGE dispose d'une participation de 25% dans la nouvelle société et reçoit pour l'ensemble de ses cessions et limitations plus de 30 millions de francs en espèces au comptant.

L'opération montre encore une fois le talent de négociateur de Pierre Azaria et se révèle très fructueuse pour la Compagnie sur le plan financier. Cette dernière renforce de façon considérable ses ressources tout en disposant, au sein du monopole créé, d'un quart du capital. Le prix payé montre l'importance accordée outre-Atlantique à la reconstitution du monopole américano-allemand dans le domaine de l'électrotechnique, tout comme le poids de la CGE sur le marché français. La jeune société, qui n'a pas encore soufflé ses vingt-cinq bougies, traite d'égal à égal avec la Compagnie Française Thomson-Houston, dont le capital lui est quatre fois supérieur, et avec General Electric, première entreprise mondiale. Certes, la CGE doit renoncer dans ce domaine à son indépendance, mais ce compromis, s'il traduit les contraintes qui pèsent toujours sur l'industrie électrique française dans l'entre-deux-guerres, renforce à terme la position de la CGE.

L'ÉLECTRIFICATION DES CAMPAGNES FRANÇAISES

En 1919, l'électrification ne concerne que 20 % seulement des communes françaises. Ce chiffre atteindra 60 % dix ans plus tard, et 96 % en 1937. Cette année-là, 90 % de la population est connectée si l'on tient compte des fermes et hameaux isolés. L'État, qui finance plus de la moitié des infrastructures, et les entreprises concessionnaires, qui réalisent l'équipement, ont fait un très gros effort technique et budgétaire.

Cette électrification des campagnes françaises (l'équipement des villes date d'avant la guerre) résulte d'une demande sociale et vise à éclairer les maisons et les lieux de travail, supprimer les taches de pétrole, les odeurs de gaz et les risques d'incendie. Il faut aussi y voir une volonté politique de modernisation de l'économie et de la société française. Volonté parfois utopique, comme celle qui veut promouvoir le labourage électrique, mais souvent réaliste, qui suppose que la diffusion de l'électricité permet de multiplier les petits moteurs, les ateliers ruraux, bref la souplesse économique.

Afin d'accélérer le mouvement, les sociétés électriques réalisent parfois des opérations promotionnelles spectaculaires, comme l'électrification de Saint-Hilaire-sur-Helpe (Nord) en 1937 par les sociétés Alsthom et l'Électricité et Gaz du Nord, où sont distribués moteurs, lampes, appareils agricoles, cuisinières et armoires frigorifiques. La « fée électricité » apporte ses bienfaits dans les campagnes les plus reculées.

Dans l'entre-deux-guerres, les Français commencent à acheter des appareillages ménagers, et l'on voit même des publications spécialisées qui vantent les mérites de la maison tout électrique. Certes, les ventes restent faibles en France, par comparaison avec les États-Unis, mais on sent un changement s'amorcer dans le désir de consommation des ménages.

Illustration d'Henri Iselin, 1936

L'essor des grandes centrales

Le retour de la paix relance l'essor de l'électricité sur une grande échelle, mais dans des conditions différentes de l'avant-1914. Le développement de l'hydroélectricité accélère les progrès du transport à distance, favorise les réseaux et l'électrification des campagnes. Dans le même temps la demande industrielle s'accroît fortement.

L'électricité, surtout celle d'origine hydroélectrique, fait de plus en plus figure d'industrie nationale, nécessaire au développement et à l'indépendance énergétique du pays. La CGE regroupe son portefeuille de centrales autour de ses deux fleurons, la Compagnie Lorraine et l'Électricité de Marseille. Les difficultés de la centrale d'Amiens et ses perspectives limitées entraînent la cession de celle-ci en 1919 à la Société Artésienne de Force et Lumière. Parallèlement, les réseaux urbains d'Angers, de Brest et de Meaux sont réorganisés, afin d'amortir les pertes d'exploitation provoquées par le blocage des tarifs pendant la guerre.

Les limites du développement de l'Électricité de Marseille

La Compagnie d'Électricité de Marseille a traversé aisément le conflit en distribuant des bénéfices grâce à son contrat à long terme avec le lignite de Gardanne. Au retour de la paix, le fournisseur obtient des tribunaux un relèvement rétroactif des prix. Celui-ci est compensé, comme la hausse du prix de la main-d'œuvre provoquée par la journée de huit heures, par une augmentation des tarifs de l'électricité qu'accorde la municipalité de la ville.

De nettes améliorations sont apportées au fonctionnement de la centrale alors que l'entente avec la Compagnie du Gaz de Marseille sur les tarifs et l'extension des réseaux en banlieue débouche sur une nouvelle concession qui repousse de 20 ans la cession à la ville. Dans le cadre de l'électrification de l'ensemble de l'éclairage public de la cité phocéenne, la mise en œuvre de la fusion entre les deux sociétés, décidée en 1921, devient effective le 1er janvier 1925, avec un capital de 85 millions de francs dont la CGE détient la majorité.

Malgré des ventes de courant en progression de 20 % par an, et un gain annuel de 15 000 abonnés, les perspectives de la société sont limitées. En effet, la consommation basse tension par habitant reste moyenne, en raison du niveau de vie modeste de la majorité des Marseillais et de la faiblesse générale des activités de service de la ville. En outre, le secteur des tramways échappe à la société, qui s'intéresse alors à l'hydroélectricité pour fournir en courant les industries et le port de la ville. Elle met ainsi au point, en février 1925, un projet de ligne à haute tension dans la vallée du Rhône, alimenté à la fois par une centrale sur la chute de Dona Vierne, sur l'Ardèche, et par une usine hydroélectrique sur l'Isère. Celle-ci, réalisée par l'Énergie Électrique du littoral méditerranéen, est affiliée au groupe Thomson-Houston. Mais le barrage ne peut être réalisé du fait de conditions géologiques défavorables, ce qui cantonne à terme la société à la desserte de l'agglomération marseillaise, une activité moins rentable parce que centrée sur la distribution. Malgré ces limites, la Compagnie d'Électricité de Marseille se modernise de façon constante et installe par exemple, à la fin des années 1920, deux nouveaux groupes turbo-alternateurs de 15 000 kW dans l'usine du Cap Pinède, ce qui porte la puissance installée à 62 500 kW.

CGEE, inauguration du poste de transformation, Landres, 1928.

Louis Wendling et Paul Grandjean, directeur de la CGEE. Ces deux ingénieurs suisses manifestent l'importance de l'empreinte helvétique pour les débuts de la CGE.

Un réseau modèle : la Lorraine d'Électricité

La Compagnie Lorraine d'Électricité connaît pour sa part un remarquable développement régional. Bien que durement touchée par la guerre sur le plan financier, l'entreprise renforce ses moyens avec l'achèvement de la centrale thermique de Vincey. La Compagnie Lorraine peut élargir son champ d'action, sur la base d'un réseau qui occupe tout l'espace situé entre les sites de production thermique du bassin sidérurgique lorrain et les centrales parisiennes. Elle poursuit systématiquement dans cette perspective l'électrification rurale de la région qui lui est concédée, c'est-à-dire les six départements de Meurthe-et-Moselle, Moselle, Meuse, Vosges, Haute-Marne et Marne, appuyée par des filiales comme la Vosgienne d'Électricité, la Meuse et Marne et l'Énergie Éclairage. Le nombre de communes électrifiées, près d'un millier, représente en 1926 plus de 97 % de la totalité de la région concédée, un chiffre exceptionnel en France à l'époque.

Dans ce contexte, la Compagnie Lorraine, dont le capital passe en plusieurs étapes de 10 à 60 millions de francs, placés dans la région, enregistre de brillants résultats. Elle devient, à l'instar de la Compagnie de Marseille, une entreprise comparable en importance à sa maison mère et réalise de considérables investissements techniques et industriels. En 1921, une ligne à 100 000 volts est construite entre la centrale hydraulique suisse d'Olten, Delle et Épinal, puis une autre à 120 000 volts relie les centrales thermiques de Briey et Vincey. Outre une puissance globale de 100 000 kW, cette série d'équipements permet d'assurer une alimentation croissante et d'envisager celle de Paris à partir des régions industrielles de l'Est.

Installation d'un pylône électrique en 1925.

La CGE cède dans cette perspective la centrale de Meaux à la Société d'Électricité du Nord-Est Parisien et peut renforcer sa participation dans dans celle-ci, préparant ainsi la mise en place d'un réseau d'alimentation homogène vers la capitale.
De façon générale, la Compagnie consolide la synergie existant entre ses entreprises. Les lignes sont par exemple conçues puis réalisées par la filiale CGEE, et équipées avec le matériel produit par les filiales industrielles. Avec un quart de siècle de décalage et à une échelle plus modeste, Pierre Azaria réalise donc le modèle intégré de production-distribution pratiqué par General Electric aux États-Unis et l'AEG en Allemagne. En 1923, la Compagnie modernise son service commercial en créant de nombreuses succursales dans les principaux centres de consommation : Lyon, Strasbourg, Bordeaux, Lille, Nantes, Metz, Toulouse, Rouen, Tours, Reims et Dijon, mais aussi Alger et Bruxelles. Les entreprises régionales de distribution d'électricité de la CGE jouent aussi un rôle commercial autonome, complété par un réseau de représentants en France et à l'étranger.

Tableau de l'usine de Marseille du Cap Pinède, 1920.

1923 voit la reprise de la Société Nantaise d'Éclairage et de Force par l'Électricité, dont le contrôle avait été cédé en 1910. Ce n'est pas sans fierté que le conseil d'administration annonce le retour de la « Nantaise », qui constitue une belle revanche pour les dirigeants de la Compagnie. Celle-ci, dépourvue de soutien financier extérieur, n'a pu effacer les pertes de la guerre. La Compagnie apure le passif de son ex-filiale et porte son capital à 40 millions de francs pour assurer son fonctionnement régulier.

ALBERT EINSTEIN

$E = mc^2$, l'équation la plus célèbre, bien que pas toujours comprise, dans toutes les classes sociales et dans tous les pays, révèle la popularité d'un savant génial et de sa théorie de la relativité. Albert Einstein se fait connaître du monde scientifique en 1905, en publiant trois mémoires d'une très grande originalité. Le premier donne une interprétation de l'effet photoélectrique fondée sur l'hypothèse des quantas de lumière ; le second établit la théorie statistique du mouvement brownien ; le troisième, enfin, pose les bases de la relativité restreinte. C'est pour les deux premiers qu'Albert Einstein reçoit le prix Nobel en 1921, mais c'est le troisième et ses prolongements sur la relativité générale publiés dans les années 1920 qui le rendent célèbre chez les philosophes, puis auprès du grand public.

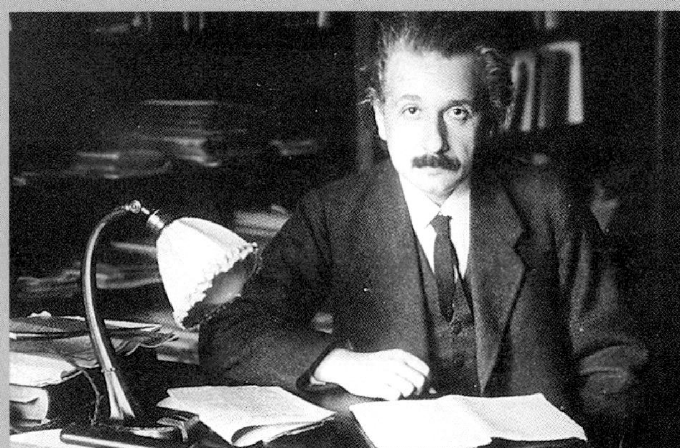

« L'Illustration », 1924.

En 1933, contraint de fuir l'Allemagne nazie et les persécutions antisémites, il est nommé professeur à Princeton (États-Unis), et il publie un livre qui devient un best-seller, *Comment je vois le monde* (1934). Il contribue, pendant la Seconde Guerre mondiale, à la réalisation de la bombe atomique américaine.
Mais la carrière d'Einstein ne s'arrête pas à ses publications scientifiques. Il professe qu'une vie ne vaut d'être vécue que si elle est vécue pour les autres. Dès le départ, il ressent le péril que fait peser sur l'humanité la puissance terrifiante de l'énergie atomique qu'il a largement contribué à libérer. Il consacre la fin de sa vie à lancer des appels contre la guerre atomique, à défendre les libertés et à réclamer un gouvernement du monde, démocratique et pacifiste. Autant que par ses recherches scientifiques, il marque l'opinion en s'affirmant « citoyen du monde ».

LES ARTS DÉCO

« L'Inspiration », panneau décoratif de Mme Pangon, 1925.

Dans la mémoire collective des Français, l'Exposition internationale des arts décoratifs et des industriels modernes représente l'esprit des « années folles », et ce goût de la liberté et de la fête propre aux années 1920. Prévue pour 1915, puis reportée du fait de la guerre et ajournée encore en 1922 et 1924, cette exposition s'ouvre à Paris en avril 1925 sur les deux rives de la Seine.

Elle reçoit plus de 16 millions de visiteurs dans une atmosphère frivole et festive à laquelle contribuent aussi bien les expositions de mode, de mobiliers, d'architecture ou d'objets de la vie quotidienne, que tout l'environnement parisien et international. Le climat s'apaise dans les relations entre puissances européennes. En juillet, les armées françaises finissent d'évacuer la Ruhr, et la conférence de Locarno en octobre semble inaugurer une ère de paix et de stabilité diplomatique. Ce contexte favorise l'insouciance, comme le montre le succès de la nouvelle danseuse « presque nue », Joséphine Baker, qui triomphe dans *la Revue nègre* au Théâtre des Champs-Élysées. L'année 1925, celle de la paix et de la prospérité retrouvée, est aussi celle où l'on se passionne pour les danses et les musiques exotiques comme le tango, le charleston ou le jazz. Les cabarets, les dancings et les music-halls accueillent une foule cosmopolite venue s'étourdir des images et des sons à la mode dans la Ville Lumière.

« Les Fontaines lumineuses » de Paul Poiret, 1925.

L'Exposition des arts décoratifs ne décrit pas le style dont elle porte le nom, mais exprime la sensibilité des courants traditionnels et conservateurs, que les modernistes critiquent abondamment. L'avant-garde artistique de l'époque,

le mouvement surréaliste, tient même une exposition concurrente à la fin de l'année. Cependant, l'exposition consacre le retour d'un certain classicisme par rapport au style « Nouille » et à l'Art nouveau de la Belle Époque.
Paris, redevenue la capitale mondiale du « bon goût », prône le retour à une certaine sobriété, particulièrement marquée dans l'architecture avec les formes géométriques et l'utilisation des matériaux bruts.
Les aménagements intérieurs et la conception des objets usuels de la vie quotidienne doivent au contraire être réalisés avec plus de fantaisie et de couleurs, tout en conservant une esthétique générale plus traditionnelle.
René Lalique, dont les verreries obtiennent la consécration mondiale, ou Jacques-Émile Ruhlmann, le plus en vogue des ébénistes, renouent avec les formes géométriques et donnent le ton général de l'Exposition des arts décoratifs. Les objets quotidiens et particulièrement les luminaires et les appareils électriques font l'objet des recherches les plus originales.
La consécration de l'électricité amène les artistes à utiliser de nouveaux matériaux, le métal, l'albâtre, et de nouvelles formes, pour réaliser leurs lampes.
L'électricité, présente également dans les appareils ménagers comme l'aspirateur ou le ventilateur, semble surtout la reine de l'illumination de l'exposition, où l'on peut admirer les jeux de lumière sur les pavillons ou dans les fontaines lumineuses.
L'Exposition de 1925 devient aussi, et peut-être surtout, une vitrine commerciale.
À côté des artisans et des artistes, fort nombreux à présenter leurs œuvres,

« Chambre à coucher de Jeanne Lanvin » par Albert-Armand Rateau, 1920-1922.

« Salle de bains de Jeanne Lanvin », par Albert-Armand Rateau, 1920-1922.

les grands magasins parisiens installent leurs pavillons dans lesquels ils exposent mobiliers, luminaires, tapisseries et objets, tous plus ou moins inspirés par le style « Art déco ». La mode enfin occupe une grande place, comme toujours dans la vie parisienne, et vient ajouter une profusion d'accessoires et de parures, gants, sacs, pochettes, foulards, épingles, bracelets et colliers.
Les porte-cigarettes et fume-cigarettes pour dames affichent l'émancipation des femmes, tandis que les jupes raccourcies laissent plus de liberté à leurs mouvements .
Lorsque l'expo ferme ses portes au mois d'octobre, les Parisiens, qui ont renoué avec les étés festifs de l'avant-guerre, la considèrent comme un grand succès. Cependant, ils ne veulent pas s'intéresser aux projets de Le Corbusier, dont les plans de pavillon construit en éléments standardisés et de ville contemporaine pour un Paris préalablement rasé préfigurent l'urbanisme du futur.

PROMOUVOIR L'ÉLECTRICITÉ DANS L'ENTRE-DEUX-GUERRES

En 1923, la Compagnie participe à l'Exposition de physique et de TSF, qui est inaugurée le 30 novembre au Grand Palais. Celle-ci attire de nombreux visiteurs, français et étrangers. La CGE y présente un disjoncteur de 150 000 volts, construit en collaboration par les Ateliers de Delle, la Compagnie Générale d'Électro-Céramique et la Compagnie Générale d'Entreprises Électriques, témoignant ainsi du savoir-faire de ses trois filiales.
Un an plus tard, la CGE est présente à la Quinzaine d'électricité rurale, organisée en octobre 1924 à Lyon, marquant ainsi son intérêt pour ce domaine. Sa participation y est très remarquée. La Compagnie expose un modèle de petite ferme, avec hache-paille, malaxeur de grains, couveuse artificielle, écrémeuse-batteuse et même une machine électrique à traire, montrant ainsi toutes les possibilités que l'électricité peut offrir aux agriculteurs et éleveurs.
En 1925, la CGE prend part au grand événement de l'année, l'Exposition des arts décoratifs, et présente dans le village moderne, dit « village français », deux types de transformateurs. Il s'agit d'un poste régional et d'un poste communal adaptés à l'électrification rurale, fabriqués par les filiales de la Compagnie, lesquelles reçoivent à cette occasion un diplôme d'honneur. En revanche, on constate son absence au premier Salon des appareils ménagers, inauguré à Paris le 27 octobre 1927. Il est vrai que la plupart des appareils exposés sont d'origine étrangère, la France accusant un net retard dans ce domaine, qui explique une consommation individuelle d'électricité assez modeste.
La CGE s'engage rapidement dans ce domaine en prenant le contrôle, en 1923-24, des Établissements Électro-Mécaniques de Strasbourg, qui produisent des appareils domestiques, de cuisson et de chauffage en particulier. Le conseil d'administration de la Compagnie justifie cet investissement par la volonté d'encourager l'utilisation de tels appareils en France. « Dans un pays où la population n'augmente pas et où la consommation de l'électricité stagne, il faut chercher dans l'électrification rurale, dans la traction (batterie d'accumulateurs) et dans les applications domestiques le développement de l'électricité. »

La politique des holdings industriels

La complexité croissante des participations et la nécessité de répartir les investissements tout en maintenant un contrôle direct conduisent à une nouvelle politique. Dans les années 1920, les dirigeants de la CGE adoptent une structure de holdings intermédiaires, à l'image des « utilities » mises en place par General Electric aux USA. Plusieurs sociétés financières sont constituées : l'Électro-Crédit, dont le rôle est d'accorder des facilités de paiement aux clients importants de la CGE, en collaboration avec diverses banques, la Société Provinciale d'Électricité (SPE), l'Union Houillère et Électrique (UHE), enfin la Financière Lorraine d'Électricité (FLE), aux côtés de la Continental Edison, une société de production d'électricité devenue purement financière, à la suite de la fusion de toutes les sociétés parisiennes du secteur au sein de la CPDE. Le portefeuille de la Continental Edison accueille une partie du nouveau capital de la Société Nantaise d'Éclairage.
Créée le 1er février 1924, la Provinciale d'Électricité sert d'intermédiaire dans diverses opérations financières sur titres de la CGE. Elle permet de nombreuses opérations de portefeuille en fonction des stratégies du moment, sans aucune conséquence sur les installations industrielles du groupe. Il s'agit de disposer d'un instrument souple, aux structures légères adaptées à des interventions rapides et relativement discrètes. Les fortes variations de son capital, qui passe de 15 à 20 millions, puis de 6 à 12 millions et de nouveau à 6 millions de francs, permettent de réaliser des opérations comme des augmentations de capital pour la Société Nantaise d'Éclairage, de nouvelles prises de participation dans l'Énergie Éclairage, l'Union Gazière et Électrique, la Société du Nord-Est Parisien ou des opérations boursières aussi diverses que La Parisienne de l'Air Comprimé, Est Lumière, Les Applications Industrielles, les Mines d'Ostricourt et de l'Escarpelle, etc. Ces diverses opérations sont réalisées en association avec les banques proches de la Compagnie, le CCF, la banque Renauld de Nancy et Pierard Mabille.

« La ferme électrique »
de la CGE, exposition de Lyon, 1924.

En 1926, la CGE fonde, avec les Mines d'Ostricourt, une société minière du nord de la France disposant avant 1914 d'un important portefeuille de participations électriques, l'Union Houillère et Électrique, un holding de services, au capital de 100 millions de francs. Celle-ci devient l'outil privilégié d'une politique de participation (plus que de contrôle) aux nombreuses entreprises électriques qui se créent alors dans le pays. La CGE adapte ainsi sa structure et sa stratégie à l'émiettement juridique sinon économique de la distribution d'électricité en France. Pour la Compagnie, il faut impérativement prendre place dans des ensembles aux contours complexes, que commencent à dominer deux groupes d'importance nationale, Mercier et Durand. Pierre Azaria cherche de cette manière à participer au plus grand nombre possible d'entreprises électriques, afin d'accroître la mobilité et la disponibilité des moyens humains et financiers de sa Compagnie.

L'Union Houillère et Électrique tisse ainsi un impressionnant réseau de relations et de participations financières, dont le total dépasse 57 millions de francs en 1927. Le holding est introduit en Bourse en 1929. On y trouve à la fin des années 1920 des valeurs de la Société Parisienne de l'Air Comprimé, des Mines de Carvin, de Dourges, de la Société d'Électricité du Nord-Est Parisien, de l'Énergie Meuse et Marne, de la Société Nantaise Éclairage et Force, de l'Union Gazière, du Centre Électrique, de la Distribution Électrique de l'Ouest, de l'Énergie Éclairage.

Dans le climat économique des années 1920, ces opérations revêtent aussi un intérêt spéculatif. Être partout présent et obtenir des gains en capital sont les deux grandes finalités qu'assigne l'équipe d'Azaria aux sociétés financières de la CGE. Elles traduisent la volonté de la Compagnie d'apparaître partout où se construit le réseau électrique français et d'assurer ainsi des débouchés réguliers aux entreprises industrielles du groupe.
C'est le sens de la création, en 1928, par l'Union Houillère et Électrique, la Compagnie Lorraine d'Électricité, l'Énergie Éclairage et la CGE, de la Financière Lorraine d'Électricité, au capital de 50 millions de francs. Comme l'explique le conseil d'administration, il s'agit d'« étendre la sphère d'influence de notre groupe », en prenant notamment le contrôle d'un puissant concurrent, né lui aussi en 1898, la Compagnie Générale Électrique de Nancy. Celle-ci a connu une forte expansion pendant la guerre et dispose d'usines à Nancy, Frouard, Nanterre, Vitry, Nantes et Saint-Nazaire. Sa gamme de produits apparaît à la fois concurrente, pour les câbles, les transformateurs, les porcelaines, et complémentaire, pour le gros matériel, de la CGE. Elle dispose en outre d'importantes participations dans les fonderies de Jarville et dans la Compagnie Française des Charbons pour l'Électricité. Bien que bénéficiaire durant le conflit, elle souffre d'une insuffisance en fonds propres et de réserves inexistantes. Cela entraîne son effondrement au milieu de la décennie. Après avoir envisagé le rachat partiel des usines de Nancy et de Frouard, la CGE se contente d'acquérir les Tréfileries de Vitry et surtout le portefeuille éclairage de la Compagnie Générale Électrique. Celui-ci se compose de la totalité de l'Énergie Électrique de l'Est (région de Vittel - Sainte-Menehould) et d'une importante participation dans la société Énergie Éclairage, ce qui permet l'homogénéisation du secteur distribution de Nancy.

La création de la Financière Lorraine d'Électricité rassemble ces divers partenaires autour de la CGE, qui possède 38 % de son capital. Elle s'inscrit dans la constitution du réseau de l'Électricité de Nancy, tout en évitant un contrôle direct de cette dernière, qui serait mal accepté par les autres distributeurs régionaux. En pleine période de prospérité économique et boursière, elle permet enfin d'obtenir un financement régional, opération jugée plus facile qu'une introduction directe de la CGE, à l'image trop « parisienne ». La FLE disparaît en 1933, absorbée par l'Électro-Crédit, dans le contexte de la crise économique et de l'effondrement du marché financier régional. Le recours à l'épargne régionale n'est plus possible, mais le but stratégique recherché par la CGE a été atteint : le réseau de l'Est Paris-Champagne-Lorraine est financièrement et techniquement achevé.

Les premiers jeux Olympiques, rénovés par Pierre de Coubertin, se tiennent à Athènes en 1896. Les « sports d'hiver » viennent les compléter en 1924 à Chamonix, avec seulement quatorze compétitions dans cinq disciplines nordiques (fond, saut, patinage, hockey et luge). Les épreuves de ski alpin sont introduites progressivement au cours des olympiades suivantes.

LA CONQUÊTE DU CIEL

Aviatrice, Paris, 1924.

Dans la soirée du 21 mai 1927, une foule, qu'on estime de 200 000 à 300 000 personnes, se presse au Bourget pour acclamer Charles Lindbergh après sa traversée de l'Atlantique dans son célèbre avion le *Spirit of Saint Louis*.
Les Parisiens applaudissent bien sûr la performance technique d'une liaison sans escale entre New York et Paris, mais ils saluent aussi l'exploit humain de l'homme qui a piloté seul au-dessus de l'Océan pendant 33 heures et 29 minutes.
Ils participent ainsi à la mise en scène de l'événement, le premier médiatisé à ce point dans l'histoire des techniques, et le plus réussi.

Les Français peuvent accueillir Lindbergh physiquement sur la pelouse du Bourget, alors qu'en 1969 la télévision servira d'intermédiaire pour l'arrivée de l'homme sur la Lune.
Les radios suivent Lindbergh depuis son décollage jusqu'à Terre-Neuve, puis de l'Irlande jusqu'à Cherbourg et Paris, ce qui permet aux spectateurs d'être présents au rendez-vous ; les journalistes peaufinent leurs articles, et les rotatives sortent des kilomètres d'éditions spéciales.
L'exploit de Lindbergh apparaît comme l'aboutissement de la conquête de l'air qui dure depuis une trentaine d'années. La victoire des « plus lourds que l'air », longtemps battus dans les records d'endurance par les « plus légers que l'air », les ballons dirigeables, arrive enfin. Car les premiers exploits aériens proviennent de ballons propulsés par un moteur à explosion, qui peuvent emporter de lourdes charges dans leur nacelle. Le Brésilien Alberto Santos-Dumont, avant de piloter un avion, ou le comte Ferdinand von Zeppelin démontrent la capacité de ces engins. Largement utilisés par les Allemands pendant la Première Guerre mondiale, les dirigeables multiplient les records et effectuent en 1919, huit ans avant Lindbergh, la première traversée transatlantique. En 1929, le *Graf Zeppelin* boucle un tour du monde. Cependant, les dirigeables, bien incommodes, nécessitent des infrastructures gigantesques et connaissent des accidents spectaculaires.
Ainsi, l'incendie du *Hindenburg* en 1937 à son arrivée à New York marque la fin de ces ancêtres de l'aviation moderne. Dans le même temps, les performances grandissantes et l'efficacité croissante des

aéroplanes permettent d'exploiter une technologie autrement prometteuse. Le premier vol véritable a lieu en Amérique, où, le 17 décembre 1903, le biplan des frères Wright s'élève à une hauteur de 3 mètres sur une distance de 260 mètres. Des essais parfois farfelus marquent les premières années de l'aviation, mais aussi des réussites incontestables de bricoleurs de génie comme Santos-Dumont, Farman ou Louis Blériot, qui franchit la Manche le 25 juillet 1909 à bord de son monoplan.
À partir de cette date, l'aviation accumule les records jusqu'à la traversée de la Méditerranée par Roland Garros en 1913.
Déjà les meetings aériens attirent les foules, qui viennent applaudir les exploits de leurs héros et parfois trembler de peur lorsqu'un accident survient.
Au meeting de Reims en 1909, 500 000 personnes admirent les évolutions de 150 aéroplanes et ballons, et pour l'occasion plus de 500 cartes postales différentes sont éditées à plusieurs milliers d'exemplaires chacune.
La Première Guerre mondiale donne son essor à l'aviation. Les performances des avions suscitent rapidement l'intérêt des états-majors, qui poussent à la fabrication massive d'engins de reconnaissance puis de mitraillage et de bombardement.
La production atteint ainsi près de 200 000 avions pendant le conflit, donnant naissance à une industrie complète depuis les bureaux d'études jusqu'au montage en série.
L'entre-deux-guerres amène la consécration des plus lourds que l'air, avec la construction d'avions en métal et l'accroissement de la puissance des moteurs qui permet d'augmenter la charge, le rayon d'action et la vitesse des engins.
On passe ainsi progressivement aux transports postaux (l'Aéropostale) puis aux lignes régulières civiles avec la constitution de compagnies aériennes, comme Air France en 1933. Celle-ci résulte de la fusion de cinq entreprises et possède dès sa naissance une flotte de 250 avions et hydravions desservant l'Europe, l'Afrique et l'Orient.
L'aviation moderne connaît alors un vif développement, particulièrement aux États-Unis, avec des firmes comme Lockheed ou Douglas, dont le DC3, en 1935, transporte 30 passagers à une vitesse de croisière de 300 km/h.

Au-dessus des nuages, 1914-1918.

Virtuosité.

1923 : LA CGE FÊTE SON 25e ANNIVERSAIRE

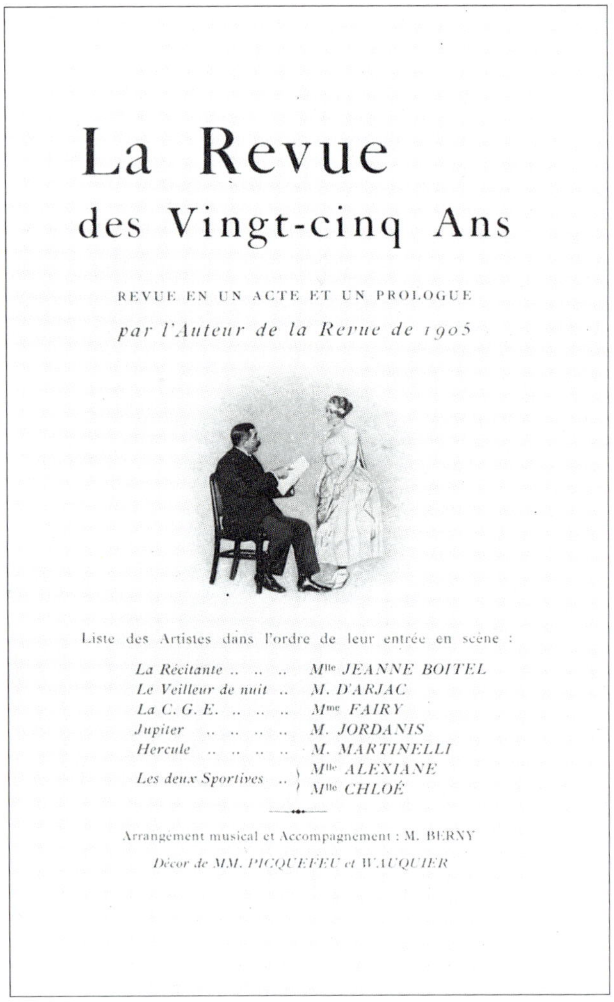

La Revue

des Vingt-cinq Ans

REVUE EN UN ACTE ET UN PROLOGUE

par l'Auteur de la Revue de 1905

Liste des Artistes dans l'ordre de leur entrée en scène :

La Récitante	*Mlle JEANNE BOITEL*
Le Veilleur de nuit ..	*M. D'ARJAC*
La C. G. E.	*Mme FAIRY*
Jupiter	*M. JORDANIS*
Hercule	*M. MARTINELLI*
Les deux Sportives ..	*Mlle ALEXIANE* *Mlle CHLOÉ*

Arrangement musical et Accompagnement : M. BERNY

Décor de MM. PICQUEFEU et WAUQUIER

« À l'occasion du vingt-cinquième anniversaire de la Compagnie Générale d'Électricité, le conseil d'administration offre au personnel supérieur de toutes les usines et filiales de la Compagnie, ainsi qu'à tout le personnel du siège, une réception qui, vu le nombre des invités, est répartie en trois soirées les 29, 31 mai et 4 juin 1923 dans le grand hall de la Maison des Centraux, rue Jean-Goujon à Paris. »

Le programme, qui fut exactement le même pour les trois soirées, comportait :
– Deux films cinématographiques pris par Gaumont : celui de la pose de la première pierre de l'hôtel de la CGE, le 24 avril 1913, et celui de l'inauguration du stade de Vitry, le 27 mai 1923, c'est-à-dire deux jours avant la première des trois soirées ;
– Deux numéros de danse par Mlles Chloé et Alexiane ;
– Des poésies récitées par Mlle Jeanne Boitel ;
– Et la représentation de la Revue des vingt-cinq ans, en un acte et un prologue.

Extraits :
Les Ateliers d'Orléans

Sur l'air de Madame Angot :
Chœur des conspirateurs (Ch. Lecoq)

Hercule
Quand on transforme,
Quand des moteurs
On passe aux énormes
Transformateurs,

Il faut que tout l'monde
Sach' qu'Orléans
Transform' les ondes
Comme les courants.

Les Accumulateurs Tudor

Meunier, tu dors…

Painvin, tu dors,
Ton courant va trop vite,
Painvin, tu dors,
Ton courant va trop fort.
Ton courant, ton courant va trop vite,
Ton courant, ton courant va trop fort.

La Compagnie des lampes

La véritable Mahonia (Émile Bourgeois)

Ivry fabriq' toujours des lampes
Métal, Nogra, Hydra, Eco
Mais sa réclame est sans écho
Et sa voix n'dépasse pas la rampe.
Mazda, Mazda, Mazda s'étale
Sur tous les murs, dans tous les journaux,
Et la, et la pauv'lamp'métal
Brill'surtout par l'incognito.

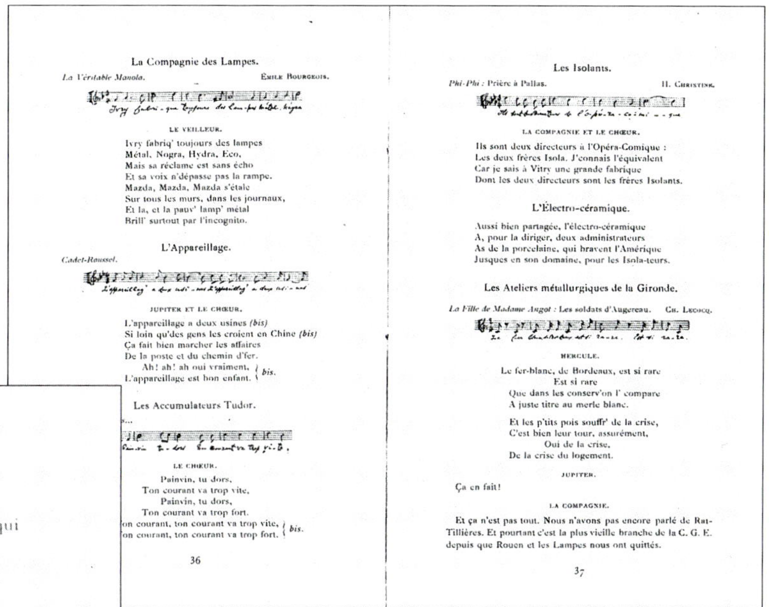

La Compagnie des Lampes.

La Véritable Manola. ÉMILE BOURGEOIS.

LE VEILLEUR.

Ivry fabriq' toujours des lampes
Métal, Nogra, Hydra, Eco,
Mais sa réclame est sans écho
Et sa voix n'dépasse pas la rampe.
Mazda, Mazda, Mazda s'étale
Sur tous les murs, dans les journaux,
Et la, et la pauv' lamp' métal
Brill' surtout par l'incognito.

L'Appareillage.

Cadet-Roussel.

JUPITER ET LE CHŒUR.

L'appareillage a deux usines *(bis)*
Si loin qu'des gens les croient en Chine *(bis)*
Ça fait bien marcher les affaires
De la poste et du chemin d'fer.
Ah! ah! ah oui vraiment, } *bis.*
L'appareillage est bon enfant. }

Les Accumulateurs Tudor.

s…

LE CHŒUR.

Painvin, tu dors,
Ton courant va trop vite,
Painvin, tu dors,
Ton courant va trop fort.
on courant, ton courant va trop vite, } *bis.*
on courant, ton courant va trop fort. }

36

Les Isolants.

Phi-Phi : Prière à Pallas. H. CHRISTINE.

LA COMPAGNIE ET LE CHŒUR.

Ils sont deux directeurs à l'Opéra-Comique :
Les deux frères Isola. J'connais l'équivalent
Car je sais à Vitry une grande fabrique
Dont les deux directeurs sont les frères Isolants.

L'Électro-céramique.

Aussi bien partagée, l'électro-céramique
A, pour la diriger, deux administrateurs
As de la porcelaine, qui bravent l'Amérique
Jusques en son domaine, pour les Isola-teurs.

Les Ateliers métallurgiques de la Gironde.

La Fille de Madame Angot : Les soldats d'Augereau. CH. LECOCQ.

HERCULE.

Le fer-blanc, de Bordeaux, est si rare
Est si rare
Que dans les conserv'on l' compare
A juste titre au merle blanc.

Et les p'tits pois souffr' de la crise,
C'est bien leur tour, assurément,
Oui de la crise,
De la crise du logement.

JUPITER.

Ça en fait!

LA COMPAGNIE.

Et ça n'est pas tout. Nous n'avons pas encore parlé de Rat-Tillières. Et pourtant c'est la plus vieille branche de la C. G. E. depuis que Rouen et les Lampes nous ont quittés.

37

La Compagnie incarnée
par Mme Fairy, la Revue des vingt-cinq ans.

LE VEILLEUR.

Alors, c'est bien Hercule et Jupiter les deux masques qui sont là?

LA COMPAGNIE.

Mais oui, et vivants comme moi.

LE VEILLEUR.

Je m'étais toujours douté que ça devait être eux.

LA COMPAGNIE.

Pourquoi ça?

LE VEILLEUR.

A cause des initiales... sur le balcon : C. Compagnie. G. Jupiter et E. Hercule.

LA COMPAGNIE.

Bravo! Tu connais la mythologie... et l'orthographe, ce qui ne gâte rien.

13

La Compagnie Générale d'Électricité

L'Amour masqué

J'ai vingt-cinq ans, oui vingt-cinq ans,
Comme on change en vingt-cinq ans.
C'en est fini de mon enfance,
Combien j'ai vu d'événements,
De mouvements, de changements,
Mais aussi, quelle expérience

Je m'étais dit qu'à vingt-cinq ans
Je serais celle qui s'impose
Et qui s'installe au premier rang,
Tout simplement, sans nulle pose.

Je ne sais pas si l'on m'envie
D'avoir parcouru ce chemin,
Ni ce que je serais demain,
Mais je sais que je suis ravie.

Je m'étais dit qu'à vingt-cinq ans
J'aurais un hôtel confortable,
Un capital impressionnant
Et des usines remarquables.

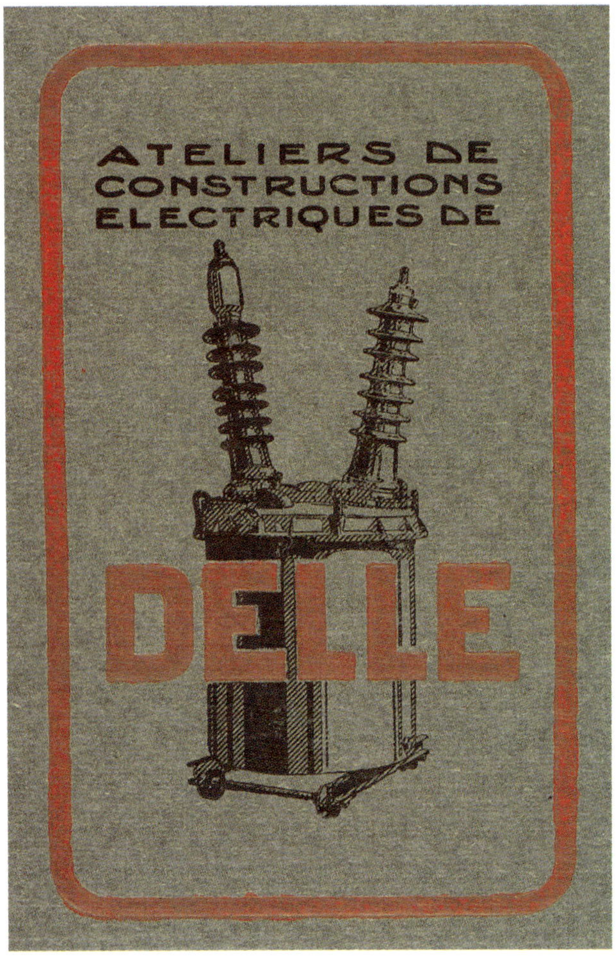

Un nouveau « grand » de l'industrie électrotechnique

Durant cette période, la CGE s'engage résolument dans tous les domaines de l'industrie électrique, en affectant des ressources importantes aux sociétés déjà constituées et en acquérant ou en créant des usines et des entreprises dans tous les secteurs de pointe. L'effort principal porte sur les secteurs investis à la veille de la guerre, qui sont désormais en mesure de bénéficier de l'essor attendu de l'électricité.

La confirmation de Delle

Les Ateliers de Constructions Électriques de Delle, qui produisent des transformateurs et des redresseurs à Villeurbanne, voient leurs moyens renforcés par la CGE. Leur capital passe d'abord à 2 puis à 6 millions de francs en 1920, et ils connaissent une belle expansion tout au long de ces années. La réputation acquise dans le matériel à haute tension assure, dès 1921, malgré la crise de reconversion d'après-guerre et l'apparition de plusieurs concurrents, un très fort volume de commandes en provenance des compagnies de chemin de fer et des réseaux électriques en construction.

Cette prospérité et l'aisance financière qu'elle provoque permettent à la maison mère de limiter ses efforts financiers et autorisent l'entreprise à renforcer de façon constante ses moyens techniques. La société aménage d'abord une station d'essai de 500 000 volts et une nouvelle porcelainière ; puis elle construit en dix mois, en 1927, une station d'essais à grande puissance, destinée à étudier les phénomènes électrodynamiques. Tous ces équipements donnent aux Ateliers de Delle une réputation d'excellence dans la réalisation des matériels à très haute tension, en France comme à l'étranger. Delle installe ainsi le premier poste européen à 220 000 volts en Europe. Cette image technique est entretenue par une habile politique de publicité et de relations publiques. La visite des usines et de la station d'essais à grande puissance par des ingénieurs étrangers est organisée régulièrement et permet de remporter des marchés à l'exportation.

Cet essor s'accompagne d'un fort accroissement de la main-d'œuvre, réalisé dans de bonnes conditions, malgré la difficulté de trouver alors du personnel technique de bon niveau. La réputation sociale acquise par la CGE, en matière de stabilité de l'emploi, de logements ouvriers, d'allocations familiales et de congés payés, y contribue fortement. Ce dynamisme demande aussi des moyens accrus, qui sont notamment fournis en 1929 à l'aide d'une augmentation du capital. Celui-ci passe de 6 à 16 millions de francs et des obligations sont émises.

L'équipe dirigeante de la CGE, 1929.

Essai dans les laboratoires des Ateliers de Delle, 1929.

Il faut aussi régler le contentieux qui surgit avec la société suisse Sprecher et Schuh, pour dissiper l'ambiguïté des conditions de la prise de contrôle par la CGE en 1913. En 1920, les accords techniques et commerciaux passés entre les deux groupes arrivent à terme et soulèvent plusieurs problèmes : l'origine helvétique des brevets de Delle, le droit pour Sprecher et Schuh de vendre en France, notamment dans l'ancienne Alsace-Lorraine, partie intégrante de l'Empire allemand au moment de l'accord de 1913, le partage des marchés étrangers, etc.

En 1927-1928, lors des négociations en vue d'un accord entre les deux sociétés, les positions de l'ancienne maison mère et de son ex-filiale sont complètement inversées. La capacité de production de l'usine de Villeurbanne dépasse désormais trois fois celle de l'usine d'Aarau, alors que cette dernière dominait en 1913. La qualité des produits et la productivité d'ensemble de l'entreprise française lui permettent, avec l'aide des bureaux commerciaux de la CGE, de conquérir sans cesse des parts de marché, en Belgique, aux Pays-Bas et dans d'autres pays européens, souvent aux dépens de la société helvétique.

Signé après de longues et difficiles discussions, l'accord du 24 octobre 1928 réserve à Delle l'exclusivité des marchés français et italien, et à Sprecher et Schuh ceux de la Suisse et de l'Autriche. À l'exportation, les Ateliers de Delle voient confirmée leur prééminence en Belgique, aux Pays-Bas et en Finlande ; l'Allemagne, l'Angleterre, l'Éire et la Tchécoslovaquie revenant à la société suisse. L'accord favorise de fait l'entreprise de Villeurbanne, la firme suisse étant mieux implantée dans les zones réservées à celle-ci que l'inverse. C'est pourquoi une compensation est prévue, sous forme de commandes de Delle à Sprecher et Schuh, dans le cadre d'une entente technique renouvelée pour cinq ans.

Au-delà de ces péripéties, le contenu de l'accord met en lumière les progrès réalisés par les Ateliers de Delle et la validité des choix effectués par les dirigeants de la CGE. Ces derniers ont pressenti l'avenir de ce secteur, conclu les accords nécessaires et nommé à la tête de l'entreprise lyonnaise des responsables de grande valeur, Émile Bitterli et Henri de Raemy. C'est avec un potentiel industriel, technique et humain et des moyens financiers accrus, qui la placent au tout premier rang français, que Delle peut affronter la crise. Un ralentissement intervient en effet dès 1929, notamment dans les commandes à l'exportation.

Expédition de câbles pour l'exportation.

« LES TEMPS MODERNES »

La prospérité des années 1920 repose sur une augmentation rapide de la production, mais plus encore sur une progression de la productivité dans les États fortement industrialisés (Europe occidentale et États-Unis). La diminution du temps de travail, avec la légalisation de la journée de 8 heures, et la faible croissance démographique poussent les industriels à rationaliser le travail ouvrier afin d'en obtenir un meilleur rendement. La taylorisation se répand dans les années 1920, d'abord aux États-Unis, où Henry Ford systématise le travail à la chaîne pour réduire le temps d'assemblage des véhicules. Les premières chaînes sont implantées en France chez Citroën en 1919, puis chez Renault en 1922.

Ces nouvelles méthodes de travail permettent de recruter une main-d'œuvre moins qualifiée, qui apprend rapidement des gestes simples, répétés à longueur de journée, stigmatisés par Charlie Chaplin dans *les Temps modernes*. Le nombre des ouvriers spécialisés (OS) s'accroît dans la grande industrie, tandis que les ouvriers professionnels restent nombreux dans les petits ateliers. Encadrant les OS, agents de maîtrise, chronométreurs et surveillants forment une nouvelle catégorie intermédiaire entre la chaîne et la direction de l'usine.

Le syndicalisme traditionnel, centré sur les métiers et les qualifications hérités du début du siècle, devient un syndicalisme de masse, organisé par branche industrielle et en grandes confédérations. L'augmentation des effectifs syndicaux contribue à cette évolution.

Ce monde ouvrier en mutation, concurrencé par l'afflux de main-d'œuvre issue de l'exode rural, profite peu de la prospérité, le pouvoir d'achat des salariés augmentant moins vite que la production. Les ouvriers à la chaîne sont aussi les premières victimes du chômage, quand se déclenche la grande crise économique des années 1930.

La croissance régulière des Câbles de Lyon

La prospérité de l'ancienne société à capitaux suisses Berthoud-Borel s'accentue pendant la guerre grâce à la consommation accrue d'électricité par les industries. Ce contexte permet en 1917 une augmentation du capital, porté à 3 millions de francs, et le changement de raison sociale, l'entreprise prenant alors la dénomination qu'elle portera durant plusieurs décennies.

Les lendemains de guerre confirment cette tendance, notamment du fait des besoins en câbles armés nécessaires à la reconstruction des houillères du Nord et à la modernisation du réseau de distribution. Les Câbles de Lyon réalisent à cette époque deux premières en France. Un câble de 60 000 volts est livré en 1921 à l'Union d'Électricité, afin de relier toutes les grosses centrales thermiques de la banlieue parisienne. L'année suivante, c'est un câble de 150 000 volts qui permet de raccorder toutes les centrales savoyardes de la société Force et Lumière.

L'accroissement constant des activités se traduit par la progression régulière du chiffre d'affaires, qui passe de 75 à 151 millions de francs entre 1924 et 1929. Cet essor entraîne de profondes restructurations. L'activité des accessoires de réseaux est transférée dans les Ardennes, avec la création d'une filiale autonome, la Manufacture d'Accessoires de Réseaux Souterrains. La production de lignes téléphoniques à longue distance est confiée à une nouvelle société, les Lignes Téléphoniques (LTT), créée à l'instigation des PTT et qui utilise le brevet américain Western Electric pour la construction de câbles souterrains. Les Lignes Téléphoniques connaissent une rapide extension, bénéficiant des commandes d'équipement téléphonique des grands axes nationaux, Paris-Lyon-Marseille et Paris-Strasbourg. Au même moment, les Câbles de Lyon, devant l'augmentation de la demande, créent sur le même site ardennais une nouvelle usine de lignes téléphoniques.

Usine des câbles téléphoniques des Câbles de Lyon.

Visite de l'usine de Lyon par le président Herriot, 1930.

L'électrification de plus en plus étendue du pays et l'accélération de la course à la puissance rendent peu à peu obsolètes les installations techniques datant du début des années 1920. L'ensemble du matériel des ateliers est renouvelé à la fin de la décennie, et la plus puissante station technique d'Europe est construite en 1929. Elle permet des essais à 700 kV en alternatif et à 1 500 kV en continu, ce qui en fait l'orgueil légitime de la Compagnie. La société peut désormais se lancer dans la mise au point de câbles à 220 000 volts, qu'elle produira à partir de 1934 en association avec l'italien Pirelli, qui a résolu de son côté le délicat problème de l'isolant des câbles.

Une telle réussite exige un accroissement considérable des moyens financiers. Le capital passe à 10 millions de francs en 1920, parallèlement à l'émission d'obligations d'un montant identique, puis atteint 20 millions de francs en 1924. La même année, la CGE absorbe les Câbles de Lyon et les intègre en tant que division. Cette décision, qui contredit en apparence la politique traditionnelle de décentralisation du groupe, s'explique par des raisons fiscales. Au moment où les augmentations de capital des Câbles de Lyon exigent un important effort assumé entièrement par la CGE, qui détient la quasi-totalité des actions, l'opération permet de simplifier les circuits financiers et d'éviter une double taxation sur les bénéfices distribués par la maison mère et sa filiale (la première livrant de grandes quantités de fil de cuivre et d'aluminium à la seconde). Opération purement interne, la fusion se fait par l'échange de deux actions Câbles pour une action CGE et nécessite également la création de 30 000 actions nouvelles. Elle n'a aucune conséquence technique, mais facilite la mise en œuvre parallèle de la réorganisation et de la modernisation industrielle de l'entreprise.

Hall des machines.

Station d'essais à grande puissance des ateliers de constructions électriques de Delle.

LOUIS DE BROGLIE, PRINCE DES PHYSICIENS

La famille De Broglie a donné à la France des maréchaux, des ambassadeurs et des ministres, mais aussi quelques savants, dont le plus connu, Louis de Broglie, prix Nobel de physique en 1929, est pourtant le plus discret. Son frère, Maurice, fait d'importantes découvertes en physique, sur les rayons X. C'est sans doute ce qui incite Louis de Broglie, après des études littéraires, à se lancer dans la recherche scientifique.

Il relate sa découverte fondamentale dans sa thèse de doctorat, *Recherches sur la théorie des quanta* (1924) : « Le mouvement d'un point matériel dissimule toujours la propagation d'une onde. » Louis de Broglie apparaît ainsi comme le fondateur de la mécanique ondulatoire ou quantique, aux côtés de Max Planck et d'Albert Einstein.
La découverte de la nature ondulatoire de l'électron démontre l'intérêt pratique de cette nouvelle mécanique : un faisceau d'électron se diffracte tout comme un faisceau de lumière. Cette observation débouche sur la construction des microscopes électroniques.
La mécanique ondulatoire devient la base de la physique atomique avec la découverte de « la capture électronique » (certains noyaux peuvent absorber spontanément un de leurs électrons). Elle rend aussi de grands services en physique moléculaire et nucléaire et en chimie.
Homme simple et très réservé, Louis de Broglie vivait en solitaire dans son hôtel particulier de Neuilly. Membre de l'Académie des sciences depuis 1933, puis de l'Académie française, il appartint à de nombreuses académies étrangères, jusqu'à sa mort à 95 ans, en 1987.

Louis de Broglie, prix Nobel de physique.

L'expansion et les contraintes de l'Électro-Céramique

La guerre confirme le choix de Pierre Azaria de renforcer cette filiale qui se spécialise peu à peu dans les isolateurs de très haute tension. Ceux-ci sont destinés à l'équipement des réseaux au cours des années 1920. Pour accroître sa capacité technique, l'Électro-Céramique agrandit ses installations à Ivry et y édifie un laboratoire THT unique en Europe. L'investissement s'élève à 1 million de francs. Le laboratoire comporte notamment trois transformateurs capables de fournir des tensions très élevées, atteignant un million de volts, qui permettent de tester les isolateurs.
L'Électro-Céramique s'installe également près de ses gros consommateurs en créant, au début des années 1920, deux centres de production, à Andancette, dans la Drôme, et à Bazet, près de Tarbes. Cette dernière usine doit fournir 225 000 isolateurs sous 150 000 volts pour les travaux d'électrification de la Compagnie des Chemins de Fer du Midi. Elle comporte en particulier un système de cuisson continu sous la forme d'un four-tunnel de 106 mètres de long.
Ces installations sont financées par une augmentation de capital de 3 à 5 millions de francs, entièrement souscrite par la CGE, et l'émission d'obligations. La société s'intéresse également à des producteurs d'isolateurs en verre adaptés à l'électrification rurale et prend des participations dans deux sociétés spécialisées, les Verreries du Saumurois et les Verreries Électrotechniques.
Cette série d'investissements permet d'atteindre, dans la seconde moitié des années 1920, une capacité de production de plus de 5 500 tonnes de céramiques électriques, dépassant ainsi largement la consommation du marché français. Cette situation est aggravée par l'émergence d'un pôle

concurrent. Une entente est nouée en 1928 entre les Porcelaines de Lesquin, une société du nord de la France fondée par la Société Générale d'Entreprise (la plus importante entreprise française de travaux publics), fortement engagée dans l'électrification, et General Electric. Cette dernière, par l'intermédiaire de la CFTH, cède aux Porcelaines de Lesquin tous ses brevets présents et à venir dans le domaine des porcelaines électriques et prend le contrôle de la firme, la Société Générale d'Entreprise abandonnant l'essentiel de sa participation.

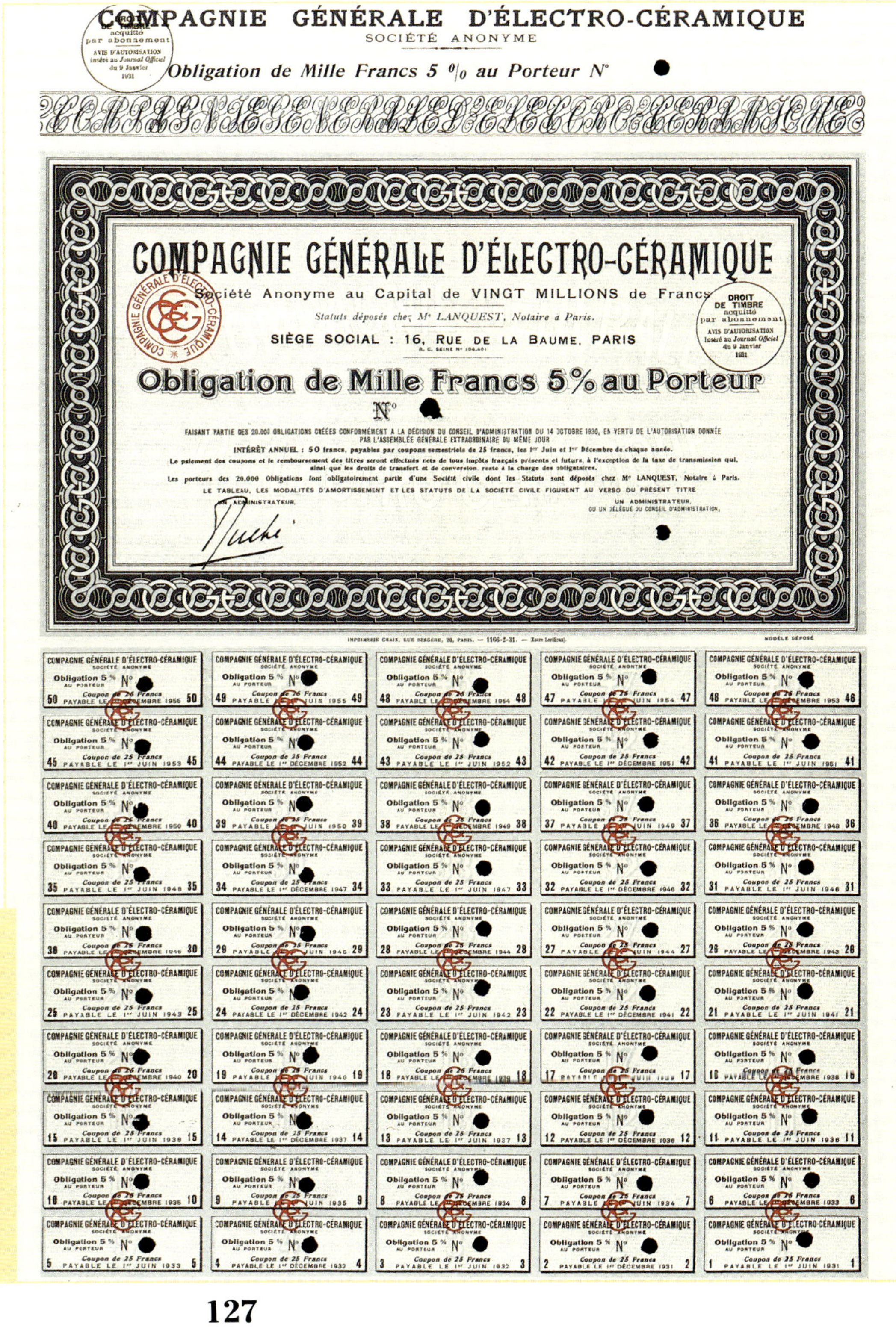

Renforcée par l'absorption des Porcelaines de Lesquin, la Compagnie Générale d'Électro-Céramique se voit réserver le marché français grâce à l'accord signé en 1930 avec General Electric/ Compagnie Française Thomson-Houston.

Les perspectives des accumulateurs Tudor

Durant toute cette période, la fabrication d'accumulateurs reste secondaire au sein de l'ensemble CGE. Le grand essor du secteur interviendra au lendemain de la Seconde Guerre mondiale, la CGE faisant alors figure de spécialiste reconnu à l'échelle internationale.

Au moment où éclate le conflit de 1914-18, la société des accumulateurs Tudor est devenue, dans le cadre de la restructuration initiée en 1901, une entreprise prospère, quoique limitée par la puissance du groupe allemand Akkumulatoren Fabrik Hagen (un consortium AEG/Siemens), détenteur des brevets Tudor pour la plus grande partie de l'Europe. L'usine très moderne de Lille tombe aux mains de l'armée allemande dès le début des hostilités. La fabrication d'accumulateurs, vitale pour les armées, reprend dans des ateliers hâtivement équipés à Bezons, près de Paris, notamment, grâce à l'aide technique de cadres belges de la filiale de Tudor dans ce pays.

L'opération requiert de la CGE une avance de 2,55 millions de francs qui se transforment en capital au lendemain de la guerre, les ateliers lillois ayant été gravement endommagés en 1918. Malgré la reprise des années 1920, favorisée par une entente commerciale entre les principaux producteurs, les difficultés financières demeurent. La reconstruction de Lille se révèle coûteuse, et les 9,5 millions de francs de dommages de guerre sont versés avec un retard de plusieurs années. Dans ces conditions, pour éviter de présenter un bilan trop fragile aux yeux de la clientèle, la société Tudor est absorbée par la CGE et devient en 1920 une division de celle-ci.

Tout au long des années 1920, l'essor de l'automobile, les commandes de l'aviation militaire et surtout de la Marine, qui équipe ses sous-marins de batteries Tudor, favorisent l'essor de la division. Les commandes publiques renforcent en outre l'image de fiabilité et la position dominante de la marque sur le marché. Mais ce dernier reste limité, d'autant plus que les constructeurs allemands ont récupéré leurs droits internationaux et intentent même des procès pour interdire aux constructeurs automobiles français équipés en batteries Tudor de vendre celles-ci comme pièces de rechange à l'étranger.

Lampe Saft.

Générateur Saft.

Ce problème commercial structurel et le renouveau de la concurrence amènent Pierre Azaria à mettre en œuvre, à partir de la fin de la décennie, une série de regroupements pour conforter les positions de la Compagnie dans ce secteur. En mars 1929, des pourparlers avec les établissements Hotchkiss, actionnaire principal de la SAFT – le principal producteur d'accumulateurs alcalins, alors que les batteries Tudor sont non alcalines –, débouchent sur le principe d'une prise de participation majoritaire de la CGE. On procède à une augmentation du capital de la SAFT, qui passe, en 1929, de 10 à 15 millions de francs, Hotchkiss et ses associés cédant parallèlement une large partie de leurs actions.

En 1930, à la fin de l'opération, la CGE détient directement ou indirectement 50,83 % du capital de la SAFT, ce qui lui assure le contrôle total de la société. Cette entrée en force dans le secteur des accumulateurs alcalins est confortée en 1936 par un accord de limitation avec un jeune producteur spécialisé dans les batteries de marine, l'entreprise TEM, et surtout par l'acquisition, en 1938, de la société Dinin, dont l'actionnaire principal, le banquier De Gunzbourg, veut se défaire dans le contexte de crise économique. La CGE restructure l'usine de l'entreprise à Nanterre, pour mieux affronter la crise de l'industrie automobile. La Compagnie doit ainsi licencier près de la moitié des 667 salariés, et contraindre les effectifs restants à travailler seulement 32 heures par semaine.

Finalement, à la veille de la guerre, la CGE dispose d'un ensemble puissant et homogène, même s'il connaît des difficultés conjoncturelles. Couvrant l'ensemble des fabrications à usage industriel et militaire, le secteur accumulateurs peut profiter pleinement de la reprise économique qui interviendra à la fin des années 1930. Il a atteint, malgré la crise, une dimension internationale.

PILES ET ACCUMULATEURS

Chaîne de fabrication des accumulateurs alcalins produits par la SAFT, années 1920.

L'origine des piles et accumulateurs remonte aux travaux des Italiens Luigi Galvani et Alessandro Volta, à la fin du XVIIIe siècle. L'histoire commence curieusement en 1886 quand Luigi Galvani observe les contractions des muscles d'une grenouille, qu'il est en train de disséquer, dès qu'il en approche son scalpel.

Sans le savoir, le naturaliste avait entre les mains une véritable « pile électrique », ce que démontre en 1800 Alessandro Volta. Celui-ci réalise sa première pile en « empilant » (d'où l'origine du mot) alternativement des disques de zinc et de cuivre séparés par des rondelles de drap, trempées dans une solution acide : le courant apparaît alors entre le premier disque de zinc et le dernier, fait de cuivre. Toujours en 1800, Anthony Carlisle, chirurgien anglais, découvre l'électrolyse de l'eau en étudiant les effets physiologiques du courant électrique produit par la pile de Volta : la boucle était bouclée avec les observations de Luigi Galvani et l'électrochimie était née.
La pile et l'électrolyse ne sont en effet que les applications du vaste domaine technique de l'électrochimie, qui consiste à transformer l'énergie chimique en énergie électrique, et inversement ; il en va de même pour les accumulateurs.

Chaîne de finition des batteries Tudor, usines de Lille, 1935.

Si le constat de la réversibilité des phénomènes électrochimiques se situe à la base de cette science nouvelle, l'idée de son utilisation pour stocker l'électricité ne surgit qu'en 1859, lorsque Gaston Planté découvre « les propriétés singulières de la pile secondaire constituée par des électrodes en plomb et un électrolyte composé d'acide sulfurique dilué.

« L'accumulateur électrique était né », comme le raconte à ses lecteurs *Fulmen-Courrier*, journal interne de la société, qui rend hommage en avril 1934 à l'inventeur de la pile voltaïque qui permet l'accumulation de la force « à l'aide de couples secondaires à lames de plomb ».
L'électrochimie utilise dans toutes ses applications les échanges d'ions et d'électrons qui s'opèrent à l'interface entre les électrodes et la solution liquide qui les sépare.
En effet, dans une solution liquide, les atomes se transforment en ions chargés électriquement, soit négativement en capturant des électrons, soit positivement en perdant des électrons.
De façon similaire, les molécules se fractionnent en milieu liquide en ions positifs ou négatifs. Le courant électrique provoque alors le déplacement des ions dans la solution, transportant les ions positifs vers l'électrode négative, la cathode, et les ions négatifs vers l'électrode positive, l'anode.
Ce processus de l'électrolyse connaît une application industrielle exemplaire, celle de la fabrication de l'aluminium mise au point en 1886 simultanément et indépendamment par un Américain, C. M. Hall, et un Français, Paul Héroult.
Inversement, John Frederic Daniell perfectionne en 1836 la pile de Volta. Il plonge deux électrodes de cuivre et de zinc dans la solution du sel d'un même métal. La force électromagnétique pousse les ions cuivre vers l'électrode de cuivre et arrache des ions à l'électrode de zinc, provoquant une circulation d'électrons dans le sens opposé, donc un courant électrique utilisable.
Ces recherches ont abouti aujourd'hui à une gamme très variée de piles (alcalines, au mercure, au lithium, etc.) qui fonctionnent toutes selon le principe de la pile voltaïque.
La pile à combustible constitue un perfectionnement récent dans son application, mais non dans sa découverte, car W. R. Grove l'imagine et l'expérimente dès 1839. Elle est utilisée pour alimenter les véhicules spatiaux : ses réactifs sont l'hydrogène et l'oxygène, et la réaction chimique finale, la synthèse de l'eau, indispensable à la survie des astronautes.
L'accumulateur est donc tout simplement une pile réversible qui peut être rechargée.
Constituée dans sa version la plus courante d'électrode de plomb et oxydes du même métal, plongés dans une solution d'acide sulfurique. Lors de la charge, le courant électrique réalise l'électrolyse de l'eau, suroxyde l'anode sur laquelle se dépose du minium et réduit la cathode où l'eau se reconstitue au détriment du minium qui devient alors de la litharge.
Au cours de la décharge, ce sont les réactions chimiques inverses qui se produisent. Ce type d'accumulateur mis au point pour l'industrie vers 1880, il y a donc plus d'un siècle, demeure le plus largement utilisé de nos jours.

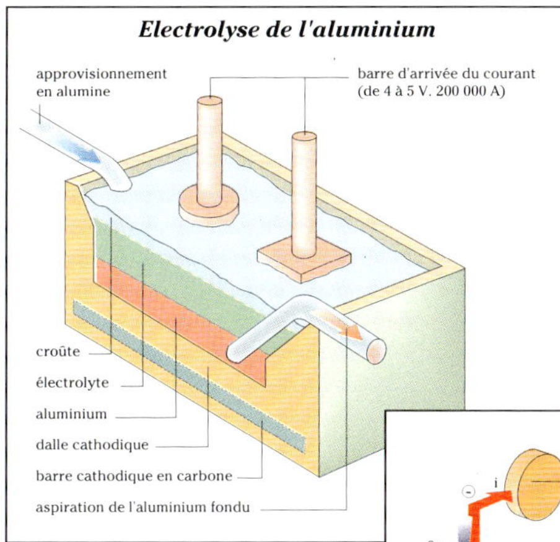

Un métal obtenu par électrolyse : l'aluminium

C'est grâce à l'efficacité de la réduction électrochimique que l'on peut aujourd'hui préparer industriellement l'aluminium. L'oxyde d'aluminium (alumine) est mélangé à un « fondant », la cryolite, et l'ensemble est maintenu fondu à 1 000 °C.
Lors de l'électrolyse, les ions Al^{3+} présents dans le bain fondu sont réduits en aluminium métallique à la cathode (électrode reliée au pôle - du générateur).
De telles cellules d'électrolyse fonctionnent avec des tensions modestes, environ 4V, mais des intensités considérables (de l'ordre de 200 000 A).

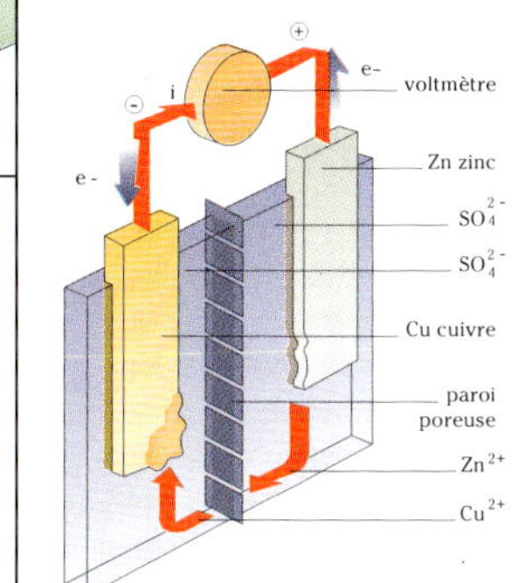

Pile Daniell

$Cu^{2+} + 2e^- \rightarrow Cu$ | $Zn \rightarrow Zn^{2+} + 2e^-$

$Cu^{2+} + Zn \rightarrow Cu + Zn^{2+}$

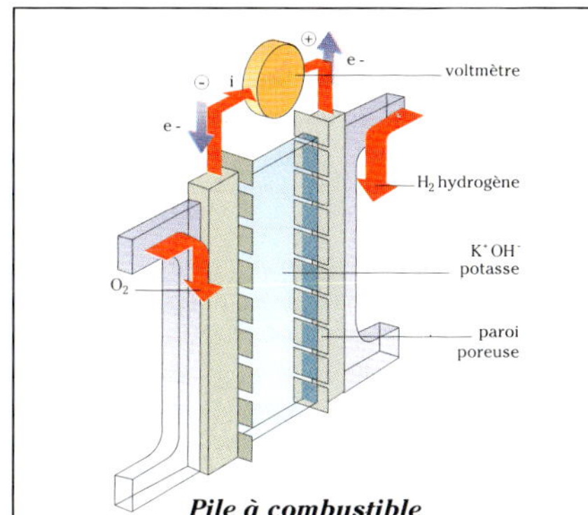

Pile à combustible

$H_2 + 2OH^- \rightarrow 2H_2O + 2e^-$ | $\frac{1}{2}O_2 + H_2O + 2e^- \rightarrow 2OH^-$

$\frac{1}{2}O_2 + H_2 \rightarrow H_2O$

Quand les réactions échangent des électrons

Ces schémas montrent deux exemples de piles. La pile Daniell met en jeu deux métaux différents, le cuivre et le zinc, plongeant dans des solutions de leurs sels respectifs. L'expérience montre qu'il s'établit spontanément une différence de potentiel (exactement 1,08 V) entre les électrodes. Lorsque la pile débite, un courant i traverse la chaîne de conducteurs métalliques, mais le phénomène réel est une circulation d'électrons en sens inverse. Ces électrons sont impliqués dans des réactions aux électrodes dont le bilan revient au dépôt du cuivre et à la dissolution du zinc.
Dans une pile à combustible les réactifs consommés sont en fait l'hydrogène et l'oxygène, et la réaction globale est la même que dans la combustion de l'hydrogène : $H_2 + (1/2)\ O_2 \rightarrow H_2O$. Ce type de pile est par exemple utilisé dans la navette spatiale américaine.

LA RADIO, PHÉNOMÈNE SOCIAL

La télégraphie sans fil n'est, dans ses premières années, qu'un substitut des câbles, avant que l'imagination et la foi de quelques amateurs ne lui donnent un usage nouveau, la radiophonie, qui relie un émetteur à une multitude de récepteurs. Véritable phénomène social des années 1920, la radio surprend les industriels, qui doivent, en quelques mois, organiser un réseau de stations émettrices, fournir des programmes, construire et vendre des récepteurs. Le mouvement commence aux États-Unis à la fin de 1921 et l'année suivante en Europe. En quelques années, des centaines de stations émettrices s'implantent, rapidement organisées en réseaux.
Largement improvisés au départ, souvent par des ingénieurs ou des amateurs, les programmes sont ensuite confiés à des écrivains, des acteurs, des journalistes ou des publicistes qui se spécialisent dans ce nouveau moyen de divertissement et d'information.

Ainsi, la station Radio-Paris, installée en 1922 dans l'usine de la Société Française Radio-Électrique, fait appel à un animateur, Radiolo, puis aux dépêches de l'Agence Havas, enfin, elle diffuse pour la première fois un match de boxe en direct. Radio-Tour Eiffel, quant à elle, inaugure, en 1924, un « journal parlé ».
La radio, qui reste essentiellement un divertissement, joue un rôle important dans les campagnes électorales aux États-Unis dès 1932, Roosevelt ayant rapidement compris l'usage qui pouvait en être fait. Elle devient un moyen d'information, que les partis et les gouvernements tentent de contrôler. Les systèmes totalitaires instaurent un monopole de la diffusion, mais en Grande-Bretagne et en France s'installe un système mixte dans lequel coexistent radios privées et radios d'État, tandis que les États-Unis gardent leur confiance dans les entreprises privées.
En 1940, le nombre des postes récepteurs atteint 30 millions aux États-Unis et dépasse les 5 millions en France.

L'exploration de nouveaux secteurs

Le dynamisme de la CGE dans ces années de modernisation de la France est tel qu'il est difficile de suivre toutes les sociétés auxquelles le groupe s'intéresse de façon durable ou éphémère. Toutes expriment à leur manière l'esprit conquérant et la compréhension des synergies complexes industrielles et financières dont font preuve Pierre Azaria et son équipe, attentifs à ne jamais négliger les perspectives potentielles d'un secteur. De façon générale, la politique du groupe consiste à renforcer deux pôles dans lesquels ses entreprises apparaissent inégalement implantées, l'équipement des réseaux et le téléphone.

Le renforcement de l'équipement des réseaux

L'acquisition en 1923 de la Société Savoisienne de Constructions Électriques s'inscrit dans cette perspective. La société a été créée à Aix-les-Bains en 1921 par deux Suisses, Léon Egger, un ingénieur qui a travaillé notamment chez Brown Boveri, et Claudius Forest, le chef des services commerciaux des ateliers de Sécheron, à Genève.

L'usine de la Savoisienne, 1921.

Léon Egger et Claudius Forest, fondateurs de la Savoisienne.

L'entreprise se spécialise très vite dans les grands transformateurs et réussit, dès l'année de sa création, à remporter un marché pour l'Électricité de Strasbourg en présentant une offre en tous points comparable en prix et en qualité technique à celle de Siemens. Mais la défaillance de la banque qui soutient l'affaire et le refus des grands établissements de crédit d'assurer le placement d'une émission d'obligations ouvrent la porte à la CGE. Celle-ci assure l'augmentation de capital, porté de 2 à 5 millions de francs, et prend le contrôle effectif de l'entreprise, avec l'arrivée d'hommes comme Bitterli, Coullet et Gris. Les fondateurs de l'entreprise conservent leurs postes de directeurs et d'administrateurs. Le capital est porté en 1928 à 10 millions de francs et est complété en 1931 par un emprunt obligataire.

Ses moyens ainsi renforcés, la Société Savoisienne de Constructions Électriques assoit rapidement sa réputation, en France comme à l'étranger. Elle exporte, entre 1935 et 1939, près de 40 % de sa production, en particulier vers les Pays-Bas et l'URSS. En France, elle bénéficie de façon constante des progrès de l'interconnexion des réseaux. Aux côtés de Delle, de l'usine de Rai-Tillières, des Câbles de Lyon, de l'Électro-Céramique et de la CGEE, la société complète, hormis la réalisation du matériel de production de courant, l'ensemble des équipements de construction et d'installation de réseaux électriques.

La CGE et les télécommunications

Le second volet de la politique d'extension industrielle de la Compagnie concerne le secteur des courants faibles, c'est-à-dire celui du téléphone. Dans ce domaine, la France a pris un très important retard. En effet, la prise de contrôle du secteur par les PTT en 1893 s'est traduite par de très faibles investissements et des abonnements coûteux. C'est pourquoi, au milieu des années 1920, la France se place au dernier rang des pays industrialisés pour la densité des postes (les plus chers à l'unité) et l'automatisation. Le manque de crédits et le désintérêt de l'administration des PTT ont abouti à une situation analogue à celle de l'industrie électrique à la fin du XIXe siècle, la domination technique étrangère s'ajoutant à la faiblesse de la production nationale. Le marché est ainsi dominé par les firmes américaines ITT, Strowger (inventeur de l'automatique) et l'entreprise suédoise Ericsson, dont l'usine est installée dans la région parisienne, à Colombes.

Le 20 juillet 1921, un événement important vient récompenser les efforts de la direction, qui enregistre la première commande réservée à la Savoisienne. Il s'agit en effet d'un transformateur triphasé de 5 000 kVA au rapport de transformation 70 000/13 500 volts, à bain d'huile et refroidissement naturel dans une cuve à ondulations, une des plus importantes unités réalisées à l'époque.

Au cours des années 1920, les pouvoirs publics prennent conscience de cette situation et augmentent de façon sensible leurs crédits. L'automatisation du téléphone urbain commence à Nice en 1923, avec le système Strowger. Désireuses de favoriser l'industrie nationale, les autorités pénalisent les constructeurs étrangers dans la distribution des contrats. Cela incite les dirigeants d'Ericsson à céder leur filiale française, la Société des Téléphones Ericsson, à une entreprise nationale, en l'occurrence la CGE. Les pouvoirs publics ont une attitude favorable, et l'industrie des télécommunications est appelée de toute évidence à un grand avenir. Pour les dirigeants de la CGE, elle offre « des perspectives de fournitures intéressantes pour diverses branches de nos fabrications ». Il s'agit en particulier des câbles fabriqués à Lyon et à Conflans-Sainte-Honorine par la société des Lignes Télégraphiques et Téléphoniques. Ce contexte incite la CGE à prendre une participation prépondérante dans la filiale suédoise.

La cession, réalisée en 1927, s'effectue dans de bonnes conditions. La majorité des actions de la Société des Téléphones Ericsson, c'est-à-dire 51,1 % du total, devient la propriété de la CGE, le reliquat étant réparti entre les banquiers et le public. Les PTT, satisfaits d'un arrangement auquel ils ont œuvré par leur politique de commandes, accordent comme prévu à la nouvelle société d'importants contrats d'automatisation des centraux parisiens. La CGE est ainsi amenée à engager un important effort de modernisation dans l'usine de Colombes, dont la capacité est triplée et qui doit en outre desservir plusieurs pays voisins. Cependant, les résultats ne sont pas à la hauteur des espérances de la CGE. Dès 1930 l'effort public diminue alors que le contrat de cession des brevets interdit toute exportation hors de l'Empire français. En outre, le groupe américain ITT, grâce à ses deux usines françaises, conserve l'essentiel des commandes de centraux en France. Engagée au même moment dans un rapprochement avec la SIT (Société Industrielle des

L'ÂGE D'OR DU CHEMIN DE FER

La Flèche d'Or, *l'Orient-Express*, et leurs voitures Pullman richement décorées, la Compagnie Internationale des Wagons-Lits, les wagons-restaurants, la porcelaine et le cristal, les plats raffinés et les bons vins, les madones des sleepings : toute une mythologie évoque l'âge d'or des trains, entre 1900 et 1940.

Pourtant, le chemin de fer, c'est d'abord des millions d'hommes de par le monde (500 000 en France, en 1925), les « cheminots ». Partie intégrante de compagnies privées, et, de plus en plus, d'entreprises nationales dans la vieille Europe, ils exercent des métiers très divers depuis le lampiste jusqu'à l'ingénieur. C'est aussi une industrie considérable, métallurgique, mécanique puis électromécanique, employant des milliers d'ouvriers et de techniciens, finançant des bureaux de recherche et s'entourant de négociateurs internationaux. C'est enfin des milliards de voyageurs chaque année, qui pour la plupart se rendent à La Garenne-Bezons ou à Romorantin plutôt qu'à Venise ou Vladivostok.

Mais le train, c'est l'imaginaire du voyage, espace familier qui permet la découverte de territoires inconnus. Le train, c'est encore la gare, décor essentiel, temple de la technologie et reflet de l'architecture moderne. Pendant un demi-siècle, la gare remplit le rôle de pivot économique de la ville, un lieu d'ordre et de discipline où l'espace et le temps sont sans cesse mesurés, contrôlés par une hiérarchie savamment galonnée. Elle est enfin, lieu de rencontres et de brassages, le microcosme de la société industrielle, avec ses buffets somptueux ou ses buvettes minables, ses boutiques, ses espions et ses mendiants.

Les ateliers, 1921.

Téléphones) et soucieuse de ménager sa trésorerie alors que débute la crise économique, la CGE accepte l'offre de rachat du groupe suédois des allumettes Kreuger et Toll. Celui-ci vient d'acquérir la société mère Ericsson-Stockholm et souhaite lui donner une dimension internationale, à l'instar d'ITT ou de Siemens.

La CGE encaisse immédiatement le montant de sa vente, et le remboursement de l'avance de 40 millions de francs en compte courant, effectuée pour la modernisation de l'usine de Colombes, est étalé sur trois ans et garanti par le dépôt de 72 000 actions de la « Société suédoise des allumettes ». C'est alors que surviennent, en mars 1932, le krach de la firme suédoise et le suicide de Kreuger un mois plus tard. La CGE doit entamer de difficiles négociations avec Ericsson France, qui solde finalement sa dette en 1935 par la cession à la CGE de ses droits sur le règlement des commandes passées par les PTT.

LE RAIL ET L'ÉLECTRICITÉ À LEURS DÉBUTS

Le rail apparaît bien avant la locomotive : dès le XVIIe siècle, les mineurs ont l'idée de diminuer la résistance au déplacement des wagonnets, en intercalant entre le sol et les roues des chemins de roulement de bois, recouverts de tôle à partir de 1740, puis entièrement réalisés en fonte en 1760. Les roues elles-mêmes, en bois comme celles des voitures hippomobiles, sont d'abord recouvertes de bandages en tôle avant d'être fabriquées en fonte puis en fer. Le contact du métal sur le métal réduit considérablement la résistance au roulement et c'est ainsi que naît le chemin de fer. Les roues à mentonnets, encore appelées « boudins symétriques », prenant appui sur deux rails en saillie en forme de champignon, sont inventées en 1784 par W. Jessop et permettent de stabiliser les wagonnets. C'est une étape décisive, qui aboutit en 1846 à la fixation, par l'Anglais George Stephenson, de la norme d'écartement des voies la plus largement répandue dans le monde de nos jours, soit 1,444 mètre. Rails, traverses, ballast et roues de train se transforment ensuite au rythme du progrès général des techniques, mais l'on peut considérer que les principes du chemin de fer moderne sont déjà fixés au milieu du XIXe siècle. La traction humaine et hippomobile sur le carreau des mines aux XVIIe et XVIIIe siècles est remplacée par la machine à vapeur dès le début du XIXe siècle.

La première locomotive roule à 8 km/h en 1804, mais, trop lourde, elle brise les rails en fonte sur lesquels elle s'élance.

George Stephenson est le véritable pionnier de la locomotive à vapeur.

Il multiplie les essais et les prototypes de 1814 à 1822 dans la mine écossaise dont il est le chef mécanicien.

En 1821, il ouvre la première ligne minière accessible au public sur une longueur de 19 km ; 4 ans plus tard, en 1825, la première ligne commerciale de voyageurs relie Stockton à Darlington.

Ces lignes, que l'on doit toutes deux à George Stephenson, sont équipées des locomotives à vapeur qu'il a créées. C'est la ligne Liverpool-Manchester qui consacre son invention entre 1826 et 1830 : la « rocket » triomphe définitivement sur la traction hippomobile et atteint des pointes de 48 km/h !

Elle est l'ancêtre véritable de toutes les locomotives à vapeur qui règnent sur le monde des chemins de fer pendant 120 ans.

Les machines se perfectionnent au fil du temps, sans pour autant remettre en cause fondamentalement les principes de base de Stephenson.

L'électrification des réseaux ne s'opérera qu'au milieu du XXe siècle. On construit encore des locomotives à vapeur en Europe et aux États-Unis dans les années 1950, et la Chine n'y a toujours pas renoncé aujourd'hui.

La traction électrique se développe beaucoup plus vite dans les villes, où elle s'impose par son silence et sa propreté. Après le premier tramway à chevaux apparu à New York en 1832 et le métro à vapeur qui dessert Londres dès 1863, Werner von Siemens* inaugure à Berlin, en 1881, le premier tramway électrique commercial capable d'une vitesse de pointe de 48 km/h. Les projets de tramways électriques se multiplient alors dans les villes, et les premiers grands réseaux de métros électriques sont mis en place en 1890 à Londres et en 1900 à Paris.
Le petit tramway électrique de Werner von Siemens utilise en 1879 un courant continu d'une tension de 150 volts, porté en 1881 sur la première ligne commerciale à 180 volts.

LA VOIE DE CHEMIN DE FER
G. Stephenson (1846)

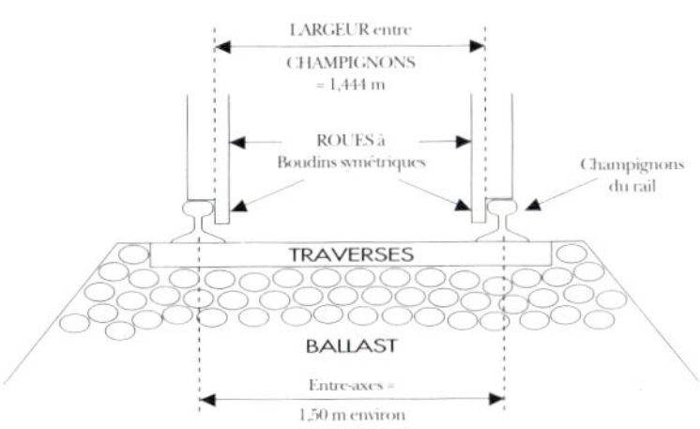

Le courant est fourni par un troisième rail au sol, qui pose de nombreux problèmes de sécurité et qui sera finalement remplacé en 1889 par une ligne aérienne reliée à la motrice par un archet de prise de courant.
Les générations de tramways et métros électriques issues de cette innovation fonctionnent généralement grâce à un courant continu de 400 volts.
Forte de ses succès en milieu urbain, la traction électrique de Werner von Siemens équipe en 1882 le premier train minier de Saxe, suivi d'autres réalisations dans la Ruhr puis un peu partout dans le monde. Les nombreuses expériences d'électrification des grands réseaux ferroviaires explorent tour à tour le courant continu, le courant alternatif à basse fréquence (16 2/3 hertz) ou industriel (50 hertz).
En France, c'est la Compagnie du Midi qui entreprend en 1902 l'électrification de ses lignes en courant continu 1 500 volts, procuré par les équipements hydrauliques des Pyrénées.
En Prusse, le courant alternatif basse fréquence est choisi pour l'électrification du réseau ferré à partir de 1911. Mais ces réalisations demeurent longtemps limitées par le coût élevé des infrastructures, la suprématie de la locomotive à vapeur et l'émergence d'un nouveau système : le diesel-électrique. Cette situation se prolonge jusqu'au milieu du XXe siècle, aggravée dans certains pays comme la France par la résistance qu'opposent les militaires à l'électrification, jugée trop vulnérable en cas de conflit.

Gare Saint-Lazare, 1927.

* Pour en savoir plus sur l'épopée de la famille Siemens, consulter l'ouvrage d'Andrée Michel et Frans Longin, *Siemens : Trajectoire d'une entreprise mondiale*, coll. Histoire d'entreprise, Paris, Institute, 1990.

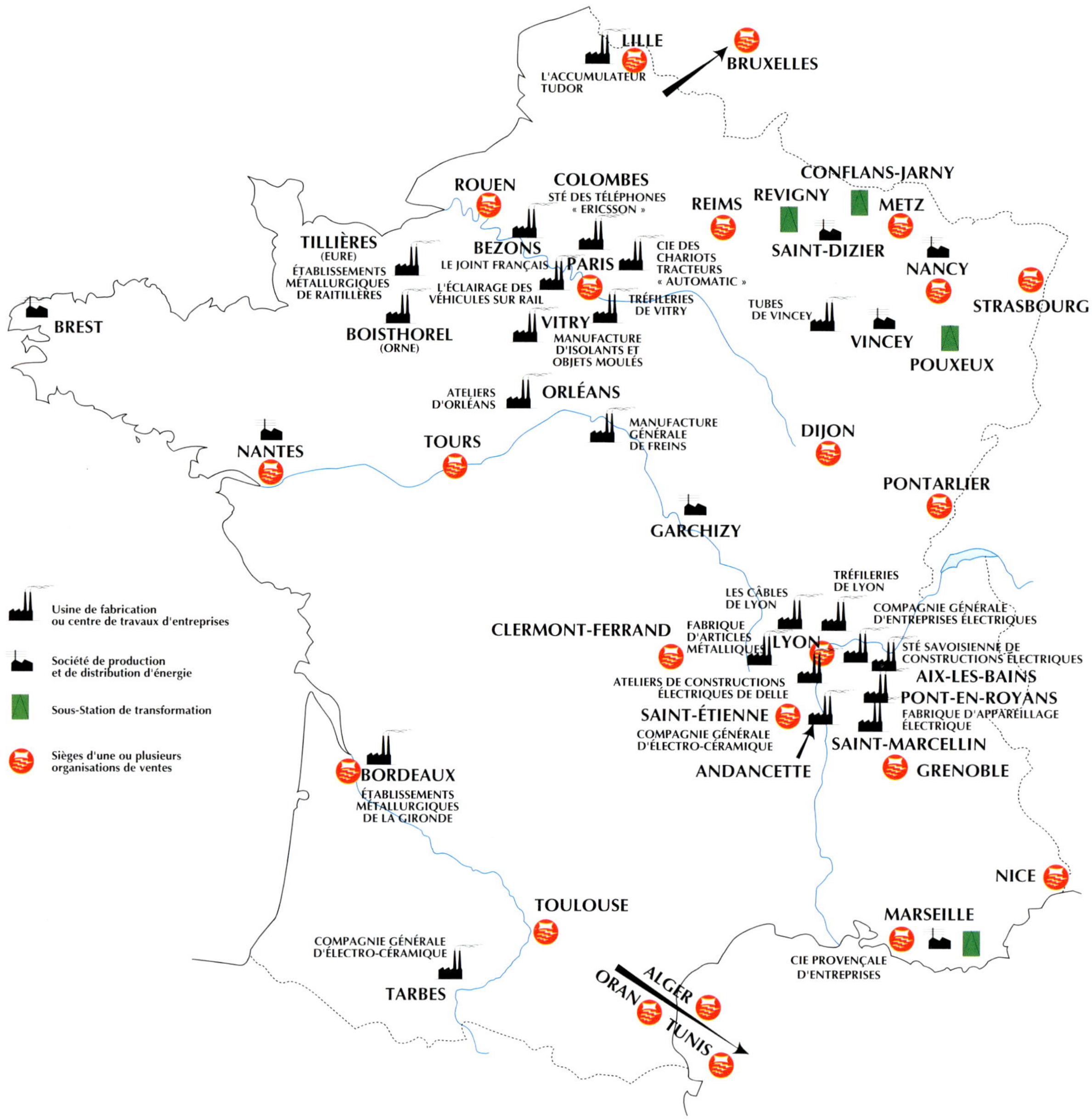

Les centres d'activité de la CGE autour des années 1930

1930 : LA CGE AU RANG DES PLUS GRANDS

Au tournant des années 1930, quand débute la crise économique mondiale, la CGE s'est hissée au rang des plus grands groupes industriels. Elle emploie plus de 20 000 personnes et comprend une cinquantaine de sociétés, dont 40 sont détenues de façon majoritaire.

L'émergence d'un groupe industriel

La liste et l'étendue de ses participations traduisent la croissance exceptionnelle du groupe dirigé par Pierre Azaria dans les années 1920. Cette croissance a donné lieu à un redéploiement des branches d'activité de la Compagnie. Les matériels électriques représentent désormais près de 43 % du chiffre d'affaires total, la métallurgie 27 % (32 % en 1920), la distribution d'électricité 18 %, l'entreprise électrique 8 %, le matériel grand public 4 %. La CGE devient peu à peu une entreprise de production électrique à part entière, un résultat très positif tant au regard du projet de 1898 que de l'avenir du secteur.

La cohésion d'un groupe industriel

Cet essor change en profondeur la nature de la Compagnie. Au fur et à mesure que se construit le groupe, la CGE tend à devenir une structure de contrôle économique et financier, alors que l'essentiel des activités opérationnelles passe aux filiales, dont l'autonomie technique croissante exige une direction de plus en plus étoffée et proche du terrain.

Le tramway cède la place à l'autobus.

Le département de la Seine confie, en 1921, la régie des transports de surface à la STCRP (Société des Transports en Commun de la Région Parisienne). Celle-ci décide d'unifier les réseaux, puis les modes de transport, en privilégiant l'autobus, jugé d'une utilisation plus souple. Commencée en 1929, la suppression des tramways s'accélère avec l'action des groupes de pression liés à l'automobile et s'achève en 1937.

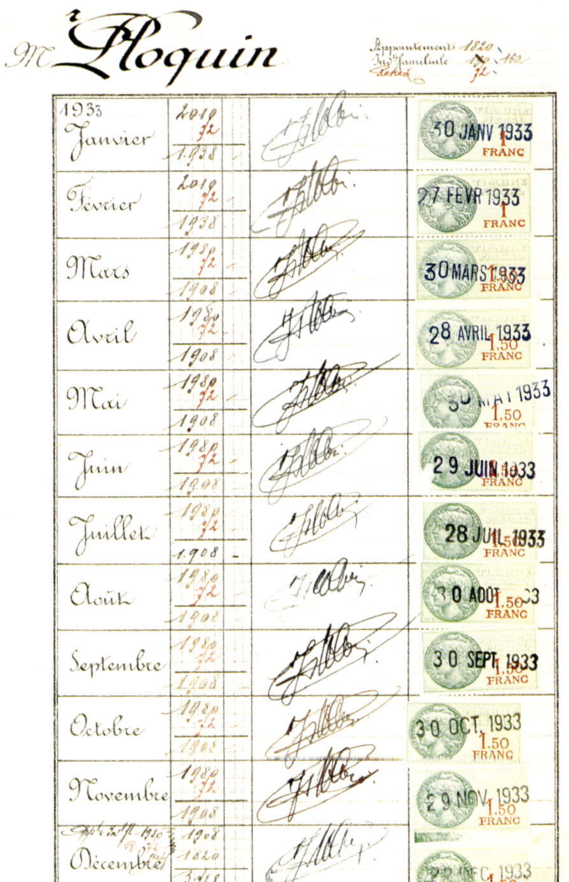

M. Ploquin

1933			
Janvier	2010 / 72 / 1938	[illegible]	30 JANV 1933 1 FRANC
Février	2010 / 72 / 1938	[illegible]	27 FEVR 1933 1 FRANC
Mars	1980 / 72 / 1908	[illegible]	30 MARS 1933 1.50 FRANC
Avril	1980 / 72 / 1908	[illegible]	28 AVRIL 1933 1.50 FRANC
Mai	1980 / 72 / 1908	[illegible]	30 MAI 1933 1.50
Juin	1980 / 72 / 1908	[illegible]	29 JUIN 1933
Juillet	1980 / 72 / 1908	[illegible]	28 JUIL 1933 1.50 FRANC
Août	1980 / 72 / 1908	[illegible]	30 AOUT 1933 1.50 FRANC
Septembre	1980 / 72 / 1908	[illegible]	30 SEPT 1933 FRANC
Octobre	1980 / 72 / 1908	[illegible]	30 OCT 1933 1.50 FRANC
Novembre	1980 / 72 / 1908	[illegible]	29 NOV 1933 1.50 FRANC
Décembre	1908 / 1820 / 3728	[illegible]	DEC 1933 1.50 FRANC

La direction générale conserve néanmoins une place très importante. Son rôle de coordination devient essentiel, tant dans le choix des programmes industriels et des politiques financières que des dirigeants. Ceux-ci doivent démontrer leur capacité à s'entendre et à travailler de concert, en combinant les intérêts globaux du groupe et la marche de l'entreprise dont ils ont la responsabilité. La tentation d'émancipation est grande pour les sociétés de production et de distribution de courant, en particulier l'Électricité de Marseille et la Compagnie Lorraine d'Électricité. Leur prospérité et les chiffres d'affaires qu'elles génèrent ne sont pas éloignés de ceux de la société mère et peuvent induire la tentation d'une politique autonome, notamment pour les contrats de travaux.

La CGE parvient à éviter cet émiettement, comme le montre la stabilité de la carrière des hauts responsables nommés dans les filiales. L'organisation de holdings financiers joue aussi un rôle important. Le jeu des participations multiples et croisées que permet leur structure verrouille en quelque sorte les chemins éventuels d'une autonomie financière locale. Enfin, l'accession au conseil d'administration de la CGE, tout comme la présence de membres de ce dernier ou de directeurs de la maison mère à la tête des entreprises contrôlées, est un élément essentiel de la cohésion du groupe.

Stabilité et renouvellement de la direction

En 1929, Pierre Azaria, âgé de 66 ans, abandonne volontairement son poste d'administrateur-délégué. Il devient président de la Compagnie et du comité directeur. Le fondateur de la CGE justifie cette décision par un besoin de repos, après quarante années de vie professionnelle ininterrompue. Il cesse de suivre les affaires quotidiennes pour mettre à la disposition de la société son expérience et ses nombreuses relations extérieures, une tâche traditionnellement dévolue au président.

Aucune rupture n'intervient à la suite de cette décision. Pierre Azaria a veillé en particulier à promouvoir au conseil d'administration et au comité de direction l'équipe de hauts responsables qui l'entourent et qui ont fait leurs preuves sous sa houlette. En 1927 en particulier, Émile Bitterli, directeur général des fabrications et des participations industrielles, et Alexis Duvaux, directeur général des services administratifs, accèdent au conseil, où siègent déjà Paul Bizet et Paul d'Ocagne.

Les administrateurs techniques, recrutés dans leur majorité parmi les ingénieurs qui ont vécu les premiers pas de la CGE et les années difficiles précédant la guerre de 1914-18, composent à tous égards la tête de l'entreprise et constituent sa colonne vertébrale. Jusqu'à son départ définitif de la présidence de la CGE, leur sélection relève du domaine exclusif de Pierre Azaria. Ses qualités d'organisateur se traduisent dans la sûreté de ses choix, qui se portent sur des hommes discrets, d'une puissance de travail peu commune, et totalement dévoués à l'entreprise. Il s'agit aussi d'hommes de confiance et de décision, auxquels le fondateur de la Compagnie n'hésite pas à confier les plus hautes responsabilités.

Leur accession continue au plus haut niveau garantit la constance de la politique du groupe. Paul Bizet, collaborateur fidèle des premiers jours, l'homme qui a édifié l'ensemble de production et de distribution d'électricité de la Compagnie, est remplacé, après son décès en 1928, par son plus proche et ancien collaborateur, Lucien Poujol. Émile Bitterli et Jacques Jourdain, tous les deux ingénieurs, deviennent, lors du retrait de Pierre Azaria en 1929, les deux nouveaux administrateurs délégués. Le premier, à qui l'on doit l'expansion du pôle industriel lyonnais, se charge de l'ensemble des fabrications et des participations industrielles, le second prend la responsabilité du secteur de la production-distribution d'électricité et gère les participations financières. En présentant ces deux hommes à l'assemblée générale, le conseil ne manque pas d'insister sur le fait qu'ils ont collaboré, depuis de longues années, directement avec Pierre Azaria. En 1937 pourtant, Émile Bitterli devra, du fait de sa nationalité suisse, démissionner de son poste, la loi interdisant la présence d'étrangers aux conseils de sociétés travaillant pour la guerre. C'est Jacques Jourdain qui succédera logiquement à Pierre Azaria à la présidence de la CGE.

Jacques Jourdain, successeur de Pierre Azaria

Parmi les directeurs qui accèdent au conseil d'administration, on trouve aussi des hommes comme Aiguillon, Oppermann, ingénieur en chef du corps des Mines, l'un des « patrons » de l'Électricité de Marseille, et Paul Hellé, organisateur de la Lorraine d'Électricité. Un peu plus tard apparaissent les hauts fonctionnaires et les juristes, de Raoul Dautry, ministre de la Reconstruction après la guerre de 1939-45, à Georges Hua, ancien maître des requêtes au Conseil d'État. Avec ces hommes venus de la fonction publique, la CGE commence à adopter les structures et le mode de direction des grands groupes français de la seconde moitié du XXe siècle.

PIERRE AZARIA, UN CHEF D'ENTREPRISE MODERNE

Peu porté sur la vie publique et accaparé par une vie professionnelle intense, Pierre Azaria n'a, durant sa longue carrière, ni prononcé de conférences ni publié de livres ou d'articles. Néanmoins, les assemblées générales de la CGE lui donnent tous les ans une occasion de s'exprimer, essentiellement de 1918 à 1934, sur les grands problèmes de l'heure. Plusieurs idées-forces lui tiennent particulièrement à cœur. La nécessité de renforcer et de concentrer l'industrie française à l'aide d'« idées nouvelles et hardies », comme « une organisation rationnelle du travail », le besoin d'ententes économiques à l'échelle mondiale, l'exportation comme effort nécessaire, la lutte contre l'inflation, la puissance économique américaine et ses conséquences...

Pour Pierre Azaria, la « concentration des Industries françaises est la seule réponse possible à la puissance des firmes américaines et allemandes dont l'entente fait peser une grave menace sur l'indépendance des États ». Dès 1928, en pleine euphorie économique, il déclare : « La capacité de production de nos usines est trop grande surtout parce que cette production est mal organisée et plus mal encore disciplinée. Pour prospérer il faut assurer le prix de vente tout en abaissant le prix de revient, car les profits sont trop faibles pour tenir tête aux dépenses de recherches des plus grandes firmes étrangères. »

Face à cette situation, Pierre Azaria préconise « deux solutions complémentaires », la concentration et la cartellisation. « Avec la spécialisation des usines, les entreprises conservent leur autonomie financière. (La concentration) a réussi partout où elle a été appliquée. Elle permet d'exercer une politique d'entraide et de salaires élevés qui s'imposera de gré ou de force tout en abaissant les prix. » Il faut aussi « cartelliser pour mettre fin aux exagérations ruineuses de la concurrence ».

Grand admirateur des États-Unis, où il effectue plusieurs séjours, Pierre Azaria perçoit les qualités comme les dangers de la puissance américaine : « La masse industrielle et financière des États-Unis d'Amérique pèse à l'étouffer sur l'Europe convalescente. Ce péril aurait surgi en tout état de cause mais la guerre, en affaiblissant le vieux continent au profit du nouveau, l'a singulièrement aggravé (...). Il est impossible de ne pas éprouver une sincère admiration pour les États-Unis. Une population enthousiaste, énergique et disciplinée a su mettre en valeur les inépuisables ressources naturelles de cet immense pays neuf. La production de matières premières aussi essentielles que le coton, le pétrole, le cuivre dépasse aux États-Unis celle de tout le reste du globe et constitue l'un des éléments les plus actifs du commerce d'exportation. Les besoins sans cesse croissants de main-d'œuvre, surtout qualifiée, n'ayant jamais pu être satisfaits, l'industrie a été mécanisée et standardisée à outrance avec une ingéniosité, une méthode et un esprit de suite qui font l'étonnement du vieux monde. »

Pierre Azaria a aussi perçu l'avant-gardisme social et culturel de l'Amérique : « La question sociale (y) a été résolue dans deux de ses éléments les plus difficiles : le travailleur y vit tranquille et satisfait, la femme y affirme sans conteste sa suprématie. En France, les salaires sont notoirement insuffisants (ce qui diminue le pouvoir d'achat du pays) et la femme en est encore à revendiquer le droit de vote. » Enfin, face à l'expansion américaine, il suggère, de manière prémonitoire, l'union de l'Europe : « Lorsque dans un avenir lointain, l'Europe sera économiquement réunie, lorsque les multiples barrières douanières, dont l'existence est aussi absurde sur un continent que celle de l'octroi dans un pays, auront été abattues, elle pourra efficacement se défendre et reprendre la place qu'elle occupait avant la guerre... »

DÉSORDRES MONÉTAIRES

La guerre bouleverse la belle stabilité monétaire du XIXe siècle, fondée sur les mécanismes de l'étalon-or. Les monnaies connaissent une dépréciation provoquée par le recours excessif à la planche à billets afin de financer les dépenses militaires. La multiplication des moyens de paiement donne naissance, par la baisse du pouvoir d'achat de la monnaie, à l'inflation, phénomène majeur du XXe siècle. Les belligérants suspendent la convertibilité en or de leur monnaie en 1914, à l'exception des États-Unis, et ne la rétablissent pas en 1919.
En 1922, la Conférence de Gênes pose le principe d'un retour à la convertibilité en établissant le Gold Exchange Standard, qui fait du dollar, puis de la livre, au même titre que l'or, les garants des autres monnaies. En limitant la hausse des prix, le Royaume-Uni rétablit en 1925 la parité-or d'avant-guerre de la livre. La France, la Belgique, l'Italie, ne pouvant freiner leur inflation, tardent à retrouver la stabilité et la convertibilité de leur monnaie. Il faut attendre 1927 pour la lire, et juin 1928 pour le franc, dévalué par Poincaré de 80 % de sa valeur de 1914.
Les États vaincus ou nouvellement créés par les traités connaissent une inflation galopante jusqu'en 1924, qui aboutit à un effondrement général de leur monnaie. L'Allemagne est particulièrement marquée par cette crise, du fait de ses faibles réserves d'or, de ses difficultés à recourir à l'emprunt, et de l'énormité des réparations de guerre qu'elle doit verser : 132 milliards de marks-or.
Le mark subit, à partir de 1922, une dépréciation qui s'accélère de juillet à décembre 1923. Le kilo de pain vaut 4 000 marks, puis 50 000, puis 5 milliards... Pour faire ses courses, il faut une brouette de billets. Le dollar, à la fin de l'année 1923, se négocie à 4 200 milliards de marks. Malgré les souffrances, les Allemands s'adaptent, et la stabilisation réussit en 1924, grâce à des crédits américains, avec la création d'un nouveau mark. Mais ces quelques mois marquent durablement la mémoire collective allemande et ne sont pas étrangers à la volonté actuelle de préserver une monnaie forte.

La consécration de la Compagnie et son entrée dans la cour des grands se marquent aussi par l'arrivée au conseil d'administration de personnalités extérieures venues des plus hautes sphères de l'industrie et de la finance. Paul Doumer a amorcé, dès l'avant-guerre, ce mouvement. En 1924, deux personnalités très importantes sont nommées au conseil comme administrateurs. Il s'agit de l'industriel Ernest Mercier, administrateur-délégué de l'Union d'Électricité, du CCF et de nombreuses sociétés, et de Henri de Peyerimhoff de Fontenelles, président du comité des Houillères, l'un des hommes les plus influents du pays. Avec eux, la composition du conseil d'administration comprend désormais le gotha des grandes entreprises françaises. Aux côtés des représentants des banques alliées de la Compagnie, comme Albert Rossier du CCF, qui succède à son frère Benjamin Rossier, Roger Lehideux, Emmanuel Rousseau, Georges Lemarquis, représentant de la Société Générale, on trouve des personnalités incarnant l'alliance avec les houillères du Nord, tels Henri Peyerimhoff de Fontenelles, Louis Nicolle, Cuvelette. Jacques Level représente pour sa part Alais Forges et Camargue, la CGE disposant également d'un administrateur au conseil d'administration de cette entreprise.
Ces personnalités n'interviennent pas directement dans la gestion. Souvent membres de plus d'une dizaine de conseils, relativement âgés, leur rôle est moins de décision que de relations et de conseils. Remarquables connaisseurs de l'économie et de la politique nationales, leurs avis et leurs jugements permettent à l'entreprise d'évoluer au mieux dans son environnement et de faire ses choix stratégiques en toute connaissance de cause.
Pierre Azaria, Paul Bizet, Émile Bitterli, Jacques Jourdain, ingénieurs de formation, restent les véritables décideurs. La construction du groupe

CGE montre qu'ils sont aussi de remarquables financiers. Mais, en définitive, leur politique financière est mise au service de choix industriels. Cette dualité fait la force et l'originalité de la CGE en 1930, malgré l'étroitesse de la base financière qui continue encore à marquer l'entreprise au cours des années 1920.

Rigueur et audace de la politique financière

La courbe du chiffre d'affaires, qui passe de 283 millions de francs en 1918 à 200 millions en 1920, 558,60 en 1925 et 1 302,75 en 1930, matérialise bien l'évolution de la CGE dans les années 1920. Après un palier correspondant à la crise de reconversion dans ces mêmes années, un nouveau départ survient en 1923-1924, suivi par une forte expansion jusqu'en 1930. La production augmente, comme se multiplient les créations et les prises de participation dans de nombreuses entreprises. La hausse des bénéfices est également considérable, passant de 13,4 millions de francs en 1925 à 27,6 millions de francs en 1930.
Mais l'expansion continue du groupe, la nécessité de participer aux investissements d'un nombre croissant de sociétés affiliées imposent à la CGE des charges financières constantes. Il en résulte pour la Compagnie une faiblesse quasi permanente de son fonds de roulement, ce qui entraîne l'augmentation fréquente du capital social, l'émission d'emprunts obligataires et la vente en partie ou en totalité de certains établissements. La Compagnie profite d'une époque propice aux mobilisations de fonds sur le marché financier pour trouver de nouvelles ressources, afin de poursuivre une stratégie d'élargissement de ses activités, quelquefois à la limite de ses possibilités.
Six augmentations de capital ont lieu, qui font passer celui-ci, entre 1918 et 1930, de 35 à 130 millions de francs. Trois d'entre elles correspondent à des appels à l'épargne publique, le reste provenant de la rémunération d'apports. Des trois augmentations publiques, seule celle qui intervient en 1929, au sommet de la prospérité des années 1920, représente une véritable entrée de capitaux, grâce à une prime de 2 000 francs, justifiée à la fois par la croissance de l'entreprise et la bonne tenue du titre en Bourse. Celui-ci atteint alors, aidé par les bruits courant sur l'émission, le maximum historique de 4 750 francs, contre 1 225 en 1918 et 1 515 en 1925.
Comme à son habitude, la Compagnie réalise diverses émissions obligataires pour compléter ses ressources. Le contexte est néanmoins plus difficile qu'avant la guerre. Si les lendemains du conflit paraissent cléments en raison de l'épargne accumulée et de l'illusion d'un retour à la stabilité or du franc, la situation se dégrade dès 1921. La hausse des prix et les soubresauts du change tendent à détourner le public des valeurs à revenu fixe. Les entreprises ont alors recours à des émissions à moyen terme, qualifiées de « bons ».

Obligation portant la signature autographe de Pierre Azaria.

Une émission de 30 millions de francs intervient en novembre 1919, puis une seconde de 35 millions de francs en 1923, suivie en 1925 d'une émission de bons d'un montant de 50 millions de francs. Cela représente au total 110 millions de francs. En 1929, avant le déclenchement de la crise boursière américaine, la CGE lance le plus gros emprunt de son histoire, soit 225 millions de francs à 4,5 %, qui sont très facilement couverts. Déduction faite de la conversion d'emprunts antérieurs, l'émission procure à la CGE 95 millions de capitaux supplémentaires et réduit la charge des intérêts.
En fait, malgré son habileté financière, la Compagnie souffre durant toute la décennie d'une insuffisance de ses fonds propres, provoquée par le décalage entre une très forte expansion et des augmentations de capital trop faibles associées à des réserves insuffisantes. Il existe une réticence indéniable des actionnaires à ouvrir plus largement le capital de l'entreprise, alors que le dynamisme de ces années et les nombreuses filiales et holdings créés exigent d'importantes mises de fonds.
Mêlant prudence et audace, la Compagnie tire néanmoins le meilleur parti des années d'expansion. La croissance et la diversité de ses productions lui permettent d'affronter sans trop d'inquiétude les aspects financiers de la grande dépression de 1930. Il reste à la CGE à faire la preuve que le groupe complexe, édifié durant les trente premières années du XXe siècle, peut surmonter une crise d'échelle mondiale.

DES TEMPS DIFFICILES...

Le krach de Wall Street, le jeudi 24 octobre 1929, inaugure 20 années de crise économique et sociale. Ce « jeudi noir » à New York , un vent de panique s'empare des possesseurs de titres dont les cours ont triplé depuis 1925. La chute des cours se prolonge jusqu'en 1932, ébranlant tout le système de crédit américain, et par lui tout le système mondial d'investissement, de consommation et donc de production. En 1932, la production industrielle mondiale a diminué de 40 %, avec des creux atteignant 50 % pour certains pays, dont l'Allemagne, et 66 % pour des secteurs comme l'automobile, par exemple. En se répercutant sur le commerce international, elle s'accompagne d'une chute des prix de gros de 30 à 40 %, qui touche durement les matières premières et les produits agricoles.

À l'exception de l'URSS, en pleine époque stalinienne, la crise s'étend sur l'ensemble du monde. Les faillites se multiplient, les entreprises qui résistent travaillent au ralenti, et le chômage s'aggrave brutalement et durablement, atteignant 22 % de la population active aux États-Unis et 17 % en Allemagne. Le monde, qui s'éveillait à la consommation, connaît brusquement le retour de la misère, de la faim et des épidémies engendrées par la pauvreté. Par son ampleur et sa durée, cette crise économique et sociale exceptionnelle devient une véritable crise de civilisation. Les gouvernements, qui manquent d'outils théoriques, agissent en ordre dispersé et de façon souvent contradictoire, et les peuples, ne sachant plus à qui se fier, soutiennent parfois les pires causes. La douleur des populations s'exprime par des révoltes, durement réprimées, ou par l'adhésion à des solutions autoritaires qui ne soulagent provisoirement la misère que par la militarisation. Les totalitarismes, fasciste, nazi et stalinien, font payer cher à leurs peuples un très relatif mieux-être.

HEBDOMADAIRE - TROISIEME ANNÉE, N° 134 - SAMEDI 27 DÉCEMBRE 1930 - EXCEPTIONELLEMENT : 2 FR

MONDE

Directeur : HENRI BARBUSSE

Comité directeur : A. EINSTEIN, P. FIREMAN, M. GORKI, M. KAROLYI L. WERTH, M. MORHARDT, U. SINCLAIR, M. UGARTE, UNAMUNO

Rédaction, Administration, Publicité : 50, rue Etienne-Marcel PARIS (2e) — Téléphone : Central 14-76 et 18-22

NUMÉRO SPÉCIAL

BILAN DE LA CRISE MONDIALE

Réunion du Parti nazi à Nuremberg, 1933.

Troupe allemande, Stalingrad, 1942.

Les démocraties occidentales, empêtrées dans leurs contradictions, semblent impuissantes. Incapables de s'opposer aux revendications des dictateurs, acceptant l'Anschluss, capitulant à Munich, elles laissent s'installer un climat de guerre qui embrase bientôt le monde entier. Ayant abandonné la Chine après l'invasion japonaise en 1937, les démocraties réagissent en septembre 1939, lorsque les armées hitlériennes envahissent la Pologne. Mais une guerre éclair, l'alliance soviétique et la défaite rapide de la France rendent Hitler maître de l'Europe continentale en moins d'un an. Noyée sous les bombes, l'Angleterre résiste, seule, de l'été 40 au printemps 41. Elle reçoit le soutien de ceux qui, tels la reine Wilhelmine des Pays-Bas ou Charles de Gaulle, refusent l'humiliation de la défaite et le déshonneur de la collaboration.

Toutefois, la guerre s'élargit avec l'invasion de l'URSS en juin, par les armées allemandes, puis avec l'attaque japonaise contre Pearl Harbor le 7 décembre 1941. Jusqu'à la fin de 1942, les nazis et les Japonais étendent respectivement leur domination sur l'Europe et sur l'Asie. Pourtant, en novembre 1942, le débarquement américain en Afrique du Nord, puis la victoire soviétique de Stalingrad et l'arrêt de l'avance japonaise au début de 1943 renversent le cours de la guerre en faveur des Alliés.

... À LA RECONSTRUCTION 1932-1960

La guerre totale, faisant appel autant aux ressources matérielles et morales qu'à la mobilisation des hommes, devient une guerre d'usure, dans laquelle Allemands et Japonais se heurtent à la puissance américaine. Le « Victory Program » mise sur la production en masse d'armements toujours plus sophistiqués. Recherche scientifique et innovations technologiques sont consacrées à la victoire des Alliés.

La lente reconquête de l'Europe et de l'Asie, entamée à la fin de 1943, se termine par la jonction des troupes russes et américaines sur l'Elbe et par l'écrasement d'Hiroshima sous le feu de la bombe atomique. Pour des millions de déportés, lorsqu'ils ont pu survivre aux camps de concentration, la fin de la guerre représente aussi la fin de l'horreur.

Hécatombe la plus meurtrière de l'histoire, avec 50 millions de morts, le conflit qui s'achève en 1945 est le premier qui ait engendré un tel déchaînement de violence contre les populations civiles, finalement plus touchées que les soldats, et contre des communautés entières, celle des juifs en particulier, victimes d'un des plus grands génocides de l'histoire.

La découverte des crimes contre l'humanité, sanctionnés par le tribunal de Nuremberg, et l'apocalypse d'Hiroshima et de Nagasaki traumatisent les contemporains.

Les destructions matérielles considérables, pourtant effacées en quelques années de reconstruction, renforcent le sentiment général d'horreur.

Cependant, un nouveau monde naît de la guerre. Les Alliés, unis pour vaincre Hitler, se déchirent lors des négociations pour la paix. Malgré les promesses de Yalta, Staline impose le contrôle soviétique dans les zones que l'Armée rouge occupe, coupant l'Europe en deux par un « rideau de fer », stigmatisé par Winston Churchill, et accentuant le déclin de l'Europe.

La création de l'Organisation des Nations unies, destinée, avec plus de succès

L'avion, nouveau mode de transport de masse.

Les adolescents des années 1960 en France.

La voiture, symbole de la prospérité américaine.

que la SDN, à assurer la paix et la sécurité collective, porte en germe le renouveau du monde. Sur le plan économique, la création du Fonds monétaire international (FMI), lors de la conférence de Bretton Woods, vise à instaurer un nouvel ordre monétaire. Il ne reste plus néanmoins que deux grandes puissances en présence, l'URSS et les États-Unis, qui organisent leur sphère d'influence. La coupure entre les deux mondes existe dès 1947, avec, sur le plan économique, le plan Marshall et le GATT, qui favorisent la reconstruction et les échanges, et, sur le plan politique et militaire, la doctrine Truman de l'endiguement. Progressivement, les anciens Alliés et les anciens vaincus s'engagent dans une guerre froide, où chacun doit choisir son camp.

Ainsi, autour de la puissance américaine se retrouvent l'Europe occidentale et le Japon en pleine mutation, alors que l'Europe de l'Est et la Chine s'agrègent autour de l'URSS. Les zones de contact entre les deux blocs, âprement disputées, deviennent des lieux de conflits, comme la Corée à partir de 1950. La maîtrise de l'arme nucléaire par les Américains d'abord, puis par les Soviétiques rend ces affrontements particulièrement menaçants pour l'ensemble de la planète.

CHAPITRE 4

UNE REMARQUABLE ADAPTATION À LA CRISE
1932-1939

Frappée comme toutes les entreprises par la crise des années 1930, la CGE résiste à celle-ci par une habile politique de rationalisation et de diversification qui touche aussi bien le portefeuille financier de la Compagnie que son appareil industriel. Grâce à divers accords, la CGE restructure et conforte ses positions industrielles, en créant notamment un puissant pôle accumulateurs autour de SAFT. Cette période marque également l'entrée de la CGE dans le domaine du téléphone avec l'acquisition de la Société Industrielle des Téléphones en 1938. Stabilisée et modernisée, la CGE bénéficie de commandes d'armement et peut renouer avec la croissance à l'aube de la Seconde Guerre mondiale.

La crise surmontée

Après l'expansion brillante des années 1920, la CGE est confrontée à la grande dépression qui frappe l'économie mondiale à partir de 1929 et qui touche avec retard, mais de manière durable, l'économie française. Comme toutes les entreprises, la CGE voit son chiffre d'affaires et ses bénéfices baisser, le cours de son action chuter, du fait d'une contraction durable de ses marchés et du recul de l'épargne.

Dans ce contexte, la CGE résiste remarquablement. La diversification de son portefeuille, l'amélioration générale de la productivité et des méthodes de gestion tout comme une série de décisions industrielles très judicieuses concourent à un spectaculaire renforcement des positions de la Compagnie à la veille de la Seconde Guerre mondiale. À l'exception du secteur de la distribution d'électricité, bridé par son marché, le groupe restructure et renforce partout l'ensemble de ses positions. Exprimé en francs constants, la confrontation du chiffre d'affaires de la Compagnie avec l'indice de la production nationale, qui reste stagnante, montre un écart grandissant en faveur de la première, signe de l'adaptation réussie de la CGE. Dans les secteurs des câbles, de l'appareillage électrique, des piles et des accumulateurs, la CGE a conquis des positions de leader, qui la placent dans le peloton de tête des entreprises françaises et préparent les lendemains de 1945.

La CGE dans la tempête

La dépression économique qui atteint la France en 1931 ne surprend pas l'équipe dirigeante de la CGE. Le ralentissement de l'économie mondiale, sensible dès 1929, n'est cependant pas perçu immédiatement. Le rapport du conseil d'administration à l'assemblée générale des actionnaires du 21 mai 1930 ne l'évoque pas, indiquant au contraire que « les usines sont abondamment pourvues de commandes et ont pu, pour la plupart, travailler à plein rendement, en réalisant un chiffre de production qu'elles n'avaient encore jamais atteint ».

Néanmoins, une forte chute du prix des métaux non ferreux intervient, que les dirigeants de la CGE attribuent au rôle du cartel américain des producteurs, comme semble l'indiquer la stabilité des cours de l'aluminium. En outre, l'accroissement de 11 % des ventes de courant fait croire à tous que l'industrie électrique va échapper à la crise.

Dès l'exercice suivant l'optimisme retombe. La Compagnie a, durant le second semestre 1930, subi « les atteintes de la crise profonde dont nul pays n'est aujourd'hui exempt ». Le prix des métaux continue à baisser, y compris celui de l'aluminium. Si les usines bénéficient encore de fortes commandes, les ventes de courant, dont la hausse de 3 % représente le plus faible accroissement depuis la guerre, stagnent.

L'importance de la dépression se confirme au cours des années suivantes. Les comptes de 1932 « reflètent l'état de crise dont l'année a enregistré dans le monde entier l'angoissante gravité », note le conseil d'administration. Le chiffre d'affaires de certaines entreprises du groupe chute ainsi de 60 % par rapport à 1930, les ventes de courant reculant de 10 %. En 1933, malgré la diminution de la dotation aux amortissements, les bénéfices de la Compagnie accusent une baisse d'environ 1,5 million de francs.

Face à cette situation, qui « pèsera sur l'année en cours encore plus que sur la précédente », le dividende est réduit de 11 %, et des mesures de réduction du personnel et des salaires sont mises en œuvre : « Les effectifs ont été strictement adaptés aux besoins actuels... Il a été procédé à une révision générale des appointements et salaires. » En trois ans, les effectifs de l'ensemble du groupe, aussi bien au siège que dans les usines, baissent d'un quart et passent de 20 000 à 15 598 salariés.

Les dirigeants de la CGE ont rapidement pris conscience de la gravité d'une dépression qu'« il n'est plus permis de considérer comme un état de crise aigu mais passager ». Ils mettent désormais l'accent, dès 1934, sur la capacité d'adaptation du groupe : « L'exercice s'est déroulé dans une ambiance difficile... Les résultats acquis par votre Compagnie peuvent être tenus pour satisfaisants, eu égard aux circonstances. » Cette solidité a pour raison majeure la répartition des risques, propre à la politique de la CGE : « Votre compagnie trouve dans la variété même de son action un élément précieux de stabilité dans des périodes aussi dures que celle que nous traversons », explique le conseil d'administration la même année.

Évolution du prix des métaux non ferreux (indice à partir du prix en £ ou $)

MÉTAL	31.12.28	MAX 03.29	15.05.30	15.04.31
Cuivre électrolytique ($)	100	147,7	80,6	62,4
Plomb ($)	100	138,2	81,4	57,6
Zinc (£)	100	111,6	61,7	42,5

Le 23 octobre 1929, devant le Stock Exchange, New York.

LE KRACH DE WALL STREET

Le 24 octobre 1929, jour de l'effondrement de la Bourse de New York, reste, dans la mémoire collective, comme le « jeudi noir » qui déclencha la plus profonde des crises économiques de l'ère industrielle, par sa gravité, sa durée et son ampleur. En fait, le krach boursier lui-même dure plus de trois semaines, se prolongeant jusqu'en 1932, ramenant les cours au tiers de leur niveau de 1926.

La crise boursière ébranle tout le système du crédit et entraîne une chute brutale des investissements et de la consommation, déjà orientés à la baisse depuis le début de l'année. Ce fléchissement de la demande provoque la contraction brutale de la production industrielle mondiale, qui perd 40 % entre 1929 et 1932. Les faillites et les licenciements se multiplient, le chômage s'étend de par le monde, telle une marée noire, touchant les pays industrialisés, mais aussi les pays dominés, fournisseurs de matières premières, qui voient leurs revenus s'effondrer avec la baisse des prix. Le café brésilien remplaçant le charbon dans les locomotives reste une image gravée dans les mémoires.

Au début de l'année 1933, les chômeurs sont 12 millions aux États-Unis, 4 millions en Allemagne. La crise industrielle et bancaire s'étend à l'agriculture et au commerce international, qui se rétracte, d'un quart en volume et de deux tiers en valeur, du fait de la concurrence acharnée et des mesures protectionnistes adoptées en Amérique puis par la plupart des autres États. La dévaluation de la livre en 1931 puis celle du dollar en 1934 achèvent de désorganiser les échanges internationaux.

La crise et son cortège de misères diminuent d'intensité, à partir de 1934, 1935 ou 1936 selon les pays, mais les grands équilibres économiques demeurent perturbés jusqu'à la Seconde Guerre mondiale. La plupart des gouvernements restent démunis, ne trouvant que des solutions nationales et partielles à une crise complexe et mondiale. Les politiques de déflation ayant échoué, les démocraties occidentales tentent une relance keynésienne par la demande et le déficit budgétaire, qui apporte quelques améliorations, tandis que les dictatures se lancent dans la militarisation de leur économie, qui mène directement à la guerre.

Ce sentiment est justifié. La CGE résiste mieux à la crise que la plupart des groupes industriels trop spécialisés, comme plusieurs de ses concurrents directs. Ceux-ci sont affectés en particulier par l'arrêt brutal des commandes de l'État, comme Alsthom pour le matériel ferroviaire, la Compagnie Électromécanique ou Schneider-Westinghouse pour les centrales électriques. L'action CGE, qui cotait 4 750 francs en 1929, passe à 3 040 francs en 1931 et 1 593 francs en 1935. D'autres entreprises électriques voient leur action s'effondrer en Bourse, le titre de la Compagnie Française Thomson-Houston chutant par exemple de 500 à 161 francs.

À l'échelle européenne, le ralentissement est encore plus brutal, notamment outre-Rhin. Siemens qui comptait environ 200 000 salariés en 1929 n'en emploie plus que 70 000 en 1934. En 1937 pourtant, l'entreprise emploie près de 140 000 personnes, grâce à la reprise de la production d'équipement électrique, mais aussi du fait d'importantes commandes de guerre. C'est ce que notent deux membres de la Compagnie, Dumont et Lalanne, après une visite à la foire de Leipzig et aux usines Siemens de Berlin en mars 1937.

Les bénéfices de la paix sociale

Malgré le ralentissement de l'activité et la forte baisse des effectifs, la Compagnie n'abandonne pas sa politique sociale traditionnelle, dans la mesure où « la rigueur des congédiements a été atténuée par des indemnités appropriées ». Les salaires sont réduits « dans la proportion où le permettaient la situation individuelle de chacun et la diminution générale du coût de la vie ». De fait, ces mesures n'entraînent aucun mouvement de protestation tant dans la maison mère qu'au sein des filiales.

Fait notable, comme la direction le rapporte non sans fierté, aucune grève ne survient dans les usines de la Compagnie lors du printemps-été 1936 ! Le groupe doit cette situation sociale exceptionnelle, dans le climat troublé de la France des années 1930, à la constance de sa politique sociale, qui entérine en outre sans réticence la nouvelle législation sociale de 1936.

LA FRANCE EN CRISE

La situation financière du pays est bonne, comme le montrent les excédents budgétaires et l'accroissement du stock d'or. Cependant, elle cache longtemps aux Français et à leurs gouvernements l'ampleur de la crise économique qui touche la France en deux temps. Dès 1927, les exportations diminuent, puis, plusieurs mois avant le krach de Wall Street, les prix de gros et les cours de la Bourse de Paris sont en baisse ; mais ces signes précoces de la crise restent incompris.

À partir de 1931, la crise devient visible. Les faillites se multiplient, la production industrielle s'effondre, tandis que le nombre d'emplois diminue de un million. Ainsi, la production automobile passe de 253 000 véhicules en 1929 à 165 000 en 1935 ; les exportations de matériel électrique tombent de 302 à 126 millions de 1929 à 1937. Les équipements vieillissent faute d'investissements, on construit moins de logements, et le déclin de la consommation tire les prix vers le bas, y compris les prix agricoles qui baissent de moitié en quelques années.

Soucieux de défendre le franc, stabilisé par Raymond Poincaré en juin 1928, et de maintenir les équilibres financiers, les gouvernements des années 1930 se refusent à dévaluer, alors que les prix français restent supérieurs aux prix mondiaux. Pour réduire le déficit budgétaire, ils essaient de limiter les dépenses de l'État et tentent de protéger les grandes entreprises par des barrières douanières et les petites entreprises par la limitation de la concurrence. Ils incitent également les agriculteurs à produire moins. En 1935, Pierre Laval lance une politique de déflation par la réduction des dépenses publiques et l'incitation à la baisse des prix, alors que l'année suivante, le Front populaire cherche une relance de l'économie du pays par la consommation.

Malgré ces mesures, les gouvernements français de cette période, comme c'est le cas pour la plupart des États industriels, demeurent inefficaces face à la crise. La France est durement touchée du fait de son économie repliée sur des structures artisanales et rurales et sur son empire colonial.

Une journée de grève générale, 1934.

Face aux violentes réactions de petits actionnaires lors des assemblées générales de cette époque, le président affirme, en 1938, qu'« à aucun moment le travail n'a été interrompu dans nos usines... Si nous rencontrons aujourd'hui chez les délégués ouvriers une attitude objective et compréhensive, nous le devons certainement pour une bonne part au souci que les directeurs de nos différentes affaires ont toujours eu de maintenir un contact étroit avec leur personnel, aux efforts qu'ils font pour ne pas se contenter d'appliquer à la lettre les conventions collectives... ».
La plupart des entreprises de la branche électrique du groupe pratiquent en effet une politique sociale avancée. Les marges élevées des années 1920, la nécessité de s'assurer et de stabiliser un personnel technique qualifié, tant à cause de la saignée de la guerre que de l'insuffisance chronique de l'enseignement professionnel, et enfin la présence de nombreux dirigeants issus des filiales, plus ouverts aux réalités sociales que le patronat traditionnel, favorisent, de manière générale, les mesures sociales.

La Compagnie bénéficie également de la taille limitée de ses établissements, dont les plus importants dépassent à peine 500 salariés, comme de leur éloignement géographique des pôles de contestation de la région parisienne et du Nord (exception faite d'Ivry-Vitry). La CGE a connu au début des années 1920 un dur conflit dans ses usines normandes de Tillières. Elle a su en tirer les leçons, précédant souvent les revendications sociales les plus justifiées.
La stabilité du personnel, la paix sociale et la sérénité d'ensemble du groupe dans un moment difficile sont des aspects importants pour la traversée de ces années de crise par la CGE. Contrairement à d'autres branches de l'économie nationale, comme la métallurgie, les mines ou l'industrie mécanique, les dirigeants de la Compagnie peuvent se préoccuper avant tout de la sauvegarde des positions du groupe, sur le plan financier et industriel.

Contraintes et réussites de la politique financière

À partir de 1930, il devient difficile pour la CGE, malgré son importance, de financer l'évolution de ses activités par l'intermédiaire d'un marché financier fortement déprimé. De plus, la baisse des cours du titre en Bourse n'incite pas à faire appel aux actionnaires. La CGE procède néanmoins à une importante augmentation de son capital en mai 1932, qui est porté de 130 à 174 millions de francs. Réalisée en pleine dépression, l'opération rencontre l'hostilité des actionnaires et la critique de certains banquiers.

Cette augmentation représente moins un accroissement de liquidités qu'une double opération de protection. Les fonds propres sont mis en conformité avec le portefeuille réel du groupe, la souscription étant effectuée essentiellement par les filiales autonomes les moins affectées par la crise, c'est-à-dire les holdings et les grandes sociétés de production-distribution d'électricité. Elles libèrent par échange de titres des actions de la maison mère et deviennent ainsi ses actionnaires... De fait, pour les accueillir, la composition du conseil d'administration est portée de 15 à 25 membres. Ce qui permet, comme le souligne à cette occasion Pierre Azaria, le renforcement des liens internes de la Compagnie.

Cela n'empêche pas de vives critiques de la presse, comme celle de la feuille spécialisée l'*Intérêt de tous* du 10 juin 1932, qui reflète bien l'opinion générale à l'égard d'une opération jugée insensée au regard des pratiques financières de l'époque. « Faire tomber 149 600 000 francs en circuit fermé est une tentative adroite, mais il reste à démontrer que les actionnaires des sociétés mises ainsi à contribution soient ravis du cadeau. M. Azaria voulait éviter une détérioration des cours de la CGE. Or l'action cotait environ 2 100 francs en liquidation du 15 mai et le 27 mai elle ne valait plus que 1 800 francs. Souscrire à 1 700 francs aux actions nouvelles n'est plus dans ces conditions un privilège mais une corvée. Enfin certaines filiales ou sociétés amies de la CGE ont d'autres chats à fouetter. Est-ce que, par exemple, les Mines d'Ostricourt ne préféreraient pas conserver de larges liquidités dans un moment où les houillères doivent lutter contre la concurrence des mines anglaises, belges et polonaises, la raréfaction des demandes et la nécessité de financer le programme des travaux neufs ?... »

C'est aussi poser la question de la politique financière mise en œuvre par la CGE au moyen de holdings et de nombreuses participations croisées. Celle-ci permet d'importantes exemptions fiscales auxquelles met fin la réforme du 31 décembre 1936, qui limite notamment les exonérations fiscales aux entreprises détenues de façon majoritaire par une société. Cette réforme bouleverse l'ensemble du système financier édifié par la CGE au cours des années 1920. Afin d'éviter une série d'impositions en cascade, une réorganisation de tous les holdings s'avère nécessaire, notamment celle de l'Union Houillère et Électrique et de l'Électrocrédit. La participation de la CGE dans ces holdings s'exerce en effet le plus souvent de façon indirecte, à travers un jeu complexe de prises de titres intermédiaires. La CGE ne possède ainsi aucune action d'origine d'Électrocrédit, celle-ci appartenant cependant à 100 % au groupe CGE par l'intermédiaire de la Compagnie Lorraine d'Électricité, de l'Énergie Éclairage, de la CGEM, de Delle et de divers administrateurs...
La CGE procède à des mesures de rachat et d'échange complexes de titres, qui aboutissent en fait à une opération « blanche » en termes de fonds, comme le résume une note du conseil d'administration, expliquant que, « au point de vue trésorerie, cela fermerait le circuit ». L'opération est achevée en décembre 1937. Pour être en mesure d'évaluer les charges qu'impliquerait la totale application de la loi, qui sera édulcorée par la suite, la CGE décide d'établir un tableau exhaustif de ses participations directes. Celui-ci permet de saisir l'étendue et la variété du portefeuille de la Compagnie au cours de l'entre-deux-guerres.
Au cours des années 1930, la réaction défavorable à l'opération de 1932 et les effets de la conjoncture contraignent la CGE à la prudence. Elle ne crée aucune entreprise nouvelle, et les acquisitions qui interviennent sont mûrement réfléchies et procèdent à chaque fois d'impératifs stratégiques clés. En janvier 1937, les dirigeants envisagent l'éventualité d'un nouvel emprunt obligataire, mais celui-ci est abandonné à la suite d'une étude qui indique qu'un emprunt lancé sur 15 ans à 6 % représenterait une charge annuelle trop lourde. Aux limites externes s'ajoute l'absence de toute notion de consolidation qui permettrait de saisir l'équilibre général du groupe. Ce dernier n'apparaît qu'au niveau général de la politique de la Compagnie. La santé des filiales commande celle de la CGE par la valeur de leur portefeuille, par l'importance de leurs comptes courants débiteurs, par le montant des dividendes reversés. S'y ajoute l'activité des divisions intégrées : Câbles de Lyon, CIT, Ateliers d'Orléans, qui dépendent directement des commandes des sociétés du groupe.

L'évolution du chiffre d'affaires global permet d'apprécier l'évolution de la Compagnie au cœur de la crise. Celui-ci décroît de 1931 à 1935, passant de 1 092,15 millions de francs à 748,45 millions de francs. Puis il amorce une forte remontée : 1 087,25 millions de francs en 1937, 2 017,50 millions de francs en 1938, à pondérer il est vrai par les effets de l'inflation. L'évolution du bénéfice net – 28 millions de francs en 1931, 26 en 1934, 28 en 1936, 33 en 1937 – est moins marquée et montre comment la CGE a résisté à la crise. L'année suivante, le conseil d'administration peut déclarer : « Les résultats acquis au 31 août sont particulièrement satisfaisants : le bénéfice net de l'exercice, après déduction des charges habituelles et une large dotation au fonds d'assurances, s'établit en effet à 41 334 000 francs en plus-value de 1 807 000 francs sur le bénéfice dégagé pour l'année précédente… »

L'Exposition coloniale de 1931.

« Une France de 100 millions de Français ! », tel est le slogan de l'Exposition coloniale qui se tient à Paris durant l'été 1931 sur fond de crise économique. Le Jardin zoologique, des maisons typiques, des lieux de culte et des monuments célèbres, dont le fameux temple d'Angkor, sont construits pour la circonstance dans le bois de Vincennes.

L'amélioration des résultats, sensible dès 1933, au plus profond de la dépression économique, est consécutive à une gestion plus resserrée, à une nette amélioration des fonds propres et à des efforts de modernisation et de productivité. La CGE perfectionne ainsi sa comptabilité en essayant de s'inspirer de certaines méthodes américaines, dont Pierre Azaria se fait le propagateur. Lors de l'assemblée générale du 17 mai 1933, il expose le système des « ratios », qui permet de comparer les résultats d'un exercice à l'autre. La CGE ne cesse d'accroître son effort tant dans le domaine de ses branches industrielles que dans celui de la performance de ses produits ce qui lui permet d'atteindre par exemple, pour les transformateurs ou l'appareillage, des tensions et des puissances jusque-là inusitées en France.
Gestion, modernisation : au moment où la crise s'atténue, avec la nouvelle politique économique inaugurée en mars 1938 et les commmandes de réarmement, le bilan est des plus sains et l'équilibre financier de la CGE s'est renforcé. La crise a permis à la Compagnie de restructurer et d'améliorer son portefeuille financier et industriel.

Le Salon de l'auto (1931).

Le 25e Salon de l'auto de Paris se place sous le double signe de la concurrence et de la diversification. La crise économique frappe les constructeurs du monde entier, qui cherchent des clients à coups de rabais. Les automobiles de luxe, encore très nombreuses, cèdent la place aux petites cylindrées, tandis que le marché du véhicule utilitaire se développe malgré les aléas de la crise qui frappe durement le secteur.

Le renforcement des positions industrielles

Devenue dans la pratique un holding financier, la CGE dépend pour sa prospérité et le maintien de son dividende de l'activité de ses filiales. Si leur dynamisme relève essentiellement de facteurs extérieurs, elle est malgré tout en mesure de leur apporter un soutien et d'orienter leur politique. La rationalisation de la production de câbles avec la création de la CGEM, les prises de participation modestes mais utiles dans le secteur hydroélectrique, l'intervention au sein de consortiums de cartellisation, comme l'accord électrique franco-allemand et le Groupement de l'Industrie Électrique, sont autant de démarches qui montrent la capacité de réaction stratégique des dirigeants de la Compagnie face aux contraintes d'un environnement peu favorable.

La restructuration réussie de la métallurgie

Au cours des années 1920, le secteur de la métallurgie, pilier du groupe avant la guerre, avait subi fortement les effets de variation du cours des métaux et la dépréciation du franc. Sa part dans le chiffre d'affaires avait nettement diminué, tendant à devenir le point faible de la Compagnie. Au début des années 1930, ses dirigeants tentent de s'en dégager en créant, en association et à égalité avec la Société d'Électrométallurgie de Dives, une nouvelle société, l'Électrocuivre.

La Société Électrométallurgique de Dives, à l'origine une société anglo-française exploitant un procédé d'affinage électrolytique du cuivre, a pris son essor à la fin du XIXe siècle sur le marché des tubes et fils de cuivre. Son usine de cuivre rouge non soudé est alors la plus importante d'Europe. Comme pour la CGE, le conflit de 14-18 et les commandes militaires se révèlent particulièrement opportuns pour cette société, qui continue à prospérer durant les années d'après-guerre, malgré les cours élevés du cuivre. Comme pour les établissements de la CGE à Rai-Tillières, l'essor de l'électrification garantit de larges débouchés accrus par les commandes de la Marine nationale, qui connaît une forte modernisation.
Quand survient la crise économique en France, la Société Électrométallurgique de Dives est une entreprise puissante, mais très spécialisée, assujettie en outre au marché spéculatif des métaux non ferreux. Elle ne bénéficie pas, à l'instar de la division Rai-Tillières de la CGE, du soutien d'une maison mère aux moyens importants et diversifiés.

Entre 1929 et 1931, une chute des prix des métaux non ferreux intervient, atteignant en moyenne 40 % des cours, voire 43 % pour le cuivre. La situation devient difficile pour l'ensemble du secteur, qu'il s'agisse des usines de Rai-Tillières ou de la Société Électrométallurgique de Dives. C'est pourquoi le 18 décembre 1930, alors que le marché européen se hérisse peu à peu de barrières protectionnistes, les deux sociétés décident de mettre en commun leur activité de fonderie et de tréfilerie en créant une société d'exploitation, l'Électrocuivre, au capital de 100 millions de francs partagé par la moitié.
Cependant les difficultés de Dives s'aggravent, obligeant la CGE à prendre en charge la totalité de la trésorerie d'Électrocuivre et à renflouer la situation financière de son partenaire. La Compagnie reprend ainsi le riche portefeuille de participations que celui-ci s'était constitué au moment de sa prospérité, dans la Compagnie Française du Bimétal (possédée en commun avec Ugine), la Compagnie Française des Métaux et Tréfileries et Laminoirs du Havre.
La faillite d'une banque qui soutenait la Société de Dives provoque, à partir de 1931, l'effondrement de celle-ci. Dans un contexte critique, la CGE doit, en 1932, apurer une partie de la situation dans des conditions très onéreuses. Elle prend ainsi à sa charge la dette de l'Électrocuivre, qui dépasse les 10 millions de francs, et opère une restructuration générale. La dénomination « Électrocuivre » disparaît au profit de la raison sociale Compagnie Générale d'Électro-Métallurgie (CGEM). Celle-ci récupère, au moment de la liquidation de la Société d'Électrométallurgie de Dives, en juin 1933, les usines et ce qui reste du portefeuille d'actions de cette dernière.
Le conseil d'administration fait alors remarquer que « la mise en commun des moyens de production des deux sociétés fondatrices a permis de réaliser des regroupements utiles, permettant de mieux affronter la crise dans les industries de transformation du cuivre ». La CGE a en effet constitué un ensemble industriel qui se trouve désormais aux tout premiers rangs européens et rivalise avec les plus grandes sociétés du secteur en Allemagne et en Angleterre. Malgré les risques qu'elle comporte et son coût très élevé, l'opération, désapprouvée de façon générale par les banquiers, va se révéler opportune et très judicieuse, démontrant une fois de plus la justesse des décisions industrielles prises par la CGE.

La nouvelle CGEM occupe en effet une place clé dans l'organigramme des filiales industrielles de la Compagnie. Première en termes de capital et de chiffre d'affaires, elle alimente en produits intermédiaires la totalité des autres usines du groupe. Un abandon éventuel de la branche mettrait les industries de celui-ci, notamment les câbleries, dans une situation de dépendance, occasionnée par la montée du protectionnisme. La maîtrise de la production et son importance permettent également d'intervenir efficacement sur le marché des métaux, en prenant des positions qui atténuent les effets de variation des cours et des changes.
Enfin, la CGEM conforte ses positions par une série d'accords de cartellisation. Tout d'abord au sein du cartel de la tréfilerie, créé en 1931 entre la CGEM, les Tréfileries du Havre, la Compagnie Française des Métaux et les Tréfileries de Lens. Des accords signés la même année entre la CGEM et Alais-Froges-Camargue font entrer la CGE dans l'importante société du Duralumin, contre la promesse de ne pas se lancer dans les alliages d'aluminium avant 20 ans. La CGEM procède également à des acquisitions spécifiques en tant que holding industriel tout au long de la décennie, ce qui renforce sa prépondérance au sein du cartel de la tréfilerie.

L'ÂGE D'OR DES PAQUEBOTS

Lors de son premier voyage, en juin 1935, le paquebot *Normandie* pulvérise le record Southampton-New York. En quatre jours, avec une moyenne de 29,7 nœuds à l'heure (55 km/h), il remporte ainsi le « Ruban bleu » de la traversée transatlantique. Mais, au-delà de la performance de ses moteurs, le *Normandie* impressionne les contemporains par le luxe et la richesse déployés dans son ornementation.

Œuvre collective d'architectes, de peintres, de sculpteurs et d'ébénistes, ses décors somptueux en font une véritable vitrine des arts décoratifs français. Avec ses immenses salles à manger ornées d'un éclairage diffus créé par Lalique, ses cabines et ses appartements individualisés, sa piscine des « premières » aux carreaux en grès émaillé de Sèvres, le paquebot, plus large que l'avenue de l'Opéra, a fière allure. Des équipements de TSF et un quotidien imprimé à bord complètent ce navire de rêve.

Cependant, la concurrence est rude sur l'Atlantique. Les unes après les autres, les grandes compagnies européennes lancent sur la ligne de New York de véritables « villes flottantes », rivalisant en luxe et en vitesse. Le *Bremen* allemand et le *Rex* italien sont déjà en activité lorsque la Compagnie Générale Transatlantique passe commande du *Normandie* aux Chantiers et Ateliers de Saint-Nazaire. Il faut donc que ce nouveau paquebot soit le plus grand (313 mètres), le plus puissant (4 moteurs turboélectriques construits par Alsthom, développant 40 000 ch chacun) et le plus beau. Il doit être aussi suffisamment spacieux pour pouvoir accueillir 2 000 passagers et 1 300 membres d'équipage. Navire de luxe, il transporte néanmoins en troisième classe des émigrants, attirés par le Nouveau Monde, jusqu'en février 1942, date à laquelle un incendie accidentel détruit le *Normandie* dans le port de New York.

Avec le développement du réarmement, le rôle de la CGEM devient essentiel dans le secteur travaillant pour la défense nationale, d'autant plus que ses usines se trouvent (croit-on alors) éloignées des futures zones de combat. La reprise économique de la fin des années 1930 confirme ce choix de manière éclatante.

En mars 1938, elle signe un contrat avec le ministère de l'Armement, concernant la production de douilles pour obus de DCA. Le contrat prévoit, en temps de paix, pour la période 1940-43, la livraison de 3 millions d'unités, dont 700 000 en 1940. En cas de conflit, la société garantit la fourniture de 300 000 éléments par mois, avec un contrat d'une durée de 10 ans... Cette garantie à long terme, qui couvre également les prix des commandes, entraîne la réouverture de l'usine de Tillières, fermée en 1934, et l'engagement d'importants investissements dans de nouvelles unités de fabrication. La CGE rénove parallèlement la douillerie de Dives et les ensembles de traitement des métaux et alliages légers des usines de Dives, de Tillières et enfin du Palais, dans la Haute-Vienne.

La cartellisation du marché électrique

La crise pose à l'industrie électrotechnique française et à la CGE de nombreux problèmes. Certes, la contraction du marché mondial concerne peu cette dernière, dans la mesure où la répartition des brevets et la cartellisation de la plupart des marchés en faveur des grands producteurs germano-américains bloquent toute présence française significative hors des frontières nationales. Seuls les secteurs des câbles et des transformateurs disposent d'un important marché hors de l'Empire français. Tous les autres réalisent moins de 10 % de leur chiffre d'affaires à l'étranger et sont donc peu sensibles au resserrement des marchés internationaux.

Le danger se situe sur le marché national, en raison du regain de la concurrence allemande. Les capacités de production de Siemens et d'AEG, leur puissance financière et économique, qui bénéficie du soutien de l'État et de l'appui du système bancaire, les rendent dangereux, sur un marché de plus en plus fragile. Un accord entre les industries électriques des deux pays intervient en 1930, à la suite d'une initiative d'Auguste Detœuf. Administrateur délégué de la société Alsthom, il crée à Berlin la « Deutsche Alsthom » pour développer les ventes de celle-ci et amener les Allemands à autolimiter leur production. L'opération, peu crédible sur le plan commercial, donne surtout aux industriels allemands l'occasion de négocier. Inquiets devant le risque d'une fermeture totale du marché français et confrontés à une opinion nationale traumatisée par la crise, ils trouvent ainsi le moyen et la justification d' un compromis.

Un accord d'autolimitation réciproque est ainsi signé en 1933. Les groupes AEG et Siemens acceptent de limiter leurs ventes sur le marché français à 10,8 % du total des commandes des six constructeurs signataires de l'accord : Alsthom-CFTH, la Compagnie Électromécanique, Le Matériel Électrique Schneider-Westinghouse, le CEF (usines de Tarbes et de Lyon), Jeumont et la CGE. Les industriels français limitent pour leur part les ventes sur les marchés dominés par l'Allemagne, c'est-à-dire, outre celle-ci, l'Autriche, la Hongrie, le territoire de Dantzig et la Finlande, à un total presque insignifiant de 25 millions de francs. L'accord prévoit également que la zone « réservée » aux industriels allemands englobera, avec l'acceptation du suédois ASEA, la Norvège et tous les pays riverains de la Baltique, à l'exception de la Pologne.

Cet accord intéresse directement la CGE et en particulier ses filiales de la Savoisienne, Delle et Tudor. Malgré son caractère léonin interdisant de fait les pays européens à l'industrie française, il préserve pour l'essentiel le marché intérieur de celle-ci durant les années difficiles de la crise. C'est ce que montre l'exemple des gros transformateurs, la Savoisienne obtenant, en 1934, 44,33 % d'un marché d'un montant total de 5,445 millions de francs, Alsthom 4,78 %, la Compagnie d'Électromécanique, 30,03 %, Schneider-Westinghouse 4,89 %, Siemens 15,06 % et AEG 0,92 %. Bien que les négociateurs de la Savoisienne notent que « nous serons sans doute contraints d'abandonner un certain nombre d'attributions », cette proportion de part de marché témoigne de la place prise en 15 ans par la filiale industrielle de la CGE.

De nouveaux horizons pour l'espace industriel de la CGE

Freinés dans leur expansion commerciale sur le marché français, les industriels d'outre-Rhin s'orientent vers la cession de brevets, ce qui leur permet de renforcer leur implantation technique et de conserver indirectement la maîtrise de certains marchés.

Cette stratégie rencontre celle de la CGE, qui a toujours privilégié dans sa politique d'expansion industrielle, en raison du retard technique français et de trop faibles ressources financières, l'acquisition de savoir-faire existant sur la recherche pure. Elle préfère acquérir un brevet étranger de qualité et l'améliorer, pour atteindre ainsi une capacité économique et une part de marché substantielle. Cela permet, comme pour les Ateliers de Delle ou pour la Savoisienne, de mettre alors sur pied une véritable recherche industrielle autonome.

LE FRONT POPULAIRE

Ministère du Front populaire juin 1936.
Président du Conseil, Léon Blum.

Le Front populaire, coalition des partis français de gauche, remporte les élections de mai 1936 et réalise d'importantes réformes sociales. Il consacre une grande victoire ouvrière, présente dans les mémoires et dans les faits jusqu'à nos jours, et qui servira de référence en 1945, 1968 et 1981.
Cependant, le Front populaire, c'est d'abord une lutte politique violente qui s'exerce entre la gauche et la droite. L'émeute du 6 février 1934, au cours de laquelle les ligues d'extrême droite combattent les forces de l'ordre, engendre des gouvernements d'union nationale, plutôt orientés à droite, et une mobilisation des partis de gauche et des syndicats pour faire obstacle à « la menace fasciste ».

Les forces de gauche s'affrontent aux ligues d'extrême droite dans des combats de rue, tandis que des universitaires et des écrivains se regroupent dans un Comité de vigilance des intellectuels antifascistes (CVIA). Le Parti communiste abandonne sa tactique « classe contre classe » pour proposer l'unité d'action aux socialistes et aux radicaux.
L'organisation d'une grande manifestation, le 14 juillet 1935, concrétise la constitution du Rassemblement populaire.
La dynamique de l'union passe par la réunification des deux syndicats CGT et CGTU, au début 1936, et la rédaction d'un programme qui servira de base aux candidats uniques au deuxième tour des élections législatives, le 3 mai 1936.

Contre la crise économique, le péril fasciste et les menaces de guerre, « le pain, la paix et la liberté » deviennent les thèmes majeurs du Front populaire. Le premier tour des élections, le 26 avril, ne provoque pas de raz-de-marée électoral, mais les désistements du second tour donnent à la gauche une majorité absolue à la Chambre des députés. Le leader de la SFIO, Léon Blum, constitue un gouvernement composé de socialistes et de radicaux, soutenu par les communistes qui refusent cependant d'y participer.
Dans l'intervalle entre les élections et l'investiture du gouvernement, près de deux millions de travailleurs en grève occupent leurs entreprises.
Le mouvement, très spontané, touche les usines mais aussi certaines administrations et les grands magasins, dont le personnel est majoritairement féminin et très faiblement syndiqué. Cette vague de grèves et d'occupations du printemps 1936, souvent joyeuse et bon enfant, pendant laquelle les ouvriers prennent bien soin d'entretenir leur « outil de travail », révèle à quel point le monde ouvrier souffre d'un sentiment d'exclusion et cherche une reconnaissance sociale.
Dès le 7 juin, Léon Blum arbitre la négociation entre la CGT et le patronat. Les accords Matignon prévoient des hausses de salaires, la reconnaissance du droit syndical dans l'entreprise et l'établissement de contrats collectifs de travail.
Parallèlement, le Parlement vote des lois limitant à 40 heures la durée hebdomadaire du travail et accordant aux salariés 15 jours annuels de congés payés. Les grèves se résorbent progressivement au mois de juin, et la joie éclate lors des

premiers départs en congé, au cours de l'été 1936. Nos mémoires ont gardé les images des couples roulant en tandem et des familles partant à la découverte de la campagne ou de la mer. Si, pendant quelques jours, le pouvoir semble vaciller dans les entreprises, la remise en ordre est rapide. Les patrons répercutent l'augmentation de leurs charges dans les prix de vente, mais parallèlement la réduction du temps de travail favorise très peu l'embauche des chômeurs. La semaine de 40 heures jugée trop contraignante par les entreprises et un appareil industriel vieilli, faute d'investissements, freinent la fragile reprise qui s'amorce.

L'Illustration », 1938, « Congés payés 1938 ». arrivée en Normandie d'un des trains qui en ıelques heures versèrent es foules d'estivants sur les plages la Manche.

Léon Blum refuse les grandes transformations de structures. Il limite les réformes au contrôle de la Banque de France, à la nationalisation et à la réorganisation des industries d'armement, à l'adoption d'un statut du fermage et à la création de l'Office national interprofessionnel du blé pour venir en aide aux agriculteurs. La fuite des capitaux contraint le gouvernement à la dévaluation, qui intervient cependant trop tardivement pour pouvoir relancer les exportations. La guerre d'Espagne, déclenchée en juillet 1936, divise les partis de gauche et fragilise le gouvernement. Léon Blum, conscient des difficultés économiques, réclame une pause dans les réformes et les affrontements. Mais le climat politique se détériore, et il est contraint à la démission, le 22 juin 1937.

Vacances au Tréport, 1936.

Brochure, 1937.

Les gouvernements qui lui succèdent doivent préparer la guerre qui s'annonce, en augmentant les dépenses militaires et en autorisant les heures supplémentaires.

C'est pourquoi Delle et Siemens signent en 1932 un accord, au moment où le groupe allemand prend conscience de la fermeture croissante du marché français. Siemens cède aux Ateliers de Delle pour une durée de 20 ans des brevets, de la technologie et des procédés de fabrication concernant les redresseurs à vapeur de mercure. Ce transfert, limité à la France et à son empire, se fait au prix d'un versement immédiat de 100 000 marks, d'un droit de licence de 10 % du prix des biens vendus et de l'achat d'un minimum de 50 % des pièces détachées à Siemens. L'accord permet à la firme allemande de s'assurer une place sur le marché français et à Delle de s'y implanter. Au total, les deux parties espèrent obtenir 15 % des ventes du secteur.

La CGE signe en 1933 un second contrat avec la firme rhénane Wilhelm Quante de Wuppertal, qui cède pour une durée de 30 ans à la CGE la licence exclusive pour la France d'un ensemble de brevets se rapportant à la fabrication d'appareils basse tension à usage de téléphonie et de signaux électriques pour les chemins de fer. L'accord, fortement appuyé par l'administration des Postes, aboutit à la création de la société ACTEL, au capital détenu de façon majoritaire par la CGE aux côtés de la firme allemande. L'importance de la nouvelle société, dont la clientèle se compose des réseaux de chemin de fer, des ministères des PTT et de l'Air, s'accroît rapidement, notamment avec l'augmentation des commandes à caractère militaire dans la seconde moitié des années 1930. En 1937, son usine de Vitry emploie 50 salariés. Elle occupe néanmoins une place secondaire dans l'ensemble CGE. Pourtant, ACTEL suscitera l'intervention des pouvoirs publics en raison de la nationalité allemande de son directeur, M. Liman, et de ses activités supposées dans le renseignement allemand au cours de la guerre de 1914-18. Ce dernier sera mis à l'écart en 1938.

Le maintien relatif des secteurs protégés

L'absence d'unité de fabrication de turbines et de générateurs au sein de la CGE à cette époque joue en faveur de la Compagnie et permet de modérer les effets de la crise. L'arrêt des commandes d'équipements lourds, en particulier les turbines, les conduites forcées pour l'hydraulique, les chaudières et génératrices de vapeur pour la production thermique ou les locomotives, qui frappe directement la plupart des autres entreprises électrotechniques, comme Alsthom, contrainte de céder son usine de Belfort à son achèvement, ne concerne pas directement la production de la Compagnie.

Ses filiales bénéficient en outre du maintien de l'activité des secteurs dans lesquels elles interviennent. Si les grands équipements fixes sont différés, les chantiers d'interconnexion électrique sont poursuivis à partir des ensembles achevés, comme la centrale de Brommat-Eguzon dans le Massif central ou celle de Kembs sur le grand canal d'Alsace. Les travaux se poursuivent à la fois pour des raisons économiques (il faut pouvoir fournir du courant à la capitale, qui reste le seul marché dynamique) et de caractère national, le retard de la France dans la constitution d'un réseau couvrant tout le pays ne pouvant continuer à s'accentuer. Les entreprises de travaux telles que la CGEE, les tréfileries et les câbleries, comme la CGEM et les Câbles de Lyon, les producteurs d'isolants, MIOM ou l'Électro-céramique, conservent ainsi un niveau d'activité satisfaisant, bien que le contexte soit plus difficile que celui de la décennie précédente. Alors que les délais de paiement s'allongent exagérément, les volumes de production et les prix de vente plafonnent.

Ce maintien relatif, auquel s'ajoutent l'effondrement du prix des métaux utilisés, la réduction des coûts de production et l'amélioration très nette de la productivité du travail, aboutit en définitive à une série de résultats positifs qui garantissent la solidité des filiales de la Compagnie. En 1933, les Ateliers de Delle, par exemple, enregistrent un bénéfice net de 1,28 million de francs. En 1935, le chiffre passe à 1,05, puis atteint, en 1936, 2,56 millions, ce qui représente, à cette date, 16 % du capital social. En 1938, malgré les conséquences coûteuses de l'absorption de la Société de Dives, la CGEM dégage, après déduction des frais généraux et de l'ensemble des charges financières, un profit net de 15,1 millions de francs.

Création de la SNCF (1937).

La Société Nationale des Chemins de fer Français naît le 1er septembre 1937 de la nationalisation à 51 % des actifs ferroviaires des compagnies privées et de leur fusion avec les deux réseaux contrôlés par l'État. À l'exception du PLM et de la Compagnie du Nord, le déficit chronique de leurs comptes d'exploitation rendait inévitable une intervention de l'État.

UN SERVICE PUBLIC
AU SERVICE DU PUBLIC
S.N.C.F.

Transformateur triphasé de 62 000 kVA, poste de Kembs (Savoisienne).

La distribution électrique en stagnation

En 1937, le poids de la branche industrielle dépasse pour la première fois dans le bilan de la CGE celui de la production-distribution d'énergie. Cette évolution, fondamentale pour l'avenir de l'entreprise, est plus le fait des circonstances que d'une politique menée sur le long terme. Le président note d'ailleurs à ce propos que cette prépondérance de l'industrie rendra la Compagnie plus sensible aux variations industrielles !

Au sein de la CGE, dont elle a été à l'origine, la distribution d'énergie a toujours été considérée, par ses revenus réguliers et ses besoins d'équipement, comme la garantie indispensable de la production industrielle. Pourtant, la Compagnie plafonne rapidement, freinée par la puissance initiale de la Compagnie Française Thomson-Houston et par les réticences des banques devant les engagements industriels de la CGE, jugés trop risqués. Les établissements bancaires favorisent au contraire des groupes spécialisés dans la distribution d'électricité, la spécialisation de leurs activités et leur caractère monopolistique garantissant la sécurité des investissements.

Plusieurs sociétés puissantes se constituent au lendemain de la Première Guerre mondiale, reliées entre elles par des ententes et des accords, provoqués en particulier par l'interconnexion croissante du réseau électrique français. Il s'agit notamment de l'Énergie Électrique du Nord de la France, de la Compagnie Parisienne de Distribution d'Électricité (CPDE) couvrant Paris et la banlieue, et qui connaît un essor spectaculaire, de la Société de la Truyère dans l'hydroélectricité du Massif central, de La Générale de Force et Lumière dans les Alpes, d'Alais-Froges-Camargue, qui deviendra après la guerre Pechiney, et de l'Énergie Électrique du Littoral Méditerranéen. Les grandes lignes de transport se multiplient au cours de l'entre-deux-guerres, préparant l'interconnexion entre la production thermique, dominante au nord du pays, et la production hydraulique, concentrée dans le sud. Cette unification technique et économique favorise le regroupement des sociétés de production-distribution autour de deux grands pôles, l'Union d'Électricité, le groupe d'Ernest Mercier, qui assure la liaison entre le Massif central et Paris, et l'Énergie

Poste de contrôle-commande de la centrale du Cap-Pinède, dans les années 1930.

Industrielle, de Pierre-Marie Durand, dominant en particulier les sites de production des Alpes.
La CGE est dès lors confrontée à un quasi-duopole qui bride son développement dans ce domaine. Si ses filiales bénéficient de commandes pour les grands travaux d'équipement électrique, c'est parce que les deux groupes Mercier et Durand se tiennent à l'écart de l'industrie électrotechnique. Malgré diverses participations, qui restent modestes, dans le capital de grandes sociétés du secteur, l'horizon commercial de la Compagnie est désormais clos, et son expansion s'arrête à partir de 1930. Ses grandes filiales, la Compagnie d'Électricité de Marseille et la Lorraine d'Électricité, s'intègrent aux grands ensembles nationaux, ou bien sont restructurées. De 1930 à 1934, les entreprises filiales de la CGE ne fournissent en moyenne que 2,7 % de la production française d'électricité, un poids limité dans la politique énergétique du pays.
Cette faiblesse relative entraîne plusieurs conséquences majeures. Les effets de la crise sur la consommation d'énergie ne peuvent être compensés par l'extension du réseau, alors que les pouvoirs publics mènent une politique déflationniste qui pèse sur les prix de l'électricité. Le prix du kilowattheure basse tension, à cette époque, est inférieur de 30 à 50 % à celui de la Grande-Bretagne et de l'Allemagne. En juillet 1935, afin de lutter contre la hausse des prix, les décrets-lois de Pierre Laval imposent une baisse de 10 % du prix unitaire de l'électricité.

La CGE voit ainsi décroître ses revenus, en raison de la contraction des volumes de production et de la baisse de leur prix. Malgré une reprise des ventes en 1936, le fleuron du groupe, la Compagnie d'Électricité de Marseille, subit la même année une diminution de ses résultats de 2,6 millions de francs. Les filiales de la CGE maintiennent la distribution d'un dividende indispensable à la maison mère en limitant les travaux au strict nécessaire et en reportant les dotations aux amortissements. La CGE recourt de plus en plus à la production hydraulique du Jura, de l'Alsace et des Alpes et met en réserve les centrales thermiques du groupe.
Au cours des années 1930, l'industrie électrique française stagne alors que celle des pays voisins progresse. On observe une légère reprise de la consommation privée depuis l'établissement de la semaine de 40 heures, et le volume des commandes militaires augmente en raison de l'aggravation de la situation internationale. Les pouvoirs publics prennent alors conscience de la nécessité d'une action économique volontaire, afin de développer la production d'origine hydraulique par le biais de grands chantiers.

Lignes 65/70 Kv, Villacourt-Hérimesnil. Le réseau de la Lorraine d'Électricité est raccordé au réseau d'État.

LA FÉE ÉLECTRICITÉ

Détail de la fresque de Raoul Dufy, musée d'Art moderne de la Ville de Paris.

Raoul Dufy peint une gigantesque fresque murale de 10 mètres de haut, 61 mètres de long, composée de 250 panneaux, intitulée *la Fée Électricité*.
Il la réalise à la demande de la Compagnie Française d'Électricité, pour décorer son pavillon à l'Exposition internationale de 1937. Au centre de la fresque, une centrale électrique apporte sa puissance aux humains ; à droite, le soleil éclaire la nature et les réalisations antérieures au passage de la fée ; à gauche, la ville dans la nuit est illuminée par l'électricité et les réalisations industrielles. Dans le bas de la fresque sont représentés les innombrables savants et techniciens ayant contribué à la merveilleuse invention et à ses développements. Hymne à la science et à la technique, cette œuvre demeure le symbole de la glorification de l'électricité et de l'industrie.
Lors de l'Exposition universelle de 1937, l'électricité ne réside pas en son palais, comme en 1900. Robert Mallet-Stevens, en concevant le lieu principal consacré à l'électricité, le pavillon de la Lumière, l'équipe d'une tour-phare transperçant la nuit de ses projecteurs marins, auxquels répondent ceux installés sur la tour Eiffel. Partout, des fontaines et des jets d'eau jouent en musique des partitions lumineuses.
L'électrification de la France s'achève avec la constitution d'un réseau de grandes artères d'interconnexion. Celles-ci relient les centres de consommation et les centrales thermiques aux usines hydroélectriques situées près des montagnes et des fleuves. Ces lignes à haute tension (90 000 à 220 000 volts) dépassent les 10 000 kilomètres en 1937. Ce réseau devient ainsi le plus dense du monde, avec 20 kilomètres de lignes pour 1 000 km^2, contre 18 en Allemagne, 15 en Angleterre et seulement 5 aux États-Unis.
Cependant, la consommation par habitant reste limitée en France, inférieure de 10 % à celle de la Grande-Bretagne, de 30 % à celle de la Belgique et de 40 % à celle de l'Allemagne.
L'électrification des campagnes se termine, mais la diffusion des matériels électriques est en revanche beaucoup plus lente. En dépit du succès du fer à repasser, de la radio, et, dans une moindre mesure, de l'aspirateur, les appareils électriques sont très rares dans les ménages français. Les moteurs électriques, quant à eux, équipent bien peu d'usines et d'ateliers, dont la modernisation est ralentie depuis le début de la crise.
Seul l'éclairage électrique conquiert les Français. Enfin, les exportations restent très inférieures à celles des grands pays européens. La situation est paradoxale, puisque la France produit et distribue du courant électrique dont elle fait un usage insuffisant et dont elle doit exporter les surplus.

Pour l'Exposition universelle de 1937, le choix délibéré de présenter l'art au service de la science exclut en grande partie la technique, largement absente ou seulement figurée sous la forme de reproductions géantes de générateurs et de disjoncteurs. La France du Front populaire préfère privilégier ses artistes. Fernand Léger, Robert Delaunay, Raoul Dufy et bien d'autres peignent des allégories du mouvement et de la vitesse, de la force et de la puissance, pour représenter le monde industriel moderne. Le palais de l'Air comme celui des Chemins de fer exposent des idées plus que des réalisations, les nationalisations perturbant quelque peu ces secteurs économiques. L'œuvre culturelle s'étale sur la rive droite de la Seine, du palais de Tokyo au palais de la Découverte, en passant par le nouveau palais de Chaillot et le musée des Travaux publics. Dans le pavillon espagnol, le *Guernica* de Pablo Picasso voisine avec les appels de Joan Miró en faveur de la République. Les pavillons de l'URSS de Staline et de l'Allemagne de Hitler se font face de part et d'autre de l'axe Trocadéro-tour Eiffel. La kolkhozienne brandissant sa faucille et l'ouvrier levant son marteau semblent viser l'aigle allemand qui, symboliquement, détourne le regard vers l'ouest. Les ouvriers chargés des travaux ayant refusé de faire des heures supplémentaires, le président Lebrun inaugure dans les gravats, le 24 mai, l'Exposition qui devait s'ouvrir le 1er mai 1937, pour la première fois fête du Travail et jour chômé. L'inauguration se déroule quand même dans la liesse populaire, mais les nuages s'amoncellent dans le ciel européen.

Miroir d'eau sous la tour Eiffel.

Le Jardin botanique et ses fontaines lumineuses.

Affiche de A. M. Cassandre, 1931.

En visite dans l'expo.

ORAGES SUR L'EUROPE

Adolf Hitler, nommé chancelier le 30 janvier 1933, établit en quelques mois la dictature du Parti nazi en Allemagne. Il ne cache pas sa volonté de réviser les traités signés en 1919 et de restaurer la puissance germanique. Par ses conséquences politiques, la crise économique bouleverse les relations internationales. Le Japon envahit la Mandchourie en 1931, laissant la Société des Nations impuissante devant l'agression.

Arrivée de Chamberlain, accueilli par Von Ribbentrop, à Munich, 1938.

En octobre 1935, Benito Mussolini attaque l'Éthiopie sans susciter beaucoup plus de réactions. Les tentatives de mettre en place une sécurité collective internationale échouent. Hitler peut alors mettre en pratique un plan progressif d'expansion. En mars 1936, la remilitarisation de la Rhénanie n'entraîne qu'une envolée verbale du gouvernement français, et l'aide militaire apportée par les régimes fasciste et nazi aux nationalistes du général Franco ne suscite qu'une conférence sur la « non-intervention » en Espagne.
Devant la politique agressive de Hitler, les démocraties occidentales sont sans réaction. Traumatisées par la Grande Guerre, elles craignent qu'un nouveau conflit n'éclate. Certaines, avec naïveté, ne voient pas en Hitler un réel danger ; d'autres espèrent que le dictateur allemand réduira l'influence communiste en Europe.
À partir de 1936, Hitler renforce son armée et peut bientôt passer à l'action, tandis que les Japonais envahissent la Chine en 1937. Après le « rattachement » (Anschluss) de l'Autriche à l'Allemagne en mars 1938, Hitler réclame les Sudètes à la Tchécoslovaquie. Les démocraties occidentales se mobilisent, mais préfèrent céder aux exigences de Hitler, lors de la conférence de Munich les 29 et 30 septembre 1938.
La politique d'apaisement menée par Neuville Chamberlain et Édouard Daladier ne suffit pas à freiner les dictateurs. Hitler s'empare de la Bohème en mars 1939, tandis que Mussolini intervient en Albanie en avril. Le pacte germano-soviétique, signé le 23 août 1939, assure Hitler de la neutralité bienveillante de l'URSS de Staline et prépare l'invasion de la Pologne et son partage.

À la fin de l'année 1937, à l'initiative de Paul Ramadier, sous-secrétaire d'État à l'électricité, et de Pierre Simon, directeur de l'énergie et futur président d'EDF, un projet ambitieux prend corps, sous le nom de « Programme 38 » ou des « 3 milliards ». Il est soumis notamment aux groupes Mercier et Durand et fait l'objet d'un décret-loi le 17 juin 1938. Une société financière collective, le Groupement de l'Électricité, au capital de 200 millions de francs réparti au prorata de l'importance de chaque membre, est constituée. Le Groupement prend en charge un plan de 5 ans prévoyant d'importants projets hydroélectriques, comme les barrages de Génissiat, de la chute de l'Aigle et de Portillon. Un premier investissement de un milliard de francs permet l'extension des lignes d'interconnexion à très haute tension.

La CGE participe au Groupement par l'intermédiaire de la Compagnie Lorraine d'Électricité et ses diverses participations de portefeuille. Elle obtient ainsi 7 % de ce premier investissement, soit 70 millions de francs de commandes, qui lui sont attribués pour renforcer les voies d'alimentation de la ligne Maginot. Ce nouveau contexte incite la Compagnie à acquérir une entreprise modeste dans le secteur de l'hydroélectricité, les Forces Motrices du haut Doubs, au capital de 20 millions de francs. Mais, en 1939, la guerre interrompt l'activité du Groupement de l'Électricité, un an seulement après son démarrage. Ces projets seront réalisés après 1945, sous l'égide d'EDF.

La constitution d'un pôle accumulateurs

Limitée au marché français, la production d'accumulateurs de la Société Tudor se bat sur des

Vérification des densités.

marchés difficiles à partir de 1930. L'ensemble du secteur connaît des problèmes identiques. La dépendance à l'égard des brevets allemands et américains pénalise l'exportation, alors que la baisse de production de l'industrie automobile, l'arrêt des commandes de matériel ferroviaire et de l'investissement téléphonique (dans lequel interviennent des accumulateurs de relance) provoquent la chute du marché intérieur.

SAFT rencontre des difficultés particulières à partir de 1933. L'entreprise dispose d'un brevet de valeur internationale, les batteries alcalines fer-nickel en bloc acier, et elle participe, depuis 1920, grâce à son associé britannique Stone, au cartel « le Ring », qui domine le marché outre-Manche. Or, celui-ci est attaqué à partir de 1933 par l'allemand Akkumulatoren Fabrik Hagen, une filiale d'AEG. L'accord de 1920 doit être renégocié en incluant le nouveau venu, sur la base de taux qui seront moins rémunérateurs pour l'entreprise française.

Au Salon, 1934.

Fulmen - Courrier,
Années 1930.

Échos sur le Salon nautique.

Président Doumer.

Affiche Accumulateurs Fulmen.

En France, SAFT domine, grâce à ses produits lourds et à charge lente, et à ses marchés de puissance comme l'éclairage des voitures de chemins de fer, les locomotives, les camions et les chariots. En 1932, une amélioration technique, le remplacement du fer par le cadmium, permet de renforcer la position dominante de la société dans la traction ferroviaire Diesel. Pourtant, malgré divers efforts menés avant et après 1930, la firme ne peut s'imposer sur le marché des constructeurs automobiles, dont les spécifications ne peuvent être satisfaites par la technique du groupe.
L'arrêt quasi total des livraisons de matériel ferroviaire et l'état critique des industries de poids lourds mettent la SAFT, au début des années 1930, dans une situation très difficile, que les commandes militaires, pour les blindés en particulier, ne suffisent pas à redresser.
Le redressement survient en 1935, avec la reprise massive de ces commandes. Les deux sociétés Tudor et SAFT reçoivent d'importantes commandes de la Marine d'abord pour ses sous-marins, puis, en 1936, pour un grand nombre de blindés, tandis que l'équipement électrique et téléphonique de la ligne Maginot s'accélère. La reprise des commandes de la nouvelle SNCF, née en 1937, complète ce rétablissement. Mais celui-ci reste limité, faute d'une percée dans l'industrie automobile et dans un autre secteur prometteur, l'aviation de chasse. Si Air France adopte à partir de 1935 les batteries SAFT pour ses vols intercontinentaux, celles-ci se révèlent inadéquates, du fait de leur poids et de leur sensibilité au froid à l'usage militaire.

La CGE aurait pu se contenter de ses positions acquises, d'autant plus que la situation est tout aussi difficile chez ses concurrents. Mais la nouvelle équipe à la tête de la Compagnie, formée selon le mode de pensée et l'inspiration de Pierre Azaria, choisit au contraire une solution offensive, le renforcement des positions du groupe par l'acquisition de firmes apportant une technique différente et éprouvée.

En 1937, la CGE saisit ainsi l'occasion d'acquérir l'une des plus importantes entreprises du secteur, Dinin, dont le propriétaire, le groupe financier De Gunzbourg, souhaite se défaire. La société a souffert du déclin du marché de l'automobile, mais elle reste bien introduite dans ce milieu industriel, les représentants des firmes Citroën, Panhard et Renault siégeant par exemple à son conseil d'administration. La CGE complète cette acquisition la même année par la prise de contrôle de Fulmen. Puis, avec ce dernier, elle acquiert la moitié du capital de l'ancienne et réputée pile Leclanché, dont les moyens sont renforcés grâce à une avance de 6,5 millions de francs.
En pleine crise économique, la CGE répond à la limitation économique et commerciale de ses filiales par la constitution d'un ensemble industriel complet, qui s'étend de l'accumulateur industriel à forte puissance à la pile domestique, ainsi qu'à deux marques solidement implantées dans l'automobile. Regroupé autour de la SAFT, cet ensemble sera à même de devenir l'un des leaders mondiaux de sa branche, grâce à une technologie incontestée en Europe et outre-Atlantique.

Centrale électrique sur la ligne Maginot.

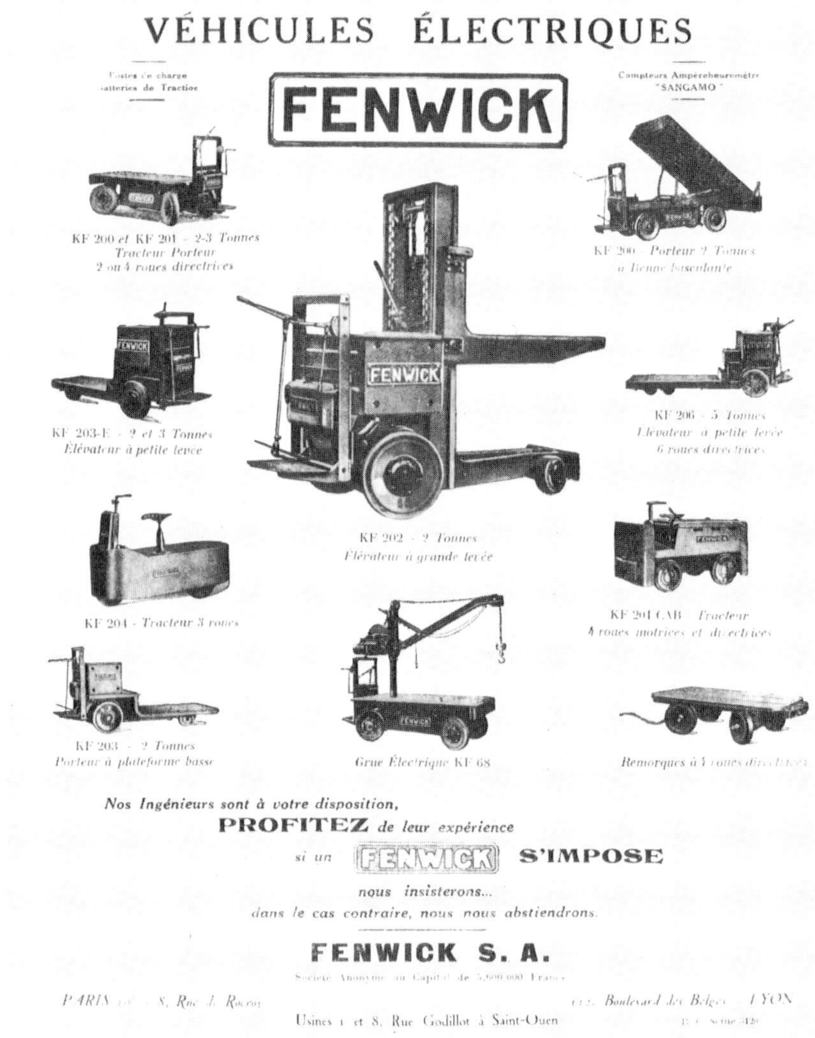

Chariots Fenwick, un client pour les Ateliers d'Orléans.

Alors que la CGE réorganise au même moment la Société Industrielle de Téléphone, la SIT, ses dirigeants font preuve à la fois de clairvoyance et d'un sens du risque, comme le reconnaît Jacques Jourdain dans son discours aux actionnaires en mai 1939 : « L'appoint apporté au compte des profits et pertes par les nouvelles usines provenant de la SIT et de la Société des Accumulateurs Électriques Dinin n'a pas été depuis leur absorption dans un rapport normal avec leur chiffre d'affaires... Votre conseil a jugé prudent de procéder, comme il vous l'avait annoncé, à la constitution d'une provision spéciale, destinée à suppléer, le cas échéant, à une persistance de cette insuffisance de rendement. » La Compagnie fait ainsi une nouvelle fois la preuve de sa capacité d'anticipation et de la mobilisation toujours judicieuse de ses ressources financières au profit d'un dessein industriel qui s'inscrit dans le long terme.

Les Ateliers d'Orléans

Bien que reconvertis au début des années 1920 dans le petit appareillage électrique, transformateurs ou moteurs, les Ateliers d'Orléans n'ont jamais vraiment connu la prospérité. Ils pâtissent d'une situation géographique excentrée et de l'absence d'environnement industriel. Pour assurer la rentabilité de l'établissement, la CGE y installe une ligne de production de chariots de manœuvre, vendus sous la marque « Automatic ». Cette fabrication se justifie par l'existence d'un marché et elle permet également d'intégrer d'autres fabrications du groupe, des moteurs électriques aux batteries. Pourtant, malgré ses qualités, le chariot Automatic ne parvient pas à s'imposer sur le marché, faute d'une organisation commerciale adéquate.

La crise aggrave la situation en provoquant l'arrêt des commandes des principaux clients, les chemins de fer et les entrepôts. À la différence du secteur des accumulateurs, il n'est pas possible de procéder à un renforcement des positions sur le marché en raison de la domination du groupe Fenwick. C'est pourquoi la CGE cède à celui-ci en 1934 l'ensemble de la production, y compris la marque. La Compagnie s'interdit en outre toute construction de ce type pendant la durée de l'accord, c'est-à-dire 20 ans. En contrepartie, le groupe Fenwick s'engage à se fournir en exclusivité auprès des Ateliers d'Orléans pour les moteurs, et de Tudor pour les batteries. Enfin, les succursales CGE chargées de la vente des chariots Automatic obtiennent également la représentation de Fenwick.

Malgré ses qualités, cette solution, si elle allège les charges de la CGE, ne rétablit pas entièrement la situation du site, dans la mesure où les commandes de Fenwick dépendent de la reprise industrielle. La situation se redresse à partir de 1937, à nouveau grâce aux commandes militaires. La réorganisation de l'industrie aéronautique et son transfert à l'ouest de Paris, à Saint-Nazaire, à Orléans et surtout à Châteauroux, replacent en effet les Ateliers d'Orléans dans un contexte favorable. À la demande du ministère de l'Air et du constructeur Marcel Bloch, dont les usines se trouvent en partie à Châteauroux-Déols, la CGE entreprend dans son usine la production de trains d'atterrissage et d'hélices à pas variable. En 1938, des chaînes de production de munitions viennent s'y ajouter. Cela permet à l'usine d'acquérir de l'outillage moderne et de mettre sur pied un centre de formation, pour faire face à l'absence de main-d'œuvre qualifiée. Comme le note avec satisfaction un responsable : « Ces nouvelles fabrications apportent aux Ateliers d'Orléans un complément satisfaisant d'activité. »

Malgré cela, la CGE ne se laisse pas emporter par un enthousiasme sans lendemain. C'est ce que traduit la remarque du président à l'assemblée générale de mai 1939 : « Ces commandes destinées à la défense nationale sont d'un renouvellement incertain et ne peuvent rapporter qu'un rendement modeste, en raison notamment de la nécessité de prévoir l'amortissement rapide du nouvel outillage spécialisé. » La leçon de 1918 n'a pas été oubliée.

Chariots Automatic.

La SIT ou l'entrée réussie dans l'industrie du téléphone

Après la tentative infructueuse de 1928, une seconde incursion dans l'industrie du téléphone avec la prise de contrôle de la Société Industrielle des Téléphones (SIT) réussit, malgré des circonstances difficiles. Elle aura des résultats décisifs à long terme débouchant en effet, en 1946, sur la constitution de la Compagnie Industrielle du Téléphone (CIT), point de départ du pôle actuel de télécommunication d'Alcatel-Alsthom.

Stand de la SIT sur un Salon aéronautique.

Usine de Calais.

Créée en 1891 sous le nom de Société Générale des Téléphones (SGT), concessionnaire du réseau de Paris, la SIT, à la suite de la nationalisation de cette industrie en 1893, se reconvertit notamment dans la production de matériel téléphonique et prend son nouveau nom en 1895. Dans l'entre-deux-guerres, ses cinq usines, toutes situées en région parisienne, dont deux dans le XVe arrondissement de la capitale, allient la production de câbles électriques (héritée des anciens établissements Rattier, un important producteur de câbles absorbé par la SGT en 1881), de matériel de téléphone et d'objets en caoutchouc, comme des chaussures... Seul le département des câbles, établi à Bezons, se révèle véritablement prospère. Il produit des câbles de moyenne puissance, de 5 000 à 40 000 volts, et dispose de bons débouchés dans la région parisienne, avec le métro, les tramways et la société de production d'électricité de la capitale (CPDE).

La CGE est surtout intéressée par la production de câbles et acquiert, en 1930, 20 % du capital de la SIT. En 1933, la prise de contrôle de la Société d'Électrométallurgie de Dives, fournisseur de la SIT, lui apporte une nouvelle participation, élevant ainsi sa part globale dans le capital. Une prise de contrôle totale apparaît logique, mais, en pleine crise, la CGE hésite, devant le vieillissement général du matériel de l'entreprise et la présence d'un seul secteur bénéficiaire, qui ne peut compenser les pertes des autres départments.

En 1938, la Société Industrielle des Téléphones se trouve au bord du dépôt de bilan, et la CGE, après beaucoup d'hésitations, finit par l'absorber. Décidée le 15 juin 1938, la fusion s'effectue par l'échange d'une action CGE, plus une soulte de 12,50 francs, contre 4 actions SIT. Une fois l'opération financière achevée, la SIT est démembrée. Le département des fils et câbles est affecté aux Câbles de Lyon, la branche caoutchouc, dans l'attente d'un redressement et d'une future cession, devient une société nouvelle, Le Caoutchouc SIT. Un département autonome est créé pour la branche téléphone, l'Industrielle des Téléphones, ancêtre de la CIT.

Inondations à la SIT, Paris, 1911.

LE TÉLÉPHONE

« Le Petit Journal », 17 avril 1904.

Aussitôt connus, les phénomènes électromagnétiques servent à transmettre la voix et, plus généralement, les sons.
Le Français Charles Bourseul, modeste télégraphiste, imagine et décrit dans *l'Illustration* dès 1854 ce qui allait devenir le téléphone. Mais la réalisation de celui-ci revient à deux Américains, Graham Bell et Elisha Gray, travaillant séparément et en concurrence, qui, le même jour, le 14 février 1876, déposent des brevets très semblables pour la propagation des sons.
Le procédé consiste à transformer la voix en courant électrique en recourant à un « transmetteur » constitué d'une membrane vibrante liée à une armature placée dans le champ d'un électroaimant. Inversement, à l'autre extrémité de la ligne électrique de transmission du courant, un « récepteur » se charge de restituer la voix.
Le téléphone est né des améliorations décisives du

Clément Ader, le premier aviateur de l'histoire, est aussi un inventeur de procédés téléphoniques.

transmetteur grâce au travail de l'Américain Thomas Edison, qui met au point le « microphone ». Par contre, le récepteur, désormais appelé « écouteur », reste longtemps, et ce pratiquement jusqu'à nos jours, celui de Graham Bell et Elisha Gray. Des essais en réel débutent en 1877 sur les lignes télégraphiques, et rapidement des lignes spécialisées sont construites pour l'utilisation et la diffusion de la nouvelle technique. Les premiers centraux téléphoniques commutés voient le jour aux États-Unis dès 1878, puis à Londres et à Paris en 1879, pour mettre en correspondance les interlocuteurs à la demande de l'un des deux, à l'origine de l'appel. Reims sera la première ville française équipée d'un véritable réseau téléphonique (de 150 abonnés !) en 1883 ; l'année suivante commencent les premières liaisons téléphoniques interurbaines aux États-Unis, où l'essor est fulgurant, puisque de 26 000 postes téléphoniques en service en 1879 on passe à 125 000 deux années plus tard !
Comme dans le cas du télégraphe de nombreux problèmes doivent être résolus pour permettre le développement du téléphone, les perfectionnements étant souvent appliqués aux deux techniques de communication, très proches l'une de l'autre. Un premier problème freine en effet l'extension des réseaux téléphoniques : le courant porteur, s'affaiblissant avec la distance, ne peut franchir une centaine de kilomètres sans *amplification*. La radio fournit la solution : la diode puis la triode amplificatrice sont issues des recherches qui démarrent dès 1880 et auxquelles sont associés les noms illustres de John A. Fleming et Thomas Edison.
Ce dernier, en plaçant dans une ampoule à incandescence une plaque métallique entre le filament et la paroi, constate l'apparition possible d'un courant (ou flot d'électrons) entre la plaque et le filament incandescent. Approfondissant cette expérience, John A. Fleming constate que le courant ne s'établit que dans le cas où la plaque est une anode (positive) : le brevet de la diode, ou « valve de Fleming », est déposé en 1904. Vers les années 1906-1907, l'Américain Lee de Forest ajoute à la lampe diode une troisième électrode en forme de

grille laissant passer le flot d'électrons, et sur laquelle peut être appliqué un autre courant électrique. L'augmentation de la tension de la grille accroît simultanément et dans les mêmes proportions l'intensité du flot d'électrons : la *triode amplificatrice* est née. Les physiciens travaillant sur le téléphone et le télégraphe se précipitent sur cette invention, qui représente un immense bond en avant des télécommunications et marque les débuts de l'électronique. La lampe triode est placée sur les lignes télégraphiques et téléphoniques de l'American Telegraph and Telephon C° (ATT) dès 1915, avant même d'être employée par la TSF. Un autre problème surgit pour relier plusieurs abonnés entre eux : celui de la *commutation.* L'empirisme prévaut tout d'abord face à cette difficulté, puis l'organisation de centraux téléphoniques vient rapidement la résoudre. Au cœur des centraux, une main-d'œuvre abondante, et généralement féminine, surveille les tableaux d'arrivée des lignes et connecte les abonnés par des cordons souples terminés à chaque extrémité par une prise, le « jack », du nom de son inventeur, de nationalité américaine. Parallèlement, les recherches sur la commutation automatique des années 1880 aboutissent en 1891 à un premier système opérationnel, le Strowger, puis à un second en 1897, le Rotary, qui sera utilisé dans le monde entier pendant plus d'un demi-siècle, jusqu'à l'apparition de la commutation électronique soixante-dix ans plus tard. Sur un tout autre plan, et contrairement cette fois aux évolutions du télégraphe, la transmission téléphonique commerciale par radio n'apparaît qu'à la fin des années 1920.

Poste Éricsson, Suède, 1894.

Poste mural Berthon-Ader, 1918.

Poste Thomson-Houston, 1920.

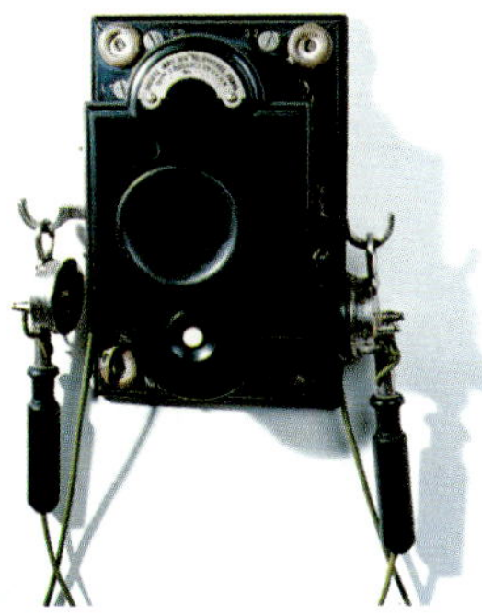

Poste mural Bailleur, 1921.

Poste mural SIT, 1928.

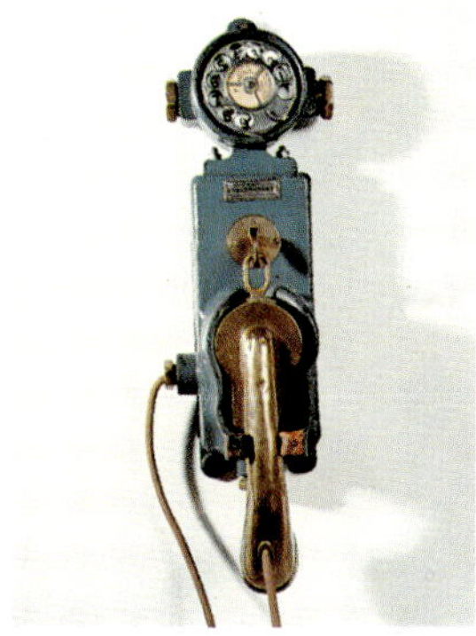

Poste antidéflagrant SIT, 1937.

Jusqu'à cette époque, les transmissions ne s'effectuent que par fil, câbles aériens ou souterrains. Ce retard s'explique aisément par le nombre de liaisons à établir simultanément, qui atteint, dès les débuts du téléphone, des chiffres proprement gigantesques et que les techniques de la radiotélégraphie s'avèrent inaptes à gérer à l'origine. Seule l'utilisation des ondes courtes permet à partir de 1928 d'assurer des liaisons radiotéléphoniques intercontinentales (New York - Londres en 1928 ; Paris - Buenos Aires en 1929), puis la réalisation des « faisceaux hertziens », insensibles aux brouillages et interférences, et surtout capables d'accueillir plusieurs centaines de communications téléphoniques simultanément, vient résoudre la question des liaisons terrestres à la veille de la Seconde Guerre mondiale.

LA CGE FACE À LA MONTÉE DES PÉRILS

Au cours des années 1930, la nouvelle orientation politique de l'Europe et la montée des dictatures ne sont pas sans inquiéter Pierre Azaria et la CGE, qui perçoivent les dangers de cette situation. Pierre Azaria attribue le succès des dictatures aux effets conjugués de la crise et du chômage, et, en 1934, l'arrivée au pouvoir de Hitler en Allemagne lui inspire les réflexions suivantes :

« Des expériences sont en cours dont les conséquences sont incalculables... Toutes sont basées sur l'économie dirigée qui entraîne l'autarcie, avec ses auxiliaires naturels : surélévation des droits de douanes, contingentements, la devise errante, menacée avec l'interdiction de sortie qui la frappe le plus souvent... Ce qui se passe sous nos yeux serait passionnant pour tout spectateur extérieur et impartial. Malheureusement, il faut y prendre une part active vaille que vaille, supporter les conséquences redoutables des folies qui pourraient à un moment éclater, fût-ce au-delà de nos frontières... »

Au début de l'année 1936, la CGE, que préside désormais Jacques Jourdain, élabore une étude présentée au conseil d'administration le 10 mai de la même année, sur le thème « Équilibre et force de la France ». Dans la lignée des idées de Pierre Azaria, elle insiste, au-delà de la politique de réarmement du pays, sur la nécessité d'une modernisation et d'un remaniement en profondeur de l'économie française. « La France vit depuis six mois sous le signe de l'urgence et de la nécessité. Surprise par la crise internationale au cours d'une expérience sociale, contrainte d'abandonner des positions diplomatiques traditionnelles, atteinte dans son amour propre, elle accepta d'emblée de lourdes charges pour tenter de recouvrer son prestige et sa puissance. Mais les mêmes motifs qui ont causé l'échec de l'expérience sociale interrompue ne viendront-ils pas compromettre le succès de la tentative actuelle de redressement ? (...)

« Le nécessaire, l'urgent c'était la fabrication d'avions, la constitution d'une défense antiaérienne, le maintien sous les drapeaux de contingents renforcés. En même temps, il fallait faire rentrer les capitaux exportés, obtenir une souscription de bons du Trésor pour couvrir ces dépenses formidables, réaliser des économies destinées à donner confiance aux épargnants français et étrangers. » Pourtant, « l'action du gouvernement ne peut aujourd'hui se limiter à la production d'armes et aux mesures militaires (...) Parmi les ouvrages utiles à la défense nationale, il en est qui servent aussi à l'équipement permanent du pays : grandes routes, réseaux de communication téléphoniques et télégraphiques entre grandes villes de province dont l'importance se trouve accrue par une déconcentration effectuée sous la menace de la guerre, mais que l'on peut espérer durable parce qu'elle est propice à la santé du pays (...)

« L'Allemagne au cours de ces dernières années a multiplié ses fabrications et ses ventes d'outillage. Elle exporte aujourd'hui quatre fois plus de véhicules que nous. C'est l'Allemagne également qui nous vend la plus grande partie des machines-outils que nous achetons depuis plusieurs mois pour renforcer nos armements. Sommes-nous incapables de constituer une industrie de machines-outils qui formerait un équipement permanent pour notre pays ? Mais une telle industrie réclame des moyens importants, d'importants services de recherche scientifique, de mise au point, qui exigent une organisation professionnelle et, sans doute, une intervention de l'État... ».

Le retour de la croissance

À la fin de la décennie, la CGE est à nouveau en période de croissance, grâce, notamment, à la forte progression des commandes militaires. Celle-ci, déjà sensible en 1936 et 1937, affecte à partir de 1938 l'ensemble des filiales industrielles de la Compagnie et particulièrement celles qui ont le plus souffert de la crise, les Ateliers d'Orléans, la SIT et les Accumulateurs Tudor.

En 1939, le chiffre d'affaires dépasse 2 017,5 millions de francs, et le bénéfice net atteint 41 millions de francs pour les huit premiers mois de l'année. L'activité de certaines usines a presque doublé. C'est ce qui décide les dirigeants de la Compagnie, en février 1940, à porter le capital, déjà passé à 200 millions de francs à la suite de la fusion avec SIT et Dinin, à 300 millions de francs.

La DCA dessinée par Marcel Jeanjean, 1939.

ARMEMENTS ET STRATÉGIE

En septembre 1936, sur les ordres de Hitler, Hermann Goering lance un plan de quatre ans, qui a pour but d'assurer l'autonomie économique de l'Allemagne ainsi que son réarmement. Hitler pense ainsi sortir son pays de la crise, en donnant du travail aux chômeurs tout en assurant la suprématie nazie.
Face aux périls qui menacent l'Europe, les gouvernements français ne restent pas inactifs, mais sont handicapés dans leur action par le climat politico-social et la sclérose de l'état-major. Depuis 1920 en effet, les responsables de la stratégie française (le maréchal Pétain, puis les généraux Weygand et Gamelin) désirent « ménager le sang de la France ». Ils préparent donc une guerre défensive, qui donne naissance à la ligne Maginot. Cette suite de fortifications en béton réalisées entre 1930 et 1936 s'étend de la frontière suisse aux Ardennes, réputées « infranchissables aux chars ». Dans ce contexte défensif, l'aviation et les blindés sont longtemps négligés.
La première mesure vient de Léon Blum, qui augmente de 47 % les crédits militaires, faisant passer l'effort budgétaire de 5 % à 7 % du revenu national entre 1935 et 1937. Daladier le portera à 8 % en 1938. Parallèlement, l'effort allemand croît de 8 % à 13 % et atteint 17 % en 1938. Il faut attendre la fin de la même année pour que la France entreprenne un vigoureux effort : les dépenses militaires représentent 23 % du revenu national en 1939, comme c'est le cas pour l'Allemagne.
Cependant, le retard accumulé, en particulier dans l'aviation, reste sensible en 1940 et se conjugue avec une incapacité stratégique de l'état-major de mener une guerre moderne, axée sur la vitesse et le mouvement des blindés et des avions.

À la veille de la plus terrible épreuve que connaîtra la France, la situation de la CGE est solide. Devenue la seconde entreprise électrotechnique du pays, elle dispose d'un instrument industriel performant, de relais dynamiques dans les domaines dont dépend son activité et d'une aisance financière qui lui donne une réelle autonomie par rapport aux banques.
La crise a apporté la preuve de la solidité de la structure élaborée par l'équipe d'Azaria, de sa capacité à faire face aux épreuves et de la qualité de ses dirigeants. La volonté de la compagnie de rester à l'écart des batailles idéologico-politiques des années 1930 permet une plus grande liberté de décision et un dévouement permanent à l'entreprise. La solidité des structures et la qualité du personnel, si éloignées de l'image donnée par certains historiens du patronat français, seront les atouts majeurs de la résistance de la CGE à la tempête des années 1940.

PORTEFEUILLE DE LA CGE AU 20 JANVIER 1938

Ce portefeuille est réparti en 5 catégories :

1. ***Sociétés dont la CGE possède plus de 50 % du capital en titres d'origine***

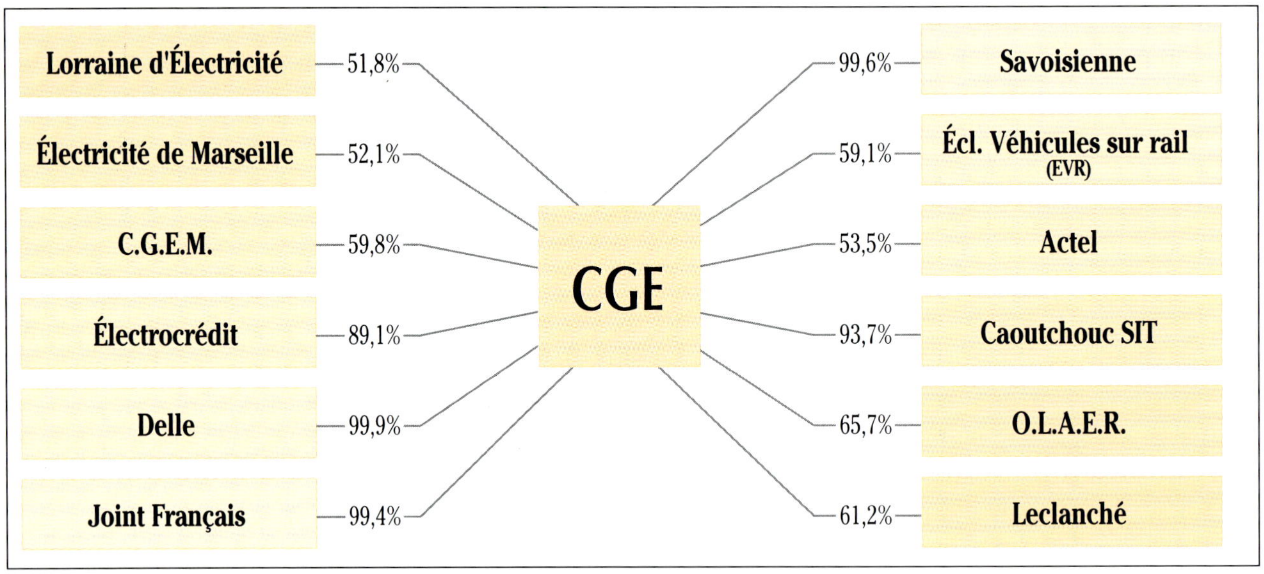

2. ***Titres à conserver pour des « raisons politiques »***

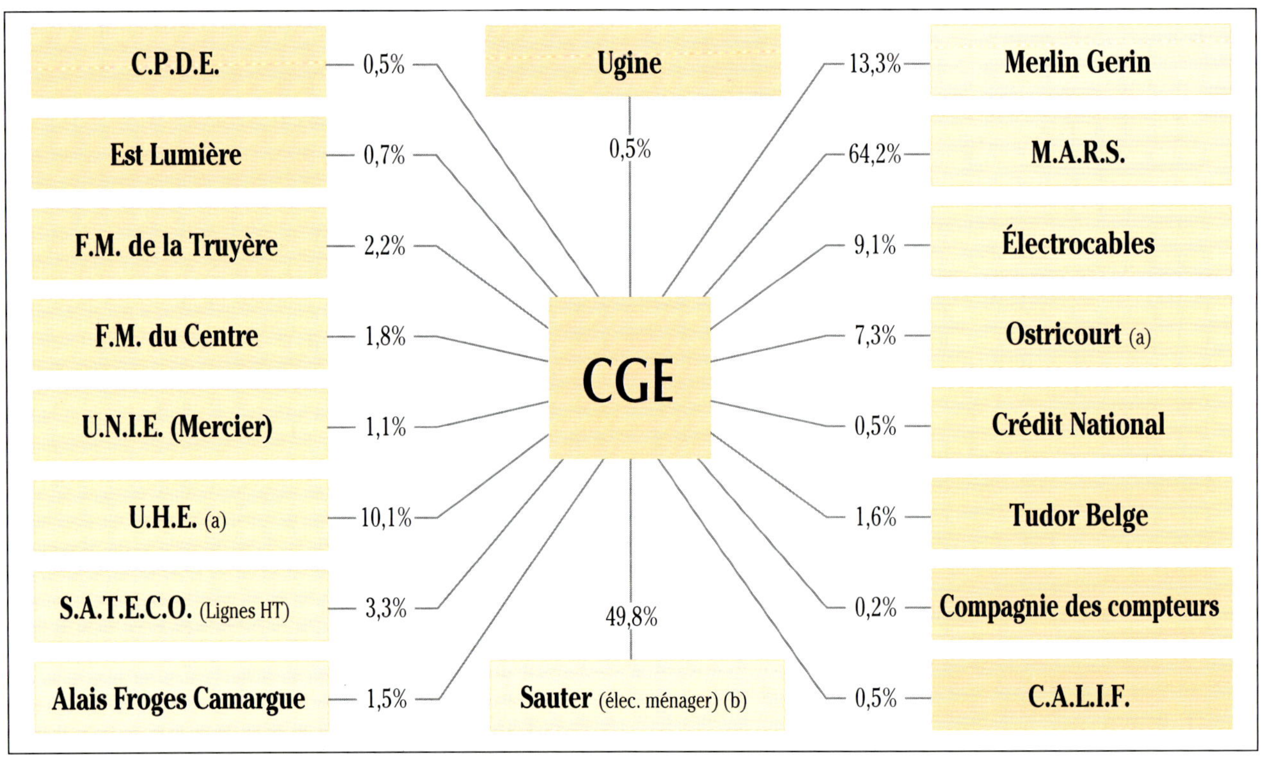

3. ***Titres à conserver en attendant les décisions de la commission dite de « détente fiscale »***

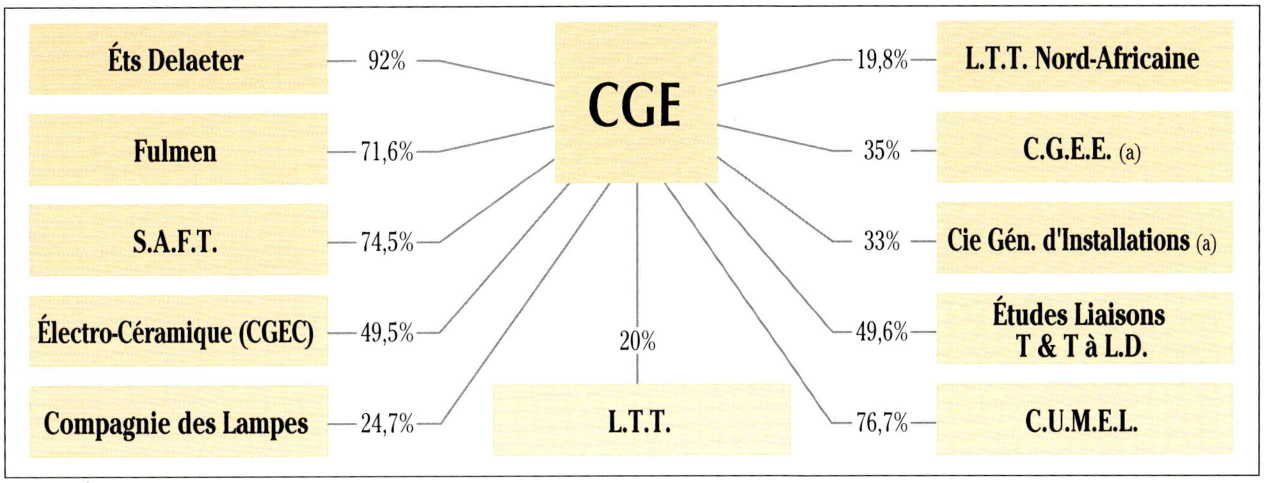

4. ***Titres susceptibles de regroupement***

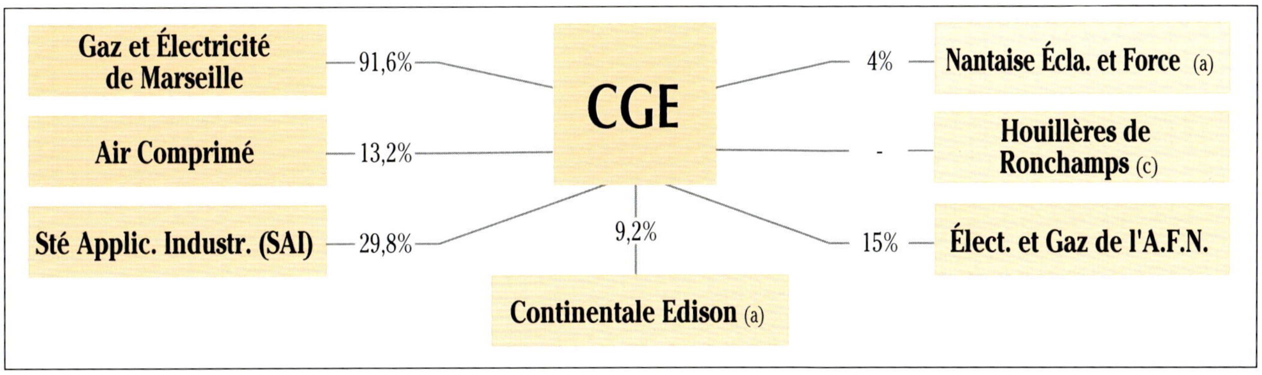

5. ***Titres à vendre***
Compte tenu du grand nombre de participations inférieures à 1 000 titres, seules les plus caractéristiques sont indiquées ici.

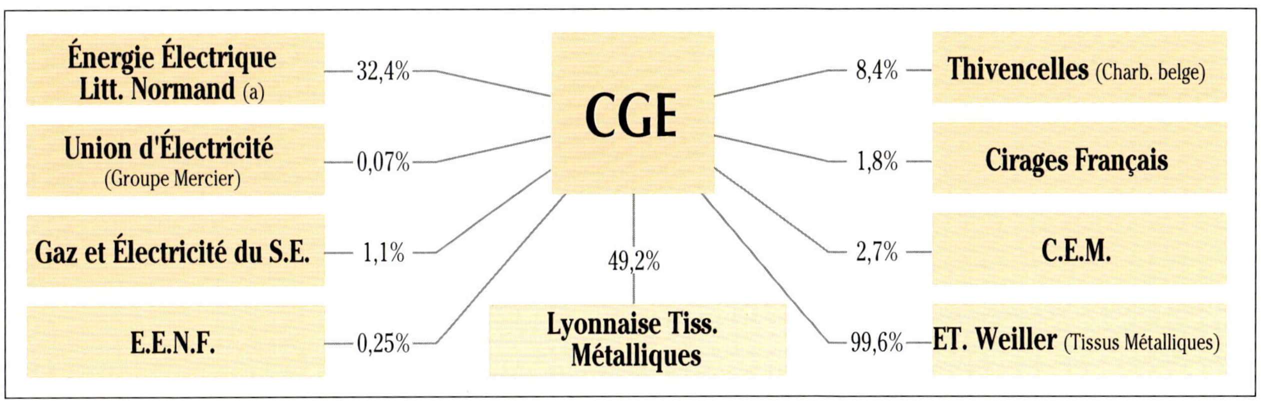

ESTIMATION FIN DÉCEMBRE 1938:	
1° CATÉGORIE	397 193 354 FF
2°	79 988 781 FF
3°	70 555 314 FF
4°	58 622 014 FF
5°	34 055 879 FF
TOTAL	**640 415 342 FF**

a) La CGE dispose de la majorité absolue par l'intermédiaire de ses filiales
b) Acquisition récente
c) Participe au contrôle des Forces Motrices du haut Doubs

Les participations souvent importantes des filiales, qu'il s'agisse des holdings ou bien des entreprises industrielles (Delle, CGEM, SAFT), ne sont pas incluses.

LES ASSASSINS REVIENNENT TOUJOURS
SUR LES LIEUX DE LEUR CRIME
LES PAYS CHANGENT
HOMMES ET METHODES SONT LES MÊMES
SOUS LES PLIS DU
LA
LVF
COMBAT POUR
SOUS LES
AFFICHAGE GIRAUDY
IMPOT METAL
DE PARIS
IMPOT METAL
DE PARIS
APPEL
FRUIDAM

CHAPITRE 5

DE LA GUERRE À LA RECONSTRUCTION
1939-1952

La guerre de 1939-1945 et la reconstruction qui la suit engagent la CGE dans une nouvelle période de son histoire. Durant la guerre, la CGE parvient à protéger ses intérêts et, à la fin du conflit, les sites de la CGE sont presque intacts, malgré un parc industriel national très affecté. Les usines peuvent dans l'ensemble répondre aux besoins de la reconstruction, à l'exception des ateliers de câbles de Bezons et de l'usine de Calais, partiellement détruits. Cependant, à la montée de la concurrence internationale, s'ajoutent les conséquences de la nationalisation du secteur de l'énergie en 1946. Durement ressentie dans un premier temps, la disparition de l'activité de distribution accentue le profil industriel de la CGE, qui se dessine de plus en plus nettement depuis les années 1930.

Salles des machines, centrale électrique, 1941.

La CGE pendant la Seconde Guerre mondiale

Les conséquences du conflit

Préparer la guerre

Dès 1937 les responsables de la CGE sont convaincus de l'imminence de la guerre en Europe, mais la Compagnie ne se prépare à prendre des mesures d'organisation spécifiques qu'au printemps 1939. Dans toutes les grandes entreprises, chacun garde en mémoire la guerre de 1914-18 et adopte des dispositions permettant de poursuivre l'ensemble des activités pendant un conflit de longue durée. En février 1939, sur la demande de Jacques Jourdain, M. Isambert prépare, dans l'éventualité de la guerre, une directive concernant le service financier et la situation de la société Électro-Crédit. Celle-ci, dépourvue de siège et de guichets hors de la capitale, gère près de 90 millions de francs de trésorerie pour diverses sociétés du groupe CGE. Sa suppression ou sa paralysie poserait de graves problèmes. Le dispositif de repliement envisagé se calque sur celui de la Banque de France, qui prévoit un départ en province au bout de trois semaines, dans le cadre du plan national « d'évacuation facultative ».

La CGE prépare également, pour les 55 millions de francs de dépôts de la Compagnie, qui s'échelonnent entre 24 heures et un an, un véritable plan de mobilisation des disponibilités, afin de ne pas affecter la trésorerie des entreprises et de permettre, dans les meilleures conditions, la poursuite de leur travail.
Une enquête est aussi menée auprès de grandes filiales comme la CGEE et la CGEM sur la question du non-remboursement de leurs découverts. Elle montre la capacité des deux entreprises à y faire face, dans la mesure où une forte réduction de leur activité civile surviendrait en cas de conflit.

LA TRÉSORERIE DE LA CGE MOBILISÉE PAR LA GUERRE

(en millions de francs)

Solde après retrait des comptes à vue	3,0
Avoirs en banque et pensions (à 48 h)	10,3
Bons de chemin de fer à 3 mois escomptables Banque de France	2,0
Découverts à 3 mois maximum	6,0
Découverts 3 mois 1 an	8,6
Effets à long terme	2,8
Comptes d'avances Banque de France susceptibles de tirage	10,0
idem à 30 jours	15,0
Disponible à la Caisse des dépôts et consignations par jeu de contrats et traites	10,0

Pour parer aux risques de pertes ou de mainmise par l'ennemi, l'ensemble du portefeuille est placé sous forme nominative. Des locaux sont aménagés à Saint-Germain-en-Laye, choisi comme premier lieu de repli du siège social et de ses éléments financiers.
Peu de mesures sont prises concernant les usines, éloignées des zones de front, croit-on alors. Le principal risque envisagé concerne les bombardements de la capitale. Quelques aménagements ont cependant lieu à Lyon, comme cela avait été le cas pour les Ateliers de Delle en 1914. Enfin, lors de l'assemblée générale extraordinaire du 29 novembre 1939, le conseil d'administration propose d'arrêter les comptes de la Compagnie et de ses filiales à la fin du mois suivant le déclenchement du conflit.

La CGE dans la débâcle

Après la « drôle de guerre », où la majeure partie des fabrications de la Compagnie s'effectue sous contrôle militaire, la rapidité de l'offensive allemande surprend la CGE et son personnel comme l'ensemble du pays. L'accélération des événements au cours des mois de mai et juin 1940 interdit tout repli effectif. Les usines Tudor à Lille et celles de la CFEC à Lesquin sont occupées par l'ennemi dès la fin du mois de mai ; celles de Tillières, de Dives, de Calais et les établissements d'Ivry et de Vitry cessent leur activité au mois de juin. Une tentative de déménagement du matériel principal de ces deux dernières usines par la Seine échoue, l'armée allemande interceptant les péniches à la hauteur de Corbeil.

Au moment de l'armistice, la situation de la CGE reflète celle de la France défaite. Tous les établissements au nord de la Loire, y compris ceux d'Orléans, ont interrompu leur activité et se trouvent sous contrôle allemand. La rapidité des opérations militaires a épargné les installations, qui sont intactes. Les entreprises de distribution de courant, telles la Compagnie Lorraine et la Compagnie Nantaise, n'ont jamais cessé d'alimenter leur réseau, malgré un personnel réduit, des difficultés d'approvisionnement en charbon et l'impossibilité d'assurer le gros entretien.
Au sud, les usines de gros matériel situées dans la région lyonnaise, dans les vallées alpines, les Pyrénées et le Limousin, pour l'usine du Palais, continuent leur production, jusqu'à l'arrivée des troupes allemandes. Comme le résume Jacques Jourdain lors de l'assemblée générale du 25 juin 1941, qui clôture un exercice exceptionnel de 16 mois, « en raison de la dispersion et de la situation géographique de nos établissements industriels, les dommages subis par eux sont assez limités ». Il n'est donc pas nécessaire de débloquer des fonds pour leur remise en état.

Pour les dirigeants de la Compagnie, il s'agit désormais de retrouver le plus rapidement possible une structure de fonctionnement normale. Dès le lendemain de l'armistice, la direction générale réintègre ses locaux parisiens, y compris ceux de la société Électro-Crédit, qui s'était repliée à Clermont-Ferrand avec la Banque de France. L'Électro-Crédit se scinde par la suite, et un bureau de la zone sud s'installe à Lyon, auprès de la Banque de France.

DE LA DÉFAITE À LA LIBÉRATION

L'armée française en 1939.

Londres sous les bombes, 1940.

Le 3 septembre 1939, la France et l'Angleterre déclarent la guerre à l'Allemagne après l'invasion de la Pologne par les armées d'Hitler. Les Français mobilisés accomplissent leur devoir, sans enthousiasme certes, mais avec la certitude de lutter pour la juste cause. Pourtant, l'armée française reste l'arme au pied tandis que la Pologne est écrasée. Pendant huit mois, les soldats vivent une « drôle de guerre », attendant l'offensive que leurs chefs ne veulent pas déclencher. La stratégie française est délibérée.

Pour l'armée française, il s'agit d'attendre derrière la ligne Maginot, protégée grâce à la neutralité belge, pour résister à l'attaque allemande, et de vaincre finalement dans une guerre où la puissance économique franco-britannique finira par triompher. Mais l'immobilisme atteint le moral des soldats et des civils, et Hitler profite de ce répit pour renforcer ses approvisionnements, malgré le blocus, et pour envahir le Danemark et la Norvège.

Le 10 mai 1940, les troupes allemandes attaquent brutalement, traversant les Pays-Bas, la Belgique et surtout les Ardennes. Surprenant les Alliés, les Panzerdivisions du général von Manstein réussissent à percer le front. Appuyés par une aviation très performante, les blindés allemands atteignent la Manche 12 jours plus tard, enserrant dans une nasse les troupes franco-anglaises et belges. Tandis que les Anglais évacuent leurs troupes par Dunkerque, ainsi que 130 000 Français, les Belges et les Hollandais capitulent. Le 5 juin, les Allemands reprennent l'offensive, franchissant la Seine puis la Loire, et atteignent Lyon, puis Vienne, Clermont et Bordeaux le 24 juin.

Des millions de civils fuient sur les routes encombrées et mitraillées ; l'administration perd tout contrôle et le gouvernement se réfugie à Bordeaux, ne sachant s'il doit rester ou prendre la mer pour gagner les colonies ou l'Angleterre. Finalement, le président du Conseil, Paul Reynaud, démissionne, cédant la place au maréchal Pétain, qui demande l'armistice, signé le 22 juin.

La France, traumatisée et occupée, s'en remet au vainqueur de Verdun, à qui les parlementaires accordent les pleins pouvoirs le 10 juillet. Pétain installe à Vichy un nouvel « État français », autoritaire et policier, qui décide de rénover la France par la « Révolution nationale », tout en organisant une collaboration, de plus en plus étroite , avec le IIIe Reich.

Si les Français, désorientés pour la plupart, gardent longtemps une certaine confiance dans la personne du maréchal, ils comprennent vite que l'inspiration traditionaliste et raciste de Vichy mène à une impasse.
De concessions en concessions, Vichy fournit à l'Allemagne nazie des vivres et des produits industriels en quantité (au total 40 % de l'approvisionnement extérieur du Reich), plusieurs millions de travailleurs volontaires ou contraints par le STO (Service du travail obligatoire), et son aide dans la persécution des Juifs, dont 75 000 sont déportés depuis le camp de Drancy vers Auschwitz.
Cependant un mouvement de refus se dessine et s'amplifie lorsque la résistance britannique, puis l'entrée dans le conflit de l'URSS et des États-Unis semblent indiquer que la guerre n'est peut-être pas perdue. Le nombre de résistants ne cesse alors d'augmenter, au fur et à mesure de l'avance des Alliés.
Mais la victoire est longue à venir, et les sacrifices nombreux. Vichy et le Reich raidissent leurs positions, tandis que les bombardements et les attentats se multiplient.
Le 6 juin 1944, le débarquement allié en Normandie déclenche la bataille de France, dans laquelle la résistance et la France libre ont leur part. Paris est libéré le 25 août, puis la France entière à la fin de l'année 1944.
Les Français, qui ont retrouvé leur unité dans les combats, fêtent la victoire des Alliés. Cependant, le souvenir des compromissions des années noires et les dérives de l'épuration tempèrent quelque peu la joie de la Libération.

La solution finale : Auschwitz, 1943.

Le débarquement du 6 juin 1944.

Paris libéré, août 1944.

« La voiture électrique n'est plus un jeu. C'est une necessité » confie Henri de Raemy à l'ingénieur J. -A. Grégoire en septembre 1941. « La CGE doit en construire le plus vite possible » poursuit-il, marquant ainsi les débuts de la CGE-Tudor.

Les contraintes de l'Occupation

Un fonctionnement industriel contrasté

Plusieurs difficultés surgissent tout d'abord à l'occasion du rapatriement à Ivry et Vitry des péniches de matériel saisies par l'occupant à Corbeil. Puis l'usine de câbles de Calais est bombardée par l'aviation britannique et ses machines sont transférées à Orléans ; les usines de Lille-Lesquin, quant à elles, passent sous le contrôle du commandement militaire et économique allemand de Bruxelles. Toute la région nord lui est en effet rattachée et cesse de relever des autorités françaises. L'activité et la production des établissements de Lille-Lesquin sont désormais contrôlées directement à Bruxelles, en fonction des choix allemands. Les Ateliers d'Orléans subissent une situation analogue. Compte tenu de son caractère militaire, leur matériel est réquisitionné par l'occupant, et l'autorité de la CGE ne s'y exerce plus que de façon nominale.

Comme le résume le conseil d'administration devant l'assemblée générale des actionnaires réunie le 25 juin 1941 en présentant le bilan de l'exercice 1939-1940 :
« La plupart de nos établissements n'ont pas souffert directement des opérations militaires ; seule l'usine de Calais, spécialisée dans l'armement des câbles sous-marins et située dans le port même, a dû être fermée.
En dehors des dégâts immobiliers partiels constatés en d'autres points et de la perte des marchandises en cours d'évacuation ou de transport, l'atteinte la plus sérieuse à notre actif industriel provient de la réquisition, aux Ateliers d'Orléans, d'un important outillage de fabrication.
Ainsi que nous vous l'indiquions l'an dernier, poursuit le conseil d'administration, l'adaptation des industries exercées par votre Compagnie aux besoins du pays en état de guerre avait permis de ne pas apporter de changements profonds à l'orientation générale de nos activités. [...]

La reprise d'une activité normale a pu s'effectuer ainsi sans trop de heurts, en mettant en œuvre les matières dont nous disposions encore en quantité suffisante pendant les derniers mois de l'exercice. Mais leur renouvellement est de jour en jour plus laborieux ; les matières qu'utilise principalement la construction électrique : cuivre, caoutchouc, plomb, proviennent de l'importation ; nos approvisionnements, dont une partie a été réquisitionnée, ne peuvent être que très difficilement reconstitués. La recherche de produits de substitution est l'une des préoccupations constantes des dirigeants de nos entreprises, cependant, là même où techniquement le problème peut être résolu, l'alimentation de nos établissements est loin d'être assurée. »
Confrontée à de graves problèmes d'approvisionnement, la CGE ressent l'Occupation de diverses façons, en raison de l'intérêt inégal de l'occupant pour le parc industriel de la société et de ses diverses filiales. À la différence de la chimie, la puissance de l'industrie électrotechnique allemande, et notamment celle des groupes AEG et Siemens, limite fortement l'intérêt d'une mainmise éventuelle sur les sociétés françaises. L'ancienneté des relations entre les entreprises d'un même secteur, le poids des ententes internationales, qu'il s'agisse du gros matériel, des lampes ou des câbles, écarte en définitive toute décision de réquisition. La conclusion de l'affaire du brevet de redresseurs cédé à Delle par Siemens en donne un exemple. Devant l'échec commercial de l'affaire, les deux parties s'entendent, en juin 1941, pour mettre fin au contrat d'une durée initiale de 15 ans à partir de 1932, et soldent sans problème leurs dettes réciproques.

Camion Sovel posant des câbles électriques.

Levée des couleurs françaises en 1943 à la colonie de Fain-lès-Montbard.
Pendant la débâcle et l'Occupation, plusieurs dizaines d'enfants d'employés de la CGE trouvent refuge dans les colonies de vacances de la Compagnie.

LES ACCUMULATEURS DININ SOUS CONTRÔLE ALLEMAND

Le ministère du Reich de la Navigation aérienne
Commandant en chef de l'Armée de l'air,

Berlin, le 18 avril 1941.

ACCUMULATEURS DININ (NANTERRE)

« Vous recevrez des commandes pour la livraison de matériel aéronautique. J'ai chargé la firme allemande Akkumulatorenfabrik A.G. à Berlin de prendre soin à ce que l'exécution de la commande soit réalisée d'urgence et sans incident.

Pour l'accomplissement de cette tâche, la firme allemande vous conseillera et vous aidera spécialement :

a) pour déterminer l'élaboration et l'étendue du projet ;
b) pour la préparation du travail ;
c) pour l'exécution technique ;
d) pour l'achat de toutes les pièces nécessaires à l'exécution de la commande, matières premières et produits semi-fabriqués et de tous autres matériaux en considérant que les achats doivent être faits, autant que cela est possible, auprès de fournisseurs français ;
e) pour les travaux administratifs concernant l'exécution de la commande.

Il est à considérer que vous conservez l'entière responsabilité du projet. La firme allemande vous conseillera et vous soutiendra.

Pour permettre à la firme allemande l'exécution de sa mission, vous êtes dans l'obligation :

a) de prendre conseil, avant l'exécution de quelconques décisions ayant trait au projet ou à son achèvement, auprès de la firme allemande ;
b) de tenir la firme allemande au courant de tous les incidents majeurs et d'aviser, en temps utile, tous les services et autres firmes qui sont en rapport pour l'exécution des commandes, afin qu'ils puissent prendre part aux conseils de direction et aux délibérations importantes.

La firme allemande est autorisée et obligée de vous tenir au courant des divergences qu'elle pourrait avoir avec vous sur différentes questions et d'en débattre. S'il n'est pas possible de trouver un accord... il y a lieu de soumettre cette question pour décision au service de liaison du Generalluftzeugmeister à Paris.

Vous êtes tenu de mettre à disposition de la firme allemande les ateliers ainsi que tous les moyens indispensables à l'exécution de la commande. »

En fait, les sites industriels de la CGE relèvent de trois situations différentes. Les entreprises de distribution d'énergie ne se heurtent pour leur part à aucun obstacle juridique particulier. Leurs difficultés croissantes proviennent, au cours de cette période, d'un approvisionnement malaisé en combustible et, du fait de la stagnation des prix, d'un écart grandissant entre les coûts et les recettes.
Quelques secteurs intéressent directement la machine militaire allemande : Actel, dont Siemens devient le correspondant pour la fourniture de matériel téléphonique, les entreprises d'accumulateurs Tudor, Dinin et Fulmen, enfin les Ateliers d'Orléans pour leur branche aviation, laquelle forme une société spécialisée, la Compagnie générale d'équipements aéronautiques.
Toutes ces sociétés se trouvant en zone occupée, elles doivent s'incliner devant les exigences de l'occupant. Cette situation entraîne des contrôles tatillons et pesants et, de façon générale, une grave incertitude quant aux délais de paiement.

En 1943, Siemens doit ainsi 600 000 francs à Actel, mais la dette des autorités allemandes à l'égard de la Compagnie générale d'équipements aéronautiques dépasse les 20 millions de francs. Pour pénible que soit cette situation pour le personnel et les responsables des entreprises concernées, elle n'affecte en définitive qu'une part très restreinte du groupe.

Les entreprises clés de la CGE, les Ateliers de Delle, la Savoisienne, la CGEM et les Câbles de Lyon connaissent, pour leur part, une période d'intense activité, liée à la poursuite du programme de centrales hydrauliques. La Savoisienne est la principale bénéficiaire d'une tendance qui s'accroît à partir de 1939. Il devient en effet nécessaire de renforcer le réseau face aux demandes de l'industrie de guerre et de développer la production d'électricité dans les régions protégées. La pénurie de charbon incite d'ailleurs les autorités de la zone sud à accélérer le programme hydraulique alpin.

Si les commandes militaires sont annulées à partir du mois de juin 1940, les commandes civiles affluent. Il s'agit en particulier de gros transformateurs pour les centrales de Génissiat et de L'Aigle, d'une puissance respective de 70 000 et 60 000 kWh. S'y ajoute une série de commandes de transformateurs basse tension des Pays-Bas pour les villes de Dordrecht, Leiden et Amsterdam.

RUTABAGAS ET MARCHÉ NOIR

Pendant la guerre les Français connaissent la faim et le froid, et les privations ne cessent d'augmenter : le blocus britannique, les prélèvements de toute sorte effectués par les Allemands provoquent le rationnement de presque tous les produits. Le gouvernement de Vichy répartit la population en huit catégories, des enfants aux vieillards et des inactifs aux travailleurs de force. Chaque catégorie reçoit des cartes et des tickets permettant d'acheter des denrées, de plus en plus rares, au prix officiel. On ne trouve plus en vente libre que les rutabagas et les topinambours, trompe-la-faim des citadins. Tandis que les femmes teignent leurs jambes au brou de noix pour suppléer à la pénurie de bas, le poêle à sciure remplace le poêle à charbon, les gazogènes équipent les véhicules privés d'essence, et l'on pallie les nombreuses coupures d'électricité en pédalant dans les ateliers.

La culture des pommes de terre gagne le jardin du Luxembourg et certains concierges d'immeubles élèvent même des lapins dans leur loge. Le vélo-taxi et les talons en bois, la fourrure de lapin traitée façon astrakan révèlent des capacités d'adaptation insoupçonnées. Le « système D » (comme « débrouille ») triomphe. Cependant, le recours au marché noir permet, à ceux qui en ont les moyens, de se procurer les produits introuvables. Avec 1 000 ou 1 500 francs (deux à trois semaines du salaire moyen d'un Parisien), on peut s'offrir un souper fin, comme avant-guerre. Certains paysans et restaurateurs profitent de la situation, et plus encore leurs intermédiaires, qui se constituent ainsi de belles fortunes. Les plus démunis voient leur ration quotidienne tomber à 1 000 calories par jour, et les maladies de carence progressent. Astreints au port de l'étoile jaune, les Juifs, à qui Vichy interdit l'accès à de nombreuses professions, éprouvent encore plus de difficultés pour survivre, et subissent les rafles de la police ou de la Gestapo.

Le problème ne réside pas tant dans le cahier des charges que dans le maintien des effectifs, durement touchés en 1943 par les réquisitions du STO. D'autre part, les difficultés d'approvisionnement augmentent de jour en jour. Les contingents de cuivre et d'huile minérale se réduisant très rapidement, la Savoisienne doit les réserver au matériel haute tension et mettre au point une technique aluminium-liquide synthétique pour la basse tension. La pénurie rend les difficultés techniques quasi insurmontables à la fin de l'année 1943. Les répartitions de cuivre, de liquide de synthèse, de tôles magnétiques ne sont plus assurées, même en quantités réduites. L'acier fait également défaut, les livraisons ne pouvant être effectuées faute de wagons. De plus, le personnel technique est réquisitionné par l'occupant ou entre dans la clandestinité et la Résistance. Le conseil d'administration dresse un bilan de la situation au mercredi 2 juin 1943 devant l'assemblée générale des actionnaires : « Encore convenablement alimentés en commandes, nos établissements industriels ont éprouvé des difficultés croissantes pour l'exécution de celles-ci : attributions de matières de plus en plus réduites ; épuisement des approvisionnements, voire même disparition totale de certains d'entre eux ; restrictions de combustibles et d'énergie électrique ; usure d'un matériel dont ni l'entretien ni le remplacement ne peuvent, dans les circonstances actuelles, être normalement assurés ; enfin, prélèvements de plus en plus lourds sur une main-d'œuvre déjà affaiblie par de dures conditions de vie. »

Les Ateliers de Delle connaissent une situation identique, comme le résume en 1943 leur responsable, l'énergique Henri de Raemy, délégué général de la CGE. « Durant l'année 1942, nos ateliers ont pu maintenir le niveau d'activité qu'il leur avait été donné de rétablir après la défaite. Cette situation, assez favorable dans les circonstances actuelles, est due aux nécessités de l'équipement électrique du pays, qui se sont avérées plus particulièrement pressantes dans le domaine du transport d'énergie électrique et de l'interconnexion, intéressant spécialement les fabrications de notre entreprise. Par contre, la production de nos usines est devenue chaque jour plus difficile du fait de l'épuisement progressif des matières premières de toutes sortes, ce qui accroît les difficultés d'approvisionnement et augmente très fortement les délais d'exécution. Nous avons été également gênés dans notre fabrication par les restrictions de consommation de l'énergie électrique, de même que, dans le second semestre de l'exercice, par les départs de main-d'œuvre en Allemagne, qui se sont intensifiés en fin d'année. » Et Henri de Raemy conclut : « Il faut tenir compte, d'autre part, de ce que notre matériel et nos machines s'usent, alors que, dans le même temps, leur entretien devient de plus en plus difficile et leur remplacement quasi impossible. Du fait du blocage des prix qui touche une part importante de nos produits, notre marge bénéficiaire s'est fortement resserrée. »

Le maintien de la politique financière et industrielle

Prudente mais ferme dans la gestion de ses entreprises au cours de l'occupation, la CGE se révèle beaucoup plus audacieuse dans le domaine de l'organisation financière et industrielle. À la suite du succès de l'émission de 100 millions de francs d'obligations en mars 1940, la trésorerie ne rencontre aucun problème particulier. Parallèlement, le capital augmente également de 100 millions de francs, grâce à l'incorporation de réserves et à la distribution d'une action nouvelle pour trois anciennes. Cette situation se maintient tout au long des années d'Occupation, en raison de l'absence d'opérations importantes et de la faible demande émanant des filiales. L'abondance de liquidités difficiles à utiliser pour des investissements techniques, le climat d'incertitude tout comme la nécessité d'envisager les perspectives de l'après-guerre incitent les responsables de la Compagnie à renforcer leurs positions industrielles et à restructurer les différentes branches du groupe.

De 1940 à 1942, la CGE connaît une forte activité financière et accroît les participations figurant dans son portefeuille, avec l'acquisition de titres comme ceux de Peñarroya, d'Est Lumière, d'Est Électrique, des Mines d'Ostricourt, d'Alais Froges et Camargue et de la Truyère. Au total, 150 milions de francs sont consacrés à ces opérations.

La CGE prend également une part importante du capital de la société Sovel, membre du groupe Schlumberger, connue dans les années 1930 pour ses véhicules électriques de service urbain (laveuses de chaussée et bennes à ordures). En raison des difficultés de transport et d'approvisionnement en essence, la CGE cherche ainsi à créer une industrie de camions électriques. S'appuyant sur les techniques de SAFT, la Compagnie établit des sociétés d'exploitation de camions à accumulateurs pour les livraisons urbaines dans plusieurs villes de province (Lyon, Toulouse, Strasbourg). Malgré un accord avec Delle, qui reçoit en 1941 une commande de 100 unités, l'affaire ne connaît jamais l'essor. Quelques centaines de camions, lourds et lents, au faible rayon d'action, sont produits difficilement. La CGE conserve néanmoins jusqu'aux années 1960 la Sovel, dont l'activité restera toujours modeste.

Henri de Raemy, le directeur de la CGE, avec Mme Grégoire et son fils en 1943.

Cette tentative s'inscrit dans l'intérêt continu que porte la CGE à la mise au point d'un véhicule léger électrique. De façon étonnante, durant toute la guerre, les dirigeants de la Compagnie circulent dans des voitures électriques CGE-Tudor, conçues par l'ingénieur Grégoire sur la demande d'Henri de Raemy ! Silencieuse, d'une mise en route instantanée, extrêmement maniable, la voiture CGE-Tudor était équipée d'une batterie de 144 ampères-heures et atteignait 55 km/h en vitesse de pointe, pour une autonomie d'une centaine de kilomètres... 200 véhicules ont été produits jusqu'à la fin de 1944 mais disparaissent de la circulation dès la réapparition de l'essence sur le marché, le moteur à explosion conservant sa suprématie.

LES TRANSPORTS ROUTIERS

Presque tous les véhicules routiers utilisent le moteur à explosion, aussi appelé « moteur à combustion interne », qu'invente le français Alphonse Beau de Rochas en 1862. Dix ans après tourne le premier moteur à essence fiable, puis 1891 voit le lancement commercial de la première voiture dotée du moteur conçu par l'Allemand Gottlieb Daimler, associé dans la construction du véhicule aux Français René Panhard et Émile Levassor, eux-mêmes associés depuis 1886.

Le « cycle Beau de Rochas » détermine les conditions de la transformation de l'énergie calorifique provenant de la combustion en vase clos du « mélange carburé » (air + dérivé du pétrole) et se déroule en quatre phases. Tout d'abord, le piston descend et aspire le mélange carburé dans la chambre de combustion, entraînant le vilebrequin par l'intermédiaire de la bielle ; puis il remonte et comprime le mélange carburé dans la chambre de combustion, elle-même raccordée à deux tubulures commandées aujourd'hui par des soupapes, l'une pour l'admission du mélange carburé, l'autre pour l'échappement des gaz brûlés. C'est à ce moment que se produit l'explosion amorcée par l'étincelle électrique d'une « bougie », ou bien spontanément selon le taux de compression. Ensuite, les gaz surchauffés issus de l'explosion se détendent et repoussent le piston vers le bas, qui remonte à nouveau et chasse les gaz brûlés vers l'échappement. Selon que les quatre phases du cycle se déroulent en deux tours de vilebrequin ou en un seul, le moteur est qualifié de « deux » ou « quatre temps ».

Le moteur à gazole inventé en 1893 par Rudolf Diesel fonctionne selon le même principe. Mais, dans le moteur Diesel, l'explosion intervient spontanément à la suite d'une compression plus élevée.

De 1920 à 1940, camions, apparus au début du siècle, et voitures, entrées à partir de 1908 dans une phase de production industrielle, se développent de façon spectaculaire et intègrent de nombreuses innovations, comme le freinage à commande hydraulique Lockheed sur les quatre roues en 1919, la boîte de vitesses synchronisée de General Motors en 1929, la traction avant de Citroën en 1934, ou la boîte de vitesses automatique de Oldsmobile en 1940.

RÉSISTER

« Moi, général de Gaulle, actuellement à Londres,... » c'est ainsi que beaucoup de Français, du moins ceux qui écoutent la BBC ce 18 juin 1940, font connaissance avec l'homme qui incarne la France libre et combattante. « Quoi qu'il arrive, la flamme de la résistance française ne doit pas s'éteindre et ne s'éteindra pas. » Le mot est lancé, la Résistance a son porte-drapeau.

La France libre, c'est donc de Gaulle, très isolé en 1940, qui parle le soir à la TSF ; c'est aussi une poignée d'hommes et de femmes qui le rejoignent à Londres, c'est enfin les Forces françaises libres qui guerroient aux côtés des Alliés. Quelques milliers au départ, ils deviennent plus nombreux avec le concours des colonies de l'empire français et forment un véritable État, doté d'une armée de 500 000 hommes.

Parallèlement, la résistance intérieure s'organise, d'abord en confectionnant des tracts et des journaux (plus de mille titres), puis grâce à la collecte de renseignements, souvent transmis à Londres par le biais de plus de 250 réseaux. Des groupes armés sont constitués et les résistants se regroupent dans le maquis. Peu fournie en 1940, la résistance intérieure s'étoffe avec le ralliement des partis démocratiques et des syndicats et avec la participation des réfractaires du STO.

Unifiés par Jean Moulin et la création du Conseil national de la Résistance (CNR), en 1943, les mouvements clandestins contribuent à la libération de la France, par leurs sabotages, les renseignements qu'ils obtiennent et leurs actions armées. Ils élaborent un vaste programme de rénovation et de modernisation pour la France libérée. Représentés au sein du gouvernement provisoire de la République française dirigé par le général de Gaulle, ils constituent l'ossature politique de la France d'après-guerre.

Durant la guerre et l'Occupation, la CGE met aussi en œuvre des alliances et des restructurations dont les années à venir vont montrer la pertinence. Il s'agit notamment de son désengagement de l'industrie du cuivre par le biais d'un rapprochement qui préfigure le nouveau visage du groupe d'après-guerre.

La naissance de la Cégédur

Le groupe Alais Froges et Camargue et la CGE nouent en effet une alliance au moyen de leurs filiales respectives - l'Aluminium français et la Société du Duralumin pour la première, la Compagnie générale d'électro-métallurgie (CGEM) pour la seconde. Les deux groupes entretenaient des relations amicales depuis le début des années 1930 et chacun disposait déjà d'une participation restreinte dans le capital de l'autre et d'un siège d'administrateur.

Le rapprochement industriel est suscité par les problèmes du moment mais provient surtout de la prise de conscience commune, à partir de 1942, du développement des industries de métaux non ferreux sur le continent américain à cause de la guerre. Les chiffres indiquent en effet un doublement de la production de cuivre tant aux États-Unis qu'au Chili et une multiplication par 1,5 au Canada. Le volume de production de l'aluminium connaît pour sa part une multiplication par 7 outre-Atlantique entre 1938 et 1942, voire par 9 selon un rapport CGE établi en 1943, soit un accroissement de la production de 130 000 à 1 000 000 de tonnes ! On retrouve dans les documents des deux sociétés une préoccupation identique quant à l'évolution future du marché des matières premières.
Conscientes du retard pris par la France, les deux compagnies entament des pourparlers à partir de la fin de l'année 1941. Ceux-ci se concrétisent, après un échange de lettres d'intention en 1942, par l'accord du 4 février 1943. Ce dernier donne naissance, le 1er mai 1943, à la Compagnie générale du Duralumin et du cuivre, ou Cégédur, au capital de 200 millions de francs, souscrit à part égale par la CGE et le groupe Alais Froges et Camargue. Les deux protagonistes mettent en commun leurs moyens en louant à bail à la nouvelle société leurs installations industrielles de métallurgie des métaux non ferreux et des alliages légers.

L'appareil industriel de la Cégédur se compose au départ des usines de Dives et du Palais, de la Compagnie générale d'électro-métallurgie, des usines de Vitry, Boithorel, Tillières et Corru que la CGE a cédées à bail à celle-ci, des usines du Bourget-Couzon-Faremoutiers de la Société du Duralumin et de l'usine de Chambéry de l'Aluminium français (à l'exclusion de l'école, de l'atelier de poudre d'aluminium et du laboratoire de recherches et d'essais). En outre, la CGEM et Duralumin cèdent à la Cégédur leurs participations dans la Société centrale des alliages légers, la SCAL.
Pour la CGE, l'opération se traduit par un allègement financier, la CGEM, à l'instar de ses sociétés d'origine, ayant toujours posé de graves problèmes financiers à la Compagnie, du fait du caractère instable du cours des métaux non ferreux. Outre la constitution d'un ensemble industriel puissant et capable, espère-t-on, de résister aux aléas de l'après-1945, un quasi-monopole est mis en place, dans la mesure où la nouvelle société remplace la CGEM au sein de l'entente des tréfileurs de cuivre. Ayant perdu la totalité de son activité industrielle, la Compagnie générale d'électro-métallurgie se transforme de facto en simple holding, percevant des loyers d'usines et des dividendes d'actionnaires, tout en continuant à gérer ses autres participations minoritaires.

Le L43, une invention française sous l'Occupation

Le système de commutation L43 est imaginé et breveté en 1943 par Louis Lesigne, ingénieur à l'Industrielle des téléphones, « IT » pour les familiers de cette branche de la CGE. Vivement intéressée par le système, l'Industrielle des téléphones embauche l'inventeur comme directeur technique de son département Commutation, chargé de développer et d'industrialiser sa découverte.
Le L43 est en réalité une variante de l'un des systèmes existant à l'époque, le R6, « basé essentiellement sur des circuits électriques de commutation nouveaux et astucieux », explique Jacques Hamann, un ancien de la CIT. « Le principe de base était l'introduction d'un système de contrôle de recherche alimenté par une source de courant de 48 volts, indépendante et isolée à son retour à la terre. L'avantage était de rendre communs et disponibles simultanément tous les enregistreurs, véritables cerveaux concourant à la recherche et à la connexion des abonnés demandeurs. Ils enregistraient ensuite les impulsions du cadran et commandaient enfin la recherche et la connexion de l'abonné appelé par des sélecteurs et connecteurs rotatifs. Il en résultait une plus grande rapidité de la commutation, une réduction du nombre de panneaux d'organes grâce à leur mise en commun, donc un moindre coût et un moindre encombrement des centraux téléphoniques. » Le L43, mis au point dans la clandestinité, apporte ainsi un progrès par rapport aux systèmes en vigueur, le R6, utilisé par la CGCT et l'IT, et le Rotary, par la société LMT.
« Je me souviens que l'aventure fut passionnante – raconte Jacques Hamann –, et tenue secrète vis-à-vis de la concurrence et des occupants allemands. En effet, l'environnement historique était très particulier : en pleine Occupation allemande, l'IT travaillait sous le contrôle des autorités d'Occupation pour la société Siemens. Cela lui permettait de disposer de bons de matière première nécessaire pour faire tourner l'usine et maintenir des emplois pour des salariés considérés comme « affectés spéciaux » et protégés de la déportation du STO. Outre la sous-traitance de Siemens, l'usine pouvait aussi fabriquer du matériel pour les PTT français et les clients privés.
En revanche, bien entendu, la recherche sur le L43 était clandestine, et le laboratoire de mise au

point avait été installé dans le grenier d'une aile de bâtiment située le long du quai de Javel. On y accédait par un escalier en bois, dont les Allemands ignorèrent toujours l'existence, comme d'ailleurs la plupart du personnel de l'usine. L'équipe travaillant au laboratoire était très réduite : deux ingénieurs, deux techniciens, trois soudeuses-monteuses. Le matériel monté pour les essais était fabriqué avec des pièces de récupération et réglé par nous-mêmes. On mettait aussi au point, en réduction, les circuits électriques du système L43. Les schémas de base brevetés formaient une masse de plans volumineuse, lourde et très précieuse, les microfilms étant inconnus à l'époque. Aussi, à chaque alerte aérienne, les « ingénieurs de confiance » emportaient ces plans dans des valises et allaient se promener dans l'île des Cygnes voisine jusqu'à la fin de l'alerte... »

L'équipe dirrigeante de la Compagnie Industrielle des Téléphones (CIT), créée à partir de l'IT en 1946.

1.M. DELFELD	12.M. GUYOT	23.M. LESIGNE	34.M. JANSON
2.__. SOAVI	13.__. DUMONT	24.__. PAPPAZOGLU	35.__. BELLANGER
3.__. BRUNETON	14.__. JACOUPY	25.__. DELANSAYE	36.__. GRANGER
4.__. VACHER	15.__. MERLIN	26.__. LEFEVRE	37.__. RIOU
5.__. LADRÉE	16.__. MUNARI	27.__. JACOMET	38.__. GABET
6.__. OSWALD	17.__. TILLAT	28.__. SEVIN	39.__. AMEAU
7.__. GHYPS	18.__. DELAGARDE	29.__. BOULEAU	40.__. LANCELIN
8.__. HURAULT	19.__. PIRON	30.__. MAGNE	41.__. TERNISIEN
9.__. HENRY	20.__. ROULEAU	31.__. LABROUE	42.__. CAGNAT
10.__. DESCHAMPS	21.__. DUVAL	32.__. CHARLET	43.__. OLIVIER
11.__. HONO	22.__. ASTROTH	33.__. LHOMME	

CIT — 25 JUIN 1949

Au lendemain du conflit

La Libération

La libération du territoire et le rétablissement de l'autorité légitime du gouvernement provisoire de la République permettent à la CGE un retour à la normale sans problèmes majeurs, hormis les handicaps propres à la période 1944-1945 : difficultés d'approvisionnement, de transports, manque de pièces détachées, etc.

La paralysie gagne la Savoisienne au printemps 1944. Seuls les petits appareils sont fabriqués, et de façon irrégulière. Un transformateur de 100 000 kWh commandé par la centrale Stenor de Mazingarbe au début de l'année ne peut être livré que plusieurs mois après la Libération. Après le repli des troupes allemandes, l'outil de travail demeure intact mais est à bout de souffle. Aucun matériel n'a pu être remplacé pendant quatre ans et le travail d'entretien a dû être réduit faute de personnel.

À la Libération, la retraite allemande est rapide et les unités de production lyonnaises ne subissent guère de dommages. Cependant l'usine des Câbles de Lyon à Gerland est victime d'un attentat perpétré par les troupes allemandes. L'incendie, maîtrisé au bout d'une nuit par le personnel de l'entreprise, détruit de nombreux bâtiments et machines, et occasionne une perte de 75 millions de francs.

Libération

Parmi les membres de la CGE qui laissent leur vie dans cette période tragique, il convient de citer André Bollier, ingénieur aux Câbles de Lyon, qui s'engage très vite dans la Résistance et meurt fusillé le 17 juin 1944, à l'âge de 24 ans.
Le défi que constitue la reconstruction du pays à partir de 1945 est bien sûr une chance pour une entreprise au potentiel technique élevé comme la CGE, dont les effectifs se sont reconstitués grâce au retour d'une main-d'œuvre qualifiée, qu'il s'agisse des prisonniers ou des membres du STO. Dans le climat optimiste de la Libération et de la reconstruction du pays, la première tâche de la Compagnie consiste alors à traiter l'afflux des commandes. Dès 1945, plus de 2 000 transformateurs sont livrés, 3 000 en 1946, dont deux unités de 70 000 kWh pour la centrale de Génissiat et une unité de 100 000 kWh pour celle de Mazingarbe.

Usines de Lyon, vues après la tentative de destruction du 30 août 1944.

Le bilan des années de guerre

En 1945, le panorama de l'économie française est profondément bouleversé. Au cours du premier conflit mondial, les entreprises françaises avaient bénéficié de l'effort de guerre, et le pays était sorti industriellement renforcé. Les lendemains de 1945 sont bien différents. L'occupation du pays a paralysé les investissements et l'indispensable renouvellement des équipements industriels. Tout au long des années de guerre, les entreprises se sont néanmoins efforcées de maintenir en état de fonctionnement leur appareil de production et d'alimenter dans la mesure du possible le marché intérieur, en préservant l'emploi malgré un contexte général de pénurie.

Même si la CGE dispose durant cette période difficile d'une direction efficace et d'un personnel de haut niveau, elle apparaît pourtant, à la Libération, plus faible qu'à la veille du conflit. En 1946, son chiffre d'affaires reste en dessous de celui de 1938 et dépasse à peine celui de 1931. Ses usines souffrent de sous-équipement et d'un matériel obsolète. C'est pourquoi l'inquiétude perce face aux grands concurrents internationaux. Chez tous les belligérants, y compris l'Allemagne, l'effort de guerre s'est accompagné d'une progression technique sans précédent. Si, sur le plan scientifique, la plupart des réalisations sont antérieures à la guerre, leur mise en application, avec tous les acquis qui en découlent, fait défaut à l'industrie française.
La question majeure de l'après-1945 reste ainsi le rattrapage du retard industriel pris sur les concurrents étrangers. Or, la nationalisation du secteur de production et de distribution d'énergie, destinataire de l'essentiel de la production industrielle de l'entreprise, et qui joue un rôle important dans la recherche et dans la réalisation de produits nouveaux, est durement ressentie. La CGE a en outre le sentiment d'être coupée de ses origines historiques. Cette décision aura pourtant des conséquences favorables, dans la mesure où elle vient confirmer le recentrage industriel de la CGE, déjà largement entamé.

NATIONALISATIONS ET LOIS SOCIALES

« Car c'est une révolution, la plus grande de son histoire, que la France, trahie par ses élites dirigeantes et par ses privilégiés, a commencé à accomplir... » Dans ce discours, prononcé à Londres le 1er avril 1942, le général de Gaulle laisse augurer une profonde transformation économique et sociale de la France après la victoire. La plupart des mouvements de résistance l'accompagnent dans son analyse des causes de la défaite et de la collaboration.

Le Conseil national de la Résistance l'exprime d'ailleurs dans son programme du 15 mars 1944. Les nationalisations de la Libération résultent donc d'un consensus de la classe politique que les Français approuvent largement. Inaugurées par l'ordonnance sur les Houillères du Nord en décembre 1944, les nationalisations se terminent avec celle d'Air France en juin 1948. Elles concernent le secteur du crédit, avec la Banque de France et la Banque de l'Algérie, les quatre principales banques de dépôts (le Crédit Lyonnais, la Société générale, la Banque nationale pour le commerce et l'industrie et le Comptoir national d'escompte de Paris) et 34 compagnies d'assurances ; celui des transports, avec la Compagnie générale transatlantique, la Compagnie des messageries maritimes, Air France et la création de la RATP ; et le secteur de l'énergie, avec les Houillères et la création d'EDF et de GDF. En dehors des nationalisations-sanctions de Renault et des moteurs Gnome-et-Rhône, l'industrie n'est pas touchée. Il faut ajouter à cette liste l'École libre des sciences politiques, à qui l'on reproche de mal former les hauts fonctionnaires, et la Société nationale des papiers de presse, dont la nationalisation vise à garantir aux journaux de façon équitable leur approvisionnement en papier. Marcel Paul, ministre de la production industrielle de novembre 1945 à décembre 1946, supervise les nationalisations pour le gouvernement. Membre du parti communiste français et ancien dirigeant de la Fédération de l'éclairage de la CGT, il suit d'un œil particulièrement attentif la nationalisation du secteur électrique, qu'il avait déjà réclamée avant la guerre. En dépit de longs débats techniques, le parlement vote facilement la loi du 8 avril 1946, créant deux sociétés, EDF et GDF, financièrement autonomes, mais sous tutelle du ministère de l'Industrie. Tous les réseaux de distribution électrique sont nationalisés, mais les centrales des houillères, de la SNCF et de la sidérurgie sont exclues, ainsi que la Compagnie nationale du Rhône. Les actionnaires des compagnies électriques reçoivent en échange des obligations de la Caisse nationale de l'énergie qui comprennent un intérêt fixe de 3% et un intérêt variable complémentaire, garanti par la loi, correspondant à 1% du chiffre d'affaires d'EDF. Simultanément, une législation sociale se met en place à la Libération, mouvement qui touche la plupart des pays industrialisés, quels que soient les partis politiques au gouvernement. Après les angoisses de la crise des années 30 et les souffrances de la guerre, cette politique renoue avec les expériences du New Deal de Roosevelt. La Grande-Bretagne aborde la première ces problèmes, avec la publication du rapport de sir William Beveridge, le 1er décembre 1942. Les mesures prises par le gouvernement travailliste en 1945 (sécurité sociale pour tous, accompagnée de la nationalisation des services médicaux et hospitaliers) donnent naissance au Welfare State, l'État Providence. En France, les ordonnances des 4 et 19 octobre 1945 créent la sécurité sociale, en lui rattachant les anciennes assurances et en y assujettissant tous les salariés. Les cotisations aux assurances sociales se répartissent entre le salarié (6% du « salaire plafond ») et l'employeur (12%). Bien que les non-salariés ne soient pas couverts avant les années soixante et que des régimes spéciaux soient créés pour les mines, la SNCF et l'EDF, le principe fondamental reste la solidarité, entre les individus, entre les régions et entre les professions.

Extrait de l'ouvrage les Trusts *publié par* l'Humanité, *janvier 1938.*

Concernant 9 millions de salariés en 1945, le système s'étend progressivement à 15 millions de personnes dès 1949, et se complète d'une aide aux « économiquement faibles » et d'une allocation-logement. En 1949, les diverses prestations sociales représentent déjà 12% du revenu des ménages français. Seules les allocations-chômage restent à la charge de l'État. Enfin, la loi du 11 février 1950 établissant un salaire minimum interprofessionnel garanti (SMIG) parachève le dispositif visant à assurer un revenu et une protection à tous les Français. Parallèlement à la protection sociale, l'ordonnance du 22 février 1945 impose la création des comités d'entreprise dans les établissements industriels et financiers de plus de 100 salariés (une loi de 1946 étendra les comités d'entreprise aux établissements de 50 salariés). Le comité d'entreprise, organisme consultatif, instaure une meilleure concertation entre employeurs et salariés.

La production d'énergie au service de la nation

Nationaliser l'énergie électrique

La nationalisation de l'industrie électrique s'inscrit, outre sa dimension politique et symbolique, dans l'ensemble des mesures qui affectent la production d'électricité dès la fin des années 1930. Les progrès de l'interconnexion, l'unification des lignes haute tension à 150 000 et 220 000 volts aboutissent à une rationalisation du réseau autour de trois pôles thermiques, le Nord, la Lorraine et Paris, et de trois zones hydrauliques principales, la Savoie et le Dauphiné, l'ouest du Massif central et les Pyrénées. Cette dernière recouvre une forte concentration financière, autour des groupes Durand et Mercier et du tissu de relations et de participations qui relient la Compagnie Thomson, le groupe Empain, le Comité des Houillères, Alais Froges et Camargue, la sidérurgie lorraine et la CGE. « La nationalisation de l'électricité ne s'imposait pas à l'esprit tant que l'industrie conservait un caractère local », explique Paul Ramadier, ancien ministre chargé des questions de l'énergie en 1936 et rapporteur de la loi sur la nationalisation de l'électricité. « L'idée de rattacher à la nation l'entreprise électrique apparut seulement avec les premiers grands barrages. Leur production ne pouvait avoir un caractère local ou régional ; elle dépassait largement les besoins de la région où se trouvaient les installations. Il fallait les évacuer vers des zones de large consommation industrielle ou urbaine, parfois situées à une distance éloignée. L'autorité compétente était nécessairement l'État. »

« Sans doute, poursuit Paul Ramadier, l'industrie électrique n'aurait pas été nationalisée si la nationalisation n'avait pas été inscrite d'avance dans les faits. Mais l'évolution technique ou financière aurait sans doute abouti à des formes intermédiaires, s'il n'y avait eu en 1944 et 1945 ce sentiment puissant que le passé était mort, qu'il fallait l'arracher et tenter une nouvelle aventure. » Dans cet état d'esprit, à la Libération, les ouvriers de plusieurs sociétés d'électricité et de gaz se rendent maîtres de leur outil de travail, surtout dans le sud du pays. Les Compagnies d'électricité et de gaz de Marseille sont réquisitionnées, et un comité de gestion, composé des représentants du personnel et de la ville, en assure de manière provisoire la direction. D'autres occupations surviennent à Alès, Saint-Raphaël, Perpignan et Carcassonne. Très rapidement pourtant, la question de l'énergie se transpose sur le plan législatif.
Les partisans de la nationalisation sont nombreux. Déjà, à la radio de Londres le 20 avril 1943, le général de Gaulle prévoit pour la France « un régime économique et social tel qu'aucun monopole et aucune coalition ne puissent peser sur l'État ni régir le sort des individus, où, par conséquent, les principales sources de la richesse commune soient ou bien administrées ou tout au moins contrôlées par la Nation », d'où la nécessité d'« une féconde réforme dont le pays renouvelé voudra consoler ses enfants ». La charte du 15 mars 1944 du Conseil national de la Résistance prévoit en particulier « le retour à la Nation des principales sources d'énergie ».

Ainsi le général de Gaulle affirme-t-il dans son discours célèbre, qu'il prononce le 2 mars 1945 devant l'Assemblée consultative : « si nous n'imaginons pas l'économie française de demain sans un "secteur libre" aussi étendu que possible, nous déclarons que l'État doit tenir les leviers de commande. Oui, désormais, c'est le rôle de l'État d'assurer lui-même la mise en valeur des grandes sources de l'énergie : charbon, électricité, pétrole, ainsi que des principaux moyens de transport : ferrés, maritimes, aériens, et des moyens de transmission, dont tout le reste dépend. »

Le général de Gaulle.

Bombe A (Nagasaki)

Devant les lenteurs de l'avance américaine dans le Pacifique, le président Harry Truman décide d'employer la bombe atomique pour faire plier le Japon. L'aviation américaine largue une première bombe sur Hiroshima, le 6 août 1945, causant, en quelques secondes, la mort de près de 100 000 personnes, puis sur Nagasaki le 9 août. Cinq jours plus tard, l'empereur Hiro Hito annonce la capitulation japonaise.

Deux projets majeurs coexistent. Le premier, préparé par une commission que préside Léon Perrier, se réunit quatre fois entre janvier et juillet 1945, avec des représentants des ministères intéressés, des syndicats, des sociétés et des collectivités. Il ne prévoit que la nationalisation partielle de quelques sociétés, laissant de côté la distribution et le gaz. Mais c'est le second projet – élaboré dans une sous-commission du CNR – consistant à réunir les secteurs du gaz et de l'électricité et à nationaliser la production, le transport et l'essentiel de la distribution qui l'emporte, sous l'influence de Pierre Le Brun, président de l'Union des ingénieurs et techniciens français (UNITEC) et de la CGT. Ce plan est déposé le 7 juin 1945 devant l'Assemblée consultative provisoire, le débat concluant sur la nécessité de « procéder à la mobilisation et à la nationalisation industrialisée de la production, du transport et de la distribution de l'électricité et du gaz ».

La nomination du ministre communiste Marcel Paul à la tête de la production industrielle accélère le mouvement. Une première rédaction du projet est présentée au Conseil des ministres le 7 décembre 1945, la version définitive à l'Assemblée nationale constituante le 18 janvier 1946. Après une intense bataille de procédure qui permet d'améliorer les conditions offertes aux compagnies intéressées en leur offrant une indemnisation plus proche des réalités financières, la nationalisation est votée au mois de mars 1946 à une très forte majorité : 491 voix pour, 59 contre. Le 8 avril 1946 voit la naissance de l'Électricité de France, EDF. Celle-ci clôt, après 75 années d'électrification du pays, l'ère des compagnies privées.

L'écheveau des indemnisations

Les dirigeants de la CGE accusent très mal le choc de la nationalisation. Anecdote significative, l'un d'eux s'exclame, dans la cour d'honneur de la rue La Boétie, devant l'un des membres de la Compagnie qui s'apprête à monter dans une voiture Renault, désormais nationalisée : « Mais vous utilisez une voiture volée ! » Pourtant, à l'image de l'ensemble des sociétés privées de production et de distribution, la CGE réagit avec prudence et discrétion aux débats qui aboutissent à la nationalisation de 1946. De façon symptomatique, ceux-ci sont très rarement évoqués par le conseil d'administration de la Compagnie. Les compagnies d'électricité, notamment les groupes Durand et Mercier, ont en effet une mauvaise image dans l'opinion et sont l'objet de fortes critiques. On leur reproche d'avoir réalisé d'importants profits en négligeant les investissements, et on reproche en particulier à Ernest Mercier de s'être engagé de façon inopportune dans le débat politique au cours de l'entre-deux-guerres.

La CGE ne se situe pas en première ligne dans ce débat, car son potentiel de distribution est modeste. Mais elle n'accepte pas de gaieté de cœur ce qui apparaît, à ses yeux, comme une spoliation qui frappe l'activité originelle de la Compagnie. Ses dirigeants concentrent en fait leur attention sur le problème de l'indemnisation, qui s'avère très complexe, en raison de la structure du groupe.

On retrouve en effet la CGE au sein de tous les grands groupes de production, de transport et de distribution, par l'intermédiaire de ses participations, directes ou indirectes. Si l'indemnisation des filiales abandonnées lui revient sans problème, la question est beaucoup moins simple en ce qui concerne ses participations financières. Comment répartir les indemnisations des grands groupes entre les différents actionnaires, notamment pour des participations comme celles de la CGE, souvent de l'ordre de 0,4% ou 1% ? Les bons d'indemnisation prévus seront-ils négociables en Bourse afin de fournir les disponibilités exigées par le redéploiement ? Quel rôle assigner à des holdings comme la Lorraine d'Électricité, l'Union houillère électrique ou Électro-Crédit ?

Un holding mixte comme les Mines d'Ostricourt est à ce titre doublement touché, par la perte de son domaine houiller et par celle de ses participations dans le secteur de l'électricité. Or, il constitue, en imbrication étroite avec l'UHE et la CGE, la base de l'édifice de participations « énergie » de la Compagnie. Les interrogations de la CGE et des sociétés privées subsistent jusqu'à la publication de la loi du 8 avril 1946.

La nationalisation prévoit en premier lieu que les compagnies nationalisées conserveront la propriété de leur « domaine propre », c'est-à-dire la part de leurs actifs ne concernant pas la fonction énergie. L'indemnisation, après estimation, se fera en bons à 3% de la Caisse nationale de l'énergie. Ceux-ci seront amortis à partir d'une dotation annuelle de 1% du chiffre d'affaires d'EDF, soit un pourcentage égal à celui affecté aux œuvres sociales du personnel de l'établissement. En définitive, le règlement des participations a lieu par la remise d'obligations de la CNE calculées au nominal et négociables en Bourse. Mais l'inflation et la politique de blocage du prix de l'électricité rendent médiocre la valeur de ces obligations. Elles ne rapportent que 3%, alors que le 1% d'amortissement ne cesse de se réduire en valeur réelle tout au long des années 1950 et 1960 en raison de l'inflation.

Simplifier les structures

La simplification de l'ensemble constitué autour des Mines d'Ostricourt et de l'Union houillère électrique (UHE) s'effectue en trois étapes. La société des Mines d'Ostricourt se liquide en totalité au profit de l'UHE, par échange, en octobre 1950, de la totalité de son portefeuille contre des actions nouvelles de cette dernière. Tous les actionnaires d'Ostricourt deviennent ainsi des actionnaires de l'UHE, dont le capital atteint 127 millions de francs.

De 1946 à 1950, l'UHE regroupe l'ensemble des participations des sociétés nationalisées, Électricité de Marseille, Nantaise ou Meuse et Marne. Celles-ci sont indemnisées en 1951 par la Caisse nationale de l'énergie, sous la forme d'obligations Charbonnages de France et de titres de la CNE, pour un montant total de 2,1 millions de francs. Cette somme permet à la CGE de procéder à diverses acquisitions, dans le cinéma en particulier, avec l'achat de 41,3% du capital de la Gaumont.

Barrage de Bort-les-Orgues, et Dordogne.

L'ÉNERGIE HYDRAULIQUE

L'énergie hydraulique, issue de la force gravitationnelle, est utilisée depuis des siècles dans les moulins à eau ou à vent, par exemple. La performance des roues hydrauliques s'améliore de façon décisive depuis le début du XIXe siècle quand elles deviennent de véritables turbines à haut rendement, capables de fournir des puissances considérables. Deux Français contribuent largement à ces progrès : Jean-Victor Poncelet et surtout Benoît Fourneyron, inventeur de la turbine moderne en 1827.

Les turbines hydrauliques du XIXe siècle sont utilisées directement en tant que moteurs hydrauliques dans les usines installées près d'un cours d'eau, ou bien pour produire de l'électricité par l'entraînement d'une dynamo puis d'un alternateur dès l'apparition de ces machines électromagnétiques. Plusieurs types de turbines sont mises au point en fonction de la hauteur de la chute d'eau : en 1850, la turbine du Britannique James B. Francis s'adapte aux chutes moyennes, créées généralement par un barrage de montagne; la turbine de l'Américain Lester A. Pelton, mise au point elle aussi vers 1850, fonctionne avec les hautes et très hautes chutes pouvant atteindre plusieurs centaines, voire 1 000 mètres de dénivelée ; et la turbine du Tchèque Victor Kaplan est conçue vers 1920 pour les basses chutes des barrages en rivière « au fil de l'eau » aussi bien que pour les centrales marémotrices. Généralement installées à « axe vertical », les turbines Francis et Kaplan permettent d'entraîner un générateur localisé au-dessus de la turbine; les turbines Kaplan des « groupes bulbes » font exception par leur axe horizontal et sont intégrées, avec l'alternateur, dans des « bulbes » totalement étanches immergés dans l'eau. Les turbines Pelton, toujours à axe horizontal, entraînent un générateur situé à côté de la turbine.

Enfin, dernière étape, l'UHE fusionne avec la CGEM en 1953, ce qui permet de combiner les forces, de réunir le portefeuille des deux sociétés et de relancer une activité de production. Le conseil d'administration de l'UHE remarque ainsi, en février 1953, que la CGEM « recherche de son côté un élargissement de ses activités. Cette société a apporté à la Cégédur les usines et fonds de commerce précédemment donnés en location. [...] Préoccupée d'autre part par [la nécessité] de se reconstituer un actif industriel propre, la CGEM va reprendre les Toiles métalliques de Rai-Tillières, formant jusqu'à présent un département de la CGE, et les Feutres Weiller, dont toutes les actions sont possédées ou contrôlées par la CGE. Cet ensemble représente un chiffre d'affaires annuel de l'ordre du milliard de francs. Une fusion entre la CGEM et l'UHE réunirait tous les avantages : reprise d'une exploitation directe et accroissement important du portefeuille. Elle conduirait à la constitution d'un actif réel comportant à la fois des exploitations industrielles qui ont fait dans le passé la preuve de leur rentabilité et un portefeuille de valeurs sûres, suffisamment variées pour donner l'assurance d'un rendement régulier. »

PORTE de
VERSAILLES
590

La fusion intervient dans cet esprit de complémentarité, la CGEM absorbant l'UHE par l'échange de 3 actions de celle-ci contre 2 actions de la première. Comme le déclare avec un certain lyrisme le président de l'Union houillère et électrique au moment de l'assemblée générale de dissolution : « La CGEM dont vous allez être désormais actionnaire appartient elle aussi au groupe de la CGE. Ainsi s'affirme une véritable continuité qui peut satisfaire les sentiments mais qui vous assure aussi que vos intérêts se trouveront demain comme hier défendus selon les traditions que vous connaissez... L'UHE se fond dans le sein d'une entreprise considérablement plus puissante, sur laquelle vous pouvez sans crainte reporter votre fidélité et votre attachement. » La page de l'avant-guerre est définitivement tournée.

La nationalisation et les conditions d'une indemnisation favorable libèrent la CGE d'un groupe d'entreprises sans perspectives réelles de développement, affectées par la fixation arbitraire du prix du kilowattheure, en décalage permanent avec l'inflation. La garantie d'une participation importante à l'équipement du réseau national se trouve modifiée dans la mesure où l'unification de l'EDF met tous les grands producteurs électrotechniques dans les mêmes conditions face à un client monopolistique unique. En outre, l'unification des réseaux et la disparition des grands groupes privés rendent inutile la stratégie de participations mise au point par la CGE dans l'entre-deux-guerres. Ces changements ouvrent la voie à la restructuration des sociétés financières du groupe, prélude à une réorganisation industrielle d'ensemble.

La RATP (1948)

Créée par la loi du 21 mars 1948, la Régie autonome des transports parisiens absorbe le réseau ferroviaire de la CMP et le réseau de la surface STCRP. La fusion de la route et du rail, de l'électricité et du pétrole et de deux cultures d'entreprise souvent contradictoires, pose pendant plusieurs années des problèmes de cohabitation, dans une entreprise en principe autonome, mais sous tutelle de l'État.

La reconstruction

Avant même la fin des négociations avec l'État concernant les indemnisations, la CGE et ses dirigeants prennent un nouvel élan. À la suite de la création d'EDF et de l'indemnisation des détenteurs de titres, le groupe détient des capitaux importants. Dès lors, deux axes se dessinent : tout d'abord, satisfaire la demande intérieure grâce à une politique d'investissement active, et, parallèlement, augmenter les participations de la CGE, soit dans les sociétés où elle est déjà présente, soit dans des filiales et des secteurs nouveaux.

Produire

L'évolution économique de l'après-guerre est marquée jusqu'en 1948 par l'impératif de la reconstruction. La reconstitution des infrastructures est en effet une priorité incontournable. Dès la fin de 1945, les transports ferroviaires et la production de charbon retrouvent leur niveau d'avant-guerre. Dans le premier plan quadriennal de modernisation et d'équipement, lancé en 1947 sous l'égide de Jean Monnet, l'indépendance énergétique du pays est l'un des objectifs majeurs, avec la primauté donnée à l'hydro-électricité sur l'électricité thermique. Le plan Monnet établit ainsi des priorités : construction d'un réseau ferré efficace et relance de l'industrie lourde. C'est dans ce cadre que la CGE va développer son activité.

Les difficultés d'approvisionnement en matières premières et particulièrement en charbon gênent pourtant la remise en route des usines. La sous-production et l'accroissement des charges issu du relèvement des salaires – sans compensation possible du fait de l'insuffisance des prix de vente – entraînent ainsi des déficits d'exploitation pour la plupart des établissements, un leitmotiv qui rythme les premières années de l'après-guerre. C'est pourquoi la trésorerie de la CGE connaît quelques difficultés. La Compagnie doit en effet financer la reconstitution de ses stocks, entreprendre la reconstruction et le rééquipement de ses usines, adapter enfin son fonds de roulement au relèvement des prix. Deux emprunts sont contractés auprès du Crédit suisse en 1946 et du Crédit national en 1947 ; un crédit de préfinancement est négocié auprès de la Caisse des marchés en 1948. De plus, la CGE réalise progressivement l'importante masse de titres détenus sur des entreprises de distribution d'électricité nationalisées : peu à peu, la trésorerie se reconstitue.

« RETROUSSONS NOS MANCHES »

En 1945, la production industrielle ne représente que 38% de celle de 1938 et la production agricole 60% ; les prix, multipliés par quatre en raison des pénuries, décollent, alors que les salaires stagnent. 600 000 Français ont été tués pendant la guerre et la population active a diminué de un million de personnes. Les destructions de logements, d'usines et d'ouvrages d'art sont nombreuses. Les Français se lancent dans la bataille de la production, orchestrée par les partis et les syndicats, pour reconstruire et moderniser le pays.

Avec le plan Monnet et les nationalisations, les investissements reprennent dans les secteurs des biens d'équipement et des industries de base. En revanche, les biens de consommation, les logements et l'agriculture restent en retrait. Le rationnement du pain ne disparaît qu'en janvier 1949 et celui du lait et des textiles au printemps suivant. Jusqu'en 1952, on ne construit que 60 à 80 000 logements par an, moins qu'en 1938, alors que la population française, en plein « baby-boom », augmente de deux millions d'habitants en cinq ans.

Dans ce contexte, les aides apportées par le plan Marshall arrivent opportunément. La France bénéficie de 20% du total de l'aide américaine à l'Europe, soit 2,6 milliards de dollars de crédits et de dons (pour 85%) qui lui permettent de financer son déficit extérieur et ses investissements.

En 1952, pratiquement toutes les productions dépassent le niveau de 1938, voire de 1929, et pour certains secteurs comme l'électricité ou les engrais, les progrès sont bien plus conséquents. La France se montre fière de ses 2 CV, de ses locomotives et de son barrage de Génissiat. Le dynamisme économique revient et l'effort productif peut bientôt s'orienter vers la consommation.

Les Ateliers de constructions électriques de Delle et la Société savoisienne de constructions électriques, spécialisés dans le gros matériel, bénéficient dès 1945, avec les Câbles de Lyon, d'importantes commandes liées à la réparation des dommages de guerre. Des mesures d'urgence s'imposent pour satisfaire la demande du marché. Un programme d'extension de 100 millions de francs à réaliser en 1947 est lancé pour Delle. On veille également à favoriser une plus grande productivité : « une organisation du travail de plus en plus poussée permettra d'obtenir le meilleur rendement possible des moyens existants, et notamment d'améliorer l'outillage dans toute la mesure compatible avec les possibilités d'importation de machines », déclare la direction de la CGE en 1946.

L'afflux des commandes s'intensifie avec la réalisation du plan Monnet à partir de 1947 et conduit les trois filiales à renforcer leurs moyens de production. À cette époque, le secteur du gros matériel connaît moins de difficultés dans la recherche de débouchés que dans la production elle-même, en rupture de charge permanente. Les pénuries d'énergie, de matières premières et de main-d'œuvre qualifiée sont chroniques. Elles affectent également les Câbles de Lyon, qui souffrent d'un manque de personnel et d'une pénurie de plomb. Il faut attendre 1952 pour que disparaissent les problèmes d'approvisionnement de matières premières des Ateliers de Delle et de la Savoisienne.

Entre 1947 et 1949, les Ateliers de Delle accroissent leur production annuelle de 20%. Mais cela ne suffit pas à satisfaire les besoins du marché intérieur et les possibilités d'exportation. « La demande est énorme et il y a lieu de pousser la production », convient, de façon unanime, le conseil d'administration, qui lance un programme de développement des moyens de production. Les Ateliers de Delle ont déjà transféré la fabrication des contacteurs, des coupe-circuits et des disjoncteurs à basse tension dans une usine à Saint-Quentin. La société Adda, filiale italienne de la CGE, assure l'exécution de certaines commandes de disjoncteurs. Parallèlement à ces mesures de rationalisation, les Ateliers de Delle acquièrent, en 1949, une usine appartenant aux Sucreries et Raffineries de Chalon-sur-Saône. Ils y transfèrent la fabrication d'équipement blindé formant les éléments de cellule normalisés des postes de transformation. Bénéficiant d'une technique mise tout récemment au point par Delle, la nouvelle usine emploie 300 ouvriers.

L'établissement de Villeurbanne continue pour sa part à fournir l'appareillage de ces mêmes postes. La CGE lui accorde, en juillet 1949, un crédit de 75 millions de francs pour l'extension du hall de montage. Les Ateliers de Delle se déchargent également d'une partie de leur production sur l'usine de Vitry appartenant à la Compagnie générale d'équipement aéronautique (CGEA), contrainte à la reconversion par la récession du secteur au lendemain de la guerre. En 1949 également, la Savoisienne double la surface de son hall de montage des gros transformateurs dans l'usine d'Aix-les-Bains, puis prend une participation majoritaire dans la société des Forges de Poyet, qui possède une petite usine à Frontenex-en-Savoie.

« L'ARDENTE OBLIGATION » DU PLAN

En décembre 1945, Jean Monnet, entouré d'Étienne Hirsch et de Robert Marjolin, avec l'accord discret du général de Gaulle, rédige son « mémorandum », qui donne naissance au décret du 3 janvier 1946. Celui-ci prescrit l'établissement « d'un premier plan d'ensemble pour la modernisation et l'équipement de la métropole et des territoires d'outre-mer ». Le gouvernement nomme Jean Monnet commissaire général au Plan, et l'assiste d'un conseil.
Aidé dans sa tâche par les outils statistiques que fournit l'INSEE, créé en avril, Jean Monnet réunit 18 « commissions de modernisation et d'équipement » associant patrons, syndicalistes, techniciens et fonctionnaires, c'est-à-dire tous ceux qui contribuent à la prise de décisions et qui sont chargés d'appliquer le plan.
Face aux retards accumulés avant et pendant la guerre, la reconstruction ne servirait à rien si elle ne s'accompagnait pas d'une modernisation rapide. Le premier plan, adopté en 1947, se fixe pour objectif d'augmenter la production de 25% par rapport à 1929, en définissant six secteurs prioritaires (le charbon, l'électricité, l'acier, le ciment, les transports et le machinisme agricole), auxquels s'ajoutent ensuite les carburants et les engrais. On prévoit un développement plus lent des autres branches industrielles.
Le financement, point faible du plan Monnet, est assuré lorsque les Américains mettent en place le plan Marshall d'aide au relèvement de l'Europe. Monnet peut en effet proposer immédiatement des secteurs d'investissement et drainer ainsi des capitaux. Le plan devait se terminer en 1950, mais il est prolongé jusqu'en 1952 pour coïncider avec la fin du plan Marshall. Le bilan est positif, et, même si la production de 1952 ne dépasse celle de 1929 que de 10%, la croissance reprend. Les fonctionnaires, les patrons et les syndicalistes apprennent à travailler ensemble et à promouvoir des projets à long terme pour l'économie française. La succession de Jean Monnet revient à Étienne Hirsch (de 1952 à 1958) puis à Pierre Massé (de 1959 à 1966).

En 1946, les Câbles de Lyon agrandissent leurs ateliers, regroupent leurs laboratoires et acquièrent du matériel pour remettre en route leurs activités et se maintenir dans la course à la production. Si le véritable démarrage intervient plus tard, à la suite de la fusion de la société avec deux importantes câbleries françaises à la fin des années 1960, les implantations existantes sont renforcées et agrandies. Outre l'usine de Lyon à Gerland – qui fabrique des câbles d'énergie (câbles armés), des fils et câbles isolés en caoutchouc ainsi que des câbles téléphoniques – et celles de Bezons et Calais, spécialisées dans les câbles sous-marins, une nouvelle usine est construite à Bourg-en-Bresse, prolongeant l'activité des ateliers de câbles de transport d'énergie de Lyon.

Transformateur triphasé de 70 000 kWh fourni par la Savoisienne pour la centrale de Génissiat.

Génissiat

Commencée en 1939, la construction du barrage de Génissiat, ralentie par les hostilités, prend fin après la guerre. Inauguré en grande pompe, il devient un symbole de la Reconstruction, à laquelle ont participé la CGEE, Alsthom et la SGE, plusieurs sociétés bientôt amenées à connaître une histoire commune.

LA TRÉFILERIE, UNE INDUSTRIE SPÉCIALISÉE

Une tréfilerie existe en amont des usines des Câbles de Lyon, pour leur fournir en particulier les conducteurs tréfilés. Le travail des tréfileurs reste longtemps difficile car les machines sont très bruyantes et les manipulations salissantes. Au cours des années 1950, la tréfilerie se dote d'un équipement moderne composé de machines à cadences très rapides, utilisant le procédé britannique du recuit continu.
Le fil-machine, produit par une autre branche de l'industrie à partir de billettes de cuivre, passe successivement dans des filières qui le réduisent par étirage. Les tréfileuses à recuit continu évitent au métal, de plus en plus mince et qui circule de plus en plus vite d'une filière à l'autre, de se briser, car les opérations écrouissent le métal et tendent à le durcir. En fin de parcours, le fil s'engage dans un tuyau parcouru par un courant électrique et de la vapeur d'eau, causant, par effet Joule, un échauffement qui lui redonne une certaine souplesse. Auparavant, cette ultime étape s'effectuait à part et était beaucoup plus onéreuse. À la même époque et jusqu'aux années 1950, les cuves d'acide sulfurique ayant servi au décapage étaient déversées directement dans... le Rhône, ce qui suscitait de graves conflits avec les riverains. Une solution est adoptée en 1957 pour remédier à ce problème, témoignant d'une démarche industrielle très moderne à l'époque. Celle-ci allie en effet, grâce à une technique de recyclage, le souci de l'environnement à celui de l'économie. Lors de la vidange des cuves, le cuivre déposé est désormais récupéré puis renvoyé à Cégédur.

Dès juin 1947, le conseil d'administration présente un tableau encourageant de l'activité des usines depuis l'exercice 1946 : « Leurs fabrications, qui répondent pour la plupart à des besoins d'équipement, ont donné lieu à des commandes et à un chiffre d'affaires dont le montant a excédé largement le double de l'année précédente ; la production de vos usines a marqué un nouveau progrès et a dépassé, dans plusieurs départements, son niveau d'avant-guerre.
Ce redressement, qui n'est d'ailleurs pas particulier à votre Compagnie et peut être heureusement constaté dans d'autres branches de l'économie française, a été facilité par un meilleur approvisionnement en matières premières ; les importations de cuivre, notamment, ont été satisfaisantes. »

Investir

Dans sa politique de développement, la CGE souscrit aux diverses augmentations de capital des sociétés dans lesquelles elle est déjà engagée et multiplie les prises de participation nouvelles. Ainsi, en mars 1945, la Compagnie acquiert une partie du capital de la Compagnie des signaux et d'entreprises électriques et investit dans Peñarroya, Pechiney et Cégédur. Au cours du dernier trimestre de l'année 1946, elle participe à l'augmentation de capital des Ateliers de Delle, de la Savoisienne, du Caoutchouc SIT, de la Compagnie générale d'entreprises électriques et de la société Fulmen. Enfin, la Compagnie prend une participation majoritaire dans la société des Procédés Sauter où elle est présente depuis 1926.

Poste de Mazingarbe dans les mines du Nord Pas-de-Calais fourni par la Savoisienne.

Les Procédés Sauter ont été créés à Bâle par l'inventeur du chauffe-eau électrique, qui a donné son nom à l'entreprise. La société s'appuie en France sur deux unités industrielles, l'une située à Saint-Louis, en Alsace, et l'autre en Seine-et-Marne. Pendant la guerre, l'usine de Saint-Louis, particulièrement exposée, est déménagée et réinstallée à Claye-Souilly. Spécialisée dans la fabrication de matériel électrodomestique – radiateurs, cuisinières, chauffe-eau –, elle emploie 500 personnes quand René Dubart, entré à la Nantaise d'Électricité en 1926, en prend la présidence après la nationalisation du secteur de la distribution. Si les usines sont peu endommagées, le personnel d'encadrement, en revanche, est plutôt médiocre et le redémarrage de l'entreprise prend du temps. L'introduction de fabrications nouvelles, comme les machines à laver, nécessite en effet une adaptation des usines, des procédés et des hommes, qui s'effectue lentement. Pour soutenir le développement des Procédés Sauter, la CGE participe, en renforçant ses positions, à plusieurs augmentations de capital après la guerre.
De 1946 à 1950, le portefeuille de la CGE s'étoffe par des prises de participation dans diverses sociétés (Soudure Exotherme, Compagnie générale d'électro-céramique, Seichime) ou par sa contribution à des augmentations de capital (CGEA, Société nantaise d'exploitation de véhicules et tracteurs électriques, VECTRA).
La CGE investit également dans ses filiales en leur apportant, en plus du capital, des établissements industriels ou des terrains que celles-ci utilisaient déjà souvent à titre locatif. Ces apports répondent à l'exigence d'une meilleure organisation industrielle et constituent une ébauche de rationalisation des activités du groupe. Fin 1946, la CGE et la CGEM apportent ainsi à la Cégédur des immobilisations et des fonds de commerce. En 1947, le groupe fournit à la société des Caoutchouc SIT des terrains et des immeubles à proximité de l'usine de Clichy.

Le 20 mars 1947, le personnel de direction et les agents commerciaux des Procédés Sauter se réunissent à l'usine Saint-Louis autour de leur président, René Dubart (premier rang, 5e vers la gauche) et de l'inventeur (au centre).

En 1947, la CGE entreprend l'aménagement de l'usine Leclanché et procède à différents travaux dans l'usine d'Orléans. Cependant, ses efforts se portent massivement sur le secteur de la construction et les industries des courants forts.
En 1948, la Manufacture d'isolants et objets moulés s'agrandit en ouvrant une seconde usine à Saint-Dié, pour faire face au développement des thermoplastiques. La nouvelle unité fabrique des séparateurs d'accumulateurs en polychlorure de vinyle et des filtres à air pour l'automobile et l'industrie en général.
En 1948, la CGE cède aux Ateliers de Delle ses installations près de Saint-Quentin, dans l'Aisne, et à la Société des laminoirs d'Alsace, l'usine et ses terrains. La filiale Leclanché reçoit pour sa part les immobilisations de Chasseneuil-du-Poitou. L'année suivante, la Compagnie apporte au Joint Français un terrain à Bezons pour l'édification de nouveaux bâtiments industriels.

De l'IT à la CIT : la constitution du pôle téléphone

L'après-guerre est marquée tout d'abord pour l'IT par l'entrée en vigueur de l'accord signé le 30 novembre 1942 entre la CGE et la Compagnie générale de télégraphie sans fil (CSF). La CGE, qui pressent l'apparition d'un nouveau marché, sans parvenir cependant à entamer les positions dominantes d'ITT, s'allie avec la CSF. Applicable au 1er novembre 1944, cet accord signifie la volonté de la CGE de s'engager dans le téléphone, déjà affirmée en 1938 lors de l'absorption de la Société industrielle des téléphones (SIT).
Née au début du siècle, la CSF est sans conteste la seule entreprise française de taille internationale dans le domaine des transmissions hertziennes. Outre ses nombreuses filiales et participations, la CSF dispose d'un potentiel de recherche unique en France, dans le domaine de la radio, des lampes de TSF et de la télévision naissante, à laquelle elle s'intéresse dès la fin des années 1920. Employant 9 000 personnes en 1943, la CSF compte de nombreux ingénieurs, un laboratoire de recherches de 410 personnes de haute qualification, et dispose de nombreux brevets, en France comme à l'étranger. Elle appartient notamment au « Consortium des brevets français radio », qui gère des brevets sous licence Thomson, Philips et bien d'autres encore.

LE GROUPE CSF

Le groupe CSF puise ses racines dans la Société française radio-électrique (SFR), fondée le 12 mars 1910 par Émile Girardeau. Le succès de la société, qui réunit 50 personnes dans son unique laboratoire de Suresnes à la veille de la Grande Guerre, arrive rapidement...sous les tropiques. En effet, la SFR débute en développant une technique de transmission basée sur l'usage de fréquences musicales qui diminue les effets des parasites, particulièrement gênants sous les latitudes tropicales. Le succès d'un essai de liaison radiotélégraphique selon cette formule, au Congo, entre Brazzaville et Loango, sur la côte atlantique, incite la Belgique à choisir la jeune société française pour équiper le Congo belge d'un vaste réseau télégraphique.
Les contrats s'enchaînent ensuite, la SFR élargissant ses possibilités d'intervention en participant à la création, en 1918, du Groupe industriel des Compagnies françaises de TSF. La SFR côtoie dans ce groupement d'intérêt économique deux sociétés, la Compagnie générale de télégraphie sans fil, issue de la Compagnie universelle de télégraphie et téléphonie sans fil constituée en 1914, et la Compagnie générale radiotélégraphique, fondée en 1911. Coordonné par la CSF, le Groupe encourage la création de sociétés spécialisées, comme la Compagnie radio-maritime, chargée de la fabrication des postes de la marine marchande, la Radiotechnique, consacrée au matériel radioélectrique grand public, la Compagnie radio-cinéma, pour les équipements cinématographiques ou la Compagnie radio-orient qui exploite en Syrie un grand centre de radiocommunications.
Véritable pôle technique du Groupe pendant plusieurs années, la SFR, cantonnée au matériel professionnel, fait preuve d'une grande vitalité dans la recherche. Elle prend en particulier une position enviée et unique en France dans l'organisation des liaisons transcontinentales. Parallèlement, le brillant ingénieur de la SFR, Maurice Ponte, qui deviendra plus tard président-directeur général de la CSF, invente le magnétron SFR, fondement du détecteur électromagnétique diffusé à partir de 1934 sous la célèbre marque américaine RADAR.

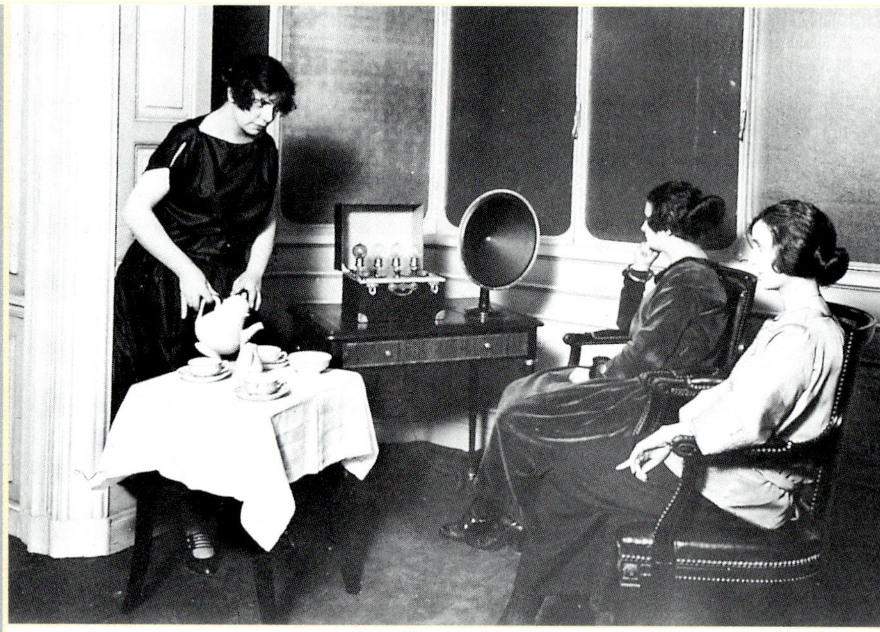

Haut-parleur Radiolavox fabriqué par la SFR à Levallois en 1928 - 29.

L'alliance entre la CGE et la CSF est confirmée en mars 1944, les deux sociétés s'inquiétant de l'influence de la société américaine LMT auprès des autorités françaises, tant pendant l'occupation qu'à la Libération. Le dossier d'accord entre la CGE et la CSF estime, de façon significative, qu'il est « inadmissible que (les pouvoirs publics) aient accordé à une société membre d'un trust étranger des avantages qu'aucune société française n'aurait osé espérer », comme le financement de deux laboratoires de recherche et de divers frais d'études... Le constructeur suédois Ericsson et surtout deux filiales d'ITT, la Compagnie générale de construction téléphonique (CGCT) et la LMT, assurent alors l'essentiel du marché français de la téléphonie, le groupe américain ayant obtenu la majorité des commandes de centraux automatiques français dans l'entre-deux-guerres.

Mais les grèves de l'été 1947 perturbent les débuts de la CIT, tout comme les carences de paiements des PTT, principal client de la jeune société. Celle-ci doit alors procéder à des mesures de compression des dépenses non productives et de personnel. La CGE lui apporte son concours par un crédit de 250 millions de francs et sa garantie sur une avance de la Caisse des marchés.
En 1945 et en 1947, la CGE se désengage du capital de la Société des Lignes Télégraphiques et Téléphoniques (LTT) et du Service d'études pour les liaisons téléphoniques à longue distance (SELT) pour se consacrer, en interne uniquement, et à une plus grande échelle, à la téléphonie.
En 1946, un deuxième fait marquant vient modifier le profil de la branche « Téléphonie » de

la CGE. L'IT, qui emploie 2 500 personnes, devient une société autonome, la Compagnie industrielle des téléphones, CIT. À l'issue de la guerre, le pays reste en effet sous-équipé et le développement des télécommunications représente un marché prometteur. Le groupe dote en conséquence sa branche téléphone d'un important service de recherches et d'un laboratoire moderne très coûteux, afin de lui permettre d'acquérir une technique propre. Début 1946, l'IT perd de l'argent, du fait de ses frais de recherche et d'études. La CGE souhaite donc se décharger du financement dispendieux de ces fabrications en faisant appel à des participations étrangères au groupe ou à des capitaux extérieurs.

Le contexte est favorable. La France doit combler le retard accumulé durant les années d'Occupation, pour rattraper le niveau d'équipement de certains pays étrangers. Les PTT sollicitent d'ailleurs l'IT pour mettre en œuvre de nouvelles extensions. L'administration souhaite s'équiper de fabrications spécifiquement françaises, aux côtés des parts déjà prises par l'industrie américaine. Comme le note le conseil d'administration de la CGE du 4 décembre 1946, « du fait des circonstances exceptionnelles des dernières années, le développement de la branche "Téléphonie" a débordé le cadre qui avait été envisagé lorsque la CGE s'était intéressée à ces fabrications. [...] Dans ces conditions, il apparaissait que cette branche d'activité devenait disproportionnée dans le cadre de la CGE et qu'il convenait de l'en détacher. »

Fin 1946, le département du matériel téléphonique de la CGE devient donc une société anonyme au capital de 250 000 millions de francs, divisé en 500 000 actions, dont 380 000 sont créées pour rémunérer les apports de la CGE. L'histoire de la CIT, sur laquelle, après la nationalisation de 1946, la CGE place de grands espoirs comme futur axe de développement de la Compagnie, peut commencer.

La constitution de la Compagnie industrielle du téléphone, l'entente avec le groupe Pechiney, par l'intermédiaire de la constitution de la Cégédur, la fusion de l'Union houillère et électrique avec la CGEM, le transfert à celle-ci du secteur des toiles métalliques (pour la papeterie), le renforcement des Câbles de Lyon, de Delle et de la Savoisienne, comme celui du pôle des accumulateurs autour de la SAFT... autant de décisions qui préfigurent le groupe industriel qui prendra forme au cours des décennies suivantes. Quand s'amorce la croissance économique des « Trente Glorieuses », les différentes branches et sociétés de la CGE ont modernisé leurs équipements, renforcé leurs moyens financiers et retrouvé, de façon générale, le niveau de production d'avant-guerre. Ayant complètement abandonné ses métiers d'origine, la production et la distribution de courant et les tréfileries, après celui des lampes en 1923, la CGE s'engage clairement dans la double direction de l'électrotechnique et des« courants faibles », ce que l'on appellera quelques années plus tard « l'électronique ». Un nouvel enjeu s'ouvre, celui de la rationalisation et du changement d'échelle d'un groupe industriel en gestation. Ainsi que le résume le président Jacques Jourdain devant l'assemblée générale des actionnaires réunie le 31 mai 1948 : « Dès maintenant, l'outil de travail est en ordre, les stocks indispensables reconstitués, vos usines en pleine activité, le volume de leur production largement supérieur à celui de 1938 : la structure de votre Compagnie a conservé sa souplesse et sa solidité, vos branches sont animées par des directeurs généraux de haute valeur, conduites par des ingénieurs distingués, des techniciens et des cadres éprouvés, mises en valeur par des ouvriers consciencieux et habiles – tous enfin ont conservé ce dévouement à l'œuvre commune, cet admirable esprit d'équipe inspiré dès 1898 par le fondateur de votre entreprise, sans cesse développé par ses dirigeants et qui sera demain comme hier la grande force de la CGE.
Au moment où votre Compagnie double le cap du cinquantenaire, nous avons le devoir, messieurs, de vous remercier de la confiance que vous n'avez cessé de lui témoigner ; les éléments réconfortants que nous venons de constater ensemble nous donnent toute raison de penser que cette confiance trouvera dans un proche avenir sa juste récompense. »

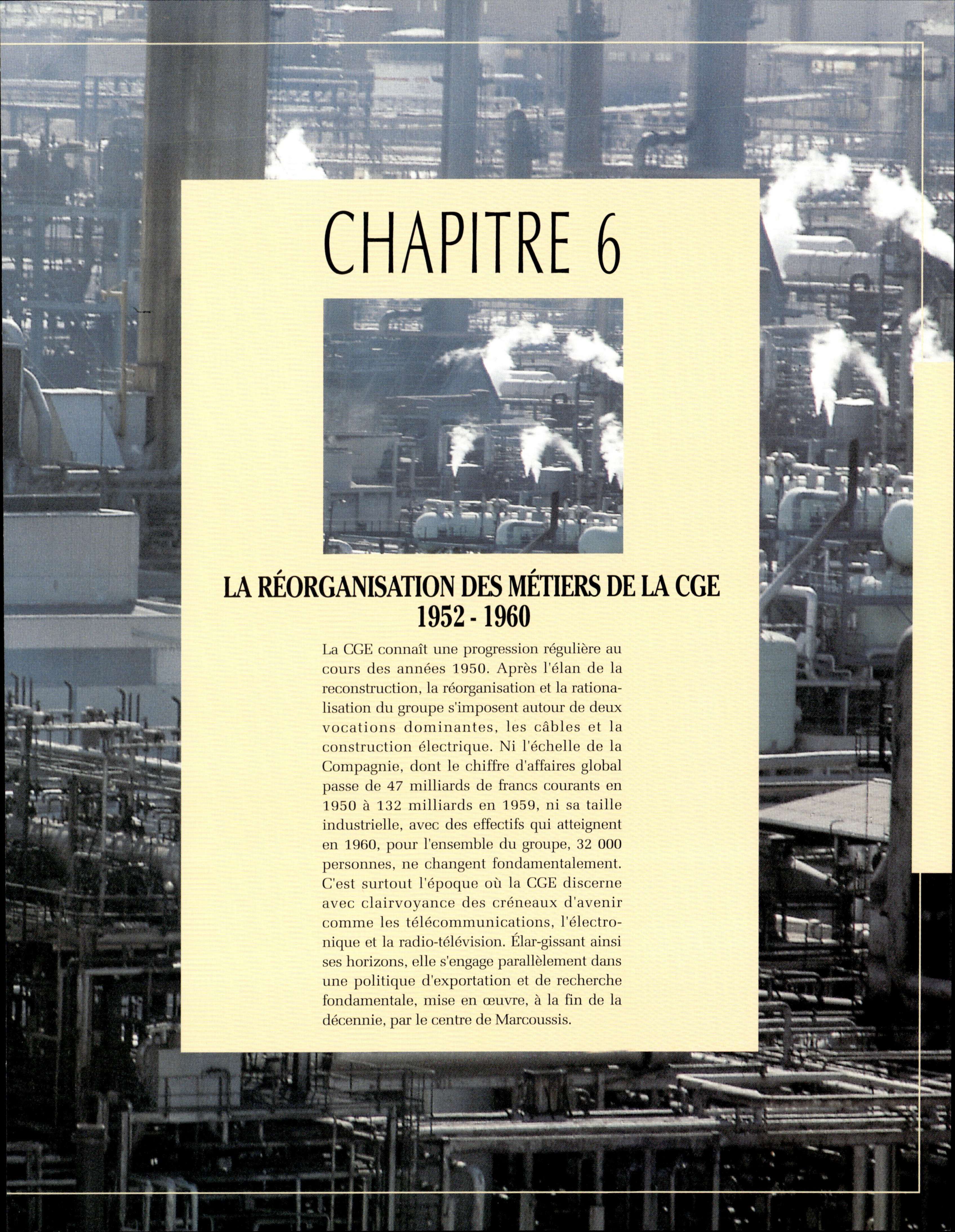

CHAPITRE 6

LA RÉORGANISATION DES MÉTIERS DE LA CGE 1952 - 1960

La CGE connaît une progression régulière au cours des années 1950. Après l'élan de la reconstruction, la réorganisation et la rationalisation du groupe s'imposent autour de deux vocations dominantes, les câbles et la construction électrique. Ni l'échelle de la Compagnie, dont le chiffre d'affaires global passe de 47 milliards de francs courants en 1950 à 132 milliards en 1959, ni sa taille industrielle, avec des effectifs qui atteignent en 1960, pour l'ensemble du groupe, 32 000 personnes, ne changent fondamentalement. C'est surtout l'époque où la CGE discerne avec clairvoyance des créneaux d'avenir comme les télécommunications, l'électronique et la radio-télévision. Élar-gissant ainsi ses horizons, elle s'engage parallèlement dans une politique d'exportation et de recherche fondamentale, mise en œuvre, à la fin de la décennie, par le centre de Marcoussis.

Participation de la CGE à l'exposition Electrama, 1959.

S'ORGANISER PAR SECTEURS D'ACTIVITÉ

Une stratégie de modernisation

Les mutations de l'après-guerre

« Il était difficile, relève l'ouvrage édité en 1973 à l'occasion du 75e anniversaire de la CGE, l'*Épopée électrique*, de voir clairement les transformations que vivait l'après-guerre, la continuité de la croissance, l'élargissement des échanges et des horizons, le renouveau victorieux du libéralisme, l'ère des grandes entreprises multinationales. (...) Quelque chose de fondamental se passe en France dans la décennie 50-60. Le pays est entraîné, un peu sans en être bien conscient, un peu sans le vouloir à fond, dans la croissance continue. Du XIXe siècle où il s'est attardé longuement, il finit par passer d'un pas précipité au XXe siècle, déjà partout ailleurs épanoui. (...) La CGE s'y montre, sinon parmi les plus promptes, du moins parmi les plus décidées et parmi les quelques-unes qui en tireront le plus systématiquement les conséquences. »

En 1952, à l'issue du plan Monnet, la reconstruction industrielle en France est en grande partie achevée. La CGE, de son côté, a remis en état et rénové son outil de production. Cependant, le poids accru des charges sociales, le déséquilibre encore sensible entre la production et la demande provoquent une forte inflation. Les prix français marquent une différence constante avec ceux des pays étrangers et les produits de la Compagnie ne se maintiennent parfois sur les marchés extérieurs qu'en vertu de leur haute technicité.

Partout dans le monde, la concurrence s'intensifie entre les grands constructeurs de matériel électrique. L'édification de l'Europe économique s'ébauche et, si l'on n'envisage pas encore l'ouverture des frontières, il faut désormais penser le développement des sociétés européennes en termes de hausse de productivité et d'expansion géographique, pour rester dans la compétition. En avril 1951, naît la CECA, Communauté Européenne du Charbon et de l'Acier. Il devient impératif d'améliorer les rendements de l'industrie française et d'abaisser les coûts de fabrication. En effet, la capacité de recherche et d'innovation des puissantes firmes allemandes n'a nullement disparu au moment de la défaite. Celles-ci se sont au contraire rapidement relevées pour revenir, comme Siemens, dans le groupe des géants de l'électricité. L'étude comparative fait également apparaître une différence de l'ordre de 70 % entre les salaires français les plus élevés et ceux pratiqués en Allemagne, un signe parmi d'autres du manque de compétitivité de la production française sur les marchés extérieurs.

C'est pourquoi la CGE mène de façon continue, tout au long de la décennie, une vigoureuse politique d'investissements, aidée au départ par les indemnités qu'elle reçoit à la suite de la nationalisation de 1946. Le rapport du conseil d'administration relève, en 1952, devant l'Assemblée générale des actionnaires : « Notre politique est en effet de réinvestir, au fur et à mesure des occasions, dans des participations entrant dans la ligne de nos activités industrielles, les indemnités reçues en compensation des intérêts que nous avions naguère dans les entreprises d'électricité ou de gaz nationalisées. » L'échéance du Marché commun, créé à partir du 1er février 1958, renforce par la suite l'attention portée à la compétition internationale, l'effort à apporter à la recherche et la nécessité de s'ouvrir à toutes les techniques modernes comme l'électronique.

Comme l'exposent significativement les assemblées générales de la fin de la décennie : « L'un des plus graves parmi les problèmes qui s'imposent présentement à notre attention est celui du Marché commun. La compétition internationale nous crée en effet dans l'immédiat l'obligation de perfectionner sans cesse nos techniques, et la considération de l'avenir nous incite à ne pas nous borner à nos fabrications traditionnelles – bien qu'elles forment déjà un éventail largement ouvert propre à prémunir notre Compagnie contre certains risques –, mais à aborder en même temps avec un souci constant d'ordre et de rationalisation des activités nouvelles qui seront peut-être demain essentielles. (...) Cette double urgence d'une amélioration constante de nos techniques et d'une extension continue de notre domaine industriel nous conduit nécessairement à un accroissement de nos investissements, en rapport avec le but poursuivi. »

INITIATIVES EUROPÉENNES

« Un saut dans l'inconnu » répond Robert Schuman à un journaliste qui lui demande où mène le plan pour l'Europe que le ministre français des Affaires étrangères vient de dévoiler dans le salon de l'Horloge du Quai d'Orsay, le 9 mai 1950. Robert Schuman lance la dynamique européenne, à partir d'une idée féconde soumise dix jours plus tôt par Jean Monnet.

Celui-ci, dans son mémorandum, émet l'idée que pour sortir de la situation d'alors, compliquée par la guerre froide, le sort de l'Allemagne déchirée, et le relèvement économique de la France, il faut « une action concrète et résolue, portant sur un point limité mais décisif, qui entraîne sur ce point un changement fondamental et, de proche en proche, modifie les termes mêmes de l'ensemble des problèmes ».

Quarante ans plus tard, cette phrase mérite d'être méditée à la lumière de la fin de la guerre froide et de la réunification de l'Allemagne.

Jean Monnet et Robert Schuman proposent donc de placer l'ensemble de la production franco-allemande de charbon et d'acier sous une haute autorité commune et dans une organisation ouverte à la participation des autres pays d'Europe. Cette première réalisation, dans un domaine restreint mais stratégique, doit progressivement s'étendre à d'autres secteurs et à d'autres États.

Il ne s'agit pas, pour Robert Schuman, de fusionner les États européens, mais, par le jeu des intérêts bien compris, de faire se rencontrer les peuples, adversaires de la veille. « L'Europe... se fera par des réalisations concrètes créant d'abord une solidarité de fait », conclut-il ce 9 mai 1950. La CECA, créée le 18 avril 1951, est au départ composée de 6 pays européens. La construction européenne se poursuit dans les années suivantes, malgré l'échec, entre 1952 et 1954, de la Communauté européenne de défense. Elle aboutit enfin à la signature du traité de Rome, le 25 mars 1957.

Jean Monnet signant l'accord entre la Haute Autorité du pool Charbon-Acier et la Grande-Bretagne, 1954.

Une politique financière prudente mais déterminée.

La situation financière de la CGE apparaît excellente au cours des années d'après-guerre. Non seulement le démarrage des affaires lui procure des flux importants et donc des bénéfices, mais elle profite en 1945, 1946, 1948, 1949, 1951 et 1958 des dispositions législatives permettant une réévaluation des postes du bilan pour tenir compte de l'inflation, tandis que, systématiquement, elle place les gains obtenus entre le prix d'inventaire et le prix de remplacement des stock-matières sur un compte de provision. « Votre compagnie reste fidèle, quelles que soient les vicissitudes de la fiscalité, à sa politique traditionnelle qui consiste, par le jeu de la provision régulatrice du stock-outil, à éliminer des résultats d'exploitation les effets des oscillations de cours » explique le Rapport d'activité de l'exercice 1952.
La Compagnie constitue ainsi de solides provisions et accumule des réserves substantielles. Ces réserves comptables très importantes lui permettent d'augmenter d'autant ses fonds propres. Cette sagesse est accentuée par l'entretien régulier d'abondants amortissements, qui assurent un autofinancement satisfaisant.

Durant cette période, la CGE fait appel à quelques emprunts durables – un emprunt obligataire en 1945, un emprunt bancaire en 1946, un prêt du Crédit national en 1947 –, à des crédits à moyen terme – 700 millions d'encours en 1955 –, où apparaissent de plus en plus les crédits à l'exportation, vers 1958, avec l'appui de Crédit national. Elle recourt aussi à la mobilisation de traites acceptées par la Caisse nationale des marchés de l'État et élargit la mobilisation de ses créances sur les administrations publiques, qui atteignent à certains moments, comme en 1946, les 2/5 de ses créances sur la clientèle. La Compagnie s'appuie sur un noyau de banques qui constituent son cercle proche : les grandes banques de dépôts, avec bien sûr en tête le CCF, accompagné de la Société Générale, mais aussi du Crédit Lyonnais, de la BNCI, du Comptoir National d'Escompte de Paris ou du CIC, avec les petites maisons spécialisées Lehideux et Cottet, et la banque d'affaire Paribas.
Après les lendemains immédiats de 1945, les grands équilibres financiers sont très vite rétablis et la CGE s'applique à limiter son endettement : ses dettes à long terme restent minces, avec simplement l'amortissement d'emprunts anciens (1930, 1942, 1945) ; ses ratios d'endettement s'abaissent progressivement dans les années 1950, avant une légère remontée en 1958-59. À la fin des années 1950, la CGE dispose d'une grande aisance financière, avec par exemple des fonds disponibles en banque d'un milliard et demi de francs. Son portefeuille titres – placements, participations, avec notamment le réinvestissement des indemnités de la nationalisation de 1946 – triple en francs constants de 1946 à 1959.
Sagesse, aisance financière : la Compagnie peut développer ses affaires sans aucune difficulté. Elle peut racheter des entreprises, accompagner la croissance de ses filiales, comme la CIT à partir de 1946, à laquelle elle transfère son outil industriel. Toutes les filiales consomment de l'argent, que leur fournit en partie la société-mère, par des avances de fonds, des garanties et des augmentations de capital, à l'instar de la CIT en 1950. Ces filiales entretiennent elles-mêmes d'abondantes réserves, ce qui accroît d'autant la solidité financière de la CGE.

Cette prudence explique que la Compagnie ne se tourne guère vers le marché financier pour augmenter son capital. À plusieurs reprises, il lui suffit pour cela de puiser dans ses réserves, comme en 1946, 1949, 1950, 1951, 1952, 1955, 1957 et 1959. C'est seulement en 1957 qu'elle fait appel au marché, en levant 1,3 milliard de francs, puis, en 1959, en rassemblant 2 milliards de francs et 2 milliards de prime d'émission, ce qui porte son capital, en 1960, à 200 millions de francs. Les investissements de la fin de décennie – créations ou extensions d'usines, lancement de nouvelles activités et du laboratoire de Marcoussis – sont tels que la capacité d'autofinancement ne semble plus suffire.
La CGE amorce alors son changement de dimension industrielle et financière. Cette nouvelle étape de croissance correspond à la montée en puissance de l'expansion des « Trente Glorieuses ». L'actif, qui, en francs constants, était resté stable dans la seconde moitié des années 1940, double entre 1951-52 et 1957-58. Les investissements et les acquisitions bondissent en effet dans les années ultimes de la décennie. En une quinzaine d'années, le capital a grossi presque huit fois en francs constants, les fonds propres et la situation nette 2,5 fois entre 1945 et 1959, avec un léger repli en 1958-59. Mais la CGE préserve un haut niveau de rentabilité (rapport du bénéfice net aux fonds propres) tout au long de la période : 12,1 % en 1950, 10,5 % en 1952, autour de 7 à 9 % par la suite, ce qui traduit la montée du capital nécessaire pour faire face au développement de la décennie.

« Le bon Monsieur Pinay »

Français moyen, petit patron, député maire de Saint-Chamond, Antoine Pinay incarne, pour les épargnants français, la confiance retrouvée dans la stabilité du franc. Président du Conseil de mars à décembre 1952, il lance un grand emprunt à 3,5 %, indexé sur l'or et exonéré des droits de succession ce qui lui assure une longue popularité.

LA DÉCENNIE D'ÉMILE MARTERER 1955-1965

Émile Marterer interrompt sa retraite et prend, à l'âge de 72 ans, la présidence de la Compagnie Générale d'Électricité, à la suite de la disparition du président Jacques Jourdain en 1955.
Formé à l'École des mines, Émile Marterer entre, avant le conflit de 1914, dans la Société des Mines de Blanzy dont il devient, en quelques années, directeur général : il y restera plus d'un demi-siècle. Émile Marterer redresse notamment la situation des Mines de Blanzy après la Première Guerre mondiale, en assure la modernisation et en guide la croissance. « Dès ce moment, vous étiez prédestiné à l'industrie électrique », lance le vice-président René Painvin à son éminent collègue en le félicitant pour son obtention de la grand-croix de la Légion d'honneur en 1960.
À partir de 1955, il assume avec une grande fermeté la présidence de la CGE. Son rôle s'avère particulièrement délicat ; assurer la continuité du groupe tout en guidant son expansion au tournant des années 1950 et 1960. Á l'âge de 81 ans, le 1er janvier 1965, Émile Marterer quitte son siège de président tout en restant président d'honneur de la Compagnie. Dans le discours que prononce René Painvin pour lui rendre hommage, il tire les grands traits de la politique de la Compagnie durant cette période : « Vous êtes arrivé, lui dit-il, précisément, à un moment où, pour maintenir la CGE à une place digne d'elle dans l'industrie électrique en pleine évolution, il fallait rénover certaines de ses fabrications, les adapter à toutes les techniques nouvelles et pour cela disposer d'importants et nouveaux moyens de recherche, et créer ou moderniser en même temps certains centres de production. »

Une stratégie industrielle implicite

La Compagnie peut ainsi mener à bien le quadruple objectif qu'elle s'assigne progressivement au cours des années 1950 : obtenir une meilleure productivité en rationalisant et en modernisant son appareil industriel, investir de nouveaux domaines comme le téléphone et l'électronique pour compenser les secteurs perdus en 1946, se développer à l'extérieur des frontières et enfin mettre sur pied une politique de recherche autonome.
Cependant, aucun dessein industriel majeur n'apparaît vraiment avec netteté. Encore sous le choc de la nationalisation, la stratégie industrielle du groupe procède avant tout d'une série de restructurations qui permettent à la Compagnie de simplifier sa structure autour du diptyque branches de fabrication/filiales d'activités diverses. De trop nombreuses barrières juridiques et structurelles continuent à séparer en effet des métiers voisins au sein de la Compagnie. En outre, la CGE se désengage de secteurs comme la métallurgie et, surtout, élabore une série d'accords de rationalisation et d'alliances, avec Alsthom en particulier.
Cette phase de transition est également sensible au niveau de la direction de la CGE, qui traverse alors une longue et délicate période de succession. Deux décès prématurés frappent, en 1949 puis en 1963, les deux directeurs généraux appelés à prendre les rênes de la Compagnie, Henri de Raemy et Pierre Lalanne. Jacques Jourdain est ainsi contraint de conserver la présidence jusqu'à sa mort, survenue en 1955, à l'âge de 74 ans. Émile Marterer, alors à la retraite, revient pour lui succéder et assume, à 72 ans, une présidence qu'il ne quitte qu'à la fin de l'année 1964.

Un impératif, la rationalisation

Le poids des investissements nécessaires à la hausse de la productivité auquel s'ajoutent, face à l'accélération de l'évolution des techniques, les coûts croissants de la recherche entraînent en premier lieu la CGE, comme l'ensemble de l'industrie française, dans un vaste mouvement de réorganisation et de rationalisation. Entamé dès 1946, celui-ci se poursuit tout au long des années 1950 et prend graduellement l'aspect d'une réelle stratégie industrielle.

La dualité de la structure branches de fabrication/filiales permet de déployer une vocation industrielle centrée sur les câbles et le matériel électrique et, parallèlement, de jouer un rôle d'acteur financier au cœur d'un conglomérat diversifié de plusieurs sociétés. L'attention portée aux activités de second rang vise en particulier à saisir toutes les opportunités de développement comme l'électronique, mais aussi à répartir les risques. Car le traumatisme de la nationalisation est encore présent dans l'esprit des dirigeants de la CGE. Il s'agit enfin de s'affranchir de la fragilité que confère à la Compagnie en 1952 un chiffre d'affaires généré à près de 60 % par les Câbles de Lyon !

C'est pourquoi débute, à partir du début des années 1950, une politique de restructuration systématique. La nouvelle législation de 1952, qui atténue considérablement les droits fiscaux frappant les opérations d'apport et de fusion, en facilite nettement le processus. Cette année-là, le conseil d'administration se « donne pour objectif de simplifier une structure qui, parfois, résultait plus de circonstances de fait qu'elle ne répondait à un plan préconçu, de rassembler au sein de la Compagnie elle-même les activités directement axées sur la construction du matériel électrique et de reporter sur ses filiales les éléments concernant d'autres fabrications ».

ATELIERS DE CONSTRUCTIONS ÉLECTRIQUES DE DELLE
de la Compagnie Générale d'Électricité
Visite de la Compagnie Générale d'Entreprises Électriques
VILLEURBANNE, le 17 Décembre 1954

1 M. MARIN (CGEE) Ingénieur succursale Toulouse
2 – GRILLET (ACED) Directeur
3 – MAURY (ACED) Ing. en chef essais et recherches
4 – SACILLE (CGEE) Ingénieur succursale Nancy
5 – VARICHON (ACED) Directeur général adjoint
6 – PAILLARD (CGEE) Directeur à Villeurbanne
7 – GAY (ACED) Ingénieur en chef des études
8 – GIDROL (ACED) Ingénieur des ventes
9 – CHEVRET (ACED) Adjoint au Directeur commercial
10 – MICHEL (Câbles de Lyon) Ing. du service commercial
11 – BENASSIT (CGEE) Directeur à Alger Afrique du Nord
12 – DILLARD (ACED) Directeur commercial
13 – BOUBLIL (CGEE) Ingénieur succursale Tunis
14 M. TASSIN (Câbles de Lyon) Ing. du service commercial
15 – MOISE (Câbles de Lyon) Chef du service commercial
16 – PAILHAREY (CGEE) Ingénieur succursale Marseille
17 – LAINÉ (CGEE) Ingénieur bureau études Paris
18 – BRUGUIÈRE (CGEE) Ingénieur bureau études Paris
19 – DREVET (ACED) Directeur général
20 – HARDY (CGEE) Ingénieur chef bureau études Paris
21 – COINGT (ACED) Chef du service des ventes
22 – DE CHAZELLES (CGEE) Ingénieur Cogelex Paris
23 – GARCIN (CGEE) Ingénieur succursale Lyon
24 – JAUTIN (CGEE) Ingénieur bureau études Paris
25 – LAURENT (CGEE) Ing. chef bur. études Villeurbanne
26 – DEHANT (CGEE) Chef bureau études Nancy
27 M. CAMUSET (CGEE) Directeur général
28 – BACIOTTI (CGEE) Ingénieur succursale Toulouse
29 – GARO (CGEE) Ing. bureau études Villeurbanne
30 – ADDOR (CGEE) Sous-Directeur succursale Lyon
31 – FOURMENTIN (CGEE) Ing. succursale Arras
32 – SEMELLE (CGEE) Directeur technique
33 – HABIB (CGEE) Chef bureau études Marseille
34 – ROUZÉ (ACED) Ingénieur des ventes
35 – VERNEAU (CGEE) Ingénieur en chef des études
36 – TROMPETTE (CGEE) Ingénieur succursale Paris
37 – JACQUET(CGEE) Directeur usine Villeurbanne
38 – ALBES-MICOUX Ing. Cie Chérifienne, Casablanca
39 – BRESSON (ACED) Directeur technique

LA CGE EN 1952

PDG : Jacques Jourdain

Chiffre d'affaires : 47 milliards de francs

Branches et filiales : Compagnie Générale d'Entreprises Électriques (CGEE), Compagnie Générale du Duralumin et du Cuivre (CEGEDUR), Dives, Le Palais, Bourget, Couzon, Faremoutiers, Chambéry, Vitry, Tillières-sur-Avre, Boisthorel et Corru, Compagnie Générale d'Électro-Métallurgie (CGEM)

Gros et moyens équipements : Ateliers de Constructions Électriques de Delle (Villeurbanne, Châlons-sur-Saône et Saint-Quentin), Société Savoisienne de Constructions Électriques (Aix-les-Bains, Frontenex - Savoie), Ateliers d'Orléans, Compagnie Générale d'Électro-Céramique (Andancette, Bazet)

Câbles : Câbles de Lyon (Lyon, Calais et Bezons) et Mars-Actel

Accumulateurs et piles : Société de l'Accumulateur Tudor (Lille et Nanterre) et Fulmen, Société des Accumulateurs Fixes et de Tractions (SAFT/ Romainville, Angoulême, Bordeaux et sa filiale Leclanché, Chasseneuil-du-Poitou)

Fabrications diverses non électriques : Manufacture d'Isolants et Objets Moulés (MIOM/ Vitry-sur-Seine, Saint-Dié), Joint Français (Bezons), Caoutchouc SIT (Clichy)

Petit équipement et matériel électro-domestique : Fabrique d'Appareillage Électrique et d'Articles Métalliques (FAEAM/ Ivry, Pont-en-Royans et Saint-Marcellin), Sauter (Saint-Louis et Claye-Souilly), Établissements Métallurgiques de Rai-Tillières, Weiller et Cie (Angoulême).

Télécommunications : Compagnie Industrielle des Téléphones (CIT/ Tours, Paris-quai de Javel)

C'est en 1956 qu'apparaît clairement la notion-clé de « familles d'activités », premier pas vers la délimitation de secteurs « stratégiques » quelques années plus tard. Le directeur général Pierre Lalanne, qui fait figure d'étoile montante du groupe, distingue sept familles lors du conseil d'administration du 8 février 1956 : les Câbles de Lyon et la filiale Mars-Actel, qui fabrique des accessoires de réseau, le gros et le moyen équipement (Delle, la Savoisienne, les Ateliers d'Orléans et la Compagnie Générale d'Électro-Mécanique); le petit équipement et matériel électro-domestique, qui réunit le petit appareillage de la branche Fabrique d'Appareillage Électrique et d'Articles Métalliques (FAEAM), avec ses usines de Saint-Marcellin et Pont-en-Royans, et la filiale Sauter ; les accumulateurs et piles (Tudor, SAFT) ; les télécommunications, représentées par la Compagnie Industrielle des Téléphones (CIT) ; les fabrications diverses non électriques (MIOM, Joint Français, le département industriel de la CGEM et SOVEL) ; enfin, les affaires d'entreprises CGEE et Éclairage des Véhicules sur Rail (EVR), qui fabrique des équipements électriques de voitures de chemin de fer.

Avec l'expansion industrielle qui est la sienne, la CGE essaime dans toute la France. Si, à l'issue des années 1940, la Compagnie prenait appui sur ses deux centres traditionnels, Lyon et Paris, environnés par une série d'usines satellites dispersées, au tournant des années 1960, les progrès sont impressionnants. Les usines situées en dehors des zones parisienne et lyonnaise représentent un domaine immobilier de 300 hectares (contre 100 hectares en 1945), et les effectifs sont passés en quinze ans de 5 000 à 32 000 personnes. La décentralisation des centres de production et de décision est maintenue et accentuée, comme l'explique la Compagnie en 1961 : « Les branches propres disposent, comme les filiales, d'une large autonomie de gestion, tout en restant sous le contrôle étroit de la Direction générale de la CGE qui fixe la politique générale, préserve l'unité d'orientation et anime l'ensemble. L'expansion est assurée par la multiplicité de petites usines, installées de préférence en province, dans des zones non saturées industriellement, plutôt que par le développement trop important des usines existantes. » Fidèle à sa tradition, la CGE reste composée d'une constellation d'usines autonomes préservant la décentralisation et la qualité du climat humain qui en résulte.

LA CECA

La signature du traité de Paris, le 18 avril 1951, entre la France, la RFA, l'Italie, les Pays-Bas, la Belgique et le Luxembourg officialise la Communauté Européenne du Charbon et de l'Acier (CECA), initiée par le plan Schuman, dans le but de mettre en commun la production de charbon et d'acier des six pays. Les institutions de la CECA, qui servent de modèle aux autres institutions européennes, comportent une Haute Autorité de 9 membres, ayant un pouvoir de décision, mais qui ne peut se substituer aux entreprises ; une Assemblée de la Communauté, qui contrôle la Haute Autorité ; le Conseil des ministres des six pays, coordonnant le travail de la CECA et des gouvernements ; et une Cour de justice chargée des litiges.

La CECA permet une rationalisation rapide des industries de base des six pays, en accordant près de 300 prêts de modernisation aux entreprises de la Communauté et en favorisant les transports ferroviaires d'acier et de charbon. La CECA, d'autre part, prend en charge la moitié des frais de reclassement professionnel des salariés touchés par la fermeture des mines et des aciéries, tout en subventionnant la reconversion des régions les plus frappées par le chômage.

La suppression des barrières tarifaires et non-tarifaires engendre une croissance des échanges internes beaucoup plus rapide que celle de la production. Ainsi, entre 1951 et 1968, la production d'acier de la Communauté est multipliée par 2,5 alors que le commerce de l'acier à l'intérieur de la CECA décuple. Enfin, la CECA devient le laboratoire de l'Europe communautaire, favorisant l'apprentissage des échanges et de la mise en commun des productions et des rationalisations économiques. C'est donc tout naturellement qu'elle se fond dans le traité de Rome pour donner naissance à la CEE.

Matériel électrique et câbles, fers de lance de la Compagnie

La première grande opération de restructuration concerne les activités axées sur la construction de matériel électrique. Les deux grandes filiales, les Ateliers de Delle et la Savoisienne de Constructions Électriques, sont absorbées par la CGE en 1953. Elles forment des branches gérées désormais directement, à l'instar des Câbles de Lyon ou des Ateliers d'Orléans. L'intégration juridique des deux filiales de gros matériel électrique de la CGE, un domaine porté par les besoins de la reconstruction, trouve sa justification dans la simplification de la gestion et l'allégement des charges fiscales concernant les deux activités. Elle permet d'augmenter la puissance industrielle propre de la Compagnie tout en lui assurant un nouvel équilibre interne. La part des Câbles de Lyon dans son chiffre d'affaires se trouve ainsi réduite à 42 % en 1953.

Au début des années 1950, les résultats de Delle et de la Savoisienne sont quelque peu déstabilisés par les aléas d'un approvisionnement malaisé. Certains produits, comme les tôles, les métaux non ferreux et surtout le cuivre, de toute première importance dans la fabrication des câbles, subissent des crises de pénurie. Cependant, la détente du marché des métaux non ferreux au cours des derniers mois de l'année 1951 permet des résultats plus que satisfaisants. Leur chiffre d'affaires connaît ainsi une hausse de 43 % par rapport à l'année précédente. Puis les chiffres s'orientent à la baisse en raison de la diminution des prix du matériel électrique alors que le volume des fabrications et des commandes continue de s'accroître.

Après l'extension de leurs installations et l'acquisition de nouvelles usines dans les années qui ont suivi la guerre, les Ateliers de Delle et la Savoisienne se focalisent sur le développement de leurs moyens de recherche. En 1951, la nouvelle station d'essais à grande puissance de Delle entre en service pour réactualiser et faire progresser la recherche, le développement et les procédés de fabrication des branches. Cet investissement considérable dépasse largement les prévisions initiales et nécessite plusieurs crédits supplémentaires de la part de la CGE.

Transformateur 220 KV « type borne » à circuit magnétique ouvert fabriqué par la Savoisienne.

Condensateur en cuve à l'huile de 1 000 KVAr à 9 400 volts (la Savoisienne).

Parallèlement, la Compagnie soutient un très gros effort financier afin d'équiper les Ateliers de Delle, Orléans et la Savoisienne des machines les plus modernes, afin de réaliser des gains de productivité. Les procès-verbaux des conseils d'administration qui se tiennent tout au long des années 1950 égrènent les nombreux crédits qu'accorde la CGE à ses branches et filiales pour des achats de matériels ou de terrains. En 1955, par exemple, Delle, qui atteint la limite maximale de sa capacité de production, achète à Mâcon un terrain pour y construire une nouvelle usine destinée aux postes préfabriqués, qui s'ajoute aux centres existants de Villeurbanne, Saint-Quentin et Chalon. 190 millions de francs sont alors débloqués par la CGE.

Simultanément, la Compagnie attire dans l'orbite de ses branches de matériel d'autres sociétés aux fabrications complémentaires. Faute de pouvoir étendre sur place les fabrications de la Savoisienne à Aix-les-Bains, elle prend en 1954 une participation dans la Compagnie Électro-Industrielle, qui produit à Fourchambault des transformateurs allant jusqu'à 200 kW, ainsi que des moteurs jusqu'à 2 000 CV. Deux années plus tard, une rationalisation intervient. L'intégration complète de la Compagnie Électro-Industrielle au sein de la CGE entraîne un regroupement des fabrications : celle des moteurs est concentrée à l'usine d'Orléans ; celle des transformateurs est répartie rationnellement entre les usines de Fourchambault et d'Aix-les-Bains, sous l'égide de la Savoisienne. Le premier établissement est équipé en vue de la fabrication en série de transformateurs de petite puissance, le second est désormais affecté aux transformateurs de moyenne et de grande puissance, et aux transformateurs spéciaux.

Après les problèmes causés par la pénurie de métaux, un brutal ralentissement de la demande intervient au cours des années 50 avec le retour de l'économie à la normale et, en particulier, la forte baisse des commandes d'EDF à partir de 1955-1956. Cette situation maintient les résultats de Delle et de la Savoisienne dans une position incertaine. L'exportation, familière à la Savoisienne dont les contrats à l'étranger représentent traditionnellement une partie importante du chiffre d'affaires, devient aussi pour Delle un moyen de compenser le recul des ventes sur le marché national. Dans ce contexte, les Ateliers d'Orléans entrent dans une phase de stagnation et font l'objet, à partir de 1955, d'une vaste réorganisation. L'usine d'Orléans se limite aux petites et moyennes puissances en matière de machines tournantes motrices ou génératrices de petite taille et met au point dans ce domaine des techniques qui la placent à l'avant-garde. Elle réalise ainsi, en 1960, référence prestigieuse, l'équipement auxiliaire du paquebot « France ».

L'usine des Câbles de Lyon à Bezons.

Autre point fort de la Compagnie, les Câbles de Lyon connaissent une rénovation et une adaptation continuelles de leur appareil industriel grâce à l'appui financier de la CGE. Régulièrement, des demandes de prêts parviennent à la direction générale de la Compagnie afin de doter les établissements d'un outillage performant et d'installations autorisant une réelle expansion. La rapide augmentation de l'activité des Câbles de Lyon rend nécessaire, en 1955, la construction d'une nouvelle usine à Bourg-en-Bresse, aux côtés de celles de Lyon, Bezons et Calais. Elle est mise en service à la fin de l'année suivante. Contrairement aux branches de matériel électrique de la CGE, le secteur des câbles affiche des résultats en hausse régulière tout au long de la décennie. C'est le fruit d'une rationalisation interne permanente, qui n'interdit pas pour autant d'éventuelles associations avec des partenaires extérieurs au groupe.

Au lendemain de la guerre, les Câbles de Lyon remportent en particulier un succès technique en créant le procédé de la vulcanisation continue. Jusque-là, les câbles isolés au caoutchouc étaient fabriqués de façon discontinue par des machines à galets qui posaient sur le conducteur des bandes de caoutchouc à cru. Les câbles ainsi isolés étaient réceptionnés sur des tourets spéciaux et abondamment talqués pour éviter qu'ils n'adhèrent entre eux. Ces tourets étaient ensuite mis en autoclaves où s'effectuait la vulcanisation au soufre de l'isolant à une température de 150 °C environ. Après 1945, les recherches de productivité amènent l'usine de Bezons à mettre en place des lignes de fabrication en continu dans lesquelles le caoutchouc était extrudé par une boudineuse, sur le conducteur, puis vulcanisé dans un long tube sous pression. Cette technique, permettant une grande économie de manipulation et de main-d'œuvre, est cédée par les Câbles de Lyon à plusieurs constructeurs et se généralise rapidement dans le monde de la câblerie. Quand, plus tard, des élastomères plus performants – comme le polyéthylène réticulé - viennent se substituer au caoutchouc, la technique de la vulcanisation continue se maintient, son application étant étendue à l'isolation des câbles à moyenne et haute tension.
Autre succès à intégrer au palmarès des Câbles de Lyon à cette époque : la pose du premier câble à 400 kV dans le monde. Depuis 1936, les Câbles de Lyon travaillent en effet, dans le domaine de la très haute tension, sous licence Pirelli. Mais c'est surtout le développement des recherches et des applications pendant la guerre qui permettent d'aboutir, en 1952, à la fourniture de câbles 400 kV à la centrale hydraulique de Harspranguet en Suède.

L'USINE DE CALAIS
UN SIÈCLE D'EXPÉRIENCE DU CÂBLE SOUS-MARIN

En 1890, la Société Générale des Téléphones crée l'usine de Calais pour fabriquer en grande longueur l'armure des câbles sous-marins télégraphiques : le choix de cette implantation s'explique par les facilités de transport des câbles, directement chargés sur les navires câbliers. L'usine réalise alors la première jonction de la Martinique à Paramaribo, soit 1 300 kilomètres.
En 1893, la Société Industrielle des Téléphones reprend la Société Générale des Téléphones. En 1938, suite à l'acquisition de la SIT par la CGE, l'usine de Calais est rattachée aux Câbles de Lyon, en totale synergie avec l'usine de Bezons. Dans les ateliers de Bezons, les âmes des câbles télégraphiques sous-marins sont isolées à la gutta-percha, gomme extraite d'un arbre de Malaisie, réputée pour sa résistance exceptionnelle en milieu marin, avant d'être expédiées à Calais pour la pose de l'armure.

L'usine de Calais.

Atelier d'armement des câbles sous-marins (usine de Calais).

Détruite en 1940 au moment du bombardement de la ville, l'usine est reconstruite en 1948 et se développe grâce à l'essor des liaisons téléphoniques sous-marines, secteur qui connaît une double évolution : le développement d'un nouvel isolant synthétique, le polyéthylène, et la technique des courants porteurs sur câbles coaxiaux. L'usine de Bezons transfère alors sa fabrication à l'usine de Calais, qui prend dès lors une véritable dimension industrielle. Après la première liaison expérimentale française, entre Cannes et Nice en 1950, cette génération de câbles sous-marins dotés d'armure extérieure rencontre le succès avec la liaison réussie entre Marseille et Alger en 1957 grâce à 28 répéteurs, sur une distance de 800 km, pour la transmission de 60 circuits téléphoniques. Simultanément, le transistor remplace les tubes et les liaisons transmettent, avant la fin des années 60, 640 circuits téléphoniques, le diamètre du câble de grand fond passant de 25 à 37 mm.
Une nouvelle phase du développement de l'usine de Calais intervient dans les années 1983-1984, quand les Câbles de Lyon commencent à utiliser la fibre optique pour les télécommunications sous-marines. La première ligne opérationnelle de production de câbles sous-marins ainsi équipée est mise en service en 1985. L'usine de Calais des Câbles de Lyon connaît alors une nouvelle expansion.
Entre temps, l'usine de Calais a initié en 1962 une nouvelle activité de production de câbles sous-marins pour le transport, cette fois, d'énergie électrique de haute tension. En 1991, l'usine de Calais constitue l'un des fleurons d'Alcatel Câble, spécialiste mondial du câble sous-marin – pour le transport d'énergie comme pour les télécommunications –, qui représente 80 % de son activité.

Le double recentrage sur le matériel électrique et les câbles est confirmé par la cession à la Compagnie Générale d'Électro-Métallurgie de la totalité des participations de la CGE n'appartenant pas à ces deux domaines. Au moment de sa fusion en 1953 avec l'Union Houillère Électrique, la CGEM recueille ainsi les exploitations étrangères à la fabrication du matériel électrique de la société des Toiles Métalliques, c'est-à-dire essentiellement les rouleaux filigraneurs utilisés par l'industrie papetière, les Feutres Weiller. Puis, en 1960, la CGEM se transforme en société purement financière, la branche de fabrication des Toiles Métalliques de Rai-Tillières et les Feutres Weiller, qui sont constitués en société, étant apportés à la Compagnie Générale du Duralumin et du Cuivre (Cégédur). À l'issue de cette opération, cette dernière réunit ainsi entre ses mains l'intégralité de la branche issue des « Établissements Mouchel » de 1898. Grâce à ce transfert d'actifs, la CGE devient l'un des actionnaires du Groupe Péchiney.
Rattachées directement à la CGE, les succursales de vente de la Compagnie sont traversées par le même souffle qui rajeunit et fortifie les activités industrielles du groupe. Le réseau de distribution de matériel de la CGE s'appuie en 1953 sur 25 points de vente, occupant 1 300 personnes, répartis en France et en Afrique du Nord. Une certaine stagnation du chiffre d'affaires de la distribution, autour de 22 milliards de francs en 1951 et 1952, invite la direction de la CGE à prendre une série de mesures, « pour faire face à la renaissance d'une vive concurrence » et adopter des « principes modernes ».

Pierre Lalanne les énumère devant le conseil d'administration réuni le 10 juin : « renforcement et sélection des effectifs, réorganisation commerciale et compression des stocks, extension ou remplacement par des installations plus vastes ou plus modernes, notamment à Nantes, Alger, Oran, Metz, Toulouse et Nice, représentant un crédit total de 300 millions ; enfin, multiplication des installations de vente pour toucher les clients les plus éloignés des centres industriels », avec un but bien précis, « atteindre en profondeur la clientèle ». La recherche d'une plus grande proximité avec le client motive par ailleurs la poursuite d'une politique de présence active en Afrique noire francophone, où l'ensemble des produits du groupe trouve de bons débouchés.

Assemblage de gros câbles isolés au P.V.C. dans l'usine de Bezons.

Câbles de Lyon : rubaneuse de très haute précision en atelier à atmosphère conditionnée.

Un mouvement centrifuge touche au contraire l'ensemble des fabrications ne relevant pas du domaine du matériel électrique ou des câbles. Celles-ci sont reportées au sein des filiales existantes ou des sociétés créées tout spécialement pour les accueillir. Fusions, augmentations de capital, apports de terrains et de bâtiments industriels, prêts financiers destinés à la rénovation de l'outil de production, tout est mis en œuvre pour donner aux filiales l'occasion de se développer. Comme le précise la CGE en 1961, la polyvalence de la Compagnie offre le double avantage d'une capacité d'« adaptation perpétuelle aux circonstances nouvelles », et d'« équilibre des fabrications ».

Les succès de la SAFT

Le secteur des accumulateurs reste, à cette époque, de première importance pour les bénéfices de la Compagnie. L'essor du marché automobile, tout au long des années 1950 et 1960, joue en faveur des accumulateurs au plomb de la branche Tudor et de la Société Fulmen, qui se retrouvent souvent en position de concurrence. Fournisseurs de batteries auprès des constructeurs automobiles pour le premier équipement, ou de remplacement pour les grossistes, Fulmen et Tudor interviennent aussi dans l'industrie avec les batteries de chariots élévateurs. Ils approvisionnent également de grands clients comme la Marine nationale ou les PTT en fournissant, aux premiers, des batteries de sous-marins et, aux seconds, des batteries de secours pour les centraux téléphoniques.

En 1957, la Compagnie cède ses parts dans la Société Lyonnaise pour l'Exploitation des Véhicules Électriques (SLEVE) en échange d'actions de la Société pour les Véhicules Industriels Électriques (SOVEL), qui fabrique des chariots porteurs et des véhicules utilitaires, utilisés notamment par les services de nettoiement urbain. La participation de la CGE dans cette filiale passe ainsi de 50 % à 80 %, les dirigeants de la Compagnie notant « qu'en dépit des possibilités actuelles limitées des véhicules à accumulateurs, le contrôle complet de SOVEL peut être utile si un jour la traction à accumulateurs reprend de l'intérêt ». Après la CGE-Tudor, abandonnée à la fin du conflit, les dirigeants de la Compagnie conservent présente à l'esprit l'idée de la voiture électrique, secteur dans lequel s'effectuera un bref retour une dizaine d'années plus tard.

Dans le domaine des accumulateurs alcalins, la CGE et Fulmen apportent en 1952 leurs parts dans la Société Leclanché à la Société des Accumulateurs Fixes et de Traction, la SAFT. Le brillant directeur général de cette dernière, Pierre Jacquier, désire en effet faire jouer la synergie existant entre les accumulateurs alcalins et les piles. Parallèlement, la société, qui dispose déjà des deux usines de Romainville et Angoulême, ouvre à Bordeaux une nouvelle implantation ultramoderne, dont les travaux ont commencé en 1949. Au sein de celle-ci, il s'agit de mettre en œuvre la technologie des accumulateurs frittés sur laquelle la société française travaillait depuis plusieurs années, tout comme ses concurrents outre-Rhin.

SAFT : Usine de Romainville.

Les Voltablocs, à la pointe de la technologie de la SAFT, pour des utilisations multiples.

Après la guerre, à titre de réparation, Varta est mise à l'amende, comme de nombreuses entreprises allemandes, et doit payer des dommages importants. La SAFT profite de l'occasion pour lui racheter une partie du matériel liée aux recherches sur les accumulateurs frittés, plus avancées que les siennes. Adaptée et retravaillée par la filiale de la CGE, cette technologie donne naissance en 1951 aux « Voltablocs », qui remporteront de très nombreux succès, en particulier à l'exportation. Comme le résume dans un long exposé Pierre Jacquier devant le conseil d'administration de la CGE, le 9 juillet 1952 : « Poursuivant ses recherches qui lui avaient permis d'abaisser la résistance intérieure des accumulateurs alcalins (Alcabloc à plaques frittées), la SAFT est parvenue, au début de l'année 1951, à réaliser un élément complètement clos : le Voltabloc. »

L'US Navy manifeste aussitôt un intérêt considérable pour cette découverte qui permet de supprimer à bord des avions les batteries au plomb susceptibles de dégagements gazeux. La SAFT obtient ainsi, en février 1952, un contrat d'un montant de 80 000 dollars. Tandis que se déroulent avec la Navy des pourparlers souvent délicats, les ingénieurs de la société parviennent à mettre au point une machine entièrement nouvelle qui permet la fabrication continue des plaques frittées. De leur côté, les techniciens américains, entrevoyant les difficultés que poseront les fabricants américains d'accumulateurs au plomb pour adopter l'emploi généralisé des accumulateurs alcalins, accroissent sans cesse leurs exigences... Ils imposent notamment le remplacement des bacs en matière plastique par des bacs en acier et le fonctionnement de la batterie à bord entre -20° et +60°C.

Exploration du gouffre du Berger : les prises de vues ont été effectuées grâce à l'utilisation de batteries de type Voltablocs.

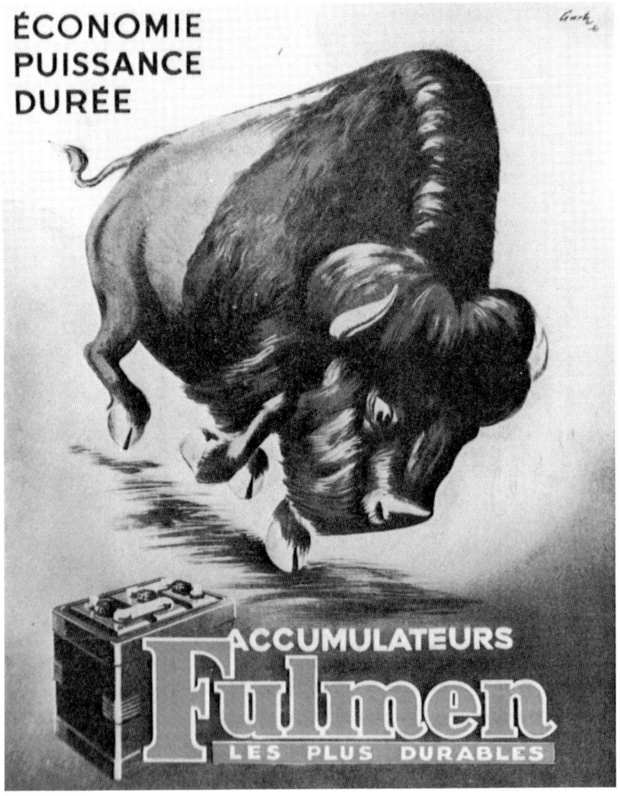

De nouvelles recherches permettent de résoudre de façon brillante et rapide ces deux problèmes. C'est pourquoi Pierre Jacquier peut dresser devant les dirigeants de la CGE un constat de victoire technique et économique. « La réception du prototype définitif est actuellement en cours. Les premiers résultats dépassent largement les espérances. Déjà la SAFT a obtenu un marché d'évaluation de 500 000 dollars, qui doit être doublé dès réception des premières batteries. Les vastes perspectives commerciales qui s'ouvrent aux États-Unis impliquent la création de moyens de production sur place, laquelle demandera vraisemblablement 2 ou 3 ans. » Et il conclut : « L'invention du Voltabloc, véritable pile rechargeable, constitue une révolution non seulement dans la technique des accumulateurs, mais encore dans de nombreux domaines qui en dépendent, notamment l'utilisation des avions à réaction, qui sera considérablement assouplie lorsque ceux-ci seront en mesure de démarrer par leurs propres moyens. »

En 1958, la SAFT, très prospère, consolide son organisation en absorbant les établissements de sa filiale Leclanché, avec son usine de Chasseneuil-du-Poitou. Cette fusion s'avère nécessaire, compte tenu de l'imbrication entre les services d'études et les usines des deux sociétés. Déjà réalisée sur le terrain, elle devance ainsi la prise de décision officielle du conseil d'administration. Avec cette absorption, la SAFT se tourne vers un marché grand public, celui des piles sèches. La SAFT peut achever en 1959 le processus de rationalisation de ses fabrications, engagé dix ans plus tôt, en regroupant à Bordeaux la fabrication des accumulateurs, et à Angoulême, Romainville et Chasseneuil celle les piles à éléments plats.

Appareils de la compagnie Air France équipés de batteries Voltabloc Aviation.

Le renouvellement de la CGEE

La Compagnie Générales de d'Entreprises Électriques (CGEE) connaît pour sa part, des lendemains de la guerre aux années 1950, un profond renouvellement, issu des conséquences de la nationalisation de 1946. Avec celle-ci, la CGEE, qui travaillait auparavant avec de multiples sociétés, n'a plus qu'un client principal, EDF, qui représente 90 % de ses activités ! La diversification des activités devient donc un impératif pour l'entreprise. En 1951, l'arrivée à la présidence de Jérôme Richer puis, en 1953, celle de Robert Camuset, directeur commercial de Delle, vont donner un coup de fouet à l'entreprise créée en 1913. Celui-ci rajeunit et motive son encadrement, en constituant ses chantiers en centres de profit, et restructure son organisation, qui se résumait alors à un conglomérat de succursales sans service central. Trois axes vont organiser l'essor de la « nouvelle » CGEE : la réalisation d'installations industrielles « clés en main », l'expansion internationale et la fabrication de petit matériel de centrales, avec une tendance de plus en plus forte à la miniaturisation. L'entreprise joue également la carte de l'électronique et des automatismes industriels en créant rapidement un département « Équipements automatiques et de contrôle et Régulation ».

Portée par l'augmentation des programmes d'équipement de ses principaux clients (entreprises nationalisées, syndicats communaux et sociétés industrielles) ainsi que par la création d'un nouveau département, celui des canalisations, la CGEE connaît un essor constant des années 1950 aux années 1960. En 1964, elle décide d'aménager l'ensemble immobilier que lui a transmis au début des années 1950 la CGE à Levallois, entre les rues Antonin-Raynaud, Vaillant-Couturier et Anatole-France, pour y installer son nouveau siège social, situé depuis l'origine dans les locaux de la Compagnie, rue La Boétie. En 1964, les nouvelles installations sont inaugurées pour le cinquantenaire de la société. En 1913 sept personnes travaillaient au 2e étage de la rue de la Victoire avec Paul Grandjean, directeur général, sous la présidence d'Émile Bitterli. Cinquante ans plus tard, les effectifs de la CGEE atteignent 4 500 personnes, regroupées en huit départements : aménagement de centrales thermiques et hydrauliques, postes de transformation et de distribution, lignes et réseaux, électrification des chemins de fer, pose de canalisations et tuyauterie industrielles, installations industrielles, entreprises générales et travaux à l'étranger : construction de tableaux et de leurs accessoires à Villeurbanne, l'usine la plus ancienne de l'entreprise, fondée en 1917.

Des opérations de restructuration et de modernisation, analogues à celles que connaissent les branches ou filiales les plus importantes de la CGE, interviennent dans la famille composite des fabrications non électriques, depuis les isolants jusqu' aux accessoires pour câbles. Parallèlement à cette rationalisation interne de la Compagnie émerge la volonté de s'allier avec d'autres constructeurs en vue de réorganiser la production française dans certains secteurs.

CHIFFRE D'AFFAIRES DE LA CGE 1950-1960
(milliards de francs)

Année	Branches seules	Groupe
1950	34	-
1951	47	-
1952	58	-
1953	50,7	-
1954	34,5	-
1955	38,6	70 (*)
1956	43	77,6
1957	47	90
1958	53	100
1959	59,4	110
1960	0,64 (NF)	1 223 (NF)

(*) Augmentation des transactions mais baisse des prix

Pierre Lalanne.

UN GRAND INDUSTRIEL : PIERRE LALANNE

Pierre Lalanne devient en 1952 le directeur général de la CGE, sous la présidence d'Émile Marterer, conjointement avec Georges Hua et Jacques Deschamps. Puis il assume seul cette fonction à partir de 1959, accédant ainsi au conseil d'administration de la Compagnie. Ce jeune ingénieur, issu de l'École centrale, entre au lendemain de la guerre au sein de la CGE. Énergique, ambitieux, il occupe peu à peu la place qui était celle de Henri de Raemy et s'affirme comme l'homme de la rationalisation et de la restructuration du groupe dans les années 1950. Second d'Émile Marterer au début de la décennie 1960, il est désigné par ce dernier, en 1962, comme son successeur. Pourtant, une nouvelle fois, la mort vient contrarier la transmission du pouvoir au sommet de la Compagnie Générale d'Électricité. Pierre Lalanne meurt en effet brutalement en avril 1963, à la veille de son accession à la présidence. Émile Marterer doit ainsi prolonger ses fonctions jusqu'en 1965.

Une préoccupation nouvelle : la rationalisation globale

Pierre Lalanne devient, en janvier 1952, directeur général de la Compagnie aux côtés de Georges Hua et de Jacques Deschamps, celui-ci prenant quelques années plus tard sa retraite, après 33 ans passés au service du groupe. Sous l'impulsion de ce nouveau dirigeant, la rationalisation de la CGE s'accentue. En sus de la modernisation et de l'optimisation de l'outil industriel, une série d'accords de rationalisation sont élaborés en commun avec des sociétés extérieures à la Compagnie, qui préparent le changement d'échelle du groupe dans les années 1960.
Quand Pierre Lalanne expose, en novembre 1955, devant le conseil d'administration, ses conclusions sur « la réduction des prix de revient des produits fabriqués, que l'on peut obtenir entre constructeurs par des échanges de fabrication », et ce, sans contrarier les organisations commerciales, il indique la direction dans laquelle la CGE doit s'engager pour entrer dans la compétition européenne.

« PARIS ET LE DÉSERT FRANÇAIS »

Le géographe Jean-François Gravier, dans son livre *Paris et le désert français*, dénonce, dès 1947, le déséquilibre régional qui existe dans le développement économique. Héritage du centralisme napoléonien et de la révolution industrielle, une ligne Le Havre-Marseille sépare une France riche et industrialisée, au nord et à l'est, d'une France plus traditionnelle et rurale, au sud et à l'ouest. L'hypertrophie économique et démographique de la région parisienne se confirme au recensement de 1954.

Au début des années 50, des « comités d'études et de liaison », qui défendent les interêts régionaux, font pression sur les pouvoirs publics afin de promouvoir une politique de décentralisation industrielle. Par deux décrets parus en janvier et juin 1955, les gouvernements de Mendès France et d'Edgar Faure interdisent la création d'usines dans un rayon de 80 kilomètres autour de Paris et accordent des exonérations d'impôts, des aides de l'État et le soutien du FDES (Fonds de développement économique et social) aux entreprises qui s'installent dans les zones de sous-emploi ou d'enclavement.

Les aides sont multipliées par les initiatives locales (création de sociétés d'économie mixte ou de développement régional) ou par les organismes étatiques (les 22 régions de programme en 1956, puis les circonscriptions d'action régionale en 1960). L'ensemble est couronné par la création, en 1963, de la DATAR, Délégation à l'aménagement du territoire et à l'action régionale.

Cependant, la décentralisation profite plutôt au pourtour du Bassin parisien. Ainsi, Renault à Flins, Le Mans, Cléon et Caen, Citroën à Rennes, la Radiotechnique à Chartres, drainent une part importante de l'aide gouvernementale. Certes, d'autres entreprises investissent en Bretagne ou dans le Sud-Ouest, parfois même en Auvergne, et le développement industriel de Paris se ralentit, mais les résultats apparaissent plutôt minces par rapport aux espérances.

Pose de 2 câbles à ± 100 kV en courant continu entre la France et l'Angleterre par le câblier Portel.

« La solution en première étape – poursuit-il – semble consister à conclure entre les entreprises des accords aux termes desquels chaque société se limite à certains des échelons d'une gamme de matériels qu'elle fabrique pour elle-même, mais aussi pour les sociétés associées. Ces dernières lui livrent à leur tour les matériels dont elle a abandonné la fabrication. Le problème de la divergence des techniques soulève des difficultés pour les matériels de grande dimension, mais peut être résolu pour les petits matériels dans lesquels on peut atteindre des séries importantes par des concentrations de fabrication. »

Dans cette perspective, les débats menés au sein de la profession de l'industrie du caoutchouc en vue d'une meilleure organisation de l'activité sont exemplaires. Ils aboutissent, en 1954, à l'établissement d'un programme de fusion entre la Société du Caoutchouc SIT, héritée de l'ancienne SIT, et la Société de Pneumatiques et Caoutchouc Manufacturé Kléber-Colombes. Pour la CGE, le caoutchouc reste une industrie accessoire et l'association avec Kléber-Colombes apparaît nettement profitable. Celle-ci permet de faire profiter le Caoutchouc SIT de la technique et des brevets américains tout en réduisant les charges d'exploitation. La Compagnie entre ainsi dans le capital de Kléber-Colombes, avec une participation équivalente à celle des deux principaux actionnaires.

L'usine Lecourbe d'Alsthom témoigne de la rationalisation qui intervient avec la CGE.

Dans le domaine des fils et des câbles, des accords de rationalisation de production semblables entre les Câbles de Lyon et les Tréfileries et Laminoirs du Havre interviennent en 1955. Ils sont complétés et étendus quatre ans plus tard. Comme le note à cette époque la CGE, « de tels aménagements correspondent au souci général de placer l'industrie française dans une situation compétitive vis-à-vis de l'étranger ; ils doivent également se révéler favorables aux intérêts de la Compagnie ».
Mais, à l'évidence, l'entente la plus importante de la période réside dans le rapprochement entre Alsthom et la CGE, qui prépare la transformation du destin du groupe et modifie le paysage de l'industrie électrique française à la charnière des années 1960.

Dans un premier temps, en 1955, les deux sociétés se retrouvent autour de la même table que la Compagnie Électro-Industrielle, Japy et Jeumont, afin de procéder à une rationalisation de la fabrication des petits moteurs (jusqu'à 40 CV) en France. Le protocole d'intentions signé par les présidents de la CGE et de Alsthom le 23 février 1956, dans le cadre du montage UNELEC, pose clairement l'objectif poursuivi par l'ensemble des partenaires industriels dans l'opération : « Constatant que le marché offert aux entreprises françaises de la construction électrique est souvent insuffisant pour permettre dans chacune des usines des séries de fabrication assez importantes et pour assurer une couverture convenable des dépenses d'études et de certaines autres charges, la CGE et Alsthom décident d'établir entre elles une collaboration pour réduire les inconvénients de cette situation. » Il s'agit d'élever la compétitivité en se répartissant les coûts d'études, de développement et de fabrication « de telle sorte qu'un matériel déterminé ne soit fabriqué que dans une seule de leurs usines, bien qu'il continue à être vendu par leurs deux réseaux commerciaux ».

Si les tractations apparaissent particulièrement difficiles en raison du nombre de concurrents, les cinq principaux constructeurs de petits moteurs, représentant environ un tiers de la production française, finissent par s'entendre. UNELEC, qui rassemble les cinq partenaires, donne son nom à une gamme unique, étudiée et développée en commun.
Principaux acteurs d'UNELEC, la CGE et Alsthom s'acheminent vers la conclusion d'un accord technique complémentaire, relatif aux

transformateurs de distribution, transformateurs de mesure, disjoncteurs moyenne tension, sectionneurs à moyenne et haute tension, condensateurs, moteurs et machines tournantes de puissance inférieure à 60 CV. Une seconde phase de rationalisation touche les accessoires de transformateurs de grande puissance et l'ensemble de l'appareillage haute tension. Le dialogue entamé au début de l'année 1956 entre les deux sociétés vise à conclure des accords de rationalisation et de spécialisation dans divers domaines tout en maintenant l'indépendance commerciale de deux affaires concurrentes.

Sans « limiter l'émulation technique », la synergie créée entre les deux entreprises doit surtout permettre « d'éviter de faire en double » Plusieurs usines se répartissent en conséquence la production des matériels communs, celles de Saint-Ouen, Belfort et Lecourbe pour Alsthom, celles d'Aix-les-Bains, Fourchambault, Villeurbanne, Mâcon et Orléans pour la Savoisienne, Delle et les Ateliers d'Orléans. Ainsi, les transformateurs de distribution sont désormais fabriqués, pour les appareils jusqu'à 200 kW, à Fourchambault, l'établissement de Saint-Ouen se réservant les appareils de 250 à 630 kW. Dans le domaine des transformateurs de mesure, l'usine d'Aix-les-Bains confectionne tous les transformateurs de potentiel, laissant les transformateurs d'intensité à sa cousine de Villeurbanne. Parallèlement, la production des appareils de réglage en charge de la tension des transformateurs est progressivement rassemblée à Saint-Ouen. La fabrication des disjoncteurs de moyenne tension se divise entre Saint-Ouen pour les disjoncteurs à bain d'huile et à soufflage magnétique, et Villeurbanne pour les appareils à faible volume d'huile ou à air comprimé.

Chaîne de montage du petit matériel à l'usine Lecourbe.

Bobinage des moteurs asynchrones tout acier à l'usine de Belfort d'Alsthom.

Un partage comparable s'effectue dans le domaine des sectionneurs, Saint-Ouen produisant les appareils haute tension et Villeurbanne les sectionneurs de moyenne tension. Quant aux condensateurs toutes tensions, ils se concentrent à Saint-Ouen, l'unité d'Aix-les-Bains ne conservant que le secteur des condensateurs-diviseurs. Enfin, l'appareillage basse tension connaît des transformations similaires quand Alsthom et la CGE, en réunissant leurs services d'études, créent des modèles communs de contacteurs, disjoncteurs et fusibles.

Sur le plan technique, ces accords, au-delà du processus de rationalisation recherché, permettent à Alsthom d'étendre de façon notable ses gammes de disjoncteurs. Parallèlement, ils apportent à Delle une technique supplémentaire, celle de la coupure à air comprimé, qui s'ajoute à celle des disjoncteurs à huile. Au plan commercial, si les accords de 1957 posent d'emblée l'indépendance de la CGE et d'Alsthom, les deux parties se promettent cependant de poursuivre leurs efforts de vente « pour l'ensemble du matériel, quel que soit le fabricant effectif ». Tout en évitant d'entrer en concurrence, elles chercheront, dans la mesure du possible, à coordonner leurs actions commerciales.

Deux principes fondamentaux président à cette rationalisation des fabrications : l'équilibre des échanges et le respect de la personnalité de chacune des deux sociétés. Ainsi, lors de la signature des accords du 15 avril 1957, les deux entreprises s'engagent à effectuer toutes corrections et compensations dans le cas où l'équilibre se trouverait rompu. Pour éviter tout dérapage, les tableaux statistiques que se transmettent désormais tous les deux mois la CGE et Alsthom font apparaître en clair la balance des échanges, de façon qu'aucun des deux groupes ne pâtisse dans ses résultats du regroupement de leurs fabrications.

À l'issue de cette décennie, caractérisée par une réflexion poussée sur l'organisation d'un groupe très diversifié, apparaît la nécessité de donner aux cadres et dirigeants de la CGE une méthodologie pour faire face aux changements. Le Centre d'Études Industrielles (CEI), installé à partir de 1958 près de l'usine des Ateliers d'Orléans, se consacre à la formation technique des cadres et des ingénieurs, « afin de les mettre en mesure de suivre l'évolution rapide des méthodes de fabrication ». Organe commun à l'ensemble des filiales et branches de la CGE, dont l'objectif principal est l'amélioration de la productivité, le CEI joue un rôle de bureau de conseil en organisation, mettant à la disposition des filiales un ensemble de services : planning, organisation du travail, études des postes, méthodes de recherche, etc. L'optique des stages consiste à résoudre des problèmes concrets ; des sessions permettent aux ingénieurs d'élaborer des solutions pratiques pour des cas réels, évitant ainsi tout détour trop théorique. « Le CEI a donné à tous les cadres un esprit maison, une manière commune de traiter les problèmes », rapporte un dirigeant actuel de la CGE.

En décembre 1958, Pierre Lalanne redéfinit devant le conseil d'administration les axes à suivre dans la perspective européenne d'un Marché commun de la construction électrique. « Devant le risque que l'entrée dans le Marché commun fait courir à la France d'augmenter ses importations de matériels électriques sans offrir beaucoup de chances de développer ses exportations, trois directives principales sont à suivre :

1. Poursuivre avec certains confrères la politique de concentration de fabrications entreprise depuis plusieurs années ;
2. Négocier des accords avec ses confrères étrangers non pas dans un cadre trop général, mais spécialité par spécialité ;
3. Développer ses organisations commerciales et industrielles à l'étranger. »

Les grandes lignes d'une stratégie industrielle, qui, jusque-là, procédait par ajustements, sont posées. Ayant désormais doté ses branches et filiales de structures et d'outils modernes, la Compagnie commence à raisonner à une plus grande échelle et met en place les jalons d'une véritable politique industrielle, qui va s'épanouir au cours des années 1960. Dans ce contexte, un nouveau secteur prend le devant dès 1955, celui des courants faibles, amené à connaître un large développement.

UN DIRECTEUR DE TALENT, RAYMOND PELLETIER

Raymond Pelletier, jeune polytechnicien entré aux Ateliers de Delle au début des années 30, joue un rôle important dans la conduite des affaires de la CGE pendant plusieurs décennies. Très compétent, il bénéficie aussi d'un grand prestige auprès de ses collaborateurs, en raison de sa conduite héroïque durant la guerre de 1939-1945. À la tête d'un escadron de chars, il tente, en vain, de stopper les Allemands à Rethel. Gravement blessé, il est laissé pour mort sur le champ de bataille. Reprenant conscience, il réussit avec un grand courage à franchir les lignes ennemies et rejoint l'armée française en retraite. Profondément atteint par un éclat d'obus à la tête, il passe plusieurs mois en convalescence et parvient à recouvrer la santé.

Raymond Pelletier

Il regagne alors la CGE, travaillant successivement à Aix-les-Bains pour la Savoisienne, puis aux Câbles de Lyon dont il devient directeur général en 1953, avant de rejoindre le siège de la Compagnie en 1955 pour prendre le poste de directeur général adjoint en avril. En mai, un nouveau venu dans la Compagnie, Ambroise Roux, accède également à ce poste, se partageant entre le siège et la CIT. Conjointement, Raymond Pelletier accède à la direction générale en 1963, puis devient vice-président en 1971, avant de prendre sa retraite en 1976.

Marcoule (1956)

La grande aventure du CEA (Commissariat à l'Énergie Atomique), commencée en 1945, aboutit enfin à Marcoule, où le premier réacteur « G1 » diverge, en 1956, produisant des quantités significatives d'électricité – 36 000 kilowatts – et du plutonium. La filière graphite-gaz, choisie en 1952, permet en effet de produire l'électricité, mais aussi du plutonium pour la future bombe atomique française.

Deux départements principaux regroupent l'activité de la jeune Compagnie créée en 1947, celui de la Transmission et de la Commutation. Le premier réalise des équipements destinés à permettre la propagation des courants téléphoniques ou télégraphiques, et notamment les équipements de câbles coaxiaux, équipements d'extrémités et répéteurs intermédiaires. Le second s'intéresse aux ensembles destinés à assurer la liaison entre les abonnés. Le département des Transmissions connaît un fort développement au début des années cinquante, la Commutation ne rattrapant son retard qu'au cours de la décennie, avec un chiffre d'affaires qui double entre 1952 et 1956.

Miser sur les « courants faibles »

La CIT, ou l'ouverture d'un nouveau domaine industriel

Dès 1946, la disparition de l'activité de distribution avait incité la direction générale de la CGE à jouer précocement la carte des courants dits « faibles », en particulier le secteur du téléphone. Cette orientation s'accentue au cours des années 1950. Au cours de la décennie, les dirigeants de la Compagnie prennent en effet conscience de l'achèvement de la reconstruction du réseau électrique français et de l'inefficacité des accords noués avec la Compagnie de Télégraphie Sans Fil.

Émile Marterer passe alors à l'offensive et charge Ambroise Roux de constituer sans délai un pôle d'activités autour des courants faibles, dans quatre directions : les télécommunications, avec la Compagnie Industrielle des Téléphones (CIT), les récepteurs de radio et de télévision, l'électronique industrielle, l'automatisation et les composants. L'augmentation de la surface des usines et des effectifs, les apports financiers par prêts et augmentations de capital, la conclusion d'alliances techniques, une série d'acquisitions et la constitution du centre de recherches de Marcoussis sont les instruments d'une politique audacieuse qui se prolongera durant les années 1960.

Le marché de la téléphonie en France est assujetti, depuis la fin du XIXe siècle, à l'administration des PTT, une situation qui retarde beaucoup, au cours des années 1950, l'extension de la CIT. En effet, les programmes des PTT demeurent à l'époque très faibles et, chaque année, les constructeurs doivent attendre le vote du budget pour connaître le montant des crédits d'investissement dont dispose cette administration pour passer les commandes. Aussi l'activité reste-t-elle à cette époque très irrégulière et le développement de la CIT imprévisible.

L'équipe dirigeante de la CIT devant l'usine de la rue Keller : François Merlin (3e à partir de la droite, de profil), Jacques Debré, président (5e), et Robert Deschamps (6e).

Les succès français dans le domaine des transmissions

Le réseau de câbles interurbain est le plus touché après la guerre et jusqu'en 1948, sa remise en état constitue l'essentiel des travaux. Pourtant, au plan technique, une nouvelle phase de la transmission de la parole sur câble s'ouvre avec l'apparition du transistor. Mais le problème de la déperdition du signal par câbles coaxiaux n'est toujours pas résolu : la pose d'un répéteur tous les 15 kilomètres est encore obligatoire !

À la fin du conflit, alors que les commandes affluent pour reconstituer le réseau, le remplacement des câbles sous-marins télégraphiques par des câbles téléphoniques coaxiaux est envisagé. Là encore, la technique n'est pas tout à fait au point. La recherche se concentre par conséquent sur la technique très délicate du répéteur étanche. Les câbles doivent résister aux contraintes de la pose sur des fonds de plusieurs milliers de mètres, et les répéteurs disposer d'une durée de vie suffisante afin d'éviter des coûts de maintenance et une consommation d'énergie excessive.
Au début des années 1950, la CIT mouille entre Cannes et Nice un répéteur expérimental. Cinq ans plus tard, en 1957, une grande première intervient, marquant l'aboutissement de longues études techniques et de délicates opérations de fabrication. Un câble sous-marin muni de répéteurs souples et fonctionnant sans réglage ni entretien est déposé sur les fonds sous-marins entre Marseille et Alger. Inauguré officiellement en janvier 1958 par le ministre de l'Algérie et le secrétaire d'État aux PTT, ce câble coaxial, qui comporte 24 circuits, permet de multiplier des liaisons téléphoniques entre la France et l'Algérie. Fin 1957, les Câbles de Lyon reçoivent la commande d'un des tronçons du câble téléphonique destiné à relier, par l'Atlantique nord, l'Europe et l'Amérique.

LE CNET, CENTRE NATIONAL D'ÉTUDES DES TÉLÉCOMMUNICATIONS

La création du CNET en 1944 reflète la volonté de mener une véritable politique nationale dans le secteur-clé des télécommunications. Une ordonnance du 29 janvier 1945, signée par le général de Gaulle, déclare : « Les communications électriques avec ou sans fil, les télécommunications, ont pris ces dernières années un développement considérable. Sous des formes diverses et utilisées par des usagers de plus en plus nombreux, elles étendent leurs domaines non seulement au téléphone et au télégraphe, mais encore à la radiodiffusion, à la télévision, à l'acoustique, à la signalisation, au balisage, à la sécurité. Ainsi élargies, les « télécommunications » prennent dans la vie de la nation et dans ses relations avec le reste du monde une place dont l'importance croît de jour en jour. »
La DRCT, Direction de la Recherche et du Contrôle Technique, née en pleine guerre d'une restructuration du Laboratoire de TSF et des PTT, se transforme en 1944 en une structure fédérative interministérielle, le CNET. La mission du CNET est double : l'une consiste à faire progresser la recherche fondamentale, l'autre à développer des équipements en liaison avec l'industrie.
Fédération de centres de recherche, le CNET regroupe notamment le laboratoire central de TSF, créé en 1912 et rebaptisé LNR en 1931, ainsi que le Service d'Études et de Recherches Techniques, fondé en 1912 sur le modèle des Bell Labs, laboratoires de la Société américaine de téléphonie ATT, créés en 1904. Offrant, par sa composition, l'avantage de la pluridisciplinarité, le CNET fédère les efforts des PTT et de l'armée, assimile, en 1953, le Service de la Recherche et du Contrôle Technique des PTT (SRCT), puis, en 1954, le Laboratoire National de Radioélectricité du général Ferrié. Carrefour entre la recherche et l'industrie, le CNET préside à la naissance de deux sociétés d'économie mixte, la Sotelec, Société pour le développement de la technique des Télécommunications sur Câbles et la Socotel, Société d'économie mixte pour le développement de la technique de commutation dans le domaine des télécommunications, créées respectivement en 1947 et 1958.
Au cours des années 1950-1960, le CNET va pleinement remplir sa mission d'étude et de mise au point de nouvelles techniques au service de l'industrie française. Il assure, dans tous les secteurs de base des télécommunications, les faisceaux hertziens, les câbles coaxiaux et sous-marins, les satellites, les centraux téléphoniques, l'émergence de technologies nationales. Deux réalisations vont consacrer la renommée du CNET : la première retransmission télévisée en mondovision au-dessus de l'Atlantique grâce au centre de Pleumeur-Bodou, en Bretagne, et la mise au point du premier système de commutation électronique temporel, le E10, dans les laboratoires de Lannion.

Câble d'équipement à quartes, isolé au PVC.

Câble 1200 paires en secteurs, isolés au papier.

Dès lors, la CGE, maître d'une technologie efficace en ce qui concerne les transmissions sous-marines, peut exporter à grande échelle. Les PTT développent même une flotte de câbliers capables de transporter jusqu'à 1 000 ou 1 500 km de câbles. En 1960, la CGE a pris une envergure mondiale en matière de constructions de câbles sous-marins : elle détient alors un quart du marché mondial, en concurrence avec la STC, filiale anglaise d'ITT, Western Electric et l'industrie japonaise.

Au début des années cinquante pourtant, alors que la technique française des transmissions figure aux tout premiers rangs mondiaux, le marché de la commutation téléphonique reste dépendant des techniques étrangères et piétine, faute d'un effort suffisant de l'État.

Commutation automatique : l'échec du L43

La France, venue tardivement à la commutation automatique, reste en effet soumise au monopole technique de sociétés étrangères, les deux filiales d'ITT – la LMT et la CGCT –, bien qu'elles ne fournissent que du matériel dépassé techniquement, et Ericsson-France. Soucieux de desserrer l'emprise des filiales d'ITT dans les marchés de centraux et de susciter l'émergence d'un pôle technologique et industriel français, les pouvoirs publics mettent sur pied une stratégie reposant sur deux volets : le CNET, qui a pour mission de conduire des recherches pour concevoir de nouveaux matériels purement français, et des sociétés d'économie mixte, qui permettront de répartir les commandes de l'administration au sein des divers fabricants. Après la Sotelec (Société pour le développement de la technique des télécommunications par câbles), née en 1947, la Socotel (Société pour le développement de la technique de commutation dans le domaine des télécommunications) est créée en 1958.

Dans ce contexte, les PTT se tournent avec intérêt vers le système « national » développé par l'IT durant le conflit, le L43. En 1948, une consultation est lancée pour remplacer le vieux central Strowger de Nancy, construit en 1931, et, après quelques débats, le L43 est adopté à la condition que son constructeur le réalise à un prix inférieur d'un tiers au moins à celui des autres matériels. Les pouvoirs publics espèrent ainsi amorcer une construction à grande série.

En 1950, le système de téléphonie automatique mis au point par la CIT est retenu officiellement par le ministère des PTT pour équiper le réseau, décision qui ne deviendra définitive qu'après la conclusion des essais du L43 à Nancy. Mais plus de trois ans de travail acharné et tous les efforts du CNET seront nécessaires pour mettre au point le central, qui ne fonctionne qu'à partir de juillet 1951, et de façon imparfaite. Ses mises à l'essai s'avèrent « catastrophiques » se souvient un cadre. « Aux PTT, on disait même que le matériel de la CIT était « flambant neuf » parce qu'on ne pouvait pas mettre un central en service sans qu'il prenne feu » ajoute-t-il ! De fait, à la suite d'un court-circuit, le central disparaît dans un incendie, mésaventure qui provient en fait de sa conception même à partir du R6, notamment en ce qui concerne les organes tournants. La version L43 reprend en effet les principaux organes du matériel R6, les commutateurs rotatifs à 51 points et relais, tout en les soumettant en fait à des rendements trop élevés.

Le téléphone français reste, dans les années 1950, un secteur délaissé et largement en retard sur ses voisins.

Le L43 est néanmoins adopté en 1953 pour l'équipement du central du Mans, opérationnel en 1957. Au total, une douzaine de centraux L43 sont ouverts entre 1957 et 1960, fort coûteux en installation et en maintenance. Même si elle poursuit la fabrication de ce matériel jusqu'à la fin des années 1950, la CIT n'a donc pas la capacité technologique de contester les positions américaines et suédoises sur le marché français. Elle continue donc à fabriquer du R6 sous licence, ce qui l'empêche d'exporter ses produits. Les seuls marchés extérieurs auxquels elle est susceptible d'accéder recouvrent les zones privilégiées d'échanges économiques entre la France et ses colonies. D'où une percée très limitée. Le 6 juin 1956, le président de la CIT remarque, devant le conseil d'administration de la CGE, que « les bénéfices restent encore modestes. Le département de commutation automatique n'a pu s'établir qu'au prix de dépenses importantes..., mais, dans l'ensemble, les débouchés ne risquent pas de manquer à la CIT et le problème qui se pose pour elle reste un problème d'extension ».

Effectivement, à cette date, la France compte à peine deux millions d'abonnés, pour un million trois cent mille en 1946. Le téléphone est l'un des laissés pour compte de la reconstruction et de la modernisation du pays, avec des crédits très insuffisants. De 1954 à 1964, la France investit en moyenne 2,8 pour mille de sa production intérieure brute en équipement téléphonique, alors que des pays industrialisés comme les États-Unis y consacrent 4 pour mille et la Suède, 5 pour mille. Par exemple, il faut attendre 1953 pour voir le niveau des abonnements réalisés dans l'année dépasser celui de 1923... Le rythme des abonnements se maintient par la suite à un niveau dérisoire : 100 000 lignes par an. La crise du téléphone est telle qu'il faut attendre quelquefois deux ans pour obtenir une ligne, alors que la commutation reste médiocre, une situation résumée par le fameux sketch de Fernand Raynaud « Le 22 à Asnières ».

Pour la CIT, les années 1956-1957 se révèlent critiques : une forte perte est enregistrée en 1957 et les effectifs de la société baissent de 3 500 à 3 100 personnes en 1959. La CGE hésite même à maintenir sa présence dans le secteur du téléphone... Un nouveau directeur général adjoint, Ambroise Roux, chargé de l'ensemble des activités de la CGE dans l'électronique, prend alors en main la CIT, avec la mission de redresser la société et de lui ouvrir enfin les chemins de l'expansion.

AMBROISE ROUX, AMBITION ET BRIO CONJUGUÉS

Après un bref détour chez Rhône-Poulenc, Ambroise Roux, X-Ponts de formation, revient dans son administration d'origine pour entrer en 1951 au cabinet de Jean-Marie Louvel, ministre de l'Industrie. Dirigé successivement par Philippe Thomas, inspecteur des finances, futur P-DG de Péchiney, et Ambroise Roux lui-même, ce cabinet fonctionne comme une véritable rampe de lancement pour accéder aux plus grands groupes industriels français. Ambroise Roux y côtoie notamment Paul Gardent et Michel Collas, qui deviendront par la suite directeur général des Charbonnages de France et vice-président de Creusot-Loire, ainsi que Pierre Desprairies et Philippe Malet, appelés respectivement à la présidence de l'Institut français du Pétrole et de la Compagnie de Suez. À l'arrivée de Pierre Mendès France à la présidence du Conseil, Jean-Marie Louvel et son équipe quittent la rue de Grenelle.

Le président Jacques Jourdain propose alors à Ambroise Roux un poste à la direction générale de la CGE. Ce dernier entre ainsi dans la Compagnie en 1955, en qualité de directeur général adjoint. Selon le souhait du conseil d'administration, il est délégué dans un premier temps à la CIT, comme directeur général adjoint, afin de « s'initier aux affaires de la Compagnie par une prise de contact direct avec l'une de ses exploitations ». En mai 1963, à la suite du décès de Pierre Lalanne, le conseil d'administration le nomme codirecteur général de la CGE avec Raymond Pelletier. Il donne une impulsion décisive au secteur des « courants faibles » dont il a la charge, avant de succéder à Jean-Marie Louvel, qui disparaît le 13 juin 1970, à la présidence de la CGE. Président jusqu'à la nationalisation du groupe en 1982, il marque la Compagnie de son empreinte, à l'égal de Pierre Azaria, durant deux décennies, et en fait une entreprise de taille mondiale.

Ambroise Roux bénéficie, pour relancer la CIT, d'un retournement de conjoncture qui intervient au moment où l'entreprise commence à recueillir le fruit de ses efforts de réorganisation et de gestion. À partir de 1958, en effet, l'arrivée au pouvoir du général de Gaulle et la politique menée successivement par ses deux Premiers ministres, Michel Debré et Georges Pompidou, instaurent un rythme plus régulier dans les commandes de l'État en matière d'équipement téléphonique. Une loi cadre promulguée en 1959 planifie désormais les perspectives des PTT, qui fonctionnent désormais selon un programme triennal. La CIT, par conséquent, peut planifier ses investissements et son développement dans de meilleures conditions.

Le renouveau de la CIT s'appuie sur l'adoption, à la suite de l'échec du L43, d'un système crossbar sous licence Ericsson. Malgré ses déboires, le L43 a le mérite de stimuler la concurrence et de favoriser la mise au point de nouveaux matériels, meilleur marché et aux performances supérieures. De nouvelles versions des systèmes existants (Rotary 7A et R6 N2, notamment) voient le jour alors que progresse la mise au point d'une nouvelle technique de commutation, le crossbar. Deux versions sont étudiées par l'administration au cours des années 1950, le Pentaconta d'ITT et le CP 400 d'Ericsson. En 1960, le premier sera adopté à Paris et les grandes villes, le second pour les nouveaux centraux de villes moyennes, la CIT obtenant la licence du CP 400, ce qui va lui permettre de s'imposer comme l'un des premiers fournisseurs de centraux équipés en crossbar.

La Compagnie Industrielle des Téléphones démarre ainsi, à partir de 1955, une série de travaux pour étendre son outil de production. La CGE lui a fourni auparavant, à l'instar des autres filiales du groupe, des apports financiers et industriels pour consolider ses assises. Elle devient propriétaire, en 1953, de la petite usine qu'elle loue et exploite à Tours. La CIT construit également une nouvelle usine à Aix-les-Bains, qui entre en service en 1956 alors que la seconde tranche des travaux n'est pas encore achevée. Une autre usine est à l'étude dans le Jura, à

Pontarlier ; elle est dévolue, à partir de 1958, à la fabrication des outillages et des éléments de mécanique fine pour la commutation.
En amont de la production et de son organisation, la CIT prend part aux grandes initiatives de recherche dans son domaine, une ouverture qui va s'avérer décisive pour le secteur des télécommunications au sein de la CGE. Quand, en 1959, Pierre Marzin, directeur du CNET, décide d'associer des industriels à son département Recherches sur les Machines Électroniques (RME) pour l'étude de la commutation électronique, la CIT lui apporte son concours au sein de la Socotel.

En dépit des diverses difficultés que l'entreprise rencontre durant les années 1950 et de sa taille encore restreinte, la CIT présente un bilan satisfaisant au tournant des années 1960, qui contraste avec la modestie des positions de l'IT en 1946. De 1950 à 1960, son chiffre d'affaires passe de 18 à 89 millions de francs et ses 3 500 membres – dont 800 ingénieurs et techniciens – se répartissent dans sept centres techniques et industriels. La CIT a équipé des centraux téléphoniques représentant plus de 200 000 lignes, et réalisé la totalité des centraux automatiques de commutation équipant l'ensemble du réseau télégraphique français. Le département Transmission étend son activité aux divers domaines d'application de l'électronique aux techniques numériques. Enfin, son laboratoire parisien de la rue Émeriau, en collaboration avec le CNET, s'emploie à l'étude de tous les systèmes de télécommunications PTT ou privés et aux divers systèmes de télécommunications électroniques.

LES MÉTAMORPHOSES DE L'USINE DE LA RUE ÉMERIAU À PARIS

L'usine de la rue de l'Ingénieur-Keller ne suffit plus à la CIT aux débuts de son expansion et les services techniques de transmission investissent d'anciens bâtiments, toujours situés dans le XVe arrondissement, rue Émeriau. Cet ouvrage de brique rouge, construit dans les années 1920, pratiquement disparu aujourd'hui, est agrandi à deux reprises et rentre en service en 1954. Derrière cet immeuble, la CIT garde ses ateliers de construction mécanique, qui conservent un mode de fonctionnement très intégré, rassemblant dans un même lieu l'ensemble de ses activités. Seule la fabrication des condensateurs au papier, qui entrent dans l'équipement de centraux, s'effectue dans l'usine de Tours, qui devient le centre de la Compagnie Générale des Condensateurs, créée conjointement en 1959 par la CGE et Philips.

La croissance de la CIT à partir de 1960 rend nécessaire le transfert de ses ateliers de mécanique encore localisés à Paris, et les dernières fabrications quittent les lieux aux alentours de 1968. La rénovation du bâtiment de la rue Émeriau permet de découvrir des fermes splendides, montées avant 1914 sur le modèle des halles de Baltard. Cette architecture métallique, conçue par les Ateliers de Gustave Eiffel, est aujourd'hui conservée et mise en valeur dans le patio du siège opérationnel d'Alcatel NV.

Les métamorphoses de la rue Émeriau.

Un virage stratégique : l'entrée dans l'électronique industrielle et grand public

L'électronique est déjà présente sous des formes variées au sein du groupe mais, fidèle à sa tradition d'accords, la Compagnie recherche un allié de poids dans ce domaine. C'est pourquoi elle renouvelle en 1952 son accord avec la Compagnie Générale de Télégraphie Sans Fil (CSF), qui va peu à peu se révéler très décevant.

CSF : un partenariat sans résultat

Les accords noués en 1944 portent sur le domaine des télécommunications et définissent un partage de compétences : les télécommunications « comportant l'emploi d'une liaison matérielle suivant un trajet défini » relèvent de la CGE, et celles qui utilisent le « rayonnement électromagnétique » de la CSF, mais ils apparaissent vite limitatifs. S'ils évitent la concurrence entre les deux groupes après la guerre et laissent la CIT prendre son essor au sein de la CGE, ils ne permettent ni à l'une ni à l'autre de prendre une position décisive sur leur secteur. De surcroît, dès le début des années 1950, l'évolution des techniques après 1945 rend totalement obsolètes, les fondements même du partage. Par exemple, où classer désormais les liaisons hertziennes qui autorisent un trajet des informations étroitement défini mais sans support matériel ? La distinction « fil » ou « sans fil » n'a plus de pertinence.

En 1952, la CGE et la CSF s'accordent pour lui substituer une nouvelle formule de coopération, de façon à maintenir un groupement capable de se mesurer avec les plus grands des télécommunications avec ou sans fil. Une réelle parenté existe entre les activités de transmission de la CIT d'un côté, et de la CSF de l'autre, offrant de multiples opportunités auxquelles les deux groupes ne souhaitent pas renoncer. Pierre Lalanne, le principal artisan de l'accord, dresse, devant le conseil d'administration du 2 avril 1952, « le tableau des activités et des possibilités du Groupe CSF, en particulier des points de vue radio et électronique ». Il souligne la complémentarité « technique, industrielle et commerciale existant entre les fabrications de la CSF et celles du département Transmissions de la CIT ».

La mise au point d'un bâti de faisceaux hertziens à très grande capacité.

Le radar à longue portée du Centre de Contrôle Régional, à Orly, mis au point par la CSF.

C'est pourquoi les accords de 1944 sont reconduits, sous l'égide de la Banque de Paris et des Pays-Bas, actionnaire de la CSF, la CGE faisant apport à la CSF de 24 % du capital de la CIT, et la Compagnie recevant, en échange, 11 % du capital augmenté de la Compagnie Générale de Télégraphie Sans Fil. De cette façon, comme l'espère la CGE, les équipes de la CIT vont « bénéficier de la technique et des relations de la CSF » et accéder à son centre de recherches, l'un des plus grands laboratoires d'électronique de France.

Mais les difficultés ne tardent pas à surgir. La collaboration technique entre la CIT et la CSF se révèle modeste alors que la CGE ne peut participer de manière effective à la gestion de la CSF, comme le prévoyait l'accord de 1952. Le rapprochement ne débouche sur aucune réalisation concrète, tandis que la CSF poursuit son expansion : elle se fond en 1957 avec la Société Française Radio-Électrique, absorbe Sadir-Carpentier en 1957 et la Compagnie Radio-France en 1959. À cette date, le groupe CSF compte près de 15 000 employés et réalise un chiffre d'affaires de 47 milliards d'anciens francs.

LA TÉLÉVISION

La naissance de la télévision en France est inséparable de la Ve République et de son créateur, Charles de Gaulle. Certes, les premières émissions de télévision apparaissent dès 1947 (12 heures par semaine), et s'organisent dans le cadre de la RTF, financée par la redevance, à partir de 1949. Mais la télévision en est encore à ses balbutiements, même si Pierre Sabbagh crée le journal télévisé et que Jacqueline Joubert devient la première speakerine.

Lorsque de Gaulle revient au pouvoir, en 1958, seulement 8% des ménages français possèdent un récepteur. Or, le général de Gaulle, qui avait déjà prouvé quel usage il savait faire de la radio, comprend très vite le formidable pouvoir médiatique de la télévision. Spectateur averti et attentif, il en connaît l'impact sur ses concitoyens et l'utilise à plusieurs reprises durant les événements dramatiques de la guerre d'Algérie. Les interventions et les conférences de presse télévisées du président deviennent rapidement un rite, orchestré par la presse. *Le Monde* publie le texte in extenso le lendemain, avec le commentaire critique de « Sirius », son directeur, Hubert Beuve-Méry.

Parallèlement, le général de Gaulle pousse à l'élargissement de la diffusion par l'équipement du territoire en émetteurs, et à l'amélioration des émissions par la création de l'ORTF et d'une deuxième chaîne en 1964. La volonté affichée vise à réaliser une télévision de qualité, à la fois culturelle et populaire, tout en contrôlant étroitement le discours politique des journalistes et la moralité des émissions.

Le nombre de ménages équipés de récepteurs passe à 23 % en 1962, 45 % en 1965, avec la première élection présidentielle au suffrage universel, dont la campagne électorale est en grande partie télévisée, puis atteint 62 % en 1968. L'arrivée de la télévision couleur en 1967, malgré le prix très élevé des récepteurs – de 4 000 à 5 500 francs, quand le SMIG-horaire est à 2 francs –, rend la télévision encore plus attractive et lui assure une diffusion grandissante. Mais, avec l'apparition de la publicité de marques en 1968, elle se banalise et devient un produit de consommation courante, qui cherche à s'émanciper du pouvoir politique.

Pierre Lalanne tire, devant le conseil d'administration du 18 avril 1956, la conclusion de cette évolution défavorable pour la CGE. « Les accords (de 1944 et 1952) n'ont pas atteint leur but. La CGE, ne pouvant rester étrangère au domaine de l'électronique, a recherché vainement auprès de la Banque de Paris et des Pays-Bas une formule d'union plus étroite avec la CSF. La CGE abordera donc directement (ou par l'intermédiaire de filiales) et par étapes prudentes le domaine de la radio et de l'électronique. »

Cette décision stratégique va se révéler capitale au fil des ans, comme le résume un rapport du conseil d'administration de la CGE du 13 mars 1963 : « C'est en 1956 que la Compagnie a pris la décision d'étendre ses activités dans le domaine électronique. L'analyse du marché « courants forts » révélait en effet que, malgré une augmentation de ses activités traditionnelles, ce n'était pas dans ce domaine que la CGE pouvait trouver l'expansion qu'elle souhaitait. Il était donc normal que la Compagnie étendît ses activités à l'électronique et cela d'autant plus qu'elle occupait déjà, dans ce domaine, une place notable grâce à sa filiale, la Compagnie Industrielle des Téléphones. La politique de développement de la CGE allait être commandée tant par sa position dans le domaine des télécommunications par fils que par les perspectives qui apparaissaient dans l'électronique industrielle et l'automatisme. La nécessité apparaissait d'autre part, pour celui qui conçoit les matériels électroniques, d'être maître des composants essentiels de ces matériels : semi-conducteurs, condensateurs, résistances. La décision devait être prise enfin de pénétrer sur le marché des récepteurs radiotélévision. »

Radio et télévision :
la CGE sur un marché de masse

La Compagnie Industrielle des Téléphones prend à sa charge les problèmes de télécommunications « sur et sans fils », la Compagnie débutant la fabrication de postes récepteurs de télévision et de radiodiffusion grâce à deux filiales, la Compagnie Continentale Edison et Sonora.

En juin 1956, la CGE renforce sa position dans la première, dont l'activité industrielle était en sommeil depuis 1927, en relançant la marque Edison, dont la Compagnie possède toujours l'usage exclusif en France. Elle met à la disposition de la Compagnie Continentale Edison une usine localisée à Saint-Ouen, ainsi que l'ensemble des études, brevets et prototypes de téléviseurs – au nombre de 22 ! – dont elle détient la propriété. Elle obtient, en échange de ces apports, une série supplémentaire d'actions de la société. Elle met également à la disposition de sa filiale son réseau de succursales, qui assure la distribution à l'échelon des grossistes de l'ensemble du matériel portant la marque « Continental Edison ».

Parallèlement, la Compagnie prend, la même année, le contrôle de Sonora-Radio, un constructeur de postes de radio et de télévision installé à Puteaux, dont l'activité apparaît complémentaire de celle de Continental Edison. Elle porte le capital de cette nouvelle filiale de 49,5 millions à 144 millions de francs et réunit les deux firmes en 1958 sous le nom de « Compagnie Continental Edison ». Les usines de Saint-Ouen et de Puteaux constituent un ensemble industriel intégré, ce qui permet de rationaliser les fabrications, alors que les circuits commerciaux et les marques « Continental Edison » et « Sonora » des deux sociétés sont conservées.

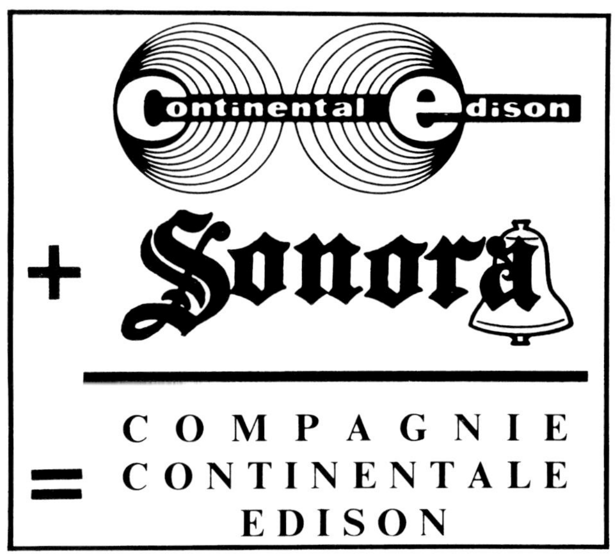

La Compagnie Continentale Edison lance en mars 1957 ses premiers téléviseurs et, dans le cours de l'automne, ses premiers postes radio. Elle entame pour quelques années un parcours brillant sous la présidence d'Ambroise Roux, Alain Willk étant nommé directeur général en 1958. En 1958, après un an d'existence et la vente par Continental Edison de plus de 15 500 postes de radio et télévision, le téléviseur ERT 9312 – 43 cm – voit le jour. Il introduit sur le marché français le premier poste avec coffret, fabriqué avec la technique du bois formé à chaud.

1959 apparaît, pour la société de télévision de la CGE, comme l'année « Citroën ». La société réalise tout d'abord une opération de promotion d'avant-garde en tamponnant à son effigie les 2 CV de ses distributeurs, dont certains organisent de véritables parades avec leur flotte de véhicules, aux armes de « Continental-Edison-Radio-Télévision »... La firme au chevron confie également à la société la fabrication sur mesure d'un auto-radio pour ses voitures, distribué par le réseau de ses distributeurs et des concessionnaires sous la marque « Radioen ».

Alain Willk.

En 1959 et 1960, la Compagnie Continental Edison enregistre une augmentation de 34 % et 50 % de son activité. Le marché de la télévision connaît alors une hausse annuelle de plus de 30 %. Comme le remarque la CGE, alors que peu de foyers sont encore équipés de la fameuse lucarne électronique, « le marché français de la télévision offre encore de larges possibilités de développement pour les années à venir »... Diversifiant son offre, Edison réalise également des électrophones et aborde le marché en plein boom des postes à transistors, rapidement adoptés par la jeunesse. Alors que fleurit « le temps des copains », celle-ci découvre alors le rock and roll et les émissions radiophoniques qui lui sont consacrées.

1959, l'année Citroën.

Des techniques de pointe : électronique industrielle et automatisme

En tant que groupe industriel, la CGE ne peut rester indifférente pour son propre développement aux apports considérables de l'électronique industrielle et de l'automatisme, qui se dévoilent nettement au milieu des années 1950 et ouvrent un champ immense d'applications prometteuses. Dans le cadre de la stratégie définie par le conseil d'administration de la CGE en 1956, la CIT franchit un pas important entre 1956 et 1957, en prenant le contrôle de trois sociétés spécialisées.

En 1956, la CGE achète tout d'abord la société Nollace Omnium Radio (NOR) qui, dans son établissement de Lamanon, près de Salon-de-Provence, a développé des onduleurs statiques. Ces appareils, qui transforment le courant continu en courant alternatif sans avoir recours à des convertisseurs rotatifs, sont indispensables pour l'alimentation de secours de certains matériels comme les ordinateurs.

Un an plus tard, en 1957, la Compagnie s'engage dans le secteur des automatismes en prenant une participation majoritaire, puis totale, dans la Société des Servomécanismes Électroniques (SME), spécialisée depuis 1949 dans les domaines de la régulation, de l'asservissement et de l'automatisme, et qui dispose de références prestigieuses. La SME fournit à la Marine nationale des automatismes électroniques intégrés pour commandes d'armes ou rampes de lancement de torpilles qui équipent les navires de lignes tels que le « Colbert », ou le « De-Grasse » ainsi que les porte-avions « Foch » et « Clemenceau », des escorteurs ou des dragueurs de mines. La SME réalise aussi des servomécanismes de vitesse ou de position qui équipent plusieurs laboratoires de recherche d'EDF et d'universités françaises. À Saclay, les sources

d'alimentation des aimants réglant le faisceau d'entrée du synchrotron à protons « Saturne » sont régies par un « servostat » de la SME.
La même année, la CGE acquiert une part importante du capital des Établissements Henry Lepaute, fondés au XVIIIe siècle. L'horloger Henry Lepaute s'était rendu célèbre au siècle des Lumières, car l'une de ses pièces figurait sur une des cheminées de Louis XV. Un siècle plus tard, des millions de regards anonymes peuvent consulter l'heure dans tous les lieux publics sur les horloges Lepaute. Constitués en société à la fin du XIXe siècle, les Établissements Henry Lepaute s'orientent, après la Seconde Guerre mondiale, vers l'électronique. Ils développent non seulement des régulateurs d'horloges électroniques, mais aussi un système de communication en BLU par courants porteurs utilisé par EDF.

En 1960, la CGE confie à François Vianey le soin de fusionner les entreprises NOR, SME et Lepaute au sein d'une filiale qui prend le nom de « Compagnie Générale d'Électronique Industrielle Lepaute » (CGEI-Lepaute). Son objet social est « la solution des problèmes d'électronique industrielle dans lesquels l'électronique s'intègre aux équipements mécaniques et électrotechniques pour en effectuer la commande, le contrôle, la régulation et l'automatisation ». Tout en maintenant ses activités militaires, la nouvelle société est chargée de développer, au profit du groupe, ses techniques dans les applications civiles et industrielles. Ses variateurs de vitesse, « Varistat », et ses commandes sectionnelles lui permettent d'équiper les industries papetières ou chimiques, ses relais statiques, « Statoreg », prennent place, quant à eux, à bord des locomotives BB 12 000, et les systèmes de commande de laminoirs mis au point par la SME continuent leur développement.

Cette série d'acquisitions et de regroupements dans l'électronique se conjugue avec la création, en parallèle, de la Compagnie Générale d'Électronique en 1960 et de la Compagnie Générale des Composants Électroniques en 1961, toutes deux liées à la nouvelle branche de la Compagnie, la CGEA.

Naissance de la marque Continental Edison en 1957, à l'aube de la télévision en France.

LES ARTS MÉNAGERS

Dès sa création, en 1923, le Salon des arts ménagers cherche à donner des femmes une image moderne et technicienne. « La cuisinière travestie en contremaître d'usine et placée devant autant de cadrans et de manettes qu'un pilote de forteresse volante », telle est la caricature que décrit Jean Fourastié dans *Machinisme et Bien-être*, publié en 1951. Les années 50 marquent en effet le triomphe des appareils électroménagers, dans l'imaginaire social tout au moins, avant qu'ils ne s'installent réellement dans l'ensemble des foyers français grâce à la baisse des prix de vente et la généralisation du crédit.
Car la France de 1950 reste en retard sur les États-Unis et même sur certains pays européens comme la Suisse ou la Grande-Bretagne. Vingt ans plus tard seulement, la grande croissance aidant, les ménages sont largement équipés en réfrigérateurs, téléviseurs et lave-linge, auxquels il faut ajouter aspirateurs, fers à repasser, et tout l'arsenal du petit électroménager. En conséquence, la consommation d'électricité à usage domestique, qui comprend également l'éclairage, le chauffage et la fourniture d'eau chaude, passe de 3,5 à 23 milliards de kWh entre 1950 et 1970. L'élévation générale du pouvoir d'achat compte pour beaucoup dans cette évolution, ainsi que les nombreuses incitations, comme la publicité directe, le crédit à la consommation, le lancement du « compteur bleu » par EDF en 1963, le renouveau de la presse féminine et le désir de modernité. Plus généralement, tout un esprit de l'époque, fait de mythe américain, de volonté d'émancipation des tâches ménagères et d'uniformisation des modes de vie, participe à ce mouvement qui trouve, chaque année, ses temps forts au moment du Salon des arts ménagers et de la fête des mères, au mois de mai.

Le Centre d'Automatisme de la CGE (CEGEA), un rôle fédérateur au service des automatismes

La constitution, en 1958, de la branche Centre d'Automatisme de la CGE (CEGEA) pose le second jalon de la politique d'électronique industrielle amorcée en 1956. Cette création répond au désir de la Compagnie de prendre sa place dans ce domaine nouveau, en extension rapide, et d'y faciliter l'introduction des matériels fabriqués par les entreprises du Groupe. L'activité de CEGEA ne se substitue pas aux activités existantes des branches et des filiales dans le domaine de l'automatisme, mais cherche à les coordonner et à les compléter, en permettant d'aborder les problèmes complexes mettant en jeu des techniques différentes.

« L'automatisme... Idée à la mode, lieu commun sur les cerveaux électroniques, les usines désertes pilotées par des robots ? Rêve abstrait, spécialité hermétique ? Peut-être, mais aussi une réalité quotidienne de l'industrie, élaborée à partir de quelques idées simples » énonce la CEGEA à sa naissance. La notion d'amplification s'inscrit au coeur de l'automatisme : un geste simple, comme le fait d'appuyer sur un bouton, provoque une série d'effets définis à l'avance d'une ampleur sans commune mesure avec le processus de déclenchement. Vient ensuite l'autorégulation du système, grâce aux procédures qui lui sont reliées ou intégrées. Ainsi peut ralentir ou s'arrêter une chaîne de fabrication dont le mode de contrôle a décelé une vitesse anormalement élevée ou un vice de fonctionnement. C'est la base des « servo-mécanismes », un terme forgé en 1945 à partir de la racine latine *servus* (esclave), afin de désigner tous les systèmes asservis à un mécanisme auxiliaire, la « servocommande ». Celle-ci permet de maintenir l'équilibre de la réponse et de la commande, quelles que soient ses variations ou perturbations. Ainsi se déclinent la « servo-direction », souvent destinée à des applications militaires, le « servofrein », le « servomoteur », qui dirige le mouvement d'un engin, ou encore la « servovalve », commandée par servomoteur.

« Fournir, transmettre, contrôler, asservir l'énergie, substituer des machines à nos muscles n'est pas tout – poursuivent les fondateurs de la CEGEA ; l'automaticien confie à des machines certaines fonctions de nos cerveaux : des systèmes à programme [...] jusqu'aux appareils électroniques de traitement des informations, qui font leur entrée dans l'industrie, les machines modernes accomplissent des actions tellement humaines qu'on est tenté d'inverser la formule célèbre de Bergson, en disant de l'automatisme que c'est du vivant plaqué sur du mécanique »... L'intelligence artificielle n'est pas si loin et, déjà, les chercheurs des universités américaines y travaillent.

C'est pourquoi la CEGEA est dotée d'importants moyens de prospection et d'étude. Elle acquiert aussi ceux qui apparaissent nécessaires « pour assumer les fonctions de chef de file ou d'entrepreneur général quand aucun autre organisme du Groupe ne pourra les remplir », explique Pierre Lalanne en octobre 1958. Plusieurs branches ou filiales du groupe opèrent en effet dans ce secteur, et la CEGEA, sous la direction d'Henri Duhamel, bâtit son savoir-faire et sa vocation de maître-d'œuvre en collaboration avec ses consœurs et en liaison constante avec Gérard Lehmann, directeur de recherches à la CGE.

La CEGEA s'affirme comme le bureau d'études du groupe pour les automatismes. (À droite, Henri Duhamel)

Si les Ateliers d'Orléans possèdent une excellente connaissance des machines tournantes, éléments principaux de l'exécution des ordres, les Ateliers de Constructions Électriques de Delle produisent les contacteurs, qui sont à la base des automatismes à séquence. L'usine de Villeurbanne, en outre, construit déjà les tableaux et pupitres de commande des grandes centrales électriques. L'activité de transmission et de traitement des données de la CIT ainsi que le département Automatisme de la CGEE complètent un savoir-faire présent de manière dispersée dans le groupe, que la CEGEA vient fédérer. « Le rôle du Centre d'Automatismes est d'établir entre les entreprises du groupe les collaborations nécessaires et de créer en même temps les techniques nouvelles pour des réalisations d'ensemble. »

Ses domaines d'intervention, hérités au départ des activités de ses précurseurs, embrassent principalement : la sidérurgie, avec le chargement des hauts-fourneaux et les laminoirs ; l'industrie chimique et pétrolière, où la régulation électronique de la circulation des fluides devient capitale ; les constructions mécaniques, et en particulier l'automatisation des machines-outils, pour laquelle les usines de la Compagnie se présentent comme un champ d'essais et d'applications privilégié ; enfin, l'énergie nucléaire, où l'automatisation des procédés va de pair avec une sécurité optimale. L'une des premières références de la CEGEA est l'installation à Reggane, dans le Sahara, de l'ensemble qui assure l'exécution automatique du programme général des opérations de l'explosion nucléaire réalisée en février 1960. La CGE a su prendre le tournant de l'électronique et réalise avec succès ses premiers pas dans le domaine de l'énergie nucléaire.

La CEGEA, architecte industriel en automatisme.

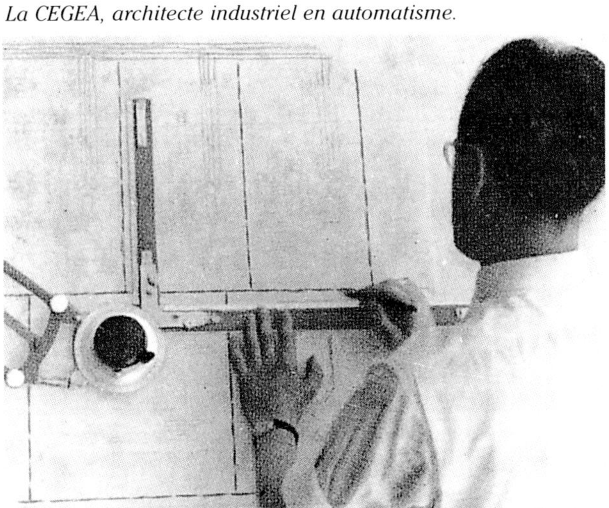

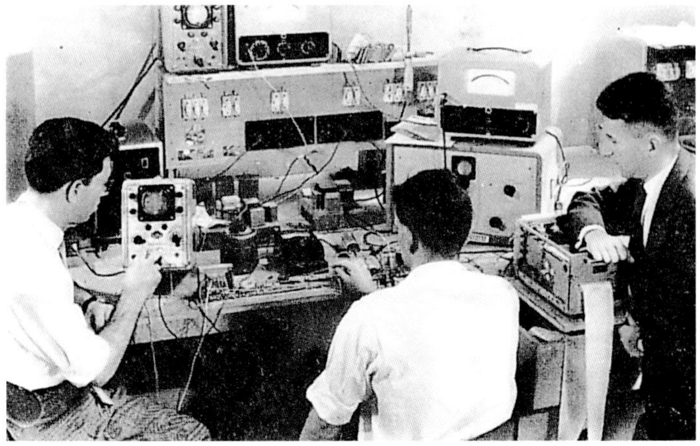

Les nouveaux horizons de la recherche et de l'international

Coupée de son activité originelle de distribution d'électricité et confrontée à une économie en mutation, la CGE entame un double virage au cours des années 1950. Le holding industriel bâti par Pierre Azaria rompt son enclavement hexagonal et sa politique traditionnelle de brevets pour devenir un groupe électrique aux ambitions analogues à celles de ses concurrents européens et américains, lesquels disposent depuis longtemps de leurs propres centres de recherche. La CGE s'engage tout d'abord résolument dans l'exportation, qui élargit hors des frontières nationales son champ d'action géographique. L'ouverture d'un centre de recherche au sein du groupe, lointain héritier du modeste laboratoire créé à Ivry au début du siècle, marque le souci de relever de façon propre le défi de l'accélération du progrès technologique.

Internationalisation, recherche : ce double impératif apparaît étroitement lié, ainsi que l'explique le conseil d'administration lors de l'Assemblée générale de l'exercice 1958, première année de la Communauté Économique Européenne. « L'avenir demeure incertain et, plus que jamais, il convient, en prévision de toutes les éventualités, d'avoir en permanence deux préoccupations essentielles : investir et exporter. (...) Notre effort d'investissement nous permettra d'abord dans nos différentes entreprises de persévérer tant dans la recherche de laboratoire que dans le perfectionnement des méthodes et des instruments de fabrication. Désireux en outre d'étendre le champ de nos investigations, nous avons décidé de créer un Centre de recherches en vue d'études générales ou à longue échéance. (...) Notre deuxième impératif est le développement de nos exportations. Depuis quelques années déjà, nous n'avons cessé d'accroître nos ventes à l'étranger.

Celles-ci, dans certaines de nos entreprises, représentent jusqu'au tiers de l'ensemble de nos ventes. Actuellement, l'ouverture du Marché commun requiert toute notre attention. Nous pouvons vous dire que confiants dans la valeur de nos techniques – confirmée par de récents succès – et dans l'efficacité de nos accords professionnels de rationalisation des fabrications, toujours plus étendus, nous abordons avec calme la compétition internationale. »

La volonté d'exporter

Au cours des premières années qui suivent la Libération, la très forte demande intérieure conduit les dirigeants de la CGE à concentrer tous leurs efforts à la reconstruction de l'économie française. En 1946, « seul le souci de conserver au marché français une large part de la production limite les exportations », remarque de façon significative le conseil d'administration. Néanmoins, les conséquences de la nationalisation de 1946 incitent la CGE à multiplier les débouchés de ses fabrications, en particulier dans les colonies.

Les premières implantations de la CGE à l'étranger se limitent à une activité purement commerciale, à quelques rares exceptions, comme celle de la société Adda en Italie. Cette dernière, créée en 1926 dans le but de permettre la fabrication en Italie des disjoncteurs et des sectionneurs de Delle, étend son activité durant l'entre-deux-guerres par la création de deux ateliers, l'un de plastiques, l'autre de toiles métalliques. Aussitôt après la Libération, la section d'appareillage haute tension est fortement développée et modernisée, afin de lutter efficacement contre la concurrence particulièrement active du marché italien. En 1951, le chiffre d'affaires annuel dépasse un milliard de lires pour un effectif de 500 personnes.
De façon générale, il s'agit pour la CGE d'étendre le réseau des succursales de vente qui existe en France. Les agences créées ont ainsi pour mission de promouvoir et de vendre dans leur pays, sinon aux pays limitrophes, l'ensemble des productions des usines de la CGE.

Dans les années 1950, la CGEE intervient notamment à Cuba, en Colombie et en Iran.

Cogelex, Poste d'Emersinde.

L'installation dans l'empire français, en Afrique noire occidentale et orientale, où la Compagnie était totalement absente jusque-là, constitue l'un des axes principaux de la politique de mondialisation après la guerre. Ainsi, en 1947, la CGE crée des succursales à Dakar, à Abidjan (celle-ci est rapidement transformée en filiale), à Douala et à Conakry. Puis des agences de représentation sont rapidement créées à Cotonou, Libreville, Pointe-Noire et Brazzaville, signe de l'intérêt que porte la CGE à un continent alors en pleine expansion, « aux perspectives favorables à un développement continu ». L'un des succès des agences africaines repose notamment sur l'invention, par les Ateliers de Delle, des « normablocs », postes de transformation blindés plus faciles à mettre en place que les postes de transformation classiques.

En 1946, une mission étudie en Égypte les possibilités d'exportation liées à l'équipement du grand barrage d'Assouan ; mais les autorités égyptiennes ne donnent pas suite aux contacts établis en ce sens par la CGE. En 1948, une représentation de la Compagnie s'établit à New York. En 1949, ce bureau de liaison est transformé en société, la COGENEL et assure, outre des tâches purement commerciales, des échanges techniques entre l'industrie américaine et la CGE. En 1954, pour étoffer son réseau commercial, la CGE implante à New York également une succursale de vente.

Des organismes de soutien à l'exportation

René Dubart prend progressivement en charge, à partir de 1948, l'ensemble des activités de la CGE hors de métropole et à l'étranger. Il faut, en effet, trouver de nouveaux marchés pour éviter une éventuelle stagnation de la production, une fois la reconstruction achevée. Certaines nations étrangères offrent à cet égard des perspectives de développement intéressantes.
Lors d'une commande prise au Portugal, les Ateliers de Delle prennent conscience de la nécessité de livrer des installations complètes, appuyées par l'envoi d'ingénieurs. En bref, fournir du « clé en main ». Les ingénieurs de Delle prennent alors contact avec ceux de la Compa-

gnie Générale d'Entreprises Électriques. Ainsi naît en 1949, au sein de la CGEE, le Bureau d'Études Exportation (BEE), en liaison avec les Ateliers de Delle et la Savoisienne, qui permet la mise au point de propositions pour des ensembles complets. Répondant à la demande des clients étrangers, le BEE assure également un rôle de prospection et de liaison entre les différents services de la Compagnie. La réalisation de la station de Santa Lucia, grande première, débouche sur un vaste programme d'électrification du Portugal, auquel participe la CGE.

Cependant, la CGEE se cantonne à la vente du gros matériel fabriqué par les sociétés du groupe CGE, une obligation qui laisse ce dernier impuissant face à ses concurrents internationaux, lesquels jouent plus aisément sur les prix et le choix de leurs fournisseurs. L'obstacle sera contourné deux ans plus tard. Le BEE est transformé en société anonyme, sous le nom de Cogelex, et devient ainsi une filiale que la vocation d'ensemblier motive et conditionne. « Un entrepreneur général coordonne et met en œuvre sous sa responsabilité, d'abord sur le plan des études, ensuite sur celui des travaux, les techniques multiples nécessaires à la réalisation d'un projet d'ensemble défini par un maître d'œuvre ; il livre alors un ouvrage clé en main », explique la plaquette que la CGEE publie au début des années 1960.

Offrant l'ensemble des services de la CGEE, la Cogelex élargit ses propositions en y adjoignant les productions de Delle et de la Savoisienne. En 1955, les Câbles de Lyon rejoignent Cogelex, élargissant les compétences du nouveau département de la CGEE pour le montage de ses opérations clé en main. La Cogelex participe ainsi à la construction de grands équipements d'ensemble, tels que des centrales hydroélectriques, thermiques ou nucléaires, et des installations industrielles. En 1951, par exemple, la Cogelex obtient le contrat d'électrification de Bamako, au Mali, de la construction de la centrale thermique à l'ensemble du réseau de distribution, auquel s'ajoutent d'importantes commandes en Angola, en Égypte, en Uruguay...

LA GUERRE D'INDOCHINE

Une des conséquences majeures de la Seconde Guerre mondiale, la décolonisation, concerne tout d'abord l'Asie. Dès l'effondrement du Japon, Sukarno proclame l'indépendance de l'Indonésie, et Hô Chi Minh celle du Viêt-Nam, le 3 septembre 1945. Cependant, le général de Gaulle, désirant restaurer la souveraineté française, envoie un corps expéditionnaire, dirigé par le général Leclerc, qui, après avoir dégagé le sud de la péninsule, signe un accord avec Hô Chi Minh, reconnaissant le Viêt-nam comme « État libre dans l'Union française », le 6 mars 1946.
Mais le gouvernement et l'opinion publique acceptent mal cette évolution. En novembre 1946, des navires français bombardent Haïphong, faisant des milliers de morts; en décembre, le Viêt-minh réplique en massacrant 400 Européens à Hanoï. La guerre d'Indochine commence ; elle durera huit ans.

Les troupes françaises contrôlent le sud, les côtes et le delta du Tonkin, tandis que le Viêt-minh, qui reçoit l'appui de l'URSS et de la Chine de Mao, tient les campagnes et les hauts plateaux. La guerre coloniale se double d'une guerre idéologique. Les communistes militent pour le retrait français, tandis que de Lattre obtient l'aide financière des États-Unis.
La guerre, dans la jungle et les rizières, épuise les soldats Français qui ne peuvent venir à bout des forces Viêt-minh commandées par le général Giap. Une conférence destinée à mettre fin au conflit se tient à Genève, sous l'impulsion de Pierre Mendès France, au printemps 1954. La défaite, très médiatisée dans le monde entier, d'une partie du corps expéditionnaire français à Diên Biên Phu, en mai, entraîne le retrait des troupes françaises d'Indochine.
Les États-Unis prennent la relève au SudViêt-nam, tandis que Hô Chi Minh devient le président du NordViêt-nam.

Cependant, ces mouvements commerciaux vers les colonies et l'étranger demeurent limités en volume, et ne concernent que certaines productions bien précises de la CGE. L'exportation des produits de la Compagnie se heurte en particulier aux problèmes de prix peu compétitifs, en raison de la cherté des matières premières, du coût de la main-d'œuvre et de la faiblesse de la productivité. La dévaluation du franc en 1948 ne suffit pas à pallier ce déséquilibre. Les producteurs étrangers bénéficient de meilleures conditions pour leur alimentation en énergie et ignorent les lourdes charges accessoires qui grèvent les prix de revient français.

Seule la supériorité technique peut préserver les positions acquises sur les marchés extérieurs. Les efforts se portent donc vers le développement des installations de recherche et de contrôle.

L'internationalisation à petits pas

En mai 1946, la CGE participe, à La Haye, à la fondation d'une société anonyme : la « Compagnie Générale d'Électricité NV ». Elle fait apport à la nouvelle société d'une somme de 6 000 florins et d'un établissement commercial pour la vente de matériel électrique, exploité à La Haye sous forme de succursale par la Compagnie. En 1948, la société construit à Breda un atelier de montage qui contribue à affermir sa position dans le pays.

En juillet 1947, la direction de la CGE décide de participer à un groupement formé dans le but de proposer au gouvernement argentin l'équipement électrique du pays. Un voyage d'études est entrepris dans cette perspective en Amérique du Sud, au cours de l'année 1948. L'Argentine, le Brésil et l'Uruguay sont visités. L'installation d'une base industrielle en Argentine, où la CGE bénéficie du soutien de personnalités locales, apparaît la meilleure solution. Elle engage alors une série de négociations avec des groupes français amis installés dans le pays, notamment la Société Générale, banquier traditionnel de la Compagnie, et la CAMEA, filiale de Pénarroya, afin de constituer une filiale de construction en Argentine. Cette société, au capital composé pour un tiers par la CGE, un autre tiers par la CAMEA et le restant par différentes compagnies de chemin de fer argentines, se consacre à la fabrication de fils et câbles, de gros appareillages et de petits transformateurs de faible et de moyenne puissance.

CEGELEC-Argentine voit ainsi le jour en 1948 et reçoit le concours technique de la CGE, en échange du versement de redevances. L'usine CEGELEC-Argentine de Buenos Aires démarre ses activités deux ans plus tard, en 1950. Cette implantation favorise en retour les activités d'exportation dans toute l'Amérique latine, la CGE nouant des accords avec plusieurs sociétés localisées au Chili, au Venezuela et en Uruguay, pour la représentation de la gamme des produits de ses branches et filiales.

À la fin de l'année 1948, la filiale CGE-Maroc, constituée en 1947 pour se rapprocher de clients locaux, débute, au sud de la Méditerranée, une production industrielle autonome grâce à une usine de fabrication de transformateurs, d'accumulateurs, d'appareillage électrique et de réparation de matériel, implantée à Fedala.

Après cette première vague d'installations visant à développer des marchés dans des zones favorables à l'industrie française, la direction générale de la CGE garde une position attentiste. La Compagnie se contente d'analyser les résultats, variables et, dans l'ensemble, plutôt moyens – à l'exception de la CGE-Maroc – de ses premières têtes de pont industrielles outre-mer et à l'étranger.

Un bilan général des activités de la CGE à l'étranger en 1957 montre la nature, l'étendue, mais aussi les limites de son implantation internationale. Certes, la Compagnie produit hors de France, soit directement, soit, plus généralement, par le biais de licences concédées à des sociétés étrangères dans lesquelles elle possède parfois des participations, comme en Belgique, aux Pays-Bas ou en Suisse. Avant tout, la présence de la Compagnie s'apparente à une activité de vente. C'est le cas en Belgique, aux Pays-Bas, en Suisse, en Espagne et au Portugal, la CGE exerce des activités commerciales par l'intermédiaire d'organismes qui lui sont propres. Le montant total annuel des exportations du Groupe CGE s'élève à environ 5 milliards de francs, pour 90 milliards de francs de chiffre d'affaires en cette année 1957.

En 1958, le conseil d'administration remarque de façon significative que l'implantation hors des frontières d'usines de dimension restreinte va en réalité à l'encontre des efforts de rationalisation menés dans l'Hexagone. Mais certaines filiales de la CGE prennent des initiatives durant les années 1950. La SAFT, en particulier, crée en 1954 à New York, en collaboration avec la firme américaine Reeves Soundcraft Corp., la SAFT Corporation of America. Cette opération permet d'organiser sur place une unité de fabrication d'accumulateurs alcalins, dans le sillage du succès obtenu par le Voltabloc.

Le centre de Marcoussis, ou la priorité de la recherche

Face à une concurrence internationale plus âpre et à l'émergence d'une Europe économique, la CGE a la lucidité d'entreprendre un effort de recherche accru et n'hésite pas à lui consacrer des sommes considérables tout en collaborant avec des partenaires industriels. Si le CERDA s'inscrit dans le cadre de la politique de rationalisation globale de la CGE, la création du centre de Marcoussis signifie l'entrée de la CGE dans le domaine de la recherche fondamentale sur des créneaux d'avenir, voire futuristes à l'époque.

Le CERDA, ou la recherche partagée

En 1958, les Ateliers de Delle et la société Alsthom conviennent de mettre en commun les moyens nécessaires à la création d'une station d'essais à très grande puissance. Le Centre d'Essais et de Recherches de Delle-Alsthom, le CERDA, est ainsi inauguré avec éclat le premier juin 1959 par Jacques Soustelle, ministre délégué auprès du Premier ministre. Le Centre d'Essais regroupe une partie des moyens de recherche de la CGE et d'Alsthom dans l'usine de Delle à Villeurbanne.

Centre
d'**E**ssais
et de **R**echerches
DELLE
ALSTHOM

Le CERDA concrétise le rapprochement entre la CGE et Alsthom dans les années 1960.

CERDA

Inauguration du CERDA, en présence du ministre de l'Industrie, Jacques Soustelle, 1959.

L'établissement de Villeurbanne comporte déjà une station secondaire d'essais de coupure en court-circuit de puissance nominale de 600 MVA, à laquelle s'ajoutent une station d'essais diélectriques autorisant des expériences de choc jusqu'à 4 000 kV et une station auxiliaire basse tension. À ces installations de la CGE, Alsthom apporte un alternateur de 2 500 MVA, un transformateur 250 kV ainsi que des équipements variés de réglage, de mesure et de commande. Le jumelage, à Villeurbanne, des deux stations de 2500 MVA de Delle et Alsthom permet en particulier de constituer un ensemble puissant à la disposition des deux partenaires. Géré par un comité incluant des représentants des deux compagnies, le CERDA ne dispose d'aucune autonomie juridique et financière. En effet, chacune des parties demeure propriétaire des biens qu'elle apporte au CERDA et supporte sa part des frais d'exploitation et d'investissements, alors que le personnel reste rattaché à sa société d'origine.

La naissance du centre de Marcoussis

À partir de 1945, la recherche devient un grand objectif national, et l'État montre la voie en créant plusieurs centres comme l'INRA ou le CEA. L'exemple des États-Unis, dont les grandes firmes investissent alors massivement dans la recherche, avec des sites-phares comme la fameuse route 128 dans le Massachusetts, frappe aussi les esprits. En 1957, alors que les pouvoirs publics continuent à appuyer l'essor de la recherche industrielle en France, la CGE prend la décision, sous l'impulsion de Pierre Lalanne, de fonder une unité autonome de recherche au sein de la Compagnie. Ce centre de recherches, l'un des premiers en son genre, constitue un élément essentiel de l'expansion du groupe. Les filiales, très autonomes dans leur politique et jugées sur leurs résultats, tendent à se tourner spontanément vers la rentabilité immédiate, d'où le risque de négliger la recherche fondamentale, non productive à court terme.

L'objectif consiste, d'une part, à préparer par des recherches à long terme de nouvelles activités industrielles et, d'autre part, à poursuivre des études de base intéressant les entreprises du groupe tout en dépassant les moyens individuels de chacune d'entre elles. Dès l'origine, le centre de recherches a donc pour vocation de se consacrer aux études fondamentales et aux recherches scientifiques précédant les travaux industriels. Comme l'explique la CGE, il faut « explorer de nouveaux domaines, assurer des recherches avancées et des études destinées à orienter, appuyer les développements des entreprises du groupe et mettre à la disposition de celles-ci les moyens pour coopérer à la solution de certains problèmes technologiques immédiats ».

Construction du centre de Marcoussis.

Dans cette perspective, la CGE achète en 1958 un terrain de 107 hectares situé à Marcoussis, sur le plateau sud de l'Ile-de-France, à proximité du Centre d'études atomiques de Saclay et de l'université des sciences d'Orsay. Les premiers bâtiments sont achevés en 1959 et l'accomplissement du programme général de construction autorise, trois ans plus tard, l'installation dans les nouveaux locaux de l'ensemble du personnel du centre, soit 500 personnes. La direction est confiée aux deux directeurs généraux adjoints, Raymond Pelletier et Ambroise Roux, respectivement en charge de la recherche dans le domaine des courants forts et dans des courants faibles.

Gérer l'évolution des programmes de recherche

Deux axes de recherche privilégiées sont définis au départ pour le centre de Marcoussis : les composants électroniques et les télécommunications. Pourtant, très vite, les laboratoires étendent leurs travaux à de nouveaux secteurs ; la conversion d'énergie et les semi-conducteurs, les applications de l'électricité et de l'électronique à l'automobile et aux études atomiques, les télémesures, etc.

Au cours de l'année 1960, les bâtiments de la deuxième tranche de construction du centre de recherche sont mis en service et permettent le transfert à Marcoussis de la section d'études nucléaires ainsi que l'extension de la section consacrée aux semi-conducteurs. Aux différents départements du centre s'ajoute, cette année-là, une section spéciale d'électrochimie.

D'emblée, le centre de Marcoussis envisage son travail en association avec différents partenaires, soit avec les laboratoires existant au sein de la CGE, soit avec des « industries privées amies », soit enfin avec des organismes publics – DGRST, EDF, CNET, CNES, DRME... Marcoussis, pleinement intégré dans une industrie française en pleine expansion, mène donc de grands projets avec les différentes entreprises du groupe CGE. Le centre participe ainsi à la construction de la station de télécommunications de Pleumeur-Bodou et à la résolution des questions de transport de l'énergie électrique sous forme de courant continu à très haute tension, avec Delle-Alsthom. En 1962, il se consacre aux problèmes de supraconductivité et, à partir de 1963, au laser, qui fait alors l'objet d'une très forte demande des pouvoirs publics et du CEA.

L'AVENTURE DE LA CILAS ET DU LASER

Laser CO_2, dépôt de soudure, 1990.

En 1962, deux ans après la première mise en œuvre de l'amplification lumineuse par émission stimulée de rayonnement, les laboratoires de Marcoussis entreprennent des recherches sur les sources laser et leurs applications. La découverte du rayon laser est capitale et les améliorations apportées par le centre sont chaque fois saluées par la presse. Mais le laser demeure « une solution sans problème » : on ne lui trouve pas d'applications !
En 1966, la CILAS, Compagnie Industrielle des Lasers, naît d'une initiative coordonnée de la CGE et de Saint-Gobain, afin d'industrialiser les résultats des travaux sur les lasers effectués au centre de recherche de Marcoussis. Chiffre considérable, 200 personnes travaillent alors sur ce projet. Les applications du laser dans le domaine militaire émergent les premières : celles du laser dans le domaine de la télémétrie, en particulier. Puis un programme de recherche sur les lasers de puissance est lancé, en collaboration avec le Centre d'études atomiques, la Direction des recherches et des moyens d'essai (DRME), et le Centre de prospective et d'évaluation du ministère des armées. La CGE acquiert dans ce domaine le record mondial de puissance avec 50 000 mégawatts pendant 5 nanosecondes. Quelques résultats, rendus publics avec l'autorisation des autorités militaires, conduisent à l'ouverture d'un marché à l'exportation. Le laser de la CGE reçoit, en septembre 1967, l'oscar de l'IR 100 qui couronne les cent produits industriels les plus marquants de l'année.
Le laser de puissance français est aussi la vedette de la revue américaine *Industrial Research.* Les ventes de laser de puissance de la CGE aux États-Unis placent bientôt la France au premier plan mondial. En 1969, l'intérêt pour le laser est à nouveau mis en évidence, lorsque, pour la première fois, un laser originaire du centre de Marcoussis déclenche une réaction de fission nucléaire.
À tous égards, le coût du potentiel de recherche et de développement de la CILAS se révèle considérable ; c'est pourquoi le soutien de la DRME et les débouchés militaires assurent seuls le maintien de la société.
En 1969, l'intérêt que porte la DRME à Thomson inquiète la CGE, qui craint de voir apparaître une concurrence dans le domaine du laser militaire. Le maintien de la « politique de créneau » jusqu'alors suivie par le gouvernement implique que l'industrie française ne s'émiette

pas en se disputant un marché relativement étroit. Une fois les notions de radar et de laser clairement définies à la fin des années 1960, les deux groupes collaborent en maintenant chacun sa spécialité, la CGE sur les lasers et Thomson sur les radars. Au début de l'année 1970, une nouvelle qualité du laser est mise au jour : le laser est capable d'exercer des actions énergétiques et destructrices à distance. Les militaires se déclarent enthousiastes, et un programme nommé ARMEL est lancé. Peu à peu, le marché « civil », ou industriel des lasers, longtemps incertain, se développe également. L'extension des applications du laser se confirme dans des domaines fort divers, comme en métrologie où il débouche sur la création de divers appareils de trajectographie. L'un d'eux fait office de fil à plomb lors de l'édification de la tour Maine-Montparnasse. Un peu plus tard, un dispositif de guidage laser destiné à des machines d'épandage de bitume est mis au point.
À la même époque, la CGE songe à de nombreuses autres applications, en médecine – ophtalmologie, cytologie, chirurgie –, en micro-usinage – découpe, traitement de surface, marquage –, pour la détection de brouillards et polluants atmosphériques... Mais peu d'entre elles deviennent opérationnelles et rentables. C'est pourquoi, à la fin des années 1980, la division laser de Marcoussis et la CILAS seront cédées à l'Aérospatiale, qui transforme la première en Laserdot.
Il convient enfin de signaler, en décembre 1968, l'apparition d'une application imprévue du laser. Le Crazy Horse Saloon, célèbre cabaret parisien, met alors en scène, avec la contribution de la CILAS, un spectacle de charme exploitant le rayon lumineux... « Le constructeur français, un peu réticent au début, a fini par admettre que, à côté du repérage des satellites, de la télémétrie et des greffes de la cornée, il y avait peut-être là un marché inattendu », commente avec humour l'*Express* !

Cryostat, 1962.

Laser VDM.

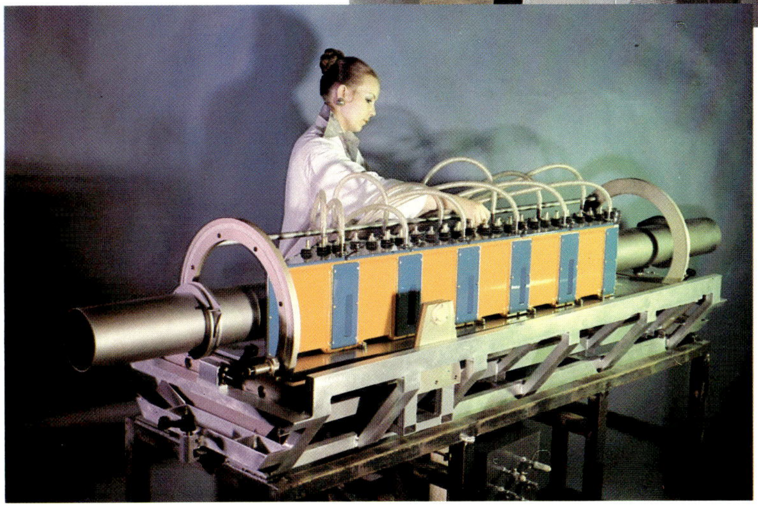

Amplificateur à disques, diamètre 124 mm, 1975.

Le râdome de Pleumeur-Bodou.

L'un des premiers succès de la recherche CGE : Pleumeur-Bodou

Fruit de la collaboration du CNET, de la CIT et des laboratoires de Marcoussis, la première télétransmission mondiale par satellite a lieu à Pleumeur-Bodou, dans les Côtes-du-Nord (aujourd'hui Côtes-d'Armor), à l'aube des années 1960.
Après les câbles et les faisceaux hertziens, la transmission par satellite émerge au cours des années 1950. En 1953, des images de télévision franchissent pour la première fois la Manche, à l'occasion du couronnement de la reine Élisabeth II. À la fin de 1960, les expériences menées à la station de Nançay permettent la réception des premières télécommunications par satellite entre l'Amérique et l'Europe. Une véritable compétition a lieu entre la Grande-Bretagne et la France pour recevoir les premières communications transatlantiques par satellite. Au cours du premier semestre 1961, Pierre Marzin, le directeur du CNET, emporte alors la décision du responsable d'ATT : la France sera le partenaire européen des Américains dans cette aventure, à condition de devancer les Anglais du Post Office qui ont déjà une antenne en chantier.
Le petit village de Pleumeur-Bodou, proche du centre du CNET à Lannion, est choisi pour accueillir, en moins de neuf mois, à partir d'octobre 1961, la première station spatiale européenne. Au coeur de la Bretagne, la région la plus occidentale de France, le site se trouve en outre à l'abri de toutes les perturbations d'origine industrielle. Une station semblable à celle d'Andover, dans l'État américain du Maine, traverse alors l'Atlantique pour être installée sur le site. Son antenne est abritée par un radôme, un gigantesque champignon de toile blanche, destiné à le protéger des intempéries. Le ministère des PTT demande à la CGE de prendre en charge, avec le soutien de ses services techniques, des systèmes de réception des transmissions par satellite. La CGE se tourne alors vers Marcoussis : un laboratoire s'établit à Lannion, à proximité du CNET. La CGE construit pour le compte des PTT plusieurs équipements destinés à Pleumeur-Bodou et forme une équipe très motivée. Un témoin rapporte : « Cela a été une très grande aventure, car il y avait une date butoir constituée par un discours du président Kennedy en 1962. Il fallait réussir à tout prix. Ce qui a été fait. Quand John Kennedy a prononcé son discours, il a été reçu en France et pas en Angleterre, ce qui a constitué un véritable coup d'éclat ! »

Pierre Marzin, principal artisan de l'opération de Pleumeur-Bodou.

Le 11 juillet 1962, à 0 h 47, Pierre Marzin et Ambroise Roux, émus jusqu'aux larmes, voient apparaître une première image venue d'Amérique sur les écrans de contrôle de Pleumeur-Bodou... La station accomplit une performance historique, assurant la première retransmission télévisée au-dessus de l'Atlantique, transmise par le satellite géostationnaire Telstar, lancé dans la nuit du 10 au 11 juillet, et qui devient rapidement célèbre. Tous les journaux signalent l'événement, et le général de Gaulle vient, peu de temps après, effectuer une visite sur le site et saluer une grande victoire de la technique française.

Très vite, la première antenne, lourde et peu adaptée, ne correspond plus aux spécifications requises pour les satellites les plus récents qui sont techniquement très sophistiqués. Aussi, le CNET décide-t-il, en 1965, la construction d'une deuxième antenne appelée « Pleumeur-Bodou II », dont il confie l'étude au département télécommunications du centre de recherche de Marcoussis.

De 1950 à 1960, la croissance de la CGE a été multipliée par deux, comme celle de l'ensemble du secteur de la construction électrique. À la fin des années 1950, la Compagnie conserve une personnalité très marquée par sa vocation de constructeur électrique, en dépit de plusieurs amorces prometteuses de diversification dans l'électronique et les télécommunications, dont la réussite relève néanmoins d'horizons lointains. « Par ailleurs, la CGE restait un groupe très hexagonal », se souvient un jeune ingénieur entré dans le groupe à cette époque. « Ses activités à l'étranger se résumaient à l'exportation de matériel vers les pays historiquement liés à la France, comme ses colonies africaines. Enfin, la CGE ressemblait à tous égards à une grande maison prudente, feutrée, respectueuse des traditions et très bien gérée. »

LA CGE À LA FIN DES ANNÉES 1950

Branches de recherche et de fabrication :
Le Centre d'automatisme ; le Centre de recherches (Marcoussis) ; les Câbles de Lyon ; les Ateliers de constructions électriques de Delle ; la Savoisienne; les Ateliers d'Orléans ; la Fabrique d'appareillage électrique et d'articles métalliques ; l'Accumulateur Tudor ; la Manufacture d'isolants et objets moulés.

Branche commerciale : les succursales de vente.

Filiales : la Compagnie Continental Edison ; la Compagnie Générale des Condensateurs ; la Compagnie d'Électro-Céramique ; la Compagnie Générale d'Entreprises Électriques ; la Compagnie Générale du Duralumin et du Cuivre ; La Compagnie Industrielle des Téléphones ; la Compagnie Générale d'Électronique Lepaute ; l'Éclairage des véhicules sur Rail ; le Joint Français ; Mars-Actel ; les Procédés Sauter ; la Société des Accumulateurs Fixes et de Traction ; la Société Sovel.

L'antenne de réception des images de la station de Pleumeur-Bodou.

La Salle de Contrôle et de réception des liaisons transatlantiques.

LA CGE AU PREMIER RANG 1960-1974

LA GRANDE CROISSANCE 1960-1974

Les innovations décisives qui favorisent la croissance, telles que le radar, la machine à décoder qui donne naissance à l'ordinateur, la fission de l'atome, le moteur à réaction, les antibiotiques, apparaissent au cours de la Seconde Guerre mondiale qui conclut définitivement la grande crise économique. Après une période de reconstruction qui relance la machine économique en Europe, avec ses grands travaux d'infrastructures et ses investissements importants, les démocraties occidentales, entraînant dans leur sillage le reste de la planète, entrent dans une phase de grande croissance, appelée par Jean Fourastié les « Trente Glorieuses », qui modèle la seconde moitié du siècle.

En un quart de siècle, la production mondiale triple, sans récessions, la croissance annuelle atteignant 3, 5, 6, voire même 10 % par an, selon les pays. Un tel phénomène, inconnu jusqu'alors, est qualifié de « miracle économique ».

L'augmentation de la production accompagnée d'une consommation accrue, fait entrer les produits industriels dans la vie quotidienne des habitants des pays développés.

Résultat d'une conjonction de facteurs complexes, qui relèvent à la fois de la technologie, des capitaux et des hommes, mais aussi du rôle de l'État et de l'accroissement des échanges, ces années glorieuses modifient profondément les sociétés contemporaines. Le poids grandissant de la recherche et du développement technique, l'accroissement de la productivité, l'extraordinaire effort d'investissement capitaliste, l'intervention régulatrice de l'État par ses commandes et ses programmes, et la libéralisation des échanges engendrent un phénomène cumulatif. Il faut y adjoindre l'utilisation massive du pétrole et de l'électricité ainsi que le développement des moyens de transports et de communication. Accompagnée par une inflation douce favorisant le crédit à l'investissement et à la consommation, la croissance se traduit par une amélioration des revenus et des prestations sociales, et par l'uniformisation des modes de vie, avec la diffusion de la publicité et de l'urbanisation. Salariat généralisé, augmentation du secteur tertiaire et du nombre des femmes qui occupent un emploi caractérisent les changements qui s'opèrent dans le monde du travail. L'Europe de l'Ouest, le Japon et l'Amérique du Nord connaissent alors un véritable boum économique, suivis plus difficilement par les pays socialistes et par le tiers-monde. Car, sur la scène internationale, de nouveaux États apparaissent, nés de la décolonisation. De 1945 jusqu'au milieu des années 60, les métropoles européennes accordent l'indépendance aux territoires qu'elles tenaient en tutelle ; ainsi, l'ONU, fondée par 51 nations, voit bientôt le nombre de ses membres tripler. Cependant, le débat stratégique et politique reste polarisé sur les deux blocs et les deux superpuissances. États-Unis et URSS s'affrontent dans une course aux armements nucléaires qui fait craindre l'apocalypse. Toutefois, la nouvelle puissance du tiers-monde, la naissance et l'essor d'un marché commun européen, ainsi que les troubles qui agitent les démocraties populaires obligent les deux Grands à renouer. Peu à peu, en dépit des conflits qui se déroulent à Cuba, au Viêt-nam ou en Tchécoslovaquie, la détente s'installe dans les relations internationales, bien que le tiers-monde, et particulièrement le Proche-Orient, reste une zone d'instabilité.

L'armée américaine au Viêt-nam.

La crise des fusées, Cuba 1962.

L'ESPACE MONDIAL 1971-1991

Avec la guerre du Kippour déclenchée entre les pays arabes et Israël en octobre 1973, le XXe siècle entre dans une nouvelle phase marquée par une grande dépression économique.
En effet, l'embargo sur le pétrole et le quadruplement des prix, décidés par les premiers pour des motifs politiques, rejoignent et aggravent les grandes tendances économiques de cette fin de siècle.
Les premiers symptômes apparaissent à la fin des années 60 avec l'augmentation progressive du taux de chômage dans les pays développés, accompagnée d'une accélération de l'inflation, ces deux phénomènes s'amplifiant dans les années 70.
La décision du président Nixon, le 15 août 1971, de suspendre la convertibilité en or du dollar, puis les dévaluations de la monnaie américaine, entraînent un effondrement du système monétaire international et aboutissent à un flottement généralisé des monnaies.
Entre 1972 et 1975, la croissance exceptionnelle des Trente Glorieuses prend fin. Cependant, il s'agit, plus que d'une crise, d'un passage à une croissance « molle » qui marque l'essoufflement du mode de production fordiste. Le ralentissement de la consommation de masse, la chute de la rentabilité du capital, les moindres gains de productivité forment la toile de fond de la grande dépression de la fin du siècle.
Dans le même temps, on assiste à une ouverture grandissante des économies et à leur intégration dans un système mondial.
Favorisé par des négociations multilatérales qui renversent les barrières douanières, le commerce international connaît une expansion rapide dans les années 70 et 80.
Toutefois, l'adaptation à cette nouvelle donne s'effectue plus ou moins rapidement et facilement selon les pays.
Ainsi, les États-Unis, tout en restant

Plate-forme pétrolière.

Salle d'ordinateurs, 1988.

le premier marché mondial, subissent un déclin relatif. Il en est de même pour certains vieux pays industriels comme la Grande-Bretagne.
En revanche, l'Allemagne et le Japon réussissent à absorber les chocs pétroliers et monétaires et deviennent de grands exportateurs mondiaux.
Ces bouleversements économiques créent des déséquilibres, marqués par les déficits commerciaux et budgétaires des États-Unis.
Mais, comme l'intégration financière, boursière et commerciale se renforce, une relative solidarité se forge.
Malgré la concurrence acharnée, une nouvelle structure de décision économique est créée. Il s'agit du « G7 », composé des 7 plus grands pays industrialisés, qui instaure un véritable directoire mondial.
Car les équilibres géopolitiques de l'après Seconde Guerre mondiale s'écroulent peu à peu depuis 15 ans.
Le monde soviétique connaît d'abord une phase de sclérose, qui ne lui permet plus de s'adapter à l'économie mondiale.
Puis, avec l'arrivée de Gorbatchev au pouvoir, une transformation brutale s'accomplit, aboutissant à l'effondrement du système mis en place par Staline ; l'URSS tourne une grande page de son histoire : l'Europe de l'est se libère de sa tutelle, et les républiques soviétiques proclament, l'une après l'autre, leur indépendance. C'est dans le même temps que l'on assiste à la réunification allemande.

Parallèlement, les périodes de détente et de tension entre l'Est et l'Ouest alternent, jusqu'à la fin des années 80.
Enfin, les grandes puissances signent de véritables accords de désarmement, nucléaires et conventionnels.
Cependant, nombre de points critiques restent encore à résoudre sur la planète ; ainsi, les impasses du dialogue Nord-Sud interdisent l'élaboration des politiques de développement, alors que la dette du tiers-monde reste un grand problème.
De même, les démocraties, menacées dans leurs approvisionnements en pétrole, n'arrivent pas à contrôler la poudrière du Proche-Orient.

La fin de l'URSS : le putsch manqué de l'été 1991.

CHAPITRE 7

LA NAISSANCE D'UN GÉANT INDUSTRIEL
1960 - 1971

Au cours des années 1960, la CGE prend une ampleur considérable et change d'échelle. L'effectif de la Compagnie passe de 33 000 personnes au début de la décennie à plus de 100 000 en 1971. Une stratégie de croissance à marches forcées et la recherche de la « taille critique », à l'aide d'acquisitions et d'associations de grande envergure avec Philips, Alsthom, la Société Générale d'Entreprises, Ericsson, Alcatel, Câblerie de Clichy, Thomson-CSF expliquent cette croissance exceptionnelle et font de la CGE l'un des plus grands acteurs de la scène industrielle française. La structure du groupe s'adapte en conséquence et devient une holding coiffant de grandes filiales industrielles, chefs de file de leurs secteurs.

La course à la « taille critique »

Dans un environnement concurrentiel accru, la nouvelle donne européenne suscite, au cours des années 1960, la constitution de groupes industriels modernes et puissants. Parce qu'ils disposent d'une certaine envergure au niveau national, ils sont désormais susceptibles de suivre les évolutions de l'économie mondiale. La CGE s'engage résolument dans ce mouvement et devient rapidement l'une des entreprises leader de l'industrie française.

La « taille critique », leitmotiv des années 60

Les modifications de l'environnement économique, industriel et technique mondial conduisent entreprises et responsables à raisonner sur une échelle beaucoup plus large que celle du marché hexagonal. Les pouvoirs publics de la Ve République se montrent notamment soucieux de voir émerger des « champions nationaux », susceptibles d'affronter au mieux la compétition internationale. Face à des concurrents comme Philips, Siemens et AEG, les entreprises du secteur électrique français, en particulier, font pâle figure. Afin de ne pas disparaître et continuer à croître sans se laisser dépasser par les révolutions de la technologie, il devient impératif de mettre en place une stratégie systématique d'alliances et d'acquisitions, d'achats ou d'échanges croisés de brevets. C'est ce que montre l'accord de 1959 entre la CGE et Alsthom, destiné à faire face à l'augmentation vertigineuse des coûts de recherche et développement, premier pas d'une série de rapprochements qui visent à regrouper les forces financières et humaines des deux partenaires.

JEAN-MARIE LOUVEL, UN PRÉSIDENT « POLITIQUE »

Jean-Marie Louvel dirige pendant 20 ans les services électriques de la Société Générale d'Entreprises. Entré en politique en 1945, ce polytechnicien, diplômé de l'École Supérieure d'Électricité, accède au siège de sénateur du Calvados et devient maire de Caen. Ministre de l'Industrie durant quatre ans, il est ensuite coopté au conseil d'administration de la CGE en 1963. Émile Marterer a 80 ans à l'époque, et Louvel postule à sa succession, bénéficiant du soutien actif de celui qui s'impose peu à peu comme le numéro un bis du groupe : Ambroise Roux, qui était son directeur de cabinet. En 1965, Émile Marterer renonce à ses responsabilités de président et Jean-Marie Louvel lui succède. Il assurera ses fonctions jusqu'à son décès le 13 juin 1970.

LA CGE EN 1960

Président :	Émile Marterer
Vice-Présidents :	Georges Hua et René Painvin
Administrateur-Directeur Général :	Pierre Lalanne
Secrétaire général :	Alain de Place
Chiffre d'affaires :	1 223 millions de francs (NF)
Exportations :	100 millions de francs (NF)
Effectifs :	33 000 personnes

À partir de 1964, la politique de rationalisation et de regroupements entreprise par la CGE au cours des années 1950 cède la place à une série d'associations majeures, destinées à faire de la Compagnie un grand groupe industriel. Comme l'explique le président Jean-Marie Louvel dans ses discours aux actionnaires en 1965 et 1966 : « Les grandes lignes d'action de notre Compagnie se résument dans la recherche constante de l'élargissement et de la diversification de ses activités. La mise en œuvre d'une telle politique ne peut se concevoir sans la réalisation d'associations et d'accords avec des groupes voisins, de nature à éviter, autant que faire se peut, toute duplication des efforts. (...) Nous avons conscience d'aller dans le sens souhaité par les pouvoirs publics qui ont souligné, à plusieurs reprises et non sans raison, les inconvénients d'une dispersion trop grande de l'industrie française et souhaité (à l'heure de l'Europe) une politique de regroupement des entreprises françaises. »

Le nouveau franc

1,10 F pour 1 franc suisse, 1,17 F pour 1 DM, telles sont les parités établies par le plan Pinay-Rueff, qui, en décembre 1958, dévaluait le franc de 17,5 %, réduisant sa valeur à 1,8 mg d'or (contre 322 mg pour le franc germinal !), mais, en divisant sa valeur par cent, créait pour le 1er janvier 1960 le nouveau franc, auquel les Français mirent bien longtemps à s'habituer.

La CGE formalise pour sa part de façon progressive sa stratégie d'expansion et de diversification au cours des années 1960. Ambroise Roux, son directeur général à partir de 1963, qualifie cette stratégie de « taille critique » au tournant des années 1960-1970, tout en prenant soin de donner une définition rigoureuse et non générale de ce terme. La recherche de la taille pour soi ne saurait suffire et aurait de graves conséquences. La CGE ne souhaite devenir ni un conglomérat diversifié, notion alors très en vogue, ni un groupe étroitement intégré de façon verticale. Dans une conférence prononcée le 8 décembre 1969 devant les membres de la Société Française des Analystes Financiers, le directeur général de la CGE distingue ainsi plusieurs masses critiques, « technique, industrielle, commerciale et financière », qui ne sauraient être absolues et se révèlent « en mouvement perpétuel ». Dans cette perspective, la CGE pratique au cours des années 1960 une démarche de « concentration horizontale » dans chacune des grandes branches qui la composent, avec le « rapprochement de sociétés qui en sont à peu près au même stade de transformation de produits et qui ont des clientèles voisines. Cette stratégie permet de créer une vaste panoplie de produits distribués par des services commerciaux largement regroupés en raison de la communauté de clientèle. »

Le but est clair, comme le précise par la suite à maintes occasions Ambroise Roux. « L'objectif a été de donner au groupe une dimension conséquente, à l'intérieur de laquelle chacune des entités qui le composent, ait la taille critique. (...) Il apparaît aujourd'hui évident que si l'on veut détenir, dans un secteur précis, une place internationale conséquente, une condition nécessaire (mais non suffisante) est d'être le premier dans son pays, dans la spécialité correspondante. »

RESTRUCTURER L'INDUSTRIE FRANÇAISE

La grande croissance s'accompagne, en France comme dans les autres pays développés, d'une restructuration de l'industrie. Le mouvement de concentration industrielle, perceptible depuis le début du siècle, se poursuit avec l'agrandissement des entreprises de taille moyenne. La part de la population active employée dans les établissements de moins de dix salariés tombe de 40 % en 1936 à 20 % en 1966. En revanche, les grands établissements de plus de 500 salariés, qui emploient 33 % de la population active en 1954, n'en occupent plus que 30 % en 1966, en raison de la politique de déconcentration industrielle.

Cependant, cela ne freine pas le processus de concentration financière et la tendance de l'industrie française à se constituer en grands groupes, voire en conglomérats aux activités multiples. L'ouverture de l'économie française sur l'Europe et sur le monde incite à la constitution de compagnies de dimension internationale.

Le nombre moyen annuel de fusions dans l'industrie, qui était de 32 entre 1950 et1958, passe à 74 entre 1959 et 1965 avec la création du Marché Commun, puis à 136 durant les années 1966-1972. L'année 1967 est particulièrement féconde, grâce à une ordonnance du 30 août qui favorise les fusions et les acquisitions. Citroën prend alors le contrôle de Berliet, Thomson celui de la CSF et De Wendel fusionne avec Sidélor.

Quelques grandes affaires marquent la période, comme la tentative avortée de rapprochement entre Peugeot et Renault en 1966, ou l'OPA sur Saint-Gobain initiée par BSN en 1969 (résultant d'une fusion préalable en 1966), dont l'échec entraîne une reconversion de BSN dans l'agro-alimentaire et une fusion entre Saint-Gobain et Pont-à-Mousson en 1970. Partie prenante de ce mouvement, la CGE prend le contrôle d'Alcatel en 1968 et d'Alsthom en 1970. Les 500 premières entreprises françaises par le capital voient leur part du total passer de 31 % en 1958, à 41 % en 1971.

La création officielle, en 1965, de « sept secteurs industriels », Câbles, Matériels électriques, Accumulateurs, Électronique, Entreprise, Grand public et Matériaux, permet de clarifier les grands domaines d'activités de la Compagnie. La distinction « courants forts » / « courants faibles », qui avait caractérisé les deux pôles du groupe au cours de la décennie précédente, perd ainsi sa pertinence en devenant de plus en plus artificielle. Courants forts et courants faibles se retrouvent en effet de plus en plus étroitement mêlés dans de nombreuses applications ainsi que dans leurs technologies, l'électronique entrant désormais dans la conception, la composition, la fabrication et les processus de contrôle de l'électrotechnique.

Tout au long de la seconde moitié de la décennie, le rythme d'expansion des sept grands secteurs de la Compagnie est mis en évidence dans des exercices annuels extrêmement détaillés, afin d'établir, « pour un Groupe aussi complexe que le nôtre, une image aussi exacte et complète que possible », comme le note la CGE en 1965. Cette notion permet de faire émerger trois secteurs prioritaires d'expansion, que conforte une série de grands accords. L'essor des activités électromécaniques se poursuit, marquée par le rapprochement avec Alsthom en 1964 et sa prise de contrôle en 1969, faisant du groupe le leader français du matériel ferroviaire. L'électronique connaît en second lieu une progression fulgurante, avec une extension vers des techniques nouvelles, comme l'informatique et la bureautique, que concrétisent des accords avec Philips, la CSF et enfin la fusion de la CIT et d'Alcatel en 1970. Maison-mère de cette dernière, le groupe Hispano-Alsacienne apparaît comme un interlocuteur privilégié de la CGE au cours de la décennie, du fait de l'étendue de sa gamme de fabrication, des câbles aux télécommunications.

Enfin, la CGE étant soucieuse de renforcer ses activités d'entreprise générale, d'entreprise électrique et d'engineering, une diversification intervient, concrétisant son troisième grand domaine d'expansion. La prise de contrôle en 1965 de la Société Générale d'Entreprises (SGE), permet en effet de constituer un puissant pôle Entreprise autour de celle-ci.
Cette course aux accords est également marquée par quelques ruptures, la CGE préférant se retirer de domaines qu'elle juge non rentables, plutôt que de s'essoufler dans une vaine compétition et maintenir une coûteuse politique d'investissements. C'est le cas de son activité composants qui, après une décennie d'expérience, est regroupée avec Philips et La Radiotechnique en 1967.

Alsthom, le partenaire indispensable

Si les échanges et accords entre la CGE et la Société Générale de Constructions Électriques et Mécaniques Alsthom remontent à 1933, l'accord noué entre les deux groupes en 1956 amorce un lent processus qui va conduire à la synergie complète des deux sociétés quinze ans plus tard. Un premier tournant intervient en 1964. Alsthom et la CGE s'entendent alors pour constituer trois filiales communes, Alsthom-Savoisienne, Delle-Alsthom et Unelec.

ALSTHOM, L'EXCELLENCE TECHNIQUE

Groupes électrogènes de 1 600 chevaux à 94 tr/mn, à courant triphasé. Établissements PRENAT à Givors.

Issue de la Société Alsacienne de Constructions Mécaniques (SACM) et de la Compagnie Française des Procédés Thomson-Houston, la Société Générale de Constructions Électriques et Mécaniques « AL-STHOM » se place à sa naissance en 1928 dans le secteur des matériels électriques et électromécaniques. Elle élève, dès sa création, son siège social avenue Kléber, où il se situe encore aujourd'hui. La production de la nouvelle société se répartit entre plusieurs usines que lui louent ses deux actionnaires, Belfort, propriété de la SACM, Saint-Ouen et Paris (rue Lecourbe), qui appartiennent à Thomson. En 1932, l'acquisition des Constructions Électriques de France élargit la gamme des fabrications d'Alsthom en l'introduisant dans le secteur de turbines hydrauliques et électriques. Née à l'aube de la crise de 1929, Alsthom subira les contrecoups de la dépression des années 30. L'essor d'Alsthom commence seulement après 1945, pour répondre à la forte demande de la reconstruction. Pourtant, la société connaît de graves difficultés de trésorerie à cette époque.

Pour moderniser son secteur de gros matériel électrique, Alsthom doit se séparer de son activité électroménager, cédée à Thomson. Mais les effets bénéfiques de la reconstruction se font rapidement sentir, la demande excédant largement l'offre et les capacités de production d'Alsthom. Certains se souviennent encore de clients suppliant qu'on les inscrive sur le carnet de commandes avant même de discuter des prix! L'EDF et la SNCF deviennent à cette époque les deux principaux clients d'Alsthom et indiquent précisément les grands domaines d'activité de la société, le matériel ferroviaire d'une part, la production et la distribution d'énergie d'autre part.

Au milieu des années 1950, la contraction du marché national incite Alsthom à sortir des frontières. Cette politique fortement exportatrice portera le nom et la réputation de l'excellence technique d'Alsthom aux quatre coins du monde. En 1955, la locomotive CC 7107 pulvérise le record mondial de vitesse en glissant sur les rails à 243 km/h.

Confrontée cependant à quelques difficultés financières, survenues notamment à la suite du blocage des prix, Alsthom procède à partir de 1958, sous l'impulsion de son nouveau président, Georges Glasser, à une vaste réorganisation interne. Des structures fortement décentralisées, les divisions, se mettent en place selon le modèle, encore peu imité en Europe, des entreprises américaines. Érigée en un centre de profit, la division constitue une véritable entreprise autonome et spécialisée.

Une stratégie de croissance interne et externe domine les années 60. Cette politique offensive entraîne une série d'acquisitions, dont celle de la firme grenobloise Neyrpic, spécialisée dans les turbines. Le rapprochement qui s'esquisse avec la CGE, s'intègre dans le vaste mouvement de concentration que connaît l'industrie électrique depuis la fin de la guerre.

Usine de Belfort,
Hall de montage de locomotives.

Locomotive Alsthom diesel Type BB, série 601,
des chemins de fer Abidjan-Niger.

Un rapprochement lent et délicat

Si les accords de rationalisation industrielle de 1957 sont bien appliqués dans les usines, ils nécessitent cependant des ajustements réguliers. Dans le domaine commercial, l'harmonisation des politiques et la menée d'actions communes par la CGE et Alsthom relèvent plus du principe que d'une réalité, sauf dans le domaine des prix. Les difficultés d'un accord à l'exportation mettent en évidence les problèmes découlant du rapprochement entre les deux sociétés, en particulier dans le cas de transferts de technologies et de cessions de brevets. Car les ententes de rationalisation entre Alsthom et la CGE ne doivent pas priver chaque partenaire de son capital technique négociable. Pour respecter les intérêts de chacun, une charte dresse en 1961 l'inventaire des règles et principes régissant la délicate question de la propriété industrielle des deux sociétés à l'étranger.
Cette recherche incessante de l'équilibre provoque une crise entre la CGE et Alsthom en 1962. Les accords de 1957 ne satisfont plus leurs signataires.

À l'issue de deux ans de discussions, les deux sociétés signent, le 14 mai 1964, un protocole d'intention. À l'idée de constitution d'une seule société se substitue la création de trois entités nouvelles « en vue de créer de plus grandes unités d'études, de production et de vente ayant de meilleures aptitudes de compétition sur le marché national et le marché international, tout en répondant au désir pressant des pouvoirs publics et des grands clients nationaux – notamment EDF – qui souhaitent voir se réduire le nombre de techniques mises en œuvre. »

Georges Glasser, président d'Alsthom de 1958 à 1975.

Trois filiales communes : Alsthom-Savoisienne, Delle-Alsthom et Unelec

Avec la constitution de sociétés communes, la CGE et Alsthom adhèrent à un mouvement général de l'industrie française qui amorce un processus de concentration soutenu – sinon imposé – par l'État. Ainsi Jeumont et Schneider-Westinghouse viennent-ils de procéder à un rapprochement qui aiguillonne la CGE et Alsthom dans leur quête d'une synergie poussée.
Les trois filiales Alsthom-Savoisienne, Delle-Alsthom et Unelec, formées lors des assemblées générales du 24 décembre 1964 et du 1er janvier 1965, se réservent chacune un secteur et sont dirigées par leur actionnaire majoritaire. Au sein d'Alsthom-Savoisienne, dont le siège est situé à Saint-Ouen, Alsthom et la CGE détiennent respectivement 51 % et 49 % du capital d'un montant de 25 millions de francs. La société regroupe 2 400 personnes, spécialisées dans la fabrication des transformateurs de grande puissance, des transformateurs de mesure et des condensateurs, dans les usines de Saint-Ouen et d'Aix-les-Bains.

La participation de la CGE dans Delle-Alsthom représente 79 % du capital, qui s'élève à 45 millions de francs. Forte de 3 500 personnes, la société se consacre à l'appareillage haute et moyenne tension, avec deux départements : l'Appareillage haute tension, dont les usines sont situées à Villeurbanne, où se trouve également le siège social, et à Mâcon, et le département Équipements dont les usines sont implantées à Chalon-sur-Saône, Mâcon et Saint-Ouen.

Enfin, dans Unelec, au capital de 58 millions de francs et située à Paris, qui réunit tous les types de matériel courant, transformateurs de distribution, appareillage basse tension et petites machines tournantes, Alsthom et la CGE se trouvent à parts égales. Le domaine précis d'Unelec occasionne diverses discussions concernant les machines tournantes. L'apport peut en effet inclure la totalité des Ateliers d'Orléans, ou seulement les moteurs d'une puissance inférieure à cinquante chevaux, soit le quart des Ateliers. C'est finalement la première option, soutenue par la CGE, qui l'emporte. L'ensemble des Ateliers d'Orléans fusionne ses fabrications avec l'activité machines tournantes de Belfort. Les 4 500 personnes de la société se répartissent désormais dans le département Transformateurs de Distribution, qui exploite l'usine de Fourchambault, le département Appareillage basse tension, l'usine de Saint-Quentin, le département Machines Tournantes et Manutention, les usines de Beaucourt, Belfort, Orléans et Vierzon.

Delle-Alsthom : l'une des trois filiales communes CGE-Alsthom à partir de 1964.

Dans le domaine commercial, deux questions principales occupent les organisateurs, celle des deux réseaux de la CGE et d'Alsthom jusque-là concurrents, et celle de l'exportation. Dès septembre 1964, les deux parties s'accordent sur trois principes directement issus du protocole de mai, et réaffirmés en 1965. En premier lieu, chaque filiale possède une direction commerciale « forte et autonome », indispensable en particulier pour les échanges effectués avec les clients importants comme EDF. Parallèlement, les réseaux commerciaux de la CGE et d'Alsthom sont maintenus dans leur intégralité, sans tentative de rationalisation. Le paradoxe de cette construction quelque peu déséquilibrée s'accentuera au fil des années, et seule l'intégration d'Alsthom dans la CGE permettra la nécessaire fusion des deux réseaux commerciaux à l'aube de la décennie 70.

Après une année 1965 consacrée aux tâches d'organisation et de rationalisation, le secteur des matériels électriques connaît par la suite une expansion régulière jusqu'à la fin des années 1970, multipliant au total sa taille par 2,5 en une décennie. En 1968, avec un chiffre d'affaires d'environ 700 millions de francs, équivalent à celui des câbles, il n'est cependant plus le secteur montant de la société, et se voit dépassé par celui de l'électronique et de l'entreprise, qui réalisent chacun un chiffre d'affaires nettement supérieur au milliard de francs.

Palans « Unelec » effectuant le transfert des réacteurs dans l'atelier d'entretien d'Air France à Orly.

Philips, CSF, Ericsson : l'explosion de l'électronique

Dans le domaine des courant faibles, Ambroise Roux met en œuvre une vigoureuse politique d'accords dans tous les secteurs nouveaux, comme le traitement des informations (hors transmissions), l'électronique ou les automatismes industriels, afin d'acquérir une taille critique et des positions dominantes. En 1964, le président Jean-Marie Louvel fait remarquer, devant l'assemblée générale des actionnaires : « Les activités en matériel d'équipement électrique – câbles, disjoncteurs, transformateurs, appareillage – se sont accrues de 110 %, mais elles ne représentent plus aujourd'hui que 30 % de l'activité de notre Groupe contre 53 % en 1954. C'est qu'en effet les affaires d'accumulateurs, de matériaux, de matériel électroménager et d'entreprises ont vu leur facturation multipliée par 4, cependant que les affaires d'électronique, qui ne comptaient en 1954 que pour quelques pour cent de notre volume total d'affaires, y entrent aujourd'hui pour un peu plus d'un quart... »

Delle-Alsthom - Poste d'étoilement Fluoblocs 245 000 volts à l'hexaflorure de soufre, installé à la station EDF-Nation.

DELLE
ALSTHOM

Usine de Joué-les-Tours de la Compagnie Générale des Condensateurs « COGECO ».

L'épisode des composants

La Compagnie Générale des Condensateurs est fondée en 1959, de façon conjointe, sous l'impulsion de Pierre Lalanne, par la CGE, la CIT (détenant à elles deux 60 % du capital) et Philips (actionnaire à hauteur de 40 %). La CIT lui apporte son usine de Tours, et la jeune entreprise, qui prend l'appellation « COGECO », connaît une progression très rapide. Les chiffres d'affaires en 1959, 1960 et 1961 s'élèvent à 12, 21 et 29 millions de francs, et conduisent à l'ouverture d'une seconde usine à Joué-les-Tours en 1960-1961. Malgré un ralentissement qui intervient au cours de la décennie, le chiffre d'affaires atteint 56 millions de francs en 1967.

Pourtant, l'âpreté de la concurrence, notamment américaine, et la volonté des pouvoirs publics de remédier à la dispersion trop grande de l'industrie française des composants, conduisent la Compagnie à abandonner cette activité sous la forme d'un regroupement avec des entreprises possédant des fabrications similaires. Un accord est conclu avec Philips en juillet 1967, auquel se joint La Radiotechnique. Une série d'ententes préférentielles intervient, en particulier dans le domaine de la recherche, avec une collaboration entre le Centre de Recherches de Marcoussis et le Laboratoire d'Électronique et de Physique Appliquée de Philips France et de Radiotechnique. Un accord d'assistance technique est établi et une convention est signée entre la nouvelle société et la CGE, assurant au groupe « la fourniture de composants dans des conditions préférentielles ».

Un terrain d'entente avec la CSF, l'électronique industrielle et les automatismes

Le 13 juillet 1964, la CGE et la CSF s'accordent pour regrouper leurs compétences dans les domaines des calculateurs industriels et scientifiques, de l'électronique industrielle et de l'automatisme. Cette association prend part, elle aussi, au mouvement général de concentration de l'industrie nationale encouragé par les pouvoirs publics en France. Le communiqué de presse rédigé par la CGE et la CSF mentionne d'ailleurs clairement le « désir exprimé par les grandes administrations civiles et militaires de voir se réaliser une concentration des efforts de l'industrie française dans le secteur des calculateurs industriels et scientifiques ».

La CGE a su reconnaître, depuis plusieurs années, l'importance de ces nouveaux secteurs, liés à une partie non négligeable de ses activités.
Après la constitution, en 1960, de la Compagnie Générale d'Électronique Industrielle Lepaute (CGEI-Lepaute), le Centre d'Automatisme (Cégéa) est transformé en 1962 en filiale, la Compagnie Générale d'Automatisme (CGA). La création de celle-ci traduit l'affirmation du métier d'automaticien à part entière au sein du Groupe CGE et le rôle de carrefour de la nouvelle société.
Très vite, la CGA connaît des succès variés et nombreux. L'automatisation du système d'alimentation en combustible du réacteur EDF 2 à Chinon en 1963 constitue l'une des premières et des plus prestigieuses réussites. C'est surtout la grande épopée du nucléaire en France au cours de la décennie suivante qui accélèrera et amplifiera le développement des activités d'automatisme de la CGA conjointement avec d'autres sociétés. S'y ajoutent par exemple des procédés de chargement automatique de wagons-citernes sur les champs de pétrole, ou de bagages pour les aéroports, l'automatisation de laminoirs et d'une sucrerie en URSS, la réalisation de salles de contrôle dans le domaine des transports ou la mise au point de péages automatiques.
Parallèlement, la CIT développe une activité de fabrication et de mise en œuvre de calculateurs, commercialisés par une filiale qu'elle crée en 1963 avec CGEI-Lepaute, la Compagnie Européenne des Calculateurs Industriels et Scientifiques (CECIS).
Comme le constate le Centre de Recherches de la CGE, dans une note confidentielle datée du 6 juillet 1964 : « La CGE et la CSF ne peuvent avoir sur ces domaines des unités indépendantes qui seraient par elles-mêmes trop petites, donc trop faibles, et qui ne pourraient faire face par elles-mêmes aux développements d'avenir et à la concurrence. » Un nouveau rapprochement entre la CGE et CSF est justifié par l'importance considérable des budgets de recherche dans des secteurs alors très nouveaux, qui nécessitent d'effectuer des études techniques coûteuses, risquant d'obérer la rentabilité des investissements apportés.

Contrôle de la manutention du combustible de la Centrale nucléaire EDF 2 à Chinon, conçu et réalisé par la Compagnie Générale d'Automatisme.

Le protocole d'intentions signé par la CGE et la CSF le 9 juillet 1964 se traduit par la constitution à parts égales d'une société anonyme au capital de 1 million de francs, la Compagnie pour l'Informatique et les Techniques Électroniques de Contrôle (CITEC). Celle-ci tient sa première assemblée générale le 30 novembre 1964. Conçue comme une holding chapeautant diverses filiales, afin « de conserver une grande souplesse dans la gestion et faciliter les opérations de regroupement », la CITEC concentre les participations des deux groupes dans les secteurs d'activité mis en commun. La CGE apporte pour sa part la CGEI-Lepaute, la CGA, la CECIS, Aéria et l'activité calculateurs du département Transmission de la CIT, la CSF amenant ses participations dans la Compagnie Européenne d'Automatisme d'Électronique (CAE), dans l'ANALAC, son département Automatisme, le Groupement des Exploitations Électroniques (GESEL) et le Groupement des Applications Militaires (GAM) de sa division Traitement de l'Information et Automatisme. Cette nouvelle structure regroupe près de 1 500 personnes et permet de miser sur un chiffre d'affaires de 100 millions de francs dès le démarrage.
Quatre grands domaines intéressent les deux nouveaux partenaires. Celui des calculateurs est notamment placé sous l'égide de la CAE, qui absorbe la CECIS et reçoit les systèmes de traitement de l'information à base de calculateurs numériques de la CIT.

La CITEC et ses diverses filiales exploitent six usines et laboratoires, dont deux à Paris, trois dans la région parisienne, dans l'ancien département de la Seine-et-Oise, à Nozay, Mesnil-le-Roi et aux Clayes-sous-Bois, et une dans les Bouches-du-Rhône. Elle connaît une croissance rapide et dépasse, en 1966, 2 000 personnes pour un chiffre d'affaires de 212 millions de francs. Celui-ci se répartit entre moins d'un tiers pour l'automatisme et plus des deux tiers pour le traitement de l'information, avec au sein de celle-ci, l'activité très porteuse des calculateurs de la CAE, destinés notamment au contrôle des processus industriels automatiques. Fait marquant, le succès de son activité d'automatisme conduit la CITEC à créer à Montréal une filiale en vue de l'automatisation du métro de cette ville, au moment de la grande Exposition universelle de 1967.
Le montage réalisé par la CGE et la CSF ouvre donc des horizons prometteurs pour la Compagnie. Pourtant, une nouvelle fois, la déception

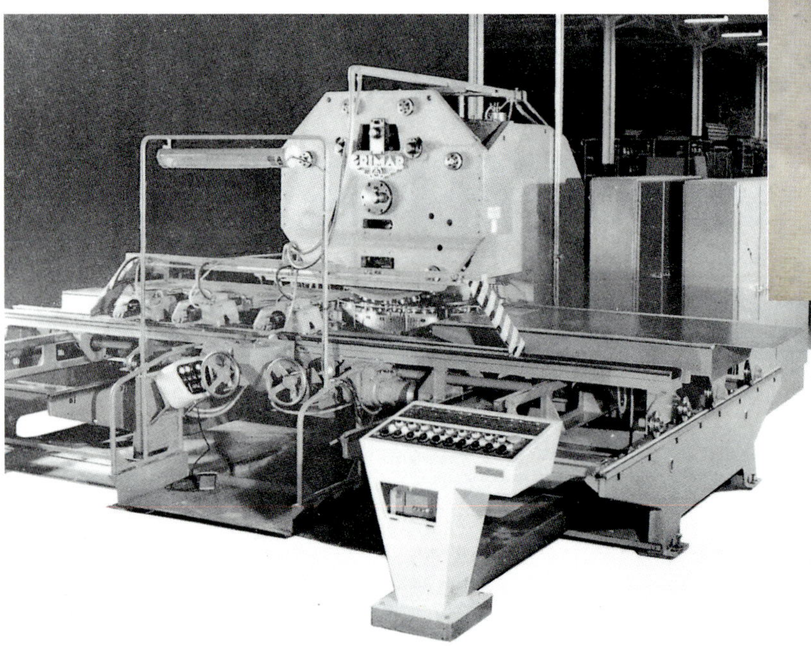

Poinçonneuse à commande numérique conçue par la CGA pour les Ateliers de Delle.

sera au rendez-vous. La CITEC reste un ensemble formel, les principales sociétés rassemblées, la CAE, l'ANALAC, la Compagnie Lepaute continuant d'œuvrer de façon relativement autonome, sans regroupement industriel notable. En outre, la CSF traverse de graves difficultés financières et enregistre une chute de ses bénéfices. Une fusion apparaît possible sinon probable entre les deux groupes, mais la CGE se révèle trop prudente dans son rapprochement. En septembre 1967, l'événement sonne comme un coup de tonnerre dans le ciel de la Compagnie : la Compagnie de Télégraphie sans Fil est absorbée, à l'instigation de la Banque de Paris et des Pays-Bas, et avec l'appui des pouvoirs publics, par un concurrent redoutable, le groupe Thomson, qui poursuit tout au long des années 1960 une politique de croissance externe très volontaire. Celui-ci devient désormais, au corps défendant de la CGE, son rival et interlocuteur privilégié dans le domaine de l'électronique et des transmissions.

CIT/Ericsson, l'atout Crossbar

Portée par l'essor de l'électronique industrielle et l'équipement téléphonique de la France en matériel Crossbar, la CIT connaît, au cours des années 1960, une forte augmentation de ses activités. Son chiffre d'affaires, qui progresse en moyenne de 25 % par an, passe de 89 à 440 millions de francs entre 1960 et 1969. La modeste entreprise des années 1950 devient la Compagnie Industrielle des Télécommunications en 1963 et se transforme en entreprise de pointe de 8 500 personnes, étendant le champ de ses activités propres ou dérivées.
En 1967, le département Transmission reste spécialisé dans la fabrication des matériels de télécommunication par fil, câble et radio. La technique des circuits imprimés et des semi-conducteurs permet à la société de réduire le poids, l'encombrement et la consommation d'énergie des équipements, tout en accroissant leur durée d'utilisation. La CIT produit principalement des équipements à courants porteurs sur câbles et diffuse sa technique de répéteurs sous-marins pour câbles axiaux, équipant pratiquement toutes les liaisons téléphoniques par câble à travers la Méditerranée.

Crossbar : la rivalité du CP 400 et du Pentaconta

Après les stades manuels puis semi-automatiques, la commutation entre dans l'ère de l'électromécanique, caractérisée par les systèmes rotatifs Strowger et Rotary qu'optimisent des périphériques permettant, par exemple, la mémorisation de la commande transmise par le cadran et la recherche d'une ligne libre d'accès au correspondant. Mais la véritable révolution dans l'histoire des télécommunications remonte à 1913 et 1917, quand un Américain et un Suédois imaginent, sans concertation mutuelle, le principe du Crossbar qui établit le contact par le simple pivotement d'une barre.
Celui-ci augmente considérablement la rapidité de l'acheminement des communications et, en réduisant notablement les mouvements mécaniques, diminue les dérèglements périodiques propres aux systèmes rotatifs. Introduit en France après la Seconde Guerre mondiale, le système Crossbar, testé en 1955 à Melun et en 1956 à Beauvais, équipe les centraux français de 1963 à 1980. Mis au point respectivement par ITT et Ericsson, le Pentaconta américain et le CP 400 suédois se partagent le marché français à la suite d'une décision des PTT en 1960. Les centraux téléphoniques des villes moyennes sont attribués au CP 400 et les grandes villes au Pentaconta. La France est, après la Suède, le premier pays en Europe à adopter et généraliser l'emploi du Crossbar dont plus d'un million de lignes seront mises en service à la veille du 1er janvier 1969. Entre 1965 et 1975, le nombre de lignes connectées en CP 400 passera de 200 000 à 4 500 000, et en Pentaconta de 188 000 à 2 2000 000, sur un total de 9 millions de lignes avant que la commutation électronique spatiale puis la commutation temporelle ne supplantent successivement le système Crossbar.

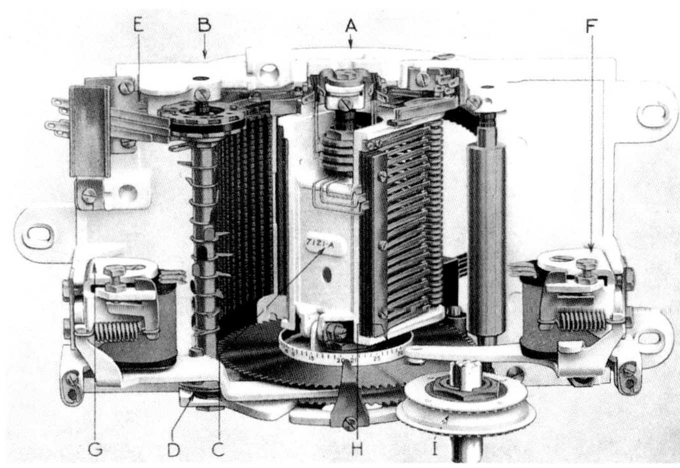

Sélecteur final du système Rotary.

LES INDÉPENDANCES AFRICAINES

Plus lentes à se dessiner, mais aussi moins violentes que les autres mouvements de décolonisation, en Asie, au Proche-Orient ou au Maghreb, les indépendances de l'Afrique noire résultent souvent d'une volonté de coopération entre dirigeants européens et africains. Le Ghana obtient le premier son indépendance dans le cadre du Commonwealth britannique, suivi par le Nigeria, puis le Kenya, où la sanglante révolte des Mau-Mau retarde le processus.

Dans l'Afrique noire francophone, l'entente entre des Africains désireux de réformes, comme Félix Houphouët-Boigny et Léopold Sedar Senghor, et plusieurs hommes politiques de la IVe République, favorise l'évolution vers l'indépendance, dans le cadre de l'Union française. Chaque territoire d'outre-mer est doté d'une assemblée territoriale, au suffrage régulièrement élargi, et de libertés politiques. En 1956, une loi-cadre accorde l'autonomie interne permettant de préparer l'indépendance. Lorsque le général de Gaulle revient au pouvoir en 1958, il propose la création d'une nouvelle Communauté, véritable fédération d'États autonomes, qu'acceptent massivement les Africains, à l'exception de la Guinée de Sékou Touré qui choisit l'indépendance immédiate.

Cependant, la Communauté reste un cadre vide et le mouvement vers une indépendance complète paraît irréversible, d'autant plus que le général de Gaulle souhaite résoudre la question de la colonisation française qui pèse sur ses projets internationaux. En 1960, toutes les colonies françaises d'Afrique noire deviennent indépendantes, en gardant toutefois de profonds liens économiques, militaires et culturels avec l'ancienne métropole, dans le cadre d'une coopération bilatérale. Cependant, le problème du développement économique africain reste entier, et ce pour de nombreuses décennies.

Dans le domaine de la commutation, qui s'affirme comme la branche principale de l'activité de la CIT, celle-ci continue à assurer les extensions des centraux automatiques à commutateurs de type rotatif et fabrique surtout les matériels de type Crossbar CP 400, sous licence Ericsson. Malgré cette dépendance technologique étrangère, la société, si elle ne peut battre en brèche la suprématie américaine et suédoise, fournit près de 30 % des installations commandées chaque année par l'administration des PTT. Cependant, ses dirigeants préparent l'avenir en maintenant un lien étroit avec le CNET, leur heureux partenaire lors de l'expérience de Pleumeur-Bodou. En 1961, la Compagnie achète ainsi un terrain à Lannion, « pour l'installation d'un centre de recherche décentralisé à côté du Centre national d'Études des Télécommunications ». En 1965 est créée une filiale, la Société Lannionaise d'Électronique (SLE), destinée à étudier les techniques d'avant-garde de la commutation électronique.

C'est dans ce « réduit breton » que naîtront, à la fin des années 1960, les systèmes qui ouvriront la voie de la commutation électronique temporelle et l'essor international du groupe CGE dans les télécomunications. Ce qui n'empêche pas la CIT d'asseoir parallèlement ses positions industrielles, en resserrant son partenariat avec Ericsson par l'intermédiaire d'une série d'accords et de prises de participation noués à la fin de la décennie.

Fêtes organisées pour le 1er anniversaire de l'indépendance de la Côte-d'Ivoire, Abidjan, 1961.

En 1969, la CGE, vivement encouragée par les pouvoirs publics, établit ainsi des liens étroits avec Ericsson, par l'intermédiaire de la filiale française de celle-ci. En septembre 1970, la Compagnie et la Société Française des Téléphones Ericsson (STE) concluent un accord financier, la prise de participation par la CIT de 16 % du capital de la STE, les deux sociétés convenant de coordonner leurs efforts de recherche dans le domaine de la commutation électronique. Elles s'entendent sur une véritable coopération industrielle en matière de commutation classique.

La CGE mise par sécurité sur le CP 400, le produit-phare de celle-ci en matière de commutation électronique spatiale. Tous les constructeurs téléphoniques mondiaux considèrent alors la commutation spatiale comme l'étape nécessaire avant l'aboutissement et la mise en service des systèmes de commutation temporelle, dans un futur assez lointain. Comme l'explique la CGE lors d'une conférence de presse tenue avec Ericsson en juillet 1970 : « le rapprochement va permettre, sur le plan international, une stratégie importante dans le secteur des télécommunications. (...) Les accords doivent conduire à un dynamisme indispensable face à la concurrence américaine et japonaise. » Le partenaire suédois souligne lui aussi l'intérêt industriel de ce rapprochement : « les deux sociétés ont un matériel identique : le Crossbar CP 400. La coordination des efforts financiers et techniques est une source d'économie très importante. »

Télic : un nouveau savoir-faire pour la CIT

Une série d'acquisitions renforce les positions de la CIT dans certains secteurs, ou lui apporte de nouveaux marchés et savoir-faire. En 1963, elle prend une participation majoritaire dans la Société des Ateliers de Montage Électrique (AME), spécialisée dans les techniques radioélectriques et les équipements spéciaux d'électronique. À partir de 1964, la CIT s'intéresse à la distribution automatique par le biais d'une filiale, la Compagnie Industrielle de Distribution Automatique (CIDA), dont la technique est complémentaire de celles de la commutation.

En 1965 surtout, l'achat de la société alsacienne la Téléphonie Industrielle et Commerciale (Télic) installe la CIT sur le marché de la téléphonie privée, avec 30 millions de francs de chiffre d'affaires, 1 000 personnes localisées à Strasbourg, et une belle page d'histoire qui s'écrit encore aujourd'hui.

Brochure de publicité pour les appareils téléphoniques Télic.

TÉLIC, OU LES SUCCÈS DE LA TÉLÉPHONIE PRIVÉE

Autocommutateur Télic en fabrication.

Aaron Weil, le fondateur.

Venu du commerce des cuirs et peaux, où il fait fortune, Aaron Weil change radicalement son itinéraire professionnel en 1919 en acquérant une petite société allemande de matériel téléphonique, installée à Strasbourg, issue de l'achat de l'établissement français Fould avant la Première Guerre mondiale par la grande firme allemande Telefonbau und Normalzeit. Simple succursale de vente et d'installation du matériel fabriqué par sa maison mère, la Privat Telefongesellschaft est mise sous séquestre à la fin de la guerre. Devenue « Le Téléphone privé », la société transfère ses bureaux rue Haguenau et se lance dans la production en érigeant une usine au n° 129, rue de Colmar. En pleine croissance, la société prend en 1927 le nom qu'elle conservera jusqu'en 1990, La Téléphonie Industrielle et Commerciale (Télic), réalisant la fusion de ses deux facettes, vente et production, séparées juridiquement jusque-là. Nullement gênée par plusieurs déménagements successifs, Télic prend peu à peu sa place dans le monde de la téléphonie privée et installe les premiers maillons de son réseau commercial en ouvrant des agences à Colmar, Metz et Mulhouse.

L'armée allemande en concert dans les locaux de Télic, rue de l'Arse, durant la Seconde Guerre mondiale.

Le Crossbar Télic.

En 1933, Télic connaît un double bouleversement. Tout d'abord, la manne d'une commande des P&T élargit la vocation de Télic au marché public. Après la disparition d'Aaron Weil, son fils René prend la présidence de la société, mais il se voit bientôt contraint, en raison de difficultés financières personnelles, de céder 49 % de ses parts à Léon Giler, un ancien de la Telefonbau und Normalzeit, aussi propriétaire d'une société marseillaise d'installation de matériel téléphonique. Le nouveau tandem, formé par le financier et l'ingénieur, conduit Télic sur la voie du succès grâce à une politique de recherche et développement très active : les premières études de commutateurs automatiques privés commencent à cette époque. Interrompues par la guerre, qui oblige les « Téliciens » à rejoindre Bordeaux, elles reprendront à l'issue du conflit.

L'essor de Télic date incontestablement de cette période. En 1947, la production se sépare de la branche commerciale qui reprend son autonomie sous le nom de Société Alsacienne et Lorraine de Télécommunication et d'Électronique (Alsatel), destinée à devenir l'un des grands concurrents d'Opus. En 1954, la croissance de Télic s'accélère pour la première fois par l'acquisition d'une société parisienne, la Compagnie Française du Téléphone (COFRATEL). En 1955, de nouveaux locaux deviennent nécessaires : c'est au n° 205, route de Colmar, que s'installent les équipes de la société. Celle-ci saisit aussitôt l'importance de l'apparition de l'autocommutateur Crossbar et rachète une licence pour adapter le nouveau système aux besoins spécifiques de la téléphonie privée selon les normes des P&T françaises. Télic se concentre désormais sur la conception et la fabrication de matériel, son activité d'installateur diminuant progressivement. Le Crossbar Télic, mis au point après quatre années d'études, inverse le principe de base qui consistait à actionner la barre horizontale puis la barre verticale pour se positionner sur le point d'enclenchement de la connexion. Télic fait au contraire remonter la barre verticale pour placer la barre horizontale, à laquelle elle vient ensuite se verrouiller : la liaison se maintient tant que la position des deux barres demeure inchangée.

Le Crossbar Télic permet ainsi un gain de temps considérable et ne consomme que peu d'énergie grâce à l'effet de verrouillage. La personnalité fortement innovatrice de Télic, que René Weil, seul aux rênes de la société depuis la mort en 1957 de Léon Giler, veut vendre, attire l'intérêt de la CIT, encore à la recherche d'une technologie propre que seule la commutation électronique temporelle lui amènera quinze ans plus tard.

Télic, tout à fait complémentaire de la CIT, accède à une échelle supérieure en entrant dans le giron de la CGE. Elle adopte le relais CP 400 installé par la CIT dans les centraux publics et abandonne son propre système par souci de rationalisation. Sa gamme de produits s'harmonise avec le CP 400 et, à l'inverse, la CIT soustraite à Télic une partie de ses commandes. Télic participe ainsi à la croissance de la CIT, une croissance qui nécessite le renouvellement et l'extension de l'outil industriel de la société.

En 1961, la CIT construit une nouvelle usine à Montargis, destinée au département Transmissions. La même année, un terrain de 29 hectares situé à Nozay-Villarceaux, à proximité de Marcoussis, entre dans le patrimoine foncier de la CGE en vue de la création d'un centre de recherche de transmissions. Les locaux abritent à partir de 1962 la division Information du département Transmission, mais aussi les activités d'automatisme, d'électronique industrielle, d'instrumentation, de calculateurs et de traitement des informations du groupe. En 1969 commence à Vélizy, sur un immense terrain, la construction d'un nouveau site réservé à la CIT, qui amène la destruction de l'ancienne usine de la rue Keller.

Achevé en 1971, le départ du véritable lieu de naissance de la CIT après la guerre consomme définitivement la rupture de la société avec son passé de branche peu rentable de la CGE. Bâti dans un style moderne, le siège de la CIT-Alcatel demeure à Paris, rue Emeriau, mais la production et certains services sont délocalisés sur le pourtour de l'agglomération parisienne.

Le nouveau centre de transmissions à Villarceaux.

Les câbles et les télécommunications au cœur de l'Hispano-Alsacienne

Après les alliances avec Alsthom et la CSF, l'Hispano-Alsacienne constitue une autre étape fondamentale de la politique de croissance externe de la CGE. Elle va transformer radicalement la configuration de cette dernière, en y intégrant notamment Alcatel, futur pôle des télécommunications dans le groupe.

L'Hispano-Alsacienne, un groupe diversifié mais fragile

Résultant de la fusion en 1966 de la Société Française Hispano-Suiza et de la Société Alsacienne de Constructions Mécaniques (SACM), l'Hispano-Alsacienne atteint en 1966 un milliard de francs de chiffre d'affaires, avec des effectifs de près de 19 000 personnes. Cinq grandes filiales réalisent la majorité du chiffre d'affaires du groupe : la Société d'Exploitation des Matériels Hispano-Suiza, avec 4 000 personnes spécialisées dans les moteurs et matériels spatiaux, la Société Alsacienne de Constructions Atomiques, de Télécommunications et d'Électronique (Alcatel), rassemblant 4 000 personnes dans les domaines des télécommunications, du nucléaire et de l'espace, la SACM-Mulhouse, représentant 4 000 personnes actives à la fois dans les domaines du textile et du diesel, Alcatel Graffenstaden, soit 1 600 personnes travaillant dans la grosse mécanique, et enfin la Câblerie de Clichy, réunissant 1 400 personnes.

L'Hispano-Alsacienne a connu une progression rapide au tournant des années 1960, dans les activités nucléaires et spatiales, les télécommunications et les câbles, mais connaît des résultats médiocres, en raison de la crise qui frappe

Machine de chargement du réacteur CESAR à Cadarache, construite par l'usine de Graffenstaden, et dont l'usine d'Annecy d'Alcatel a réalisé les automatismes.

Manifestation du FLN, 1962.

depuis plusieurs années ses secteurs textiles et mécaniques. La SACM en particulier, qui enregistre un déficit de 48,8 millions de francs en 1963, nécessite une réorganisation complète effectuée sous la direction du président Richard Baumgartner. Celle-ci porte ses fruits, et dès 1965, la société redevient bénéficiaire. Comme les autres grands groupes industriels français de l'époque, l'Hispano-Alsacienne éprouve la nécessité de s'allier à des partenaires pour consolider et étendre ses positions dans des secteurs où le coût des recherches et du développement pèse de plus en plus lourd.

Compresseur pour la séparation isotopique, fabriqué par Alcatel.

LA GUERRE D'ALGÉRIE

Longue et douloureuse, la guerre d'Algérie met face à face Français et Algériens et se double peu à peu d'un conflit civil. De ce fait, elle laisse dans les deux peuples des cicatrices difficiles à effacer. Dans le grand mouvement de décolonisation du XXe siècle, la guerre d'Algérie apparaît comme la conséquence du droit des peuples à disposer d'eux-mêmes. Toutefois, il semblait difficile de renier 125 années d'histoire partagée, et les Européens (les « Pieds Noirs »), qui représentent 10 % de la population résidant en Algérie, s'accrochent à l'Algérie française en refusant toute évolution.

L'insurrection, déclenchée le 1er novembre 1954 par une poignée de nationalistes radicaux, s'étend progressivement, dans les massifs montagneux des Aurès et de la Kabylie puis dans les villes. Face aux succès, souvent sanglants, du Front de Libération Nationale (FLN), les gouvernements français engagent une armée sans cesse plus nombreuse. Mais les promesses de réforme et la maîtrise du terrain n'empêchent pas l'idée d'indépendance de progresser dans la population algérienne.

L'opinion publique métropolitaine, progressivement gagnée par la lassitude, et le général de Gaulle, qui souhaite moderniser la France et son armée, souhaitent en finir avec le « cancer algérien ». Malgré l'opposition des Pieds Noirs et d'une partie de l'armée, de Gaulle propose aux Algériens l'autodétermination, qui aboutit après de longs pourparlers, à un cessez-le-feu, en mars 1962. L'indépendance de l'Algérie est proclamée en juillet, alors que les Européens fuient en masse le pays pour être rapatriés vers la métropole. Près de huit années de guerre ont causé la mort de centaines de milliers de personnes et l'exode de près d'un million d'autres, laissant dans les mémoires des blessures toujours vivaces.

L'accord du 19 décembre 1966

« Le temps, je crois, presse ; et il est bon de réaliser dans un délai relativement court la constitution de solides sociétés industrielles en France », écrit le président Baumgartner au président Louvel, le 2 janvier 1966, en réponse aux premiers contacts pris par la CGE avec l'Hispano-Alsacienne. Dans le fonds de commerce de l'Hispano-Alsacienne, le secteur câbles intéresse en premier lieu les dirigeants de la Compagnie.

Consciente de la trop grande dispersion de la câblerie française, la CGE s'attache au cours des années 1960 à bâtir autour des Câbles de Lyon un dispositif puissant, apte à soutenir le choc d'une concurrence de plus en plus sévère et à conquérir les marchés nationaux puis étrangers. Le secteur des câbles tend en effet à plafonner dans la première moitié de la décennie, la multiplication de la concurrence entraînant un effondrement des prix sur la majeure partie du marché. En outre, si depuis la guerre les Câbles de Lyon, très bénéficiaires, ont apporté une contribution prépondérante aux résultats de la Compagnie, ces résultats ont été obtenus grâce à des investissements relativement faibles maintenant un outil de travail de plus en plus vétuste. D'où une politique de prix élevés et la perte régulière, chaque année, de parts de marchés. Des mesures sont prises en 1965 pour réduire les frais généraux et adapter la production à la demande : les horaires sont provisoirement diminués et une réduction d'effectifs de 300 personnes intervient.

Les accords avec l'Hispano-Alsacienne permettent d'envisager une restructuration et une modernisation de cette branche, tout en offrant des opportunités à un autre secteur important de la CGE, les télécommunications. Le rapprochement entre les deux groupes prend forme tout au long de l'année 1966. Comme l'expose le protocole d'accord signé le 19 décembre : « L'Hispano-Alsacienne et la CGE ayant reconnu le caractère complémentaire d'une partie notable de leurs activités et les possibilités de regroupement industriel dans les domaines où elles sont concurrentes (câbles, matériels de télécommunication, etc.) expriment l'intention d'établir entre leurs deux Groupes une communauté d'intérêts couvrant l'ensemble des secteurs électriques et électroniques. »

Dépassant le simple accord de principe, le texte de décembre 1966 définit les modalités des regroupements envisagés. Dans le domaine de la câblerie, une filiale commune rassemble les Câbles de Lyon et la Câblerie de Clichy. En ce qui concerne les télécommunications, une rationalisation des fabrications de la CIT et d'Alcatel intervient, les deux sociétés se présentant désormais comme un producteur unique auprès des PTT.

Un mois après les accords généraux de décembre 1966, la CIT et Alcatel, représentées respectivement par le Directeur général Ambroise Roux et le président Roger Julia, signent, le 31 janvier 1967, une convention précisant les modalités de leur rapprochement. La CIT et Alcatel conservent leur autonomie juridique tout en établissant un seul programme d'actions. Au stade des études, les deux sociétés se trouvent réunies pour les matériels figurant au programme de l'Administration, et afin de développer une gamme de produits homogène à partir d'une même technologie. En matière de production, la concertation tend à la définition de standards communs de façon à procéder par la suite à une répartition des fabrications. Enfin, la politique commerciale des deux sociétés vise la cohérence pour qu'elles se présentent « en parfaite unité de point de vue ».

Maintenant la personnalité juridique de chaque société, la convention de janvier 1967 prévoit la création d'un comité directeur pour coordonner ces efforts de rationalisation et d'harmonisation entre la CIT et Alcatel. Le comité directeur, où siègent notamment les deux présidents-directeurs généraux, s'appuie sur un comité de gestion composé d'ingénieurs des deux sociétés.

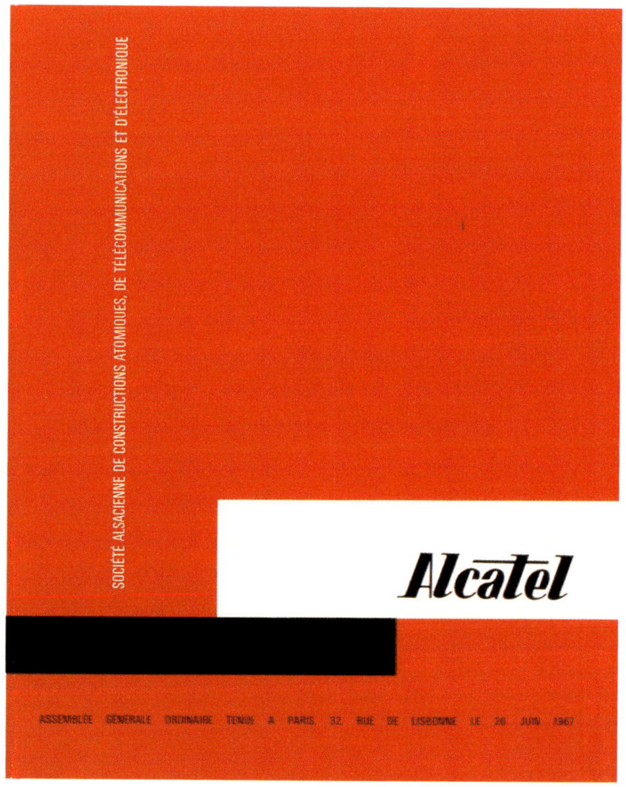

Maquette de la chambre de simulation spatiale ETF8, construite par Alcatel, et installée au Centre de Nordwich en Hollande.

Dans le secteur des câbles, le travail en vue de la constitution d'une câblerie commune se poursuit jusqu'au milieu de l'année 1967. Si les Câbles de Lyon possèdent un chiffre d'affaires et des effectifs deux fois plus élevés que la Câblerie de Clichy, celle-ci dispose en revanche d'une position privilégiée auprès des PTT et d'EDF, qui contraste avec sa faible présence sur les marchés des équipements industriels ou d'habitation. Au plan technique, la Câblerie de Clichy possède aussi un avantage notable. Organisée de façon intégrée, elle produit elle-même son fil-machine, contrairement aux Câbles de Lyon, tributaires de Gégédur pour celui-ci et une partie de ses tréfilés.

Le rapprochement des deux sociétés, qui emploient respectivement 1 400 et 3 170 personnes, semble donc particulièrement intéressant pour la CGE. Pourtant, alors que la fusion des deux câbleries se prépare, l'Hispano-Alsacienne, devenue la Société Alsacienne de Participations Industrielles (ALSPI), traverse, dans la seconde moitié des années 1960, des difficultés financières si graves que l'État doit intervenir pour sauver le groupe alsacien de la débâcle.

Dans ce nouveau contexte, les pourparlers reprennent en 1968 et aboutissent à l'achat et à l'absorption pure et simple de la Câblerie de Clichy et d'Alcatel par la CGE. « Par cette fusion, affirme la Direction générale de la CGE le 29 juin 1968, il s'agit d'obtenir de meilleurs prix de revient, une plus grande compétitivité, et par conséquent, un développement plus important. » En 1969, la CGE peut constituer un pôle Câbles puissant et autonome, grâce au rachat des câbleries de l'Alsacienne, à celui de la société Geoffroy-Delore et à sa prise de participation dans Liban Câbles et Filotex, qui exécute tous les câbles de précision notamment pour les industries électroniques et aérospatiales. Avec 8 usines et 6 500 personnes, l'ensemble Câbles de Lyon, Alsacienne et Geoffroy Delore retrouve la part de marché des Câbles de Lyon quinze ans plus tôt.

Comme le note alors la CGE : « Notre groupe possède désormais une gamme de câbles très étendue ; il est le premier câbleur français et le troisième en Europe. » La réalisation de la liaison sous-marine alimentant en énergie l'île canadienne de Vancouver, en courant continu à 300 000 volts, constitue un record mondial et couronne alors d'une belle référence la restructuration d'un secteur qui représente en 1969 14 % des activités du groupe CGE.

Pose d'un câble téléphonique sous-marin.

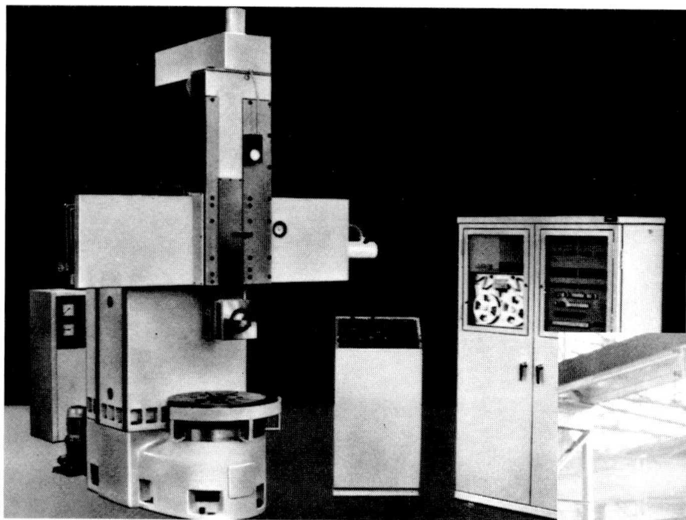

Tour vertical Graffenstaden équipé d'une commande continue de profil Alcatel.

Commande numérique de machine-outil. Positionnement point à point.

L'Hispano-Alsacienne disparaît définitivement en 1968. La SNECMA reprend ses activités aéronautiques, nucléaires, moteurs et turbines, tandis que la CGE, outre son secteur de câbles, acquiert Alcatel et l'activité de machines-outils et mécanique de l'usine de Graffenstaden. Mais le secteur nucléaire que la CGE observait avec attention en 1965-1966 lui échappe. L'acquisition d'Alcatel représente cependant une victoire et un apport précieux dans la lutte d'influence que se mènent à la fin de la décennie la CGE et le groupe Thomson. La naissance, en 1969, de Thomson-CSF, filiale de Thomson-Brandt, qui représente près de la moitié du chiffre d'affaires consolidé de son acquéreur, deux fois son activité d'électronique professionnelle, une capacité d'innovation et de recherche remarquable ainsi qu'un bon réseau commercial à l'étranger, représente sans conteste le point culminant de la politique d'acquisitions du groupe Thomson à l'époque. Cet événement accélère la finalisation des accords de la CGE avec l'Hispano-Alsacienne, l'acquisition d'Alcatel par la Compagnie répondant en quelque sorte à celle de la CSF par Thomson.

L'apport d'Alcatel dans les systèmes numériques

Le rapprochement CIT-Alcatel apporte en effet à la première les résultats de la politique dynamique et originale de la Société Alsacienne de Mécanique dans les télécommunications depuis la guerre. En 1946, cette dernière absorbe la Société d'Études de Liaisons Téléphoniques (SELT) et crée, dans sa Câblerie de Clichy, un département « Câbles électriques et Télécommunications ». Fondé sur l'ancien SELT, un laboratoire de télécommunications est mis sur pied. Sous l'impulsion de Pierre Herreng et de Roger Julia, cet ensemble prend peu à peu de l'ampleur. Le département « Câbles Électriques et Télécommunications » devient ainsi, en 1955, le département « Électronique et Télécommunications » puis, en 1958, élargit ses activités et devient le département Énergie Nucléaire, Télécommunications et Électronique (ENTE).
Travaillant sur les systèmes de transmission en modulation par impulsions codées (les « MIC »), la SACM mène ses recherches en étroite association avec le CNET. Ses interlocuteurs sont en

particulier MM. Dayonnet et Libois, ce dernier jouant par la suite un rôle important dans l'aventure de la commutation temporelle, menée cette fois en commun avec la CIT. La Section de Recherche opérationnelle de la SACM, à proximité des « Études générales » et du « Laboratoire d'Essais », si elle s'attache principalement aux questions de Défense nationale, s'oriente aussi vers les problèmes industriels et commerciaux ou de transport et de distribution. Au cours des années 1950, quatre systèmes de « MIC » sont réalisés, débouchant sur des réalisations comme un multiplex à 12 voies en modulation en delta transistorisé réalisé pour le CNET.

Après le décès de Pierre Herreng, tête pensante du département, en 1962, l'ENTE poursuit son essor et devient, le 1er octobre 1963, la Société Alsacienne de Constructions Atomiques, de Télécommunications et d'Électronique « Alcatel », sous la présidence de Roger Julia. L'usine de machines-outils de Graffenstaden lui est rattachée en 1964. Jusqu'à son absorption par la CIT, Alcatel poursuit son activité dans plusieurs voies d'avant-garde, développant toute une série de systèmes numériques, des automates programmables très complexes, des commandes numériques pour machines-outils et de véritables calculateurs, soit pour l'usage industriel, soit pour l'armement. L'informatique opère ainsi son entrée au sein du département « Techniques numériques », baptisé « Automatismes et Traitement d'Informations ».

Gabriel Dureau, entré à la SACM en 1947, puis chef du département « Automatismes et Traitement d'informations » d'Alcatel en 1965, évoque quelques éléments essentiels de sa société d'origine. En premier lieu, « la profonde connaissance de l'alliance des télécomunications, des techniques numériques et de l'informatique, avec une remarquable coopération entre quatre disciplines : mathématiques, informatique, mécanique de précision, informatique de précision ». Ce qui contribue à expliquer le succès ultérieur d'Alcatel dans la « commutation électronique, qui est de l'informatique appliquée ». Puis vient « le dynamisme – voire l'audace – dans les travaux de recherche et développement, le désir d'être toujours à la pointe, et pour cela de réaliser des transferts très rapides de la recherche vers le développement, et entre les disciplines. » Enfin, un troisième trait correspond à une collaboration étroite entre université et industrie, avec la présence de nombreux universitaires dans l'encadrement de la Société.

Four à bombardement électronique de la société Alcatel.

1969 : Premiers pas sur la Lune

Partis de cap Kennedy, le 16 juillet 1969, à bord de la capsule spatiale « Apollo XI », qui est satellisée autour de la Lune, les astronautes américains Neil Armstrong et Edwin Aldrin alunissent avec leur module d'exploration lunaire « LEM » et foulent enfin le sol de la Lune, le 21 juillet, sous les regards éblouis de cinq cents millions de téléspectateurs.

D'où la constitution d'une culture d'entreprise très marquée qui, alliée à l'éclatement de la SACM et à la réorganisation d'Alcatel autour de l'activité « Télécommunications », va donner à la fusion avec la CIT des aspects parfois délicats. Alcatel devient tout d'abord une filiale de cette dernière, avant de fusionner avec sa société mère en 1970. « L'une des affaires les plus dynamiques du secteur de l'électronique professionnelle », comme la qualifie alors la CGE, augmente de 35 % le volume d'activités de la CIT, avec ses 5 000 personnes et un chiffre d'affaires de plus de 300 millions de francs. La nomination en 1969 de Georges Besse à la tête d'Alcatel, en remplacement de Roger Julia, permet de préparer avec rigueur, fermeté et intelligence l'organisation de la nouvelle entité CIT-Alcatel.
Les forces réunies du nouveau pôle de télécommunications prennent leurs racines dans les connaissances acquises de façon autonome par les deux sociétés dans les techniques de numérisation et d'informatique appliquée aux transmissions. L'entrée d'Alcatel provoque en outre une forte hausse des budgets consacrés à la recherche dans le groupe en matière de télécommunications. Désormais, le centre de Bruyère-le-Chatel s'ajoute aux Laboratoires de Marcoussis.

L'acquisition de la SGE ou la diversification de l'offre CGE

L'élargissement de l'éventail des produits et prestations de la CGE dans le courant des années 60 prend racine dans « le caractère toujours plus complexe de la technique moderne [qui] incite de plus en plus la clientèle, lorsqu'elle veut procéder à des investissements nouveaux, à demander à ses fournisseurs d'en prendre la responsabilité générale dès leur fourniture et de les livrer « clefs en mains ». « Nous l'avons constaté à maintes reprises aussi bien en France et surtout à l'étranger », remarque le conseil d'administration de la CGE le 20 avril 1966.

Pont de Laussac construit à La Truyère, par la SGE en 1933.

Une politique d'offre globale

Cette vision de l'évolution du marché conduit en conséquence le groupe à s'engager activement dans le domaine de l'ingénierie et du génie civil. Dans le premier domaine, la CGE ne dispose que de la Compagnie Générale d'Études Cégélerg, dont l'activité modeste ne la satisfait pas. Elle est complètement absente du second secteur, « or nos filiales, en particulier la CGE, ont eu parfois l'occasion de le regretter », constate-t-elle. Dans ce contexte, le rachat en 1966 de la Société Générale d'Entreprises (SGE) permet de constituer un puissant pôle Entreprise et Ingénierie. La CGE préfère, comme toujours, racheter l'un des leaders du secteur dans lequel elle souhaite se placer plutôt que de créer une activité *ex nihilo*.

Aux termes de la convention signée le 29 septembre 1966, la SGE entre dans le groupe de la CGE par le biais de la fusion de sa holding, la SODEC, avec la Compagnie Générale d'Électricité. Celle-ci contrôle, directement ou indirectement, près de 60 % du capital de la SGE et lui apporte, en contrepartie, ses participations dans la CGEE, Cégélerg et Kléber-Colombes. Parmi les actionnaires de la SODEC, figurent Jean Matheron, président-directeur général de la SGE et surtout Paul Huvelin, très lié à Ambroise Roux, à la fois vice-président de la SGE, PDG de Kléber-Colombes, vice-président de la Banque de l'Union Parisienne et président du CNPF.

Le circuit de Montlhéry, un ouvrage de la SGE, 1934.

La SGE, qui triple le chiffre d'affaires du secteur Entreprise de la CGE d'un exercice sur l'autre, introduit dans le groupe la vaste panoplie des études et réalisations de « tous travaux publics et particuliers », centrales hydro-électriques, thermiques et nucléaires, postes et réseaux de distribution d'électricité, électrification des chemins de fer, ensembles industriels, hospitaliers et universitaires, ports, canaux, ouvrages d'art, etc. La synergie de la SGE avec les activités de la CGE prend toute son ampleur au moment de l'entrée d'Alsthom dans le groupe, comme le rappelle Ambroise Roux en 1991 : « Nous avons créé un secteur Entreprise qui avait de très importantes synergies avec Alsthom et CGEE-Alsthom, surtout sur le plan international. Quand on faisait un grand barrage en Afrique, par exemple, il y avait une énorme affaire de travaux publics et de bâtiments, une énorme affaire de fourniture de matériel de production, comme les turbines, une énorme affaire de construction de postes de transformation qui intéressaient tant la SGE, Alsthom que CGEE-Alsthom. »

La SGE, l'un des grands du génie civil

En 1965, la SGE emploie 9 000 personnes et inscrit à son rapport d'activité un chiffre d'affaires de 600 millions de francs dont les trois quarts sont réalisés en Travaux Publics et Bâtiments, et un quart en prestations d'entreprise électrique et d'ingénierie. Au moment où la société entre dans le giron de la CGE, elle conduit l'un des grands chantiers hydroélectriques de l'époque, l'usine marémotrice de la Rance, première au monde de ce type, disposant d'une puissance totale de 240 MW. Barrages, galeries, ouvrages pour centrales hydrauliques, caissons de centrales nucléaires, ponts, tunnels, travaux en mer et rivières, bâtiments industriels et administratifs, ou grands ensembles immobiliers, sont autant de domaines d'intervention de la SGE, tant en France qu'à l'étranger.

Fondée en 1908 par Alexandre Giros et Louis Loucheur, deux brillants polytechniciens de la promotion 1890, la SGE prolonge en réalité la société que les deux associés avaient constituée sous leur nom dès 1899 et qui devient bientôt célèbre dans le monde des centrales électriques, sous l'abréviation de « Girolou ».

Construction de la fonderie de Clichy par la SGE en 1924.

Le barrage sur la Rance (1966)

Inaugurée le 26 novembre 1966 par le général de Gaulle, la première usine marémotrice édifiée dans le monde est installée sur l'estuaire de la Rance, en Bretagne. Fonctionnant à marée montante grâce au remplissage de l'estuaire et à marée descendante par son vidage, elle fournit plus de 500 millions de kWh par an.

Spécialisée dans l'exécution des travaux en liaison avec la production et la distribution d'électricité dans les domaines du rail ou des réseaux électriques, la SGE construit aussi des routes en France et à l'étranger ; la Turquie, la Russie, la Suisse et l'Espagne garnissant les premières son carnet de commandes. Après la guerre, pendant laquelle Louis Loucheur occupe le poste de sous-secrétaire d'État à l'armement, débute l'ère des grands chantiers hydrauliques dont la SGE assure tant le génie civil que l'équipement électrique. En 1929, la SGE épingle à son palmarès le grand ensemble hydroélectrique de La Truyère. À son activité d'entreprise électrique, la SGE ajoute dès l'entre-deux-guerres le génie civil, en participant à de grands chantiers d'équipement, depuis la construction de la fonderie Citroën à Clichy en 1924 aux aménagements des installations portuaires de Dunkerque à partir de 1944, en passant par le réseau autoroutier français ou bien encore les aéroports, comme celui de Marignane en 1935, les viaducs et les ponts.

Le bâtiment entre dans la gamme d'intervention de la SGE avec les secteurs de la santé et de l'habitat que concrétise l'élévation de la cité ouvrière de Tavaux en 1928, par exemple. De 1956 à 1965, les sociétés SICRA, Deschiron et Thinet entrent successivement dans le groupe de la SGE qui prend une ampleur notable, grâce à la présence de ses équipes sur de grands chantiers en France et dans le reste du monde. Sa filiale d'engineering en particulier, la Société Générale d'Exploitations Industrielles (SOGEI), inscrit à son actif de nombreuses études et réalisations d'aménagements hydro-électriques (Kariba en Rhodésie, Salto Grande en Argentine ou Palmar en Uruguay), de centrales thermiques (Arzew en Algérie) et atomiques (centrales de Saclay, Marcoule et Cadarache). Un réseau implanté précocement à l'étranger assure la présence permanente de la SGE au Mexique, au Portugal et au Maroc, et la défense des intérêts importants du groupe en Belgique et en Australie.

La formation d'un pôle très puissant réunissant la SGE, la CGEE puis Alsthom au sein de la CGE illustre la volonté très forte de créer une vocation d'ensemblier au sein du groupe. Ainsi que l'exposent la CGE et la SGE au Commissaire Général au Plan et à la Productivité le 12 mai 1966, au moment de leur rapprochement, « les techniques nouvelles (nucléaires, spatiales, etc.), comme les industries classiques, en raison de leur automatisation croissante, font appel à des installations si complexes que les maîtres d'œuvre n'en achètent plus eux-mêmes, comme autrefois, les constituants mais tendent à en confier la responsabilité totale à un fournisseur construisant lui-même la plus grande partie du matériel et capable de réaliser l'agencement de l'ensemble. » En 1969, avec 1 milliard de chiffre d'affaires et représentant 22 % des activités du groupe, le secteur Entreprise et Ingénierie est devenu l'un des plus importants de la CGE.

Toute une série de liens et d'accords vient consolider, au cours des années 1960, l'absorption de certains partenaires techniques et commerciaux. Ce processus de croissance à la fois élargi, composite et cohérent hisse la CGE à un niveau supérieur, particulièrement dans tous les marchés « porteurs d'avenir, et notamment ceux qui incorporent massivement l'électronique ». Comme la Compagnie le résume de façon imagée en 1973, la décennie 1960 marque « de spectaculaires croissances et de spectaculaires concentrations, des décollages successifs secteur après secteur, le tout faisant une spirale ascensionnelle sans cesse entretenue. »

La consolidation du groupe CGE

En 1968, la Compagnie Générale d'Électricité réalise un chiffre d'affaires consolidé de 5,5 milliards de francs. Ses effectifs, calculés selon les mêmes règles de consolidation, sont de 77 000 personnes. En fait, comme il est noté dans l'exercice 1968, les entreprises dans lesquelles la Compagnie détient des intérêt majoritaires emploient 66 000 personnes, qui deviennent 100 000 si l'on tient compte des participations minoritaires.
Tout en étant largement diversifiées, les activités de la CGE s'orientent essentiellement vers les industries électriques et électroniques. La nécessité d'animer et de coordonner un tel ensemble débouche, en décembre 1967, sur une nouvelle organisation du groupe bâtie autour d'une holding industrielle. Au-delà, l'expansion du groupe et sa course à la taille critique se heurtent à la montée parallèle du groupe Thomson, présent dans la plupart des secteurs où se trouve déjà la CGE. D'autre part, le Plan Calcul, mis en œuvre au milieu des années 1960, les rassemble tous deux dans le grand projet français d'une informatique nationale. Enfin, Thomson détient une forte partie du capital d'Alsthom, avec qui la CGE a créé plusieurs filiales communes... Fruits d'une expansion parallèle, les terrains d'entente – et de désaccord – s'avèrent donc multiples.
L'accord industriel de 1969 va permettre de les dénouer en confortant les positions électrotechniques de la CGE avec la prise de contrôle d'Alsthom et en lui réservant le marché du téléphone. La configuration actuelle du groupe Alcatel-Alsthom prend corps. En contrepartie, la Compagnie cède la prééminence d'un domaine où elle avait pris pied au cours des années 1960, l'informatique. Elle abandonne également la majeure partie de ses positions dans le secteur des matériels grand public, et notamment la radiotélévision où ses résultats s'avèrent médiocres.

Un « Yalta industriel » : l'accord CGE-Thomson de 1969

Intégrer Alsthom

À partir de 1968, plusieurs rapprochements modifient le paysage mondial du gros matériel électrique avec la fusion de General Electric Company avec English Electric en Grande-Bretagne, puis l'accord entre Siemens et AEG dans le domaine des turbo-alternateurs. En France enfin, le baron Empain tente de céder en 1969 sa participation majoritaire dans l'entreprise Jeumont-Schneider au groupe américain

Paul Richard, Président de Thomson.

Westinghouse. La CGE s'intéresse à la première, qui fait figure de grand de l'électrotechnique et pèse fortement sur les pouvoirs publics. Ceux-ci opposent finalement leur veto à la négociation franco-américaine, et la CGE se place sur les rangs de la reprise de Jeumont-Schneider où elle se retrouve en rivalité avec la filiale française de Brown-Boveri, la CEM. Mais l'affaire tourne court et le baron Empain conserve sa société. Ces tractations, auxquelles participe activement la CGE, confirment celle-ci dans son dessein de constituer un pôle électrotechnique français capable de rivaliser avec les plus grands.

Depuis plusieurs années, les dirigeants de la Compagnie comptent sur la prise de contrôle d'Alsthom pour atteindre cet objectif national et international. La firme de Belfort complète les productions traditionnelles de la CGE par ses spécialités en gros matériel électrique, qui sont au centre des activités de la filiale dont Thomson partage le capital avec la SACM. C'est pourquoi, après la constitution en 1964 des filiales Delle-Alsthom, Alsthom-Savoisienne et Unelec, la CGE commence à acheter discrètement des actions de son partenaire en Bourse. Le mouvement s'accélère en 1968, à tel point qu'un jour, l'un des collaborateurs d'Ambroise Roux, tenu hors du secret de l'opération, très confidentielle, vient confier au président son inquiétude et l'avertir qu'une société rachète systématiquement les actions d'Alsthom remises en négociation... Mais le succès de cette acquisition dépend encore de la bonne volonté des deux actionnaires principaux d'Alsthom. Le partage des activités entre la CGE et Thomson permettra de franchir ce pas décisif.

Hall de montage des retors de turbine à vapeur à l'usine d'Alsthom à Belfort. La puissance électrotechnique de cette filiale commune de Thomson et de l'Alsacienne aiguise les appétits de la CGE. Elle sera l'un des principaux éléments du « Yalta industriel ».

La CGE abandonne le secteur de la télévision, Sonora et Continental Edison passant dans le giron de Thomson en 1969.

L'accord historique du 5 juin 1969

En 1969, les conditions sont réunies pour la conclusion d'un accord qui apparaît nécessaire entre les deux groupes. Comme l'explique en 1970, dans *L'Expansion*, Paul Richard, le président de Thomson-CSF : « Après cet ensemble de fusions (qui avait constitué le groupe dans la deuxième moitié des années 1960), nous étions devenus des concurrents importants avec la CGE, d'autant que nous étions les principaux actionnaires d'Alsthom. Par notre dimension, nous étions aussi importants que la CGE. Allions-nous nous heurter ? Allions-nous faire une entente, ou au contraire chercher à distinguer avec soin nos secteurs d'action réciproques ? »

L'enjeu s'explique aisément au regard de la complexité des intérêts des deux groupes et de la taille du challenger de la CGE : 2,5 milliards de chiffre d'affaires, 55 000 personnes couvrant « l'ensemble des préoccupations électriques, électromécaniques et électroniques ».

L'électronique professionnelle représente 40 % de ce chiffre d'affaires et se divise en quatre activités : les radars, la radio-télévision, les tubes d'émission, et l'instrumentation pour des applications nucléaires ou industrielles. Deuxième grand secteur, d'une taille équivalente, l'ensemble des activités grand public rassemble le petit matériel, les radios et télévisions ainsi que l'électroménager. Parallèlement, le « Groupe Cuivre » se consacre à la production de fils et câbles. Aux activités propres de la Compagnie Thomson s'adjoignent celles des filiales. Thomson contrôle ainsi la Compagnie des Lampes, spécialiste des bulbes et tubes fluorescents pour l'éclairage, en liaison avec la CGE, et des tubes cathodiques.

Les négociations débutent en novembre 1968 et se poursuivent en 1969. Le 30 mai, Ambroise Roux et Paul Richard soumettent leurs intentions à la haute administration. « Notre principal objectif, avancent-ils, est de définir une stratégie commune de développement dans le domaine de l'informatique et des transmissions de données, et de mettre à son service un ensemble de moyens puissants résultant des forces conjuguées de nos deux groupes. (...) L'assurance que nous sollicitons d'un soutien à long terme de l'État est indispensable pour que nous puissions valablement engager les efforts de nos deux groupes dans cette action commune. »

Un accord général entre les deux groupes est signé le 5 juin 1969, puis est officiellement finalisé le 21 octobre par Ambroise Roux, directeur général de la CGE, et Paul Richard, président-directeur général de Thomson. Il concerne cinq secteurs : l'électrotechnique, les télécommunications, l'électronique professionnelle, l'informatique et le grand public. La CGE prend le contrôle d'Alsthom qui deviendra le pôle de regroupement des activités électrotechniques exercées tant par Alsthom que par la CGE. Celle-ci devient ainsi la première entreprise française de matériel de production, transport et distribution électrique. Pour les télécommunications, l'accord prévoit que Thomson « s'engage à ne pas faire concurrence, ni directement, ni indirectement, à la CGE en France et à l'étranger dans le domaine des télécommunications par fils : transmission et commutation teléphoniques et télégraphiques dans toutes leurs applications publiques et privées, quelle que soit la technique utilisée (électromécanique et électronique notamment) ».

En contrepartie, le groupe Thomson voit sa prééminence reconnue dans ses activités d'électronique professionnelle, qui lui assurent une place de leader dans le secteur militaire et dans le domaine des matériels grand public, qui se trouvent regroupés dans une société à majorité Thomson-Brandt. Le groupe obtient enfin le leadership du secteur électronique. Une holding est créée, la Compagnie Française pour le Financement de l'Informatique (Fininfor), dont Thomson-CSF détient 52 % et la CGE 48 %, destinée à contrôler 70 % du capital de la société créée par le Plan Calcul, la CIT, Schneider et le groupe Rivaud, disposant respectivement de 25 et 5 % du capital.

Dans le secteur de l'automatisme, la CITEC, créée en 1964 par la CGE et la CSF, disparaît, « les deux groupes ayant constaté la nécessité de conserver chacun leurs activités propres d'automatisme ». La CGE récupère donc le contrôle des sociétés CGA et CGEI-Lepaute, apportées en 1964, dont elle constate « le développement considérable » depuis cette époque. L'accord mentionne le secteur nucléaire, « important secteur d'avenir », et accorde à la CGE une position dominante relative aux centrales et réacteurs, Thomson-Brandt se réservant le rôle de chef de file pour ce qui concerne les combustibles.
Étroitement suivi par les pouvoirs publics, l'accord consacre le rôle d'Ambroise Roux, qui apparaît comme le grand opérateur des négociations face à Paul Richard. La disparition en juin 1970 de Jean-Marie Louvel lui permet d'accéder à la présidence d'un groupe qui a réalisé l'une des décennies les plus exceptionnelles de son histoire et qui a surtout consolidé ses deux secteurs-clés, l'électromécanique et les télécommunications.

En dépit du « Yalta » de 1969, la CGE, conserve la société de produits ménagers Thermor.

LA RÉVOLUTION AUTOMOBILE

Pendant les années 1960, le revenu des Français augmente de 50 % en monnaie constante, engendrant un bouleversement des conditions de vie. L'accès des biens et des services réservés naguère à quelques privilégiés, permet à la majorité des Français de consommer des produits industriels élaborés, parmi lesquels l'automobile trouve rapidement une place de choix aux côtés de l'électroménager.
Au-delà d'un signe de reconnaissance sociale, l'automobile devient une nécessité avec les progrès de l'urbanisation, le développement des banlieues et la séparation grandissante entre le lieu de travail et le lieu de résidence. La diffusion de l'automobile s'accroît également avec l'allongement des vacances, qui passent à trois semaines en 1956, puis, progressivement, à quatre semaines par an au cours de la décennie suivante.

Cette révolution automobile, favorisée par une production pétrolière abondante et bon marché, est un phénomène européen. Mais l'industrie française y répond massivement, la production passant de 250 000 unités en 1950 à un million en 1959, puis à 1 600 000 véhicules à partir de 1966, quadruplant le parc automobile français entre 1954 (2.5 millions) et 1967 (10 millions).
Quelques véhicules symboliques marquent cette période : les petites voitures comme la 2CV Citroën ou la 4CV Renault, représentatives des années 50, ou bien la prestigieuse DS, rendue immortelle autant par son avance technologique que parce qu'elle sauve la vie du général de Gaulle lors de l'attentat du Petit-Clamart. Pourtant, les Français achètent plutôt des voitures moyennes, comme l'Aronde de Simca, la 403 Peugeot ou la Renault 8.
En dépit d'un manque cruel d'autoroutes, la croissance des achats automobiles favorise les déplacements, faisant ainsi une concurrence redoutable au train. Les Français vivent les premiers embouteillages, dont le plus célèbre paralyse Paris pendant plusieurs heures, un vendredi soir, lorsque l'approvisionnement d'essence est rétabli après quinze jours de grève, pour le week-end de la Pentecôte 1968.

Plusieurs sociétés, parmi lesquelles la SGE occupe une place de choix, accélè le développement du réseau autoroutier fran

De la mise en place d'une holding à l'accentuation de la décentralisation

La croissance du groupe CGE tout au long des années 1960 confirme la nécessité d'accentuer la décentralisation des pouvoirs et des responsabilités. La tradition décentralisatrice de la Compagnie se transforme en atout pour un groupe qui change alors d'échelle. Elle facilite en effet la transformation de la CGE en « vaste holding industrielle ». L'autonomie des structures juridiques apparaît à tous la condition sine qua non à la poursuite d'une forte expansion. Les acquisitions s'effectuent en effet plus aisément au niveau des filiales que de celui d'une seule maison mère. Par ailleurs, la croissance exige des dirigeants de la CGE, de plus en plus nombreux, qu'ils soient considérés comme de véritables chefs d'entreprises autonomes et responsables.

La disparition d'un héritage : les branches

Depuis plus de dix ans, les activités nouvelles de la CGE débutent sous forme de sociétés, ou bien deviennent rapidement, comme le Centre d'Automatisme, des filiales, la structure de branche apparaissant de plus en plus dépassée. En 1960, la part de la CGE proprement dite, avec ses branches industrielles intégrées, diminue dans le chiffre d'affaires global du groupe de 58 à 52 % par rapport à l'exercice précédent. Le tournant a bien lieu en 1961, date à laquelle les chiffres d'affaires des branches et des filiales se retrouvent à égalité. Au cours des années suivantes, cette tendance se confirme : en 1962, le chiffre d'affaires des filiales atteint 54 % du total, puis 58 % en 1964.

À cette date, la création des filiales communes avec Alsthom remet en cause la structure même de la CGE par branches, puisque trois d'entre elles – et non des moindres – deviennent des sociétés. La transformation des branches en entités juridiquement indépendantes vient corriger un type de structure qui n'a plus sa raison d'être et facilite la poursuite de la stratégie d'alliances et d'acquisitions par secteur de la CGE durant cette période.

« Les concentrations, phénomène mondial, ont déjà considérablement réduit le nombre des branches de la Compagnie. Pour harmoniser les structures, pour faciliter aussi, le cas échéant, d'éventuels rapprochements, il nous faut maintenant terminer le processus, ce qui aura l'avantage supplémentaire de placer aux niveaux utiles les organes de la coopération nécessaire entre les directions et le personnel des entreprises », expliquent la présidence et la direction générale de la CGE aux directeurs des branches, bureaux et succursales, le 1er juillet 1968.

« Avant même la constitution des filiales communes avec Alsthom, la place des branches était devenue minoritaire. Avec le départ de Delle, de la Savoisienne et des Ateliers d'Orléans, elle s'est encore largement amoindrie. La mise en société du Centre de Recherches et la fusion des Câbles de Lyon avec la Câblerie de Clichy, qui à elle-seule fait disparaître près de la moitié du chiffre d'affaires des branches, les ramènent à peu près au dixième du Groupe. »

La totalité des affaires de la CGE se transforme donc en filiales, afin de laisser le siège devenir une holding responsable de la stratégie industrielle et financière du groupe. Pour achever le processus de filialisation, cinq sociétés anonymes sont constituées, la Manufacture d'Accumulateurs et d'Objets Moulés, la Fabrique d'Appareillage Électrique et d'Articles Métalliques (FAEM), la Société pour le Développement des Équipements, mais aussi les Laboratoires de Marcoussis et la Société de Vente de la Compagnie Générale d'Électricité, qui devient propriétaire des points de vente de la CGE en France.

Emaillage d'isolateurs.

À travers les redevances que lui versent les filiales et auxquelles s'ajoutent les dividendes, le siège continue à être parfaitement irrigué financièrement et prend un rôle d'animateur et de coordonnateur, chargé de la « politique globale » de la CGE. « Sa responsabilité est de prendre sur propositions, ou après discussions avec les présidents de filiales, des décisions de principe. Par exemple, entrer dans de nouveaux domaines, en abandonner d'autres, modifier des structures et aussi conclure des accords internationaux. En somme, assurer une politique qui, pour être efficace, doit être appliquée durablement. Les structures et les méthodes de fonctionnement de la CGE ont pour fin de donner du recul par rapport au temps quotidien, et de ne pas nous encombrer de questions secondaires », explique Ambroise Roux en 1971.
La mise en place d'une holding parfait la consolidation du groupe CGE amorcée au cours des années 1960. Comme le remarque en mai 1965 Jean-Marie Louvel, à l'occasion de la présentation des résultats de l'exercice 1964 : « La notion de bilan consolidé a été adoptée dans plusieurs grands pays industriels ; elle va s'imposer à nous dans un proche avenir, du fait notamment de la création avec Alsthom et CSF de filiales communes dans lesquelles nous ne serons pas nécessairement toujours majoritaires et dont l'activité ne peut cependant être passée sous silence. » La pratique des comptes consolidés débute ainsi à partir de 1965, parallèlement au rassemblement des activités du groupe en sept secteurs d'activités.

L'autonomie structurelle des filiales « chefs de file »

Si la CGE se transforme en holding à la fin de la décennie, une évolution que l'on retrouve dans la plupart des grands groupes français de l'époque, la configuration qu'elle adopte reste originale et suscite pendant longtemps l'interrogation des journaux et milieux spécialisés.

Gyromètre à laser conçu par le Centre de Marcoussis.

F.A.E., usine de Pont-en-Royans (Isère).

L'image tenace de baronnies qui formeraient le groupe CGE masque en fait l'originalité de la structure adoptée par la Compagnie à la fin des années 1960. La définition de secteurs clés et la constitution de la holding entraînent un redécoupage de l'organisation du groupe autour de grandes filiales chefs de leurs secteurs, car ayant chacune la taille critique nécessaire. C'est au niveau de ces sous-groupes, ces « filiales milliardaires », qu'il faut désormais appréhender la CGE. La notion de taille globale n'a guère de signification en soi. Il est désormais beaucoup plus pertinent d'examiner le poids réel d'une firme membre de la CGE sur les divers marchés où elle opère. La construction électrique englobe de fait un certain nombre de spécialités correspondant à autant de branches autonomes. L'informatique, le nucléaire, l'électronique grand public ou le téléphone apparaissent comme des marchés très différenciés, et c'est à leur niveau que doit s'apprécier la « masse critique » de la CGE.

Ces filiales émergent tout naturellement pour chaque secteur d'activité. L'ensemble CGE-Alsthom pour les matériels électromécaniques, la Société Générale d'Entreprises pour le secteur Entreprise et Ingénierie, CIT-Alcatel pour les télécommunications et l'électronique, Câbles de Lyon-Alsacienne pour les câbles, MAOM, Fulmen et SAFT pour les accumulateurs et piles, CEPEM pour le grand public.

En 1968, les secteurs « chefs de file » de la CGE émergent nettement, marquant une distinction entre « grands pôles » et « pôles secondaires ». Le secteur de l'électronique et celui de l'entreprise réalisent chacun un chiffre d'affaires nettement supérieur au milliard de francs, les secteurs des câbles et des matériels électriques se situent chacun aux environs de 700 millions de francs, enfin ceux des accumulateurs, des matériels grand public et des matériaux représentent chacun un chiffre d'affaires d'environ 500 millions de francs.

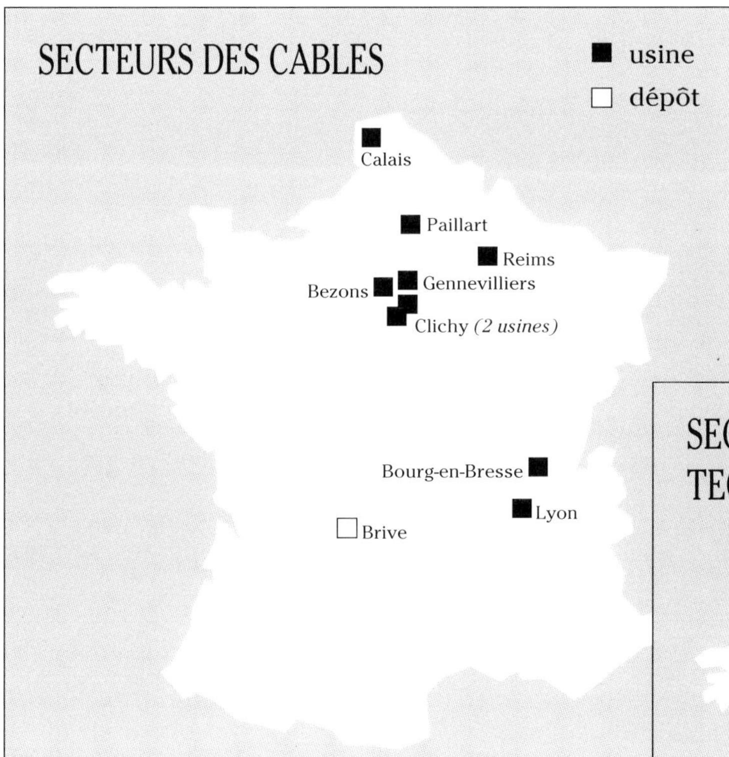

Implantations industrielles et commerciales de la CGE en 1968.

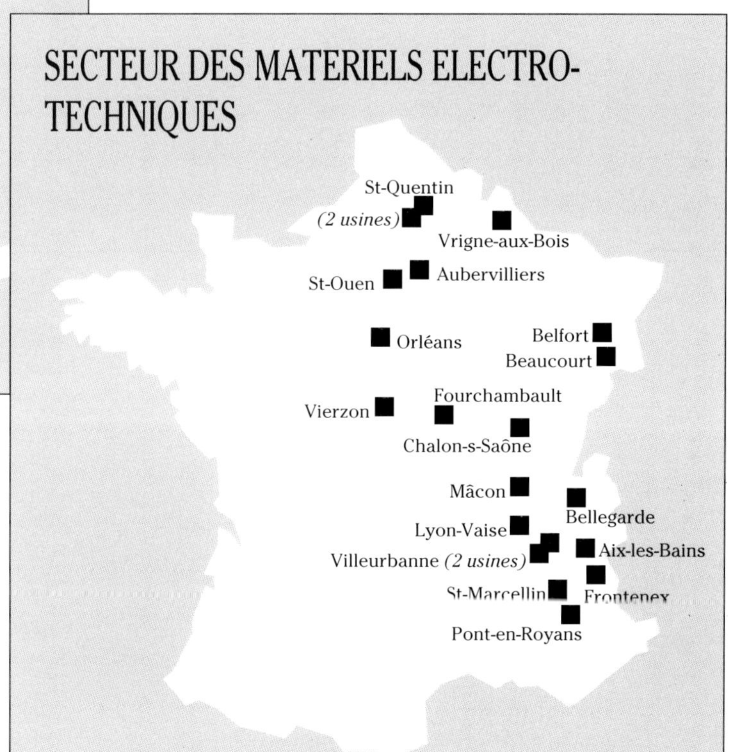

Fédérée par secteurs, la structure en filiales, lointaine héritière du type d'organisation mis en place par Pierre Azaria en 1898, montre sa pertinence, en conciliant puissance et mobilité, taille et souplesse. Elle permet d'occuper tous les secteurs potentiels en développement, « avec l'avantage de ne pas trop risquer au départ, de limiter ainsi les échecs à de petits insuccès et de porter les réussites à un niveau supérieur. Elle permet de moduler l'expansion selon les résultats, le marché, les opportunités, et de faire l'effort maximum quand et où il apparaît aisé et fructeux », résume avec justesse *l'Épopée électrique* en 1973. Cette « autonomie structurelle », comme la qualifie un dirigeant, s'accompagne sur le terrain d'un remarquable esprit de décentralisation.

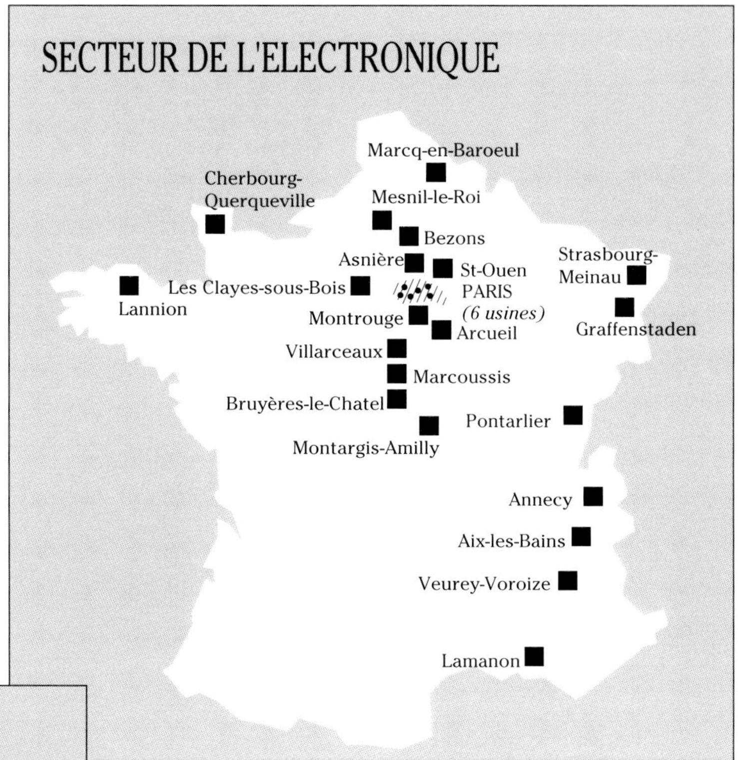

Implantations industrielles et commerciales de la CGE en 1968.

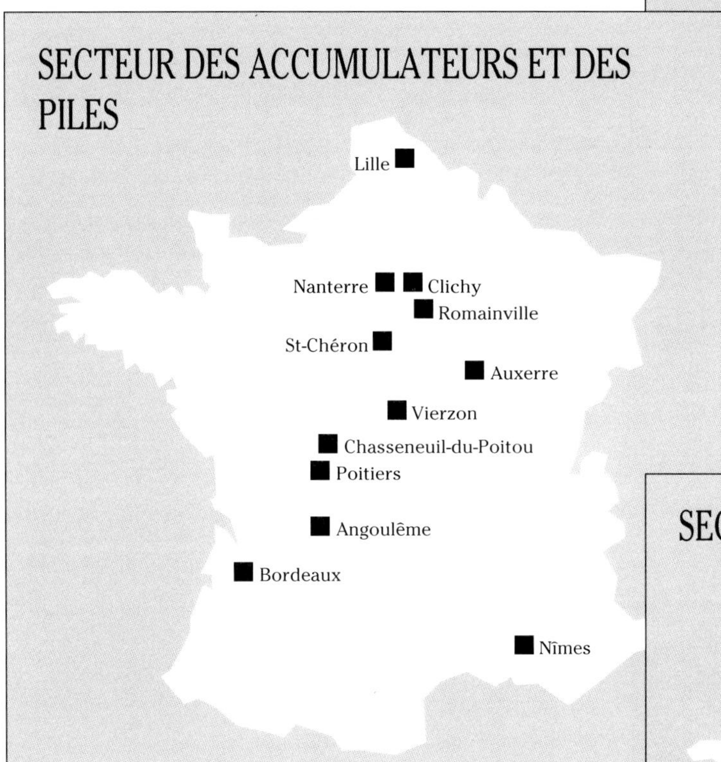

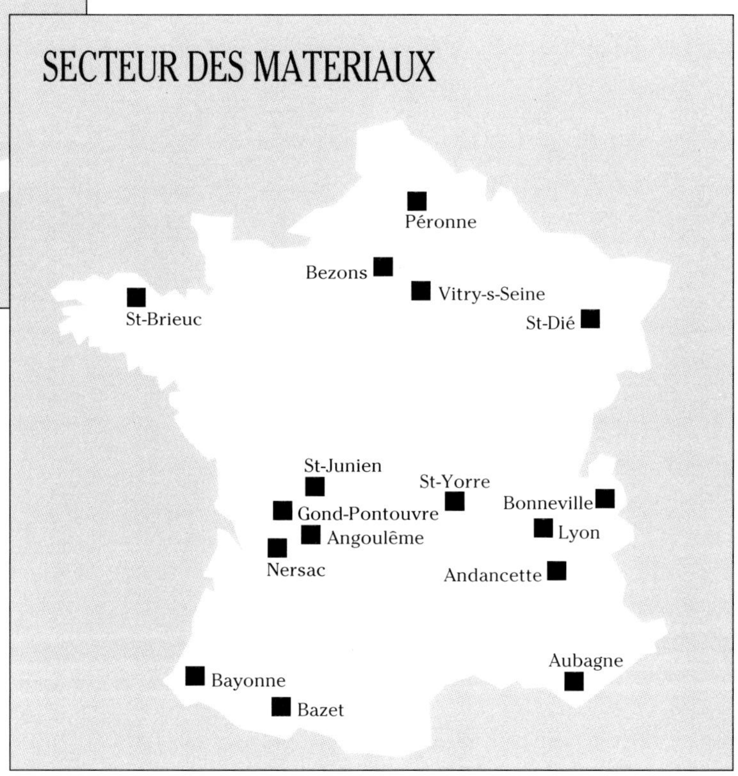

« La décentralisation a toujours été la règle de direction du Groupe. Indépendamment même des avantages spécifiques qu'elle a sur la centralisation – universellement critiquée en ce moment – elle est, à l'évidence, la seule solution possible au-delà d'un certain niveau de dimension et d'un certain niveau de diversité. Aux niveaux atteints par le Groupe et compte tenu de la nécessité plus pressante que jamais de maintenir au contact des réalités les échelons de décision, il n'y a pas d'« hommes orchestres » capables de diriger de façon centralisée, notifie la présidence de la CGE en juillet 1968.

Le système de contrôle existant avant la décentralisation est renforcé et systématisé pour empêcher toute dérive. Une liaison personnelle forte et permanente existe en effet entre les états-majors des filiales et la holding. Si les « barons » dirigeant chaque filiale sont puissants, ils appartiennent tous à la même seigneurie. La formule allie un contrôle financier encore imparfait au cours des années 1960, et qui se modernise à partir de la transformation de la CGE en holding, à une délégation de pouvoirs considérable, érigée en véritable règle.

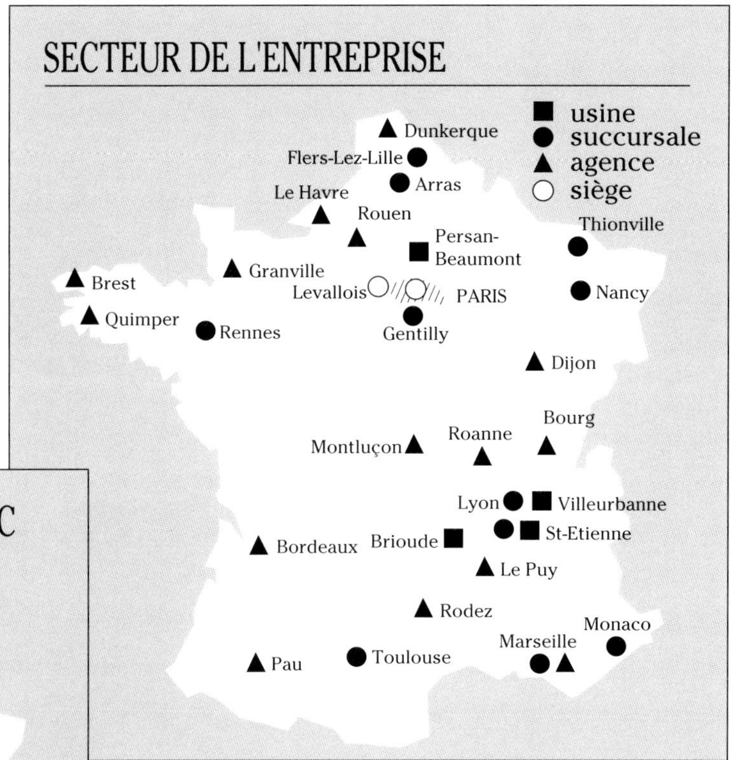

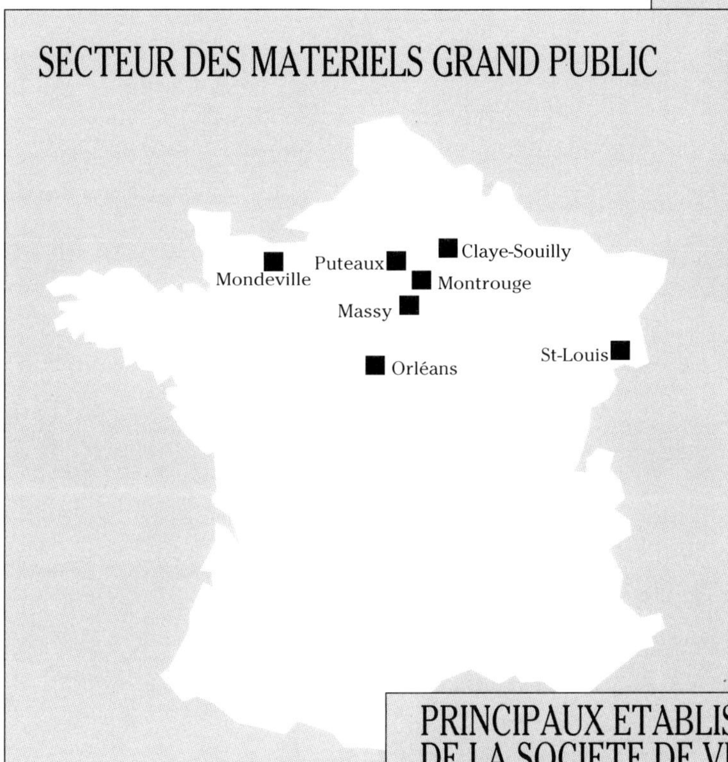

En 1968, la CGE se réduit à une structure financière employant 300 personnes, autour de laquelle gravitent de nombreux satellites aux métiers différents mais constituant une véritable fédération d'affaires de la construction électrique, de la construction électronique et de l'entreprise électrique.

LES TRENTE GLORIEUSES

Départ en vacances.

Le livre de Jean Fourastié, *les Trente Glorieuses*, porte en sous-titre « la Révolution invisible de 1946 à 1975 », l'auteur signifiant ainsi combien la vie des Français a changé en l'espace d'une génération. Pour illustrer son propos, Jean Fourastié étudie deux villages, l'un sous-développé et l'autre développé ; il s'agit en fait du même village du Quercy, mais photographié à trente ans d'intervalle.
Cette exceptionnelle période d'expansion, qui ne concerne pas seulement la France, mais l'ensemble des pays capitalistes développés, fait entrer l'industrie dans la vie quotidienne, et finalement dans l'espace social tout entier.
Le taux moyen d'accroissement annuel de la production atteint 5 % de 1945 à 1970, avec des différences suivant les pays, de 3 % en Grande-Bretagne et 4 % aux États-Unis, jusqu'à près de 11 % au Japon, 5 % en France et 5,5 % en Allemagne et en Italie. Entre 1950 et 1970, cette croissance sans récession permet de multiplier l'ensemble des biens et des services disponibles par plus de 2,5.

Dans cet essor productif, trois facteurs principaux ont joué : la technologie, la productivité du travail et l'investissement capitaliste. Une accélération des progrès scientifiques et techniques, due à l'effort financier consenti pour la recherche et le développement et au raccourcissement des délais d'innovation marque la période.
En bénéficient en priorité les industries électriques et électroniques, les communications et les industries aéronautiques et spatiales, mais aussi la chimie et la biologie.
Ordinateurs, satellites, centrales nucléaires, télévisions, sont les produits phares de cette période mais ne doivent pas nous faire oublier l'évolution de l'agriculture, du téléphone ou de l'automobile.
Une accumulation considérable de capitaux rend possible cette rapide adaptation technologique. La moyenne annuelle d'investissement en capital fixe, pour les pays de l'OCDE, se situe entre 15 et 18 % du PNB, à l'exception de la Grande-Bretagne, où elle est légèrement plus basse, et surtout du Japon, où elle dépasse 30 % ! La France des années 1950-1960 demeure dans le haut de la fourchette, comblant ainsi une partie de son retard.
Les entreprises privées, mais aussi les entreprises publiques et les administrations participent toutes à ce mouvement d'investissements qui touche à la fois les infrastructures (réseaux de transports et de communications), l'outil productif (mécanisation agricole et industrielle, production d'énergie), les services (banques, assurances, grandes surfaces commerciales), l'amélioration de la qualité de la vie (équipement scolaire et sanitaire) et l'urbanisation.

Enfin, cette croissance résulte d'une formidable augmentation de la productivité du travail. En France, le nombre relativement stable d'heures totales travaillées par an reste, entre 1950 et 1970, de 43 à 44 milliards, mais masque des évolutions profondes ; la durée hebdomadaire du travail passe de 44 heures en 1950 à 46 heures en 1960, puis revient à 44 heures en 1970, alors que les congés payés s'allongent à trois puis à quatre semaines. Dans le même temps, la population active, stabilisée dans les années 50 à 19,5 millions, croît de 2 millions dans les années 1960. Au total donc, le temps travaillé évolue peu, mais la population active connaît de grands changements. Le secteur agricole, en modernisation, perd de nombreux emplois, tandis que le secteur industriel se développe lentement et que celui des services explose. Les Français font preuve, au cours de cette période, d'une grande mobilité professionnelle et géographique qui permet l'adaption du pays à l'économie moderne industrielle. La croissance de la productivité du travail s'accompagne d'une hausse parallèle des salaires et des prestations sociales. Le pouvoir d'achat des salariés double entre 1950 et 1970, ce qui les autorise à consacrer une part croissante de leur budget à la consommation de produits industriels. L'électroménager et l'automobile, mais aussi le logement et son aménagement, la consommation d'énergie, de transport et de télécommunication bénéficient de cette situation, tandis que la part de l'alimentation régresse au profit de la santé, de la culture et des loisirs.

Voiture de rêve américaine.

À la fin de la grande croissance, les populations des pays de l'OCDE ont une espérance de vie plus longue, un niveau scolaire plus élevé, un meilleur encadrement sanitaire, un logement plus confortable, en bref une meilleure qualité matérielle dans leur vie quotidienne. C'est ce que certains critiquent en dénonçant cette société de consommation et la publicité qu'elle engendre.

Radio et télévision : un nouveau pouvoir, de nouveaux loisirs, une autre culture.

Le nouvel intérieur de la ménagère, aux États-Unis.

Succursale de vente de la CGE à Saint-Étienne.

L'évolution du secteur commercial

Des actions de rationalisation touchent parallèlement les secteurs commerciaux du groupe et donnent notamment naissance à l'entité CGE-Internationale. Érigée en société, elle récupère les succursales étrangères, ainsi que les bureaux « Nucléaire », « Spatial » et « Télécommunications », organes de coordination implantés rue La Boétie. CGE-Internationale calque son action sur la Société de Vente de la CGE. Constituée en filiale en 1968 sous la présidence de Louis Delattre, celle-ci réunit l'ensemble des succursales commerciales fondées depuis 1919 et se consacre selon ses statuts à « la commercialisation de tous les produits destinés à l'équipement ou à la consommation, l'exécution de tous travaux et la prestation de tous services se rapportant à ces produits ».

À la veille de leur regroupement en filiales, les succursales de la CGE génèrent un milliard de francs de chiffre d'affaires avec 87 points de vente en France et 2 000 personnes. L'année même de la filialisation, une nouvelle agence s'ouvre à Caen, un maillon supplémentaire dans le réseau que le conseil d'administration de la CGE qualifie d'« extrêmement ramifié » dès le début des années 1960. À cette époque s'y rattachent quelques implantations en Afrique francophone, notamment à Alger, Abidjan ou Dakar. Or, la décolonisation et les nouvelles relations de coopération établies avec les pays accédant à l'indépendance obligent la CGE à transformer les structures la représentant dans ces pays en sociétés de droit local.

Ainsi, en 1961, par exemple, l'agence de Conakry en Guinée devient-elle la « Compagnie Générale Guinéenne d'Électricité » pour fusionner quatre ans plus tard avec une autre société locale. La succursale de Tunis subit une transformation similaire la même année. En 1962, trois SARL portant le nom de « Compagnie Générale Africaine d'Électricité », auquel est accolé le lieu de leur siège social, se constituent à Dakar, Abidjan et Douala. Tout en acquérant leur autonomie juridique - mais non financière - ces nouvelles sociétés conservent leurs méthodes de travail antérieures et demeurent des acheteurs fermes des produits de la CGE française. La succursale d'Alger, quant à elle, cesse totalement ses activités en 1964 à la suite de l'indépendance algérienne en 1962.

Les agences métropolitaines fonctionnaient jusque-là comme les établissements africains, grossistes par rapport aux branches et filiales de la Compagnie, et achetant ferme leur produits. Désormais, elles s'alignent sur le fonctionnement de leurs consœurs. Elles sont assimilées à de simples mandataires, chargées de vendre « d'ordre et pour compte du fabricant ». Chaque succursale se divise en deux départements, l'un spécialisé dans la vente sur devis, répondant à la demande de la clientèle, l'autre responsable de la vente sur dépôt. Plusieurs formules tentent, tout au long des années 1960, de revigorer le réseau commercial de la CGE, mais seule la filialisation de 1968, qui met en place la Société de vente de la CGE, le réveillera de sa léthargie.

Désormais, sur les préconisations de Jacques Dillard et Georges Pouillevet, la nouvelle société écarte résolument la pratique du dépôt pour mener une politique indépendante, achetant et revendant les produits des filiales de la CGE. La Société de Vente du groupe s'oriente ainsi vers une plus grande autonomie. Elle obtient d'être relevée, pour les produits courants, du carcan de l'exclusivité qui l'obligeait jusque-là à appliquer des prix souvent peu concurrentiels. Véritable révolution dans la mentalité commerciale du groupe, ce changement provoque un sursaut bénéfique des filiales. Obligées dès lors de venir vers la Société de Vente et de la convaincre d'acheter, celles-ci doivent adapter leurs prix et leurs produits pour entrer dans le jeu de la concurrence... Le personnel des 14 succursales et 90 points de vente en 1971 retrouve l'esprit essentiel à la réusite de son activité, celui de la vente sur un marché ouvert et concurrentiel. Néanmoins, malgré cette série de réformes, la Société de Vente de la CGE ne réussit jamais à obtenir la rentabilité et à connaître le développement de certains de ses concurrents.

Manifestants devant la Sorbonne.

MAI 68

« En mai dernier, on a pris la parole comme on a pris la Bastille en 1789. » Cette phrase de Michel de Certeau, jésuite et historien, qualifie « les événements » dans ce qu'ils ont de libérateur, de violent, d'international et de symbolique. L'année 1968 apparaît en France, mais aussi en Allemagne, en Italie, sans oublier la Tchécoslovaquie du Printemps de Prague, comme l'apogée du mouvement de libération de la parole, commencé sur les campus américains avec la lutte pour les droits civiques et le refus de la guerre du Viêtnam, le « free speach movement ».

L'irruption dans la cité (aux deux sens, politique et urbain, du terme) des enfants de l'après-guerre, ceux du baby-boom, élevés dans le culte de la croissance productive et de la consommation de masse, prend une dimension particulière en France. La présence au pouvoir depuis dix ans du général de Gaulle induit un phénomène d'usure politique et cristallise les oppositions. Le passé révolutionnaire de la France permet de rejouer sur les barricades, 1789, 1830, 1848 ou 1871, au gré de chacun, tandis que neuf millions de grévistes tentent de retrouver le climat de 1936.

Dix jours de manifestations, quelques nuits d'affrontements, réglés comme un ballet entre les « enragés » et les forces de l'ordre qui s'interdisent tout débordement excessif, quinze jours d'occupations et de grèves mènent à la paralysie totale de l'économie et, pour finir, à un retour à la politique par des élections législatives qui consacrent la victoire des gaullistes. Le règne de la parole partout triomphe, dans les rues, sur les murs, dans les entreprises comme à la Sorbonne. Les résultats tangibles sont minces, immédiats avec, des augmentations de salaires vite grignotées par l'inflation, une loi sur l'enseignement supérieur qui divise les universitaires, une autre sur le droit syndical dans l'entreprise. Mais au-delà, Mai 68, c'est une liberté éprouvée, une égalité retrouvée, qui changent pour longtemps les rapports hiérarchiques dans la société.

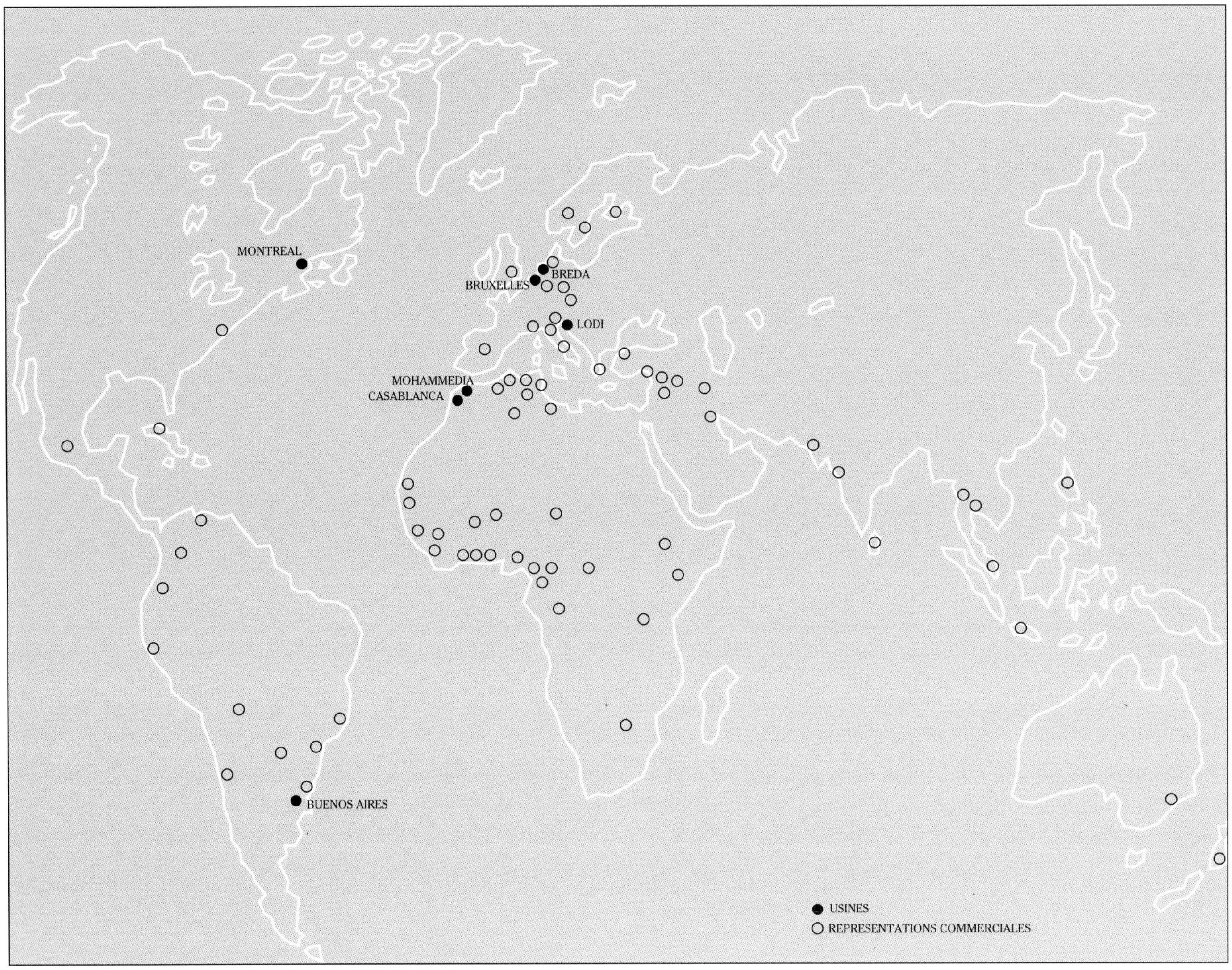

Les implantations industrielles et commerciales de la CGE dans le monde, en 1966.

Un personnel en mutation

La répartition des effectifs sur le territoire français évolue enfin dans le sens d'une déconcentration territoriale. À la fin de la guerre, les 2/3 du personnel se répartissaient entre Paris et Lyon ; en 1961, seuls 50 % des effectifs se trouvent encore répartis sur ces deux sites. Les accords, acquisitions, rationalisations et créations d'établissements de production en province durant les années 1960, accélèrent la modification de cette configuration géographique. En 1967, 66 % des effectifs métropolitains se situent désormais en province. La plupart des usines nouvelles ont été construites en dehors de la région parisienne, et généralement dans des régions encore insuffisamment industrialisées, comme Saint-Brieuc, Lannion, Cherbourg, Pont-en-Royans (Isère) et Nîmes.

La structure des effectifs de la Compagnie connaît aussi une transformation liée à l'évolution des techniques et des métiers dans le groupe. La part des ouvriers s'abaisse de 10 % alors que celle des cadres et employés augmente du même taux, et que celle des agents de maîtrise et techniciens progresse de 20 %. Répartis par fonctions, les 30 % du personnel ne travaillant pas dans les usines remplissent des tâches commerciales pour 11% d'entre eux, de recherche (10 %), d'administration ou de direction (9 %). Ces tendances sont générales dans le secteur de la construction électrique en France, dont le personnel est composé en 1968 de 38 % de cadres, ingénieurs, employés, techniciens et dessinateurs et agents de maîtrise. Déjà concentrés à 60 % dans seulement 62 entreprises sur les 1 550 sociétés de construction électrique existant en France, les professionnels des métiers de l'électricité se resserrent dans un nombre encore plus restreint de structures après les bouleversements de la seconde moitié des années 1960, qui redessinent le paysage de la construction électrique française dans le sens d'une très forte concentration.

À cette mutation en profondeur s'ajoute l'extension de la zone géographique d'intervention de la CGE. Le monde bouge, et la CGE change de nature et d'échelle pour conquérir de nouveaux marchés. En 1970, les filiales industrielles à l'étranger de la CGE sont au nombre de 41, contre 36 l'année précédente et se répartissent à raison de 30 axées sur la fabrication et 11 sur l'entreprise. Ensemble, ces filiales réalisent un chiffre d'affaires de 560 millions de francs et rassemblent 7 000 personnes. De 14 millions de francs en 1960, les exportations atteignent, à la fin de la décennie, 2 milliards de francs. Considérées dans leur ensemble, les activités hors métropole du groupe CGE, comprenant à la fois les ventes à l'exportation des affaires métropolitaines ainsi que celles des filiales comerciales et industrielles à l'étranger, représentent 24 %, c'est-à-dire près du quart du chiffre d'affaires total du groupe.

À la fin des années 1960, la CGE a changé de visage et d'échelle, à la fois par croissance interne et à la suite de l'absorption d'importantes sociétés, comme Alsthom, l'Alsacienne ou la SGE. Sa taille a explosé, ses métiers se sont modifiés tout en prenant une ampleur nouvelle. La « vieille dame » des années 1950 a considérablement rajeuni grâce à la modernisation de ses structures et de ses outils financiers. La croissance n'a pas déséquilibré la qualité de gestion de la Compagnie. Le bilan consolidé du groupe en 1970 reflète une structure solide, dégageant une bonne rentabilité. Avec un total du bilan s'élevant à 11,6 milliards de francs, la situation nette est de 2,4 milliards de francs et le bénéfice net de plus de 170 millions. Les dettes à moyen et long terme n'atteignent pas le tiers du montant des fonds propres.

Désormais organisée en holding industrielle, la CGE prend part aux grandes aventures industrielles et technologiques de son temps, soit directement, soit par l'intermédiaire de ses multiples filiales. Ses secteurs forts reposent à la fois sur des activités traditionnelles de la CGE, les piles et accumulateurs, les câbles et les télécommunications, mais aussi sur des sociétés nouvelles venant renforcer et compléter l'offre de la CGE. La métamorphose de la CGE au cours des années 1960 lui donne de solides atouts pour affronter la crise économique de 1973 et préparer son entrée dans l'arène de la concurrence internationale.

CHIFFRE D'AFFAIRES ET EFFECTIFS DE LA CGE 1960-1970

Année	Chiffre d'affaires	Effectifs (millions de NF)
1960	1 100	30 000
1961	1 350	35 000
1962	1 600	37 000
1963	1 800	40 000
1964	2 962*	50 700*
1965	3 342	52 300
1966	3 754	54 000
1967	4 536	63 000
1968	5 509	77 000
1969	6 350	80 000

* Chiffre d'affaires et effectifs consolidés à partir de 1964 (année de la création des filiales communes avec Alsthom).

La CGE continue à accueillir les enfants de ses employés dans plusieurs colonies de vacances. Ici, le centre ouvert en 1967 à Argelès-Gazost (Pyrénées).

CHAPITRE 8

CROÎTRE
1971-1981

Tout au long d'une décennie marquée au plan mondial par la crise pétrolière et le ralentissement de l'expansion, la CGE poursuit son développement et organise les grandes branches du groupe bâti au cours des dix années précédentes. Avec un chiffre d'affaires multiplié par quatre – de 10 à 45,8 milliards de francs –, des effectifs portés de 113 à 180 000 personnes et près de 1 500 filiales, le groupe électrique consolide ses positions, quelquefois au prix de batailles industrielles spectaculaires, dans le nucléaire, le téléphone ou l'informatique. Aux côtés d'une large diversification et d'une accentuation des positions internationales – 34 % du chiffre d'affaires en 1980 –, un domaine s'affirme, celui des télécommunications et de la télématique, qui marque de plus en plus le visage du groupe au tournant des années 1980.

La redistribution des cartes

La CGE entame les années 1970 dans un état d'esprit analogue à celui des années précédentes. Établi en 1971, le VIe Plan fixe à 7,5 %, soit un point de plus que le Plan précédent, le taux de croissance annuel de la production industrielle des cinq premières années de la décennie 1970. Dans un contexte économique favorable et optimiste, la CGE organise sans hâte son expansion autour des « lignes directrices précises » qui ont soutenu son envol au cours des années 1960, en poursuivant, dans la plupart de ses secteurs industriels, sa politique d'acquisition d'une taille critique.

Pourtant, la crise économique de 1973 vient bouleverser l'économie mondiale. Mais la Compagnie Générale d'Électricité joue de la chance. La crise frappe de plein fouet les grands marchés de consommation dont est pratiquement absent le groupe CGE. Dans son portefeuille d'activité, ce sont les biens de consommation grand public, les accumulateurs (automobiles) et les biens d'équipements destinés au secteur privé qui sont surtout affectés. En octobre 1975, le conseil d'administration évalue à environ 20 % du chiffre d'affaires total ses activités touchée par la récession. Certains domaines, ceux d'Alsthom et des Câbles de Lyon, traversent ainsi des difficultés durables et nécessitent de vigoureux programmes de restructuration.

Mais il suffit de faire la balance entre ces diverses activités et les forces vives du groupe CGE pour comprendre la sérénité de ses dirigeants et la force que confère une structure de holding très diversifiée. En outre, les pouvoirs publics adoptent des politiques de relance qui passent, de façon plus ou moins directe, par des secteurs où le groupe est non seulement présent, mais où il s'affirme souvent comme le numéro un national : production de l'énergie, téléphone, infrastructures et travaux publics. Le premier grand plan de relance gouvernemental d'avril 1975 favorise essentiellement le téléphone, avec 4,2 milliards de crédits supplémentaires. En septembre 1975, ce sont les infrastructures qui bénéficient tout particulièrement de crédits publics.

Si l'expansion est donc à nouveau au rendez-vous, les années 1970 ont toutefois un profil différent de celui des années 1960. La CGE s'était jusque-là affirmée dans un métier encore très dispersé, comme le fédérateur d'une industrie électrique en mal de leaders, l'acquisition d'Alsthom en 1970 complétant l'éventail de sa puissance. Désormais, il lui faut fusionner, organiser, poursuivre, avec des fortunes diverses, le développement de ses activités élargies alors que s'affirment des concurrents d'une taille comparable comme Thomson et, bientôt, le groupe Empain-Schneider.

La CGE doit donc procéder à une série de « grandes manœuvres » qui la placent sous les feux de

Le Président de la CGE, Ambroise Roux, lors d'une assemblée générale du CNPF, Paris, décembre 1972.

Georges Pebereau, Directeur général de la CGE à partir de 1969 (à gauche), Jacques Dillard et René Rouillevet (au centre), recevant un client de la CGE à l'occasion du 75e anniversaire de la Compagnie dans la succursale de vente de Rouen.

l'actualité, qu'il s'agisse de la rupture de l'accord avec Thomson, de la bataille pour obtenir une part conséquente du programme nucléaire français, du combat mené pour préserver sa position dominante dans le téléphone, ou du feuilleton de l'informatique, dans lequel elle est conduite à prendre de façon provisoire la direction industrielle de l'entreprise Honeywell-Bull, issue du naufrage du second Plan Calcul. Le Président de la CGE, Ambroise Roux, vice-président du CNPF, l'une des figures les plus en vue de l'*establishment* industriel français, excelle dans ces batailles complexes, où alternent coups de théâtre et dispositions enchevêtrées. Une image tronquée du groupe se forge à l'extérieur, réduisant son activité à quelques grands événements médiatiques et faisant de la CGE un groupe vivant essentiellement à l'ombre des commandes de l'État.

La réalité est sensiblement différente. En 1973 par exemple, la clientèle de la CGE se répartit entre 30 % pour le secteur public, 40 % pour le privé et 30 % pour les exportations. Malgré la crise et quelques revers sectoriels, la Compagnie poursuit en profondeur une croissance spectaculaire. En 1970, le total de son bilan consolidé s'élève à 11,6 milliards de francs, pour un bénéfice net de 170 millions de francs et des effectifs de 113 000 personnes. En 1980, les chiffres sont respectivement de 59 milliards, 560 millions de francs et 180 000 personnes. La Compagnie accélère, notamment dans la seconde moitié de la décennie, son implantation à l'étranger et renforce son indépendance technologique, avec deux réalisations phares, le Train à Grande Vitesse et la commutation électronique temporelle. Elle explore des secteurs d'avant-garde, dont certains se révèlent prometteurs, comme la bureautique, la télématique et le service informatique, d'autres plus décevants, comme les économies d'énergie et la voiture électrique.

La Compagnie Générale d'Électricité, qui fête avec éclat son 75e anniversaire en 1973, ne manque pas, une nouvelle fois, les grands rendez-vous économiques du moment. Certains jugent cependant sa configuration trop diversifiée à la fin des années 1970 ; ils regrettent une internationalisation insuffisante et une gestion dominée par des préoccupations financières. Au cours d'une décennie fertile en événements et rebondissements industriels, la Compagnie tire néanmoins largement son épingle du jeu et prépare les grands enjeux technologiques des années 1980, marqués par l'accession à la dimension mondiale. Riche et contrasté, le parcours de la CGE peut sans doute se résumer par les premiers mots de son Président lors de l'Assemblée générale de l'exercice 1974 : « La situation de notre Groupe, telle qu'elle se présente au milieu de l'année 1975, est un tableau dans lequel domine la lumière, mais où subsistent quelques ombres. »

Une meilleure gestion du Groupe

L'équipe dirigeante ne peut continuer à gérer la CGE, devenue une holding financière à la tête d'un groupe industriel de plus en plus complexe, de la même façon que la « Compagnie » de l'après-guerre. L'essor des années 1960 nécessite l'instauration de nouvelles modalités de gestion et de contrôle, tant pour absorber dans les meilleures conditions les acquisitions des années précédentes qu'afin de poursuivre la croissance du Groupe dans un nouveau contexte. La direction générale se renouvelle, dans le sillage de l'arrivée en 1969 d'un nouveau directeur général adjoint, Georges Pebereau, qui devient le directeur général du Groupe en 1972. Chargé de la direction de CIT-Alcatel et responsable du secteur du téléphone, Georges Pebereau joue déjà un rôle clé au moment de la négociation avec Thomson en 1969, face à André Danzin, le collaborateur de Paul Richard. C'est également lui qui met au point les modalités de l'accord avec Ericsson en 1970.

Peut-on faire une entreprise avec 105 filiales ?

C'est la question que pose Michel Herblay dans *L'Expansion*, à l'occasion d'un reportage sur la CGE en avril 1971. « Oui », répondent les dirigeants de la Compagnie à l'aube de la décennie 1970. Tout en restant fidèles aux principes de décentralisation, ils renforcent parallèlement les procédures de contrôle et de réflexion stratégique au niveau global.

Si le rôle des « barons » se perpétue dans la CGE sous la présidence d'Ambroise Roux, conséquence inéluctable de la liberté d'action et de décision dont ils disposent et du pouvoir que leur octroient leurs succès commerciaux, plusieurs spécialistes de l'administration, de l'organisation et des finances font leur apparition dans les bureaux de la rue La Boétie. Ainsi Philippe Dargenton, inspecteur des finances nommé directeur général adjoint, qui prend la responsabilité des services économiques et financiers, ou Claude Goguel, chargé des services statistiques.

Louis Delattre (en haut) et Hubert Boulanger, Directeurs généraux adjoints de la CGE.

Le premier relate ici son arrivée au sein de la Compagnie : « Je suis entré à la CGE pour rajeunir la direction de la Prévision qui était alors l'embryon d'une certaine forme de planification, dans la mesure où ce terme avait un sens dans un groupe décentralisé comme la CGE. Nous avons modernisé le plan quinquennal qui

LA CGE EN 1971

Président :	Ambroise Roux
Vice-Président Directeur général :	Raymond Pelletier
Administrateur et Directeur général-adjoint :	Georges Pebereau
Chiffre d'affaires :	10 030 millions de francs
Investissements consolidés :	424 millions de francs
Effectifs du groupe :	113 000 personnes
Dépenses R & D :	400 millions de francs et 5 500 personnes

Georges Pebereau.

existait auparavant et institué un plan triennal, établi par unité et non au niveau global. » Claude Goguel est appelé en 1973 à la CGE pour créer de toutes pièces un service statistique au siège, de façon à mettre en place des outils d'observation et d'évaluation financière et comptable beaucoup plus modernes que ceux qui existaient auparavant. Jusqu'au début des années 1970, en effet, les prises de commandes et la facturation des branches filiales se font manuellement et sont reportées sur un grand livre. Seules des totalisations apparaissent sur le document, sans véritable analyse. À partir de 1973, la modernisation des méthodes d'observation permet enfin de mesurer en permanence et avec précision l'activité des filiales. Il devient donc possible à la Présidence, à la direction générale et au secrétaire général de la CGE, Claude Marcilhacy, d'effectuer des projections dans l'avenir à court et moyen terme, en évitant ainsi tout dérapage. Comme l'explique en 1974 le directeur général adjoint Louis Delattre : « Le Plan comporte deux grands volets : une réflexion sur les conséquences de nos décisions d'action et une réflexion à cinq ans, qui permet aux dirigeants de s'abstraire des nécessités du budget annuel. C'est une sorte d'assurance de continuité, l'entrée du long terme comme une ombre portée qui, en permanence, transforme et informe les données immédiates ou du court terme. »

GEORGES PEBEREAU, LE « STRATÈGE »

Reçu à l'âge de 19 ans à l'école Polytechnique, Georges Pebereau sort de l'École des Ponts en 1955 et s'engage dans l'opération de reconstruction du Pont de Beaucaire sur le Rhône. De retour à Paris deux ans plus tard, il travaille au Service ordinaire des Ponts et Chaussées de la Seine. Il entre, le 14 janvier 1966, dans le cabinet du ministre de l'Équipement, Edgar Pisani, en tant que conseiller technique. Un an plus tard, le nouveau ministre de l'Équipement, François-Xavier Ortoli fait de Georges Pebereau son directeur de cabinet. Nommé directeur de l'Aménagement foncier et de l'Urbanisme, Georges Pebereau demeure directeur des cabinets de Robert Galley et d'Albin Chalandon qui se succèdent à la tête du ministère de l'Équipement en juin et juillet 1968.

En 1968, après dix ans passés dans la haute administration, Georges Pebereau rejoint le secteur privé et entre à la CGE. Nommé directeur général adjoint puis directeur général de la CIT, il deviendra le principal collaborateur d'Ambroise Roux en 1969, en accédant à la direction générale de la CGE. À ce poste, Georges Pebereau finalise, en particulier, l'entente de la CGE avec Ericsson à partir de 1969. Sa position de second de la Compagnie se confirme tout au long des années 1970 avant son accession à la présidence en 1983. Celle-ci sera marquée par deux événements clés, la reprise du secteur téléphone de Thomson en 1983 et l'accord international noué avec ITT en 1986.

Raymond Pelletier, Vice-Président de la CGE, partage la Direction générale de la Compagnie avec Georges Pebereau jusqu'à son départ en retraite, en 1976.

La décentralisation est, d'autre part, compensée par la nomination d'hommes de confiance aux postes clés et un solide contrôle de gestion doublé d'un système de planification souple et peu contraignant. Au siège ou dans les filiales, les hommes de confiance du Président agissent dans leur domaine de prédilection ou couvrent divers secteurs. Dans la première moitié des années 1970, André Jacoupy, Vice-Président de la CIT, se consacre au téléphone, Louis Delattre au gros matériel électrique, Jean Matheron, Président de la SGE, aux travaux publics et aux autoroutes, Louis Lesieux aux Câbles de Lyon, Hubert Boulanger, directeur général adjoint et Président d'Électro-Banque, aux aspects financiers.

En 1976, au moment du départ en retraite de Raymond Pelletier, Georges Pebereau demeure le seul Directeur général de la CGE sous la présidence d'Ambroise Roux. Une équipe tricéphale composée de Roger Schulz qui chapeaute le secteur énergie et en particulier Alsthom, Pierre Chavance, en charge de l'informatique et de l'automatisme, et enfin François de Laage de Meux regroupant tous les autres secteurs industriels et commerciaux de la CGE depuis les accumulateurs au réseau de distribution en passant par l'électroménager, rejoint les trois directeurs généraux adjoints en place, Louis Delattre, Hubert Boulanger et Philippe Dargenton. Tous veillent avec une attention particulière sur les intérêts des filiales entrant dans leur domaine d'attribution.

À la planification telle que la conçoit et la met en place la CGE au début des années 1970, s'ajoute un souci nouveau de « transparence » vis-à-vis des actionnaires, du personnel et du public. Un sondage publié dans *L'Expansion* en 1971 témoigne de la personnalité toujours discrète de la CGE, voulue par Ambroise Roux : « Il est toujours désagréable d'apprendre qu'on n'existe pas, ou bien peu. La Compagnie Générale d'Électricité, malgré ses cent mille salariés et ses 10 milliards de chiffre d'affaires, a vécu récemment cette aventure durement chiffrée par l'Ifop : trois Français sur quatre n'en ont jamais entendu parler, onze sur douze sont incapables de citer ses produits. Pis : la notoriété de l'entreprise n'est guère meilleure parmi les ingénieurs... », note sans complaisance le magazine.

Philippe Dargenton.

Roger Schulz.

François de Laage de Meux.

Pierre Chavance.

Fait notable cependant, l'introduction de la CGE sur les places de Bruxelles et d'Anvers en janvier 1974 fournit l'occasion d'une campagne de communication institutionnelle en Belgique. La même année, celle-ci est élargie à la Grande-Bretagne et à l'Allemagne Fédérale, avec la publication d'encarts dans la presse spécialisée. Le slogan « *We always back winners* » accompagne notamment les réalisations les plus marquantes du groupe, des transports au téléphone, des autoroutes aux turbo-alternateurs.

Le pôle électrotechnique Alsthom à la recherche de son équilibre

La constitution du groupe Alsthom

Un chiffre d'affaires de 3 milliards et demi de francs et des bénéfices augmentés de moitié après l'absorption d'Alsthom, des effectifs grimpant de 80 000 personnes en 1969 à 113 000 l'exercice suivant... Ces données montrent l'importance de l'entrée d'Alsthom dans le groupe, tout comme l'ampleur de la tâche nécessaire à la réorganisation interne des différentes activités de l'ancienne filiale de Thomson et de ses nouvelles consœurs. La CGE lui fait notamment apport de ses participations dans Delle-Alsthom, Alsthom-Savoisienne et Unelec, d'une participation dans la société Rateau, spécialisée dans les turbines à vapeur de grande et moyenne puissance et acquise par la CGE en 1970, et de la moitié des participations de la Compagnie dans la SGE, soit 35 % de son capital, en vue d'une restructuration générale du pôle entreprise de la CGE, éclaté entre la CGEE, la SGE et Alsthom.

Une nouvelle société émerge alors à la fin de l'année 1971, CGEE Alsthom, première en sa spécialité en Europe. Réunissant les 12 000 personnes qui exerçaient des activités similaires sous la direction de Robert Camuset, elle connait rapidement une forte progression et affiche des ambitions internationales dans deux domaines : la fourniture et l'installation d'équipements électriques et la commande-contrôle d'installations industrielles.
Alsthom entre dans la CGE avec toute sa puissance, les métiers qui lui sont propres et une structure très intégrée. Sous l'autorité d'une direction générale, chaque grande activité relève d'une division spécialisée. Ce type d'organisation procède à la fois de la volonté d'étaler financièrement sur la totalité du groupe les pertes et profits de tous les secteurs, caractérisés dans la majeure partie des

André Jacoupy.

Dernier numéro du bulletin interne de la nouvelle société CGEE - Alsthom, née du regroupement fin 1971, de la CGEE et des services d'entreprise de la SGE et d'Alsthom (la « D3E »).

cas par des cycles de production longs, d'assurer une harmonisation générale dans les domaines des affaires sociales et de la stratégie globale tout en laissant une large autonomie à chaque division, érigée en véritable centre de profit.

Quatre grandes divisions ou groupes opérationnels forment Alsthom au moment de son entrée dans la CGE : la division Gros Matériel Électrique et Mécanique (turbines, alternateurs, chaudières...), le groupe Entreprises de Centrales Thermiques et d'Ensembles Électro-Mécaniques (études et réalisations de centrales thermiques, chaufferies...), la division Établissements Neyrpic (turbines hydrauliques et vannes) et la division Transport (locomotives et rames électriques).

Alsthom conserve cette organisation divisionnelle en entrant dans la CGE. La prise en charge des trois sociétés communes Delle-Alsthom, Alsthom-Savoisienne et Unelec débouche, en 1973, sur la constitution de cinq grandes branches industrielles, Mécanique (6 500 personnes en 1975), Matériel Électromécanique (9 500 personnes), Transformation et Distribution d'Énergie – qui englobe Delle-Alsthom, Alsthom-Savoisienne et Unelec – (11 000 personnes), Entreprises et Équipements Électriques (14 000 personnes), Transports et Moteurs Diesel (10 000 personnes). Mais au sein de chaque branche, la dualité division/filiales est préservée. En 1976, la constitution d'Alsthom-Atlantique provoque la création de « divisions horizontales » plus homogènes. Il faut, par exemple, attendre la fin de la décennie pour voir Alsthom-Atlantique absorber Alsthom-Unelec (qui a fusionné avec l'Alsthom-Savoisienne en 1977) et Delle-Alsthom, ces dernières formant en juin 1980 une division Appareillage Électrique formant une structure rassemblant les activités Appareillage et Équipements Haute, Moyenne et Basse Tension des ex-filiales.

Un repli stratégique : la création d'Alsthom-Atlantique

Malgré des débuts prometteurs, qui font d'elle le principal pilier du groupe CGE, avec plus de 30 % du total de ses activités, le pôle électro-mécanique articulé autour d'Alsthom connaît pourtant de graves difficultés au cours des années 1970. L'inflation, l'augmentation du coût des matières premières, diverses mesures de caractère social, engendrent une hausse générale des prix de production que ne couvrent pas des prix de vente insuffisants, notamment auprès du principal client national, EDF. Les raisons en sont multiples. Le caractère disparate d'un ensemble très étendu, à la croissance trop rapide, la multiplicité des structures et des états-majors, l'absence de réelle restructuration – qui provoquerait la suppression de nombreux emplois, plus de 2 000 selon certains –, la vigueur d'une concurrence très diversifiée – de la Compagnie d'Électromécanique à Jeumont-Schneider, Merlin Gerin, Leroy Sommer ou Télémécanique, une expansion internationale mal maîtrisée, avec quelques pertes de grosses unités « clés en main » à l'exportation, se conjuguent pour générer des résultats médiocres, négatifs en 1974, avec 115 millions de francs de pertes. Les secteurs spécialisés dans la fabrication de petit et moyen matériel sont en particulier sévèrement affectés par la crise, et les filiales Rateau, Delle-Alsthom et Unelec subissent de fortes pertes en 1974 et 1975.

Comme le montrera l'évolution de la décennie 1980, un pas supplémentaire dans la concentration des entreprises de matériel électrique reste sans doute à accomplir, accompagné d'une profonde remise en ordre de l'entreprise. Celle-ci est reprise par Roger Schulz, nommé directeur général d'Alsthom en 1975. Il succède peu de temps après à Georges Glasser au poste de Président.

Alsthom bénéficie, pour amorcer son redressement, des premières commandes de rames du Train à Grande Vitesse, le TGV, et de l'essor du programme nucléaire français, dans les centrales duquel l'entreprise est présente depuis les années 1960 avec les débuts de la filière française gaz-graphite. L'entreprise décide en outre de porter tous ses efforts dans le développement du marché central des turbo-alternateurs, par l'intermédiaire de sa division Matériels Électro-mécaniques, en visant le monopole du marché français, alors éclaté entre plusieurs constructeurs dont Jeumont-Schneider et la Compagnie d'Électromécanique.
Comme le raconte Roger Schulz : « Les prévisions autorisaient de bons espoirs dans ce domaine devenu stratégique, et dont il fallait soutenir l'expansion par de nombreux investissements, alors que ses résultats étaient déficitaires. Il fallait donc trouver une solution pour « tenir » financièrement jusqu'au jour où nous récolterions le fruit de cette option stratégique et de nos efforts concentrés sur les turbo-alternateurs. C'est alors que, pour la petite histoire, je rencontre au cours d'un dîner à l'Élysée, Pierre Loygue, Président-directeur général des Chantiers de l'Atlantique, le plus grand chantier naval de France. Les Chantiers de l'Atlantique, ayant subi les contrecoups de la fermeture du Canal de Suez, étaient entrés avec l'ensemble des constructeurs navals dans la fabrication de super-pétroliers capables de contourner le continent africain pour assurer l'autonomie d'approvisionnement en pétrole des pays industrialisés. Après avoir fabriqué des pétroliers de 30 à 70 000 tonnes, les chantiers navals ont commencé à construire des pétroliers de 500 000 tonnes supportant des trajets très longs. Ils ont alors garni abondamment leurs carnets de commandes et leur chiffre d'affaires en augmentation laissait apparaître des marges bénéficiaires considérables. Seulement, cette période était révolue en 1974. Pierre Loygue avait, au contraire d'Alsthom, des résultats très positifs avec, à courte échéance, des perspectives de pertes. »

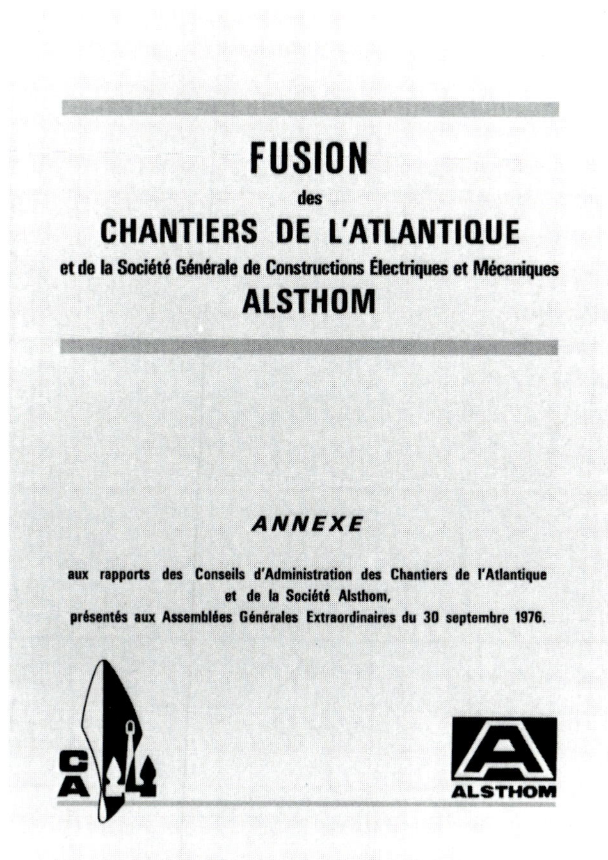

FUSION
des
CHANTIERS DE L'ATLANTIQUE
et de la Société Générale de Constructions Électriques et Mécaniques
ALSTHOM

ANNEXE

aux rapports des Conseils d'Administration des Chantiers de l'Atlantique
et de la Société Alsthom,
présentés aux Assemblées Générales Extraordinaires du 30 septembre 1976.

C A

ALSTHOM

Deux turbines à vapeur de 600 mégawatts, produites par Alsthom, équipent la centrale du Havre d'Électricité de France.

LE RER

Pendant les années 1960, la croissance de l'agglomération parisienne en superficie, en population et en activités, rend nécessaire la conception d'un plan d'aménagement, dans lequel les transports en commun occupent une place privilégiée. Paul Delouvrier, Délégué général au District, puis Préfet de la Région, entreprend, dès 1961, la rédaction d'un Schéma Directeur d'Aménagement et d'Urbanisme, publié en 1965.
Parallèlement à la prolongation des lignes de métro en banlieue, le Schéma met l'accent sur la nécessité de créer et d'organiser un réseau dense de moyens de transport en commun, rapides et à grand débit, jusqu'en lointaine banlieue. Ce Réseau Express Régional constitue l'ossature des axes d'urbanisation et permet la jonction des gares au cœur de Paris, que la Ville avait refusé lors de la création du métro.
La RATP réalise une partie du réseau en voies nouvelles, et rencontre de grosses difficultés pour le secteur situé entre l'Étoile et la Défense. Mais l'utilisation, pour une autre zone, d'anciennes lignes de chemin de fer, oblige la RATP et la SNCF, qui s'ignoraient souverainement, à s'entendre.
Le premier tronçon de la ligne A, Nation-Boissy-Saint-Léger, accueille les voyageurs en 1969, puis le tronçon ouest entre 1970 et 1972. Cependant, il faut attendre décembre 1977 pour que la station Les Halles soit terminée et que s'y croisent les lignes A et B. Enfin, l'interconnexion entre les réseaux SNCF et RATP achève en 1983 la constitution du réseau régional. Grâce aux ramifications des lignes A, B, C, D, les usagers de la région parisienne disposent de 260 km de lignes. La vitesse du RER, 50 km/h, soit le double de celle du métro, ainsi que le matériel moderne largement automatisé permettent un débit horaire important. Entre 1980 et 1990, le trafic du RER passe de 700 000 voyageurs par jour en moyenne, à 1 250 000.

L'idée d'un rapprochement se dessine alors tout naturellement et fournit un ballon d'oxygène inespéré pour l'entreprise de Belfort. À partir d'une simple participation d'Alsthom au capital des Chantiers de l'Atlantique, le pas est rapidement franchi, transformant le montage initial en fusion entre les deux entreprises. Celles-ci pourront ainsi s'épauler financièrement tandis qu'au plan industriel une véritable convergence, dans le secteur des moteurs diesel par exemple, fabriqués par l'un et l'autre, ou des turbines équipant les navires, émerge de façon évidente.
L'opération d'absorption porte le capital d'Alsthom de 195,5 à 356,5 millions de francs. La CGE opère un retrait tactique et perd la majorité, ne détenant plus désormais que 31 % du capital du nouvel ensemble. Mais elle demeure le principal actionnaire, les deux autres tiers se répartissant entre le public et des holdings financières dépendant de la Compagnie Financière de Suez, de Paribas et de la banque Rivaud. Pierre Loygue devient le Président-directeur général de l'ensemble et Roger Schulz, Vice-Président. Il retrouvera la présidence de la société trois ans plus tard, en 1979.
Si les commentateurs louent l'habileté tactique de la CGE, l'accord suscite le scepticisme de certains, qui évoquent le risque d'une « dérive » d'Alsthom hors du giron de la Compagnie. Prédictions infondées : à la suite de l'acquisition de divers paquets d'actions et d'achats en Bourse à la fin de l'année 1980, la CGE prend le contrôle d'Alsthom-Atlantique en portant sa participation de 33,4 % au début de 1980 à 65 %. Avec 11,7 milliards de francs de chiffre d'affaires et 42 000 salariés, ce dernier devient l'un des grands groupes mondiaux de construction électrique et a brillamment redressé sa situation financière, ses résultats passant de moins 8 millions de francs en 1979 à plus de 125 millions de francs en 1980, une amélioration confirmée l'année suivante, avec un nouveau bénéfice de 245 millions de francs. Alsthom-Atlantique est désormais le premier exportateur mondial de matériels ferroviaires, le premier constructeur européen de groupes turbo-alternateurs et le premier chantier naval français.

La compétitivité retrouvée des positions techniques de l'entreprise est illustrée au début des années 1980 par deux évènements spectaculaires : l'amélioration, le 26 février 1981, du record mondial de vitesse par le TGV, avec 380 km/heure, et l'adoption par EDF de la technique Alsthom-Atlantique pour les groupes turbo-alternateurs nucléaires de 1 300 mégawatts. La cohérence et la synergie des activités de l'entreprise est illustrée par la livraison d'une centrale hydro-électrique préassemblée – une première mondiale – aux États-Unis. La construction de la structure métallique a été réalisée au Chantier naval de Saint-Nazaire, où ont été montés tous les équipements fournis par d'autres unités de la société : les alternateurs de Belfort, les transformateurs d'Aix-les-Bains, les équipements de manutention d'Orléans et le poste principal 138 kV de Villeurbanne, sans oublier la contribution de plusieurs filiales du groupe CGE.

Dès le mois d'avril 1979, lors de son rapport à l'Assemblée générale de l'exercice 1978, le conseil d'administration d'Alsthom-Atlantique soulignait la portée de l'effort entrepris : « Au terme de trois années, un bilan peut être dressé. Dans un temps plus court que prévu, le groupe constitué par votre société et ses filiales a organisé ses structures internes, réalisé les regroupements industriels qu'il s'était fixé comme objectifs, consolidé ses techniques, largement entamé l'expansion de ses activités dans des domaines d'avenir. »

DIRECTION GÉNÉRALE

Pierre Loygue
Président Directeur Général

Roger Chalvon-Demersey
Directeur Général Adjoint

Joseph Gabriel
Directeur attaché au Président

Paul Legrand
Secrétaire Général

Paul de Lieven
Directeur des Affaires Internationales

Jean Coursimault
Conseiller Scientifique

DIVISIONS

CONSTRUCTION NAVALE

René Regard
Directeur Général

Jean Coune
Directeur Général Adjoint

CENTRALES ÉNERGÉTIQUES

Jean-Pierre Desgeorges
Directeur Général

ÉQUIPEMENTS ÉLECTRIQUES

Roger Chalvon-Demersay
Directeur Général

ENSEMBLES INDUSTRIELS

Léon Vogelweith
Directeur Général

ENGINEERING ET ÉQUIPEMENTS MÉCANIQUES

Roger Damisch
Directeur Général

Georges Penz
Directeur Général Adjoint

MATÉRIELS ÉLECTRO-MÉCANIQUES

Paul Combeau
Directeur Général

MATÉRIELS DE TRANSPORT FERROVIAIRE

Franck Vaingnedroye
Directeur Général

L'état-major et l'organisation d'Alsthom. Dans les années 1970, Alsthom-Atlantique répartit ses activités en grandes divisions autonomes.

Brochure de présentation du prototype publiée en mai 1972.

Imaginer le train de l'an 2000

Le 8 juin 1972, l'Union Internationale des chemins de fer célèbre son cinquantenaire à Paris. L'exposition, inaugurée par le ministre des Transports, Jean Chamant, présente les matériels les plus sophistiqués, parmi lesquels émerge en vedette le turbo-train Paris-Lyon, le TGV 001 à la ligne acérée et aux couleurs orange et noir.

Le TGV 001 s'inscrit au cœur de la politique globale du gouvernement français et de la SNCF de l'époque, avec l'élaboration de transports de voyageurs à grande vitesse entre les grands pôles urbains de l'Hexagone. Dans le sillage des records établis par des locomotives SNCF en 1955 avec 331 km/heure, les limites de vitesse courante des trains électriques ne cessent de s'élever. Le 160 km/heure devient habituel. Peu à peu, l'idée que ces seuils sont loin de constituer le plafond de vitesse possible prend corps. Un déclic survient en 1964. Le Japon ouvre une ligne régulière à grande vitesse entre Tokyo et Osaka. Grâce au Shinkansen, les 515 kilomètres séparant les deux villes sont franchis en 3 heures 10 minutes, au lieu de 10 heures précédemment.

En France, les recherches sérieuses démarrent. Le TGV n'est pas seul et s'aligne, à la fin des années 1960, aux côtés de turbotrains mis au point simultanément, comme les ETG (Éléments à Turbine à Gaz) ou les RTG (Rames à Turbine à Gaz). Rapidement pourtant, les performances du TGV 001 placent le fleuron de la division « Traction » d'Alsthom en première position. En juillet 1969, après avoir étudié les réponses à son appel d'offres lancé le 23 mars 1967, la SNCF passe commande d'une rame prototype automotrice actionnée par turbines à gaz et transmission électrique à la société Alsthom. Maître d'œuvre du projet, Alsthom réunit autour d'elle les sociétés Brissonneau et Lotz, le Matériel de Traction Électrique (MTE) et Turboméca. C'est dans la zone sud de l'usine de Belfort, dégagée au moment de la création de la division « Traction » en 1958, que naît le TGV, sigle signifiant aussi bien « Très Grande Vitesse » que « Train Grande Vitesse ». Le 25 octobre 1971, la rame prototype du « turbotrain TGV 001 » est finalisée dans les ateliers de Belfort.

Longue de 92,9 mètres et d'un poids total de 192 tonnes, elle se compose de deux motrices et trois voitures articulées, portées par six bogies à deux essieux. Chaque motrice comprend un groupe générateur intégrant deux turbines Turboméca qui entraînent, sur le même arbre, un alternateur principal de 2 250 kW à 4 000 tours par minute ainsi qu'un alternateur auxiliaire de 230 kW. Celui-ci délivre du courant triphasé 380 V - 400 Hz pour l'alimentation des circuits auxiliaires. Le courant débité par l'alternateur principal de chaque motrice est redressé, puis utilisé dans six moteurs de traction (un par essieu) de chacun 310 kW au régime continu. Les essais sur rails du prototype démarrent le 4 avril 1972 avec la SNCF, pour tester, en particulier, la résistance des matériaux à la grande vitesse.

Les tests mettent aussi à l'épreuve l'un des principes fondamentaux du TGV, sa réversibilité, la rame devant fonctionner aussi bien dans un sens que dans un autre. Aérodynamisme, régulation des turbines, stabilité, climatisation, adhérence, freinage... les essais permettent d'effectuer les

Les quatre fabricants du TGV.

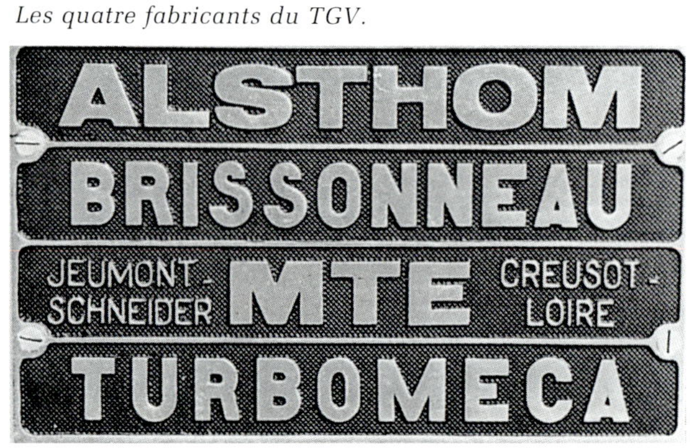

réglages et ajustements nécessaires, et démontrent l'incontestable qualité du TGV. Le 7 décembre 1972, dans la petite gare de Morcenx, sur la ligne Bordeaux-Bayonne, les dix-huit membres de la Conférence Européenne des Ministres des Transports (CEMT), invités par leur homologue français Robert Galley, viennent découvrir « le TGV 001, l'une des solutions françaises au problème des liaisons rapides à moyenne distance. » Deux jours plus tôt, le 5 décembre, celui-ci a battu son record de vitesse en traversant les Landes à 317 km/h, une vitesse dépassée dès le lendemain avec 318 km/h, alors que le but fixé était la barre des 300 km/h. Le 7 décembre, ministres et journalistes découvrent un confort et une vitesse rivalisant avec ceux des avions. Comme le note un journaliste : « La preuve est faite que l'on peut rouler sur rail à 300 km/h dans des conditions de confort qui surprennent l'usager le plus exigeant de la voiture, du train ou de l'avion. »
La période expérimentale se poursuit jusqu'en 1978, une automotrice Z 7001 purement électrique se substituant au prototype 001 à turbine à gaz à partir de 1974. Au même moment, devant la saturation de l'artère Paris-Lyon, le projet d'une desserte du Sud-Est de la France par une voie spécifique construite en dehors des agglomérations se précise. Le 5 mars 1974, le conseil des ministres prend la décision d'engager la construction d'une nouvelle ligne ferroviaire à très grande vitesse entre Lyon et Paris, soit un investissement de 14 milliards. Deux ans plus tard, le projet est déclaré d'utilité publique et les travaux commencent. Après le record du monde de vitesse établi en février 1981, l'exploitation commerciale débute le 27 septembre 1981, avec trente-huit rames de TGV livrées par l'usine de Belfort.

Rapidement l'exploitation du Train à Grande Vitesse se révèle comme une réussite technique et commerciale. Après 18 mois d'exploitation à peine, le train accueille son 10 millionième voyageur. La SNCF, qui n'a reçu aucune subvention de l'État pour construire le TGV, amortira son investissement après dix années d'exploitation complète, un exploit, compte tenu de l'importance des travaux réalisés. Au-delà de la ligne Paris Sud-Est, le TGV ouvre rapidement de nouvelles perspectives. Modernisé et renouvelé, le chemin de fer élargit désormais sa compétitivité par rapport à ses concurrents directs, l'automobile et l'avion.
La généralisation d'un réseau à grande vitesse, avec des grandes villes se situant désormais à deux ou trois heures de transport les unes des autres, bouleverse la conception traditionnelle du territoire français, puis européen. Au cours des années 1980, de nouvelles générations de Trains Grande Vitesse sont mises au point : le « Train de demain », conçu par Alsthom au tournant des années 1970, va démontrer sa capacité à s'adapter et à conquérir de nouveaux utilisateurs et marchés, en France comme à l'étranger.

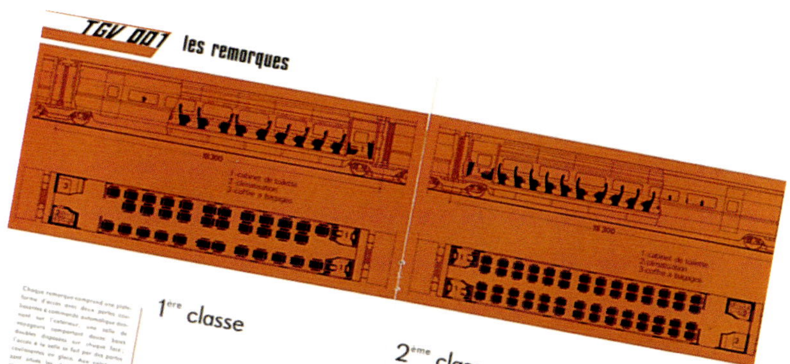

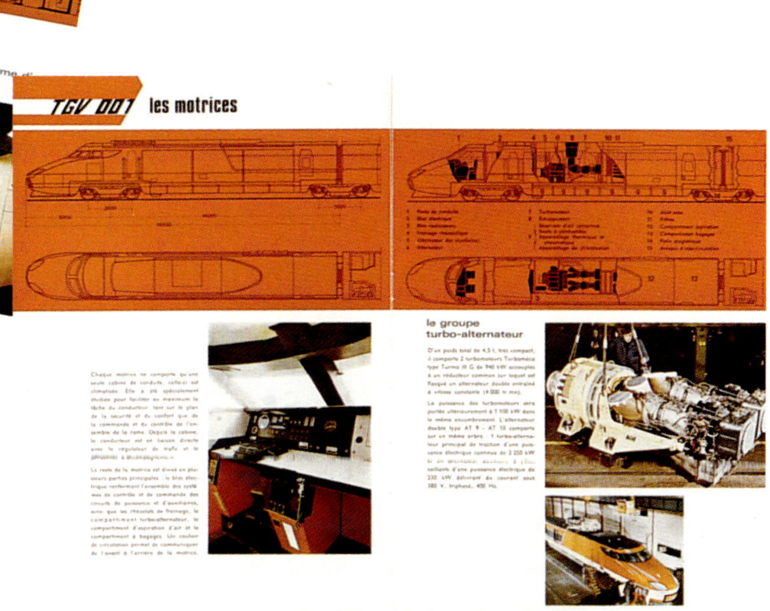

LE RAIL ÉLECTRIQUE MODERNE

Ce n'est qu'avec la mise au point, à partir de 1950, des procédés permettant de capter directement un courant alternatif industriel à haute tension (25 000 volts) que l'électrification du rail prend réellement son essor pour aboutir à des réussites techniques dont témoigne le TGV aujourd'hui.
Les avantages du courant alternatif industriel sont en effet considérables. Tout d'abord, il est capté sur le réseau électrique national, alors que le courant continu est propre au chemin de fer et nécessite donc des infrastructures de production et de transport entièrement à sa charge. Sa Haute Tension permet ensuite l'alimentation de la ligne de chemin de fer tous les 50 kilomètres par un simple branchement, tandis que le courant continu doit être distribué tous les dix kilomètres par des sous-stations qui s'apparentent soit à de véritables centrales de production, soit à des usines de transformation du courant alternatif en courant continu. Enfin, la ligne électrique de 1 500 volts est constituée d'un câble de forte section suspendu par des caténaires très lourdes nécessitant une infrastructure au coût élevé ; à l'opposé, la ligne de 25 000 volts est, à puissance égale, dix fois plus fine et dix fois moins pesante...
Les locomotives utilisent le courant alternatif industriel par l'intermédiaire de redresseurs au silicium à grande puissance qui transforment ce dernier en courant continu ; elles sont devenues aujourd'hui « bicourant » (pour les deux courants français : 1 500 volts continu et 25 000 volts alternatif 50 Hz), voire « tri-courant » (pour continuer vers la Suisse qui utilise un courant alternatif de 15 000 volts / 16 2/3 Hz), afin de capter l'énergie dont elles ont besoin sur n'importe quelle portion du réseau qu'elles sillonnent, quel que soit le type de courant qui y est distribué, continu ou alternatif.
Parallèlement aux efforts d'électrification entrepris depuis le siècle dernier, un autre système a vu le jour : le diesel-électrique. Mis au point dès 1924, il associe sur la locomotive un moteur diesel accouplé à un générateur électrique, qui alimente lui-même les moteurs d'entraînement des roues.
La traction diesel, dont le rendement est déjà nettement supérieur à celui de la traction à vapeur, a supplanté progressivement cette dernière dans la plupart des pays

du globe sur toutes les lignes au trafic insuffisant pour justifier les investissements énormes de l'électrification. Dans les pays producteurs de pétrole, elle s'est bien évidemment imposée d'emblée.

Mais l'électricité a repris un avantage décisif sur les lignes à fort trafic grâce à l'alimentation en courant industriel, car une locomotive électrique, à puissance égale, pèse deux à trois fois moins qu'une locomotive diesel et rentabilise les investissements initiaux qu'impose l'électrification des lignes.

Les derniers développements du chemin de fer électrique depuis le début des années 1960 concernent la recherche de la grande vitesse dans le transport des voyageurs (TGV), l'amélioration du confort des usagers et l'augmentation de la rentabilité. Celle-ci passe non seulement par le perfectionnement constant du rendement des motrices, mais aussi par l'aérodynamisme qui permet de diminuer la résistance de l'air, et enfin par l'automatisation de plus en plus poussée dans les trains, les postes d'aiguillage et les services de régulation du trafic. L'automatisation en particulier apporte à la fois plus de sécurité, moins de fatigue pour les conducteurs, et globalement une importante économie de main-d'œuvre.

Le premier train à grande vitesse, le Shinkansen, est mis en service au Japon en 1964. L'Europe s'engage dans la même direction quelques années plus tard. La première ligne de TGV européenne est française, avec la mise en service en 1981 du TGV Sud-Est qui roule à 260 km/h puis atteint la vitesse de 270 km/h en 1983, lors de l'achèvement complet de la nouvelle ligne Paris-Lyon. Le TGV Atlantique élève ensuite la vitesse du transport voyageurs à 300 km/h en 1989, avant d'être bientôt suivi par le TGV Nord, prévu pour 1993. Le TGV, qui détient depuis 1990 le record mondial de vitesse avec 515,3 km/h, place la France en position de leader mondial dans le domaine des trains à grande vitesse. Ainsi le Texas choisit le TGV français, alors en concurrence avec une offre allemande au cours de l'été 1991, pour relier ses villes principales.

Dans les centres urbains, les efforts les plus importants des trente dernières années se concentrent sur l'amélioration des liaisons au sein de l'agglomération, à la fois par un maillage de plus en plus dense, la mise en service d'un Réseau Express Régional (RER) assurant une desserte cadencée de plus en plus lointaine à bonne vitesse, et par la correspondance avec le réseau de métro ou de tramway du centre dense de l'agglomération.

Tous les métros, tramways et trains de RER sont électriques et, comme les TGV, font de plus en plus appel à l'automatisation ; celle-ci est maintenant si poussée qu'elle permet aux rames de circuler sans conducteur à Lille depuis 1983, à Vancouver (Canada) depuis 1985, ou encore à Londres depuis 1987. Le Véhicule

Le 19 décembre 1978 à 8 h 27, la ligne très haute tension assurant sous 400 000 volts les transports d'électricité de l'est de la France vers la région parisienne est coupée par les systèmes automatiques de sécurité. L'arrêt de la quasi totalité des centrales prive de courant les trois quarts du pays, pendant plusieurs heures. Les usagers du métro empruntent les rails… mais à pied !

Automatique Léger (VAL) de Lille, réalisé par Matra-Transports, a démontré sa fiabilité, son haut niveau de service (fréquences adaptées au trafic en temps réel) et sa rentabilité pour des lignes à trafic moyen. Il s'exporte depuis plusieurs années vers des pays étrangers, les États-Unis par exemple, réapparaît en France en 1991, en Région Parisienne, pour la desserte de l'aéroport de Paris-Orly, et desservira bientôt la ville de Toulouse. Enfin, si l'autobus reste le véhicule de transport urbain de surface le plus courant, le trolleybus en constitue la version électrique, mais il nécessite une infrastructure à la fois coûteuse et contraignante pour ses déplacements (une ligne bifilaire aérienne). Il ne s'est donc pas imposé ; cependant, la tendance actuelle, qui consiste à affecter aux autobus des chaussées leur étant exclusivement réservées (appelées les « sites propres »), pourrait relancer l'intérêt des municipalités pour le trolleybus dont les qualités sont indéniables : puissance, silence, économie, et absence de pollution de l'air.

Vue aérienne de l'usine des Câbles de Lyon à Salles-du-Gardon, ouverte en 1975 et considérée comme l'une des plus modernes d'Europe à l'époque.

De la fusion au redressement, les câbles de Lyon

À l'image d'Alsthom, les réorganisations et diverses fusions du tournant de la décennie, l'impact variable de la crise, la large autonomie laissée à des secteurs aux hommes et aux métiers très différents, font apparaître une évolution assez contrastée des grandes filiales du groupe, qu'il s'agisse du pôle Entreprise, des Piles et Accumulateurs, des Matériaux ou des Câbles de Lyon.

La difficulté de mettre en œuvre sur le terrain les fusions découlant des grands accords et achats de la fin de la décennie précédente constitue l'une des grandes caractéristiques du début des années 1970. L'une de ces opérations majeures, la fusion des Câbles de Lyon avec les câbleries de l'Alsacienne et de Geoffroy-Delore en donne l'exemple.

Cette fusion pose en effet des problèmes multiples, qui relèvent à la fois des mentalités et des contraintes de la rationalisation de l'outil industriel. Chacune des sociétés possède une culture et un esprit-maison particulièrement forts, à tel point que la nouvelle société s'appelle au début « Les Câbles de Lyon-Alsacienne-Geoffroy Delore ». Le choix définitif, en 1972, de la dénomination des Câbles de Lyon, laisse ainsi des traces douloureuses parmi les équipes de l'Alsacienne et de Geoffroy-Delore. L'entreprise est en outre fortement affectée en mai 1968 par une grève, longue et assez dure, qui touche les usines de Lyon et de Calais.

Ce malaise se trouve amplifié par le choix d'un Président venu de la haute administration, un homme de grande qualité mais sans compétence réelle en matière industrielle. L'énorme travail de réorganisation que nécessite la fusion, avec la modernisation des unités industrielles de l'Alsacienne et de Geoffroy-Delore, n'est pas entrepris. Quand la CGE se rend enfin compte de la gravité de la situation, elle charge successivement François de Laage de Meux puis, à partir de 1976, Pierre Suard, de la rationalisation et du renouvellement d'un outil industriel foisonnant et parfois vétuste. La décision est prise de fermer définitivement les usines trop anciennes, celles de Clichy et de Gennevilliers, héritées de Geoffroy-Delore, d'équiper les autres en matériels modernes et performants, et surtout de construire de toutes pièces de nouvelles unités de production. Ce seront les usines de Salles-du-Gardon, près d'Alès, en 1975, et d'Autun, en 1980, spécialisées dans la fabrication des câbles d'énergie de grande série et entièrement automatisées, qui deviennent toutes deux des références industrielles.

Parallèlement, les effectifs de la plupart des implantations subissent une mutation en profondeur, avec une forte réduction des effectifs existants et l'embauche de nouvelles équipes. Cette transformation radicale ne suscite pas, toutefois, de mouvements sociaux de grande ampleur ou de longue durée. Seules quelques escarmouches juridico-administratives viennent retarder le processus des licenciements, mais elles se terminent toutes à l'avantage de la direction, devant la Cour de Cassation et le Conseil d'État. Les 7 500 personnes travaillant aux Câbles de Lyon en 1976 ne sont plus que 4 000 cinq ans plus tard. Des plans sociaux offrant au personnel des possibilités de reclassement et des conditions de départ satisfaisantes permettent, sur le plan humain, de régler de nombreux cas. En outre, la politique hardie d'investissements industriels et de rénovation des installations montre au personnel que tout est fait pour assurer l'avenir de la société.

Un système de gestion efficace et homogène est mis en place avec la création en 1974, par François de Laage de Meux, de trois départements autonomes, Énergie, Télécommunications et Métallurgie. Ceux-ci sont ensuite subdivisés par Pierre Suard en lignes de produits. « Je suis arrivé aux Câbles de Lyon au début 1976 », se souvient en 1991 l'actuel Président d'Alcatel-Alsthom. « La situation était la suivante : il y avait eu six ans plus tôt la fusion de trois sociétés et la réorganisation n'était pas encore totalement effective. En outre, ma prise de fonction a coïncidé avec un moment où le marché n'était pas favorable : il y avait eu une forte demande jusqu'en 1973 ; le ralentissement causé par le choc pétrolier a entraîné un retournement du marché et des pertes pour les Câbles de Lyon. Je pense avoir introduit dans l'entreprise un changement d'attitude sur le plan industriel. Je savais que la seule issue était de moderniser complètement celui-ci, alors que le programme d'investissements avait été très faible au début des années 1970. Quand il y avait un surcroît de demande, on embauchait des ouvriers supplémentaires pour faire fonctionner des machines très vieillottes et augmenter la production.

Pierre Suard, Président des Câbles de Lyon, visite le chantier de montage du guide d'ondes dans le pylône de l'émetteur de télévision de Tdf à Villers-Cotterels, en juin 1978

Essais de câbles téléphoniques à l'usine de Salles-du-Gardon.

J'ai donc proposé à l'état-major de la CGE, qui l'a accepté, un programme d'investissements de 500 millions de francs, une somme considérable à l'époque. Cette réorganisation de l'outil industriel a entraîné de nombreux licenciements. Parallèlement a débuté une politique d'acquisitions, les gains de productivité que nous pouvions réaliser ne suffisant pas seuls à assurer le développement de la société qui ne possédait pas les parts de marché autorisant une réelle croissance. Nous avons d'abord racheté les Câbleries de Lens, qui a été la première grande acquisition en France. L'internationalisation a ensuite été le deuxième axe de ma politique à partir des années 1980 », conclut Pierre Suard.

Après les pertes du milieu de la décennie, le redressement se confirme dans la seconde moitié des années 1970. Si le chiffre d'affaires plafonne de 1977 à 1979, du fait d'une conjoncture défavorable à l'ensemble des câbles d'énergie, le résultat net reste positif. L'intégration des Laminoirs Tréfileries Câbleries de Lens et de leur filiale, la Société Lensoise du Cuivre, complète l'intégration des Câbles de Lyon dans le domaine de la métallurgie des métaux non ferreux et leur permet d'accéder au marché des fils et câbles non isolés. En 1980, la prise de contrôle de la société grecque Chandris Câbles permet de développer la capacité exportatrice vers les marchés porteurs du Moyen-Orient, suivie, en 1981, d'une prise de participation dans la société américaine Chester Cables qui amorce un développement significatif des Câbles de Lyon aux États-Unis.

En 1981, malgré le contexte toujours difficile d'un marché qui fléchit en volume par rapport à 1980, le chiffre d'affaires du pôle Câbles progresse de 31 %, dont 22 % de croissance interne, avec une part à l'étranger de plus en plus significative, atteignant près de 40 % du total. Modernisés et réorganisés de fond en comble, les Câbles de Lyon sont prêts pour la conquête internationale.

LES LEADERS MONDIAUX DE LA CONSTRUCTION ÉLECTRIQUE ET ÉLECTRONIQUE (1972)

	CA (milliards $)	Effectifs (milliers)
General Electric (EU)	10,24	369
IBM (EU)	9,53	262
ITT (EU)	8,56	428
Western Electric (EU)	6,55	206
Philips (H)	6,21	371
Westinghouse (EU)	5,1	184
Siemens (RFA)	4,71	301
Hitachi (J)	4,35	151
RCA (EU)	3,84	122
Matsushita (J)	3,43	83
AEG-Telefunken (RFA)	3,15	166
Tokyo Shibaura Electric (J)	2,92	124
General Electric (GB)	2,51	201
Singer (EU)	2,22	117
CGE (F)	2,16	125
Honeywell (EU)	2,12	97
Sperry Rand (EU)	1,82	86
Bendix (EU)	1,78	74,7
Brown-Boveri (CH)	1,77	91
Mitsubishi Electric (J)	1,63	66
National Cash Register (EU)	1,56	90
Thomson Brandt (F)	1,52	85

D'après le classement du magazine *Fortune*, la CGE se situe au 89e rang des 500 premières entreprises mondiales en 1972, et Thomson-Brandt au 155e.

LES CÂBLERIES DE LENS

En 1855, Arthur Stievenart installe à Lens, rue de Douai, un atelier pour fabriquer des cordages de chanvre destinés à la batellerie et à la marine. Bien vite il fournit aussi des câbles de mines. L'extension de l'exploitation minière dans la région donne à l'atelier de Lens l'opportunité d'un essor. Celui-ci est, en 1896, une petite usine employant cinquante femmes à la filature et trente hommes à la corderie et à l'atelier de goudronnage.
Après la guerre, l'usine dévastée repart sur de nouvelles bases et adopte, au lieu du chanvre, l'acier pour fabriquer les câbles des treuils d'extraction minière. À partir de 1921, la tréfilerie et la câblerie d'acier de l'établissement Gaillard-Stievenart – le fondateur s'étant associé en 1910 avec son gendre – prennent une rapide extension. En 1929, la direction décide de construire un laminoir à fils à proximité de l'usine d'origine, afin de constituer un ensemble industriel complet. La société se renomme alors « Laminoirs Tréfileries Câbleries de Lens ». Peu de temps après, débute la fabrication de demi-produits en métaux non-ferreux, cuivre, aluminium et aluminium-acier.
L'usine est de nouveau touchée par un bombardement en 1944 et entièrement rééquipée à partir de 1945. Un nouvel établissement est bâti à Loison-sous-Lens où une câblerie moderne entre en service. Par ailleurs, l'atelier de Lens débute la fabrication des fils et câbles électriques isolés. En 1968, l'usine de Lens réalise la toiture suspendue du Stade olympique de Munich. En 1979, les Câbles de Lyon prennent la majorité du capital des Laminoirs, Tréfileries et Câbleries de Lens. Au cours des années 1980, une fusion et une rationalisation confèrent aux Câbleries de Lens la « taille critique ». En effet, le premier janvier 1986, Bohain Jeumont Câbles fusionne avec Laminoirs, Tréfileries, Câbleries de Lens, réunissant ainsi 900 personnes. L'entreprise atteint alors une dimension européenne, comme métallurgiste de cuivre destiné à la câblerie et comme fabricant de câbles industriels souples élastomères.

La presse à plomb Champigneul dans les ateliers de Lens.

UNE AUSSI LONGUE CRISE

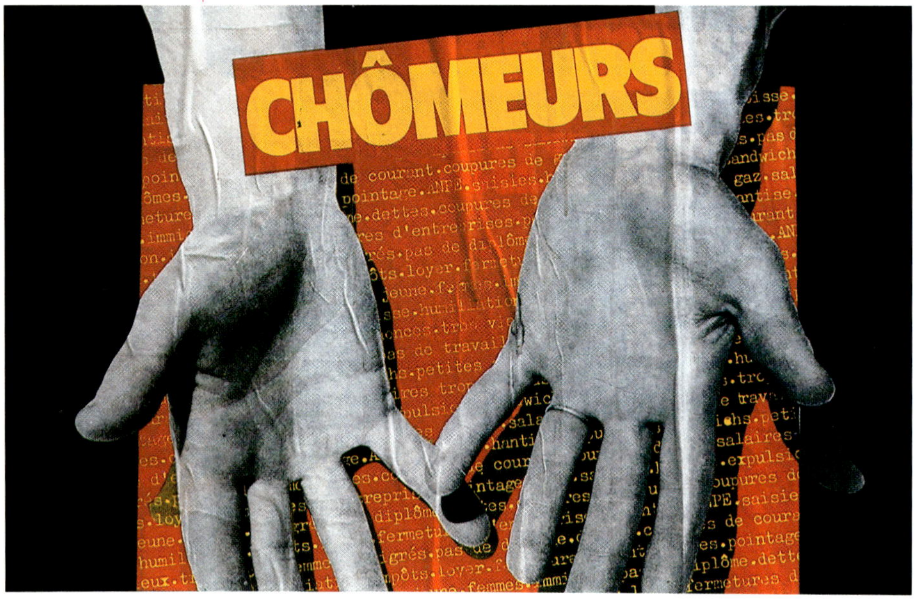

Le 6 octobre 1973, jour du Kippour en Israël, les armées égyptienne et syrienne lancent une offensive sur l'État Hébreu. Le 17, pour soutenir les armées arabes, les ministres de l'OPEP décident de réduire leur production pétrolière de 5 % chaque mois, puis le 23 décembre l'OPEP double les prix du pétrole brut. Au début de l'année 1974, le prix du baril est finalement quadruplé par rapport à ce qu'il était quelques mois auparavant. Après une stabilisation de cinq années, le deuxième choc pétrolier, en 1979-1980, entraîne un nouveau doublement des prix du baril. L'OPEP est alors accusée d'avoir déclenché la crise.

Dès 1974, la croissance est brisée. Dans la plupart des pays industrialisés, le taux de croissance du PIB devient négatif en 1974 ou 1975. Cependant, une reprise, beaucoup moins vive il est vrai, se manifeste dans les années suivantes. Si l'on compare les taux moyens annuels de croissance de la production industrielle sur les périodes 1961-1973 et 1974-1980, les États-Unis passent de 5,2 % à 2 %, la France de 5,7 % à 1,7 %, la RFA de 5 % à 0,9 %, et le Japon de 12,3 % à 2,4 %. Comme dans les crises antérieures, le recul de la production industrielle s'accompagne d'une chute des profits, d'un accroissement du nombre des faillites et d'une hausse du chômage, qui touche 30 milions de personnes dans les pays de l'OCDE en 1982. Les prix, contrairement aux crises précédentes, ne baissent pas mais augmentent rapidement, passant d'un taux moyen d'inflation de 3 ou 4 % à 10 % entre 1973 et 1980, avec des sommets à 22 % au Japon en 1975 et 13 % en France et aux États-Unis en 1980. Même en RFA, pourtant particulièrement sage, la hausse des prix atteint 7 % en 1974 et 6 % en 1980.
Pour qualifier cette inflation, insolite en temps de crise, les économistes inventent un nouveau mot, la « stagflation », combinaison de stagnation, chômage et inflation.
En fait, la stagflation s'amorçait déjà avant le premier choc pétrolier. Dans les pays de l'OCDE, le chômage augmente à partir de 1967, la croissance du PIB ralentit après 1968 ou 1970, selon les pays, et la hausse des prix s'accélère depuis 1970.
Le quadruplement du prix du pétrole ne fait qu'accentuer les tendances antérieures.
Par ailleurs, la décision du président Nixon de suspendre la convertibilité du dollar en or, le 15 août 1971, suivie des dévaluations du dollar puis du flottement généralisé des monnaies, contribue à la désorganisation des économies.
Toutefois, la croissance se poursuit malgré tout, à un rythme plus faible, alternant reprises et rechutes.
Les différentes politiques économiques employées pour sortir de la crise restent relativement inefficaces, même si dans les années 80, le taux de chômage baisse dans plusieurs pays et si les taux

d'inflation diminuent considérablement.
La marginalisation d'une partie de la population et la crise de l'État providence révèlent les limites du traitement social de la crise. Le maintien du pouvoir d'achat et de la consommation des ménages, certes l'un et l'autre en progression ralentie, la poursuite de la croissance du commerce international, montrent que, depuis 1974, le monde vit une longue dépression, qui marque la fin de la prospérité fordiste.
La fin des années 60 et les années 70 connaissent un ralentissement des gains de productivité qui affecte la rentabilité du capital. Jusqu'en 1982-1983, dans le partage de la valeur ajoutée des entreprises, la rémunération des salariés prime sur le profit et l'investissement. Cela favorise la tendance à la délocalisation industrielle dans les États du tiers monde, mais aussi l'apparition de déséquilibres entre les pays. L'émergence des quatre dragons asiatiques, les excédents allemands et japonais, les déficits américains et français, sont des phénomènes majeurs des années 80.
La dépression de la fin du XXe siècle serait donc liée à l'essoufflement d'un certain mode de production et de consommation. Le taylorisme décline avec les nouvelles technologies, l'informatique et la robotisation, alors que la flexibilité du travail et la formation permanente des travailleurs deviennent un impératif. Dans le même temps, la mondialisation des échanges et des économies, et l'information en temps réel entraînent les entreprises dans une concurrence accrue et un redéploiement continu.

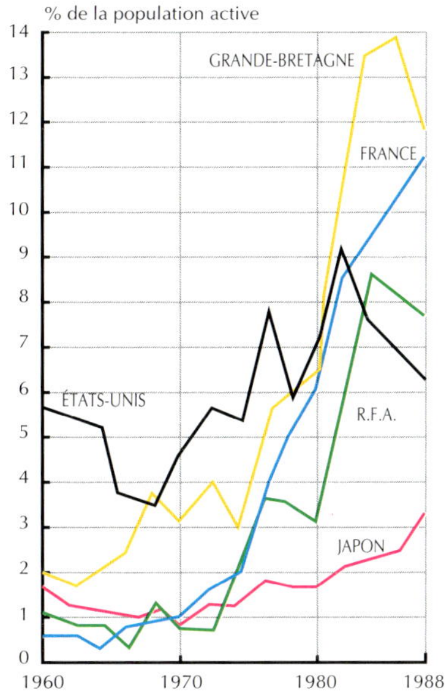

Évolution du chômage, en pourcentage ***de la population active.*** *Dans tous les pays, le ralentissement de la croissance s'est accompagné d'une augmentation importante du chômage, déjà nette avant 1974 au Royaume-Uni et en France.*

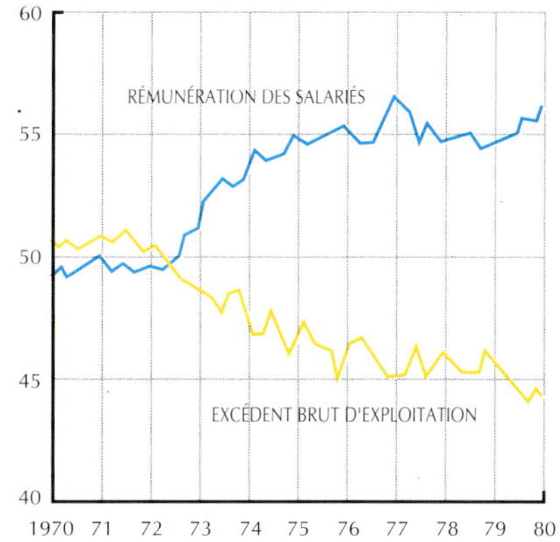

Les premières années de la dépression sont marquées par une chute importante de la part des profits *(excédent brut d'exploitation) dans la valeur ajoutée des entreprises (ici l'exemple de la France). En même temps, la part des salaires s'accroît, ce qui constitue un des caractères les plus singuliers de la grande dépression.*

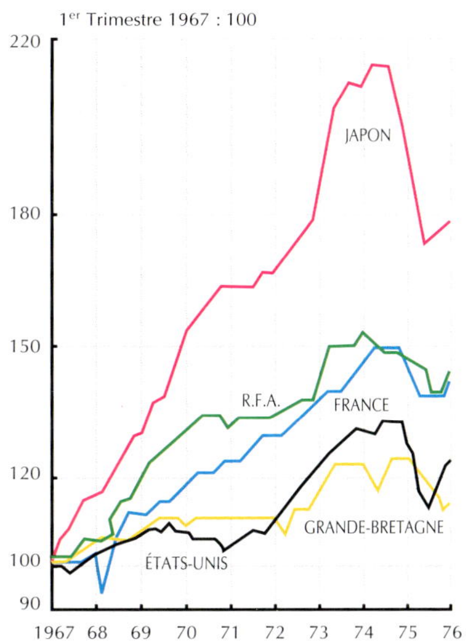

Source : OCDE

La production industrielle de 1967 à 1976. *Une des manifestations les plus évidentes de la grande dépression est le ralentissement de la production industrielle qui frappe tous les pays capitalistes industrialisés avec une relative simultanéité.*

La crise de la sidérurgie touche l'ensemble du monde capitaliste développé à partir de 1974, la demande mondiale faiblissant à cause de la crise des constructions navales, de l'allègement des automobiles et du remplacement de l'acier par des matériaux de substitution. De 1974 à 1986, l'OCDE perd 850 000 emplois dans la sidérurgie.

La Compagnie et son Président, Ambroise Roux, mènent tout au long de la décennie une série de grandes « manœuvres industrielles » qu'avive le changement de majorité présidentielle en 1974, avec l'accession à la présidence de la République de Valéry Giscard d'Estaing. Ces batailles, tout autant économiques que politiques, placent la CGE sous les feux de l'actualité, prompte à ranger leurs divers épisodes dans l'alternative simpliste succès/échec. Le jeu stratégique de la Compagnie s'avère bien plus complexe et intègre toujours la volonté de pérenniser ses positions industrielles dans le long terme. Ce que montrera, au cours des années 1980, l'épilogue le plus souvent réussi de mouvements amorcés dès la fin des années 1960.

Le grand jeu nucléaire

Dans le sillage du vaste effort entrepris par les pouvoirs publics et l'EDF, la CGE s'engage dans le secteur nucléaire sans jamais oublier cependant les règles de prudence qui sont les siennes et verser dans l'optimisme de « grands chantiers » ponctuels et sans lendemains industriels.

Prendre pied dans le secteur nucléaire

À la fin des années 1960, EDF décide l'abandon de la filière française graphite-gaz, développée par le Commissariat à l'Énergie Atomique, le CEA, au profit de la technologie américaine des centrales à uranium enrichi et à eau pressurisée, qui apparaît à la fois plus fiable et plus rentable. Dès 1960, un accord franco-belge a été conclu pour édifier à Chooz, dans les Ardennes, une première centrale à eau légère. Sa réalisation est confiée à Westinghouse, détenteur de la technologie PWR (*Pressurized Water Reactor*), à la société belge ACEC, et à Framatome, une filiale créée par le groupe Schneider en 1958 afin de disposer de la licence PWR acquise la même année, avant même l'achèvement de la centrale de Chooz. Framatome connaît alors un essor à la mesure de l'ampleur du programme nucléaire français. À partir de 1968, ses effectifs doublent chaque année et dépassent 1 200 personnes en 1975.

Si la CGE pose des jalons dès les années 1950 – elle participe en 1956 au groupement « Indatom » travaillant sur une pile de recherche et d'enseignement destinée au centre de Grenoble, et à des essais d'un pétrolier propulsé par un moteur nucléaire –, son activité atomique reste modeste au cours des années 1960, avec seulement une sous-filiale fabriquant des barres de contrôle et une petite activité d'instrumentation. L'entrée d'Alsthom dans le groupe et l'essor du programme nucléaire français bouleversent la situation. L'entreprise de Belfort s'est beaucoup investie dans la filière française, en participant à la réalisation de six tranches nucléaires de la filière graphite-gaz, et elle dispose à cet effet d'une filiale compétente, la Sogerca. Cette dernière détient une licence du groupe General Electric et contrôle à 65 % (le reste appartenant à la société Babcock et Wilcox) le Groupement Atomique Alsacienne Atlantique (G3A), spécialisé dans l'ingénierie nucléaire.
Comme le note le conseil d'administration en mars 1970, « la Compagnie Générale d'Électricité a été amenée, à travers les restructurations récentes, à renforcer sa position dans le domaine nucléaire, en particulier en prenant le contrôle d'Alsthom ainsi que celui du Groupement Atomique Alsacienne Atlantique. (...) Ces opérations constituent l'amorce de l'institution d'un groupe industriel puissant, accueilli favorablement par les clients publics comme le Commissariat à l'Énergie Atomique et Électricité de France. (...) La CGE semble aujourd'hui bien placée pour recueillir les fruits de restructurations industrielles dont elle a été dans ce secteur tant à la fois l'initiatrice que le chef de file. »
Mais, comme la Compagnie ne dispose pas des technologies nécessaires à la réalisation des réacteurs, cœur des centrales nucléaires, elle signe en 1970 un accord avec General Electric, d'une durée de 15 ans, lui permettant de disposer de l'ensemble des techniques de la firme américaine en matière de réacteurs à eau bouillante, selon le procédé dit BWR (*Boiling Water Reactor*). Un succès s'amorce la même année, avec l'obtention du contrat de la centrale nucléaire suisse de Kaiseraugst, près de Bâle, construite sous la direction d'EDF et du groupement suisse ENK, grâce à une technologie General Electric et avec la participation de la Sogerca.

Pourtant, l'année suivante, la CGE se trouve deux fois défaite face au groupe Jeumont-Schneider pour l'équipement des centrales nucléaires de Fessenheim et Bugey. Après avoir longtemps tergiversé, EDF préfère finalement la technique Westinghouse de Creusot-Loire à celle de la General Electric promue par la CGE. Jeumont-Schneider, qui a déjà réalisé une centrale à Tihange, a notamment proposé un prix très en deçà de celui établi par la Compagnie. Dans *L'Expansion* du mois d'avril 1971, les dirigeants de cette dernière avancent pourtant sans ambiguïté une explication qui sera souvent reprise par la suite : « Tout cela est encore flou, mais nous avons une certitude, celle de ne pas laisser le nucléaire ruiner la CGE. Jeumont-Schneider a pris trop de risques et rendu un mauvais service à toute l'industrie française. »
L'argument est le même pour les surgénérateurs, ces réacteurs à neutrons rapides dits de la seconde génération, où s'illustre alors la technique française du prototype du CEA, le Phénix. Pour la CGE, si séduisant soit-il en termes techniques, ce n'est que beaucoup plus tard qu'il deviendra un réel marché industriel. « Une chance sur trois », précise la CGE, qui n'oublie pas que pour l'instant, elle a plus de 100 000 personnes à faire vivre...
Pourtant l'année 1973 débute sous de bons auspices pour la CGE. En effet, le conseil d'administration d'EDF, dans sa séance du 25 avril 1973, retient, parallèlement à la technique à eau pressurisée de Creusot-Loire, qui reçoit commande de 22 chaudières de type PWR, celle à eau bouillante de la CGE sous licence General Electric, avec 8 chaudières nucléaires de 995 MW, du type BWR, dont deux fermes, ce qui représente, pour la Compagnie et ses filiales, un marché de 3,5 milliards de francs.
Le Groupe est en outre fortement présent dans la production d'énergie nucléaire grâce à Alsthom qui doit réaliser, dans le domaine des groupes turbo-alternateurs nucléaires, la totalité des centrales à eau légère française (24 unités de 1 000 MW) d'ores et déjà en commande. La Compagnie est également bien placée dans le domaine des surgénérateurs, 70 % des équipements du réacteur Phénix ayant été fournis par le groupe et ses filiales. Dans ce secteur, la CGE met sur pied et prend la tête d'un groupement avec la société Babcok-Fives-Cail, qui doit construire une première unité opérationnelle de 1 200 MW.

Centrale nucléaire à eau légère de Chooz, salle des machines.

LES CENTRALES NUCLÉAIRES

Centrale nucléaire de Saint-Laurent.

Rotor, Centrale nucléaire de Chooz.

Les centrales nucléaires sont des centrales thermiques utilisant comme combustible un métal radioactif non-renouvelable ; mais elles peuvent, dans leur technologie la plus élaborée, générer autant de métal combustible qu'elles en consomment, ce qui apparente alors le nucléaire à une énergie renouvelable. Pour comprendre l'énergie nucléaire, il faut se souvenir de la loi d'Einstein de 1905 : $E = mc^2$ qui démontre qu'une infime consommation de combustible nucléaire est susceptible de produire une quantité d'énergie colossale, en raison de l'effet multiplicateur « c » élevé au carré. Les étapes de sa connaissance sont franchies successivement par la découverte de la radioactivité naturelle par le Français Henri Becquerel en 1896, les travaux de Pierre et Marie Curie, la découverte du neutron par l'anglais James Chadwick en 1932, celle de la fission nucléaire par les allemands O. Hann et F. Strassmann en 1938 et du principe de la réaction « en chaîne » par Irène et Frédéric Joliot-Curie l'année suivante.
En 1941-1942 Enrico Fermi construit la première « pile atomique » aux États-Unis, où une centrale nucléaire produit de l'électricité en 1951 pour la première fois au monde.
La fission nucléaire correspond à la cassure d'un très gros noyau atomique en fragments de moindre taille sous l'impact d'un neutron. Ce processus libère une très grande énergie qui projette les fragments à grande vitesse. L'isotope d'Uranium (U235), présent en très faible proportion dans l'Uranium naturel (U238), est le combustible le plus couramment utilisé pour effectuer la fission nucléaire. Frappé par un neutron, l'atome d'U235 se scinde en noyaux plus petits et en plusieurs neutrons qui peuvent, sous certaines conditions, frapper un nouvel atome d'U235, et ainsi de suite : voilà décrite la réaction en chaîne par laquelle la fission d'un gramme d'U235 libère une énergie 2×10^6 fois plus grande que la combustion d'un gramme de charbon...

La technologie de la pile et de la centrale vise à contrôler cette réaction, à l'inverse de ce qui se produit dans la bombe atomique où la réaction provoque, en un temps très court, une formidable explosion aux effets dévastateurs.
Pour assurer ce contrôle, il faut adjoindre au combustible un dispositif de « barres de commande » susceptibles d'absorber les neutrons en partie ou en totalité, et ainsi freiner ou arrêter la réaction en chaîne : le combustible est placé dans une sorte de ruche dont il ne remplit que certaines alvéoles, les autres étant réservées aux barres de commande introduites à la demande, afin de permettre la conduite de la centrale.
Enfin, un modérateur est généralement associé au combustible pour ralentir les neutrons issus de la fission.
L'ensemble combustible, modérateur et barres de commande constitue le « cœur » du réacteur nucléaire et joue le même rôle que le foyer de la chaudière d'une centrale thermique à flamme. En effet, un fluide caloporteur, généralement de l'eau sous pression, recueille la chaleur produite par la fission.
Pour des raisons de sécurité, cette eau demeure dans un circuit protégé à l'intérieur du réacteur, et échange sa chaleur avec un second circuit d'eau sous pression produisant la vapeur qui actionne les turbines et leurs alternateurs.

Stator, Paluel.

Centrale nucléaire de Paluel.

Superphenix : chargement du cœur du réacteur.

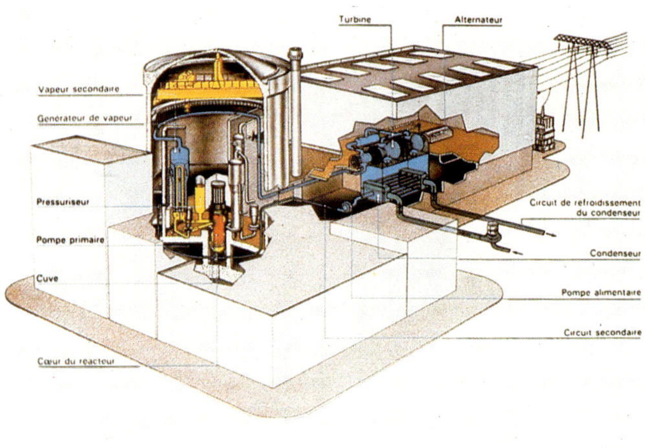

REACTEUR A EAU SOUS PRESSION

Le procédé PWR, développé par Creusot-Loire, est finalement retenu en 1975 aux dépens de la filière à eau bouillante proposée par la CGE.

La Compagnie se félicite de la décision des Pouvoirs publics et d'EDF, qui la fait entrer définitivement dans le club nucléaire, dans le contexte d'un programme français extraordinairement ambitieux, le plus important du globe.
« Je n'ai pas besoin d'insister sur l'importance de cette nouvelle », déclare avec enthousiasme le Président de la CGE aux actionnaires réunis en assemblée générale le 6 juin 1973. « Alors, en effet, qu'il vient d'être décidé d'accélérer la réalisation du programme nucléaire français et que les seuls besoins nationaux en énergie nucléaire d'ici la fin du siècle nécessiteront la construction de l'équivalent de 150 à 200 réacteurs de 1 000 MW. [...] Notre Groupe avait pressenti depuis longtemps l'avenir de la production d'énergie électrique d'origine nucléaire. C'est ce qui avait motivé, en 1969, sa prise de participation dans le Groupement Atomique Alsacienne Atlantique (G3A) ; ce fut aussi l'un des motifs principaux de la prise de contrôle des sociétés Alsthom et Alcatel dont le potentiel nucléaire apparaissait essentiel pour l'avenir. »
Misant sur l'effet de concurrence entre la CGE et Framatome pour abaisser les prix des équipements, EDF lance, en 1974, une offre de commande de deux centrales à eau bouillante, avec la perspective d'une extension du contrat deux ans plus tard. Devant un marché encore incertain, et au sein duquel la CGE ne peut jouer qu'un rôle d'appoint à l'ombre de Creusot-Loire, Ambroise Roux décide de temporiser. Certes la CGE se tient prête : grâce à son accord avec General Electric, elle dispose dans le Groupe de toutes les compétences et capacités de production nécessaires pour devenir le deuxième fournisseur français de centrales nucléaires. Les cuves qui lui font défaut pourront être fabriquées avec le chaudronnier italien Bréda. Mais, s'ils font en apparence le forcing, les dirigeants de la Compagnie apparaissent de plus en plus circonspects. Le gouvernement prévoit en effet de réduire le programme nucléaire à partir de 1976 et l'idée d'une double filière à eau légère rencontre de plus en plus de scepticisme parmi les pouvoirs publics. La Compagnie ne souhaite pas en outre se laisser entraîner dans la politique de bas prix pratiquée par Creusot-Loire, soucieux de capter un marché dont les techniques lui sont familières.
Une position que conforte Roger Schulz qui prend, après la SGE, les rênes d'Alsthom en 1974. Celui-ci réalise très vite « que la France n'aurait jamais les moyens de mettre en œuvre, dans son programme nucléaire, deux types de filières. Il n'y avait donc pas la place pour deux. De surcroît, je me suis aperçu qu'Alsthom n'arriverait jamais à rattraper l'avance prise par Schneider, qui avait déjà fabriqué plus de vingt chaudières à eau pressurisée ! Lors de mon arrivée à Alsthom, j'ai pris une décision seul contre tous, car les équipes travaillaient déjà sur les commandes passées par EDF auprès de la société. »
Le nouveau PDG d'Alsthom, décidé à ne pas lancer sa société dans une activité déficitaire ou peu bénéficiaire dans un secteur que son entreprise connaît mal, alors que sa situation financière s'avère très difficile, vient exposer, avec l'aval du Président de la CGE, sa nouvelle position à EDF. « Il est venu nous expliquer, raconte le Président Marcel Boîteux, que bien sûr un contrat avait été passé, mais qu'il fallait accepter d'augmenter très notablement le devis si l'on voulait continuer. Les partisans d'une filière unique ont alors repris du poil de la bête. Finalement, un peu à contrecœur, je dois le dire, j'ai renoncé à la concurrence au niveau des chaudières puisque le challenger jetait l'éponge. »
Une version que confirme le conseil d'administration de la CGE quand il remarque sans ambiguïté, le 2 juillet 1975, que « le problème est en fait double : il concerne à la fois l'importance des séries et le niveau des prix. La position de la CGE à ce sujet, vis-à-vis d'EDF, demeure très claire. À défaut de solutions satisfaisantes, la construction de chaudières à eau bouillante devra être abandonnée. » Après la suspension des deux commandes fermes de chaudière le 4 mai 1975, la décision définitive tombe dans la nuit du 4 août 1975 : la filière PWR est seule retenue pour la réalisation du programme électronucléaire français. La filiale de Creusot-Loire, Framatome, devient le seul fournisseur de réacteurs des centrales nucléaires françaises.

LES FILIÈRES NUCLÉAIRES

Les différents types de réacteurs se différencient en filières selon la nature de leurs trois constituants de base : le combustible, le modérateur et le fluide caloporteur. Les premières centrales construites de 1950 à 1970 utilisent pour combustible l'uranium naturel ou enrichi à 1 ou 2 % d'U235, le graphite comme modérateur et le gaz carbonique en tant que fluide caloporteur. Au cours des années 1960, le gaz carbonique et le graphite sont remplacés au Canada par de l'eau lourde, puis par de l'eau ordinaire bouillante ou sous pression. À partir de 1970, le graphite modérateur est remplacé le plus souvent par l'eau ordinaire. Les réacteurs à eau sous pression sont les plus répandus aujourd'hui et représentent 45 % du nombre total de réacteurs en service dans le monde. Ces différentes filières, qui recourent toutes à un modérateur, sont dites « à neutrons lents » (c'est-à-dire ralentis).

Une autre filière utilise directement les neutrons rapides issus de la fission et supprime le modérateur ; elle nécessite un combustible beaucoup plus enrichi, l'uranium naturel, comprenant cette fois 15 % d'un mélange d'U235 et de Plutonium (P239), au rôle similaire à celui de l'U235. Dans ce type de réacteurs dont le premier prototype fonctionne à Los Alamos aux États-Unis en 1946, une partie des neutrons issus de la fission est capturée par l'U238 qui se transforme alors en plutonium : le réacteur peut ainsi engendrer plus de matière fissile qu'il n'en consomme. C'est un surgénérateur, en ce sens qu'il renouvelle lui-même la source d'énergie qui l'alimente. Mais il nécessite un fluide caloporteur, le sodium liquide, qui ne ralentit pas les neutrons, et pose des problèmes de sûreté très délicats à résoudre dans le contrôle de la réaction en chaîne, d'une part, et en raison de son caractère très inflammable, d'autre part. Après la construction d'un prototype à Cadarache, la France réalise une centrale d'essai de ce type en 1974, Phénix, puis une centrale de forte puissance, Superphénix, en 1986.

Superphénix reste de nos jours la plus grosse centrale nucléaire à neutrons rapides au monde, le développement industriel de ce type de réacteurs étant pratiquement arrêté dans tous les autres pays. Aux problèmes de sécurité, s'ajoutent en effet le coût des investissements, considérablement élevé, ainsi que la présence de plutonium, métal radioactif hautement toxique et matière première de la bombe atomique, dont la dissémination doit être empêchée à tout prix. Mais les surgénérateurs de demain coûteront moins cher, et produiront donc de l'électricité meilleur marché. Ils apporteront une bonne solution aux difficultés d'approvisionnement en combustible par leur capacité à en produire eux-mêmes et réduiront les problèmes de l'élimination des déchets radioactifs en en brûlant la partie la plus dangereuse au sein même du réacteur.

La maîtrise des turbo-alternateurs

Alors que tous, y compris la CGE, parlent d'« échec » et de « déception », la Compagnie et son Président démontrent leur habileté stratégique en obtenant en compensation l'ensemble du marché de l'électro-mécanique nucléaire, dans le secteur clé des turbo-alternateurs. Une restructuration intervient en effet au profit de la CGE dans le domaine des turbines à vapeur, qui comprend alors quatre constructeurs répartis en deux groupes, Alsthom et Rateau d'une part, CEM et Creusot-Loire d'autre part. Ensemble, ils disposent d'une capacité totale de 8 000 MW par an, alors que le programme français, réduit, s'élève désormais entre 4 000 et 5 000 MW par an. En échange de 5,6 % du capital d'Alsthom-Atlantique, la CEM apporte à ce dernier, le 2 novembre 1976, sa division de production d'énergie, à savoir son usine du Bourget et ses activités dans le domaine des turbo-alternateurs, des centrales thermiques conventionnelles et nucléaires et du matériel de condensation. Alsthom-Atlantique devient ainsi le seul constructeur français de groupes turbo-alternateurs de puissance et se situe désormais, avec une capacité de 8 000 MW, au nombre des plus grands constructeurs mondiaux du domaine, en atteignant le niveau du groupe allemand KWU, du groupe BBC, seulement surpassée par la General Electric (20 000 MW) et Westinghouse (12 000 MW). L'accord devient pleinement opérationnel le 6 mai 1977. Le second accord est noué avec Creusot-Loire, les deux groupes examinant, en novembre 1976, « les conditions dans lesquelles leurs activités communes pourraient être exercées désormais dans le cadre d'une coopération confiante à long terme. » Une rationalisation générale intervient. Dans le domaine des turbines à vapeur, l'accord Alsthom-Atlantique/CEM (avec cette dernière, Creusot-Loire avait noué une association à hauteur de 40 %) est confirmé, Alsthom-Atlantique se voyant confier la maîtrise complète de l'étude et de la construction des turbines à vapeur conventionnelles et nucléaires.

Turbines à vapeur 3000 MW réalisées par Alsthom-Atlantique.

Une coopération entre les deux groupes intervient dans le domaine de l'exportation de centrales nucléaires françaises à eau légère complètes, par l'intermédiaire d'une société commune, Framateg, dont le capital est détenu à 55 % par Framatome (qui fournit « l'îlot nucléaire ») et à 35 % par Alsthom-Atlantique (fournisseur de « l'îlot conventionnel »). D'autres dispositions sont prises. Dans le domaine des turbines hydrauliques, confiées à une nouvelle société, Neyrpic (dont le capital est réparti à 65 % entre Creusot-Loire et 35 % pour Alsthom-Atlantique), dans celui des centrales hydro-électriques « clés en main » à l'exportation, proposées désormais dans le cadre d'une société Alsthom-Schneider (dont le capital est réparti respectivement à hauteur de 65 et 35 %), dans le domaine des surrégénérateurs, où la société Novatome, filiale de Creusot-Loire et du CEA, est chargée du développement de la filière française et prend le contrôle de la société G3A. Par ailleurs, CGEE-Alsthom se voit confirmée dans son rôle d'entrepreneur de la partie électrique (contrôle-commande et distribution) des centrales dont Alsthom-Atlantique assure l'entreprise générale.

Comme le commente sobrement dans la presse Ambroise Roux : « Le gouvernement, pour des raisons politico-commerciales, n'a voulu disposer que d'un seul groupe nucléaire. À ce niveau, nous perdons la gloire, mais nous gardons une partie très importante des fournitures. Nous avons perdu un risque, celui de pertes financières importantes, et gagné une sécurité, l'équipement des centrales nucléaires en turbo-alternateurs. »

La suite des événements, avec l'effondrement du groupe Creusot-Loire au cours des années 1980, démontreront la justesse du jeu stratégique mené par la CGE, autour de la pièce essentielle que représentent les turbo-générateurs. En revanche, EDF se trouve dorénavant confronté, en termes de fournisseur, à deux monopoles, celui de Framatome (Creusot-Loire) pour les réacteurs et celui d'Alsthom-Atlantique pour l'électro-mécanique. En 1981, celui-ci dresse un tableau exhaustif de ses positions dans la note « Le groupe

Mise en place d'un rotor basse pression à la centrale nucléaire EDF de Fessenheim.

Alternateurs en construction.

Alsthom-Atlantique et l'énergie nucléaire ». Pour l'ensemble de l'entreprise et de ses filiales, Stein Industrie, Ateliers et Chantiers de Bretagne (ACB), Delas-Weir, CGEE-Alsthom, 10 000 personnes travaillent dans le secteur nucléaire. Alsthom-Atlantique est tout d'abord le premier constructeur européen de turbo-alternateurs, avec une capacité de production de 10 000 MW par an.
Alsthom-Atlantique est aussi un fournisseur d'équipements assurant de façon directe la marche et la sûreté du réacteur, et joue le rôle d'un entrepreneur général prenant la responsabilité complète de l'engineering, de la fourniture et de la mise en service des salles de machines nucléaires clés en main.

Le nucléaire, une défaite de la CGE ? C'est l'avis de nombreux commentateurs qui considèrent dans la seconde moitié des années 1970 la Compagnie hors jeu dans ce domaine et la page de ses « espérances nucléaires » définitivement tournée. D'autres se montrent plus clairvoyants, comme, en septembre 1975 le magazine *Valeurs Actuelles*, qui remarque : « L'affaire des centrales nucléaires s'est dénouée autrement (que prévu pour la CGE). On a parlé d'un échec. À voir ! »

1970 - 1975 : l'enjeu du téléphone et l'échec du second Plan Calcul

Le boom du téléphone français

Dès le début des années 1970, sous l'impulsion de ministres des Postes et Télécommunications comme Yves Guéna et Robert Galley, la France se décide enfin à combler son retard dans le domaine du téléphone. Début 1971, le VIe Plan, réactualisé par un comité interministériel en janvier 1973, prend enfin en considération les besoins d'équipement en matière de télécommunications. Avec un budget de plus de 10 milliards de francs, le ministère des Postes et Télécommunications devient, dès l'année suivante, le plus important investisseur français, devançant EDF.
Au-delà des budgets débloqués par l'État, l'un des moyens de mise en œuvre de cette politique repose sur l'appel au public par l'intermédiaire de Finextel, banque et Sicomi à la fois. L'émission des actions de Finextel représente 20 % du financement global des télécommunications en 1970 et se comprend comme une façon d'associer le public à la mise en place d'un outil qui lui est destiné. Cette diversification des sources de financement s'inscrit néanmoins dans une relation inchangée entre la Direction générale des télécommunications et les constructeurs de matériel téléphonique. Les pouvoirs publics se réservent l'exploitation et les industriels, la fabrication des matériels, dans le cadre de la politique d'organisation du marché mise en œuvre depuis la Libération, et marquée par l'équilibre des constructeurs au sein de la société Sotelec, le contrôle des prix fixés par les autorités de tutelle et le rôle central joué par le CNET.
Pourtant les pouvoirs publics ne renoncent pas totalement à la loi de l'offre et de la demande, comme l'explique alors Robert Galley, ministre des Postes et Télécommunications : « la concur-

rence, nous allons l'établir d'une manière originale, parce qu'il faut que, dans le monde des télécommunications, nous improvisions des méthodes originales. Nous allons passer, chaque année, des marchés garantis, mais qui ne couvriront pas la totalité des travaux. »
Les perspectives du marché français des télécommunications se déploient sur une telle échelle que les appétits légitimes des industriels des télécommunications s'exacerbent. Au niveau mondial, l'enjeu couvre un marché estimé en 1973 à 65 milliards de francs dès 1975 et 95 milliards en 1980. Il faut donc se placer sans tarder sur un créneau en évolution rapide, sur lequel la CGE et sa filiale, CIT-Alcatel, campent en excellente position au début des années 1970.

Vue détaillée du raccordement central télex Laborde, l'un des cinquante centraux télex réalisés par le Département Commutation de la CIT-Alcatel en matériel Crossbar.

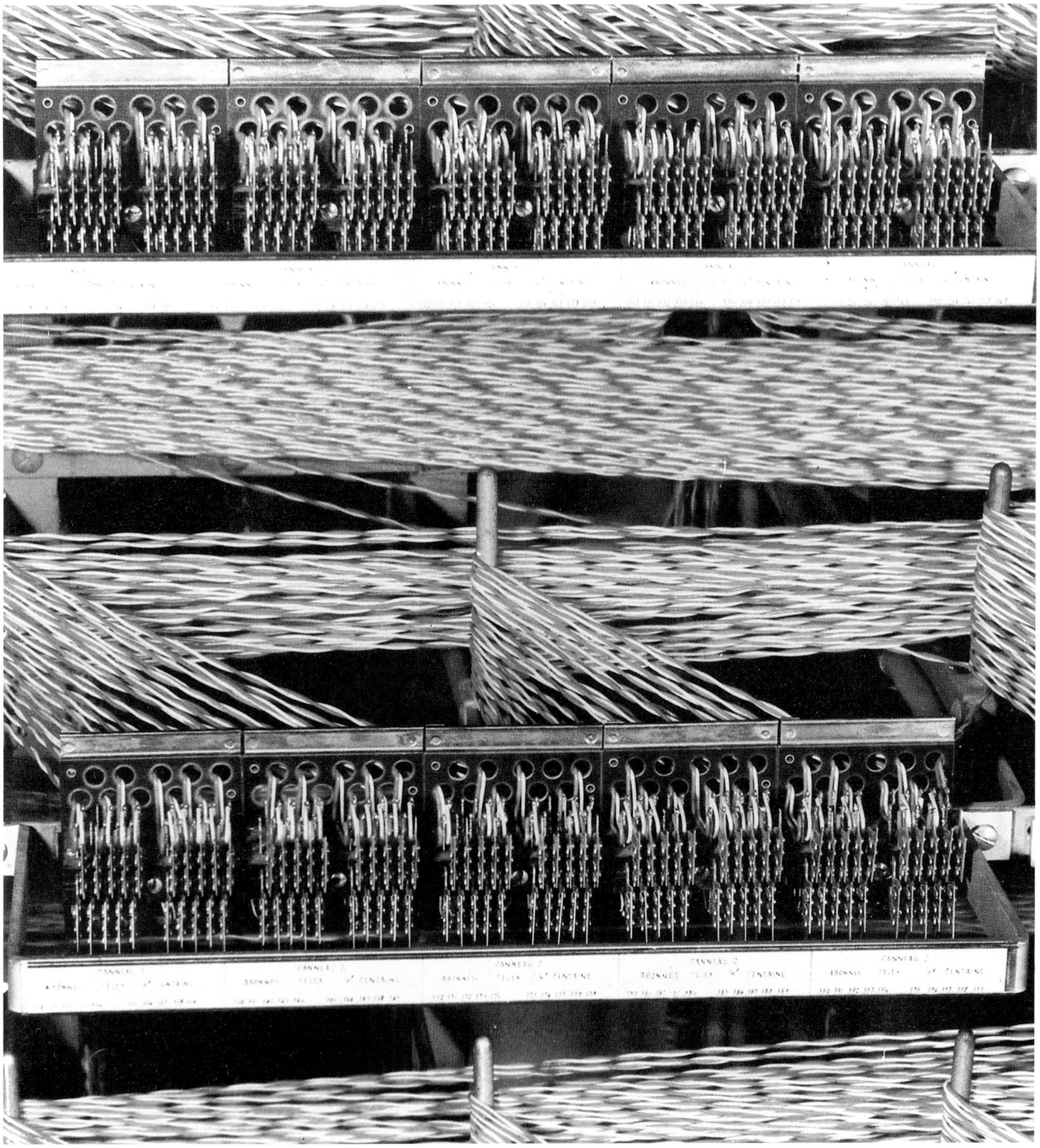

Un groupe en croissance rapide, CIT-Alcatel

Après l'expansion et le regroupement de la fin des années 1960, la « Compagnie Industrielle des Télécommunications CIT-Alcatel », dénomination adoptée en 1970, s'est réorganisée en profondeur. La fusion avec Alcatel a donné naissance à trois départements, Commutation, Transmission, Physique et Mécanique qui pèsent respectivement 43, 35 et 22 % du chiffre d'affaires de CIT-Alcatel en 1973. Autour de CIT-Alcatel, une série de sociétés couvrent trois groupes principaux d'activité, les télécommunications et l'électronique, avec notamment la téléphonie privée, assurée par la société Télic ; les automatismes, des machines à courrier aux terminaux de périinformatique et aux grands systèmes automatiques intégrés, assurés notamment par la filiale chef de file CGA ; et enfin le nouveau secteur du service informatique, avec l'entreprise GSI. CIT-Alcatel forme ainsi un ensemble très diversifié, présent dans des secteurs de pointe connaissant une croissance extrêmement rapide.

Soucieux d'élargir le champ de ses clients, le groupe CIT-Alcatel s'engage également dans une politique très active à l'exportation. Celle-ci passe, de 1969 à 1974, de 33 à 298 millions de francs, l'entreprise se fixant de façon répétée l'internationalisation comme objectif principal. Dans la seconde moitié des années 1970, elle reste pourtant très hexagonale et dépendante des pouvoirs publics : en 1973, le secteur public assure 66 % du chiffre d'affaires, le privé 18 % et les exportations 16 %. De fait, grâce à ses capacités industrielles et l'accord noué avec Ericsson à la fin de la décennie 1960, CIT-Alcatel a su devenir l'un des fournisseurs privilégiés des télécommunications nationales. Pour la commutation, sa part de marché dépasse désormais 36 % (contre 40 % pour ITT) et pour la transmission près de la moitié, grâce à l'apport d'Alcatel. Face aux pouvoirs publics, l'entreprise de télécommunications bénéficie surtout d'une technique de commutation révolutionnaire, la commutation électronique dite « temporelle ».

Commutation temporelle : l'épopée de Lannion

La brillante réussite des équipes du CNET, des laboratoires de Marcoussis et de la CIT lors de la première retransmission européenne par satellite à Pleumeur-Bodou suscite la prolongation d'une coopération active entre la CGE et l'organisme public de recherche. La deuxième expérience tentée en commun concerne la mise au point d'un nouveau système de commutation entièrement électronique, la commutation temporelle. Sa conception est résumée par André Pinet, l'un des responsables de la recherche au CNET dans les années 1960.

« Dans les années 1950, je travaillais, en collaboration avec la CIT, sur la première liaison par câble coaxial entre Paris et Vierzon. Puis j'ai quitté ce domaine en 1947 pour prendre la direction du premier laboratoire au CNET, spécialisé dans les recherches sur les impulsions. Nous nous sommes alors lancés dans l'inconnu, car les seules impulsions que l'on connaissait, pour transmettre des télécommunications, étaient celles du télégraphe et du radar. En cinq ans, sous la direction de Louis-Joseph Libois, nous avons développé des systèmes à modulation par impulsion et codage – les MIC –, et ce en toute autonomie par rapport à l'industrie et à la CIT. Aucun industriel français ne s'intéressait à ces systèmes, pour la bonne raison que les semi-conducteurs n'existaient pas encore et que nous travaillions sur des systèmes à tubes à vide qui étaient beaucoup trop coûteux en énergie. Certains systèmes ont été mis en service dans le réseau, mais en nombre limité. Cette étape a été importante dans la formation des hommes. Les recherches sur les impulsions au lendemain de la guerre ont permis de constituer une équipe qui maîtrisait parfaitement la modulation codée qui s'avérera ensuite l'une des clés de voûte des systèmes de commutation électronique. Cette compétence acquise précocement explique pourquoi notre travail à Lannion a pu aboutir aussi vite.

Le centre de Lannion où naîtra le système de commutation temporelle développé par la SLE-Citerel.

En 1957, le CNET a créé un laboratoire d'études consacré à la commutation électronique, le département RME (Recherches sur les Machines Électroniques). J'ai été chargé d'une part, de transposer tous les systèmes à impulsion et de modulation codée – entre-temps le transistor était né –, et d'autre part, de développer des circuits à impulsion destinés à ce nouveau domaine. Celui-ci était bloqué par l'absence de calculateurs. Nous avons donc développé nous-mêmes le premier ordinateur à structure parallèle, ANTINEA, un outil, le premier du genre en France, qui effectuait des calculs extrêmement rapides grâce aux transistors. Mis en service en 1959, ANTINEA peut être considéré comme l'ancêtre des calculateurs qui seront ultérieurement développés pour la commutation électronique. Des ordinateurs de plus en plus puissants vont suivre ensuite, pour gérer les premiers centraux de commutation électronique, généralement construits en un unique exemplaire et testés dans des centraux téléphoniques reconstitués en laboratoire. »

En 1962, les équipes de commutation prennent le chemin du centre de Lannion créé en 1959, essentiellement pour les liaisons radio. Pierre Marzin, maire de Lannion, élu par la suite sénateur de sa région, veut en effet donner une impulsion à sa ville en y implantant à partir de 1962 une partie du CNET. Le retentissement de la transmission par satellite de Pleumeur-Bodou, réalisée à son initiative, facilite la création du centre de Lannion, au cœur d'une Bretagne qui fait alors figure de « région neuve » et dont la promotion est facilitée par la politique de décentralisation des pouvoirs publics. Si la région est encore mal desservie en matière de communications, un service d'avions relie en permanence le centre de Lannion à la capitale.

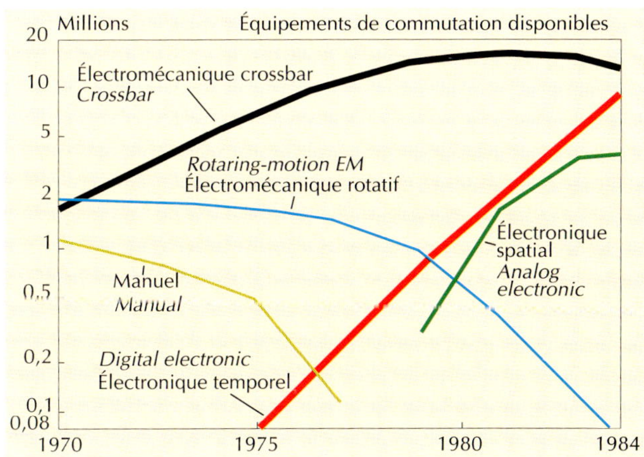

Évolution du nombre des lignes d'abonnés (en millions) connectables aux différents types de centraux en service.

Les chercheurs du CNET, ayant toujours pour référence la technique des Bell Laboratories, travaillent au cours des années 1960 sur la commutation spatiale dont le concept, moins révolutionnaire, semble plus réalisable à court terme. Deux centraux prototypes naissent de ces travaux, Aristote (« Appareillage réalisant intégralement et systématiquement toute opération de téléphonie électronique ») et Socrate (« Système original de commutation rapide automatique à traitement électronique »), qui connaîtront un début d'exploitation réelle à Lannion dans les années 1960, le premier desservant notamment 200 abonnés de 1966 à 1969. Si tout le monde s'accorde pour considérer la commutation temporelle comme la solution d'avenir, personne n'ose imaginer son développement et sa mise en service à court terme. En revanche, le transistor autorise tous les espoirs dans le secteur de la commutation spatiale et, comme aux États-Unis, plusieurs équipes, au CNET et à la Socotel, y consacrent leurs efforts.

« La grande différence, poursuit André Pinet, c'est que notre équipe, elle, a estimé que la commutation temporelle était possible dans de brefs délais, car elle se situait dans le prolongement naturel des systèmes de modulation codée, même si nous ne disposions pas encore de circuit très rapides pour effectuer les connexions. En 1962, tous les éléments se sont trouvés subitement réunis pour nous confirmer dans notre choix, avec l'arrivée à Lannion d'une équipe de commutation du CNET, puis de la CIT en 1965 par le biais de sa filiale SLE, ainsi que l'apparition des circuits intégrés nécessaires à la réussite des systèmes temporels. L'une des forces de l'équipe du CNET dans cette recherche a reposé sur le mélange de commutants et de transmetteurs puisque les équipes de Louis-Joseph Libois se composaient d'hommes venant de deux métiers, qui étaient en général très cloisonnés dans les sociétés et laboratoires de télécommunications. »

Grâce à ce contexte favorable et inédit de regroupement de compétences au cœur d'un univers technologique en plein essor, les études concrètes démarrent dès 1963 grâce à des financements très importants de l'État. Le CNET met ainsi en service, à partir de 1966, un premier système de commutation temporelle, nommé Platon (pour « Prototype lannionnais d'autocommutateur téléphonique à organisation numérique »). Le champ d'expérience est constitué de nombreux petits centraux reliés par des circuits numériques, pour lesquels la zone rurale de Lannion et ses capacités limitées sont tout indiquées. Le premier autocommutateur temporel mis en service est celui de Perros-Guirec en février 1970, puis le centre nodal de Lannion III en juillet 1970 et enfin le centre urbain de Lannion IV en 1971. 5 000 abonnés sont alors desservis par le système Platon.

Présentation des équipements Platon à Perros-Guirec par MM. Libois, Pinet et Berel du CNET à Robert Galley, ministre des PTT.

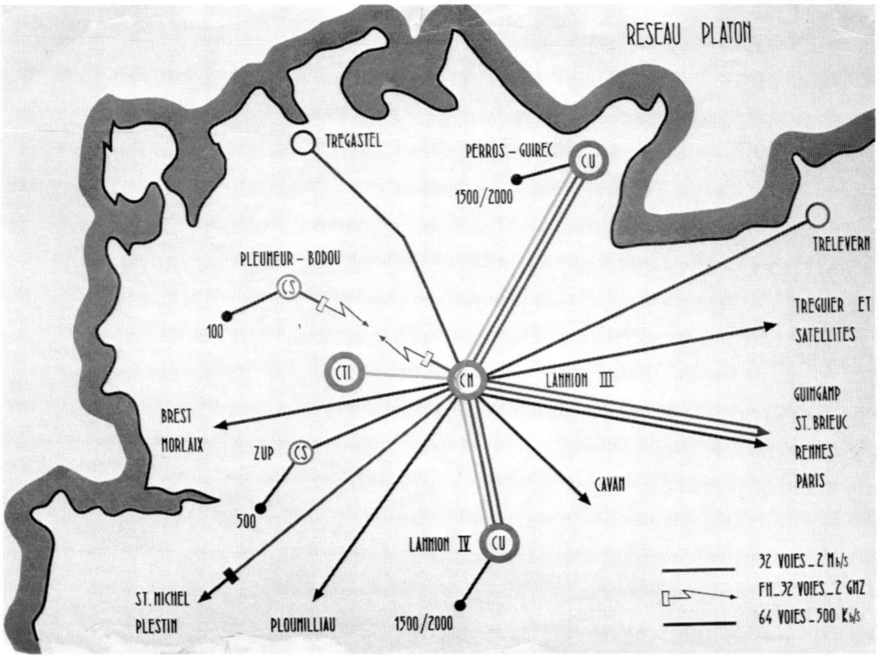

Le réseau Platon est le premier système de commutation temporelle mis en service dans le monde.

De nombreux développements techniques s'avèrent encore nécessaires dans les centraux, car les semi-conducteurs ne sont pas encore apparus sur le marché. Parallèlement, les équipes de chercheurs en région parisienne achèvent le développement du système spatial, dont le prototype Périclès est mis en service à Clamart en 1970 et à Maisons-Laffitte en 1973. Mais il est déjà trop tard. Dès 1973 en effet, la technologie temporelle équipe les groupements de Guingamp et Paimpol, faisant la preuve de son efficacité sur un réseau régional et non plus seulement urbain, comme à Perros-Guirec et Lannion.

En 1972, André Pinet présente au Congrès international de Boston le système développé à Lannion. Platon ne représente pas seulement la mise en place de la commutation temporelle dans un central, mais apparaît aussi comme une nouvelle organisation de celui-ci. Les fonctions de commutation pure (réception des appels et interconnexion des lignes) sont séparées des fonctions de gestion (taxation, surveillance, etc.), améliorant la sécurité du central, avec l'introduction de petits ordinateurs spécialisés pour assurer la commutation. La gestion est confiée à un réseau de petits ordinateurs reliés à un gros système, diminuant ainsi nettement les risques de panne.

Au même moment, les semi-conducteurs arrivent sur le marché, autorisant d'extraordinaires développements. Si, en passant du germanium au silicium, le transistor avait gagné au fil des ans en rapidité et en stabilité, il ne permettait pas de réaliser le point de connexion exigé par la commutation électronique temporelle et que seuls les circuits intégrés peuvent assurer. Les circuits intégrés permettent ainsi, à tous égards, le démarrage de la commutation temporelle. Par la suite, les progrès vont s'enchaîner sans rupture technologique majeure. Les équipes de Lannion, CNET et CIT confondus, avec, en tête, François Tallegas, ingénieur des Telecom, mis à la disposition de la CIT par le CNET, avaient, de façon audacieuse, parié sur l'arrivée des circuits intégrés bien avant leur mise sur le marché. Cette option permet, très rapidement, de progresser sans entraves et de s'affranchir totalement des brevets étrangers en matière de commutation.

Après les premiers centraux ruraux du début des années 1970, il s'agit de prouver les performances du système de commutation temporelle pour des villes, moyennes et grandes. Une première expérience a lieu à Poitiers, qui possède un central de 10 000 lignes, à la fin de l'année 1973. « Nous avons malheureusement échoué dans cette tentative – rappelle André Pinet. Ce qui nous a sauvés, c'est que le central de Poitiers a brûlé ! Pour des raisons totalement indépendantes de notre volonté, bien entendu. La capitale poitevine étant totalement privée de téléphone, nous avons agi avec rapidité, démontant les maquettes que nous gardions dans nos laboratoires, pour les installer à Poitiers et remettre toutes les lignes en service très rapidement. La situation s'est complètement retournée à notre avantage, soulignant non seulement la faisabilité de la commutation temporelle mais aussi les immenses possibilités d'extension qu'elle offrait. »

Le système de commutation temporelle E10, fer de lance de l'expansion de la CIT dans les années 1970.

De l'invention technique à l'industrialisation, il y a un pas. Sous l'impulsion de Louis-Joseph Libois, et à l'initiative d'Ambroise Roux, la CIT, soucieuse d'acquérir enfin l'indépendance technologique qui lui fait défaut, le franchit au tournant des années 1970, dans le sillage de la SLE, installée à proximité immédiate du CNET à Lannion. Un homme surtout, au sein de la direction générale de la CGE, Robert Lesaget, soutient la création de la Société Lannionnaise d'Électronique, filiale commune de la CIT et des Laboratoires de Marcoussis, pour engager fermement le Groupe aux côtés du CNET dans les recherches sur la commutation temporelle. La décision paraît facile à prendre : d'une part, l'administration finance largement les recherches et d'autre part, l'équipe de la SLE bénéficie du transfuge de chercheurs du CNET, et récupère des ingénieurs issus de la CIT.

La SLE participe ainsi à la mise au point de Platon avant de prendre peu à peu son autonomie. Le prototype de Perros-Guirec donne ainsi naissance à la première version du système E 10, le E 10A, qui utilise un calculateur CII 10010. En 1970, à la demande des PTT, la CIT et la Société des Téléphones Ericsson (STE) décident de créer le GIE Citerel (pour CIT, Ericsson, Électronique). Celui-ci débute en 1971 avec 120 personnes issues des deux compagnies, qui seront 1 500 au milieu de la décennie, et fusionne en 1972 avec la SLE, pour former une seule société, la SLE-Citerel, filiale de la CIT à 66 % et de la STE à 33 %. Son but consiste en premier lieu à assurer la production croissante du système E 10. En 1974, 31 000 lignes sont déjà réalisées, au Mans, à La Flèche, à Poitiers. 60 000 lignes sont prévues fin 1974, 100 000 en 1975 et 200 000 en 1976. SLE-Citerel maintient une capacité de fabrication de 50 000 lignes par an, les maisons mères assurant progressivement une part croissante des fabrications.
Après les succès des premiers essais au début des années 1970 et l'euphorie née du vaste programme d'équipement téléphonique de la France, la SLE-Citerel prévoit dès 1973 la construction d'une usine à Tréguier, en Bretagne. La première usine européenne de commutation temporelle est mise en service l'année suivante. Parallèlement, la SLE-Citerel se lance dans l'étude d'un système temporel de grande capacité destiné aux grands centres urbains, le E 12, difficile à mettre au point, et qui ne deviendra opérationnel qu'en 1977.

En 1974, la position du groupe CGE comme fournisseur national du téléphone est solide et couronne des années de persévérance et d'engagement industriel et technologique. Sa filiale CIT-Alcatel produit, avec des performances mondialement reconnues – y compris par son concepteur Ericsson –, le système suédois CP 400 et amorce, à l'horizon des années 1980, une percée décisive dans le domaine de la commutation temporelle, « un système en avance de plusieurs années sur tous les autres procédés mondiaux ». Mais, pour CIT-Alcatel et la CGE, les choses se dérouleront de manière moins simple que prévu. Le retour de Thomson dans le secteur du téléphone et l'arrivée d'une nouvelle équipe à la tête de la puissante Direction Générale des Télécommunications vont engendrer un gigantesque affrontement, tant industriel que politique, dont l'issue devient incertaine.

1973 : la rupture des accords avec Thomson

À l'exception de la CEPEM, dont le maintien au sein de la CGE suscite quelques difficultés de la part du groupe Thomson, le « Yalta industriel » noué en 1969 entre les deux frères ennemis de l'électricité et de l'électronique est respecté pour l'essentiel au début des années 1970. L'électromécanique, le nucléaire et le téléphone restent le domaine de la CGE, l'électronique professionnelle, les matériels grand public, l'informatique et les faisceaux hertziens sont l'apanage du groupe Thomson. Cependant, des litiges et des points de conflit entre les deux groupes, aux domaines voisins, resurgissent rapidement, notamment à l'occasion des difficultés que traverse le Plan Calcul et son vecteur, la CII. Très rapidement, il apparaît que le groupe Thomson ne saurait rester indéfiniment absent du marché téléphonique. Le boom de la commutation électronique, et surtout temporelle, qui se développe très rapidement et devient opérationnelle dix ans avant les prévisions des spécialistes, ébranle en profondeur l'équilibre des relations entre les deux groupes, incarnés par leurs Présidents respectifs, Ambroise Roux et Paul Richard.

Alors que deux de ses marchés posent problème, les composants électroniques, affectés par une crise mondiale de surproduction, et l'informatique, où Thomson-CSF dirige en principe la fragile CII, le groupe choisit de revenir dans le domaine des télécommunications, aux enjeux de plus en plus considérables. Une véritable « partie de poker industriel », comme la désigne la presse de l'époque, s'engage entre les deux géants, à un moment où les PTT n'ont pas encore définitivement opté pour le système de commutation temporelle développé à Lannion.

« Je souhaite la reconduction des accords avec Thomson. Nous les avions faits pour une longue durée avec le Président Richard. Si nous avions prévu de les faire cesser en 1973-1974, c'était simplement parce que nous avions estimé qu'il pouvait se produire en quelques années des modifications techniques, mais j'estime que l'esprit profond de ces accords est qu'ils doivent être renouvelés pour une durée équivalente à celle pour laquelle ils ont été établis », affirme Ambroise Roux devant la presse, le 6 avril 1973. De façon moins nuancée, son directeur général Georges Pebereau déclare sans ambages, peu de temps auparavant : « Nous préférons la paix, mais préparons la guerre. »

Des discussions s'engagent entre les deux groupes, afin d'aplanir les obstacles s'élevant à la reconduction pure et simple des accords. Une mésentente majeure se concentre sur la société Comectron (dont le capital se partage à 65 % pour la CGE 35 % pour Thomson), qui devait associer les deux groupes et la Socotel dans le développement et la réalisation des ordinateurs et des composants nécessaires aux télécommunications du futur. Or, le groupe Thomson reproche à la CGE d'avoir tiré vers ses filiales les aides que l'État a pu accorder à Comectron, notamment en matière de composants.

Annoncé en 1968, l'IRIS 50 de la CII est le premier ordinateur construit dans le cadre du Plan Calcul français.

De fait, les PTT commandent à CIT-Alcatel un premier central en 1973 pour équiper le quartier des Tuileries à Paris et desservir 40 000 abonnées selon ce procédé ; la CGE ne tient nullement à voir le groupe Thomson entrer en compétition avec elle dans un secteur où elle n'occupe pas encore une position dominante. Pour la première fois de son histoire, la Compagnie dispose en matière de télécommunications d'un système ne dépendant plus d'une licence étrangère, ce qui lui autorise, à moyen terme, la perspective d'une percée internationale.

Une renégociation des termes de l'entente peut éventuellement mener à la signature d'une nouvelle convention, voire d'une synergie bien plus importante entre les deux groupes qui, en fusionnant, manifesteraient leur évidente complémentarité et pourraient enfin égaler des géants comme Siemens. Une partie de l'équipe dirigeante de Thomson partage ce point de vue. Comme l'explique quinze ans plus tard, en 1991, Roger Schulz, alors Vice-Président directeur général de Thomson-Brandt et Administrateur-directeur général de Thomson CSF : « Après trois ans de collaboration, j'ai eu une divergence avec Paul Richard à propos de la CGE, car l'État souhaitait à cette époque réduire le programme d'armement français et l'on considérait de manière générale, dans le monde, que les commandes allaient diminuer de manière importante. Les perspectives de développement de Thomson-CSF se trouvaient donc menacées par ces prévisions. Nous avons alors élaboré le Plan d'Électronique Civile (PEC), un plan de reconversion du domaine de l'électronique militaire vers le civil, qui soulignait l'importance de la téléphonie dans le cadre d'un tel redéploiement.

Nous sommes donc partis sur cette idée qui remettait totalement en cause les accords conclus entre la CGE et Thomson quelques années auparavant. Si nous n'avions pas une bonne connaissance du marché du téléphone, dont nous étions absent depuis plusieurs années, nos compétences en matière d'électronique militaire nous donnaient par contre un atout de taille pour aborder ce secteur. Au fil de nos réflexions, nous nous rendions compte des complémentarités existant entre Thomson et la CGE dans ce domaine. L'idée a pris forme d'une éventuelle fusion de la CGE et de Thomson pour créer une entreprise d'envergure mondiale et mettre fin à tous les contentieux en suspens entre la CGE et Thomson. Au moment des négociations, l'éventualité de la fusion apparaissait d'une façon de plus en plus évidente comme une solution globale à l'ensemble de ces problèmes. »

Alors que les pourparlers progressent, le Plan d'Électronique civile de Thomson est soumis simultanément au Premier ministre, au ministre de l'Industrie et au ministre des Finances, Valéry Giscard d'Estaing, principal interlocuteur de Thomson dans cette opération. Celui-ci donne son accord sur le Plan à l'issue d'une réunion avec Paul Richard et Roger Schulz, tout en affirmant aussitôt clairement son opposition aux regroupements d'entreprises de trop grande taille. « C'est là que tout a cassé – affirme Roger Schulz.

Paul Richard, ayant remporté le soutien du gouvernement sur le projet de redéploiement de Thomson dans l'électronique civile, décida d'entrer avec ses seules forces dans le domaine, renonçant finalement à se rapprocher de la CGE. » La fermeté du groupe Thomson peut aussi s'expliquer par le soutien que lui accorde l'État et la Direction Générale des Télécommunications, soucieux de contrer l'éventualité d'un monopole de la CGE en matière de téléphonie.

En décembre 1973, la lettre de Paul Richard dénonçant les accords parvient sur le bureau du président de la CGE. Spécialiste des télécommunications sans fil, Thomson souhaite avoir accès aux marchés publics de la transmission par câbles et de la commutation électronique. La CGE y répond par un communiqué offensif : « Les deux groupes retrouveront, à la date du 31 décembre 1974, leur entière liberté d'action (...) notamment pour l'électronique professionnelle et le domaine grand public. » Roger Schulz, considérant avoir engagé la parole de Thomson envers la CGE, qui ne posait plus qu'une seule condition à la conclusion définitive de cette affaire, l'acceptation par les pouvoirs publics du Plan d'Électronique civile de Thomson, remet alors sa démission à Paul Richard. Il entre par la suite dans le groupe CGE, pour diriger la SGE, puis conduire au redressement d'Alsthom de 1974 à 1981.

La rivalité entre la CGE et Thomson va s'exercer sur deux terrains privilégiés, le téléphone et l'informatique. Dans ce secteur, elle va ainsi contribuer à la disparition de la CII et à l'échec de l'ambitieux projet européen UNIDATA.

De la CII à CII-Honeywell Bull, la parenthèse informatique de la CGE

En 1971, l'État, par l'intermédiaire d'une « Deuxième Convention Plan Calcul », renouvelle pour une durée de cinq ans son soutien à la CII. Sous la direction de Michel Barré, la jeune entreprise atteint, après un démarrage difficile, son rythme de croisière. Le plan fixe avec précision la progression du chiffre d'affaires de la société, qui passe de 407 millions de francs en 1970 à 1,2 milliard en 1973. Parallèlement, une gamme d'ordinateurs est lancée à partir de 1970, notamment les gros ordinateurs 50 et 80, doublés par des séries militaires équivalentes, et un mini-ordinateur à usages généraux, le Mitra 15, qui rencontre un grand succès et reste pendant longtemps le mini-ordinateur le plus vendu en France. À la fin de 1974, le parc installé est passé de 246 à 1 552 systèmes. Avec 14 % du marché français, le chiffre d'affaires de la CII dépasse même en 1972 celui de sa rivale, l'ancienne société Bull, devenue Honeywell Bull en 1970 à la suite du retrait de General Electric de l'informatique.

Malgré ces débuts positifs, les nuages s'amoncellent sur la jeune société nationale, qui dépend essentiellement des crédits et des marchés publics. Sa gamme de matériel, plutôt que de se maintenir dans les produits scientifiques et industriels qui faisaient la force de la CAE et de la SEA, s'oriente vers une politique d'ordinateurs moyens de gestion, qui entre en concurrence avec les produits équivalents d'Honeywell Bull et d'IBM. En outre, majoritaire au sein de la holding Fininfor, le groupe Thomson ne se comporte ni en « actionnaire de référence », ni en opérateur industriel. L'informatique civile apparaît secondaire dans la stratégie du groupe de Paul Richard, habitué aux commandes militaires et qui vise plutôt un marché des télécommunications sûr et en plein essor.

Enfin la deuxième Convention Plan Calcul prévoit expressément que la CII doit s'intégrer dans une structure internationale européenne à partir de 1973. Des pourparlers s'amorcent avec Siemens puis Philips à partir de janvier 1972 et donnent naissance à l'accord UNIDATA, signé par les trois parties le 4 juillet 1973. Mais celui-ci n'aboutira pas et devient le cœur du conflit qui s'engage entre la CGE et Thomson à partir de 1973. Comme le résume Michel Barré, Président de la CII : « L'accès au téléphone était tellement important pour la société Thomson qu'elle était prête à soutenir le combat (contre la CGE). Malheureusement, le champ de bataille choisi fut la CII. »

Durant deux ans, les deux Présidents engagent un bras de fer par l'intermédiaire des cabinets ministériels et de la presse prise à témoin. La CGE manifeste, sous divers modes, « une opposition absolue » à l'accord UNIDATA. Celui-ci, peu fiable selon elle, est susceptible d'introduire des groupes étrangers, Siemens et Philips, dans le secteur de la péri-informatique, où elle nourrit alors de fortes ambitions. Elle porte le conflit désormais ouvert entre les deux actionnaires devant un arbitre, l'ancien Président du CNPF, Paul Huvelin, dont la sentence est, au printemps 1974, favorable à la Compagnie. Celui-ci préconise notamment la dissolution de la holding Fininfor, afin que les deux groupes prennent directement leurs responsabilités dans la CII.

Celle-ci, écartelée entre ses deux puissants actionnaires, suspendue à un accord européen de plus en plus improbable, voit son destin remis en question et ses résultats, déjà médiocres, s'effondrer. D'autant plus qu'une nouvelle solution émerge, celle d'une fusion avec sa rivale Honeywell Bull, un projet qui a la préférence de la CGE. Celle-ci note, dans un document interne, que « la CII, dans ses structures comme dans sa politique de développement, ne pouvait aboutir à la taille et à l'assise internationale adaptées à un marché où la rentabilité ne peut être trouvée qu'à l'échelon mondial. » Elle condamne aussi « une gestion industrielle mal maîtrisée, avec des politiques de rémunération et d'investissement excessives, et l'absence de stratégie commerciale à moyen et long terme. » Plutôt que le montage UNIDATA, qualifié de « fuite en avant », une « solution beaucoup plus réaliste » doit être trouvée avec le groupe Honeywell, dont la principale filiale européenne se trouve en France.

Une lettre signée par les deux Présidents de la CGE et Thomson, le 30 octobre 1974, manifeste cette orientation : « Persuadés que la stratégie proposée (la constitution d'une société d'informatique nettement plus puissante, à majorité française, associée à un partenaire américain de premier plan) est seule susceptible d'ouvrir à la CII une perspective de solution acceptable entre les deux parties, les groupes CGE et Thomson sont prêts à s'engager sans délai dans une négociation avec Honeywell... » Cette solution aboutit. L'accord UNIDATA est résilié à l'amiable dans le courant de l'année 1975. Le 1er juillet 1976, une nouvelle société, CII-Honeywell Bull voit le jour, sous la présidence de Jean-Pierre Brûlé.

Alors que le groupe Thomson s'est totalement retiré, la participation de la CGE au nouvel ensemble demeure modeste, avec 20 % seulement du capital. En outre, malgré d'apparentes synergies concernant le rôle de l'informatique dans le groupe, la Compagnie ne cherche nullement à affirmer son leadership industriel dans la seconde moitié des années 1970. Elle entre même en conflit avec Jean-Pierre Brûlé, qui souhaite élargir son champ d'action vers la bureautique, et refuse notamment l'acquisition par CII Honeywell Bull des machines Hermès et Olympia. En 1979, la CGE cède sa part au groupe Saint-Gobain, désireux de se diversifier. Ainsi s'achève, vingt ans après ses débuts, l'incursion de la CGE dans l'informatique.

Beaucoup d'encre coule au cours des années 1970 sur le malheureux feuilleton de l'informatique française enclenché par l'affaire Bull en 1964 et notamment sur le rôle joué par la Compagnie Générale d'Électricité. Malgré une présence précoce dans ce secteur, avec la CESIS au début des années 1960, l'informatique n'a jamais figuré parmi les métiers clés du groupe CGE. À l'instar des composants, cédés en 1967, elle ne pouvait en outre justifier un processus d'intégration verticale (avec les centraux de commutation temporelle, par exemple) que, de façon constante, la Compagnie n'a jamais jugé nécessaire. Enfin, comme le résume en 1991 Jean Verholle, Président d'Alcatel Data Systems France : « Trois grands critères guidaient la stratégie de la CGE au cours des années 1970 et excluaient de fait l'informatique. Tout d'abord les sociétés du groupe devaient elles-mêmes porter financièrement leur propre développement,

Le 65/20, un des systèmes du niveau 62 de CII Honeywell Bull, petit ordinateur de gestion.

ensuite un secteur n'était jugé intéressant pour l'avenir que si la CGE en détenait une part notable, autour de 50 %, enfin la volonté de rester concentré sur des secteurs de base, dans lesquels la Compagnie était l'opérateur industriel. »

De Paris à Atlanta, la victoire du temporel

À partir de 1974, une série de réformes modifie en profondeur l'organisation des télécommunications nationales. Alors que le CNET demeure cantonné dans une activité de recherche, la direction générale des Télécommunications, sous l'égide d'un nouveau Directeur général, Gérard Théry, épaulé par Jean-Pierre Souviron, responsable de la direction des Affaires industrielles, récupère le service du contrôle des prix et des matériels et s'engage dans une réorganisation complète du marché du téléphone.

Les équilibres traditionnels sont bouleversés, la DGT souhaitant faire émerger un second fournisseur national, Thomson en l'occurrence, aux côtés de la CGE. Pour renforcer ses positions, désormais menacées dans le domaine du téléphone, la CGE se tourne vers de nouveaux partenaires, tout en poursuivant sa collaboration avec Ericsson. Au mois de mars 1974, elle annonce ainsi un accord technique avec le téléphoniste anglais Plessey. Cette entente ne se résume pas à une réponse à la rupture des accords entre la CGE et Thomson. Fruit de la stratégie d'alliances de la CGE, le rapprochement s'inscrit dans la course mondiale de la commutation électronique, où elle a pris une avance notable. Mais il lui manque une ampleur internationale, que Plessey peut lui procurer.

En avril 1975, le Gouvernement décide d'accélérer l'introduction de la téléphonie électronique, notamment dans le domaine des grands et très grands centres urbains. Un vaste appel d'offre international est lancé le 5 juin autour de la technologie spatiale. Jugé trop en avance et limité aux centraux de petite capacité, le système de commutation temporelle est écarté. Placée dans une position délicate, CIT-Alcatel décide de préserver, quoi qu'il arrive, la place de la Compagnie sur le marché national et la charge de ses usines, en remettant, dans le délai très court imposé par les PTT, deux propositions : l'une, conjointement avec STE, du système AXE d'Ericsson, un système de conception très évolué mais dont le développement n'est pas encore achevé, et le système japonais D 10 de l'entreprise Nippon Electric, disponible immédiatement. Le groupe Thomson propose, en association avec le constructeur canadien Northern, qui a amorcé une percée aux États-Unis, le SP1 et les filiales d'ITT, la LMT et la CGCT, diverses variantes du système Métaconta, le central spatial alors le plus au point. D'autres offres ont lieu pour les systèmes PRX de Philips et EWS de Siemens.

En décembre 1975, les pouvoirs publics tranchent et retiennent, après une première sélection, outre les systèmes Métaconta, les deux systèmes proposés par la CIT, l'AXE et le D 10. Mais, en annonçant cette décision, ils expriment le souhait que la décision finale soit associée à une restructuration industrielle, faisant entrer le groupe Thomson comme fournisseur aux côtés de la CIT et du groupe ITT... Après de nombreuses péripéties et de vigoureuses pressions exercées sur Ericsson et ITT, l'appel d'offres aboutit en juin 1976 à une solution de compromis peu rationnelle, marquée par le double objectif de « franciser » la technologie spatiale et de confier une large partie de celle-ci au groupe Thomson. Le groupe Northern est écarté et dédommagé, le leadership de la technologie de l'AXE est confié à Thomson, qui prend le contrôle de la filiale STE d'Ericsson et absorbe celle d'ITT, LMT. En échange de ce laborieux dispositif, le groupe américain voit confirmé son système Métaconta, dont CIT reçoit la libre disposition.

Mais CIT-Alcatel doit désormais partager le marché français avec un concurrent national, Thomson-CSF-Téléphone, issu de la fusion de STE et de LMT, qui devance désormais celle-ci en part de marché intérieur, avec près de 40 % du marché, contre un peu plus de 35 % pour CIT-Alcatel. En outre, le groupe Thomson engage des études pour un système temporel, estimant devoir être présent dans cette filière d'avenir où la CIT fait figure de pionnier.

Pendant cette période ambiguë, CIT-Alcatel maintient avec fermeté son engagement dans la commutation temporelle. Comme l'explique Georges Pebereau, dans une conférence aux cadres de la société en novembre 1977, au moment de l'appel d'offres de 1975-1976 : « Notre position prioritaire était : nous avons joué une politique E 10, nous continuerons à jouer une politique E 10, avec aucune restriction sur les financements. Aucune des équipes ne travaillant sur le temporel ne fut détachée pour s'occuper du spatial, fût-ce pour la durée de l'appel d'offres. Un écran totalement opaque protégeait les équipes du E 10 et à aucun moment personne n'a été distrait. »

En 1976-1977, après des décennies d'efforts dans le domaine du téléphone, la situation est donc quelque peu mitigée pour la CGE, en raison du choix de l'administration en faveur du spatial et de l'entrée en force du groupe Thomson dans ce secteur. Mais soudain le ciel s'éclaircit. Au congrès international des télécommunications d'Atlanta, en novembre 1977, le système E 10 connaît un véritable triomphe et reçoit la palme d'or. Comme le résume avec humour un témoin : « Après la réunion d'Atlanta, c'est l'explosion : chacun dans le monde découvre dans ses cartons un projet temporel... La CGE est prête à recueillir les fruits de cet étonnant retournement, après son engagement et sa très grande persévérance en faveur de ce nouveau système au cours des années 1960-1970. » Pour CIT-Alcatel, l'horizon de l'expansion nationale et internationale s'ouvre enfin.

L'essor de CIT-Alcatel ou l'industrialisation de la commutation temporelle

La montée en puissance industrielle du E 10 s'effectue lentement car, outre la persistance des réticences nationales à l'égard du temporel jusqu'en 1977, il ne saurait être question de renouveler du jour au lendemain la totalité des centraux téléphoniques français. La CIT-Alcatel continue également à produire des systèmes électro-mécaniques crossbar et assure parallèlement leur maintenance.

Le véritable changement intervient entre 1976 et 1978. En 1976, les commandes du E 10 représentent déjà 31 % des commandes totales de la société, 40 % l'année suivante et 50 % en 1977. Parallèlement, grâce à l'autonomie technologique de la CIT, sur qui ne pèse plus la contrainte de brevets étrangers, l'exportation prend son essor. En 1976, 15 % des commandes du système E 10 viennent de l'étranger, 23 % en 1977, plus de 27 % à la fin de la décennie, soit plus du quart du marché mondial.

L'ENTREPRISE POST-FORDISTE

La grande dépression économique de la fin du XXe siècle, comparable à celle qui marqua la fin du XIXe siècle, oblige les entreprises à repenser leur gestion, et particulièrement celle de leurs ressources humaines. Le travail en miettes, à la chaîne et à la pièce, chronométré et dépersonnalisé, qui a fait pendant trois quarts de siècle la force de l'industrie par sa capacité à produire en masse des objets de consommation courante, cède la place à de nouvelles conceptions productives, souvent accompagnées de reconversions douloureuses. Le travail répétitif, de plus en plus automatisé, robotisé, ou à tout le moins assisté, doit être irréprochable : le slogan, « zéro défaut, zéro stock, zéro délais », devient, à l'exemple japonais, le credo des directeurs de production. La gestion à flux tendus n'autorise plus les pannes ou les retards de livraison.

Les objectifs précis, les cercles de qualité, la responsabilité des équipes, le suivi personnalisé du travail, des carrières et de la formation s'imposent dans toutes les entreprises. Les dirigeants privilégient l'information quant à la marche de l'entreprise, de l'atelier ou de l'équipe. Il faut produire plus vite, en réalisant des gains de productivité, et en améliorant sans cesse la qualité des produits.

La mise en place de structures de dialogue et de négociation entre les différents niveaux hiérarchiques entraîne le déclin des comportements autoritaires, la fin des « petits chefs » et l'apparition d'un encadrement qui donne la priorité à la négociation et au partenariat. C'est à ce prix que les sociétés industrielles très développées peuvent relever les défis du XXème siècle et la concurrence acharnée des nouvelles puissances industrielles issues du tiers monde.

En 1977, à la suite du rachat de la STE par Thomson, la CIT-Alcatel rachète ses parts dans sa filiale SLE-Citerel qui est absorbée. Cette opération est complétée, en 1979, par l'acquisition des activités de commutation publique CP 400 de l'Association des Ouvriers en Instruments de Précision (AOIP), une petite société détenant une part mineure du marché téléphonique français depuis les années 1950, et qui, ne pouvant se maintenir, disparaît. CIT-Alcatel décide également de développer et d'industrialiser le E 10 sous le nom de E 10B, en adoptant plus largement le principe du programme enregistré. Enfin, elle spécialise le système E 12 en centre de transit temporel de grande capacité. La victoire nationale du temporel est rapide, même si la CIT-Alcatel doit en partie la partager avec Thomson. En 1975, 5 % des deux millions de lignes commandées par les PTT sont commutées par des centraux temporels ; en 1983, le même chiffre s'élève à 93 %, puis à 100 % en 1985. De 80 000 lignes en 1975, le parc de lignes commutées par des centraux temporels passe à 9,5 millions en 1983 contre 3,5 millions pour le parc équipé selon la technologie spatiale, dont l'effort d'équipement prévu est fortement limité. En 1981, les trois premiers centraux temporels E 12, MT 20 et E 10B entrent en activité, respectivement à Massy-Palaiseau, Aubervilliers et Brest.

L'usine de la CIT à Amilly se lance dans la production de matériel numérique pour les transmissions.

Cette progression accorde un poids croissant au département Commutation au sein de CIT-Alcatel. En 1971, celui-ci représentait 40 % du chiffre d'affaires total de la société, une proportion qui passe à 57 % en 1979 et 67 % en 1982. Cette année-là, CIT-Alcatel occupe une position de leader mondial de la commutation temporelle avec 10 millions de lignes en commande ou en service dans près de 28 pays. Les performances de l'outil industriel mis en place au cours des années précédentes permettent d'endosser le changement de rythme considérable provoqué par l'accroissement des programmes des PTT. Dotée de 9 établissements en 1966, la CIT en compte 22 en 1971 et 31 en 1975, soit en moyenne une création de plus de deux établissements par an. Ouverte en 1976, l'usine d'Orléans constitue le 32e établissement de l'ensemble CIT-Alcatel.

L'efficacité de la gestion industrielle de l'entreprise est illustrée par des centres comme celui d'Ormes qui, pour le département Transmission, participe à la conception des nouveaux matériels afin d'en faciliter la fabrication et d'en abaisser les coûts. Le centre met au point les méthodes de fabrication, réalise les outillages spéciaux et les avant-séries, définit enfin les méthodes de contrôle et réalise les bancs et programmes de tests automatiques destinés aux usines de série et aux licenciés étrangers. La CIT-Alcatel est ainsi prête, au moment du basculement des commandes PTT de l'électro-mécanique sur l'électronique, à répondre à la pression de la demande, ce qui lui permettra de devancer largement sur le terrain les filiales de Thomson-CSF-Téléphone. À partir de 1977, plusieurs unités de production de CIT-Alcatel, situées à Saintes, Tréguier et Aix-les-Bains sont reconverties pour se consacrer à la commutation temporelle, les commandes de matériel de commutation électromécanique des PTT décroissant rapidement. L'établissement de Pontarlier est quant à lui équipé pour se dédier à une activité de connectique.

La transformation de CIT-Alcatel, spectaculaire dans le domaine de la commutation grâce au succès de la commutation temporelle, concerne aussi le département des Transmissions. Les usines d'Amilly et d'Orléans, par exemple, s'adaptent à la fabrication des matériels numériques, d'autres ateliers se consacrent aux circuits intégrés ou à l'optoélectronique. Malgré le tassement que connaît alors le marché du département, cette évolution reflète la mutation des télécommunications qui font appel à de nouvelles technologies issues de la révolution de la numérisation, et de l'industrie en général, qui insère de plus en plus l'informatique et l'automatisme dans ses procédés. Au contraire, le département Physique et Mécanique, en perte de vitesse tout au long de la décennie, n'arrive pas à trouver sa rentabilité. Il est peu à peu restructuré et réduit presque en totalité ses activités.

CIT (puis CIT-ALCATEL) de 1964-1982

Année	Chiffre d'affaires (millions de francs)	Résultats nets (KF)
1964	217	3 356
1965	281	4 683
1966	289	6 025
1967	323	12 475
1968	406	49 582
1969	445	19 885
1970	858 (1)	31 452
1971	1 071	37 126
1972	1 445	46 510
1973	1 669	53 806
1974	1 983	48 374
1975	2 395	-
1976	2 807	95 851
1977	3 235 (2)	83 640
1978	3 544	96 045
1979	3 782	116 621
1980	3 886	77 841
1981	4 893	95 167
1982	5 233	113 702

(1) Après absorption d'Alcatel
(2) Après absorption de SLE-CITEREL

La CIT-Alcatel ne se laisse pas en effet griser par le succès de sa percée technologique. À la veille des années 1980, elle prend conscience de la conjonction de deux phénomènes, critiques pour l'avenir de l'entreprise : la phase de rattrapage de l'équipement téléphonique national va s'achever, alors que le volume annuel des commandes PTT est destiné à se stabiliser voire à diminuer ; en second lieu, le passage technologique de l'électromécanique à l'électronique se traduit par un gain de productivité considérable d'où de graves conséquences pour l'emploi, qui à terme doit diminuer de moitié. Au tournant de la décennie, l'entreprise est ainsi amenée à fermer de nombreuses usines et à accélérer la reconversion de son personnel, déjà largement entamée. Avec le passage des systèmes électromécaniques aux systèmes électroniques, celui-ci subit une transformation radicale liée à la mutation du système de production. La main-d'œuvre ouvrière non qualifiée, à dominante féminine, cède la place à des techniciens et informaticiens capables de gérer de façon automatisée la production des nouveaux systèmes. C'est pourquoi, au moment même où le E 10 connaît la consécration, le groupe CGE accélère la diversification et l'internationalisation de l'ensemble CIT-Alcatel, en s'engageant dans un secteur d'avenir, la Bureautique et la télématique.

L'usine de la CIT à Pontarlier se tourne vers la connectique.

LES TÉLÉCOMMUNICATIONS CONTEMPORAINES

Transistor de câble sous-marin.

Les techniques modernes de transmission de l'information ont débuté avec le télégraphe électrique, le téléphone et la transmission sans-fil par ondes radio. Elles ont connu des progrès fantastiques depuis un demi-siècle grâce à l'exploitation de plusieurs innovations décisives : les faisceaux hertziens, le transistor, les circuits intégrés, les microprocesseurs et les satellites de communication, auxquels s'ajoutent le laser et la fibre optique.

Les faisceaux hertziens

Expérimentés dès 1939, développés largement à des fins militaires, les faisceaux hertziens sont mis en œuvre immédiatement après la fin de la guerre, aux États-Unis, puis dans le monde entier dans les domaines du téléphone, de la télévision et de la radio haute fidélité. Les ondes électromagnétiques à très haute fréquence utilisées par les faisceaux hertziens qui se propagent en ligne droite et sont peu sensibles aux brouillages, offrent une très grande capacité de transport d'informations. En contre-partie, elles exigent la présence de réémetteurs tous les 50 à 100 km, leur portée ne dépassant pas l'horizon visible. Les faisceaux hertziens ont permis la desserte rapide de vastes espaces en évitant la construction de longues lignes aériennes : la liaison New York - Los Angeles (6 000 km) est ainsi réalisée dès 1951 avec une centaine de réémetteurs et, dans les années 1960, de nombreux pays en voie de développement accèdent simultanément au téléphone moderne et à la télévision grâce à cette technologie.

Transistors, circuits intégrés et microprocesseurs

Les propriétés électriques particulières de certains matériaux comme le sélénium, le germanium et le silicium sont entrevues dès le dernier quart du XIXe siècle ; mais ce n'est que dans les années 1940, à nouveau sous l'impulsion des recherches militaires, que leur semi-conductivité est mise à profit pour l'amplification d'un signal électrique, analogue à celle que procure la lampe triode. Les chercheurs des laboratoires Bell y réussissent, en 1947-1948, au terme d'un long processus d'essais et de tâtonnements, en implantant deux électrodes sur un cristal de germanium : le transistor est né, ouvrant la voie à l'électronique moderne par sa simplicité, sa rusticité, ses faibles besoins en énergie et son extrême capacité de miniaturisation, toutes qualités que les lampes ne possèdent évidemment pas en dépit des progrès réalisés depuis la première triode de Lee de Forest. La mise au point de la fabrication industrielle du transistor s'avère longue et laborieuse et n'aboutit qu'au milieu des années 1950 avec la sortie sur le marché de transistors fiables, plats et peu coûteux. Dès lors, son développement et sa diffusion prennent un essor fulgurant : 30 millions d'unités sont fabriquées en 1959, 600 millions en 1965.

Le transistor représente une étape technologique fondamentale pour l'avancée de nombreux secteurs, comme les transmissions par câbles sous-marins (les répéteurs sont désormais équipés de transistors) ou la commutation téléphonique électronique. En outre, il permet l'apparition dans la foulée des circuits intégrés qui rassemblent, sur le même cristal semi-conducteur, l'ensemble des composants d'un circuit électronique complet (1959), puis des microprocesseurs, capables d'assurer des traitements logiques d'informations (1970). Aujourd'hui, les microprocesseurs s'apparentent à de véritables ordinateurs miniaturisés comportant plusieurs millions de transistors au cm^2, chacun d'eux ne mesurant guère plus d'un dixième de micron (10^{-7} mètre). Circuits intégrés et microprocesseurs ont bouleversé les techniques des télécommunications, et plus généralement, de traitement et de transmission de l'information : la commutation électronique temporelle transforme les centraux téléphoniques en de véritables ordinateurs, et la numérisation systématique des informations (sons, voix et images) auxquelles la codification confère une nature identique à celle des données informatiques.

Satellite de télécommunication franco-allemand.

Station terrestre de télécommunication par satellite.

Les antennes de la tour Eiffel.

Les satellites de communication

Plus la fréquence d'une onde électromagnétique est élevée, plus elle devient apte au transport d'une information complexe, cependant l'horizon visible limite encore plus sa portée. Placer un réémetteur à une altitude élevée sur une orbite terrestre apporte une solution performante à ce problème en augmentant considérablement sa portée. Les premiers essais sont tentés au début des années 1960 mais il faut attendre 1965 pour que le satellite de télécommunication devienne véritablement opérationnel, avec Early Bird (Intelsat 1). Placé sur une orbite géostationnaire à 36 000 km de la surface terrestre, il paraît immobile puisqu'il tourne alors à la même vitesse que notre globe. Les satellites de télécommunication sont alors immédiatement utilisés pour la transmission de la voix (téléphone), des images (télévision) et des données informatiques.

La dynamique de nouveaux secteurs

« Mon objectif depuis dix ans a été de donner à ce groupe une dimension conséquente, à l'intérieur de laquelle chacune des entités qui le compose ait la taille critique. Cette taille critique dans mon esprit a deux aspects : d'abord la quasi-nécessité d'être le premier en France ; cette nécessité étant d'ailleurs commandée par le second impératif, qui est d'avoir sur le plan international une position suffisante », explique Ambroise Roux à un journaliste de *Vision* en 1973. Après la consolidation nécessaire d'un groupe élargi par une croissance externe considérable, les secteurs principaux issus de l'expansion des années 1960 prennent une place grandissante sur les marchés français et mondiaux. À leurs côtés, viennent notamment se greffer, à la fin de la décennie, deux nouveaux secteurs « essentiels pour l'avenir du groupe » : le secteur des économies d'énergie et des énergies nouvelles, celui de la bureautique et de la télématique, le second élargissant en particulier l'offre d'un ensemble de plus en plus international.

Les énergies nouvelles et la bureautique : deux pôles de redéploiement

En juin 1978, la CGE lance une augmentation de capital, couverte très rapidement à un niveau supérieur à 300 millions de francs. Pour les dirigeants du groupe, cet argent frais est destiné à accroître les fonds propres de la Compagnie et à mener à bien une série de diversifications dans des secteurs qui apparaissent, comme les énergies nouvelles ou la bureautique, porteurs d'un fort développement. Mais la CGE récuse le terme de diversification et préfère plutôt parler de redéploiement, voire tout simplement d'évolution, comme l'explique son Directeur général, Georges Pebereau : « Un groupe comme le nôtre doit se trouver en adaptation permanente avec le marché, et notre évolution doit rester dans le prolongement de nos axes industriels. » De fait, si la CGE connaît une accélération dans la seconde moitié des années 1980, celle-ci est préparée tout au long de la décennie.

L'éternel retour de la voiture électrique

La quasi-totalité des véhicules automobiles fonctionne depuis le début du siècle grâce au moteur à explosion, ce qui n'empêche pas les inventeurs de se pencher à plusieurs reprises sur le lancement d'une voiture électrique. Les échecs de ces expériences s'expliquent principalement par la difficulté du stockage à bord de l'énergie, la nécessité de recharger les accumulateurs, et donc la limitation de l'autonomie du véhicule. Cependant, la première voiture à battre le record des 100 km/h a bien été une voiture électrique, la « Jamais Contente » de la société Fulmen en 1899... Souvenir originel qui reste vivace ! Durant la Seconde Guerre mondiale, la CGE-Tudor représente une nouvelle étape dans cette histoire de la voiture électrique. Son concepteur, l'ingénieur J.-A. Grégoire, qui demeure l'un des spécialistes mondiaux de la voiture électrique, tente, toujours à la demande de la CGE, une nouvelle expérience à l'aube des années 1970.

Comme le raconte J.-A. Grégoire dans son livre *50 Ans d'histoire automobile : la voiture électrique*, Raymond Pelletier se décide en 1968 à lancer un nouveau programme de recherche : « Le 6 avril 1970, Pelletier organisa une réunion plénière au siège de la CGE. Nous avions, à ce moment, une première liasse des dessins de la mécanique, un projet de l'équipement électrique, un dessin de la carrosserie, une liste des fournisseurs possibles et des estimations des performances, du coût de l'opération et de son délai. (...) Pelletier avait étudié le dossier à fond avant la réunion. Sa décision était prise (...) » « Finissez rapidement l'étude complète de la voiture, mécanique, électricité et carrosserie. Je vous donne mon accord pour construire trois prototypes complets. »

Les visages de l'équipe, composée de F. de Laage de Meux, F. Budin, Y. Jarreau et D. Legrand s'éclairent devant les paroles du Directeur général, qui ajoute cependant : « Je lance ce programme à une condition : respecter impérativement les délais que je vais indiquer. Le châssis sur la route avant la fin de l'année. La voiture carrossée trois mois plus tard, c'est-à-dire le 1er avril 1971. Dans un an. » « Ces délais ne pouvaient être tenus – commente J.-A. Grégoire – je le savais. Comme je m'étais souvent trouvé de l'autre côté de la barricade, je conclus que Pelletier le savait aussi et qu'il demandait l'impossible pour obtenir le possible. Après réflexion, je jugeai raisonnable de me taire. »

L'équipe se remet à l'ouvrage avec ardeur, et le prototype, une petite voiture de forme cubique, fait ses premiers tours de roues le 18 mars 1971...

Châssis de la C.G.E. – Grégoire.

Comme le commente un membre de l'équipe : « Nous avons eu recours aux technologies les plus en pointe. Nous avons fabriqué des batteries aussi légères que possible, un châssis en alliage d'aluminium, une carrosserie en matière plastique et des composants électroniques. Quelques voitures sont sorties, dont les performances ont été reconnues, mais les Pouvoirs publics ne nous ont pas suivi dans cette affaire. Nous songions par exemple à équiper le parc des véhicules des postes, ou des bennes à ordures, avec cette voiture, peu encombrante, économique et non-polluante. Mais nous n'avons pas réussi à convaincre nos interlocuteurs. » La troisième voiture électrique conçue par le groupe CGE, trop en avance sur son temps, paye le prix d'une vitesse de croisière qui reste modeste et ne peut ébranler la suprématie du moteur à explosion.

Le pari des énergies nouvelles

Si l'exploitation de la CGE-Grégoire demeure malheureusement sans suite, elle devance de quelques années à peine une politique systématique de recherche d'énergies de remplacement, provoquée par l'augmentation des prix du pétrole à partir de 1973. Devant l'assemblée générale du CNPF, Ambroise Roux présente alors un rapport au nom de la Commission Économique Générale qu'il préside et pose, dès ce moment, le problème le plus grave de cette crise énergétique. Au-delà de l'approvisionnement, ce sont les prix qui causeront d'énormes difficultés aux économies occidentales dont l'équilibre va être perturbé par une hausse généralisée des matières premières. Le degré de dépendance énergétique intervient désormais comme l'un des facteurs discriminants dans le classement des grandes puissances économiques. Pour lutter contre cette tendance, la CGE oriente ses chercheurs vers les énergies de substitution, sur lesquelles ils avaient déjà commencé à travailler.

Grâce à la diversité de ses activités, la CGE apparaît comme l'un des rares groupes au monde en mesure d'aborder globalement les problèmes des énergies nouvelles. Un plan de recherche et de développement est lancé : les volumes des dépenses d'investissement et de recherche à y affecter jusqu'en 1983 doivent atteindre 1 milliard de francs, le chiffre d'affaires escompté pour l'année 1985 étant de l'ordre de 2,5 milliards de francs. Une ampleur que confirme plusieurs déclarations dans lesquelles les dirigeants de la CGE font de ce secteur l'un des axes de diversification privilégié du groupe.
Pour soutenir ce programme, coordonner et animer l'action des diverses filiales concernées, une structure nouvelle est créée sous le nom de Novelerg, dont le capital est souscrit à raison de 60 % par la CGE et de 8 % par chacune des cinq entreprises du groupe principalement intéressées : CGEE-Alsthom, SGE, Cipel, CEPEM et la société affiliée Blanzy-Ouest. Quatre grands domaines sont choisis : la conversion photovoltaïque solaire (35 % des investissements), le chauffage de l'habitat (30 %), le stockage de l'énergie (15 %) et les économies d'énergie dans l'industrie (10 %).

De gauche à droite : Jarreau, Legrand, Grégoire, Budin, de Laage de Meux : le brain-trust de la CGE-Grégoire

La maison solaire expérimentale de la CGE, construite à l'entrée du centre de recherches de Marcoussis.

La voie photovoltaïque semble être la plus prometteuse pour transformer l'énergie solaire. Elle tient particulièrement à cœur aux dirigeants de la CGE, le groupe disposant d'une excellente expérience sur le terrain dans ce domaine. Dans le domaine de l'habitat, la CGE définit, sous le nom de système Solpac (solaire-pompe à chaleur), un concept original intégrant conception architecturale et équipement de chauffage. L'ensemble thermique ainsi constitué utiliserait au mieux, grâce à une gestion électronique, les sources d'énergie disponibles : rayonnement solaire, chaleur récupérée, apport d'énergie noble régulée avec précision. En 1981, le Grand Prix de l'Énergie de la Société Générale est attribué à l'équipe de direction de Novelerg, dont les projets de maisons solaires sont distingués parmi un éventail de 5 000 propositions.

LE PHÉNOMÈNE INFORMATIQUE

L'informatique, née pendant la Seconde Guerre mondiale des besoins militaires en décodage et en calcul, connaît une véritable explosion, issue d'une double évolution des matériels et des logiciels durant les années 80. Les machines deviennent sans cesse plus puissantes en capacité de traitement des informations et plus petites en taille, avec le passage aux transistors dans les années 50, puis aux circuits intégrés dans les années 60, enfin aux microprocesseurs. Tandis que l'évolution des composants et des mémoires améliore les performances, les langages plus élaborés comme le FORTRAN, puis le COBOL, enfin le BASIC, permettent un dialogue plus simple et plus précis avec les machines.

Le premier micro-ordinateur, l'Apple II, créé par Steven Jobs et Stephen Wozniak dans un hangar de la Silicon Valley, en 1977, bouleverse le monde de l'informatique. IBM, qui détient le quasi-monopole sur les fournitures de terminaux pour les entreprises, réagit en lançant en 1981 le PC, qui s'impose vite comme le standard mondial, avec son système d'exploitation (le MS-DOS) mis au point par Bill Gates, de Microsoft. Les fabricants d'ordinateurs se lancent alors dans une course acharnée à la puissance, à la miniaturisation et à la baisse des prix, dans laquelle les producteurs japonais, coréens ou chinois se taillent la part du lion. La chute des prix et la simplification d'utilisation des machines entraînent une véritable explosion du marché de l'informatique : de 10 millions de terminaux installés dans le monde en 1980, le parc des ordinateurs passe à près de 200 millions en 1991. Devenus conviviaux et bon marché, les micro-ordinateurs sont partout présents, dans les entreprises, mais aussi dans les foyers.

Parallèlement, les usages de l'ordinateur se diversifient, avec la robotisation et le couplage télématique.

LE SOLEIL ET LE VENT, SOURCES D'ÉNERGIE RENOUVELABLES

L'énergie solaire constitue la plus importante des sources renouvelables. Sachons qu'1 % seulement de l'énergie que la Terre reçoit du Soleil, suffirait à satisfaire la totalité des besoins de nos civilisations contemporaines ! Mais cette énergie est aussi la plus dispersée. Dans les conditions les meilleures, la puissance reçue ne dépasse pas le kilo-watt par mètre carré, et sa concentration s'avère difficile et coûteuse. L'énergie solaire peut pourtant être utilisée directement pour le chauffage des bâtiments et les régions à ensoleillement favorable y recourent largement. Elle se transforme aussi en électricité sur les panneaux photovoltaïques qui ont connu des développements spectaculaires dans le domaine spatial. Les progrès de ces générateurs sont mis en œuvre très simplement, aucune pièce ne générant de besoins de maintenance astreignants et coûteux et l'électricité produite se stockant aisément dans des batteries d'accumulateurs. Leur utilisation dans la signalisation, les télécommunications, ou le pompage de l'eau au Sahel et en montagne est déjà très largement répandue, même si globalement la puissance électrique installée reste marginale.

L'énergie éolienne n'a jamais dépassé la satisfaction de besoins locaux isolés, en raison de l'extrême difficulté à mettre au point des aérogénérateurs puissants et fiables et de la grande variabilité des vents (de la bise peu efficace à la tempête destructrice). Elle intéresse néanmoins de nombreux pays et ses progrès sont constants. Ces dernières années, des améliorations décisives ont été apportées aux pales en recourant à des matériaux composites ainsi qu'à la régulation de la vitesse des hélices par l'informatique. Certains pays, très propices à l'exploitation de l'énergie éolienne, comme le Danemark, produisent de cette façon environ 1 % de leurs besoins en énergie électrique.

Éolienne en tonneau, centre d'essais de Lannion.

L'industrie absorbant 38 % de l'énergie produite en France constitue aussi un domaine d'intervention important. CGEE-Alsthom, en collaboration avec les équipes de Marcoussis, cherche à mettre à profit sa maîtrise en électronique de puissance (diodes, thyristors). Les économies peuvent être réalisées au niveau des organes ou des appareillages. Deux voies sont notamment développées : la variation électronique de vitesse pour les entraînements à régimes transitoires et le chauffage par induction en remplacement des chauffes industrielles par flamme. Les automatismes et l'informatique industrielle de contrôle des processus développés par la CGEE-Alsthom concourent également à la réalisation d'économies d'énergie. Au total, on espère abaisser jusqu'à 25 % la quantité d'énergie utilisée par unité produite dans les usines.

Dans le dernier volet du programme, le stockage de l'énergie, les laboratoires de Marcoussis mènent une série de recherches, selon deux grands programmes : la production d'hydrogène par électrolyse de l'eau et les accumulateurs au sodium-soufre, où les laboratoires ont obtenu des résultats significatifs depuis une dizaine d'années. La même année, la CGE conclut deux accords importants avec les groupes Elf-Aquitaine et Philips. L'un et l'autre s'associent à l'effort de recherche-développement et de fabrication de cellules photovoltaïques, renforçant ainsi la position des filiales de la CGE, SAFT et Cipel. La CGE espère notamment, comme pour les accumulateurs sodium-soufre, effectuer une percée significative aux États-Unis. La baisse du prix de pétrole au cours des années 1980 et le coût des systèmes de substitution solaires réduisent par la suite à une dimension modeste les espoirs placés dans le secteur des énergies nouvelles. Mais l'effort de recherche conduit n'est pas vain et contribue à irriguer et stimuler la capacité d'innovation du groupe CGE dans nombre de ses secteurs clés.

Alcatel Électronique : la montée en puissance du pôle bureautique

Un deuxième pôle fait l'objet de l'attention des dirigeants de la Compagnie à la fin des années 1980, celui de la bureautique et de la télématique. C'est un marché en plein essor, dans le sillage de cette « informatisation de la société » qu'annonce en 1978 une étude commandée sur le sujet, le rapport Nora-Minc, dont la publication connaît un grand retentissement.

De fait, la filiale chef de file de ce secteur, CIT-Alcatel, engage très tôt sa diversification, qui débute en 1965 avec l'acquisition de Télic dans la téléphonie privée. À partir des années 1970, celle-ci prend une ampleur croissante, grâce à une série d'achats ou de créations, qui élargit sans cesse la palette des compétences de l'entreprise : en 1969, CGA, automatismes et systèmes informatiques, en 1970, la Société des Machines Havas et SATAS, traitement du courrier, en 1971, GSI, service informatique, en 1975, Transac, informatique distribuée, en 1976, GST, installation téléphonique, en 1977, Sintra, systèmes péri-informatiques, en 1981, CILAS, SORO, BBT en lecture optique, etc.

Cette diversification à marche forcée se double d'un volet international entre 1977 et 1981, années durant lesquelles CIT-Alcatel prend le contrôle, soit directement, soit par le biais de ses filiales, d'Ibertel (Télécommunications privées, 1977) puis de Seresco (Service Informatique, 1979) en Espagne, d'Interdata (Service Informatique, 1978) en Belgique, de CRC (Service Informatique, 1977) et Roneo (Traitement du courrier et reprographie, 1980) en Grande-Bretagne, de Transcom (Service Informatique, 1977), Friden (Traitement de courrier, 1979), TSS (Télécommunications publiques, 1979) et ALTA Technology (Automatismes, 1980) aux États-Unis, acquisitions auxquelles s'ajoutent une prise de participation minoritaire (25 %) dans Lynch Communication Systems en 1980.

La logique qui préside à ce vaste mouvement de développement interne et d'acquisition est simple : des synergies évidentes existent entre les trois grands secteurs de vocation de CIT-Alcatel, les télécommunications, l'informatique, l'automatisme. L'informatique se mélange par exemple aux télécommunications qui, comme pour Transpac, gèrent, trient, stockent et diffusent de manière « intelligente » les messages qui lui sont confiés. Cette offre de service sophistiquée trouve une clientèle croissante d'utilisateurs, qu'il s'agisse d'administrations ou de grandes et moyennes entreprises. Le matériel de traitement du courrier touche pour sa part une clientèle de petites entreprises ou les membres des professions libérales. L'essor de la téléphonie privée, avec Télic pour fer de lance, pousse également CIT-Alcatel à un renforcement de ses réseaux de distribution, illustré en 1980 par la prise de contrôle de Locatel en commun avec Thomson- CSF.

Une filiale originale prend son essor à cette époque, la Générale de Service Informatique, GSI. Sa création en 1971 par un brillant économiste de retour des États-Unis, Jacques Raiman, montre, au rebours des idées reçues, la capacité du groupe CGE à favoriser en son sein l'éclosion d'idées et d'activités originales. GSI apporte au groupe une compétence en matière de télégestion et de réseaux, jusque-là embryonnaire, voire même absente en France. GSI connaît une très forte expansion au cours de la décennie, grâce à une série d'acquisitions en France et à l'étranger. Jean Silvère, l'un des dirigeants de la CGE qui accompagne les premiers pas de la jeune filiale, considère qu'en effet une vision purement hexagonale est trop étroite, et que la société peut s'arroger une position de leader sur le marché européen. Dès 1971, une société italienne est rachetée à Milan, suivie de diverses acquisitions, en Suisse, en Allemagne, en Espagne et en Belgique. La création, en 1973, de GSI-Europe à Bruxelles, dont le capital réunit les trois principaux actionnaires de GSI, la CGE, le CCF et la Société Générale, témoigne de cette dimension précoce.

À sa naissance, GSI bénéficie de prestigieux parrains, puisque ses Présidents sont successivement Georges Besse, Hubert Boulanger et, à partir de 1977, Édouard Balladur, futur ministre des Finances du gouvernement de Jacques Chirac en 1986-1987, au moment de la privatisation de la CGE. Le parcours dynamique de GSI, dont le profil de « service » tranche avec celui des grandes filiales industrielles du groupe, tient surtout à la qualité et à l'originalité de son équipe dirigeante, venue de tous les horizons d'une industrie informatique nationale en pleine mutation. Dotée d'un fort esprit d'indépendance, l'entreprise GSI quittera le Groupe CGE en 1987 par le biais d'un Rachat de l'Entreprise par les Salariés (RES).

LES SOURCES D'ÉNERGIE FOSSILES

Usine à gaz, la nuit.

Jusqu'au XVIIIe siècle, l'homme utilise uniquement les énergies d'origine animale ou humaine, ainsi que les énergies naturelles renouvelables, comme l'eau, le vent et le bois (en tant que combustible direct, ou après transformation en charbon de bois). Puis l'exploitation du charbon fossile (qui démarre au XVIIIe siècle et s'accélère au siècle suivant), se substituant au bois et au charbon de bois, provoque, avec l'invention de la machine à vapeur, la première révolution industrielle. En 1855, l'américain B. Silliman démontre la possibilité de raffiner le pétrole, connu depuis l'Antiquité, pour en obtenir du bitume, des huiles et des essences variées. L'extraction et la transformation du pétrole prend son essor au XXe siècle, complétant et remplaçant en partie, après la Première Guerre mondiale, les ressources naturelles en charbon.
Le charbon, le pétrole, ainsi que le gaz naturel sont des sources d'énergie fossiles non renouvelables à l'échelle de la vie humaine ; leur exploitation pose des problèmes écologiques considérables : leur combustion produit en effet un excédent de gaz carbonique que ne peuvent absorber ni les océans (par dissolution), ni les plantes (par leur fonction chlorophyllienne). Celui-ci accentue l'effet de serre de l'atmosphère et provoquera dans le courant du XXIe siècle une augmentation de la température terrestre dont les conséquences relèvent encore des hypothèses...
Ainsi, ces sources d'énergie fossiles, longtemps considérées comme presque gratuites, coûteront très cher aux générations futures, c'est maintenant une certitude.
La production d'électricité à partir des énergies fossiles est assurée dans les centrales thermiques « à flamme » où la vapeur d'eau produite dans la chaudière à haute température et haute pression, sert de fluide d'entraînement des turbines, elles-mêmes couplées aux alternateurs.
La turbine à vapeur « à étages », inventée en 1884 par l'anglais C. Alguernon Parsons, s'impose au début du XXe siècle dans toutes les centrales thermiques à flamme. Son rendement s'avère bien supérieur à celui des machines à vapeur qui entraînent les premières dynamos électriques, celles qu'installe en 1880 Werner Siemens dans son usine de Berlin, par exemple. Ce type de centrale thermique est encore largement répandu dans le monde, grâce aux améliorations permanentes de puissance et de rendement des chaudières et des turbines. La chaudière s'alimente en fioul (produit dérivé du pétrole), poussière

de charbon ou gaz, chaque type de combustible exigeant des équipements spécifiques, susceptibles de transformations au gré de l'évolution du marché et des prix des sources d'énergie afin d'abaisser les coûts de production de la centrale. Ainsi, après être passées du charbon au pétrole, certaines centrales thermiques sont revenues au charbon après le choc pétrolier de 1973, tandis que d'autres étaient fermées pour être remplacées par les centrales nucléaires. Un autre type de centrale apparaît dès le début du XXe siècle, encore sous la forme de prototype : la centrale à turbine à gaz. Son principe repose sur la combustion directe du gaz dans la turbine, générant de très hautes températures qui ne sont pas maîtrisées avant la Seconde Guerre mondiale. Celle-ci relance la mise au point de ce genre de turbines pour les besoins de l'aviation (turbopropulseurs et turboréacteurs). L'industrie pétrolière poursuit parallèlement le développement des turbines à gaz, qui permettent d'utiliser des gaz considérés comme des sous-produits. Puis la production d'énergie électrique recourt aux turbines à gaz dans des centrales d'appoint ou de petite taille en raison de leur souplesse de fonctionnement : démarrages et arrêts à la demande, difficiles à exécuter dans les centrales thermiques à flamme et impossibles dans les centrales nucléaires. Enfin, après la Seconde Guerre mondiale, apparaît la centrale à « cycle combiné ». Associant la turbine à gaz et la turbine à vapeur, dont le générateur récupère les gaz d'échappement de la première, cette centrale augmente le rendement thermique de l'ensemble (plus de 50 % aujourd'hui) tout en réduisant le coût d'investissement et les nuisances sur l'environnement. La conception modulaire et hybride des centrales à cycle combiné procure une grande flexibilité : elle limite les investissements au départ, la turbine à gaz pouvant seule assurer un premier niveau de service ; l'exploitation s'effectue soit en cycle simple avec la turbine à gaz ou la turbine à vapeur, soit en cycle combiné. Des centrales à cycle combiné sont construites aujourd'hui dans le monde entier, la turbine à gaz pouvant désormais dépasser 200 MW seule, et 300 MW avec la turbine à vapeur associée. Généralement équipées de systèmes d'alimentation à carburants multiples, elles recourent aux énergies fossiles, qui restent les plus abondantes sur le globe terrestre : 35 ans de réserves de pétrole, 65 ans pour le gaz et 230 ans pour le charbon...

Centrale thermique, Ambes.

Raffinerie de pétrole BP, Lavera.

La fin des années 1970 marque l'entrée en force de la CGE dans le domaine des matériels de bureau : ci-contre le « Citéfax » de CIT-Alcatel.

À la fin de l'année 1980, l'extension prise par les activités de bureautique, télématique et électronique – 3 milliards de francs de chiffre d'affaires en 1980 – et leur complexité croissante conduisent à une vaste restructuration interne qui donne naissance à l'ensemble Alcatel Électronique. CIT-Alcatel lui transfère une partie de ses actifs – comme ses activités de visualisation, et radiotéléphonie sous-marine, apportées à Sintra – et de ses filiales, telle la CILAS.

En 1980, le groupe CIT-Alcatel se subdivise désormais en deux parties : d'une part, les filiales directes recouvrant les domaines des télécommunications publiques, des composants et accessoires quartz électronique, de la mécanique, auxquels s'adjoignent les activités de Mars-Actel ; d'autre part, le groupe des filiales d'Alcatel Électronique dans les secteurs des télécommunications privées, de la péri-informatique, du traitement du courrier, de l'informatique et de l'automatisme. Marquée à la fois par l'épopée de la commutation temporelle – en mai 1979, la CGE fête solennellement, lors d'une réception où figure le Premier ministre Raymond Barre, la deux millionième ligne commandée à CIT-Alcatel – mais aussi par l'essor encore plus rapide des filiales de diversification. L'expansion de l'entreprise de télécommunications est spectaculaire et la place parmi les grandes filiales du groupe : 1,5 milliard de francs et 18 500 personnes en 1970, 8,1 milliards et 40 000 personnes en 1980.

C'est pourquoi, dès la fin des années 1970, les dirigeants de la CGE tentent de franchir une nouvelle étape et de donner enfin une réelle assise internationale au pôle CIT-Alcatel. Face à la montée en force de Thomson sur le marché français, la politique des « grands accords » des années 1960 est remise à l'ordre du jour, avec notamment un projet de rapprochement avec le groupe Philips. Mais ce grand dessein se heurte alors à l'opposition des pouvoirs publics. Il faudra attendre la décennie suivante pour voir enfin s'accomplir dans les télécommunications l'ambition patiente de la CGE : disposer d'une position dominante sur le marché français et, grâce à des associations avec de grands constructeurs étrangers, percer à l'échelle internationale, horizon désormais incontournable.

Lentille de vanne papillon destinée à la centrale de Karun (Iran).

« La CGE attaque à l'étranger »

C'est en ces termes que le journaliste Alain Lefour, du magazine *L'Entreprise*, accroche son lecteur en octobre 1971, au moment de l'offensive de la CGE hors de ses marchés traditionnels. Le démarrage véritable de l'internationalisation du groupe prend effectivement naissance au début des années 1970 et accompagne une progression sensible des chiffres d'exportation du groupe. À partir de 1972-1973, la rupture des accords avec Thomson expose notamment en pleine lumière l'insuffisance d'une politique commerciale strictement nationale et contribue fortement à l'accélération de la stratégie internationale du groupe CGE.

L'internationalisation comme impératif

En 1971, en dépit des efforts qu'elle a menés au cours des années 1960, la CGE se situe encore nettement en retrait par rapport à ses concurrents français, européens, américains et japonais en matière d'exportation. Le groupe allemand Siemens, par exemple, réalise déjà 40 % de son chiffre d'affaires à l'étranger. Cependant, le tournant est pris à la fin des années 1960 : les activités de la CGE hors de France, qui représentaient seulement 17 % en 1969, passent à 24,5 % dès 1970. Cette tendance s'amplifie au cours des années suivantes, selon le mot d'ordre lancé par Ambroise Roux en 1971 : « Il nous faut réaliser 40 % de notre chiffre d'affaires à l'étranger dans dix ans. » Le projet est ambitieux, mais l'évolution du marché mondial et la diversité des secteurs où est présente la Compagnie permet un tel espoir. De 2,6 milliards de francs en 1971, le chiffre d'affaires consolidé réalisé à l'étranger atteint 5,4 milliards en 1975, 12 milliards en 1979 et 19 milliards en 1981, soit près de 34 % du chiffre d'affaires total du groupe. Le léger décalage à la baisse par rapport aux prévisions initiales ne doit pas masquer la très sensible progression de la Compagnie au cours des années 1970.

LES TRANSPORTS AÉRIENS

La conquête du ciel commence au XVIIIe siècle avec les aérostats, que l'on cherche à motoriser à la fin du siècle suivant pour en faire des dirigeables ; après le premier moteur employé, électrique, et fonctionnant sur des batteries (1884), vient le moteur à explosion (1897). Le Brésilien Alberto Santos-Dumont effectue en France le premier vol significatif d'un dirigeable à moteur à essence en 1900. Les perfectionnements de la technique se multiplient par la suite, notamment sous l'impulsion de l'Allemand Ferdinand von Zeppelin et mènent au premier vol transatlantique en 1919. La carrière des dirigeables s'interrompt cependant définitivement dans les années trente, après la catastrophe du « Hindenbourg ». Parallèlement, l'avion connaît ses premiers balbutiements avec Clément Ader qui décolle (tout juste...) sur une quarantaine de mètres avec un aéronef rudimentaire muni d'un moteur à vapeur. En 1903, les frères américains Wilbur et Orville Wright se posent en véritables pionniers de l'aviation en faisant voler sur plus de 200 mètres, à une altitude de 3 mètres, leur biplan, mû par un moteur à essence. L'hélicoptère, enfin, est issu du Gyroplane de Louis et Jacques Bréguet en 1907. Ces appareils utilisent tous le moteur à explosion selon le cycle de Beau de Rochas.

Ce type de motorisation persiste jusqu'à la Seconde Guerre mondiale, durant laquelle apparaissent les moteurs à turbines sous l'impulsion des recherches militaires. Les turbopropulseurs comportent, comme les turboréacteurs, une turbine à kérosène (dérivée du pétrole) ; celle-ci entraîne l'hélice propulsive, dans le cas du turbopropulseur et, dans celui du turboréacteur, elle propulse directement l'avion « par réaction » au moyen de l'éjection vers l'arrière et à très grande vitesse, des gaz de combustion.

Aujourd'hui, les avions gros porteurs sont tous équipés de turboréacteurs, le turbopropulseur demeurant cependant très utilisé pour les avions de transport de taille moyenne et le moteur à explosion, l'équipement le plus répandu sur les petits avions de tourisme. En outre, les automatismes occupent de plus en plus de place sur les avions modernes qui se situent à la limite du « sans pilote », technique utilisée couramment à des fins militaires.

Le Concorde effectue son premier vol d'essai le 2 mars 1969.

Une organisation de vente reproduit à l'étranger le réseau de distribution de la CGE en représentant l'ensemble du groupe, la filiale CGE Internationale. En 1977, ses effectifs dépassent 800 personnes, réparties dans plus de 30 pays, et contrôlent un chiffre d'affaires moyen de 4 milliards de francs, dont 90 % sont constitués par les activités de représentation et le reste par des ventes propres. Chaque représentation commerciale joue en effet un rôle de levier des exportations de l'ensemble des filiales. Cependant, le schéma décentralisé régissant la CGE sur le territoire français trouve aussi son épanouissement hors des frontières. Survolant ces structures, la politique présidentielle remplit une fonction d'appoint importante dans les contacts noués au plus haut sommet des États.

En 1977, le groupe CGE et Alsthom-Atlantique, sa principale société affiliée, désireuses de renforcer leurs moyens de prospection et de vente hors métropole, tout en en limitant le coût, décident de réunir leurs réseaux commerciaux étrangers. CGE-Internationale est choisie comme support de ce groupement et devient CGE Alsthom International. Son capital, porté à 23 millions de francs, est réparti à raison de 25 % pour la CGE, 25 % pour Alsthom-Atlantique et 10 % pour chacune de leurs principales filiales intéressées, SGE, CIT-Alcatel, CGEE-Alsthom, Alsthom-Unelec et Delle-Alsthom. Le nouvel organisme ainsi forgé est de très loin le plus important des réseaux français de vente de biens d'équipement à l'étranger, couvrant plus de 90 pays. La constitution de CGE Alsthom International contribue à l'accélération des commandes prises à l'exportation. Elles atteignent 25,8 milliards de francs en

1981, soit des taux de progression record de 44 % et de 124 % par rapport à 1980 et 1979. Comme le remarque alors la CGE, l'activité exercée en 1981 à l'étranger, multipliée par 19 en francs courants et par 7 en francs constants depuis 1969, est supérieure en volume au chiffre d'affaires total du groupe en 1970...

Une implantation internationale diversifiée

La variété des biens exportés reflète aussi la diversité d'un groupe composé de plus de 100 filiales. Celui-ci dispose, depuis le rachat d'Alsthom en 1969, d'un atout considérable dans le secteur de l'électromécanique. L'entreprise de Belfort donne à la CGE une dimension « gros matériel » qui vient confirmer son métier d'ensemblier. Alsthom possède effectivement une vocation exportatrice beaucoup plus ancienne que la CGE, inhérente à la nature même de ses produits. Troisième exportateur mondial de locomotives après General Motors et General Electric, Alsthom réalise déjà 55 % de son chiffre d'affaires à l'étranger en 1970. Si la division Traction enregistre la moitié de ses commandes à l'exportation et contribue très fortement à la renommée mondiale d'Alsthom – au point que, dans de nombreux pays du tiers monde, on appelle les locomotives « Alsthom » ! –, bien d'autres productions d'Alsthom sont destinées à l'étranger. Les 3/4 des commandes de Delle-Alsthom partent hors des frontières et concernent surtout les disjoncteurs de coupure très haute tension pour lesquels la société s'est bâtie une enviable renommée. De même, Neyrpic, spécialisé dans les turbines hydrauliques, envoie près de 45 % de sa production vers l'étranger. La construction de centrales thermiques et hydrauliques forme le dernier volet de l'activité à l'exportation d'Alsthom, dont la diversité recouvre tant les matériels et services fournis que les zones géographiques concernées. Peu de pays échappent aux vendeurs d'Alsthom.

CGEE-Alsthom
Vue aérienne générale du barrage et de la centrale d'Agua-Vermelha en cours de construction.

Une installation caractéristique des entreprises de CGEE-Alsthom à l'étranger (Département Cogelex). Le transformateur Alsthom-Savoisienne de l'usine de la Bangkok Iron Steelworks Company. (Vue partielle du poste 69, 11 kilovolts et 10 mégavolts-ampères.)

Dans l'autre grand pôle d'activité de la CGE, les efforts d'ouverture de CIT-Alcatel, et surtout l'acquisition d'une technologie propre en matière de commutation, accroissent de façon régulière les chiffres de la société à l'exportation, négligeables au début de la décennie. Marquant une progression de 56 %, ces résultats procèdent des effets conjoints des forts besoins en équipements téléphoniques de très nombreux pays comme la Syrie, Madagascar, l'Afrique du Sud, l'Algérie, le Maroc ou l'Arabie Saoudite et de la diffusion de la nouvelle technologie que représente la commutation électronique. Les contrats que remportent les équipes de CIT-Alcatel couvrent les phases d'équipement et se prolongent par le travail de maintenance des centraux téléphoniques.

Aux côtés d'Alsthom et de CIT-Alcatel, la SGE, CGEE-Alsthom et les Câbles de Lyon occupent une situation privilégiée au sein du groupe dans son ouverture vers l'étranger. Ces secteurs réalisent, en 1981, 30 à 40 % de leur chiffre d'affaires à l'international. Hors de France, la CGE continue à agir principalement en exportant ses produits. Avec 20 % du chiffre d'affaires international seulement, la production des filiales CGE implantées à l'étranger reste modeste, surtout si on la compare à celle des concurrents.

Au tournant des années 1980, l'objectif de l'internationalisation du Groupe devient omniprésent pour les dirigeants de la CGE. Pour rester dans la compétition internationale dans un univers peuplé de groupes de plus en plus puissants, seule l'acquisition d'une nouvelle taille critique, représentant 10 à 15 % du marché mondial, c'est-à-dire bien supérieure à celle qu'imaginait la CGE dans les années 1960, peut permettre de suivre le rythme accru des évolutions technologiques. Pour cela, il faut tout d'abord acquérir une situation dominante sur le territoire français, tout en se concentrant sur quelques métiers majeurs, à rebours de la diversification menée au cours des années 1970, signe d'une croissance proliférante et multiforme.

L'équilibre des sept à huit grands secteurs d'activité du groupe ne se modifie en effet pas fondamentalement au cours de la décennie. En 1981, l'Électromécanique reste au premier rang, avec près de 30 %, suivie par le secteur Entreprise, qui a marqué une progression notable de 1971 à 1981, en passant de 11 à 18 % du total des activités, quoique avec une rentabilité modeste. Les Télécommunications et l'Entreprise électrique, avec des taux d'expansion supérieurs à la moyenne du groupe, ont conforté leurs positions, passant respectivement de 18 à 20 %, et de 11,7 à 13,6 %.

LES SECTEURS INDUSTRIELS DU GROUPE (PART DU CHIFFRE D'AFFAIRES DE 1971 À 1980)

	1971	1975	1980
Électro-mécanique	31,7 %	31,7 %	25,5 % *
Entreprise électrique	11,9 %	11,4 %	12,4 %
Entreprise et ingénierie	10,4 %	11,5 %	18,5 %
Grand Public	3,2 %	1,9 %	1,6 %
Télécommunications et électronique	17,4 %	21,1 %	17,7 %
Câbles	7,9 %	6,6 %	5,6 %
Accumulateurs et Piles	8,3 %	6,7 %	6,2 %
Matériaux et divers	9,2 %	6,7 %	3,3 %
Commercial et divers	-	-	9,2 %

* Électro-mécanique et construction navale.

Au début des années 1980, le chiffre d'affaires du groupe CGE avoisine les 50 milliards de francs et ses effectifs atteignent près de 180 000 personnes. Dans le cadre d'une expansion vécue au rythme des grandes entreprises du groupe, les positions acquises au cours de la décennie précédente ont donc été largement consolidées et améliorées. Le développement continu de la Compagnie, son extension vers les hautes technologies et son implantation à l'étranger se sont aussi accompagnés d'une gestion financière rigoureuse, qui s'est traduite par un renforcement des fonds propres du groupe et une amélioration de son équilibre financier. En 1980, le total du bilan consolidé s'élève à 59 milliards de francs, les capitaux permanents, soit 14,2 milliards de francs, excèdent de 56 % les valeurs immobilisées. L'endettement à moyen et long terme, y compris les obligations convertibles, s'élève seulement à 3,97 milliards de francs. Le bénéfice net est de 560 millions de francs, en augmentation de 20 % sur 1979. En cinq ans, de 1975 à 1980, le résultat ramené à une action a triplé. La Compagnie Générale d'Électricité a su rester fidèle à sa tradition, en combinant expansion et souci de la gestion, même si certains jugent un taux de rentabilité (rapport bénéfice net/ventes), d'environ 1 %, trop modeste. Le groupe doit encore acquérir cette taille et cette compétitivité mondiales qui constituaient l'ambition originelle de Pierre Azaria à l'aube du XXe siècle

Chiffre d'affaires hors taxes du Groupe CGE

en millions de francs et en pourcentage de variations 1981/80, à structures réelles.

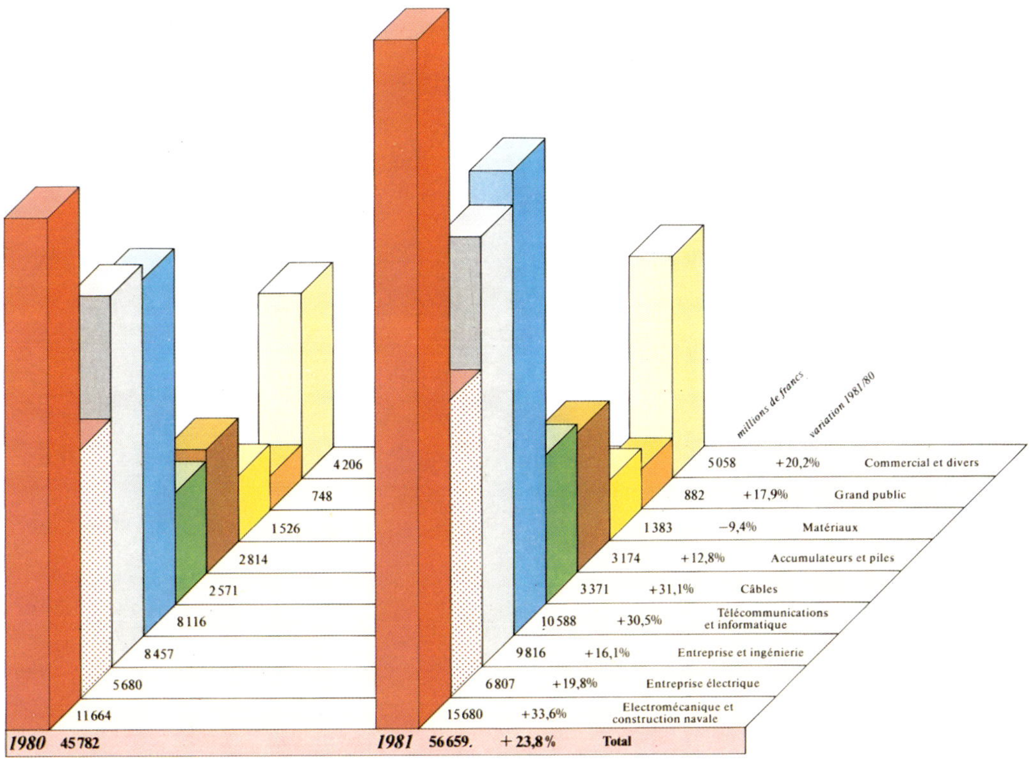

dont Étranger

en millions de francs en pourcentage du total et en pourcentage de variations 1981/80.

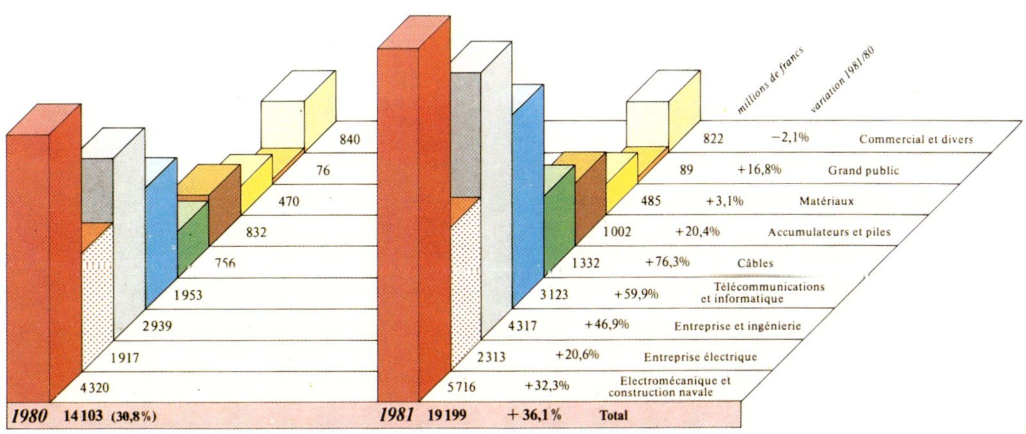

CHAPITRE 9

UN GROUPE EUROPÉEN AUX AMBITIONS MONDIALES 1982-1992

Au cours des années 1980, la CGE connaît une prodigieuse métamorphose. Elle change brutalement de nature et d'échelle et devient un groupe industriel européen qui figure aux premiers rangs des entreprises mondiales. C'est le résultat d'un « recentrage stratégique » vers trois secteurs majeurs ; télécommunications, énergie et transports, récemment complétés par les services et la communication. Une série d'accords jalonne cette politique tout au long de la décennie : Thomson, ITT, GEC, Fiat... « Moment décisif dans l'histoire de la CGE », 1986 voit la fin de l'épisode de la nationalisation du Groupe, la signature des accords avec ITT et l'accession à la Présidence de Pierre Suard. Avec son équipe, ce dernier accélère la mutation de la CGE en groupe industriel international qui réalise 160 milliards de francs de chiffre d'affaires et emploie plus de 200 000 personnes.

Nationalisation et recentrage stratégique

Les bénéfices d'une nationalisation paradoxale

La victoire de François Mitterrand aux élections présidentielles et de la gauche aux législatives de 1981 place directement la CGE sous les feux de l'actualité. Une vague de nationalisations frappe en effet, de novembre 1981 à février 1982, les plus grands groupes industriels et bancaires français. Son objectif est de mettre en œuvre une politique industrielle de grande envergure, dont le secteur public serait le « fer de lance ». Les nationalisations et la mise en place de filières appropriées doivent permettre d'assurer des choix et des financements cohérents, que ce soit en termes de dotation de capital, de grands programmes de recherche et de prise en charge partielle ou totale des coûts de restructuration.

Dans ce cadre, la CGE est nationalisée en février 1982, tout comme Péchiney-Ugine-Kuhlmann (PUK), Rhône-Poulenc, Saint-Gobain-Pont-à-Mousson (SGPM) et Thomson-Brandt, les deux compagnies financières Paribas et Suez, ainsi que trente-six établissements bancaires. Ambroise Roux avait annoncé, dès la publication de la liste des entreprises « nationalisables » par le nouveau gouvernement de Pierre Mauroy, qu'il ne saurait présider une entreprise passée dans le secteur public. Dans une lettre adressée aux actionnaires du Groupe en décembre 1981, il motive cette décision par son « attachement aux valeurs et à l'éthique du capitalisme et de l'économie libre de marché ». Il quitte ainsi la présidence le lendemain de la publication de la loi sur « l'extension du secteur public » dans le *Journal Officiel* du 13 février 1982.

Pourtant, à la différence d'autres entreprises nationalisées, en situation difficile sinon critique, Ambroise Roux n'est pas « fâché de laisser à la CGE nationalisée une situation en très bon état. C'est avec un bilan dont nous n'avons pas à rougir que nous remettons celle-ci à nos successeurs », indique-t-il lors de sa réunion d'adieux aux analystes financiers et à la presse spécialisée. En 1981, le Groupe a enregistré une activité record, avec un chiffre d'affaires de 56,3 milliards de francs, soit une augmentation de 23 % par rapport à 1980 et de 61 % par rapport à 1979. La situation de la trésorerie est excellente, les 3,2 milliards d'emplois ayant été équilibrés par autant de ressources, sans recours à des financements extérieurs. Des résultats dont témoigne le niveau de l'indemnisation de l'action, fixé, à la suite d'une décision du Conseil Constitutionnel, à 492 francs au lieu des 334 francs initialement prévus par les pouvoirs publics...

Jean-Pierre Brunet, diplomate de formation, succède à Ambroise Roux. Cet ancien ambassadeur de France prend comme bras droit le directeur général de l'entreprise, Georges Pebereau, qui fait figure de véritable patron du Groupe, avant d'accéder à la présidence deux ans plus tard, en 1984. Hormis ce double changement au sommet, la nationalisation de 1982 n'affecte pas les équipes en place, qui ne connaissent aucun bouleversement notable. Trois directeurs généraux adjoints assistent Jean-Pierre Brunet et Georges Pebereau : Pierre Chavance, Philippe Dargenton et François de Laage de Meux.

LA CGE EN 1982

PDG :	Jean-Pierre Brunet
Chiffre d'affaires :	66 milliards de francs
Filiales :	près de 1000
Investissements consolidés :	2 567 millions de francs
Effectifs du groupe :	192 200 personnes
Dépenses R&D :	2,5 milliards de francs

Les seules innovations qu'apporte la nationalisation consistent dans l'introduction, au sein du Groupe, de dispositions sociales nationales : instauration de la semaine de 39 heures, avec des modalités variant selon les usines, cinquième semaine de congés payés, mise en application – non sans quelques difficultés – des lois Auroux, qui favorisent l'expression des salariés, instauration du Comité de Groupe de la CGE, fort de 50 personnes, et également, à la suite d'un accord avec l'ensemble des organisations syndicales, entrée au conseil d'administration de syndicalistes qui découvrent alors les contraintes de la gestion d'un groupe industriel... Par ailleurs, l'État met en place, comme dans les autres groupes nationalisés, une direction des Affaires sociales et nomme à sa tête un haut fonctionnaire du ministère du Travail. La création de ce service va rompre la tradition décentralisatrice qui marque le fonctionnement de la CGE depuis sa naissance. Il n'y avait en effet jamais eu dans le groupe de direction centrale en charge de la gestion du personnel, chaque direction de filiale ayant en ce domaine la plus grande liberté de manœuvre, sous réserve de certaines règles générales de « bonne conduite », en ce qui concerne la rémunération des cadres, par exemple. C'est pourquoi les mentalités et habitudes d'autonomie des filiales rendent difficile la tâche de la nouvelle direction.

Jean-Pierre Brunet,
Président de la CGE de 1982 à 1984.

NATIONALISATIONS ET PRIVATISATIONS À LA FRANÇAISE

Dans sa déclaration gouvernementale de juillet 1981, Pierre Mauroy annonce le programme des nationalisations qui « donneront au gouvernement des moyens déterminants pour conduire sa politique économique ». La loi du 11 février 1982 nationalise cinq groupes industriels, Saint-Gobain, Compagnie Générale d'Électricité, Péchiney-Ugine-Kuhlmann, Rhône-Poulenc et Thomson, trente-six banques et deux groupes financiers, Paribas et Suez. Les nationalisations de Matra, Dassault, Sacilor-Usinor, Roussel Uclaf, CII-Honeywell-Bull et des filiales d'ITT, négociées à part, viennent compléter ce programme.

Excepté la CGE et Saint-Gobain, les groupes industriels connaissent une situation désastreuse qui force l'État à les doter en capital pour éponger leurs dettes, tandis que la conjoncture économique et politique tourne très rapidement à la rigueur. L'État mène cependant des opérations de restructuration sectorielles, dans la chimie, l'informatique, ou les téléphones, confiés à la CGE. Avec l'arrivée de Laurent Fabius au ministère de l'Industrie, puis comme Premier ministre, les entreprises nationalisées retrouvent leur autonomie de gestion et doivent, comme les entreprises privées, devenir rentables, donc supprimer des effectifs et obtenir des gains de productivité. Pour se doter en capital, elles peuvent même faire appel à la Bourse en émettant des titres participatifs.

En mars 1986, le renversement de majorité porte Édouard Balladur au ministère de l'Économie, qui engage le programme de privatisations. La vente des actions par l'État concerne la totalité du capital de soixante-cinq groupes, nationalisés en 1982 ou à la Libération. Des actionnaires privilégiés, les « noyaux durs » sensés assurer une certaine stabilité du capital, et les salariés, sont servis en premier ; le public, français et étranger, ensuite. Jusqu'en octobre 1987, les privatisations rencontrent un grand succès, mais doivent s'arrêter avec le krach boursier, et la réélection de François Mitterrand en mai 1988. Celui-ci décide alors le gel des transferts (c'est la doctrine du « ni-ni »), mais les nécessités économiques obligent à des entorses, comme l'ouverture du capital de Renault, qui font prévoir la privatisation des entreprises nationalisées dans un avenir plus ou moins proche.

Alsthom achète en 1982 la société Vibrachoc qui équipe différents matériels militaires de pointe, comme les chars AMX ou l'hélicoptère Super-Puma.

Un seul point noir au tableau de la nationalisation : le rachat de Vibrachoc. Celui-ci s'est effectué sous la contrainte de l'Élysée, malgré la vive opposition de la direction d'Alsthom qui en conteste, en particulier, le prix trop élevé. La structure de holding permet toutefois d'atténuer les effets de la nationalisation, la CGE s'intercalant entre l'État et ses filiales qui ne sont pas, quant à elles, nationalisées. La décentralisation du groupe et la réelle délégation de pouvoir dont bénéficient les filiales de la CGE accentuent la distance séparant l'État des unités opérationnelles. Seule la holding recrute un certain nombre de hauts fonctionnaires souvent issus de cabinets ministériels. La conséquence majeure de la nationalisation réside dans la réduction du temps de travail, générale pour toutes les entreprises françaises, qui provoque de sérieuses difficultés financières dans les sociétés.

La CGE se fixe à cette époque trois priorités dans le domaine des relations sociales : développement du dialogue au niveau le plus proche du terrain, essor de la pratique contractuelle et du dialogue économique. En 1984, un bilan de l'application des lois Auroux fait apparaître le développement important de la négociation collective avec, de 1982 à 1984, 42 accords d'entreprises et 92 accords d'établissements, portant sur les salaires, la durée du travail, l'expression des salariés, les conditions d'exercice du droit syndical, la participation des salariés aux résultats des entreprises, etc.

La nationalisation de 1982 ne bouleverse de fait aucune donnée structurelle de la CGE. Paradoxalement, et comme pour la plupart des groupes nationalisés à cette époque, le passage dans le giron public donne à ses dirigeants les coudées franches et une totale autonomie de gestion. Georges Pebereau en témoigne en 1991 : « La

Turbine à gaz (Alsthom).

Le E10, produit phare d'Alcatel-CIT, à Vélizy en 1990.

nationalisation du Groupe a supprimé l'essentiel des contraintes publiques et fait tomber les réticences de nombreuses administrations à l'égard de ce qui apparaissait auparavant comme une entreprise privée. D'un seul coup, nous devenions nous-mêmes une partie du patrimoine national. La CGE sortait de sa relation client-fournisseur avec les pouvoirs publics pour entrer dans une relation d'égalité. Nous étions désormais le champion national, avec toutes les donnes industrielles en main... »

Un rééquilibrage stratégique

Le profil actuel du Groupe Alcatel-Alsthom s'amorce en effet au début des années 1980. Après l'évolution diversifiée des années 1970, la direction de la CGE dresse le constat de deux phénomènes majeurs, résumés par François de Laage de Meux, directeur général adjoint : « La révolution technologique constituée par la numérisation et l'accélération du rythme de générations de produits de plus en plus sophistiqués conduisaient à des investissements de plus en plus énormes, en recherche-développement, en études, en prototypes... Il était nécessaire de les amortir sur une période courte, ce qui supposait une surface et une taille beaucoup plus grandes. La CGE a pris conscience d'un niveau de « masse critique » en hausse de plus en plus rapide. Le second phénomène concomitant a été le début de l'ouverture internationale : pour ne pas se laisser marginaliser, il fallait s'étendre hors du marché hexagonal, conquérir d'autres marchés. D'où ce double impératif : grandir et être présent ailleurs qu'en France. Ce qui n'était pas possible dans tous les métiers. Il fallait effectuer des choix et affecter de manière prioritaire les efforts du Groupe sur les secteurs retenus. »

Dans cette perspective, la CGE « ramasse ses forces », selon sa propre expression, en 1983. Le Groupe se concentre et choisit de poursuivre son développement « au cœur des industries du futur », notamment dans deux domaines clés aux fortes potentialités et en croissance continue : l'énergie et les transports avec Alsthom, les télécommunications et la communication d'entreprise avec CIT-Alcatel. Le matériel électrique représente l'un des secteurs les plus anciens de la CGE, enrichi par nombre d'apports, en particulier celui d'Alsthom autour duquel s'organise le pôle énergie du groupe depuis 1971. Les télécommunications pour leur part, et malgré une percée plus tardive dans le Groupe, connaissent un remarquable succès grâce au E10, premier système de commutation temporelle opérationnel au monde et produit phare du Groupe. À ces deux grands secteurs s'ajoutent les câbles, qui recoupent les domaines énergie et télécommunications de la CGE, et les accumulateurs, autre volet traditionnel de l'activité du Groupe.

Accumulateurs Ceac.

Ce recentrage stratégique revêt une ampleur considérable : de 1981 à 1984, la part globale des deux premiers secteurs passe de 65 à 95 % du chiffre d'affaires total du Groupe. Cette politique motive l'abandon successif d'un certain nombre d'activités non stratégiques. La CGE opère, dans la première moitié de la décennie, une série de désinvestissements « structurels » d'une très grande importance, dans des domaines aussi variés que le bâtiment et les travaux publics, l'informatique répartie, les composants, l'électronique militaire, les machines-outils, l'électroménager, le petit appareillage électrique, les isolateurs, les joints, les piles grand public, le matériel basse tension, etc. En 1983, en particulier, la CGE cède la Société Générale d'Entreprises au groupe Saint-Gobain qui désire, grâce à cette opération, accéder au capital de la Générale des Eaux. Cet ensemble de cessions clarifie de manière considérable le portefeuille d'activités de la CGE. En 1984, les deux secteurs télécommunications et communication d'entreprise, électromécanique et construction navale, désormais d'un poids comparable, représentent chacun environ un tiers de l'activité totale du Groupe. Les domaines de l'entreprise électrique et des câbles, situés tous deux à la charnière entre l'énergie et la communication, pèsent chacun un peu plus de 10 % de l'activité générale, et celui des piles et accumulateurs, un peu plus de 5 %. Les autres domaines forment un dernier secteur qui rassemble les matériaux, l'ingénierie, les activités commerciales et diverses sociétés de taille secondaire.

Jean-Pierre Brunet et Georges Pebereau peuvent désormais se consacrer aux quatre grandes orientations définies par le plan du groupe pour la période 1980-1985, « développer les positions mondiales du groupe dans l'énergie et les télécommunications, renforcer sa présence dans les hautes technologies, donner une dimension nouvelle à ses activités de services, accroître ses performances ».

La CGE leader des télécommunications françaises

Lorsqu'en 1982, le groupe américain ATT et Philips concluent un accord de partenariat dans le domaine des télécommunications, les dirigeants de la CGE s'inquiètent de voir émerger un nouveau géant dans ce secteur. La Compagnie avait

Alain Gomez, Président de Thomson.

Le siège du Conseil de l'Europe à Strasbourg.

entamé, dès la fin des années 1970, une série de démarches pour trouver un partenaire international de grande ampleur. Pourtant, les contacts pris en 1979 avec Philips n'avaient pas abouti. En revanche, l'accord qui intervient en 1983 avec Thomson permet enfin à la CGE de réaliser un objectif de longue date, devenir le seul leader de l'industrie française des télécommunications.

1983 : l'accord CGE-Thomson, un achèvement nécessaire

L'accord naît dans le bureau du ministre de l'Industrie et de la Recherche de l'époque, Laurent Fabius, qui suggère une entente générale entre la CGE et Thomson, deux groupes nationalisés qui partagent désormais le même actionnaire, l'État. Forts de ce feu vert implicite, Georges Pebereau et Alain Gomez négocient directement, sans le moindre intermédiaire et dans la plus grande discrétion, les modalités d'une rationalisation d'ensemble de leurs domaines respectifs. Le nouveau président de Thomson souhaite en effet recentrer son groupe, trop disparate et qui connaît de graves difficultés, sur trois secteurs dominants : l'électronique grand public, l'électronique professionnelle, et ce qui les relie, les composants électroniques. En contrepartie, Thomson transfère à la CGE son domaine « Communications », dont les performances demeurent modestes, le système de commutation temporelle de Thomson, le MT, connaissant en outre divers problèmes de mise au point technique.

LA CONSTRUCTION EUROPÉENNE

Que de chemin parcouru entre le 25 mars 1957, date de la signature du Traité de Rome, et le 1er janvier 1993, jour de l'ouverture du grand marché européen, qui réalise enfin l'union de 350 millions d'Européens ! La marche de l'Europe semble rapide en ses débuts ; le traité de Rome entre en vigueur dès le 1er janvier 1958, après ratification par les six parlements, un record de rapidité en matière diplomatique. La Politique agricole commune (PAC) naît l'année suivante, et les réductions de droits de douane et de contingentement interviennent dès 1959, se poursuivant, d'année en année, pour arriver, en 1968, à la libre circulation totale des marchandises et des travailleurs.

Cependant, la période d'exaltation passée, des dissensions apparaissent entre les Six. Le général de Gaulle s'oppose, en 1963, à l'entrée de la Grande-Bretagne dans le Marché Commun, alors qu'il conclut un traité d'amitié et de coopération avec l'Allemagne. En 1965-1966, le financement de la PAC et ses objectifs entraînent le retrait de la France du Conseil européen, durant six mois. La solution apportée, l'unanimité des votes lorsque des intérêts majeurs sont en jeu, pose plus de problèmes qu'elle n'en résoud.

Toutefois, les institutions européennes commencent à vivre, et l'équilibre instable entre Conseil des ministres et Conseil européen d'une part, Commission européenne d'autre part, auxquels se joignent le Parlement et la Cour de justice de Luxembourg, réussit à faire progresser la Communauté. En dépit des dissensions sur le financement, la CEE s'élargit à 9 États avec l'entrée du Royaume-Uni, de l'Irlande et du Danemark en 1973, puis à 10, avec la Grèce en 1981, enfin à 12, avec l'Espagne et le Portugal, en 1986. Les pays membres adoptent, en décembre 1985, l'Acte unique européen, qui renforce les pouvoirs communautaires et ouvre la voie à l'intégration totale pour le 1er janvier 1993.

L'accord prévoit une vaste série d'échanges d'activités. La CGE se désengage ainsi du domaine des composants, en vendant à Thomson ses deux sociétés, SCA et Quartz Électronique-Alcatel. Dans l'activité Systèmes-Détections, elle se dessaisit, de la même manière, de Sintra-Alcatel et, dans les produits ménagers, de la Cepem. À l'inverse, le groupe Thomson cède respectivement, dans les secteurs du Tri Postal et des Câbles d'Énergie, les sociétés HBS et Thomson-Jeumont Câbles.
Les activités de télécommunications de Thomson, qui passent dans le giron de la CGE, sont considérables et regroupent 20 900 salariés. Il s'agit de l'ensemble « Communication d'Entreprise » de Thomson qui rassemble la division Téléphonie Privée, la division Bureautique et la société Ferrer Auran ; des activités de Commutation Publique de Thomson-CSF Téléphone ; de la Transmission, rassemblant les divisions Faisceaux hertziens, Espace ainsi que les sociétés LTT et Cabeltel ; et enfin de diverses sociétés « Informatique et Logiciel » intervenant dans le domaine civil : AEA, Answare, CETT, Thomson-TITN et Thomson-CSF Informatique.

Le protocole d'accord, signé à la fin du mois d'août 1983, est rendu public un mois plus tard, le 22 septembre. Toutes les négociations ont été réalisées en tenant à l'écart la Direction Générale des Télécommunications. Fidèle à la vieille politique des institutions publiques, cette dernière préfère disposer de deux fournisseurs au lieu d'un, et rechigne à voir émerger une entité unique apparaissant comme le « Téléphone de France ». C'est pourquoi, en dépit de son caractère vital pour l'économie française dans ce domaine, l'entente entre la CGE et Thomson est alors interprétée selon le prisme des batailles d'influence de la décennie précédente. Elle suscite de « nombreux remous et réserves », comme en témoigne notamment la couverture du *Monde* du 22-23 septembre 1983, ainsi que celle du 4 octobre. Le quotidien titre certes, « L'accord CGE-Thomson donne naissance à l'un des principaux groupes mondiaux dans le secteur de la communication », mais demeure circonspect, une attitude qui, à l'image de l'ensemble de la presse et de l'opinion, sera lente à se dissiper. « En misant sur le partage des tâches dans l'industrie électronique française, l'État fait un pari tentant mais risqué... (...) La constitution de facto d'un monopole de la « communication » autour de la CGE ne risque-t-elle pas de se traduire par une perte de compétitivité ?... Cette opération risque fort, par son ampleur, de déstabiliser l'ensemble du secteur. » Ces prédictions pessimistes quant à l'« avenir sombre » de l'accord CGE-Thomson seront rapidement démenties par les faits.
L'accord conclu reçoit l'appui des pouvoirs publics, qui donnent officiellement leur agrément par une lettre du ministre de tutelle, Laurent Fabius, en l'assortissant de plusieurs conditions. Les rapprochements d'activités « interviendront après consultation des partenaires sociaux », « l'opération devra clairement déboucher sur des propositions d'augmentation des exportations », « une étroite collaboration » unira les deux Groupes, en particulier dans le domaine des composants. La lettre adressée au président de la CGE précise en outre que le Groupe devra se « rapprocher d'un informaticien dans des conditions agréées par les Pouvoirs Publics »...
Nostalgie du Plan Calcul ? Il s'agit à l'évidence de vœux pieux. La CGE ne souhaite pas revenir dans l'informatique et préfère s'attacher à constituer en son sein des sociétés fortes, en position de dominer les marchés nationaux et internationaux. Dans un premier temps, elle procède à la réorganisation de son ensemble télécommunications, largement étoffé par l'apport des activités de Thomson.

Une restructuration réussie : la naissance d'Alcatel

Le rapprochement CIT-Alcatel et Thomson-Communication représente en effet une opération d'une ampleur exceptionnelle, consistant à faire converger et rendre compétitives deux politiques techniques et commerciales différentes. Dès 1984, la CGE procède, sous la responsabilité de Pierre Suard et de Christian Fayard, à une série de rapprochements, secteur par secteur. Deux sociétés communes sont créées. La première, Alcatel Thomson Développement, se charge de préparer la prochaine génération de matériels de commutation publique ; la seconde, Alcatel Thomson International, assure l'unification du dispositif commercial à l'exportation. Par ailleurs, un commandement unique se met en place pour opérer dans chaque secteur l'harmonisation des politiques de produits et la modernisation de l'outil industriel. Enfin, la restructuration de l'ensemble CIT-Alcatel-Thomson, à laquelle s'ajoute l'automatisation croissante des usines du groupe, conduit à des suppressions d'emplois.

La division Commutation publique est apportée à CIT-Alcatel alors que la division Téléphonie privée est érigée en filiale, dans la perspective d'un rapprochement ultérieur avec Télic-Alcatel. Par ailleurs, le département équipement de LTT est apporté à CIT-Alcatel, et son département câbles aux Câbles de Lyon. Au niveau technique, il faut enfin procéder à la difficile convergence des deux systèmes de commutation, notamment le E10B et le MT 25, sans perdre leurs clients respectifs. Cette fusion dans le domaine des produits se traduit par plusieurs décisions : le MT20 reste le seul centre de transit commercialisé, le E12 est spécialisé dans des applications particulières (cartes de crédit, libre appel) alors que le développement du MT35 est abandonné. En 1985-86, Alcatel-Thomson lance la troisième génération du E10 sous le nom d'OCB 283. Le cœur du E10B est entièrement rénové du point de vue technologique, avec l'introduction de stations à base de microprocesseurs qui remplacent les organes centraux du E10B.

Ariane, dont le maître d'œuvre est le CNES (Centre National d'Études Spatiales) résulte d'une collaboration européenne réunissant dix pays. Le premier modèle, lancé le 24 décembre 1979, donne naissance à une gamme de lanceurs lourds, gérés par Arianespace, qui, depuis Kourou, mettent sur orbite des satellites scientifiques ou commerciaux.

Alcatel Telspace : station terrienne de radiocommunications à Brabala, Inde.

Fin 1985, avec dix-huit mois d'avance sur le calendrier prévu, la fusion des deux compagnies est achevée. Le 1er juillet 1985, CIT-Alcatel, société-mère du groupe Alcatel, absorbe la holding Thomson Télécommunications, créée en 1983, et, simultanément, les activités de la division de « commutation publique » de Thomson CSF Téléphone et celles du département « équipements » de LTT.
Le 31 décembre 1985, le nouvel ensemble, transformé en holding, ses activités industrielles ayant toutes été transférées à ses filiales, prend la dénomination d'Alcatel. Celui-ci apparaît désormais comme le numéro un mondial en matière de commutation numérique, et le cinquième constructeur du globe, avec 50 000 salariés et 26 milliards de chiffre d'affaires, dont un tiers à l'exportation. Qualifiée par certains comme « l'acte industriel majeur de la décennie », la fusion s'avère l'une des plus amples de l'histoire industrielle française. Elle donne notamment à la CGE 85 % du marché français des centraux publics.
L'opération, en apportant à la CGE les faisceaux hertziens et les satellites de Thomson, permet à Alcatel d'être le seul constructeur du globe à inscrire à son catalogue tous les types de réseaux de télécommunications, qu'ils soient sous-marins, terrestres ou spatiaux, par câbles, fibres optiques, relais hertziens ou satellites, pour la voix, les données ou l'image, au sein des nouvelles sociétés Alcatel Thomson Faisceaux Hertziens (AFHT) et Alcatel Espace (ATES).

L'apport de Thomson renforce en outre notablement la position d'Alcatel dans le domaine de la communication d'entreprise et de la bureautique. En 1986, Télic-Alcatel reprend ainsi les activités de téléphonie privée de l'ancienne société Thomson CSF Téléphone, dont les activités de distribution commerciale sont constituées en filiale autonome, qui reprend le même nom de Thomson CSF Téléphone. Par ailleurs, une simplification générale intervient, certaines des participations détenues par la société-mère Alcatel dans les secteurs de la communication d'entreprise, du service et de l'ingénierie informatique, ainsi que les sociétés constituant l'ensemble Roneo Alcatel, étant transférées à Alcatel Électronique.
À la fin de l'année 1984, les centraux numériques d'abonnés de la gamme Alcatel Thomson détenaient près du quart du total mondial des lignes d'abonnés en commande ou en service, avec près de 18 millions de lignes dans 48 pays. L'ensemble constitué par Alcatel et ses filiales se situe au 5e rang mondial de l'industrie de télécommunications, que ce soit dans les réseaux les plus modernes (centraux multiservices, liaisons sur fibres optiques à très haut débit, télédistribution, systèmes de communication par satellite, liaisons par faisceaux hertziens) que dans celui des communications d'entreprise. Au milieu de la décennie, Télic Alcatel, qui bénéficie en France du succès des terminaux Vidéotex, le fameux « Minitel », dont 700 000 exemplaires sont livrés aux PTT fin 1984, est le deuxième constructeur européen d'autocommutateurs privés, le premier fabricant mondial de terminaux télématiques et le premier fabricant européen sur le marché, en forte croissance, de la télécopie.
Malgré son envergure, l'accord CGE-Thomson ne représente pourtant, pour la CGE, qu'une étape vers l'acquisition de la dimension mondiale dans les télécommunications. Georges Pebereau estime ainsi « encore insuffisantes » les conséquences du rapprochement, pour affronter les géants mondiaux des télécommunications, qu'il s'agisse du groupe américain ATT, du japonais NEC ou des européens Siemens et Ericsson. Avec ses 25 milliards de chiffre d'affaires en 1984, dont 31 % à l'étranger, Alcatel reste trop concentré sur le marché français, et sa taille internationale est encore insuffisante. Pour son expansion hors des frontières, l'entreprise bénéficie de deux atouts, son indépendance technologique totale et un outil industriel modernisé et compétitif. Néanmoins, comme le notent alors ses dirigeants : « Pour des firmes de la taille d'Alcatel, il semble bien en effet que le volume critique ne pourra être atteint qu'au prix de l'absorption d'un grand concurrent ou d'un mariage avec l'un des compétiteurs opérant sur le marché mondial. » La conclusion d'une ou de plusieurs alliances internationales apparaît indispensable pour acquérir une taille planétaire.

Alcatel Radiocommunications : relais hertziens.

LA TÉLÉMATIQUE

En décembre 1978, le gouvernement de Raymond Barre décide de lancer deux expériences de télématique, terme inventé en 1978 dans le rapport de deux inspecteurs des finances, Simon Nora et Alain Minc, signifiant la combinaison des technologies de l'informatique et des télécommunications. Le procédé Vidéotex permet à l'utilisateur du minitel, terminal branché sur le réseau téléphonique, d'interroger des banques de données sur ordinateur, de faire appel à des services informatisés et de dialoguer avec d'autres minitels.

La première expérience se situe, en 1981, à Vélizy, véritable « laboratoire » de la DGT (Direction générale des télécommunications) qui distribue des minitels à deux mille deux cents foyers, pour étudier la demande des usagers et celle des deux cents fournisseurs de service. Le deuxième projet vise à tester techniquement la télématique à grande échelle en équipant les 140 000 abonnés au téléphone de l'Ile-et-Vilaine d'un minitel pour la consultation de l'annuaire électronique.

Les deux expériences sont concluantes, techniquement et économiquement. Dès 1982, la DGT décide d'étendre les services télétel à l'ensemble de la France, tous les abonnés qui le désirent pouvant être connectés en 1987. Parallèlement, la DGT réalise le réseau Transpac pour l'acheminement des communications de plus en plus nombreuses.

Paradoxalement, ce qui rend célèbre la télématique, c'est son utilisation par les messageries roses, qui ont pour mérite de rentabiliser très vite l'opération, et d'apprendre aux Français le maniement du minitel. Cependant, la multiplication des serveurs, des banques de données et des communications d'entreprise donne au réseau télétel ses lettres de noblesse et affirme son importance économique. En 1991, le parc de minitels atteint près de 6 millions d'exemplaires.

Par ailleurs, le développement de la télécopie, en croissance exponentielle, et la création par France Télécom du Réseau Numérique à intégration de Services (RNIS), qui favorise la transmission de toutes les informations sous forme binaire, accroissent les connexions dans les entreprises, entre entreprises ou avec les particuliers.

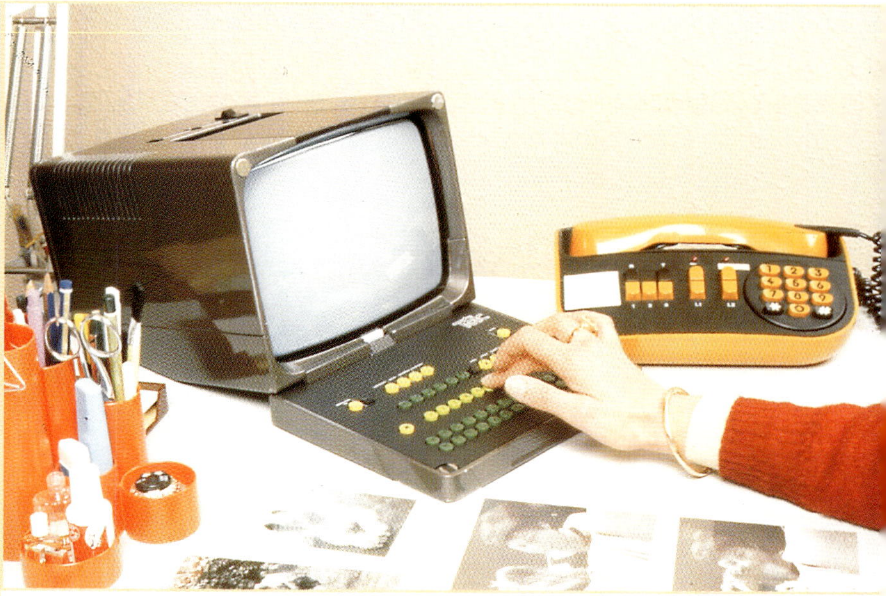

Le Minitel : un produit Télic.

Énergie et transport : l'accession au premier rang international

Le secteur énergie de la CGE suit simultanément une stratégie comparable à celle d'Alcatel. Alsthom recueille alors les fruits de la politique engagée au cours des années 1970 et renforce systématiquement l'ensemble de ses secteurs, afin d'accéder à une taille compétitive au niveau mondial. Dans un domaine difficile, souvent en perte de vitesse du fait de la contraction des marchés et où la concurrence est rude, la société mène, sous l'impulsion de Jean-Pierre Desgeorges, son président-directeur général de 1982 à 1990, une politique très ajustée comportant deux volets : l'adaptation constante de l'outil de production au marché, en appliquant des plans de redressement assortis de fermetures d'établissements et de suppressions d'emplois dès qu'ils s'avèrent nécessaires ; et simultanément la reprise de concurrents en difficulté pour gagner des parts de marché et élever à chaque fois le seuil de la taille critique d'Alsthom.

Comme l'explique en 1986 Jean-Pierre Desgeorges, il s'agit de s'ériger constamment en « leader et constituer ainsi un pôle d'attraction. Alsthom se trouve dans un secteur industriel de phase 3, dans lequel la croissance ne peut être que lente. Pour mieux répartir nos investissements de recherche et nos efforts commerciaux très coûteux, alors que le marché ne nous permet pas d'espérer une embellie rapide, il nous faut croître par rachat d'entreprises extérieures ».

Le groupe diversifie également son offre, tout en conservant sa spécialité. Il poursuit de nombreux efforts dans le domaine de la recherche, notamment dans le secteur du pétrole en mer. Alsthom-Atlantique crée, au début de l'année 1984, une huitième division, nommée Robotique et Matériaux, qui rassemble les éléments existants au sein de la société et de ses filiales, dans ces domaines porteurs. Dans le même esprit est créé, au sein de la division Électromécanique, un département d'Électrotechnique avancée, chargé de promouvoir le développement des matériaux supraconducteurs.

L'entrée de la CEM dans le giron d'Alsthom-Atlantique

Un premier pas important dans les acquisitions et rapprochements de la nouvelle décennie s'effectue entre 1983 et 1985. Désireuse de se positionner en situation dominante sur le marché français, Alsthom attend l'opportunité d'acquérir sa concurrente traditionnelle, la Compagnie Électro-Mécanique ou CEM, filiale de Brown-Boveri. Un accord est enfin conclu en février 1983 avec le groupe suisse, qui souhaite abandonner sa participation au sein de sa filiale française. L'une des plus anciennes sociétés d'électricité en France, déjà présente sur le marché national au moment de la naissance de la Compagnie Générale d'Électricité, intègre ainsi, au début des années 1980, Alsthom et le groupe CGE.

Jean-Pierre Desgeorges, Président d'Alsthom de 1982 à 1990.

Comme l'explique alors la CGE : « Cette prise de contrôle présente un grand intérêt. Elle permet tout d'abord un regroupement des fabrications qui renforce la position mondiale d'Alsthom-Atlantique dans les équipements électrotechniques comme dans les matériels ferroviaires, et lui ouvre des perspectives de développement dans la productique et le domaine des matériaux composites. Elle assure par ailleurs à notre pays une totale indépendance technologique dans un domaine clé de son développement énergétique. »

Système de suspension d'une chaudière au charbon.

LA COMPAGNIE ÉLECTRO-MÉCANIQUE, UN SIÈCLE DE CONSTRUCTION D'ÉLECTRICITÉ.

Transport en 1911 d'un arbre de turbine de 20 000 chevaux.

Atelier de fabrication de Transformateurs.

En 1885, alors que la deuxième exposition internationale d'électricité ouvre ses portes à Paris, un fabricant de machine à vapeur, la société Weyher et Richemond, un constructeur de chaudières, Delaunay-Belleville et la SIT, Société Industrielle des Téléphones, spécialisée dans les câbles électriques, s'associent pour fonder la Compagnie Électro-Mécanique ou CEM, avec un objectif simple : proposer des installations électriques complètes. L'essentiel des premières commandes porte sur des installations d'éclairage, que la jeune entreprise sous-traite pour Edison. C'est à ce titre que la CEM procède à l'illumination de l'Opéra Comique, de l'École Polytechnique et du pont Alexandre III.

En 1899, le destin de la CEM change radicalement. Elle entre dans l'orbite du groupe suisse Brown-Boveri et commence la fabrication de dynamos performantes sous licence helvétique. À la même date, la CEM négocie avec la société anglaise Parsons Marine la cession d'une autre licence concernant des appareils moteurs marins et se lance dans ce secteur. En 1901, la Compagnie Électro-Mécanique achète un vaste terrain au Bourget pour y installer son siège social et y élève une grande usine consacrée à la fabrication des turbines à vapeur et des groupes électrogènes. Les 500 salariés qui la composent construisent de nombreuses petites centrales électriques.

La CEM s'implante en 1911 à Lyon, en y achetant l'usine Alioth. Ce vaste établissement, qui fabrique déjà 150 à 200 moteurs par mois, permet à la Compagnie Électro-Mécanique d'aborder la fabrication des moteurs électriques en série. En 1919, elle crée une filiale pour la production des

La CEM à l'exposition de 1900.

condensateurs, bouilleurs ou réfrigérants. En 1920, la CEM acquiert l'usine du Havre de Westinghouse, pour la fabrication des gros transformateurs et de l'appareillage électrique, mais également du matériel mécanique. Jusqu'à la naissance d'Alsthom en 1928, la Compagnie Électro-Mécanique possède un atout essentiel. Elle apparaît en effet comme le seul véritable groupe électromécanicien complet du marché français, ses concurrents ne fabriquant que du matériel électrique – comme la CGE ou Thomson – ou exclusivement du matériel mécanique, à l'instar de Rateau ou de la SACM. Cependant, les dirigeants de la société ne prennent pas conscience que, comme pour les turbo-alternateurs, la construction des locomotives nécessite la maîtrise de la conception entière, électrique et mécanique.

Au fil des années, pour étendre ses activités, la Compagnie Électro-Mécanique constitue de nouvelles branches, crée des filiales ou prend des participations. Ainsi, en 1912, la CEM entre dans le capital de Fibre et Mica, fabricant à Lyon d'isolants et de bornes pour transformateurs. En 1935, naît à Boulogne, la filiale Repelec, destinée à la réparation des matériels électriques de toutes marques.

Après la Seconde Guerre mondiale, la société perd certains marchés, comme celui des appareils moteurs marins, les chaudières, les locomotives à grande vitesse ou l'électroménager et se heurte à de graves difficultés financières. Mais son activité dans d'autres domaines connaît une extraordinaire croissance. Entre 1945 et 1955, la Compagnie Électro-Mécanique constitue un réseau de filiales, afin de mettre en œuvre une politique active de diversification. En 1948, en particulier, la société Parvex est créée, pour la fabrication en très grande série de moteurs pour l'électroménager.

En 1952, l'état-major de la CEM restructure ses activités en trois grands « groupes » : la branche gros matériel, la branche matériels de série et une dernière branche d'activités diverses. Quatre ans après, la Compagnie partage ses activités entre deux sociétés : la MEGACEM, Société de Construction de gros Matériel Électromécanique et la NORMACEM, chargée du matériel dit « normal ». Sur certains marchés, notamment celui des transformateurs, la CEM est auprès d'EDF l'unique client national, en concurrence directe avec la CGE et, face aux pouvoirs publics, son appartenance à un groupe étranger, la dessert souvent.

Au milieu des années 1960, une nouvelle restructuration affecte la CEM, quatre divisions étant constituées, pour la production d'énergie, la transformation et distribution, les industries spécialisées et le matériel industriel. Enfin, en 1970 et 1971, la Compagnie d'Électro-Mécanique prend, entre autre, le contrôle de deux filiales spécialisées dans le matériel ferroviaire : CIMT Lorraine et TCO-Traction-CEM-Oerlikon.

Vue générale de la nef aux grosses machines (CEM, usine du Bourget).

Laboratoire d'essais haute tension (Alsthom).

La Compagnie Électro-Mécanique disparaît comme entité autonome, chacune de ses branches étant rattachée à l'unité équivalente d'Alsthom. L'usine du Havre de la CEM et celles de Mâcon et d'Aix-les-Bains d'Alsthom procèdent ainsi à une rationalisation et une modernisation de leur production de transformateurs et appareillages blindés. La grande usine d'Alsthom à Belfort doit en particulier adapter ses fabrications avec celles de l'usine du Bourget de la CEM, reprise dès 1977, dans le domaine de l'électromécanique.

Mais la tâche s'avère délicate, à la fois pour des raisons techniques – chaque société possède une technologie différente – et des problèmes de gestion. En effet, les prix de revient belfortins sont nettement inférieurs à ceux du Bourget, de l'ordre de 25 % pour les ouvriers, 15 % pour les techniciens et 8 % pour les cadres, en raison de l'écart existant entre les salaires de la province et ceux de la région parisienne. Les effectifs de l'usine du Bourget sont fortement réduits et les conditions d'harmonisation entre les deux établissements de la division électrotechnique marquent durablement les esprits.

La restructuration prend fin en février 1985. Alsthom-Atlantique absorbe alors la CEM sur le plan juridique, la nouvelle société reprenant à cette occasion le nom d'Alsthom. Pourquoi ce changement ? « La référence aux Chantiers de l'Atlantique, qui remonte à la fusion en 1976, présente l'inconvénient de décentrer l'image de la Société sur une de ses nombreuses activités », explique l'éditorial du journal interne, *Courant*, datant de mai 1985. « Le nom Alsthom, en revanche, a une identité forte qui couvre l'étendue et la diversité des activités du Groupe, renforcées au cours des dernières années par l'adjonction d'actifs industriels importants dans les secteurs où il a toujours occupé des positions de premier plan. »

La division Ferroviaire : de l'absorption de la CEM au TGV Atlantique

L'absorption de la CEM marque aussi une étape notable dans l'histoire de la division Matériels Ferroviaires d'Alsthom-Atlantique, dont Franck Vaingnedroye, directeur de la division, résume l'itinéraire, dans une interview qu'il accorde à *Courant* : « Il faut rappeler que la division ferroviaire d'Alsthom, telle qu'elle existe aujourd'hui avec la délégation complète des responsabilités, a été créée en 1973 pour devenir un constructeur de locomotives, avec à la fois des parties mécaniques et des parties électriques, ce qui est aujourd'hui très rare, la plupart de nos concurrents n'étant que l'un ou l'autre.

Le fait marquant a été, ensuite, l'absorption de Brissonneau et Lotz qui a permis à Alsthom de devenir également constructeur de voitures de voyageurs et de métros. Préalablement à cette absorption, Alsthom avait d'ailleurs progressivement développé la construction des parties électriques des métros.

La troisième étape a été la reprise de la SORFERVAL. Après le dépôt de bilan de la Société franco-belge en août 1980, on a assisté à la constitution par un certain nombre de constructeurs français d'une société de location-gérance, la SOFERVAL, qui a repris le fonds de commerce de l'ex franco-belge. Mais les pouvoirs publics ont estimé par la suite que le devenir de SOFERVAL n'était pas assuré dans le cadre de la location-gérance. Ils ont alors demandé à Alsthom-Atlantique de reprendre cette société, ce que nous avons fait en mars 1982. »

Pression de la turbine Arabelle, destinée à la centrale nucléaire EDF de 1500 MW de CHOOZ.

LA TURBINE À VAPEUR ARABELLE OU L'INDÉPENDANCE TECHNOLOGIQUE FRANÇAISE

En 1984, Gilbert Riollet, directeur technique des turbines à vapeur à la division Électromécanique reçoit, au nom de toute son équipe, le Prix Pierre Azaria, Grand Prix technique de la CGE. Le ministère de la Recherche et de l'Industrie couronne par ce geste l'invention de la turbine à vapeur française, Arabelle. « Les études et la construction des turbines à vapeur ont commencé en France un peu avant le début du xxe siècle avec les travaux d'Auguste Rateau, inventeur de la turbine à action multi-cellulaire », rappelle Gilbert Riollet. « Au plan industriel, trois sociétés se partagèrent le domaine peu après 1900 : la Société Rateau, qui poursuivit avec ses moyens propres le développement de sa conception à action ; la Société Alsacienne de Constructions Mécaniques, puis l'Alsthom qui, en 1929, conclut un accord d'utilisation de la technique General Electric, également à action ; la CEM utilisera à partir de 1901 une licence Brown-Boveri de turbines à réaction. (...) L'expiration en 1969 du contrat existant dans ce domaine entre Alsthom et General Electric permit l'année suivante le rapprochement d'Alsthom et de Rateau. En 1977, enfin, se constituait Alsthom-Atlantique, qui acquérait en même temps la part d'activité de la CEM consacrée aux turbines et aux alternateurs.
À la suite de ce regroupement, un choix capital restait cependant à faire entre la poursuite d'une technique indépendante basée sur le principe à action d'Alsthom-Rateau ou l'exploitation de la licence BBC des turbines à réaction, apportées par la CEM. »

Conception par ordinateur d'une locomotive synchrone bicourant SNCF.

Nouveau pas en avant en 1984, la division ferroviaire d'Alsthom récupère les activités de la CEM divisées en deux sociétés distinctes, Traction CEM Oerlikon (TCO) et la Compagnie Industrielle de Matériels de Transport (CIMT). « TCO est une société purement électrique, explique Franck Vaingnedroye, ayant dans sa panoplie une activité de concepteur et de fabricant de moteurs de traction et de matériel électronique, allant du hacheur de commande jusqu'au convertisseur, c'est-à-dire jouant tout à la fois le rôle d'un ensemblier électrique et celui d'un concepteur et d'un fabricant d'éléments ou d'organes partiels. (...) L'ensemble des activités électriques Alsthom-Atlantique et de TCO représente, dans le monde industriel français, environ 70 % de la capacité nationale. (...) Quant à la CIMT, son apport, dans le nouvel ensemble, se caractérise par de nouveaux créneaux (automotrices à deux étages et VAL) qu'Alsthom-Atlantique n'avait pas développés. On peut dire aujourd'hui que ce nouvel ensemble groupe toute la panoplie du matériel ferroviaire, à l'exception des caisses de wagons. »

À l'issue de cette fusion, en 1984, la division ferroviaire, qui se composait, en 1983, de 7 200 personnes et affichait un chiffre d'affaires égal à 2,5 milliards de francs, regroupe 9 500 personnes avec un chiffre d'affaires de 3,5 milliards de francs. Ses créneaux porteurs reposent sur les métros, qui remportent notamment de nombreux succès sur les marchés étrangers (San Francisco, Santiago du Chili, Mexico ou Caracas), l'ensemble des matériels de transport voyageurs et enfin le TGV. Relancé par la décision du gouvernement français, à la fin de l'année 1983, de construire la desserte Atlantique alors que s'achève l'équipement de la ligne du Sud-Est, le TGV devient le fer de lance de la volonté exportatrice d'Alsthom vers les pays européens et les États-Unis où une société, la TGV Company, est chargée à partir de 1983 de la promotion du Train à Grande Vitesse.

Métro de Caracas et tramway de Grenoble, des réalisations d'Alsthom.

L'Énergie et le Transport aux tous premiers rangs mondiaux

Au milieu de la décennie, le pôle électromécanique et construction navale, devenu en 1986 « Énergie et transports », emploie 48 000 personnes, réparties sur une quarantaine d'établissements, et est présent dans quatre grandes branches d'activité : la production d'énergie, où Alsthom est devenu depuis 1977 le seul constructeur français de groupes turbo-alternateurs destinés aux centrales électriques, tant conventionnelles que nucléaires ; les matériels d'équipements électriques et mécaniques, dans lesquels l'entreprise détient plusieurs records mondiaux, notamment pour l'équipement de grands postes de transformation et les réseaux de transport d'énergie électrique ; les transports ferroviaires, domaine dans lequel Alsthom occupe, pour les matériels de traction, le premier rang européen et le troisième rang mondial ; et enfin, la construction navale.

La politique d'acquisitions et de réussites technologiques d'Alsthom contraste avec la fragilité, voire le déclin des domaines dans lesquels évolue Alsthom. En 1986, Pierre Suard, devenu Président de la CGE, explique à un journalistes de *L'Expansion* « qu'un secteur en déclin n'est pas un marché qui disparaît. C'est un marché qui stagne ou qui se rétrécit, mais où il y a toujours des clients. En se contractant, ce marché condamne les entreprises les moins performantes, qui peuvent alors être rachetées à bon prix par les plus fortes ; du même coup, ces dernières élargissent leur part de marché. Dès lors qu'elles adaptent rapidement leurs effectifs à la demande et aux techniques, elle peuvent dégager de très honorables marges. » Ainsi s'éclaire la stratégie du Groupe, désireux en particulier de poursuivre son activité sur deux créneaux difficiles, les chantiers navals et les transports ferroviaires.

En 1983, Alsthom-Atlantique prend, sur la suggestion des pouvoirs publics, le contrôle du chantier naval Dubigeon-Normandie de Nantes, qui connaît de graves difficultés. Cette acquisition lui permet de pénétrer sur le marché des navires militaires, notamment des sous-marins, et de constituer un ensemble intégré, rassemblant tous les chantiers de la Basse-Loire. Au prix d'une gestion très serrée, les effectifs passent, en quelques années, de 9 000 à 4 500 salariés, l'établissement de Saint-Nazaire devenant, avec des aides publiques limitées, l'un des plus performants d'Europe, et tenant tête aux Japonais. Au même moment, son principal concurrent dans ce secteur, les chantiers Nord-Méditerranée (NORMED), entrés dans le groupe Schneider en 1982, disparaissent. Alsthom demeure ainsi le seul grand constructeur français et doit faire face à des difficultés dues à la crise mondiale qui ravage les constructions navales.

Vue aérienne des Chantiers de l'Atlantique à Saint-Nazaire.

LES CHANTIERS DE L'ATLANTIQUE

Les débuts de la construction navale à Saint-Nazaire remontent à 1861, date de la création du chantier de Penhoët par la Compagnie générale Transatlantique. Le premier grand navire, l'élégant *Impératrice Eugénie*, de 108 mètres de long sur 13 mètres de large, doté en plus de ses trois mâts de roues à aubes, est lancé en 1864.
En 1881, la création des Ateliers et Chantiers de la Loire donne un nouveau départ à la construction navale nazairienne. En 1900, obtenant son autonomie, le chantier de Penhoët devient les « Ateliers et Chantiers de Saint-Nazaire » (Penhoët). Un demi-siècle plus tard, en 1955, les deux établissements fusionnent et donnent naissance aux « Chantiers de l'Atlantique » qui rejoignent la groupe Alsthom en 1976.
Parmi les paquebots les plus célèbres sortis des chantiers animés par les deux sociétés de Saint-Nazaire, on peut citer l'*Ile-de-France* (1927), le *Normandie* (1935) et le *France* (1962). Du côté des navires militaires, se profilent le croiseur-école *Jeanne d'Arc*, les cuirassés *Strasbourg* et *Jean Bart,* le porte-avion *Foch*. S'ajoute enfin la construction de navires de charge et des navires spéciaux de fort tonnage, pétroliers (*Pierre Guillaumat, Prairial*), méthaniers, propaniers, porte-containers et car-ferries.

En avril 1984, Alain Grill, qui prend la direction de la division Constructions navales d'Alsthom-Atlantique, concentre ses efforts sur la dynamisation de la politique commerciale du secteur, avec une nouvelle approche de la clientèle. Le marketing, selon Alain Grill, repose « sur un certain nombre d'idées simples qui se complètent les unes les autres pour fabriquer un carnet de commandes idéal :
– proposer des catalogues de navires aux armateurs. Il s'agit donc de navires standards, dont la construction doit être particulièrement adaptée à l'outil de production de Saint-Nazaire ;

L'« Impératrice Eugénie

Le « Sovereign of the Seas », le plus grand paquebot du monde, livré par Alsthom en 1987.

– renouveler la vieille tradition de constructeur des prestigieux paquebots de ligne et grands navires de croisière, domaine d'activité où les concurrents asiatiques sont moins présents ;
– chercher de véritables diversifications. »

Cette tactique réussit à la division qui, 25 ans après la livraison du *France*, remporte en 1985 le fabuleux contrat du *Sovereign of the Seas*, le plus grand paquebot du monde, livré en décembre 1987 à la Compagnie maritime Royal Caribbean Cruise Line. Propulsé par quatre moteurs Diesel Alsthom-Pielstick de type PC20 montés sur suspensions élastiques, le *Sovereign of the Seas* est un magnifique navire de croisière de 268 mètres de long sur 32 mètres de large, nécessitant un équipage de 780 hommes et pouvant transporter 2 600 passagers. Répartis entre les 1 141 cabines, ceux-ci bénéficient d'une infrastructure de services à bord exceptionnelle : salle de spectacle de 1 050 places, discothèque, cinémas, restaurants, centre sportif, casino, etc.

LA CRISE DES CHANTIERS NAVALS

Le marché de la construction navale dans le monde est une illustration parfaite de la mondialisation des échanges et du redéploiement consécutif à la crise. Dans les années 60, et jusqu'au début des années 70, l'Europe occidentale, forte de ses traditions multiséculaires garde une place prépondérante malgré le développement important des chantiers japonais. En 1970, l'Europe lance 10 millions de tonneaux de jauge brute (Tjb), soit environ 40 % de la production mondiale, à parité avec le Japon. La croissance brutale des constructions navales entre 1970 et 1974, de 22 à 35 millions de Tjb, ne remet pas en cause les hiérarchies, malgré un léger déclin de l'Europe et l'arrivée de nouveaux producteurs, encore marginaux, tels la Corée du Sud ou le Brésil.
La crise économique bouleverse les données, le lancement de navires tombant très vite à 15 millions de Tjb par an, soit une réduction de plus de la moitié de la production mondiale. Le Japon atteint 50 % des parts de marché, et la Corée du Sud, partie de 2 % en 1976, augmente sa production jusqu'à 20 % du marché à la fin des années 80. Dans ce contexte, la course à la productivité et la guerre des prix font des ravages, les chantiers navals européens s'écroulant les uns après les autres.
En France, la production passe de 1,5 million de Tjb à 200 000 entre 1975 et 1985, entraînant une restructuration complète des chantiers navals, des milliers de licenciements, et la fermeture de presque tous les sites. La seule exception étant les Chantiers de l'Atlantique à Saint-Nazaire, département d'Alsthom, qui réussit sa reconversion par des gains de productivité de plus de 30 % en quelques années, au prix de trois mille licenciements. Leader mondial de la construction de paquebots de croisière, Alsthom construit aussi des ferries, des navires marchands spécialisés et des navires militaires, pour l'essentiel, des navires à forte valeur ajoutée, alors que les chantiers coréens sortent à la chaîne des bateaux à bas prix.

Grève aux chantiers navals de la Normed, Dunkerque, 1985.

La réussite de la stratégie du groupe d'équipements dirigé par Jean-Pierre Desgeorges trouve en partie son accomplissement au cours des années 1985-1986. En 1985, Alsthom reprend les activités haute et moyenne tension de Sprecher et Schuh, la maison mère helvétique de l'ancienne Savoisienne... Réalisée l'année suivante, cette acquisition permet, grâce aux usines suisses, allemandes, autrichiennes et brésiliennes de la société, d'étendre et de diversifier la gamme de produits et le rayonnement international d'Alsthom dans le domaine de l'appareillage électrique.

L'acquisition la plus importante survient dans le domaine ferroviaire et permet à Alsthom de devenir, en 1986-1987, le premier constructeur mondial de matériel de chemin de fer. En 1986, après une longue série de négociations, l'entreprise acquiert en effet, contre 1 franc symbolique, les trois filiales ferroviaires de la société Jeumont-Schneider, Carel et Fouché, Le Matériel de Traction Électrique, Schneider-Jeumont Rail et leurs 3 100 salariés. Les trois filiales subissaient des difficultés financières depuis plusieurs années, les pertes atteignant plus d'un milliard de francs en six ans.

Grâce à cette intégration, le chiffre d'affaires ferroviaire d'Alsthom passe de 4 à 6,5 milliards de francs, le nouvel ensemble occupe désormais 80 % du marché français, et offre à l'échelle internationale un catalogue complet de matériels ferroviaires : locomotives Diesel et électriques, métros, tramways, autorails, wagons, boggies, attelages automatiques, signalisations et automatismes, moteurs, etc., dans le sillage du « train le plus rapide de la terre », le TGV.

En 1986-1987, Alsthom peut, comme le remarquent ses dirigeants, « dans un environnement économique marqué, au plan mondial, par la faiblesse des programmes d'équipement », présenter un bilan très satisfaisant, grâce à la poursuite de sa « politique de renforcement, de recentrage et de diversification dans ses activités majeures ». Près de 50 000 personnes assurent un chiffre d'affaires supérieur à 28 milliards de francs, avec un résultat net consolidé de plus de 430 millions de francs. Alsthom, « groupe français partout dans le monde », réalise plus de 55 % du chiffre d'affaires à l'étranger.

Framatome : la bataille de l'énergie

Si Alsthom occupe, aux côtés de CGEE-Alsthom, une place privilégiée dans le monde du nucléaire français et étranger, l'accès à la construction des réacteurs fait toujours défaut au groupe. La faillite de Creusot-Loire en 1985 donne enfin à la CGE, après des négociations serrées, l'occasion d'entrer dans le capital de Framatome et de prendre place dans un domaine qui représente, pour la Compagnie, une extension naturelle de ses activités.

En décembre 1984, en effet, un jugement constate la faillite du groupe Creusot-Loire, un groupe sidérurgique rassemblant diverses industries lourdes et employant plus de 20 000 personnes. L'État, en la personne de son ministre de l'Industrie, Laurent Fabius, refuse d'injecter 2,5 milliards de fonds propres dans l'entreprise, comme le réclame Didier Pineau-Valencienne, président du groupe Schneider depuis 1981, qui contrôle Creusot-Loire. Le conflit entre les deux hommes est même porté sur les écrans de télévision. Finalement, Creusot-Loire dépose son bilan au milieu de l'année 1984, ce qui permet à la CGE, groupe nationalisé, de pouvoir revenir dans le capital de Framatome, « champion national » des chaudières pour centrales nucléaires.

Locomotives électriques Alsthom livrées à la Corée : le rayonnement international du groupe demeure un axe majeur de sa stratégie.

Centrale nucléaire de Dampierre-en-Bury, Loiret.

La mise au point des nouveaux statuts de Framatome a lieu au mois de novembre 1985. Le Commissariat à l'Énergie Atomique qui, à la suite de la disparition de Creusot-Loire, détient 100 % du capital de la société, cède la majeure partie de celui-ci à la CGE (40 % du capital), devant CEA Industrie (35 %), Dumez (12 %), EDF (10 %) et les salariés de l'entreprise (3 %). En devenant l'actionnaire de référence de Framatome, la Compagnie prend ainsi sa revanche sur Creusot-Loire qui, quinze ans auparavant, lui avait ravi le marché d'équipement nucléaire de la France. Cette opération lui permet « d'être désormais présente dans les équipements au cœur des centrales nucléaires françaises et, en étant ainsi à même d'offrir toute la gamme des équipements de production d'énergie électrique, d'atteindre un objectif qu'elle s'était fixé de longue date », commente le Rapport d'exercice 1985.
La complémentarité industrielle de Framatome avec les sociétés du groupe se concrétise également, la même année, par une participation accrue dans la société Neyrpic, Alsthom portant sa participation dans le capital de l'entreprise de 35 à 50 %, toujours à la suite du dépôt de bilan de Creusot-Loire. L'autre moitié du capital est détenue par Framatome. Il s'agit à nouveau d'une « revanche sur l'histoire », Neyrpic, produisant notamment des turbines pour le nucléaire, ayant été détaché en 1974 de son actionnaire à 100 %, Alsthom, pour devenir filiale à 65 % de Creusot-Loire.
Avec 13,2 milliards de francs de chiffre d'affaires et 10 000 salariés, l'ensemble composé par Framatome et ses filiales dispose d'une triple compétence en matière nucléaire. Son bureau d'études et d'ingénierie lui assure la maîtrise du système chaudière et combustible, ainsi que la gestion de grands projets en France et à l'étranger. La société effectue la fabrication de gros composants, en particulier les chaudières nucléaires, avec toutes les conditions de fiabilité et de qualité propres à ce secteur, et elle dispose enfin de capacités d'entretien en milieu hostile et de moyens d'études d'amélioration des installations. Grâce à Framatome d'une part, et Alsthom de l'autre, la CGE peut couvrir la filière complète du secteur nucléaire, même si celle-ci pâtit de façon chronique de l'absence d'intégration et d'une forte tendance à la dispersion, du fait de la tradition d'autonomie des diverses entreprises qui la composent.

Au premier rang mondial pour les îlots nucléaires de centrales électriques en service et en commande de centrales, Framatome, après avoir assuré le programme nucléaire français des années 1970-1980, amorce à cette époque une diversification de ses activités. Une division Combustible regroupe à partir de 1986 toutes les activités d'ingénierie des éléments combustibles et développe de nouveaux produits, en France et à l'étranger, en collaboration avec le CEA et une association regroupant Babcock et Wilcox, Cogema et Péchiney pour une pénétration du marché américain.

À partir de la compétence acquise dans la fabrication de systèmes mécaniques complexes, Framatome s'engage, hors du domaine nucléaire, dans la mécanique de haute technicité, avec des équipements pour l'industrie du pétrole, du gaz et la chimie, les machines tournantes et la mécanique lourde, et l'informatique industrielle, avec des produits d'intelligence artificielle, comme le produit de calcul scientifique Systus, qui est distribué dans le monde entier, ou des méthodes d'ingénierie assistée par ordinateur. Malgré la fourniture de plusieurs îlots nucléaires à l'étranger, pour les centrales d'Uljin en Corée et de Daya Bay, en Chine du Sud, la société doit améliorer ses positions à l'étranger, encore modestes et très variables. La question majeure réside surtout dans la forte volonté d'autonomie de la société, incarnée par son président Jean-Claude Lény.

Pour la CGE, en effet, la logique de l'acquisition de 1986 est celle d'une intégration de plus en plus poussée au groupe, comme le montre l'entrée du nucléaire, dès 1986, parmi ses sept secteurs d'activité, aux côtés des Télécommunications et Communication d'entreprise (Alcatel), de l'Énergie et Transport (Alsthom), des Câbles (Câbles de Lyon), des Accumulateurs (SAFT-Ceac), de l'Entreprise électrique (CGEE-Alsthom) et des Services et divers.

Câbles, accumulateurs, entreprise : des secteurs en marche vers l'internationalisation

La politique de recentrage sur deux secteurs principaux, les télécommunications et l'énergie, ne saurait faire oublier le dynamisme et la croissance des autres secteurs, à l'image des Câbles de Lyon, de la Saft ou de CGEE-Alsthom, qui suivent, dans leurs secteurs respectifs, une stratégie de croissance similaire à celle d'Alcatel et d'Alsthom.

Recoupant les deux grands domaines stratégiques de la CGE, les Câbles de Lyon entament dès la fin des années 1970, après leur modernisation, une politique d'acquisitions qui les place rapidement en position dominante sur le marché français. Très

Centrale nucléaire de Golfech : chargement de la piscine du réacteur.

vite, cette stratégie vise une dimension européenne, afin de prendre à terme le leadership mondial.

En 1982, survient un véritable événement dans le paysage industriel européen : les Câbles de Lyon achètent la société allemande Kabelmetal Électro, filiale du groupe Gutehoffnungshutte, qui possède, avec un chiffre d'affaires de 2 milliards de francs en 1981, des effectifs et une dimension comparables à ceux de la société française (3,5 milliards de francs à cette date). Ce rapprochement, comme le souligne alors la CGE, représente « la première intégration industrielle à cette échelle entre deux pays du Marché commun », menée à une époque où le rachat d'entreprises françaises par des sociétés étrangères s'avère plus fréquent que l'inverse. L'opération, dont la conclusion et la mise en œuvre soulèvent de nombreux problèmes, réussit en grande partie grâce à la ténacité et l'habileté de Pierre Suard, et revêt un caractère exemplaire. Yves Le Garrec, secrétaire d'État chargé des nationalisations, la cite lors du débat à l'Assemblée Nationale, le 1er décembre 1981, en réponse aux attaques de l'opposition : « Je prendrai pour exemple les Câbles de Lyon. Cette société – filiale de la Compagnie Générale d'Élec-

Enroulement de câbles à l'usine de Calais.

tricité, qui va être nationalisée – vient de signer, avec la société allemande Kabelmetal, un protocole d'intention et d'accord qui lui permettra d'atteindre la dimension économique nécessaire et de devenir le deuxième fabricant mondial de câbles. Or nul n'ignorait le projet de nationalisation de la CGE. Cela n'a pas empêché la conclusion de ce protocole d'accord. Cet exemple montre que la nationalisation de la CGE n'est pas en contradiction avec le développement économique », conclut-il, oubliant qu'en fait, la négociation a été retardée de six mois. Cette acquisition, qui devient effective en 1983, permet en effet d'atteindre une taille suffisante pour aborder les grands marchés internationaux des produits de pointe, et tout particulièrement celui des fibres optiques.

Les Câbles de Lyon sont les premiers câbleurs français à manipuler, dès 1975, des fibres optiques de silice possédant d'excellentes qualités de transmission pour l'époque (5 dB/km à 0,85 mm) grâce à l'accord de développement signé avec le verrier américain Corning Glass Works. L'usine de Lyon ouvre un atelier se consacrant à la mise au point de câbles terrestres à fibres optiques. Une des technologies consiste alors à protéger la fibre en la revêtant de quelques microns d'acétate de vinyle par un tube en polyéthylène, puis d'assembler ces tubes et de recouvrir l'ensemble d'une enveloppe permettant le tirage en conduite. En 1976, un premier câble d'essai contenant dix-huit fibres est tiré dans les conduites d'un site expérimental du CNET et donne d'excellents résultats. C'est ce type de câble qui, amélioré et produit à l'échelle industrielle, est utilisé pour l'équipement du réseau de transmission interurbain de France-Télécom à partir de la fin des années 1980. Un autre type de câble, dit à jonc rainuré, est industrialisé après 1985. Utilisé pour les liaisons entre les centraux téléphoniques des réseaux urbains, ce câble qui contient de 5 à 210 fibres optiques, équipe aussi en partie le réseau de vidéocommunication français.

Dérivation moyenne tension couverte de givre.

LA SAFT : UN NOUVEAU PROJET DE VOITURE ÉLECTRIQUE

Depuis quelques années, un nouveau type de voiture électrique est apparu dans les centres de recherche : la voiture solaire équipée de cellules photovoltaïques réparties sur le toit et le capot, permettant de recharger les accumulateurs « en marche », augmentant ainsi l'autonomie du véhicule. Aujourd'hui, tous les constructeurs automobiles possèdent leur projet de voiture électrique à accumulateurs, avec ou sans source d'énergie d'appoint embarquée ; ainsi Volkswagen teste une voiture mixte essence-électricité, capable de rouler avec son moteur à explosion sur route et d'évoluer en ville sans bruit ni pollution grâce à son moteur électrique. Les préoccupations écologiques grandissantes relancent les projets de voiture électrique, pour la desserte des villes, où elle présente des avantages évidents sans être pour autant handicapée par son autonomie réduite (100 km), les déplacements urbains étant généralement limités.

Peugeot 106, une réalisation commune entre la SAFT et PSA.

LASER ET FIBRES OPTIQUES

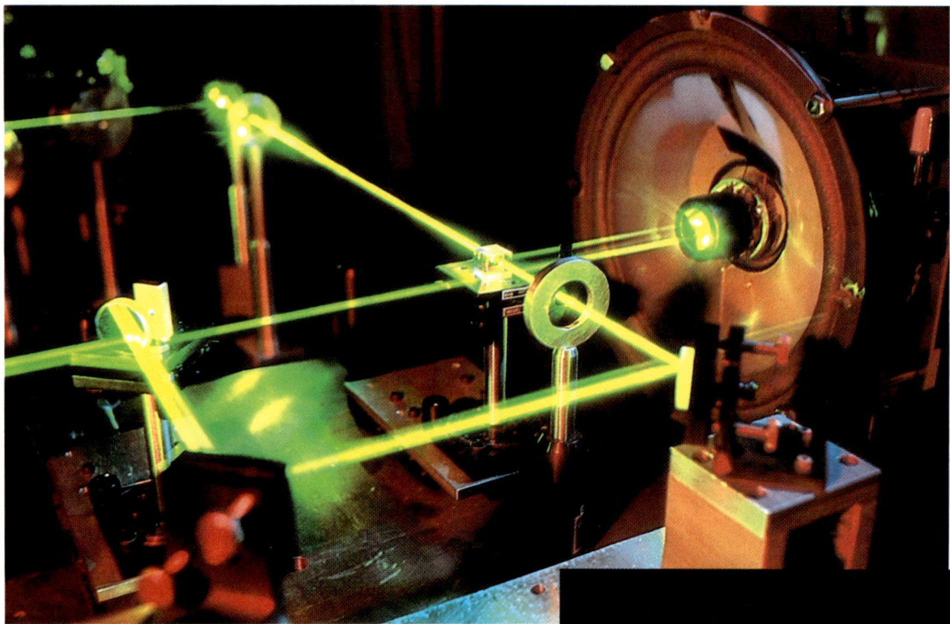

L'effet laser.

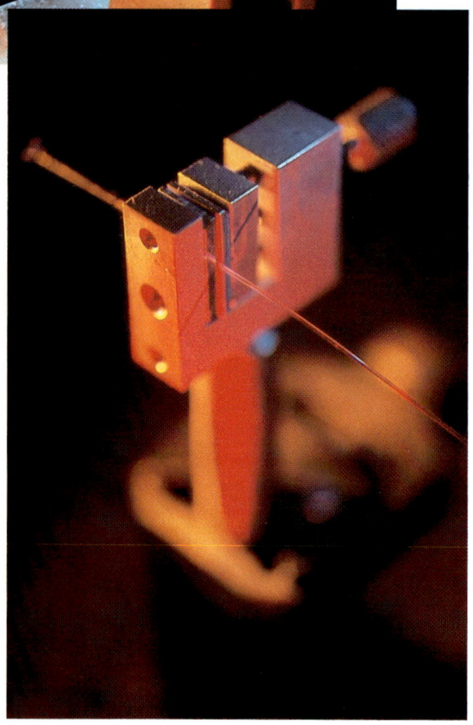

Caractérisation de fibres optiques dans les laboratoires de Marcoussis.

Si la transmission par *câbles métalliques* utilise des *courants électriques porteurs,* la transmission par *radio* des ondes électromagnétiques porteuses, celle qui s'effectue par fibre optique, utilise la *lumière* comme porteuse de l'information.

Les premières recherches sur la réalisation de fibres de quartz datent encore du dernier quart du XIXe siècle, mais ne débouchent pas avant les années 1950 car l'onde lumineuse susceptible de véhiculer les informations doit être parfaitement « cohérente », comme les ondes radio.

Or ce n'est que l'invention du *laser* en 1954 et sa mise au point opérationnelle en 1970 qui permettent enfin de produire cette lumière cohérente.

« La lumière naturelle est constituée de vibrations électromagnétiques de longueurs d'onde diverses, résultant d'un mouvement incohérent des photons.

Un laser, lui, produit de la lumière cohérente, intense et unidirectionnelle, parce que ses photons sont produits tous ensemble et en ordre. On peut comparer les photons de la lumière d'une ampoule à une foule courant dans toutes les directions et ceux d'un faisceau laser à une armée marchant dans le même sens au pas cadencé.

Pour créer l'effet laser, il faut exciter les électrons des atomes d'un gaz ou d'un cristal placé dans une chambre spéciale aux parois réfléchissantes, puis les faire retomber tous ensemble à un niveau d'énergie plus bas en émettant des photons.

C'est ce qu'on appelle le « pompage optique », explique Joël de Rosnay, directeur à la Cité des Sciences et de l'Industrie à Paris.

Les fibres optiques sont aujourd'hui de minces cheveux de silice pure et commencent à équiper les réseaux de télécommunications pour les liaisons à grand débit.

Déjà employées couramment dans les laboratoires et l'industrie où les problèmes de réamplification ne se posent pas, leur utilisation demeure limitée par l'affaiblissement du signal à mesure que la transmission s'allonge. Il faut en conséquence, tous les 100 km environ, transformer les impulsions lumineuses en impulsions électriques, les amplifier puis les convertir à nouveau en impulsions lumineuses ! Pour tourner la difficulté, les chercheurs travaillent actuellement dans deux voies. La première vise la mise au point de l'amplification optique directe, qui permettrait de s'affranchir de l'intermédiaire de l'amplification électrique. Si la faisabilité du procédé est acquise, il reste encore de nombreux obstacles à surmonter pour arriver à la fabrication d'un produit industriel fiable en raison de la dispersion chromatique et d'effets optiques parasites lors du processus d'amplification. L'exploitation des impulsions laser de très courte durée (10^{-14} secondes) constitue le deuxième axe de recherche. Ces *impulsions « soliton »* ont en effet la remarquable propriété de se propager indéfiniment dans la fibre optique, sans déformation lors de l'amplification optique directe ; elles représentent par ailleurs l'instrument idéal de la numérisation, puisque leur extrême brièveté permet de coder « 1 » par un soliton et « 0 » par son absence, dans une « salve » d'impulsions espacées régulièrement comme les balles d'une mitrailleuse. Toutes les grandes entreprises mondiales de télécommunications travaillent dans ces deux directions : l'amplification optique directe sera sans doute mise au point dans le courant de la décennie 1990, le soliton représentant peut-être l'élément clé des transmissions optiques à très longue portée du XXIe siècle.

Un « train » d'impulsions SOLITON

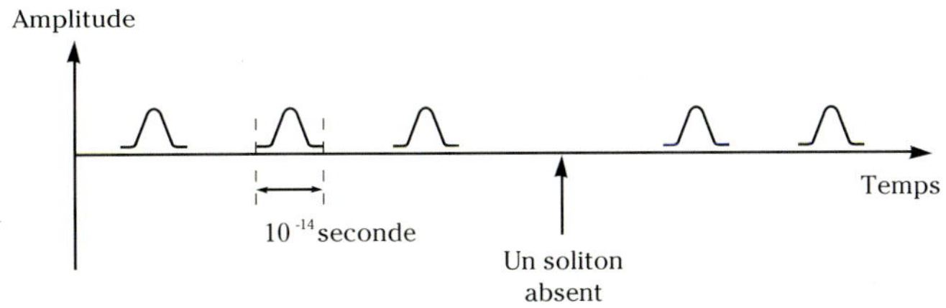

Préforme de fibres optiques sur tour d'étirage.

Fibres optiques, Alcatel Câble.

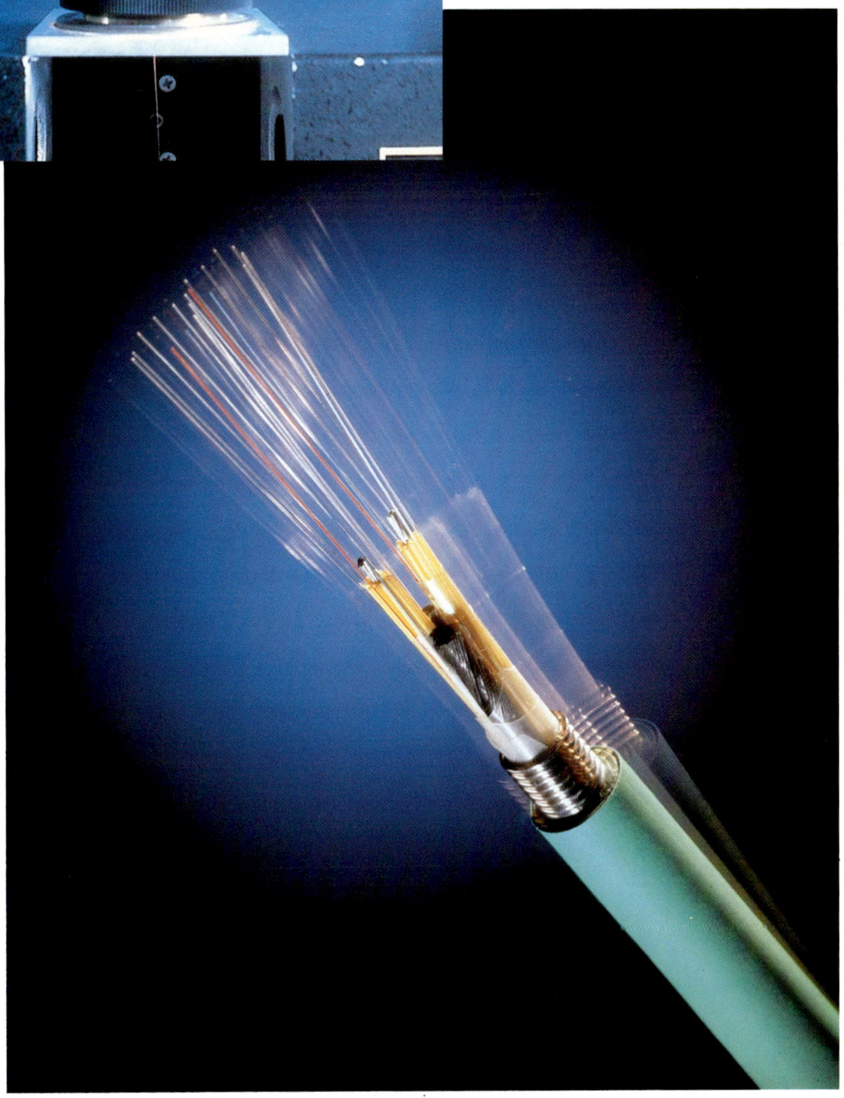

GORSE, LE « RÉFLEXE SERVICE »

Fondée en 1946 par Maurice Gorse, la société débute son activité en récupérant les câbles des plans de lignes téléphoniques à partir du mur de l'Atlantique. Société en nom personnel, devenue SARL puis Société anonyme en 1955, les Établissements Gorse se consacrent à la fabrication des câbles à isolation et gainage PVC après leur apparition sur le marché en 1956. Pour ce faire, un nouvel atelier est construit à Nanterre sur un terrain qui accueille aussi le siège social de la société. Recherchant, pour assurer son expansion, l'alliance d'un grand câbleur, Gorse cède jusqu'à 35 % de ses actions à Tréfimétaux en l'espace de trois ans, de 1968 à 1971.

Gorse SA poursuit sa croissance tout au long de la décennie 70 : elle décentralise son unité de production en construisant une usine moderne à Mehun-sur-Yèvre, près de Bourges, en 1972 ; trois ans plus tard, elle étend ses installations à Nanterre en rachetant des terrains mitoyens ; enfin, en 1976 et 1980 successivement, Gorse prend le contrôle de la Câblerie française, filiale de Tréfimétaux, et rachète les parts que détient cette dernière dans son capital. Toujours pour asseoir la pérennité de l'entreprise, Maurice Gorse, avant de prendre sa retraite, se rapproche des Câbles de Lyon dont Gorse SA devient filiale en 1984. Poursuivant sa politique de prises de participation et d'acquisitions, Gorse entre dans Eurocâble à hauteur de 18,5 % en 1986, puis reprend les activités de câbles isolés de la Société Tréfileries et Laminoirs de la Méditerranée (TLM) en 1987, ainsi que la Société Nouvelle de Câblerie (SN Câbles), accompagnée de sa filiale Barelec en 1988.

Au sein d'un groupe câblier international, Alcatel Câble, Gorse appuie son développement, sous la direction de Jacques Réchauchère à partir de 1988, sur un outil moderne et performant pour produire des câbles standards ou spéciaux. Sa dimension industrielle s'allie avec un souci permanent du service et de la qualité, clés de sa réussite tant en France qu'à l'étranger.

En 1983, les Câbles de Lyon reprennent les activités d'une petite entreprise française, Eurocâble. L'usine de celle-ci, située dans les Vosges, subit une transformation complète et abandonne la fabrication des câbles pour se spécialiser dans la production des tourets en bois utilisés par les sociétés câblières de la CGE. Parallèlement, dans le cadre de l'accord noué avec le groupe Thomson, les Câbles de Lyon reprennent les participations de celui-ci dans les deux sociétés Thomson-Jeumont-Câbles et Cabeltel. Tout en augmentant de près d'un quart le chiffre d'affaires du secteur câbles, elles sont lourdement déficitaires et subissent une restructuration en profondeur, avec d'importants investissements et une réduction de leurs effectifs. Les usines de Thomson-Jeumont Câbles entrent par la suite dans le giron des Câbleries de Lens alors que Cabeltel devient une filiale de Filotex.

C'est au contraire une entreprise florissante que les Câbles de Lyon rachètent avec Gorse en 1984. Fabricant des câbles industriels et spéciaux, la société Gorse conserve une position très autonome, bien que coordonnée, dans l'ensemble câblier de la CGE. «... Les gens de Gorse ont compris qu'ils pouvaient tout à fait conserver leur identité au sein des Câbles de Lyon, dont l'une des premières caractéristiques est l'autonomie accordée aux filiales », affirme en 1986 Ronald Mattatia, directeur général de Gorse.

Câble haute tension isolation PRC 229 KV.

Désormais, les Câbles de Lyon disposent en France d'une base très solide en contrôlant environ 40 % du marché. Parallèlement, l'entreprise renforce avec constance sa position internationale. En 1984, la filiale américaine des Câbles de Lyon et de Kabelmetal Electro acquiert la société américaine Celware Technologies Inc., spécialisée dans les câbles de télécommunications et les antennes. Les deux sociétés fusionnent immédiatement, donnant naissance à une nouvelle entreprise, Celware Systems, au chiffre d'affaires de 140 millions de dollars, employant 1 100 personnes et qui possède des installations dans sept États américains. En 1986, une autre opération intervient. Aux côtés de l'Union Minière et de la Société d'Investissement de Wallonie, ils participent au redémarrage de la Câblerie de Charleroi, en faillite. Dès sa première année d'activité, la nouvelle société reconquiert sa part de marché. La même année, la CGE prend le contrôle des Tréfileries et Laminoirs de la Méditerranée, spécialisés dans les alliages de cuivre.

Générateur haute tension.

En 1986, les Câbles de Lyon constituent ainsi un ensemble industriel et commercial employant près de 13 000 personnes, implanté dans 15 pays, au 2e rang mondial de sa spécialité, avec plus de 10 milliards de francs de chiffre d'affaires, dont 62 % réalisés à l'étranger. La stratégie de l'entreprise reste dans la ligne définie à la fin des années 1970 : renforcer la dimension internationale, développer de manière permanente la productivité grâce à des investissements soutenus et une rationalisation poussée de son appareil productif.
Internationalisation, positionnement technologique soutenu : des années 1970 aux années 1980, la politique de développement de la SAFT anticipe le nouveau visage du groupe CGE. Délestée en 1985 de ses activités piles grand public, « dont la part du marché mondial restait insuffisante », elle concentre ses ressources dans le domaine des piles et accumulateurs, faisant appel à des technologies avancées. Il s'agit d'« atteindre des parts de marché significatives à l'échelle mondiale dans les principales lignes de produits où la SAFT et ses filiales sont déjà présentes ; (réaliser) des percées dans les secteurs à forte croissance tels que les accumulateurs étanches, les générateurs spéciaux, les piles au lithium et le photovoltaïque ». En 1982, SAFT America rachète la division « batteries portables » du groupe Gould, une opération qui renforce la position mondiale de l'entreprise dans les accumulateurs nickel-cadmium étanches et fait de SAFT America le deuxième producteur des États-Unis. SAFT détient désormais une part du marché mondial supérieure à 20 %. Dans la première moitié des années 1980, le spécialiste français des accumulateurs alcalins accentue également sa présence en Asie, avec une filiale japonaise, GS SAFT, et à Singapour, SAFT Singapore, qui lui permet d'accéder aux marchés de l'Asie du Sud-Est.

Câble à isolation papier imprégné 500 KV.

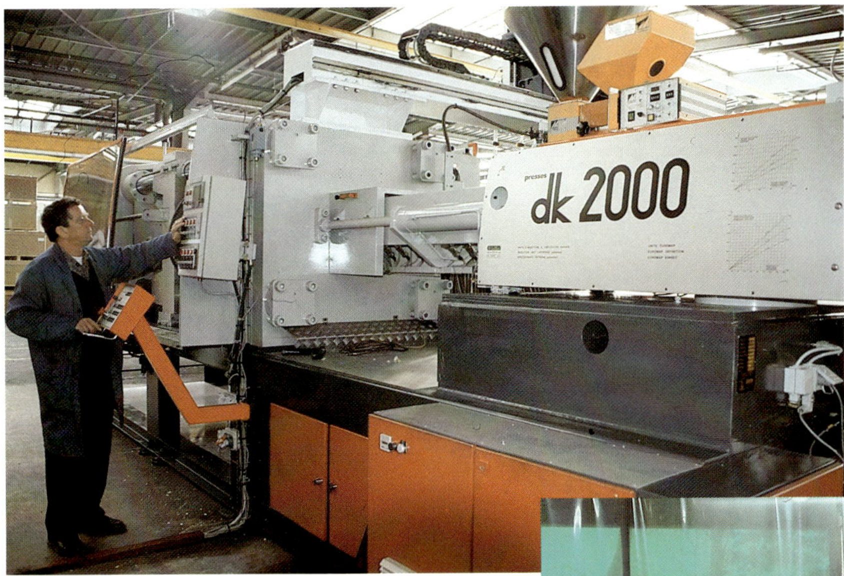

Presse de moulage des bacs de batteries de démarrage, à l'usine de la Ceac de Péronne.

Fabrication des coffres de batteries dans la filiale hollandaise de la Ceac.

Le dynamisme technologique de la firme ne cesse de s'affirmer, avec des réalisations comme la mise au point d'un couple nickel-fer destiné aux véhicules électriques, à la demande de la firme Peugeot ; ou les convertisseurs photovoltaïques pour alimentation en site isolé, dont l'entreprise est le premier fabricant européen. Surtout, le développement spectaculaire du marché des accumulateurs étanches se confirme, ceux-ci représentant une part grandissante du chiffre d'affaires de l'entreprise.

La situation de la Ceac, premier fabricant français et deuxième producteur européen des accumulateurs au plomb apparaît moins favorable, en raison des difficultés persistantes de son principal client, l'automobile. La société évolue en permanence sur des marchés à faible croissance et très fortement concurrentiels. D'où une stabilité de son chiffre d'affaires, la baisse du volume des ventes nationales étant compensée par l'exportation, situation qui entraîne une série de restructurations et des programmes d'investissements, afin d'améliorer la productivité. Une politique de diversification internationale menée au début de la décennie, avec l'achat de plusieurs sociétés de filtration étrangères, est abandonnée, celles-ci n'offrant pas de synergie avec le secteur des accumulateurs. Elles sont cédées en 1985. La Ceac se concentre désormais sur ses productions de marque Fulmen, Tudor et Dinin, dont elle renforce, à l'échelle européenne, la distribution commerciale.

Sous la direction de Marcel-Henri Marty, président de 1977 à 1984, auquel succède François de Laage de Meux puis, en 1985, Philippe Boisseau, CGEE-Alsthom poursuit son développement en France comme à l'étranger, malgré un certain tassement du chiffre d'affaires, dû aux effets de la crise. Au moment de la reprise par Alsthom des activités de la CEM, l'entreprise se voit confier la fabrication des moteurs dans les usines de Belfort et de Nancy ainsi que les travaux extérieurs de la CEM. Une restructuration générale intervient en 1984-1985 autour de trois branches, ce qui facilite l'intégration de Comsip Entreprise et de Contrôle Bailey en tant que divisions lors de leur fusion-absorption en 1985.

La CGEE, à la pointe de l'automatisme.

La nouvelle organisation permet d'assurer de manière plus harmonieuse les trois types d'activité de CGEE-Alsthom, l'entreprise et les prestations d'ensemblier en électricité de puissance et de contrôle, et le contrôle industriel. Ce dernier secteur constitue, avec le développement des services industriels, l'axe de croissance prioritaire de CGEE-Alsthom, qui prend, en 1984-1985, diverses participations dans des sociétés françaises, canadiennes et américaines spécialisées, notamment dans les automates programmables. En 1986, CGEE-Alsthom reste la figure de proue de l'exportation des produits CGE, avec près de 24 000 personnes dans plus de 25 pays réalisant un chiffre d'affaires de 10,3 milliards de francs, se distinguant au sein du groupe par son envergure internationale précoce.

Au milieu de la décennie, le groupe CGE peut présenter un bilan très satisfaisant. Sous la direction de Georges Pebereau, président à partir de 1984, il a recentré et consolidé ses structures industrielles autour de ses deux principaux domaines d'activité, renforcé son effort de recherche-développement et sa présence dans les hautes technologies et amélioré, de façon notable, sa rentabilité. Pour un chiffre d'affaires de 78,5 milliards de francs en 1985, le bénéfice consolidé, 1 185 millions de francs, a progressé de 49 % par rapport à 1984 et de 79 % en deux ans. Il atteint 1,6 % du chiffre d'affaires et rémunère les fonds propres à hauteur de 10,4 %. Paradoxe, le développement du groupe nationalisé a été assuré presque exclusivement par des capitaux privés. L'État-actionnaire n'a apporté au groupe qu'une dotation en capital de 150 millions de francs, alors que, depuis 1981, il a recueilli de diverses manières 2 750 millions sur le marché boursier. De fait, la CGE est l'une des rares – sinon la seule – entreprise nationalisée à tirer son épingle du jeu à cette époque.

Mais la Compagnie et ses dirigeants savent que l'enjeu est ailleurs, alors que la part du chiffre d'affaires à l'étranger reste stable, autour de 40 %. Georges Pebereau atteste de cette préoccupation lors d'un entretien accordé à *L'Expansion* en juin 1985. « Ce que le public ne voit pas, c'est l'importance et la rapidité des transformations du groupe. (...) Nous vivons une transformation qui réoriente vers les marchés étrangers des activités jusque-là encore trop métropolitaines ; nous nous projetons dans l'avenir avec des conditions telles que nous sommes parmi les leaders mondiaux pour nos technologies. La CGE subit la crise de l'énergie et la déréglementation des télécommunications dans un monde profondément déstabilisé (...). L'évolution des techniques et des technologies s'accélère, les plus grandes entreprises s'engagent massivement dans la conquête des marchés mondiaux. Tous ces Goliath vont peut-être nous écraser ; peut-être aussi, dans cette période de bouleversement, le David que nous sommes va-t-il troubler le jeu des plus grands ?... »

L'accord ITT : le tournant des années 1986-1987

Acquérir la dimension mondiale

À la suite de l'accord avec Thomson, la CGE, consciente de la nécessité de franchir une étape supplémentaire vers la dimension mondiale, entame une double démarche. Elle décide de prendre pied sur le marché américain, qui représente 40 % du marché mondial, et entame parallèlement une série de contacts avec tous les grands constructeurs du secteur, notamment les européens. Sur le marché des États-Unis, qualifié de « priorité numéro 1 en matière de commutation publique », la CGE est alors, en comparaison de ses concurrents européens, peu présente. En 1983, elle n'y réalise que 4,3 % de son chiffre d'affaires, contre 28 % pour Philips, 10,6 % pour Ericsson ou 9 % pour Siemens. Le groupe choisit tout d'abord de prendre une série de participations modestes dans des firmes locales, comme dans la Communication Corporation of America (CCA), un distributeur de centraux téléphoniques d'entreprises, Lynch Communication Systems, une société de transmission, ou Sonitrol, un autre distributeur de centraux. La fin du monopole d'AT&T, le 1er janvier 1984, laisse espérer une ouverture du marché nord-américain, désormais éclaté en plusieurs sociétés locales, les Bell Operating Companies. En octobre 1983, CIT-Alcatel lance le E 10 « Five », développé à l'usine de Reston en Virginie. Mais l'opération débouche sur un échec : les contraintes de l'adaptation du système français aux normes locales, sans cesse réévaluées, ne permettent pas à CIT-Alcatel de lutter à armes égales avec ses concurrents d'outre-Atlantique. Au sein de la famille des Bell Companies, ceux-ci jouissent d'une double position privilégiée, comme client (en tant qu'opérateur téléphonique) et fournisseur (constructeur de matériel, AT&T en particulier). L'expérience va néanmoins servir à la CGE : celle-ci se promet bien de revenir aux États-Unis, mais en bénéficiant désormais d'une très forte avance technologique (à l'image des réseaux actuels à large bande), qui lui permettra de franchir les barrières qui barrent l'entrée de constructeurs non-américains.

Tout au long des années 1984-1985, la CGE effectue plusieurs tentatives de rapprochement avec des partenaires européens comme Philips (qui a conclu, peu de temps avant, un accord avec ATT), GEC et Plessey (mais ce dernier fait l'objet d'une OPA de la part de GEC), Italtel en Italie, mais c'est à chaque fois sans succès. À la fin de l'année 1985, Georges Pebereau annonce une possibilité d'accord avec ATT. Celle-ci s'appuie sur la seule société téléphonique détenant, outre CIT-Alcatel, une part du marché français (17 %), la Compagnie Générale de Constructions Téléphoniques (CGCT), ancienne filiale d'ITT, rachetée par l'État français en 1982. En échange de celle-ci et d'un visa d'entrée dans l'Hexagone au système d'ATT, le ESS5, le géant américain ouvrirait à la CGE – et à son central téléphonique le E 10 « Five » – le marché américain du téléphone... L'accord doit être complété par la mise sur pied, avec Philips, d'une filiale commune européenne consacrée aux « faisceaux hertziens ». Mais les pouvoirs publics hésitent longuement à donner leur feu vert à un montage qui paraît déséquilibré, troquant en effet des marchés fermes (ceux de l'administration française et d'une société extérieure à la CGE, la CGCT) contre une simple promesse d'accès au marché américain, ATT restant en effet le principal concurrent de CIT-Alcatel aux États-Unis. À la veille des échéances électorales de 1986, l'accord s'enlise et sera définitivement récusé par le nouveau ministre des Finances, Édouard Balladur.

Rand Araskog, Président d'ITT.

« The Deal of the Century » : l'opération Roxane

Au même moment, le président de la CGE conduit, dans le plus grand secret, une négociation avec le groupe américain ITT, qui va changer le visage de la CGE et la faire accéder à la taille mondiale. ITT, le plus célèbre conglomérat des années 1960-1970, la multinationale redoutée que dirigeait d'une main de fer son président, le fameux Harold Geneen, connaît des jours difficiles au début des années 1980. Lourdement endetté par des acquisitions excessives, le groupe subit, de 1984 à 1985, une tourmente boursière, et manque de succomber à une OPA hostile, menée par le « raider » new-yorkais Irwin Jacobs. ITT, dirigée par son nouveau président, Rand Araskog, met alors en place un système de défense, intitulé « Project Blue », et envisage plusieurs désinvestissements. Au premier rang de ceux-ci se trouvent les filiales européennes de télécommunications d'ITT, la firme estimant leur avenir trop incertain, malgré l'élaboration d'un système de commutation numérique révolutionnaire, le Système 12 (S12). Malgré une série de commandes dans plusieurs pays, le S12 connaît en effet de nombreux problèmes de mise au point, immobilise sur les sites d'installation des équipes nombreuses pour sa maintenance et son adaptation. Il rate en outre son entrée sur le marché américain, le groupe ITT stoppant définitivement, début 1986, sa production aux États-Unis.

Comme l'explique en 1989 Rand Araskog dans son ouvrage *The ITT Wars* : « À l'évidence les télécommunications d'ITT étaient parvenues à un cul-de-sac. (...) Dans beaucoup de pays, le téléphone était considéré comme un quasi-monopole d'État, à la manière de la poste et du télégraphe. Perçue comme un patrimoine national, la fabrication de centraux était étroitement réglementée et l'évolution technologique lente. (...)

Une autre menace était l'informatisation et la numérisation imminente des réseaux téléphoniques. Les nouveaux systèmes allaient rendre obsolète une bonne partie des capacités de production des centraux électromécaniques. ITT allait souffrir. Nous voyions en outre se dessiner des alliances entre des concurrents majeurs, ATT et Philips, Siemens et GTE, GEC et Plessey. (...) Bref, les raisons de rechercher une association étaient aussi colossales que multiples. (...) Le risque, en cas d'échec des négociations, était de voir surgir des projets de démembrement d'ITT. Nous avions beaucoup à gagner, mais aussi beaucoup à perdre... »

Un premier contact entre les deux groupes intervient le 11 avril 1985, Georges Pebereau informant notamment le président d'ITT qu'il avait décliné, comme d'autres entreprises européennes, une offre de participation de la part du groupe menant l'offensive contre la firme américaine. Après un second contact favorable au mois de juillet, les tractations s'engagent rapidement à partir du mois de novembre. Celles-ci montrent le talent de négociation des dirigeants de la CGE qui, épousant le point de vue de leurs partenaires, font peu à peu évoluer le projet initial d'alliance à la mise sur pied de filiales communes puis, fin 1985, à la création d'une société associant ITT à hauteur de 30 %.

Comme le relate Rand Araskog : « Partant d'une estimation de 3,9 à 4 milliards de dollars pour l'ensemble des télécommunications d'ITT, et compte tenu des 30 % que nous conserverons, la CGE doit s'apprêter à payer 2,7 milliards de dollars pour les 70 % qu'elle détiendra, dont 800 millions sous forme de dettes à prendre en charge, annonçai-je. Georges (Pebereau) me lança un regard scrutateur. (Il réalisait que la France allait être propulsée, d'un coup, parmi les leaders mondiaux des télécommunications.) Puis ses yeux changèrent, il haussa les épaules et se leva rapidement pour me serrer la main. « Nous avons beaucoup à faire avant de parler sérieusement de prix, dit-il. Maintenant nous sommes associés. »

Grâce à cette opération, la CGE passe brusquement de 3 à 12 % du marché mondial et bondit de la douzième à la deuxième place internationale, devenant ainsi l'un des plus grands acteurs des télécommunications sur le globe ! Le groupe peut en outre bénéficier des commandes et de l'avance technologique du S12, si celui-ci devient rapidement opérationnel. L'accord, conduit de manière extrêmement confidentielle – la partie américaine qualifie poétiquement l'opération et le nouvel ensemble du nom de code de « Roxane » –, est peu à peu élaboré, avec l'appui respectif des banques Morgan Stanley pour la CGE et Lazard Frères pour ITT, dans le courant du premier semestre 1986. C'est alors qu'une modification du contexte politique français vient perturber les négociations.

Une majorité de droite accède au pouvoir en France après les élections du mois de mars 1986, Jacques Chirac devenant alors Premier ministre. Opposé aux nationalisations auxquelles ont procédé les socialistes quatre ans plus tôt, son gouvernement met en œuvre un programme de privatisations, parmi lesquelles figure la CGE.

À la veille de l'été, les responsables du secteur, Alain Madelin, le ministre de l'Industrie et Édouard Balladur, ministre de l'Économie et des Finances, sont pris au dépourvu par la taille d'une transaction dont ils perçoivent mal l'ampleur. Tout en s'affirmant favorables à ce rapprochement, ils souhaitent tous deux reprendre les négociations et envisagent surtout de remplacer Georges Pebereau à la tête de la CGE. La partie américaine, au contraire, soumise à la pression boursière, désire aboutir très rapidement. Après un report de la date limite d'entente du 30 juin au 31 juillet, alors que la presse française et internationale souligne l'importance du projet – qui fait la une du *New York Times* –, l'accord final intervient le 23 juillet 1985. C'est Pierre Suard, devenu président de la CGE, qui le négocie, et soumet à Rand Araskog les deux conditions supplémentaires posées par le gouvernement français : prévoir la possibilité de créer une joint-venture entre CIT-Alcatel et ATT, et porter la participation d'ITT dans la nouvelle filiale CGE-ITT de 30 à 37 %, abaissant ainsi le prix de l'opération de 1,8 à 1,5 milliard de dollars. Elles sont pour l'essentiel acceptées.

LE BOOM FINANCIER DES ANNÉES 1980

Le lundi 19 octobre 1987, l'indice Dow Jones de la bourse de New York chute de 22,6 %, entraînant avec lui l'ensemble des places boursières mondiales. La baisse des indices, qui commence le jeudi précédent avec l'annonce d'un fort déficit commercial américain, continue dans les deux semaines suivantes, et les indices de Paris, Londres, Tokyo et New York s'effondrent de 25 à 35 %. Le spectre de 1929 hante les temples de l'argent, obligeant les banques centrales à réagir par la baisse des taux d'intérêts, tandis que les investisseurs institutionnels interviennent pour stabiliser les cours et que les gouvernements assouplissent les contrôles sur les crédits et la masse monétaire. Le krach ne tourne pas à la crise, comme en 1929, mais l'alerte est sévère.

En dehors de certains petits porteurs, qui dans l'ensemble ne paniquent pas, et de quelques compagnies financières trop fragiles, le krach touche principalement les sociétés de courtage, dont le chiffre d'affaires chute brutalement, et les « golden boys », rémunérés au pourcentage sur un volume d'échanges toujours croissant avant octobre 1987. Le krach donne l'occasion d'un grand nettoyage à Wall Street, où plusieurs milliers d'employés sont licenciés, tandis que les ventes de Porsche déclinent durant quelques mois...

La « bulle financière » crève, favorisant ainsi le retour d'une certaine réglementation des activités boursières. Les *raiders* à l'affût d'OPA sauvages effectuées grâce au LBO (Leverage buy out) et à l'émission de *junk bonds* (obligations « pourries » gagées sur la valeur de l'entreprise achetée) deviennent moins arrogants, tandis que les marchés les plus spéculatifs (les marchés d'options) sont soumis à un contrôle. Enfin, le krach de 1987 permet de réaliser que l'ensemble des marchés boursiers mondiaux, où 300 000 terminaux d'ordinateurs fonctionnent en permanence, ne forme plus qu'un marché unique, bien souvent gouverné par des logiciels que les hommes doivent apprendre à maîtriser.

L'annonce à la presse des accords définitifs entre ITT et la CGE par Rand Araskog et Pierre Suard, Bruxelles, janvier 1987.

La mise au point de l'accord occupe les derniers mois de l'année 1986. Pierre Suard souhaite en effet apporter deux modifications importantes à l'accord pour en réduire le coût et lui donner une structure industrielle plus opérationnelle : étendre le périmètre de l'entente aux activités câbles de la CGE d'une part, et assurer d'autre part un contrôle direct complet de la nouvelle société de télécommunications par la seule CGE alors que le schéma initial prévoyait un contrôle indirect par l'intermédiaire d'une holding où devaient figurer des investisseurs européens. Philippe Dargenton et Stéphane Guérin assurent l'essentiel des discussions pour cette nouvelle négociation.

Finalement, l'achèvement de l'opération intervient le 30 décembre 1986 au siège d'ITT-Europe à Bruxelles. Le secteur télécommunications, communication d'entreprise et fibres optiques d'ITT est apporté à une société holding de droit néerlandais, Teleglobal Communication NV, TCNV, – rebaptisée en 1987 Alcatel NV – dont le siège est aujourd'hui établi à Amsterdam. Le capital de celui-ci est détenu à raison de 55,6 % par le groupe CGE (dont 21 % par la CGE elle-même et 34,1 % par la compagnie financière Alcatel SA), de 37 % par ITT, de 5,7 % par la Société Générale de Belgique, et de 1,7 % par le Crédit Lyonnais. Du fait de diverses modifications, comme l'apport en novembre 1986 de 65 % du capital des Câbles de Lyon, la CGE n'a à payer directement que 4 milliards de francs – un montant qui n'a rien d'excessif à l'échelle des grandes opérations de rachat industrielles –, une somme rassemblée « sans aucun problème », indique alors la Compagnie, grâce à ses réserves, des emprunts et une série d'appels au marché financier.

La Compagnie Générale d'Électricité accède ainsi au deuxième rang mondial des télécommunications, après ATT, et au premier rang pour les câbles, devant l'italien Pirelli. Le nouvel ensemble regroupe 160 000 personnes, dans des filiales implantées dans 75 pays, et représente un chiffre d'affaires de 12,5 milliards de dollars (82,5 milliards de francs). Il détient notamment 45 % du marché européen de la téléphonie publique et devient aussi le leader européen de la téléphonie d'entreprise, avec 18,5 % du marché devant l'Allemand Siemens (13 %).

Toute la presse salue « l'accord industriel du siècle », la plus grande alliance entre industries européennes depuis la création de la CEE. Ce concert n'empêche pas certaines interrogations. La CGE, outre les 577 millions de dollars versés, doit encore financer un coût de restructuration des anciennes filiales d'ITT, de 200 à 300 millions de dollars, et investir environ 50 millions de dollars dans la recherche afin d'achever le développement du S12. Il lui faut surtout rentabiliser son investissement et concrétiser la fusion de deux groupes disparates, dans un environnement où la concurrence ne cesse de s'exacerber. Le 31 décembre 1986, le grand journaliste de l'économie Jean Boissonnat commente, sur les ondes radiophoniques, le bien-fondé de cet « accord spectaculaire » : « Cette opération constitue un pari d'une certaine manière. La vérité est que le sort de cet accord dépend de la qualité de la gestion future de la CGE. Si elle est rigoureuse, inventive, dynamique, performante, tout ira bien. »

Si l'on doit à Georges Pebereau l'idée audacieuse et l'essentiel de la négociation, c'est désormais à Pierre Suard de conduire à bien, sur le terrain, la fusion et la naissance d'Alcatel. Le président de la CGE estime à plus de 4 milliards de francs les besoins en fonds propres de la CGE pour faire face à l'avenir. Dans cette perspective, Pierre Suard assortit la privatisation de la CGE d'une augmentation de capital.

Une privatisation réussie

La CGE fait partie du vaste programme de privatisations du gouvernement de Jacques Chirac, qu'avait rendu public la « Plate-forme pour gouverner ensemble » du RPR et de l'UDF, le 17 janvier 1986. La loi du 2 juillet 1986, complétée par celle du 6 août 1986 qui en fixe les modalités d'applications, jette les bases d'une opération qui vise trois objectifs principaux, dans le climat de libéralisation qui touche alors les économies occidentales. Il s'agit d'améliorer les résultats économiques et financiers d'entreprises publiques auxquelles est rendue la garantie d'une complète autonomie de gestion, de réaliser des recettes importantes destinées à alimenter les programmes du budget de l'État, enfin de développer les activités du marché financier national et international, en stimulant la place parisienne et en étendant un actionnariat populaire encore très faible en France.

Au sein de ce programme, lancé avec succès en décembre 1986 avec le groupe Saint-Gobain, suivi en janvier 1987 par Paribas, la CGE est privatisée en mai-juin 1987, aux côtés d'Havas et de la Société Générale, après quatre opérations de taille modeste survenues en mars et avril, celles de Sogénal, BTP et BIMP, et de la CGCT, rachetée par Matra-Ericsson, un choix qui évite de la céder à ATT ou Siemens. La CGE constitue donc, avec Saint-Gobain, l'un des deux grands groupes industriels que le gouvernement décide de privatiser, en raison de leurs performances et de la régularité de leurs résultats financiers au cours des années 1980.

Annoncée au mois de janvier 1987, la « dénationalisation » de la Compagnie Générale d'Électricité est préparée par l'équipe d'Édouard Balladur. Elle se déroule du 11 au 23 mai 1987. Cette « privatisation pas comme les autres », comme l'écrit *Le Monde*, se singularise par sa complexité et son ampleur, puisqu'elle comporte trois grandes phases : une offre publique de vente (OPV) des titres détenus par l'État, une augmentation du capital de 6,3 milliards de francs – la plus importante que la Bourse de Paris ait jamais connu –, et une offre publique d'échange des titres participatifs, émis par la CGE pour son financement en 1983 et 1985. L'évaluation du groupe aboutit à une estimation de la commission de la privatisation au prix plancher de 18 milliards de francs, soit 254 francs le titre. Un prix relevé par le ministre de l'Économie et des Finances, Édouard Balladur, qui le porte à 290 francs. La capitalisation boursière du groupe s'élève au total à 20,6 milliards de francs, alors que la CGE avait été nationalisée en 1982 pour à peine 3,487 milliards de francs.
L'OPV, qui porte sur 39 583 534 actions, comporte en fait trois destinataires différents. 10 % des actions sont réservés aux salariés et anciens salariés, 70 % sont cédés en Bourse de Paris, selon la procédure d'offre publique de vente, les ordres d'achat de 10 à 50 titres devant être servis en priorité, et 20 % sont offerts à la souscription sur le marché international, une « première » qui permet de réaliser un placement privé auprès d'investisseurs institutionnels américains, pour un montant de 35 millions de dollars.
La fameuse procédure du GAS (Groupe d'Actionnaires Stables), autrement dit des « noyaux durs », prévue dans la loi de privatisation, n'est pas utilisée, à la différence par exemple des privatisations de Paribas ou d'Havas. Mais la CGE dispose déjà d'un noyau stable naturel, du fait de la dissolution de la Société française de participation industrielle (SFPI), créée par les pouvoirs publics en 1982 et qui détenait un quart de son capital. Le capital de cette dernière se répartit entre l'État et les grandes banques publiques, les « trois vieilles », la Banque Nationale de Paris, le Crédit Lyonnais et la Société Générale, qui se partagent ainsi 12,8 % du capital de la CGE au moment de sa privatisation.

À l'achèvement de la privatisation, la Société Générale devient, avec 5,8 % du capital, le premier actionnaire de la CGE, suivie de l'UAP, de la Compagnie Générale des Eaux et de la Société de Banques Suisses, toutes trois détenant 2,6 %, puis la Société Générale de Belgique, avec 1,8 % et le groupe Dumez, 0,9 %. Les filiales du groupe CGE détiennent pour leur part 6,8 % du capital de leur société mère, et le Fonds commun de placement des salariés du groupe, 3,4 %. Avant la privatisation de la Société Générale, au mois de juin 1987, la CGE renforce cette alliance mutuelle, en prenant une participation de 2 % dans le capital de l'établissement bancaire. Ce procédé récurrent, que l'on retrouve pour l'ensemble des sociétés privatisées, fera l'objet de vives critiques quant au choix et au mode de constitution des « noyaux durs », et deviendra un enjeu politique au moment de l'élection présidentielle de 1988.

À la suite de l'offre publique de vente, 2,24 millions de particuliers deviennent actionnaires de la CGE, soit vingt fois plus qu'avant la nationalisation ! Cela place la Compagnie au troisième rang des sociétés privatisées, derrière Paribas (3,8 millions d'actionnaires) et la Société Générale (2,298 millions d'actionnaires). De fait, les 28,5 millions de titres mis sur le marché excèdent largement ceux de Saint-Gobain (20 millions) et de Paribas (14,7 millions) et permettent de satisfaire de nombreux petits souscripteurs, déçus par la distribution jugée trop parcimonieuse des titres lors des opérations de privatisation précédentes.
Pourtant la demande se révèle pléthorique : on dénombre, pour 28,5 millions de titres offerts, plus de 208 millions de demandes ! Ce qui oblige le ministère de l'Économie et des Finances à établir des conditions de vente restrictives : les demandes de un à dix titres sont servies intégralement, celles de onze à cinquante titres à hauteur de 10 % et, au-delà de cinquante titres, à hauteur de 4 %. Les investisseurs institutionnels sont pour leur part servis à hauteur de 3 %. Enfin, plus de 100 000 salariés et ex-salariés du groupe en deviennent actionnaires, leurs demandes ayant aussi largement excédé l'offre, en représentant plus de trois fois les 10 % du capital qui leur était réservé.

20 Mille Lieues Sous Les Mers...

...Encore une bonne raison de devenir actionnaire de la C.G.E.

Téléphonez au (1) 42 361 361 ou composez le 36.15 code CGE ou CGE Info. Note d'information visée par la COB disponible auprès des intermédiaires financiers.

Le Tour du Monde en 80 Secondes...

...Encore une bonne raison de devenir actionnaire de la C.G.E.

Téléphonez au (1) 42 361 361 ou composez le 36 15 code CGE ou CGE Info. Note d'information visée par la COB disponible auprès des intermédiaires financiers

La privatisation de la CGE est donc une totale réussite, tant populaire que financière, que confirme l'évolution boursière dans les premiers mois suivant la cotation du titre. Mis en vente à 290 francs, le titre CGE est coté, le 3 juin 1987, premier jour de cotation, à 323 francs et atteint 344 francs au mois d'août, soit une hausse de 18,6 % par rapport au prix de l'OPV. Après sa réintroduction à la Bourse de Paris, l'action de la CGE est aussi introduite le 29 septembre 1987 sur les bourses d'Anvers et de Bruxelles, d'Amsterdam, de Bâle, Genève et Zurich, et de Francfort. Au total, la privatisation permet d'accroître les fonds propres de la Compagnie de près de 8,8 milliards de francs.

La Compagnie profite en outre de l'occasion pour mettre en œuvre une vaste campagne de relations publiques. Après les fameuses accroches « Saint-Gobain, j'achète » et « Madame, Monsieur » de Paribas, la CGE choisit plutôt de se concentrer sur son image propre et adopte un thème général : « L'esprit de conquête ». Reprenant de façon originale l'esprit des *Voyages extraordinaires* de Jules Verne, la CGE s'essaie à faire rêver à travers ses « produits stars » : le téléphone, le minitel, les câbles sous la mer, le TGV, et même les centrales nucléaires. Six films publicitaires sont tournés, accompagnés de larges placards dans la presse : « Le Phare du bout du monde » illustre une centrale hydro-électrique installée dans les Andes par CGEE-Alsthom, « 20 Mille Lieues Sous les Mers » évoque bien sûr les câbles sous-marins posés par les Câbles de Lyon, « La Chasse au Météore » montre que la SAFT conçoit tout spécialement des batteries pour l'espace, « L'École des Robinsons » met en scène les terminaux télématiques de Télic Alcatel, « Le Tour du Monde en 80 Secondes » est consacré aux deux centraux téléphoniques d'Alcatel NV, le E10 et le Système 12 et, *last but not least*, le TGV, « l'éclair orangé », construit par Alsthom, représente par excellence « Le Conquérant »...

Toute cette campagne, dont le budget total atteint 45 millions de francs, explique le très large succès de la privatisation, mais poursuit aussi un double objectif. Il s'agit de revaloriser une image encore trop modeste et d'affirmer la nouvelle identité du groupe. Comme l'explique alors la Compagnie, qui perd quelque peu, à cette occasion, son image de « vieille dame » : « Notre but est à long terme. Rattraper le fantastique retard en notoriété du groupe CGE... »

CAPITALISATION BOURSIÈRE DE LA CGE

Évolution en milliards de francs

1981	3
1987	22 *
1991	70

*** avant le krach d'octobre**

Le succès de l'actionnariat interne et la confiance qu'il témoigne envers la Compagnie conduisent en outre celle-ci, par la suite, à mener une politique active d'actionnariat, qui devient l'un des thèmes majeurs de la communication interne du groupe. La direction de la CGE fait admettre aux pouvoirs publics, en particulier au ministère d'Édouard Balladur, une formule nouvelle et originale d'actionnariat du personnel. Les salariés sont invités à devenir membres d'un Fonds Commun de Placement au lieu d'être actionnaires directs, une réduction de 10 % sur l'Offre Publique de Vente s'ajoutant aux avantages prévus par la loi. Ce Fonds Commun de Placement élit un conseil de surveillance qui lui-même participe à la désignation de deux administrateurs, cette disposition figurant désormais dans les statuts de la société. C'est dans ce cadre que Jacques Guérendel et Jean Marmignon deviennent les deux premiers « administrateurs-salariés-actionnaires » du groupe. Au Fonds Commun de Placement, s'ajoute à partir de janvier 1988 le plan d'options d'achat d'actions dont bénéficient plusieurs centaines de cadres : 1 160 000 actions seront « mises en vente » auprès du personnel entre janvier 1989 et janvier 1991.

Aujourd'hui, grâce à la privatisation et à deux augmentations de capital réservées aux salariés qui s'inscrivent dans la politique de participation dont Pierre Suard a été l'initiateur, le personnel est devenu l'un des plus importants actionnaires d'Alcatel-Alsthom, avec 5 % du capital. La participation des salariés au capital entraîne en particulier l'émergence d'un sentiment d'appartenance au groupe qui se confirme jour après jour et qui n'existait que fort peu dans des unités dispersées et bien souvent éloignées non seulement géographiquement mais aussi dans la chaîne de contrôle. Une nouvelle identité prend ainsi corps.

La construction d'un groupe mondial : Alcatel Alsthom

Les enjeux qui attendent le groupe international qu'est devenue la CGE sont considérables. Pierre Suard prend tout d'abord fermement en main les rênes du groupe et s'entoure, de 1987 à aujourd'hui, d'une équipe venue des Câbles de Lyon, mais aussi d'hommes appartenant aux nouvelles filiales européennes et à Alcatel : Pierre Bollache, Paul Claudel, Joseph Cornu, Philippe Dargenton, Stéphane Guérin, Jacques Imbert, François de Laage de Meux, Pierre Le Roux, Bernard Pierre, Françoise Sampermans, André Wettstein, Philippe Bissara, Stéphane Dacquin et Rossella Daverio... Pour éviter de couper le siège du terrain, les mutations de l'un vers l'autre deviennent la règle.

Pierre Suard se fixe plusieurs objectifs majeurs, guidés par le contexte de concurrence mondiale qui est plus que jamais celui du groupe : réussir la fusion des activités télécommunications de la CGE et des sociétés venues d'ITT, poursuivre et conforter, dans les grands métiers de la CGE, l'accession à la taille mondiale entamée au cours des années 1980, accroître la rentabilité financière et la productivité du groupe, en simplifiant des structures trop complexes et en accentuant le profil industriel et les performances de la CGE. En somme, dans un environnement où la compétition et la dérégulation des marchés s'affirment de plus belle, atteindre la taille nécessaire pour préserver les niveaux indispensables de recherche et de développement, et s'implanter sur tous les grands marchés mondiaux.

Après le rachat des filiales d'ITT, plusieurs opérations majeures consacrent le bien-fondé d'une approche conçue à l'échelle mondiale : la création de GEC-Altshom en 1989, le rachat en 1990 de la firme italienne Telettra et de la division Networks Transmission Systems de Rockwell aux États-Unis, qui hissent Alcatel à la première place mondiale devant ATT. Le changement de dénomination du groupe, le 1er janvier 1991, en Alcatel Alsthom consacre la rapide et profonde mutation de la CGE réalisée en quelques années.

Retrouver une identité industrielle

De l'avis unanime, le pari est en effet réalisé au tournant de la nouvelle décennie 1990. Pierre Suard apparaît sans conteste comme l'artisan de cette métamorphose. Considéré par certains, au moment de la privatisation, comme un Président « de transition », il s'affirme en fait comme un chef d'entreprise à part entière. Sa politique de gestion s'inspire largement de la méthode employée lors du redressement des Câbles de Lyon, alliant l'élargissement des parts de marché par croissance externe à l'amélioration continue des marges et de la productivité. Toutes les entreprises acquises font par exemple l'objet d'une rigoureuse mise à jour technique et financière, avant leur intégration dans le groupe, ce qui implique une spécialisation accompagnée d'une rationalisation, toutes deux appuyées sur un plan d'investissement.
La stratégie de la CGE découle de sa volonté d'accéder, dans ses métiers de base, au leadership mondial, une approche résumée en mars 1992 par *Le Figaro Économie* : « Il s'agit d'une « stratégie à l'allemande », où la rentabilité et les produits se construisent sur le terrain, dans les usines, où la finance est au service de l'industrie

Alcatel Espace à Toulouse.

et où il faut, pour assumer les coûts de recherche, être dans les tout premiers mondiaux. La réussite du groupe (...) c'est de s'être solidement implanté à l'international et d'avoir développé des produits porteurs en n'hésitant pas à sacrifier des activités non rentables ou incapables d'atteindre la taille critique. »

La CGE procède en effet systématiquement au renforcement de ses métiers de base et à l'élargissement de ses parts de marché, en procédant à de nombreuses acquisitions dans des secteurs ou des marchés prometteurs, qu'il s'agisse des transmissions, des câbles ou des accumulateurs. Parallèlement, les métiers non prioritaires et les secteurs au potentiel trop faible font l'objet de désinvestissements, qu'il s'agisse des accumulateurs au plomb de la Ceac, des « produits bruns » de la filiale allemande SEL, de l'industrialisation déficitaire des télécopieurs, ou de l'activité de traitement du courrier, malgré sa rentabilité.

PIERRE SUARD, PRÉSIDENT D'ALCATEL ALSTHOM

Lyonnais d'origine, Pierre Suard fait des études brillantes au lycée Ampère, puis à Polytechnique et au corps des Ponts. Il entre en 1963 aux Aéroports de Paris comme ingénieur en chef puis directeur de l'exploitation et demeure sept ans au sein de cet établissement public. De 1966 à 1968, il est chargé de mission dans le cabinet de Michel Debré, ministre de l'Économie et des Finances.

Après trois années passées dans une société d'ingénierie privée, Pierre Suard entre à la CGE en 1973 et prend en charge la Sogelerg puis, à partir de 1976, les Câbles de Lyon, qui traversent alors une période très difficile. Il opère leur redressement en mettant en œuvre un plan de restructuration qui consiste à moderniser l'entreprise par une série d'investissements et d'acquisitions, afin de la faire accéder à la taille critique et à la compétitivité nécessaires à sa réussite. Ce programme donne les meilleurs résultats et place les Câbles de Lyon au deuxième rang mondial au début des années 1980, notamment grâce au rachat en Allemagne de Kabelmetal qui devient ainsi la première filiale industrielle importante de la CGE hors de France.

En 1984, Pierre Suard, directeur général de CIT-Alcatel, réalise l'intégration des activités télécommunications du groupe avec celles de Thomson, avant de prendre, en 1986, au moment de l'opération Roxane, la présidence de la CGE. Sa tâche immédiate consiste à finaliser les accords avec ITT et mener à bien la fusion et la réorganisation du groupe parallèlement à la privatisation de la CGE. Pierre Suard impulse avec son équipe le développement d'un groupe désormais international, en mettant l'accent sur la qualité de gestion, l'effort de recherche-développement, la performance et l'unité des entreprises et des hommes, une mission accomplie au début des années 1990. Avec 160 milliards de francs de chiffre d'affaires et 215 000 personnes, Alcatel Alsthom est devenu l'un des premiers groupes mondiaux dans le domaine des télécommunications, de l'énergie et des transports.

Production de postes de téléphones OPUS Alcatel à l'usine de Brest, d'Alcatel Business System.

Trois grands secteurs polarisent (« *Three core businesses* ») de plus en plus les efforts du groupe : la communication, avec les systèmes de réseaux, les radiocommunications, l'espace et défense (Alcatel), les communication d'entreprise (Alcatel Business Systems), les câbles (Alcatel Câble) et l'électronique professionnelle ; l'Énergie, qu'il s'agisse de sa production, de son transport et de sa distribution, assurés par GEC-Alsthom, de l'ingénierie électrique (CGEE-Alsthom, devenue en 1990 Cegelec), du nucléaire (Framatome) et des accumulateurs (SAFT) ; les Transports, GEC-Alsthom assurant le ferroviaire et les Chantiers de l'Atlantique les équipements navals.

Cette dimension industrielle de plus en plus nette explique l'accent accru mis sur la recherche-développement, avec une approche plus directive et volontariste qu'auparavant, du fait de l'accélération du cycle de renouvellement des produits et la sophistication de plus en rapide des « technologies du futur » où évolue Alcatel Alsthom. Comme Pierre Suard le déclare dans *Profils* au début des années 1990 : « Si l'amélioration constante de la rentabilité est un souci majeur, nous entendons parallèlement assurer l'avenir du groupe en conservant les positions de leaders mondiaux que nous avons acquises et en le devenant là où nous ne le sommes pas encore. Pour cela, nous devons absolument garder notre avance technologique et moderniser sans cesse notre outil de travail. Ce qui implique d'importants investissements industriels et de recherche. » En hausse régulière, les dépenses de recherche-développement atteignent ainsi en 1990 le chiffre de 12,1 milliards de francs, soit une progression de 11 % par rapport à l'année précédente et un pourcentage total du chiffre d'affaires de 8,4 %, une moyenne, bien sûr, sur l'ensemble des activités du groupe.

La mise en œuvre de pratiques culturelles communes représente un second axe privilégié, afin de souder les membres d'un groupe désormais européen, en prenant l'exemple d'Alcatel. Domiciliée aux Pays-Bas, dirigée depuis Paris et travaillant en anglais, celle-ci donne au Groupe dans son ensemble un avant-goût de l'identité pluri-nationale qui le caractérise chaque jour un peu plus. Ce souci de créer une identité commune se manifeste dès l'arrivée de Pierre Suard à la tête du groupe. Sans attendre la privatisation, il maintient, tout en l'allégeant, la direction des affaires sociales créée par l'État au niveau de la holding et la baptise « Direction des ressources humaines ». Il manifeste ainsi sa volonté d'instaurer une gestion des cadres homogène, caractérisée par une mobilité entre les filiales, pratique jusque-là peu répandue. Le tout avec un objectif, développer un sentiment profond d'appartenance à la même communauté humaine.

Une fusion réussie : le groupe Alcatel NV

Lors des réunions organisées par ITT à la fin de l'année 1986 au siège de Bruxelles, les dirigeants de la firme américaine font leurs adieux à leurs

Les réseaux de transport d'énergie, un domaine d'activité traditionnel d'Alcatel Câble et de la CGEE.

anciennes filiales européennes, non sans leur faire part d'un certain scepticisme quant à leur sort sous la direction d'un groupe français... Ces propos pessimistes et légèrement condescendants seront rapidement démentis par la justesse des choix opérés et la célérité de la restructuration, entamée avant même la signature de l'accord final. Le nouveau plan de développement d'Alcatel est en effet tracé durant la période de quatre mois qui s'écoule entre la finalisation des négociations en septembre 1986, et leur ratification à la fin de l'année. Comme le relate un témoin : « Bien que la direction d'ITT ait été encore en poste, elle a eu l'intelligence de laisser notre « comité pilote » visiter tous les sites et parler à toutes les personnes-clés. Cette compréhension de leurs activités et ces contacts personnels nous furent d'une immense utilité lorsque nous débutâmes formellement le premier janvier 1987. »
La fusion nécessite en effet un vaste mouvement d'harmonisation des équipes et des techniques. Les filiales européennes d'ITT – la Standard Electrik Lorenz (SEL), filiale allemande et fleuron des filiales d'ITT, ITT Nederland, SE-Portugal, Bell Téléphone-Belgique, Face-Italie, STK-Norvège, etc., dont les activités de téléphonie publique pèsent dix fois plus lourd que les activités équivalentes d'Alcatel France... – sont gérées à la manière américaine d'ITT, c'est-à-dire selon le système du *reporting* qui combine une forte rigidité financière au sommet au maintien de l'hétérogénéité des filiales à la base. « Au niveau de l'état-major, la culture d'ITT était très américaine et différente de la culture française de la CGE », raconte un cadre de CIT-Alcatel. « La méthode de gestion d'ITT fonctionnait selon un strict encadrement, conduit par le système du reporting, très complexe et très détaillé. Alors que la CGE intervenait peu. Elle ne contrôlait pas, ni ne donnait d'autorisation préalable, mais jugeait ses filiales à leurs résultats et sanctionnait les écarts survenus. »

Le siège d'ITT à Bruxelles, témoin de la centralisation de groupe américain.

La CGE aurait pu se contenter de juxtaposer les deux systèmes et laisser le temps faire son œuvre. D'emblée, Pierre Suard insiste au contraire sur la nécessité de créer une nouvelle organisation et de ne pas se contenter d'unir les bilans de deux entreprises à la taille non négligeable. La fusion doit être mise en place de façon à fonctionner rapidement et, pour assurer sa crédibilité, tout en conservant les acquis des deux ensembles, se débarrasser de leurs faiblesses sous-jacentes. Dans ce but, il décide que « tout doit être en place » avant la fin de l'année 1987. Une exigence de taille, pour une organisation forte de 150 000 personnes dont 140 000 en Europe, avec des lignes de produits très larges, se chevauchant quelquefois, et une présence dans plus de 100 pays.

Le groupe met d'abord en place un état-major léger comportant moins de dix personnes. Le but de ce comité de direction restreint consiste tout d'abord à donner à l'ensemble ce qui lui fait principalement défaut, une cohésion. Le siège de Bruxelles, un building de 24 étages et de 450 personnes, dans lequel une grande salle de réunion façon « Docteur Folamour » affichait deux heures différentes, l'heure locale et surtout celle de... New York, sur laquelle se calait le programme des réunions à l'époque d'Harold Geneen, est dissous, ses effectifs réduits de moitié et transférés au nouveau siège d'Alcatel, à Paris.

LES PROGRAMMES EUROPÉENS

Brite, Comett, Erasme, Esprit, Eurêka, Hermès, Race, Star, un inventaire à la Prévert, celui des grands programmes européens. Les deux programmes majeurs de la CEE sont ESPRIT (European Strategic Program for Research & development in Information Technology) pour l'informatique, et RACE (Research & Development in Advanced Communications for Europe) pour les télécommunications. Esprit, né en 1985 de la confusion de l'informatique européenne, émane d'abord d'industriels, les Anglais ICL, GEC et Plessey, les Allemands Siemens, Nixdorf et AEG, les Français Bull, CGE et Thomson, le Néerlandais Philips et les Italiens Olivetti et STETT. Les objectifs visent à renforcer la coopération entre industriels, particulièrement au niveau de la recherche, ainsi que la collaboration entre industriels et universitaires, enfin à lancer des appels d'offre de recherche au niveau européen. Doté d'un budget de plus de 300 millions d'écus par an, Esprit demeure le plus ambitieux des programmes européens, qui bénéficient d'un total budgétaire de 1,1 milliards d'écus par an, soit 2 % du total des frais de recherche-développement dans l'Europe des Douze. Sur le même modèle, le programme Race pour les télécommunications vise à réaliser un réseau européen de communications intégrées à large bande, ainsi qu'à créer des normes et un marché communs des terminaux. L'expérience acquise avec Race et Esprit invite au développement de plusieurs autres programmes, tels que STAR pour les télécommunications dans les régions les plus pauvres de l'Europe, ENS (European Nervous System) pour l'informatique avancée, et d'autres encore dans des secteurs très variés comme les biotechnologies, les sciences de l'alimentation, la sécurité nucléaire, la télévision haute définition ou l'environnement.

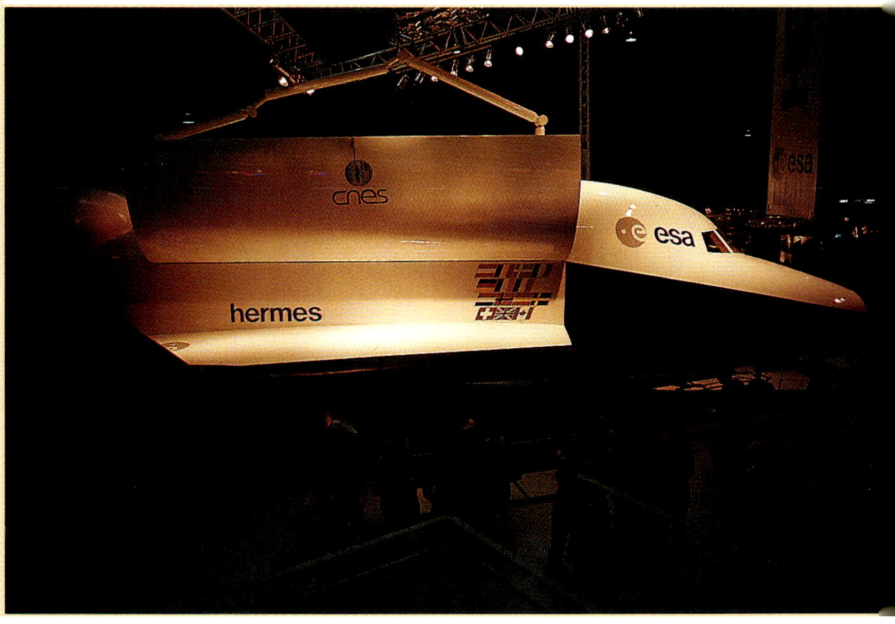

La navette européenne Hermès.

Une nouvelle structure est mise en place, bâtie sur une double base, des « Groupes Produits » (*Product Groups*), responsables pour le développement des produits, le marketing, la rationalisation de la production et les politiques d'exportation et des « Unités Nationales » (*National Units*), assurant, sur des marchés nationaux à chaque fois spécifiques, l'ensemble de la production et des ventes. Cette organisation de type matriciel se révèle très efficace. Elle permet de tirer profit de la très large implantation sur le marché européen des ex-filiales d'ITT, de renforcer la distribution commerciale des produits, mais aussi d'améliorer la productivité en rationalisant les gammes de produits et les unités de fabrication.

Parallèlement, un nouveau style de gestion est mis en place en cherchant à combiner les points forts des deux organisations. « La CGE possédait une culture de « holding » très décentralisée, avec une grande filiale dédiée à un secteur d'activité. ITT, au contraire, groupe multinational, s'appuyait sur un réseau de société nationales qui exerçaient le même business, se répartissaient le développement des produits et se concurrençaient à l'exportation », résume un ancien cadre dirigeant d'ITT.
Procédant à un aménagement des deux systèmes, un contrôle plus important est établi pour les affaires techniques, et notamment le développement des produits, et au contraire, les procédures de contrôle de gestion sont simplifiées. Pour les sociétés issues de la CGE, les règles deviennent plus strictes, pour celles d'origine ITT, elles s'avèrent au contraire plus souples administrativement parlant, tout en acquérant le réalisme qui leur faisait défaut.

Contrôle, décentralisation : la CGE maintient dans cette perspective une politique sociale décentralisée, tout en cherchant à développer un sentiment d'unité et d'appartenance au groupe. En mars 1987, le comité de direction décide que toutes les filiales doivent ajouter « Alcatel » à leur dénomination commerciale, partout où cela est possible. De façon inverse, l'ouverture internationale au sein d'un même groupe, qui est celle des anciennes filiales d'ITT, aide Alcatel à forger une culture d'entreprise internationale originale, qui naît du succès de la fusion. Anciens d'Alcatel-CIT ou d'ITT sont unanimes : « Personne n'y croyait au début, mais une dynamique s'est créée autour du nouveau groupe Alcatel et a généré un état d'esprit original, qui n'existait pas dans le groupe CGE. »

La réussite de cette fusion au plan humain repose en partie sur l'absence de batailles internes et de luttes pour le pouvoir qui caractérisait notamment l'atmosphère conflictuelle des couloirs d'ITT à certaines époques délicates. La conscience de CIT-Alcatel d'une part, et des filiales d'ITT d'autre part, de ne pas pouvoir se maintenir dans la compétition mondiale avec leurs seules forces, les succès industriels et financiers de la société contribuent largement à unir la volonté de toutes les équipes au sein d'Alcatel. Formalisé, cet ensemble de valeurs donne naissance à une culture d'entreprise inédite, l'« Alcatel Way ».

ALCATEL WAY
UNE VALEUR NOUVELLE DANS LE MONDE DES COMMUNICATIONS ET DES CÂBLES (Extraits)

ALCATEL WAY : UNE MANIÈRE DE FAIRE SON MÉTIER

À maints égards, Alcatel est unique en son genre, à la fois jeune et expérimenté, partenaire et leader, local et mondial.

Jeune et expérimenté, Alcatel existe en tant que Groupe mondial depuis 1987. En ce sens, il est donc tout jeune. Ce regard neuf sur le monde renforce sa capacité d'adaptation.

Cependant, même si notre Groupe est récent, nous bénéficions d'une longue expérience. La plupart de nos filiales plongent leurs racines dans le siècle précédent et nous avons été des pionniers dans le développement des systèmes de communication et des câbles (...)

LES OBJECTIFS D'ALCATEL

Les objectifs primordiaux d'Alcatel sont d'apporter une valeur ajoutée à ses différents partenaires dans le monde des communications et des câbles.

À ses clients : en proposant des solutions compétitives et novatrices à leurs besoins en systèmes de communication et des câbles.

À son personnel : en récompensant ses performances et en lui offrant des opportunités de carrière attrayantes.

À ses actionnaires : en leur apportant des résultats financiers compétitifs.

À la communauté mondiale : en contribuant efficacement au développement économique de tous les pays équipés de systèmes de communication Alcatel.

En poursuivant ces objectifs, Alcatel est porté par une ambition : être un leader mondial, par ses résultats financiers, par ses parts de marché, par sa capacité d'innovation et par la qualité de son service (...)

ALCATEL WAY : UNE STRATÉGIE ET UNE MANIÈRE DE TRAVAILLER ENSEMBLE

- Concentration et expansion,
- Qualité et productivité,
- Décentralisation et esprit de groupe,
- Engagement et ouverture d'esprit,
- Succès et motivation.

« *Ensemble, nous avons construit l'Alcatel Way. Maintenant, il faut le vivre et le développer ensemble.* » (Pierre Suard)

Au lendemain de la fusion, Alcatel met en effet en œuvre un « plan de ressources humaines » qui met l'accent sur une forte mobilité interne et sur l'instillation d'un véritable esprit d'engagement chez les 250 cadres supérieurs chargés d'appliquer la stratégie du groupe. Dans ce cadre, une première vague de rencontres au cours de l'année 1989 suscite échanges, débats, propositions, et débouche sur la notion d'« Alcatel Way », définie de manière informelle par plusieurs responsables d'Alcatel : « L'Alcatel Way est beaucoup plus qu'une simple culture d'entreprise. Il inclut la définition du chemin à parcourir – la stratégie du groupe – et comment nous allons y parvenir en termes d'organisation, de management et de ressources humaines. L'Alcatel Way n'est pas une liste de valeurs données en bloc mais représente un processus. »
Celui-ci permet d'accompagner les profondes transformations imposées par l'évolution des technologies des télécommunications. Cette dernière se manifeste notamment par une diminution des volumes, et donc de la main-d'œuvre, comme l'expose un dirigeant d'Alcatel : « Le volume du *hardware*, par exemple, est divisé par deux tous les cinq ans, ce qui signifie aussi que le travail nécessaire à la fabrication de cette fonction diminue dans les mêmes proportions. Comme les marchés ne doublent pas suivant le même rythme, Alcatel doit opérer des restructurations permanentes dans ses usines. D'un autre côté, les travaux dans le domaine des logiciels ont énormément augmenté

et Alcatel est devenue une société de *software*. Aujourd'hui, dans la commutation, 75 % des ingénieurs d'Alcatel se consacrent à la conception et à la mise au point de logiciels. De 1989 à 1991, nous sommes passés, dans le secteur des transmissions, de 10 à 50 % d'ingénieurs travaillant sur les logiciels. Alcatel est une société qui change, non pas de métier mais, de façon très rapide, d'expertise. »

Commutation : la recherche d'une synergie

Pour Alcatel et ses équipes, le principal challenge réside bien sûr dans la mise au point du S12 et dans sa coexistence avec le E10, puisque le groupe européen décide de miser sur les deux systèmes à la fois pour les faire ensuite converger progressivement. Ce pari technologique est aussi un véritable défi commercial : il faut préserver la totalité des clientèles de l'ancienne CIT-Alcatel et des filiales d'ITT Europe. Une fois les clients rassurés – certains redoutaient l'abandon de l'un ou l'autre système –, la présence dans le catalogue de deux systèmes aux architectures totalement distinctes se révèle paradoxalement un atout. Elle permet de couvrir un large territoire géographique en satisfaisant les demandes de nombreux pays aux besoins très différents. « Notre challenge a été de convaincre les opérateurs nationaux de la pérennité du système de commutation qu'ils utilisaient », souligne un dirigeant.

Parallèlement, il faut prolonger les capacités du premier tout en confirmant les performances du second... En effet, si le E10 n'a plus à faire ses preuves et apparaît comme un produit entièrement stabilisé, il est le doyen des systèmes de commutation temporelle au monde et commence à vieillir. Le S12, dans sa conception et son architecture, va permettre d'apporter un renouveau au E10, au tournant des années 1990.

Encore balbutiant au moment des accords avec ITT, le S12 ne déçoit pas en effet les espérances de ses créateurs et de l'équipe de CIT-Alcatel qui avait discerné les potentialités remarquables du système. En 1986, malgré une mise au point difficile, celui-ci est en voie d'achèvement après plusieurs années de recherche aux États-Unis et en Europe.

L'histoire du S12 a commencé au milieu des années 1970. À cette époque, l'inquiétude d'ITT face à une Europe de plus en plus à gauche avec la montée en puissance des communistes en Italie, la révolution portugaise et la faible distance séparant Valéry Giscard d'Estaing de son concurrent socialiste aux élections présidentielles de 1974, incite la multinationale américaine à développer une technologie purement américaine. Misant à la fois sur la baisse du coût de la micro-électronique, sur l'accroissement des possibilités de stockage des semi-conducteurs et sur la variété des données (voix, image, etc.) que permettront de transporter le systèmes de l'avenir, ITT lance le développement du S12, un système très avancé prévu pour aboutir au début des années 1980. Pendant ce temps, les laboratoires européens d'ITT travaillent sur deux autres sytèmes, le 12-20, devenu le MT, et le 12-30 en Allemagne.

Josef Cornu, vice-Président d'Alcatel a été l'un des créateurs du S12.

Les recherches débutent à Stanford en 1976, puis se poursuivent à partir de 1977 à Shelton, dans l'État du Connecticut. De nombreux spécialistes venant d'autres firmes américaines comme AT&T participent à ces travaux. À partir de 1979, tous les autres développements d'ITT sont abandonnés et les équipes européennes d'ITT sont associées aux recherches en cours. L'année suivante, celles-ci sont transférées aux filiales européennes d'ITT qui avaient participé aux premiers programmes de recherche sur le S12, Bell en Belgique, SEL en Allemagne, FACE en Italie et SESA en Espagne. Dès la fin de l'année 1981, le S12 est installé sur le réseau belge, puis en 1982 sur le réseau allemand.

Ainsi commence la commercialisation du S12 qui s'exporte rapidement, au Mexique en particulier, bien que le logiciel du système ne fonctionne encore qu'imparfaitement. En 1983, le S12 est introduit sur le marché américain, mais cette décision, trop tardive, va déboucher sur un échec commercial et sur l'interruption définitive des fabrications aux États-Unis, le 1er janvier 1986. Pour les équipes d'ITT, les trois années qui suivent, marquées par le déroulement de l'OPA sur l'entreprise et les inquiétudes grandissantes des clients, seront très difficiles à vivre. En 1986-1987, l'entrée dans le groupe CGE, après une période d'incertitude, conforte les spécialistes du S12. Leur travail aboutit finalement dans la mise au point d'un système novateur et très performant. L'architecture du système autorise en effet un très grand nombre d'échanges et d'applications sur un réseau donné, qui coïncide avec la tendance principale de l'évolution des télécommunications au cours des dix dernières années, la multiplication des services.

En 1990, 32 millions de lignes équipées par le S12 fonctionnent dans trente pays différents. La même année, le E10 est le système le plus répandu dans le monde avec plus de 30 millions de lignes en service ou en commande dans 62 pays. Sur ce marché en forte évolution, Alcatel mène une politique commerciale originale, inspirée de l'approche des ex-filiales d'ITT. « Nous avons deux types de marchés », expose Josef Cornu, vice-Président du Comité de Direction et membre du Comité Exécutif d'Alcatel, l'un des inventeurs du S12, « celui des pays développés d'un côté, qui frôlent la saturation, avec un taux d'équipement téléphonique de 60 %, celui des pays en développement, d'autre part, caractérisé par des besoins énormes de services de base, comme la Chine dont le taux d'équipement téléphonique est égal à 1 %. Nous avons établi des *joint-ventures* dans ces pays où les perspectives de développement sont fantastiques. Pour le moment, nous possédons une usine à Shangai qui fabrique les plus grosses quantités au monde de S12. Cette politique diffère de la politique de l'ancienne CIT-Alcatel qui privilégiait l'exportation à la politique d'alliances et de constitution de compagnies mixtes sur place que menait ITT. Alcatel a prolongé cette tactique de développement international. » À la fin de l'année 1990, les systèmes de commutation Alcatel E10 et le S12 équipent au total 46,7 millions de lignes d'abonnés et de transit dans le monde.

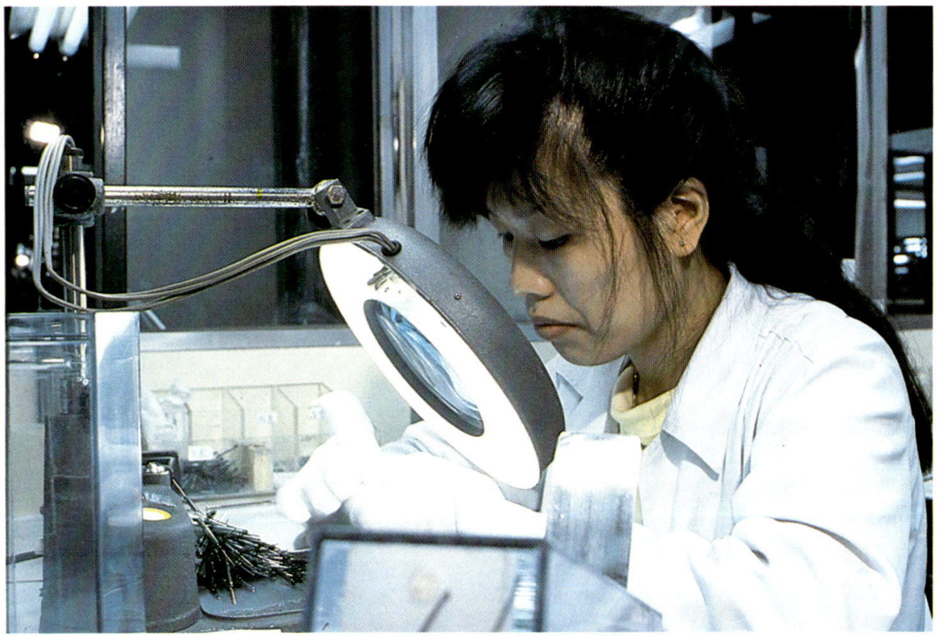

Contrôle du S12 dans l'usine Alcatel de Taipeh, Taiwan.

Le S12, système de commutation révolutionnaire légué par ITT.

Au cours de l'année, près de 9 millions de lignes sont installées, avec un carnet de commandes de 13,3 millions de lignes. Sur le plan technique, après avoir assuré la coexistence des deux systèmes, dont la fusion pure et simple s'avère impossible, du fait de leur conception trop différente, Alcatel opte pour leur évolution convergente sur le moyen et long terme.
Dans une première étape, certaines modalités du S12 sont introduites dans le E10 dont une nouvelle génération est lancée en 1990, l'OCB 283. Le cœur de chaîne du E10B est entièrement rénové du point de vue technologique avec l'introduction de stations à base de microprocesseurs qui remplacent les organes centraux du E10B. Alcatel procède également à des développements communs aux deux systèmes, en particulier dans le domaine des réseaux intelligents, des composants et des sous-ensembles.
Cette série d'efforts techniques et commerciaux permet à Alcatel de devenir au tournant de la décennie le leader mondial de la commutation publique, avec une part de marché croissante estimée à 18 % (17 % en 1987) et une part de 24 % des marchés de grande exportation (marché mondial hors Amérique du Nord, Europe et Japon).

CHOMAGE ET FLEXIBILITÉ, DONNÉES MONDIALES

Quinze années de dépression économique marquent le paysage social et le monde du travail des pays industrialisés. Partout le chômage, sauf au Japon, a connu de brusques flambées ou des croissances lentes mais prolongées. Cependant, les rythmes diffèrent suivants les pays, le Japon est quasiment épargné (1 à 3 % de la population active) ; aux États-Unis, la courbe du chômage prend une allure sinusoïdale avec des pics à 8 % et 9 % en 1975 et 1982 et des creux en 1978 et 1988 ; en RFA et au Royaume-Uni, la courbe monte rapidement à 8 % et 12 % en 1982, pour redescendre à 5 % et 6 % en 1989. Enfin, l'Italie et la France connaissent un certain retard dans la montée du chômage, qui atteint pourtant 10 % en 1986 et plafonne depuis.
Ces chiffres généraux cachent une reconversion sectorielle : dans tous les pays, les emplois agricoles déclinent, l'Europe perd des emplois industriels, 10 % en RFA et en Italie, 25 % en france et au Royaume-Uni, tandis que le Japon et les États-Unis créent 10 % d'emplois industriels supplémentaires en quinze ans. Le secteur tertiaire croît partout, de 30 % en France, en RFA et au Royaume-Uni, 35 % au Japon, 45 % en Italie et 50 % aux États-Unis.
Tous ces chiffres montrent, d'une part, que le retard dans les licenciements engendre une prolongation du chômage, et d'autre part, qu'une adaptation plus brutale de l'offre et de la demande d'emplois favorise une reconversion plus rapide. La flexibilité, qui résume cette constatation, devient le maître mot des économistes.
Les stocks, qui servaient d'amortisseurs ayant disparu, l'obsolescence des produits devient plus rapide, et la flexibilité du travail permet de gérer des à-coups entre production et vente. Cette flexibilité peut être quantitative, soit externe à l'entreprise avec la sous-traitance, soit interne avec les horaires modulés par le chômage partiel et les heures supplémentaires ; ou bien elle est qualitative, c'est-à-dire qu'avec la même force de travail, la formation professionnelle continue favorise l'adaptation des individus à de nouveaux postes de travail. Elle suppose alors un effort permanent de formation pour les salariés et d'adaptation pour les dirigeants.

RNIS ET NUMÉRISATION

Plate-forme RNIS à Vélizy.

Baie du concentrateur satellite numérique dans un central téléphonique.

La technologie traditionnelle de transmission des sons se base sur la transformation de l'onde sonore en un signal électrique dont l'amplitude ou la fréquence sont proportionnelles à celles du son d'origine ; elle donne entière satisfaction pour le téléphone, la radio et la télévision. Or ce type de transmission, qualifié d'*analogique,* est inadapté aux besoins de la transmission des données informatiques, si bien que les entreprises de télécommunication publiques ont dû mettre en place des équipements spécifiques à la téléinformatique : les *modems* qui, intercalés aux deux extrémités d'une ligne téléphonique analogique, permettent l'échange de données numériques entre deux ordinateurs, ou entre un ordinateur et un terminal videotex (tel que le minitel) ; puis les *liaisons spécialisées* affectées exclusivement à ce type de transmission ; et finalement, des réseaux qui leur sont consacrés comme TRANSPAC en France, qui procède à l'envoi des données par « paquets ».
La variété et la multiplication des liaisons, auxquelles s'ajoutent le développement de la commutation électronique, sont à l'origine de l'unification des transmissions dans un réseau unique, entièrement numérisé, le « Réseau Numérique à Intégration de Services » (RNIS).
L'informatique et ses progrès autorisent aujourd'hui la numérisation automatique (n'utilisant que la codification binaire par « 0 » et « 1 ») du son aussi bien que de l'image, du texte, des documents graphiques, etc., représentés par des signaux numériques et voyageant sur le même réseau pour être restitués sous leur forme d'origine chez le destinataire.
La numérisation s'effectue par deux opérations successives. L'*échantillonnage,* tout d'abord, transforme le signal analogique continu en une série de signaux discontinus divisés en « tranches » de très courte durée ; à cette étape, le nombre d'échantillons prélevés doit être suffisamment dense pour que le signal initial puisse être représenté de manière fidèle sans perte d'information. Puis intervient la *quantification*

qui donne à chaque échantillon une valeur numérique représentative de son amplitude. À l'arrivée des informations numériques, les opérations inverses permettent une bonne réception, reconstituant le signal analogique d'origine après « lissage » du signal discontinu résultant de l'échantillonnage. La norme retenue pour assurer la meilleure qualité de transmission et de réception en téléphonie exige un échantillonnage dans chaque séquence de 125 microsecondes (10^{-6} s), ce qui conduit à un débit de 64 Kbits/s, dix fois supérieur à celui d'une ligne téléphonique analogique. Ce « débit de base » correspond à celui adopté pour chaque canal du RNIS : il permet une reproduction de qualité nettement supérieure de la voix et des sons en général que la téléphonie ordinaire, et autorise simultanément la visiophonie (c'est-à-dire la visualisation du correspondant sur un écran associé au poste téléphonique) ainsi que tous les services déjà mentionnés. L'accès au RNIS s'effectue par un abonnement Numéris selon deux options, soit un « accès de base » pour un usage particulier, offrant une possibilité de transports de 144 Kbits/s (constituée de deux canaux de 64 Kbits/s et d'un troisième canal de 16 Kbits/s), soit un (ou plusieurs) « accès primaire » pour une entreprise dotée d'un autocommutateur compatible RNIS, à 31 canaux de 64 Kbits/s, soit 1.984 Kbits/s par accès primaire. Le raccordement de l'installation de l'usager au RNIS est assuré par des interfaces normalisées qui gèrent le système ainsi que tous les terminaux, quelle

La prise des matériels RNIS : un nouveau concept adapté à la multiplicité des données en transit.

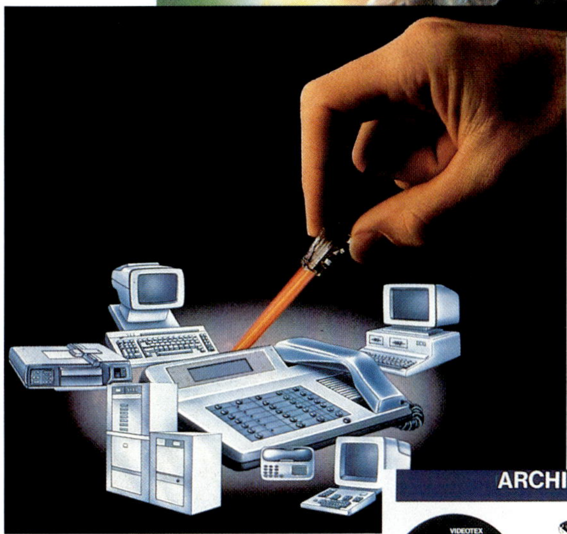

Matériels Numéris.

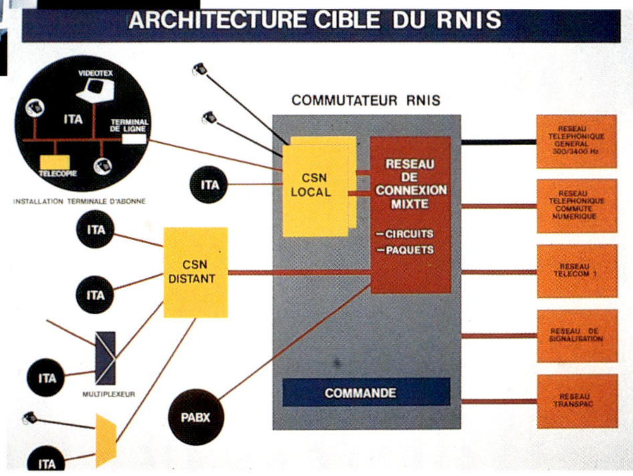

que soit leur nature : terminaux téléphoniques, de son, d'image, de texte (télex ou télécopie), terminaux informatiques et vidéotextes, de télécommande ou télécontrôle, et terminaux multimédias adaptés à la norme des interfaces placées à l'entrée et à la sortie du RNIS peuvent accéder au réseau. Le passage de la téléphonie analogique à la téléphonie numérique représente une mutation fondamentale des réseaux de télécommunication. Offert aux entreprises françaises dès 1990, le RNIS sera progressivement étendu à tous les usagers du pays au cours de la décennie 1990, et franchira ensuite une nouvelle étape en mettant à disposition de ses utilisateurs des débits de transmission de plus en plus élevés.

Alcatel ne saurait néanmoins s'endormir sur ses lauriers, alors que son principal concurrent, le géant américain AT&T, effectue au même moment une percée en Europe, en Espagne et en Italie. Les filiales d'Alcatel doivent préserver leurs parts de marché locales, dont une part importante s'effectue avec les Postes et Télécommunications nationales de chaque pays. Alcatel-CIT réalise ainsi 50 % de son chiffre d'affaires avec France Télécom, SEL 35 % avec la Bundespost, Face 60 % avec la SIT italienne, Sesa 80 % avec Telefonica...

Continuant la commercialisation de ses deux produits phares de commutation publique, Alcatel se positionne aussi au premier plan de la recherche et du développement des systèmes de commutation du futur, les systèmes à larges bandes. Le nouveau défi consiste en effet à préparer ceux-ci avec un module commun aux deux systèmes existants du E10 et du S12. Les ingénieurs du groupe décident de faire évoluer ce module vers une fonctionnalité complète. Cette stratégie est définie à la fin de l'année 1990 et annoncée publiquement par Alcatel lors d'une conférence de presse en juin 1991.

Alcatel Network Systems :
bâti du système de commutation Alcatel 1000 E10.

Autocommutateur Alcatel 1000 à larges bandes.

L'annonce est faite d'une nouvelle famille de produits de commutation et de transmission : la série Alcatel 1 000, qui assurera la continuité des deux systèmes E10 et S12 dans leur évolution vers un système unique à large bande. Ces nouveaux systèmes, Alcatel 1 000 E10 et Alcatel 1 000 S12, offriront des fonctions mixtes bande étroite/bande large. Avec la bande étroite, la téléphonie classique sera assurée, et avec la bande plus large, de nombreuses applications et services nouveaux seront proposés : visiophonie, transmission de données à grande vitesse, télévision haute définition...

Il s'agit de solutions d'avant-garde. Les systèmes à large bande impliquent, contrairement au passage de l'analogique au numérique, un changement du réseau. Le cuivre n'autorise pas en effet le transport d'informations à une vitesse dix mille fois plus élevée que dans les configurations existantes. Il faut équiper impérativement les réseaux en fibres optiques. Or des problèmes de législation se posent actuellement dans de nombreux pays qui ne permettent pas aux opérateurs du téléphone de transmettre des images sur leurs réseaux. Néanmoins les réseaux à large bande sont les véritables « autoroutes » de la communication de demain, transportant sur fibres optiques, voix, données et images à une cadence sans rapport avec celle des transmissions classiques. Leur avance technique permet au Groupe de faire une entrée commerciale dans des pays comme la Grande-Bretagne et les États-Unis.

Au début de l'année 1990, une importante réforme de structure modifie la configuration d'Alcatel autour des grands secteurs que formaient la Commutation publique, la Transmission, les Câbles, la Communication d'entreprise et l'Électronique. Tout en confirmant l'organisation matricielle existante, elle augmente le rôle des Groupes de Produits, dans le but de développer une approche globale, notamment à l'égard des nouveaux secteurs en développement, en multipliant l'offre de réseaux, l'une des grandes demandes qui émerge à la fin de la décennie. Les domaines de responsabilité de trois grands groupes de produits d'Alcatel sont ainsi modifiés.

1000
ALCATEL
1000

Alcatel Radiocommunications, Espace et Défense : station terrienne de radiocommunication par satellite à Tahiti.

Le nouveau groupe « Systèmes de réseaux » (Alcatel Network Systems) rassemble les activités de commutation publique et de transmission sur câbles, afin de fournir des solutions globales en matière de télécommunications, aux grandes entreprises comme aux opérateurs publics. Avec des ventes représentant 37 % du chiffre d'affaires total d'Alcatel, Alcatel Network Systems répond aux besoins de 110 réseaux nationaux, grâce à trente unités industrielles implantées dans quinze pays. Déjà les connexions internationales de RNIS deviennent une réalité. Ainsi, en Europe, l'Allemagne, la France, l'Italie et les Pays-Bas ont réalisé des liaisons de ce type en utilisant des centraux Alcatel.

Un nouveau pôle, le groupe « Radiocommunications, Espace et Défense » (RSD) réunit l'ensemble des compétences d'Alcatel faisant appel aux technologies hertziennes (faisceaux hertziens, charges utiles de satellites, stations terriennes de télécommunications par satellites, radiotéléphonie), tant pour leurs applications civiles que militaires, ces dernières héritées pour la plupart des anciennes filiales d'ITT. Avec 8 000 personnes, un chiffre d'affaires de 9 milliards de francs et près de 10 % du chiffre d'affaires global d'Alcatel en 1990, cette entité marque le retour du groupe CGE dans les activités de défense.

Le groupe Communication d'Entreprise (17 % du chiffre d'affaires), gravitant autour d'Alcatel Business Systems (ex Télic Alcatel), est organisé pour sa part en trois lignes de produits (systèmes d'entreprise, produits de télécommunications grand public, traitement de courrier), afin d'amener une meilleure coordination, au niveau de l'ensemble d'Alcatel, des activités de conception et de production. Grâce à cette restructuration, Alcatel, leader du marché européen, essaie de maintenir ses positions dans un domaine de plus en plus concurrentiel, qui connaît en outre un certain ralentissement au début de la décennie 1990. Le groupe compte à cet effet sur une nouvelle génération de radiotéléphone cellulaire numérique (GSM), développé par le pôle RSD, qui va donner des gains de parts de marché à Alcatel dans un domaine où il était jusque-là peu présent.

Alcatel Câble au premier rang mondial

Exerçant ses activités dans le monde entier, Alcatel Câble – la nouvelle appellation prise le 1er janvier 1991 par les Câbles de Lyon –, qui représente 28 % du chiffre d'affaires d'Alcatel, consolide sa position de premier producteur mondial de câbles de télécommunications et d'énergie, en poursuivant, sous l'impulsion du président Claude Bovis, les fruits de la croissance spectaculaire entamée à la fin de la décennie précédente.

En 1987, les Câbles de Lyon procèdent, au sein d'Alcatel NV, à une série de restructurations, afin de rationaliser les activités câbles venues d'ITT. Le secteur Câbles d'Alcatel regroupe désormais des activités très intégrées, depuis l'ingénierie et la conception jusqu'à la pose et la maintenance, et propose désormais des contrats clés en main. La gamme des produits d'Alcatel Câble comprend notamment des câbles métalliques ou à fibres optiques pour les télécommunications, des câbles pour les liaisons à haute tension, des équipements de raccordement, des systèmes pour les liaisons à haute fréquence et des câbles spéciaux destinés à des secteurs industriels comme l'aéronautique, l'automobile, le nucléaire, l'exploration pétrolière... Leader mondial avec un chiffre d'affaires de 30 milliards de francs assuré par plus de 25 000 personnes et 10 % d'un marché peu concentré et dont la croissance demeure faible, Alcatel Câble combine une stratégie à deux volets. Une politique active d'investissements technologiques et de nouveaux procédés de fabrications améliore sans cesse la productivité d'un outil de production moderne et très spécialisé. Parallèlement, une série d'acquisitions ambitieuses permet au groupe de creuser l'écart avec ses concurrents.

En 1988, Alcatel Câble acquiert dans cette perspective la CGTI, Compagnie Générale de Télécommunication Internationale, et SN Câble. En Italie, la holding française rachète l'activité câble du groupe Manuli, prenant la seconde place sur le marché de la péninsule et talonnant le premier câblier Italien, Pirelli. En 1990, il prend le contrôle de la société belge Câblerie de Dour, puis des activités câble de Ericsson aux États-Unis et, récemment, de Câbles Canada (2,3 milliards de francs de chiffre d'affaires, 2 200 personnes et douze usines), acheté au conglomérat canadien Noranda. Cette opération tente de positionner Alcatel Câble au deuxième rang sur un marché nord-américain dominé par AT&T. En Allemagne, l'acquisition de plusieurs entreprises, Vacha Kabel, Lacroix et Kress, Ehlers et, plus récemment, de l'activité câbles du groupe allemand AEG, AEG Kabel (5 300 salariés, 5,8 milliards de chiffre d'affaires), lui permet de doubler son volume d'affaires sur le marché le plus porteur d'Europe, avec notamment les cinq Länder de l'ancienne RDA. En s'adjugeant 25 % du marché allemand du câble, Alcatel Câble talonne désormais le géant Siemens.

Alcatel Business Systems : insertion d'une carte dans un PABX Opus 4000.

Usine de Douvin, Alcatel Câble.

En 1988, la CGE revient dans l'industrie du cuivre en prenant la majorité du capital de Thomson Cuivre, qui donne au Groupe une capacité de production annuelle de 280 000 tonnes de fil-machine. Créée juridiquement en 1983, Thomson Cuivre trouve ses racines dans l'unité de coulée continue de cuivre installée par le groupe Thomson en 1976 à Chauny, et dans les locaux des Tréfileries, laminoirs et fonderies de Chauny, nés en 1922, et qui intègrent Thomson dès 1934. L'entreprise prend le nom d'Alcatel Cuivre et se renforce par l'acquisition de SDS, son distributeur en France, et la réorganisation interne selon deux divisions, les fils conducteurs et les fils émaillés d'autre part. Bénéficiant d'une réelle communauté de métiers avec le secteur câblier d'Alcatel, Alcatel Cuivre bénéficie d'importants investissements et retrouve un dynamisme qu'avaient sérieusement entamé les fortes variations des cours du cuivre et la baisse de sa rentabilité. En 1990, l'entreprise entame une stratégie d'acquisitions et prend une participation majoritaire dans trois sociétés britanniques. L'année suivante, la société allemande Lacroix et Kress rejoint le groupe Alcatel Cuivre, dont le métier, « la transformation du cuivre électrique », répond à la volonté d'Alcatel Câble de développer une ligne de produits « métallurgie ».

En 1991, l'obtention, avec AT&T et STC (Grande-Bretagne) de la pose d'un câble à fibre optique reliant l'Europe à l'Asie, de Marseille à Singapour, susceptible de transmettre simultanément 16 000 transmissions et desservant 50 pays, offre une belle consécration à la réussite du groupe Alcatel Câble. L'opération représente l'un des plus gros contrats jamais signés par l'entreprise : 600 millions de dollars (3,8 milliards de francs). L'usine de Calais fournira à elle seule 50 % du câble, qui sera tout simplement embarqué sur par un bateau et déposé sur les fonds marins en passant par Alger, Suez, Djedda, Colombo, Djakarta... Le groupe recueille ainsi le fruit de ses efforts de recherche précoce dans un secteur aujourd'hui négligé en France, mais qui apparaît de plus en plus porteur à l'étranger, comme le remarque Claude Bovis : « La guerre du Golfe a mis en évidence d'énormes besoins en matière de transport des informations. Les satellites ne suffisent plus et il faut multiplier les câbles sous-marins. »

Pose de câbles sous-marins. Navire câblier Le Vercors.

Transmissions : l'apport de Fiat

En octobre 1990, un nouveau coup d'éclat intervient : Fiat et la CGE annoncent une alliance stratégique entre les deux groupes, scellée par des participations croisées. Comme l'explique alors Pierre Suard devant la presse : « Le monde est difficile. La pression de la concurrence est tellement fantastique que, même des groupes comme le nôtre, qui a acquis une dimension respectable sur le plan international, doivent être modestes face à des problèmes comme le développement de nouveaux composants et de l'intelligence artificielle, où les enjeux sont fantastiques. Vous ne pouvez pas être sûrs d'avoir la dimension pour faire tout cela, et pourtant cela est important pour notre métier. Or, avec Fiat, nous avons une communauté de vision industrielle, de conception d'action commerciale et de recherche et développement. Si chacun reconnaît la force de l'autre dans ses activités maîtresses, les deux groupes ont une même vision stratégique et ont donc jeté les bases d'une collaboration à long terme dans des secteurs nouveaux. »

Bouquet de fibres optiques.

Le groupe italien vend ainsi sa filiale de télécommunications spécialisée dans les transmissions, Telettra, au groupe français Alcatel Alsthom. Telettra contrôle un tiers des transmissions italiennes, avec un chiffre d'affaires de 8 milliards de francs en 1989 pour 8 700 salariés. Depuis l'échec d'un rapprochement avec Italtel à la fin des années 80, désormais associé à AT&T, Alcatel souhaitait aborder le marché italien en position dominante.
En contrepartie, Fiat devient majoritaire (51 %) dans la Ceac, filiale de la CGE spécialisée dans les accumulateurs au plomb. Enfin, un échange de participations intervient, scellant l'alliance industrielle entre les deux groupes. Pierre Suard conforte le noyau stable de son groupe en faisant de Fiat l'un des ses principaux actionnaires avec 6 %, la CGE devenant elle-même le second actionnaire de Fiat, avec environ 3 % de son capital.
« L'alliance Fiat-CGE : un modèle pour l'Europe » titrent significativement *Les Échos*. Dans son sillage, un accord de coopération technique dans le domaine ferroviaire est signé entre GEC-Alsthom et la filiale du groupe italien Fiat Ferroviaria. « Alcatel reprend de l'avance », commente Pierre Suard. Telettra fusionne en effet avec Alcatel Face et forme un nouvel ensemble, Alcatel Italia, détenu à 75 % par Alcatel Alsthom et 25 % pour Fiat, pesant 13,4 milliards de chiffre d'affaires pour 18 400 personnes, avec un contrôle de 35 % du marché italien. Cette opération permet au groupe d'accéder au premier rang mondial dans les transmissions par câbles et par faisceaux hertziens. Restructurée, la division Transmission d'Alcatel transfère son siège de Paris à Milan, marquant ainsi l'internationalisation des responsabilités au sein du groupe.

La mondialisation devient en effet le nouveau défi d'Alcatel, et consiste à effectuer une percée hors d'Europe, où le groupe réalise 80 % de son chiffre d'affaires, en particulier vers les États-Unis et de nombreux marchés de taille moyenne, devenus aujourd'hui la cible privilégiée du groupe, en Asie du Sud-Est notamment. C'est ce qu'explique Jo Cornu, vice-Président d'Alcatel : « Nous sommes une société vraiment internationale. La croissance future devrait accroître notre présence dans un certain nombre de pays en voie de développement. Notre politique est de nous développer en sociétés locales, pour servir le marché local, et à terme, servir le groupe. »
En rachetant, durant l'été 1991, la division systèmes de transmission du groupe américain de hautes technologies Rockwell International Corporation, Alcatel Alsthom fait coup double. Le groupe conforte sa position de leader mondial dans le secteur très évolutif des transmissions, secteur dont la croissance apparaît supérieure à celle de l'ensemble du marché des télécommunications et jette enfin une solide tête de pont aux États-Unis. Jusqu'à cette date, Alcatel n'avait pas réussi de percée significative sur un marché qui ne représentait que 6 % de son chiffre d'affaires global. En commutation publique, le marché restait stagnant et était détenu par AT&T et le canadien Northern Telecom, malgré la tentative d'américanisation du central E10 au milieu des années 1980. Quant au marché des transmissions, il était relativement fermé en raison de la spécificité des normes américaines.
Tout change avec l'apparition de la nouvelle norme Sonet (Synchronous Optical Network), adoptée mondialement. Celle-ci correspond à la fantastique évolution actuelle des télécommunications qui permet de transmettre voix, données et images sur une seule ligne de téléphone. Grâce à l'acquisition des activités transmissions par câbles et faisceaux hertziens de Rockwell – 2,6 milliards de francs de chiffre d'affaires, 3 500 salariés, quatre usines au Texas et au Mexique –, Alcatel prend, avec 15 %, la deuxième place du marché américain derrière AT&T. Avec un double effet de synergie : grâce à des normes technologiques identiques, l'ancienne division de Rockwell va pouvoir s'appuyer sur la capacité d'innovation et de recherche d'Alcatel. De son côté, le Groupe va pouvoir diffuser par le réseau de distribution de Rockwell son nouveau système de transmission par fibre optique en norme Sonet, dans laquelle il dispose d'un important avantage technologique sur ses concurrents. Un atout non négligeable, dans la mesure où le marché américain de la transmission par fibre optique affiche actuellement une croissance de 10 % par an, soit deux fois celle du marché mondial.
Pour la première fois en 1991, Alcatel NV détrône son rival américain AT&T sur le marché mondial des télécommunications, avec une part de marché de 13,5 % (contre 11,5 pour AT&T et 11 pour Siemens) et un chiffre d'affaires de 109,9 milliards de francs, assuré par 137 000 personnes...

Dans le cadre des accords entre Fiat et la CGE, la Ceac quitte cette dernière. Ici, Pierre Suard, président de la CGE, visitant l'usine de Nanterre de la Ceac en compagnie du président Jacques Leclerc.

CONTROLE
INTEGRE SOUD

LA CGE EN 1991

Effectifs

Alcatel Australia (Sydney, Australie)	2 842
Alcatel Austria (Vienne, Autriche)	2 549
Alcatel Bell (Antwerp, Belgique)	7 655
Alcatel Business System (Paris, France)	11 716
Alcatel Business System (Romford, UK)	1 598
Alcatel Câble (Clichy, France)	19 939
Alcatel CIT (Vélizy, France)	14 370
Alcatel Espace (Courbevoie, France)	1 269
Alcatel Face (Milan, Italie)	10 495
Alcatel-Indetel (Mexico Ciudad, Mexique)	3 187
Alcatel ISR (Evry, France)	349
Alcatel Kirk (Horsens, Danemark)	813
Alcatel Nederlands (La Haye, Pays-Bas)	(siège)
Alcatel North America (Hickory, USA)	1 419
Alcatel Portugal (Cascaix, Portugal)	1 268
Alcatel Radiotéléphone (Nanterre, France)	1 401
Alcatel SEL (Stuttgart, Allemagne)	20 461
Alcatel Standard Electrica (Madrid, Espagne)	9 204
Alcatel STK (Oslo, Norvège)	2 894
Alcatel STR (Zurich, Suisse)	2 378
Alcatel Suomi (Espoo, Finlande)	79
Alcatel Taisel (Taipeh, Taiwan)	1 421
Alcatel Telspace (Nanterre, France)	2 297

En 1992, cinq ans après l'achat des filiales de télécommunications d'ITT, le groupe acquiert les 30 % que détenait encore la firme américaine dans Alcatel NV et s'en assure le contrôle total pour la somme de 19 milliards de francs. ITT prend en outre une participation de 7 % du groupe Alcatel Alsthom (aux côtés de Fiat et de la Société Générale, présents l'un et l'autre à hauteur de 6 %). « C'est l'achèvement d'un processus de cinq ans », commente Pierre Suard.
Alcatel, qui représente aujourd'hui les deux tiers de l'activité d'Alcatel Alsthom, joue désormais un rôle leader forgeant un culture internationale et un état d'esprit, l'« Alcatel Way », destiné à être étendu à l'ensemble du groupe. De façon significative, la nouvelle identité graphique d'Alcatel Alsthom, basée sur un triangle orange, est « totalement inspirée par Alcatel. Et la synergie qui a été bâtie au sein d'Alcatel sera étendue à l'ensemble du groupe », explique un dirigeant au printemps 1991.

L'usine d'Alcatel Australia à Liverpool (Australie).

GEC Alsthom, un nouveau « grand » dans le panorama mondial

À partir du milieu de la décennie 1980, une série de regroupements bouleverse le paysage de l'industrie électrotechnique mondiale, avec en particulier la création du groupe helvético-suédois ABB (Asea-Brown-Boveri), aux ambitions mondiales, alors que d'autres alliances se nouent, notamment au Japon. Pour Alsthom, qui reste encore très hexagonal, un partenariat s'impose si l'entreprise veut demeurer compétitive à l'échelle internationale. C'est pourquoi, le 22 mars 1989, après une série de négociations menées rapidement, les dirigeants de la CGE signent un accord avec la société britannique General Electric Company (GEC).

Celui-ci prévoit la création d'une société de droit néerlandais, GEC Alsthom NV, détenue à parts égales (50 %) par les groupes GEC et CGE, à laquelle sont apportées les activités exercées par Alsthom dans le groupe CGE et par le « Power Systems Group » de GEC. Il s'agit d'un exercice nouveau pour la CGE qui, selon son habitude, souhaitait détenir la majorité du nouvel ensemble... tout comme les Britanniques. Finalement, « la complémentarité, tant de la gamme de produits que de la localisation des implantations industrielles et commerciales », et les nécessités de la concurrence internationale, imposent cette solution originale dont Pierre Suard et Lord Weinstock apparaissent comme les principaux artisans.

L'EUROPE FACE À LA CONCURRENCE JAPONAISE

En juillet 1991, la Commission européenne conclut, avec les constructeurs automobiles nippons, un accord limitant à 16 % en l'an 2000 la part de marché des japonais en Europe. Ce répit est obtenu à force de négociations, et grâce à une certaine unité des constructeurs européens, mais le délai est bien court pour réaliser une véritable révolution dans le système de production du vieux continent. Depuis le milieu des années 1970, les industriels nippons deviennent menaçants sur les marchés européens et américains, pour un nombre grandissant de produits : photo, hi-fi, motos, vidéo, puis automobiles, navires, informatique, etc.

Les réactions se manifestent souvent en ordre dispersé, allant de l'ouverture des frontières (Belgique) à leur fermeture (Italie), en passant par l'instauration de quotas (France). Puis, face au déclin industriel de certains secteurs, on fait appel aux investissements japonais pour la production ou le montage, comme l'automobile en Grande-Bretagne, Sony en France, ou bien des *joint-ventures* sont conclues pour l'appropriation des technologies, comme Thomson avec JVC. Certaines entreprises peuvent encore faire appel à la sous-traitance ou à la délocalisation pour diminuer leurs coûts : enfin, d'autres essayent d'adapter le « modèle japonais » en Europe.

Encore faut-il admettre que la productivité japonaise ne repose pas seulement sur les robots, les sous-traitants dépendants ou les ouvriers-fourmis, mais représente une conception d'ensemble de la « production économe », dont la règle est de gagner sur tout : le travail, le capital, le temps, l'espace, et donc les stocks, les délais, les défauts, etc. Ainsi, les cercles de qualité ne servent plus seulement à dominer les ouvriers en les éloignant des syndicats, mais deviennent un véritable facteur d'implication et de motivation. Cela suppose un déploiement d'imagination et d'intelligence, pour adapter le modèle en fonction des critères européens, sans imitation servile.

Chargement à Nagota de véhicules Mitsubishi destinés à l'exportation vers l'Occident.

L'une des deux turbines à gaz Typhoon 4 MW installées dans une centrale de production combinée, European Gas Turbine Ltd, 1990.

Sir Robert Davidson, Directeur général de GEC Power Systems Ltd, détaille les éléments qui rapprochaient le Groupe britannique d'Alsthom : « Une technologie similaire dans de nombreux domaines, des produits complémentaires (par exemple, les petites turbines à gaz de GEC et les grandes d'Alsthom, ou encore le domaine des chaudières où nous étions absents), une complémentarité également sur le plan géographique (GEC était présent en Inde, Australie, Afrique du Sud, tandis qu'Alsthom l'est en Indonésie, Brésil, Mexique, Canada, etc.).
Il nous a semblé aussi qu'un constructeur européen serait un bon partenaire pour nous et une bonne solution pour renforcer l'industrie européenne qui doit relever les défis des concurrents japonais ou américains. »
Le chiffre d'affaires cumulé des deux sociétés, qui occupent ensemble 85 000 personnes, atteint, en 1988, 43 milliards de francs. D'emblée, GEC Alsthom, qui naît officiellement le 29 juin 1989, se place au premier rang de la Communauté économique européenne sur le marché des équipements destinés à l'énergie et au transport ferroviaire. À l'échelle mondiale, le nouvel ensemble occupe également de très bonnes positions, en se situant notamment au premier rang des constructeurs de matériels de transport ferroviaire, au deuxième pour ceux destinés au transport et à la distribution d'électricité, et au troisième pour les équipements de production d'électricité.
Une organisation originale se met en place pour faire fonctionner la nouvelle société franco-britannique. Au sommet, les actionnaires sont réunis de façon paritaire dans un *Supervisory Board* de 8 personnes (4 Anglais et 4 Français), la direction de la société étant assurée par un *Board of Management* comprenant un nombre impair de membres (5 personnes), dont un *Chief Executive Officer (CEO)* choisi par les actionnaires d'un commun accord et assurant l'unité du commandement. Après Jean-Pierre Desgeorges, Pierre Bilger assure cette tâche à partir de 1991. Une organisation opérationnelle multinationale est mise en place, qui comprend neuf divisions transnationales recoupant cinq grands pôles : Production d'énergie (43 % du chiffre d'affaires en 1990), Transport et Distribution d'énergie (18 %), Transport (19 %) Équipements industriels (12 %) et Équipements navals (8 %).

Pour chacune des neuf divisions, l'optimisation et la rationalisation des moyens industriels, de la gestion et de l'effort de recherche est engagée sans délais. 7 000 salariés quittent ainsi le groupe en deux ans. Par ailleurs, le réseau GEC Alsthom International assure la représentation commerciale sur les marchés hors France et Royaume-Uni.
Rapidement, GEC Alsthom se fixe une triple stratégie : poursuivre sa croissance et son implantation internationale à l'aide d'acquisitions comme, en 1991, celle de la division systèmes de production d'énergie du groupe canadien MIL (Marine

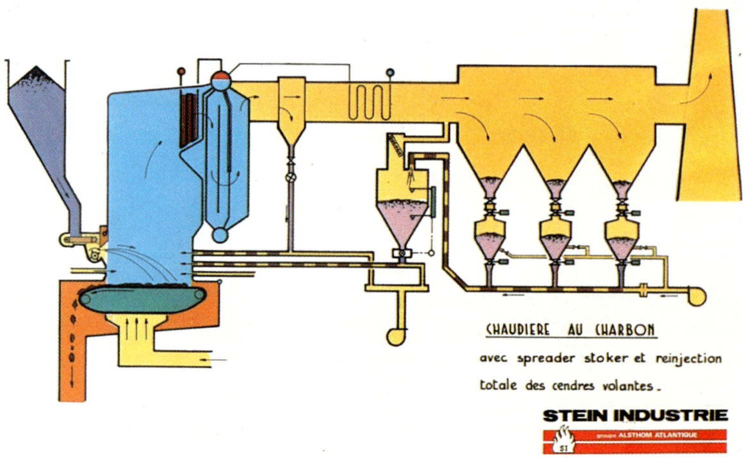

Chaudière fabriquée par Stein Industrie pour la centrale du Havre.

Industrie Limitée), qui devient GEC Alsthom Électromécanique, destinée à assurer la pénétration du marché américain ; assurer la compétitivité à long terme grâce à une politique active d'investissements, notamment dans la production de matériel ferroviaire et de turbines à gaz ; accentuer l'effort de recherche-développement dans trois directions : l'amélioration de la compétitivité des produits (comme la mise au point de disjoncteurs à faible énergie), l'adaptation et l'élargissement des gammes de produits (cycles combinés en production d'énergie, développement de la traction asynchrone, etc.), la poursuite de l'avance technologique dans des produits comme le TGV ou les turbines à gaz en particulier.
Ces deux derniers produits phares polarisent en effet la croissance de la société au tournant des années 1990. Grâce aux centrales à cycle combiné alimenté au gaz, GEC Alsthom remporte de nombreuses commandes en 1991-1992. Choisie pour fournir plus de la moitié de la capacité de production d'énergie en cycle combiné de la Grande-Bretagne, la société devient ainsi le premier fournisseur de ce produit outre-Manche. GEC Alsthom récolte ainsi le fruit de sa collaboration avec le groupe américain General Electric. Les deux groupes sont en effet associés au sein de European Gas Turbines (EGT), à 90 % pour la première et 10 % pour la seconde. GEC Alsthom a pu ainsi bénéficier d'un accès direct à de nouvelles technologies et développer une famille de turbines à gaz de grande puissance pour les centrales à cycle combiné dont le marché, porté par la vague écologique, a plus que doublé en trois ans à peine. Il est considéré comme l'un des plus porteur de la décennie !

Le domaine des chaudières apparaît également, pour GEC Alsthom, riche en perspectives de développement. Dans le prolongement des licences que détient Alsthom, un accord tente d'établir des liens plus étroits avec la société américaine Combustion Engineering qui ouvrirait à terme les portes du marché américain. Mais le projet de création d'une société européenne regroupant les activités chaudières de Combustion Engineering avec Stein Industrie et la société allemande Energie und Verfahrenstechnik (EVT) tourne court après plusieurs mois de négociations. La déclaration d'intention signée entre Alsthom et Combustion Engineering le 13 janvier 1989 achoppe en particulier sur l'évaluation des actifs américains. Finalement, la rupture est consommée. Combustion Engineering, revend à Alsthom ses parts dans Stein Industrie (10 %) et EVT (33 %) et rentre dans le groupe ABB à la suite de l'OPA réussie lancée par ce dernier en novembre 1989 sur la société américaine.
Si l'affaire de Combustion Engineering est un échec dans la politique d'internationalisation de GEC Alsthom, elle lui permet cependant de reprendre EVT, qui se situe au deuxième rang mondial pour la construction des chaudières à combustibles fossiles. L'épisode montre aussi l'âpreté et les enjeux de la compétition mondiale que se livrent les grands groupes de l'industrie électrotechnique afin d'occuper, grâce à une concentration maximale, les meilleures positions sur le marché.

Rotor de la turbine à gaz 9F en construction dans l'usine GEC Alsthom de Belfort (France).

UN SIÈCLE D'ÉLECTRICITÉ EN GRANDE-BRETAGNE : GENERAL ELECTRIC COMPANY (GEC)

L'usine de Willans et Robinson à Rugby.

La vapeur et l'énergie hydraulique constituent la force motrice de la révolution industrielle qui naît outre-Manche au XIXe siècle. En Angleterre, le premier générateur d'énergie électrique est mis en route par Siemens en 1856. Il faut ensuite attendre Gramme pour assister à la première application pratique, à Westminster, en 1873. Puis, ce n'est qu'au début du XXe siècle que débute l'ère industrielle dans le secteur de la production d'énergie.
Fondée en 1886, la General Electric Company absorbe au cours du XXe siècle quatre grandes entreprises électriques. La première, Fraser and Chalmers, fondée à Chicago en 1847 pour la fabrication de machines et équipements miniers, est rachetée en 1880 par une société londonnienne qui se place ainsi sur le marché en plein essor de l'extraction aurifère en Afrique du Sud. Licenciée de la société Rateau pour les turbines à vapeur, Fraser and Chalmers est acquise en 1918 par GEC. La deuxième, Willans and Robinson, commence pour sa part à fabriquer des moteurs à vapeur, gaz ou pétrole en 1880 et intègre en 1919 l'English Electric Company. La troisième, British Thomson Houston Company, spécialisée dans les turbines à

La turbine à action multicellulaire de BW-Rateau, vers 1910.

Durant la Première Guerre mondiale, Ruston produit des avions pour l'armée britannique. Le 1000e appareil sort de ses usines en 1917 : c'est un « Sopwith Camel ». En 1946, Ruston, fabriquant de moteurs, se lance dans les turbines à gaz et rentre, vingt ans plus tard, dans le groupe English Electric.

Turbine à vapeur fabriquée par Willans et Robinson Ltd au tournant du siècle.

vapeur, naît à Rugby en 1899. Enfin, la British Westinghouse Company démarre en 1901 à Manchester, en produisant des turbines à gaz et des moteurs Diesel. Abandonnant la licence Westinghouse en 1908, la société se met à fabriquer des turbines selon le procédé français Rateau. Devenue britannique en 1917, elle s'agrège en 1928 à l'AEI, Associated Electrical Industries, où elle côtoie notamment la British Thomson Houston Company. Malgré ce rapprochement, les deux entreprises demeurent en concurrence avant d'aboutir à une réelle fusion en 1958. Dix ans plus tard, en 1967, GEC absorbe l'AEI.

En 1968, une autre fusion avec English Electric donne vie à GEC Turbine Generator Ltd, formant ainsi un groupe à l'expérience riche et variée et disposant d'une gamme complète d'usines de turbines à vapeur. Le groupe britannique a dès lors acquis la « taille critique » qui lui permet d'affronter le marché européen.

Mise sur bogies du TGV-PSE.

Dans cette perspective, GEC Alsthom bénéficie de l'avance considérable prise par Alsthom dans le domaine ferroviaire avec le TGV. Au début de la décennie, les ingénieurs et techniciens ferroviaires de GEC Alsthom travaillent sur cinq chantiers différents : le TGV Atlantique, dont les dernières rames sont livrées fin 1991, qui a permis d'élaborer une deuxième génération de trains à grande vitesse, assurant, à la vitesse commerciale de 300 km/h, un meilleur confort des voyageurs ; le TGV espagnol, l'AVE, desservant à partir de 1992 la ligne Madrid-Séville ; les trains « réseau » destinés à desservir le réseau national français ; le TGV Trans-Manche, qui doit relier Paris, Londres et Bruxelles, construit au sein d'un consortium européen comprenant des sociétés belges et britanniques ; et enfin un matériel de type nouveau commandé par la SNCF, le TGV à deux niveaux, destiné à être livré durant l'été 1994.
L'annonce, le 28 mai 1991, du choix du système français de TGV pour desservir les principales villes du Texas, après de longs mois de négociations constitue, à tous égards, la grande percée internationale qu'attendait depuis plusieurs années le TGV. Le projet consiste en un réseau triangulaire de plus de 1 000 km reliant Dallas, Austin, Houston et San Antonio. Le coût total du projet est évalué à 34 milliards de francs, dont 10 % environ reviendront à GEC Alsthom. Ce choix et l'image de marque qu'il impose, permet de proposer avec de fortes chances de succès la technologie française à tous les pays qui étudient la possibilité d'un train à grande vitesse, qu'il s'agisse des Canadiens (pour la ligne Montréal-Ottawa-Toronto), des Taïwanais ou des Sud-Coréens.

La réussite internationale du TGV permet en outre de développer de nouveaux métiers et compétences au sein de GEC Alsthom. C'est un « système » davantage qu'un train que les hommes du groupe s'efforcent désormais de vendre en Amérique du Nord et en Asie. Comme le rappelle un ingénieur, « un TGV nécessite des infrastructures spécifiques très lourdes et très coûteuses et des études préalables d'une durée de deux à trois ans, que seuls des pays industria-

lisés sont aptes à financer et mener à bien. Or cette expérience, nos clients ne la possèdent pas. » Prospection, négociations, conduite des affaires, gestion des grands projets : une nouvelle culture ferroviaire émerge.
44,5 milliards de francs de chiffre d'affaires en 1990, 80 000 salariés... Après deux ans et demi d'existence, le mariage franco-britannique qui a donné naissance à GEC Alsthom est dans l'ensemble un succès. Deux cultures nationales et industrielles s'opposaient, plus industrielle du côté français, plus financière de l'autre côté de la Manche. Une modification des structures intervient néanmoins en 1991. Il apparaît en effet « qu'il pouvait être périlleux d'occulter à l'excès les réalités nationales ». Des coordinateurs nationaux sont donc nommés dans chaque pays. Ils sont les interlocuteurs privilégiés des salariés, des grands clients, comme EDF en France ou National Power en Grande-Bretagne, ainsi que des pouvoirs publics. Enfin, le nombre des divisions est réduit, afin d'alléger les structures de décision.

Comme le résume Pierre Bilger, Chief Executive Officer de GEC Alsthom, deux ans et demi après sa constitution, « la société existe. Elle fonctionne de manière intégrée et son union a été cimentée par un certain nombre de succès. La fusion a créé une impulsion nouvelle et introduit de nouvelles méthodes de gestion et une approche plus internationale du management. » La principale ambition du groupe est désormais de se déployer à l'échelle du continent, en tirant profit de tous ses atouts technologiques et humains. Sur les 61 % du chiffre d'affaires réalisé en Europe, plus de la moitié provient en effet de la France et de la Grande-Bretagne, l'Allemagne représentant à peine 9 %. Outre sa force et ses avancées technologiques dans le domaine de l'énergie, le groupe franco-britannique mise sur l'essor des transports urbains et ferroviaires, en cherchant à couvrir l'ensemble de la gamme dans ce domaine, des trains aux tramways. « Nous voulons avant tout être un groupe européen », résument les dirigeants de GEC Alsthom.

L'alliance avec General Electric Company se prolonge par une autre opération entre CGEE Alsthom et le groupe britannique, dans le domaine du contrôle industriel et de l'entreprise électrique. La GEC apporte ainsi à la CGEE Alsthom les activités de sa filiale GEC Electrical Projects, les variateurs de vitesse et les automates programmables de GEC industrial Controls, la division systèmes d'information de GEC Measurements, ainsi que 60 % détenus par GEC dans une société déjà possédée depuis plusieurs années avec CGEE Alsthom, la GEC Power Instrumental and Control, spécialisée dans le contrôle des centrales nucléaires britanniques. L'entreprise, qui prend en 1989 le nom de Cegelec, devient ainsi, par ses filiales britanniques (2 500 salariés), espagnoles (600 salariés au sein de la filiale dirigée en commun avec Elecnor Cegenor) et du Bénélux (600 personnes également), une société réellement européenne. Pour s'affirmer dans un marché certes en expansion, mais où elle se trouve en concurrence avec des groupes tels que Siemens, ABB ou General Electric, l'entreprise est « contrainte de croître », affirme son Président-directeur général, Philippe Boisseau. Désireuse de procéder à des acquisitions externes, Cegelec entreprend en particulier une offensive vers les pays d'Europe Centrale, l'ancienne RDA et la Tchécoslovaquie.

Pierre Bilger, président du comité exécutif de GEC Alsthom.

BELFORT, UNE TRADITION D'EXCELLENCE DANS LA FABRICATION DE TURBINES ET DE LOCOMOTIVES

Sortie des ouvriers de l'usine de Belfort dans les années 1920.

En 1879, la SACM, Société Alsacienne de Constructions Mécaniques, qui dispose déjà de deux sites de construction à Mulhouse (créée en 1826 par André Koechlin) et à Graffenstaden, devenus allemands à l'issue de la guerre de 1870, s'installe à Belfort, la ville française la plus proche du siège de Mulhouse. Le nouvel établissement se consacre au montage et à la finition des locomotives à vapeur. La situation géographique qui a présidé au choix des fondateurs, favorise cette usine du cœur de l'Europe, à proximité des grandes voies routières, ferroviaires et fluviales. À partir de 1881, l'usine prend en charge la fabrication complète des locomotives.
L'une des premières dynamos construites à Belfort est livrée en 1888 ; dès lors, l'usine développe fortement ses activités dans le domaine de la construction électrique. En 1895, avec les premiers tramways, la société touche le secteur des transports urbains de traction électrique. En 1904, la fabrique de Belfort se lance dans les turbines à vapeur et, en 1905, l'usine emploie déjà 6 000 personnes.
En 1920, la SACM regroupe l'ensemble de ses fabrications de locomotives à vapeur en Alsace. Simultanément, l'usine de Belfort renforce ses moyens de production autour des turbines à vapeur, de la chaudronnerie et de la construction de locomotives électriques. En 1926, les ouvriers de Belfort achèvent la première locomotive électrique, qui atteint alors 70 kilomètres à l'heure... Deux ans plus tard, en 1928, l'usine devient l'une

Hall de fabrication motrices TGV
et locomotives à Belfort.

Locomotive à vapeur fabriquée
à l'usine de Belfort au début du siècle.

Hall de montage des rotors d'alternateurs à Belfort.

des pièces maîtresses de la filiale commune de la SACM et la Compagnie Française Thomson Houston, « Als-Thom », qui devient ainsi le premier constructeur français de matériel ferroviaire. L'équipement du *Normandie*, en 1931, représente l'un des premiers gros contrats de la jeune société. Après la Seconde Guerre mondiale, la ville de Belfort, avec l'aide des industries locales, concentre ses efforts de rénovation et de développement. Le site de Belfort compte alors 9 365 salariés et s'est équipé en 1949 d'un laboratoire moderne. Le secteur de production fournit le turbo-alternateur de 250 MW de la centrale EDF de Champagne-sur-Oise, les équipements de la première centrale nucléaire française de Chinon en 1956, ceux de la centrale marémotrice de la Rance en 1963, le premier groupe de la série 1000MW pour la centrale nucléaire de Fessenheim en 1977 et, par la suite, le premier groupe de tranches de 1300 MW pour la centrale de Paluel, qui constitue un record mondial de puissance avec 1500 MW. En 1986, l'usine de Belfort d'Alsthom reçoit d'EDF une commande pour la plus grosse turbine à gaz du monde, d'une puissance de 212 MW.

À la pointe de la technologie, l'usine de Belfort forme, depuis 1923, des techniciens qualifiés, répondant aux besoins de l'entreprise. C'est dans le Centre de Formation des Apprentis (CFA), qui prépare des diplômes délivrés par l'Éducation nationale, que plus de trois cents jeunes gens apprennent chaque année les métiers d'Alsthom. Le CFA dispense un enseignement mixte, alternant cours théoriques et travail sur machines, et rémunère ses apprentis selon les barèmes nationaux.
En 1991, 6 800 personnes, dont 810 ingénieurs, travaillent sur le site de Belfort qui s'étend sur 60 hectares. C'est la plus importante des usines du groupe GEC Alsthom.

Énergie : du nucléaire aux accumulateurs

Comme l'explique Alcatel Alsthom en 1991, le groupe « est présent dans l'ensemble des activités liées à l'énergie : la production, le transport et la distribution avec GEC Alsthom ; l'ingénierie électrique avec Cegelec ; les accumulateurs avec Saft ; le nucléaire avec Framatome ».

Le groupe entend en effet maintenir et développer ses positions dans ces deux derniers secteurs. C'est ce que montre son engagement accru au sein de Framatome dans le courant de l'année 1990. En mai 1987, la privatisation de la GCE avait fait basculer, compte tenu de la part de 12 % de Dumez dans Framatome, la majorité du constructeur de chaudières nucléaires dans le privé, en ne laissant que 45 % entre les mains de l'État (35 % au Commissariat à l'Énergie Atomique et 10 % à EDF). Au mois de juillet 1989, le groupe Dumez annonce son intention de vendre sa participation de 12 %. La CGE, liée à ce dernier par un pacte d'actionnaires depuis 1985, se porte candidate. Des négociations s'engagent alors avec le ministère de l'Industrie, afin d'aboutir à un nouveau partage public-privé des missions et du capital de la société.

Comme l'affirme, notamment dans *Profils,* Pierre Suard, début 1990 : « En devenant une filiale à part entière de CGE, et tout en reconnaissant la spécificité de son domaine d'activité, Framatome pourra bénéficier du soutien d'un grand groupe industriel sur les marchés internationaux. » Pour la CGE, en effet, et pour nombre d'observateurs, Framatome ne peut rester seul face à des concurrents internationaux comme Siemens, ABB, Toshiba ou Westinghouse. Le 14 juin, le Président de la CGE déclare que « pour la CGE, l'industrie nucléaire représente un côté stratégique. Les synergies entre les deux sociétés sont évidentes avec l'atome d'un côté et la construction électrique de l'autre. Framatome est plus fort avec la CGE. »

Mais la concrétisation de l'accord avec Dumez – à qui la CGE cède la majeure partie de sa participation dans CGE Distribution – et la prise de contrôle de 52 % du capital de Framatome, la CGE se heurte à l'opposition des pouvoirs publics et d'une partie de l'équipe dirigeante de Framatome. Après d'âpres négociations qui s'achèvent en novembre 1990, la CGE cède 7 % des titres qu'elle détient, alors qu'une augmentation du capital réservé aux salariés intervient. Le capital se répartit désormais entre la CGE (44,12 %), CEA-Industrie (36,18 %), EDF (9,80 %), le Crédit Lyonnais (5 %) et le personnel de Framatome (4,9 %).

LE DÉFI DE L'INTÉGRATION DE L'EUROPE DE L'EST

Dans la nuit du 9 au 10 novembre 1989, l'ouverture d'une brêche dans le mur de Berlin, qui marquait, depuis 1961, la coupure de l'Allemagne, de l'Europe et du monde, symbolise la fin de la domination soviétique sur l'Europe de l'Est. En retrouvant la démocratie, les peuples naguère dominés entrent brutalement dans l'économie de marché, et doivent affronter une série de redoutables problèmes.

L'outil de production en Europe de l'Est, dont les machines sont souvent obsolètes, emploie une main-d'œuvre pléthorique, dont une grande partie doit être licenciée avec la privatisation des entreprises. Cette privatisation représente un gigantesque mouvement de transferts de propriété et parfois de restitutions. En Allemagne de l'Est, par exemple, la Treuhandanstalt, organisme gouvernemental chargé des transferts, contrôle plus de 10 000 entreprises qu'elle doit rentabiliser et vendre en quelques années.

Les circuits de distribution sont largement perturbés par le passage à l'économie de marché, et absorbent avec difficulté une demande importante face à un approvisionnement réduit ou désorganisé. Le transfert des terres aux agriculteurs pose le problème des anciens propriétaires expropriés, et celui de l'afflux brutal sur les marchés d'Europe de l'Ouest de produits à bas prix qui concurrencent les productions locales.

Enfin, les organismes bancaires et financiers, et l'appareil juridique doivent être complètement refondus, afin de passer de la tutelle étatique et bureaucratique au capitalisme. La tâche, d'une ampleur sans précédent, suppose plusieurs années de travail. L'Europe de l'Ouest, et particulièrement la CEE, ont donc décidé d'aider les anciens pays dominés et l'URSS, par l'octroi de crédits, de remises de dettes, d'aides d'urgence, et par la création de la BERD (Banque européenne pour la reconstruction et le développement). Celle-ci, fondée officiellement en avril 1991, sur le modèle de la BIRD (Banque internationale pour la reconstruction et le développement), doit assurer le financement, ou la coordination, des grands projets de développement en Europe de l'Est. Mais elle rencontre deux obstacles majeurs, l'urgence de la situation et la faiblesse de ses finances, alors que l'ensemble de la reconstruction est estimée à plusieurs centaines de milliards de dollars.

BERLIN 89

LA GUERRE DU GOLFE

Dans la nuit du 1er au 2 août 1990, l'armée irakienne envahit le Koweit, provoquant l'immédiate condamnation de l'Irak par le Conseil de sécurité de l'ONU, suivi d'un embargo total. Le 7 août, les États-Unis, en accord avec leurs alliés de l'OTAN, et avec le consentement de l'URSS, décident l'envoi de troupes en Arabie Saoudite, dans le cadre de l'opération « Bouclier du désert ».
Vingt-neuf pays déploient alors en quelques mois plus de 600 000 hommes, accompagnés de plus de 5 000 engins blindés, 3 500 avions ou hélicoptères et 150 navires de guerre. L'armée américaine assure la majeure partie du dispositif, d'une ampleur sans précédent depuis la guerre du Viêtnam. Parallèlement, les avions espions et les satellites d'observation, civils et militaires, multiplient les missions de repérage du dispositif irakien.
Lorsque l'opération « Tempête du désert » commmence, dans la nuit du 16 au 17 janvier 1991, les avions alliés et les missiles de croisière attaquent les cibles irakiennes identifiées à l'avance. Pendant plus d'un mois, les renseignements fournis par les avions Awacs et les satellites guident la guerre aérienne par l'intermédiaire d'un réseau de télécommunications hautement performant. Le matériel informatique et les logiciels jouent dans cette guerre technologique un rôle de premier plan, tandis qu'un nombre impressionnant de journalistes rend compte des opérations grâce à la télévision et aux radiocommunications par satellites.
Du 24 au 28 février 1991, la phase finale de la guerre du Golfe se déroule sur terre, avec la libération du Koweit par les forces blindées et les hélicoptères alliés. Les opérations sont suivies et coordonnées par le commandement américain depuis la base de Dahran, car les systèmes de liaisons informatiques et de télécommunications permettent d'acheminer conjointement des milliers d'ordres et d'informations. Cependant, les Alliés arrêtent leur offensive dès que l'Irak accepte les résolutions de l'ONU. Saddam Hussein peut ainsi sauvegarder son pouvoir, en dépit des révoltes écrasées par l'armée, des chiites au sud et des Kurdes au nord. L'embargo reste en vigueur, tandis que les missions de l'ONU surveillent avec difficulté les centres nucléaires et la destruction de l'arsenal chimique de l'Irak.

Colonne irakienne bombardée alors qu'elle fuyait.

En 1992, dans le *Figaro Économie*, Pierre Suard réaffirme le caractère stratégique du nucléaire pour le groupe, une activité qui doit figurer dans la palette de ses activités, à l'instar de tous ses grands concurrents. Et ce, dans un cadre privé. « Pour la fabrication des chaudières, spécialité de Framatome, je considère que le secteur privé peut, comme c'est le cas de tous les pays étrangers, assurer le développement de cette industrie. Je pense qu'il y a de vraies synergies dans le domaine de la production d'énergie quel que soit le combustible. En dehors de celui-ci, il n'y a pas de nécessité à ce que l'État doive conserver le contrôle des chaudières nucléaires. »
Aujourd'hui, Framatome, devant le plafonnement auquel est confrontée l'activité nucléaire, poursuit la diversification de ses activités vers la connectique et la mécanique. Sur un chiffre d'affaires en 1991 de 14 milliards de francs, 63 % proviennent encore du nucléaire, qu'il s'agisse des constructions de centrales en cours, de la fourniture du combustible, des services nucléaires ou d'autres activités. En 1991, la firme a renforcé ses participations dans deux sociétés américaines, B & W Nuclear Service (BWNS) et B & W Fuel Company (BWNC), spécialisées dans les services nucléaires et le cycle de combustible. Avec l'espoir d'un allongement de vie des centrales existant outre-Atlantique. Partout, Framatome intervient largement comme fournisseur d'équipements de remplacement, tels les générateurs de vapeur, pour renforcer la sécurité et

les contrôles des centrales qui vieillissent. Parallèlement, l'entreprise poursuit le développement de ses compétences en mécanique et en connectique où, à la suite de plusieurs acquisitions récentes regroupées au sein de la holding Framatome Connectors International (FCI), elle fait figure de premier constructeur européen.
Face à un environnement difficile, la SAFT poursuit pour sa part sa progression, en maintenant son leadership mondial pour les batteries au nickel-cadmium et affiche en 1991 un chiffre d'affaires de 3,4 milliards de francs. Après la cession de ses activités photovoltaïques en 1987, son champ d'action se répartit aujourd'hui en quatre grands secteurs : les accumulateurs pour applications portables destinés à des appareils électriques portables, comme le téléphone sans fil et le petit électro-ménager, dont le développement reste très important ; les accumulateurs industriels équipant notamment trains et avions ; les générateurs spéciaux pour le domaine militaire ou spatial (comme le programme Ariane) ; les générateurs de technologie avancée comme les piles thermiques et les piles au lithium et l'énergie (alimentations industrielles, systèmes de secours continu et éclairage de sécurité). La SAFT a ainsi obtenu des commandes très significatives, comme celle de batteries industrielles pour les nouvelles rames du mini-Shinkansen, au Japon, ou pour équiper les navettes Eurotunnel et tous les TGV Transmanche Paris-Bruxelles-Londres.
L'entreprise présidée par Claude Darmon consolide de façon continue ses positions à l'étranger, en créant des filiales sur tout le globe, qu'il s'agisse de l'Australie, de la Chine, de la Corée ou de la Finlande, une implantation destinée à pénétrer les marchés de l'Est, notamment la CEI. En 1991, une étape importante est franchie, avec l'acquisition de la société suédoise Nife (900 millions de chiffre d'affaires dans 900 pays), qui conforte ses positions dans les accumulateurs nickel-cadmium et les systèmes électroniques de secours d'énergie, et renforce considérablement le réseau international de SAFT. Un nouvel enjeu se dessine pour la décennie 1990, le retour de la voiture électrique, où le couple nickel-cadmium en solution alcaline paraît en mesure de contester la suprématie du couple plomb-oxyde de plomb en bain électrolytique d'acide sulfurique.

De la CGE à Alcatel Alsthom

Au cours de l'évolution majeure qui conduit la CGE de la fin des années 1980 au début des années 1990, une simplification des structures financières du groupe est mise activement en œuvre, notamment en 1989 et 1990, afin de marquer l'engagement industriel du groupe et la gestion plus resserrée qui est désormais la sienne. La CGE cherche en outre à capitaliser son engagement dans un nouveau secteur, celui de la communication, avec l'acquisition en 1987 de la Générale Occidentale.

Centrale nucléaire de Paluel.

LE CHANTIER DU SIÈCLE

La jonction entre les équipes française et anglaise au début de l'année 1992.

Lorsque, le 15 juin 1993, la première navette sans conducteur entrera dans le tunnel, pour en ressortir, trente-cinq minutes plus tard, sur l'autre rive de la Manche, sept ans et demi se seront écoulés depuis le choix d'Eurotunnel, en concurrence avec deux autres projets, annoncé par Margaret Thatcher et François Mitterrand le 20 janvier 1986. Une fois la décision prise au niveau gouvernemental, les entreprises privées, parmi lesquelles figurent plusieurs filiales de la CGE, prennent en charge la réalisation du projet. Depuis le 29 juillet, un traité franco-britannique concède, pour cinquante-cinq ans, la construction et la gestion de l'ouvrage à la société Eurotunnel, dont le capital (dix milliards de francs en 1987 et 5,6 milliards supplémentaires en 1990) est détenu par des centaines de milliers de petits porteurs, en France, en Grande-Bretagne et dans le monde entier, ainsi que par une centaine de banques et compagnies d'assurances, accompagnées par les entreprises de travaux publics chargées du chantier. Celles-ci constituent un consortium, Trans Manche Link, chargé des travaux par Eurotunnel. Les capitaux propres servent à lever, auprès d'une cinquantaine de banques françaises, anglaises et japonaises, des prêts sur dix-huit ans, pour 50 milliards de francs en 1987 et 18 milliards en 1990. Le dépassement du devis initial de cinquante milliards provient de retards et de difficultés imprévues, et sans doute, de calculs trop justes au départ. Le montant considérable et la durée exceptionnelle des prêts font de ce chantier le marché le plus important du siècle. Eurotunnel, après une étude d'un an menée par le Bureau de Recherches Géologiques et Minières (BRGM), à partir de sondages dans le sous-sol de la Manche, fixe définitivement le profil et le tracé, légèrement sinueux, qui suivent la couche de craie bleue suffisamment stable pour abriter le tunnel. Au total, 50 kilomètres de tunnel, dont 37 sous la mer, en réalité 150 kilomètres car l'ouvrage est triple : deux galeries de 7,60 mètres de diamètre, écartées de 30 mètres, une pour chaque voie ferrée, entre elles une troisième galerie, de 4,80 mètres de diamètre, pour la ventilation, l'alimentation électrique et les secours.

Tous les 385 mètres, des embranchements perpendiculaires relient les galeries entre elles. Le chantier lui-même semble peu spectaculaire au visiteur, excepté l'énorme trou d'accès, car les travaux se déroulent en profondeur dans les galeries creusées par des tunneliers avançant l'un vers l'autre depuis les rivages anglais et français. Ces machines comprennent en tête des trépans de tungstène qui érodent la craie, puis un mécanisme qui broie la roche, la mélange à l'eau et l'évacue vers l'arrière par un train technique long de trois cents mètres. Au cours de son chemin, le tunnelier fabrique un tube étanche en béton, à la vitesse de 1,40 mètre à l'heure. Les tunneliers forent, étayent et bâtissent le tunnel à une vitesse de 10 kilomètres par an, sans jamais s'arrêter, accompagnés en permanence par deux mille quatre cents ouvriers et une noria de trains de service. Le trafic envisagé pour le tunnel sous la Manche, de vingt convois à l'heure dans chaque sens, permet d'espérer le transport de trente millions de passagers et de quinze millions de tonnes de marchandises par an. Les navettes composées de quinze wagons à deux étages pour les automobiles et de quinze wagons simples pour les gros véhicules traverseront la Manche en trente-cinq minutes. De même, les TGV assureront, à 160 km/h, plus de la moitié du trafic, reliant Londres à Paris en trois heures et à Bruxelles en deux heures. Les prévisions économiques, laissent augurer un accroissement des échanges entre le Royaume-Uni et le continent, avec une zone de préférence vers la Belgique et le Nord de la France. La rentabilité du projet semble assurée et le concessionnaire doit présenter un projet de liaison autoroutière réalisable entre 2010 et 2020. La plus grande question reste la réaction psychologique des Anglais. Depuis deux siècles, les projets, plus ou moins sérieux, de lien fixe à travers la Manche achoppent tous sur la résistance britannique. Les travaux commencés en 1882 et en 1973 ont chaque fois été interrompus. Toutefois, la construction d'Eurotunnel s'achève et la Grande-Bretagne n'est plus vraiment une île. Les insulaires deviendront-ils de banals Européens ?

Puits du tunnel sous la manche.

UN ENGAGEMENT NOUVEAU DE LA CGE : LA COMMUNICATION

Fin 1987, la CGE prend le contrôle de 41 % du capital de la Générale Occidentale, qui appartient au célèbre financier Jimmy Goldsmith et devient ainsi son principal actionnaire. Cette participation accrue « vise à développer les activités dans le domaine de la communication où les Presses de la Cité, filiale de la Générale Occidentale, représentent un des principaux groupes européens d'édition et de distribution de produits culturels, constituant ainsi un fonds de données précieux pour l'alimentation des futurs réseaux de communication », explique en 1987 la CGE à ses actionnaires. On trouve notamment dans la corbeille de la Générale Occidentale, *L'Express*, premier news magazine français, diffusé à plus de 580 000 exemplaires, *Lire*, premier mensuel d'information sur les livres, le mensuel féminin *Biba*, l'hebdomadaire de télévision *Télécâble* et deux hebdomadaires d'information à l'étranger.

La Générale Occidentale poursuit sa percée en 1988, avec la signature, en février, d'un accord avec le groupe CEP Communication, qui lui permet d'accéder à l'édition de littérature générale, scolaire et encyclopédique. L'un des dix premiers éditeurs du monde, le Groupe de la Cité réunit les Presses de la Cité, Plon, Perrin, Julliard, Christian Bourgois, Olivier Orban, Bordas, Larousse et Nathan, soit 20 % du marché français, avec 2 500 titres publiés annuellement et 10 000 auteurs...

En 1989, première étape, la Compagnie Générale d'Électricité absorbe la Compagnie Financière Alcatel et Alsthom, devenue holding après la filialisation de ses activités industrielles. Puis l'année suivante, après la fusion de la Compagnie Électro-Financière avec la Générale Occidentale, cette dernière, ainsi que les filiales Locatel (spécialiste de location de matériels électroniques) et SAFT, sont absorbées par la CGE. Parallèlement, la CGE accentue le contrôle de ses filiales, comme Cegelec, où elle rachète à GEC la participation de 22 % acquise au moment de la constitution de GEC Alsthom. Une OPA sur Electro-Banque et une OPE sur la filiale allemande Standard Elecktrik Lorenz (SEL) complètent cette série d'opérations, sans oublier la prise de contrôle totale d'Alcatel NV en 1992.

L'ensemble des opérations d'absorption augmente de près de 50 % le nombre des titres de la Compagnie. L'absorption de SAFT et de Locatel permet en particulier de recapitaliser deux affaires qui connaissent quelques difficultés à la fin des années 1980. Enfin, l'absorption de la Générale Occidentale, riche d'une importante trésorerie, parachève le processus de contrôle de celle-ci, en confortant l'ensemble des fonds propres du groupe. Pour renforcer ses moyens financiers, l'entreprise recourt en outre deux fois au marché, en 1989 et 1990, par des émissions d'obligations convertibles portant respectivement sur 3,16 et 5,58 milliards de francs.

Cette logique d'intégration et de contrôle à 100 % répond à une double logique, financière et industrielle. Il s'agit à la fois de disposer de l'intégralité des bénéfices des filiales, comme de gérer au mieux celles-ci, en faisant jouer leurs synergies. « Quand on a un actionnaire à 30 %, il faut prendre le temps de lui expliquer sa politique, ses résultats. En outre, il est plus facile de faire travailler ensemble certaines filiales – Cegelec et Alcatel, par exemple – qui partageront les coûts de recherche-développement, sans se heurter aux arbitrages des divers minoritaires », commente Pierre Suard. Le groupe mène de façon parallèle et constante une politique systématique de restructuration qui abaisse le nombre des effectifs – ceux d'Alcatel sont passés en cinq ans de 160 000 à 140 000 personnes – et augmente la productivité en moyenne de 7 à 8 % par an.

URSS, LA FIN D'UN EMPIRE

Lorsque, le 11 mars 1985, Mikhaïl Gorbatchev devient Secrétaire général du Parti communiste d'Union soviétique, le pays semble, depuis plusieurs années, malade et incapable de se réformer du fait de l'immobilisme de sa classe dirigeante. Six ans plus tard, en août 1991, quand les derniers dirigeants communistes conservateurs tentent un putsch militaire pour rétablir l'ordre ancien, la réaction populaire fait échouer cette ultime tentative en 3 jours.

Conscient de l'incapacité de son pays à suivre les États-Unis dans la course à la guerre des étoiles, Gorbatchev entame un processus de désarmement avec les présidents Reagan et Bush, qui entraîne le démantèlement de la moitié du potentiel militaire soviétique. La détente générale s'accentue avec l'abandon des prétentions soviétiques sur l'Europe de l'Est et la dissolution des alliances et pactes que l'URSS dominait.

En quelques années, la Perestroïka (restructuration de l'économie et de la société) et la Glasnost (publicité des débats et des décisions), lancées par Gorbatchev, aboutissent à l'éviction des anciens dirigeants, à l'écroulement du Parti communiste et à la démocratie en URSS. Les élections deviennent libres, au parlement fédéral et dans les Républiques, puis à la présidence de Russie.

Cependant, le problème fondamental pour le président soviétique est le rétablissement économique de son pays, dont les infrastructures industrielles et agricoles sont profondément dégradées. Les tentatives de libéralisation partielle se heurtent toutes à l'immobilisme de la société et au sabotage des bureaucrates, rendant inévitable un passage brutal à l'économie de marché.

L'ensemble des mesures adoptées en six années achève de déstabiliser l'URSS, laissant les différents nationalismes se développer. Les pays Baltes, suivis par d'autres Républiques soviétiques, proclament leur indépendance, reconnue par la communauté internationale. L'URSS, fondée par Lénine et modelée par Staline n'existe plus, remplacée par des Républiques indépendantes, réunie au sein d'une communauté que les conflits territoriaux et interethniques fait éclater progressivement.

	Chiffre d'affaires (milliards de F)	Résultat net total (milliards de F)	Résultat net part groupe (milliards de F)
1981	52	0,6	0,4
1982	60	0,6	0,4
1983	55	0,7	0,4
1984	61	0,8	0,6
1985	72	1,2	0,8
1986	81	1,7	1,2
1987	127	3,4	1,8
1988	128	4,2	2,2
1989	144	6,0 *	3,9 *
1990	144	7,1 *	5,0 *
1991	160	8,7	6,2

** hors bénéfices exceptionnels dûs aux changements de méthodes comptables (1 milliard de francs en 1989 et 0,1 milliard de francs en 1990)*

Ces chiffres traduisent la progression continue de la santé industrielle et financière du groupe Alcatel Alsthom. En Bourse, le cours de l'action, recommandée unanimement par tous les analystes, arrive en tête dans la plupart des sondages et se situe, à la fin de l'année 1991, à 571 francs, soit pratiquement le double du chiffre initial de l'OPV, le 11 mai 1987. Après une baisse à 180 francs au moment du krach boursier de la fin 1987, sa croissance s'est accélérée, notamment en 1988 et 1989. La capitalisation boursière du groupe se place parmi les toutes premières de la Bourse de paris, alors que son action est cotée sur les Bourses de Bruxelles, Anvers, Genève, Bâle, Zurich, Francfort, Amsterdam, Stockholm et Tokyo. Aujourd'hui, la marge bénéficiaire s'est élevée de 2,1 % du chiffre d'affaires en 1986, à plus de 5 % en 1990 et 1991.

Ce succès financier ne s'est pas effectué au détriment de l'expansion. Au contraire, de 1987 à 1991, le chiffre d'affaires du groupe CGE est passé de 127,5 à 160,1 milliards de francs, son résultat net global de 3,4 à 8,1 milliards de francs. À travers une série d'accords et d'événements ponctuant la seconde moitié de la décennie (accession d'Alcatel au premier rang mondial des télécommunications, création de GEC Alsthom, accord avec Fiat), le groupe Alcatel Alsthom est devenu, à l'échelle planétaire, l'un des acteurs industriels majeurs de la fin du XXe siècle. Comme ses dirigeants l'expliquent : « Nous avons trois raisons d'envisager l'avenir avec sérénité : l'avance technologique, qui permet de conforter la compétitivité, le bon positionnement du groupe sur des marchés complémentaires et porteurs, et enfin son internationalisation. »

Le groupe aborde la nouvelle décennie et le troisième millénaire avec une identité neuve et une nouvelle dénomination, afin d'exprimer sa véritable vocation industrielle. Le 1er janvier 1991, le groupe CGE prend un nouveau nom, pour « faire ressortir sa vocation industrielle et opérationnelle » : il devient Alcatel Alsthom Compagnie Générale d'Électricité ou Alcatel Alsthom. Le sigle CGE demeurait en effet, malgré les efforts de communication du groupe, mal connu et souvent confondu avec celui de la Compagnie Générale des Eaux. À l'étranger, en outre, il prêtait à confusion avec celui de certains groupes électriciens américains ou britannique, et ne pouvait être utilisé dans plusieurs pays. Le problème était d'ailleurs posé depuis des années et il a même été question, à un moment, de baptiser la CGE du nom de Fulmen, déjà présent dans le groupe, pour l'identifier à la force et à la puissance électrique de l'éclair.

La nouvelle appellation Alcatel Alsthom s'accompagne de la mise en place d'une image visuelle bâtie autour du triangle orange d'Alcatel et d'une série de campagnes institutionnelles destinées à affirmer sa dimension mondiale et sa présence dans les trois domaines d'avenir que sont la communication, l'énergie et les transports. Elle ne tourne pas le dos à l'histoire, puisque le groupe CGE s'est construit sur la base d'acquisitions successives, qui n'ont cessé de l'enrichir tout au long de son itinéraire. Elle incarne au contraire la réussite de celui-ci et la mutation spectaculaire d'un groupe qui, près d'un siècle après sa création, a désormais accédé à la maturité et à l'échelle mondiale. « Nous mettons notre image en harmonie avec ce que nous sommes », résume le Président Pierre Suard. L'histoire d'Alcatel Alsthom n'est, à l'évidence, pas terminée.

ALCATEL ALSTHOM EN 1991

P-DG :	Pierre Suard
Chiffre d'affaires :	160,1 milliards de francs*
Résultat net total :	8,7 milliards de francs
Résultat net (part Groupe) :	6,2 milliards de francs
Effectifs du groupe :	213 000 de personnes
Investissements industriels :	7,6 milliards de francs
Dépenses R & D :	14,7 milliards de francs

** Nota : GEC-Alsthom n'apparaît qu'à concurrence de 50 % dans les chiffres consolidés.*

Campagne de publicité sur le changement de nom de la CGE, novembre 1990.

Le 1er janvier 1991 Nous sommes là.

ALCATEL ALSTHOM

A partir du 1er janvier, CGE deviendra Alcatel Alsthom. Un nom à la hauteur de ce que nous sommes : l'un des premiers groupes industriels mondiaux et un leader international sur les marchés de la communication, de l'énergie, des transports et des services associés. Un nom qui représente 144 milliards de chiffre d'affaires, 210 000 personnes dans près de 100 pays. Un nom dont nous sommes fiers.

CHRONOLOGIE

ALCATEL ALSTHOM (1898 - 1992)

1865

• Naissance au Caire de Pierre Azaria.

1888

• Entrée de Pierre Azaria à la Société Normande d'Électricité de Rouen.

31 mai 1898

• Création de la Compagnie Générale d'Électricité (CGE) par Pierre Azaria, avec Charles Herbault comme président et Pierre Azaria comme administrateur délégué.

1898

• Acquisition de la concession des réseaux de distribution électrique de Nancy et Amiens.

1899-1900

• Constitution de la Compagnie Générale d'Accumulateurs et de Traction (marques Tudor, Excelsior et Pulvis) et première opération de restructuration de la CGE.
• Prise de contrôle de la Société Nantaise d'Éclairage et de Force par l'Électricité.

1904

• Débuts de la production d'isolateurs en porcelaine dans le site d'Ivry-Port.

1905

• Création de la Société Marseillaise d'Électricité.

1910

• Débuts du réseau de distribution d'électricité lorrain avec la création de la Compagnie Lorraine d'Électricité.
• Abandon des concessions de distribution d'électricité de Rouen et Nantes.

1911-1912

• Première incursion de la CGE dans le domaine des télécommunications, avec des prises de participation dans la Compagnie Générale de Radio-Télégraphie et la Compagnie Universelle de Télégraphie et de Téléphonie sans fil, cédées à la veille de la guerre.

1912

• Création de la Société Anonyme des Ateliers des Constructions Électriques de Delle (ACED) en association avec le groupe helvétique Sprecher et Schuh.
• Prise de contrôle de la Société Française de Câbles Électriques Système Berthoud Borel et Cie, installée à Lyon. Création de la société « Energia Electrica de Cataluña » à Barcelone, cédée en 1923.

1913

• Les « Services Extérieurs » de la CGE deviennent la Compagnie Générale d'Entreprise Électrique (CGEE).

1914

• Création de la société anonyme Compagnie Générale d'Électro-Céramique sur la base de l'atelier fondé en 1904, transformé dès 1907 en société en commandite.
• Inauguration du nouveau siège social de la Compagnie, au 54 rue La Boétie, Paris.

1917

• La Société Française de Câbles Électriques Système Berthoud Borelet Cie prend le nom de « Compagnie Générale des Câbles de Lyon ».

1920-1930

• Création d'une série de sociétés de portefeuille gérant les intérêts de la CGE dans ses diverses affaires : Société Provinciale d'Électricité, Union Houillère et Électrique, Société Financière Lorraine d'Électricité.

1921

• Création de la Compagnie des Lampes en association avec Thomson-Houston, qui fait partie du cartel européen des lampes dit par la suite « Phœbus ».

1922

• Création du Joint Français par rachat de la Société Française du Joint et du Caoutchouc.

1923

• Reprise de contrôle de la Société Nantaise d'Éclairage et de Force.
• Prise de contrôle de la Société Savoisienne de Constructions Électriques.

1925

• Absorption par la CGE de la Compagnie Générale des Câbles de Lyon.

1926

• Création de la société de fabrication industrielle Adda, en Italie.

1927

• Prise de contrôle de la Société des Téléphones Ericsson, filiale française du groupe suédois, cédée en 1930.
• Inauguration de la Station d'Essais à Grande Puissance de Delle.

1928

• Création d'Alsthom par la Société Alsacienne de Constructions Mécaniques et la Compagnie Française Thomson-Houston.

1929

• Pierre Azaria devient président de la CGE.

1930

• Restructuration des activités métallurgiques de la CGE avec la création de la Société Électrocuivre (avec la Société Électrométallurgique de Dives), qui devient la Compagnie Générale d'Électro-Métallurgie (CGEM) en 1932.
• Prise de contrôle de la Société des Accumulateurs Fixes et de Traction (SAFT).

1933

• Prise de participation dans la Société Industrielle des Téléphones (SIT).

1937

- Pierre Azaria se retire de la présidence de la CGE, Jacques Jourdain lui succède.

1937-1938

- Acquisition de la société d'accumulateurs Dinin, des sociétés Fulmen et Leclanché : création d'un pôle accumulateurs.

1938

- Absorption de la SIT dont l'activité téléphone devient la branche « Industrielle des Téléphones » de la CGE et création du « Caoutchouc SIT ».

1942

- Premier accord entre la CGE et la Compagnie Générale de télégraphie sans fil (CSF), confirmé en 1944.

1943

- Création de la Compagnie Générale du duralumin et du cuivre ou Cégédur (avec le groupe Alais, Froges et Camargue), qui reprend une partie des activités de la CGEM.

1945

- Prise de participation majoritaire dans la société des Procédés Sauter.

1946

- Loi du 8 avril 1946 sur les nationalisations de l'Électricité et du Gaz : la CGE perd son activité de distribution d'énergie.
- Création de la Compagnie Industrielle des Téléphones (CIT) par la filialisation de l'Industrielle des Téléphones.
- Transformation des agences commerciales de La Haye (Pays Bas) et Casablanca (Maroc) en sociétés anonymes de droit local.

1947

- Création de CGE-Maroc.

1948

- Création de la filiale CEGELEC en Argentine.
- Ouverture d'un bureau de liaison aux États-Unis, à New York.

1950

- Création de la société Cogelex, ancien Bureau d'Études Exportation (BEE), fondé en 1949 au sein de la CGEE.

1952

- Nouvel accord CGE-CSF.

1953

- Mort de Pierre Azaria.
- Absorption par la CGE de la Société des Ateliers de Constructions Électriques de Delle et la Société Savoisienne de Constructions Électriques.
- Création de Cegelerg, filiale commune de la CGE et de la CGEE.
- Fusion de l'Union Houillère Électrique (UHE) et de la CGEM.

1954

- Accord de coopération technique entre Cégédur et la Compagnie française des Métaux et Tréfileries du Havre.
- Fusion du « Caoutchouc SIT » avec la Société de pneumatiques Kléber-Colombes.

1955

- Disparition de Jacques Jourdain, Émile Marterer lui succède à la présidence de la CGE.
- Participation de la CGE à la création de la société d'études nucléaires INDATOM.
- Création par la SAFT d'une filiale aux États-Unis (SAFT Corporation of America).

1956

- Premier accord avec Alsthom au sein de l'association UNELEC.
- La CGE prend la décision d'étendre ses activités à l'électronique et aux « courants faibles » en général.
- La Compagnie Continental Edison s'engage dans la télévision et livre l'année suivante son premier poste Continental Edison, sorti de l'usine de Saint-Ouen.
- Prise de contrôle de la société Sonora-Radio, fusionnée avec la Compagnie Continental Edison en 1958.

1957

- Accords de rationalisation entre la CGE et Alsthom.
- Création du Centre d'Études Industrielles (CEI) pour la formation des cadres.
- Prise de contrôle par la CGE de la Société des Servomécanismes Électroniques (SME) et des Établissements Henry Lepaute.

1958

- Mise en commun des moyens de la CGE (Ateliers de Delle) et de l'Alsthom pour la création d'une station d'essais de très grande puissance qui devient, en 1969, le Centre d'Essais et de Recherche Delle-Alsthom (CERDA).
- Création du Centre d'Automatisme CGE (Cégéa) qui devient par la suite la Compagnie Générale d'Automatisme (CGA).
- Accord de rationalisation avec Philips et création de la Compagnie Générale des Condensateurs.

1959

- Débuts du Centre de recherches de Marcoussis.

1960

- Achèvement de la restructuration de la CGEM, qui devient une société purement financière, la branche « Toiles métalliques » et les « Feutres Weiller » sont apportés à Cégédur.
- Création de la Compagnie Générale d'Électronique.
- La Compagnie Générale d'Électronique Industrielle Lepaute (CGEI-Lepaute) regroupe les sociétés NOR, SME et Henry Lepaute.

1961

- Création de la Compagnie Générale des Composants Électroniques.

1962

- Première retransmission télévisée par satellite au-dessus de l'Atlantique, réalisée grâce à la station de télécommunications spatiales de Pleumeur-Bodou.

1963

- Rapprochement entre la Compagnie Générale d'Automatisme et CGEI Lepaute.
- La Compagnie Industrielle des Téléphones prend le nom de Compagnie Industrielle des Télécommunications Création de CEGELEC Canada Inc.

1964

- Création de trois filiales communes CGE-Alsthom : Alsthom-Savoisienne (transformateurs et condensateurs statiques), Delle-Alsthom (appareillage haute tension), Unelec (appareillage basse tension, transformateurs, moteurs).
- Nouveaux accords entre la CGE et la CSF, avec regroupement des compétences dans les domaines des calculateurs industriels et scientifiques, de l'électronique industrielle et de l'automatisme.
- Création à cet effet de la Compagnie pour l'Informatique et les Techniques Électroniques de Contrôle (CITEC).

1965

- Jean-Marie Louvel devient le nouveau président de la CGE.
- Les activités du groupe CGE sont regroupées en sept grands secteurs industriels, Câbles, Matériels électriques, Accumulateurs, Électronique, Entreprise, Grand Public et Matériaux.
- Création de la Société Lannionaise d'Électronique (SLE), destinée à étudier la commutation électronique.
- Acquisition de la Téléphonie Industrielle et Commerciale (Télic).
- Association de la filiale « Procédés Sauter » avec la société Thermor pour créer la Compagnie Européenne pour l'Équipement ménager (CEPEM).

1966

- Accords CGE-Hispano-Alsacienne.
- Prise de contrôle de la Société Générale d'Entreprises (SGE).
- Création, dans le cadre du Plan Calcul, de la Compagnie Internationale pour l'Informatique (CII) par la CGE, Schneider et CSF.
- Création de la Compagnie Industrielle des Lasers par la CGE et Saint-Gobain.

1967

- Regroupement des activités composants au sein de RTL-La Radiotechnique COMPELEC avec Philips et la Radiotechnique par apport par la CGE des activités composants électroniques fabriqués par la CIT et commercialisés par COMPELEC.

1968

- Transformation du groupe CGE en holding industrielle avec constitution de grandes filiales chefs de secteur et filialisation de toutes les activités restantes.
- Accord CGE et Société de Participation Industrielle (ancienne Hispano-Alsacienne), la CGE prend le contrôle d'Alcatel et de la Câblerie de Clichy.
- Prise de contrôle de la Société Européenne d'Isolateurs de Verre (SEDIVER).
- Création de la Société de Vente de la CGE.

1969

- La CGE devient l'actionnaire majoritaire d'Alsthom, qui assure désormais la gestion de Delle, de la Savoisienne et d'Unelec.
- Accord entre la CGE et Thomson-Brandt, la CGE renonçant aux activités d'électronique professionnelle et de matériels grand public.
- Constitution d'un pôle Câbles autour des Câbles de Lyon, de la Câblerie de Clichy et de Geoffroy-Delore, acquis en 1968.

1970

- Disparition de Jean-Marie Louvel. Ambroise Roux accède à la présidence de la CGE.
- Fusion de la CIT et d'Alcatel.
- Accord de coopération avec Ericsson débouchant sur la création de la SLE-Citerel en 1971.
- Mise en service du premier autocommutateur temporel à Perros-Guirec (Côtes-du-Nord).
- Accord avec General Electric fournissant à la CGE la technique des réacteurs nucléaires à eau bouillante (BWR).
- Premiers pas dans la bureautique avec la prise de contrôle de la Société des machines Havas et de sa filiale la SATAS.
- Fusion des Câbles de Lyon et de Geoffroy-Delore.
- Fusion de CGE-Céramique et de SEDIVER pour constituer CERAVER.

1971

- Création de CGEE-Alsthom par regroupement de la CGEE et des départements d'entreprise électrique de la SGE et d'Alsthom.
- Création de Sogelerg, regroupant les activités d'engineering de la SGE et de l'ancienne CGEE.Création de la Générale de Service Informatique (GSI).
- Prise de contrôle de la Compagnie Industrielle des Piles Électriques (CIPEL).
- Création de la SLE-Citerel, filiale commune d'Ericsson et de la CIT.
- La Société de Vente CGE devient la société commerciale CGE-Alsthom, qui prend en 1974 le nom de Société Commerciale CGE.

1972

- Le turbotrain TGV 001, sorti en 1971, atteint 318 km/h.
- Reprise par Alsthom des activités ferroviaires de la Société Brissonneau et Lotz.
- Accords entre CERAVER et l'Électroporcelaine du groupe.
- Reprise de la société d'engineering Sedim.
- Rachat de la société Solaic (cartes plastiques utilisées dans les appareils automatiques).
- Accord de coopération entre General Electric et Alsthom dans le domaine des turbines à gaz.

1974

- Dénonciation par Thomson des accords passés avec la CGE en 1969.
- Fusion de Fulmen et de la CEAC.

1975

- Le gouvernement fait le choix de la filière nucléaire à eau pressurisée (PWR) préconisée par Creusot-Loire.
- Appel d'offre du gouvernement dans le domaine téléphonique visant à partager le marché français entre la CGE et Thomson.
- Création de Transac, filiale de CIT-ALCATEL regroupant les activités de billets de banques et guichets bancaires automatiques.
- Prise de participation dans la société de péri-informatique civile et militaire Sintra.

1976

- Absorption des Chantiers de l'Atlantique par Alsthom, la CGE devenant actionnaire minoritaire du nouvel ensemble qui prend le nom d'Alsthom-Atlantique. Accord Alsthom-Atlantique et Creusot-Loire restructurant le domaine des turbines à vapeur conventionnelles et nucléaires au profit d'Alsthom.
- Cession à Thomson-CSF de la participation CIT-Alcatel dans la Société Française des Téléphones Ericsson.
- Naissance de CII-Honeywell Bull, la CGE, actionnaire minoritaire, devenant le nouvel opérateur industriel de la société.
- Regroupement autour de la Sogelerg de la Sogreah et de la Sedim.

1977

- Congrès international des télécommunications d'Atlanta qui consacre le succès du système de commutation temporelle E 10.
- Création d'Alsthom-Unelec par fusion d'Alsthom-Savoisienne et d'Unelec.
- Transformation du département CGE-Distribution de la Société Commerciale CGE en société anonyme, CGE-Distribution.

1978

- Lancement par la CGE d'un ambitieux programme de développement dans les énergies nouvelles.

1979

- Retrait de l'informatique avec la cession à Saint-Gobain des intérêts CGE dans CII-Honeywell Bull
- Prise de contrôle par les Câbles de Lyon des Laminoirs, Tréfileries et Câbleries de Lens.
- Regroupement au sein de Télic de l'ensemble des activités de téléphonie privée du groupe.

1980

- La CGE reprend le contrôle d'Alsthom-Atlantique.
- Naissance de l'ensemble Alcatel Électronique. Les filiales du secteur télématique et bureautique adoptent une dénomination commune, en adjoignant à leur nom celui d'Alcatel.
- Poursuite du regroupement des activités d'électronique militaire au sein de Sintra, qui reprend les activités de détection sous-marine et de radiocommunication de CIT-Alcatel.
- Acquisition des activités de bureautique du groupe anglais Vickers.
- Prise de contrôle de Locatel avec la Thomson-CSF.
- Regroupement dans Cipelec des activités piles de SAFT et de Cipel.

1981

- Le TGV bat le record du monde de vitesse sur rail avec plus de 500 km/h.
- Accord CNET/CIT-Alcatel en vue d'industrialiser les diodes laser destinées à l'équipement des systèmes interurbains et sous-marins sur fibres optiques.
- Prise de contrôle par les Câbles de Lyon de la société américaine Chester Cables.
- Acquisition de la division « batteries portables » de la société Gould par la filiale américaine SAFT America Inc.

1982

- Nationalisation de la CGE. Démission d'Ambroise Roux, Jean-Pierre Brunet est nommé président.
- Prise de contrôle de Kabelmetal Electro par les Câbles de Lyon.
- Prise de contrôle de la SESA (société de services et de systèmes informatiques) par Alcatel Électronique.

1983

- Cession de la SGE et de ses filiales à Saint-Gobain.
- Rachat par Alsthom-Atlantique du chantier naval Dubigeon.
- Prise de contrôle par Alsthom-Atlantique de la Compagnie Électro-Mécanique (CEM).
- Accord CGE-Thomson rassemblant, sous le contrôle de la CGE, les activités des groupes Alcatel et Thomson en matière de télécommunication publique, de bureautique et de communication d'entreprise, l'électronique militaire, les composants et les activités grand public passant à Thomson.
- Cession par CIT-Alcatel de la filiale Transac Alcatel au groupe Bull.

1984

- Georges Pebereau devient président de la CGE.
- Regroupement des activités de télécommunications publiques et de communication d'entreprise de Thomson-CSF au sein d'une holding Thomson Télécommunications passant sous le contrôle du groupe CGE.
- Mise en place de l'organisation opérationnelle Alcatel Thomson, avec la création de deux sociétés communes, Alcatel Thomson Développement (commutation) et Alcatel Thomson International (exportation), avec harmonisation des politiques des produits, rationalisation et modernisation de l'outil industriel.
- Rachat, dans le cadre des accords CGE-Thomson, des sociétés Thomson Jeumont Câbles et Kabeltel par les Câbles de Lyon.

1985

- Alsthom-Atlantique prend la dénomination Alsthom.
- La participation d'Alsthom dans Neyrpic passe de 35 à 50 % à la suite du dépôt de bilan de Creusot-Loire.
- Fusion CIT-Alcatel-Thomson Télécommunications, la nouvelle société prenant le nom d'Alcatel.
- La SAFT cède au groupe Bernard Tapie ses activités grand public et acquiert les activités piles industrielles de Wonder.

1986

- Constitution d'Alcatel NV à la suite de l'accord conclu avec ITT Corporation qui cède ses activités télécommunications à la CGE.
- Pierre Suard accède à la présidence du groupe.
- Entrée de CGE dans le capital de Framatome (40 %).
- Reprise par Alsthom des activités d'appareillage électrique à haute et moyenne tension de Sprecher et Schuh, regroupées dans Sprecher Energie.
- Fusion absorption par Télic Alcatel de Thomson CSF Téléphone.
- Prise de contrôle par les Câbles de Lyon de la société des Câbleries de Charleroi et des Tréfileries et Laminoirs de la Méditerranée.
- Les Câbles de Lyon deviennent une filiale d'Alcatel NV.
- Acquisition de Lynch Communication Systems par la filiale Alcatel USA Corp.
- Cession par CERAVER de ses fabrications de céramiques techniques à Rhône-Poulenc.
- Cession du Joint Français à Hutchinson.

1987

- Privatisation de la CGE.
- Acquisition par Alsthom de trois filiales de Jeumont-Schneider dans le domaine ferroviaire.
- Création d'une filiale commune CGEE-Alsthom/société britannique GEC pour la fourniture de systèmes de contrôle et d'instrumentation pour centrales.
- Acquisition par la SAFT de la société britannique ALCAD et de sa filiale américaine.
- Aux États-Unis, réunion dans un pôle unique, Alcatel NV des filiales d'Alcatel, des Câbles de Lyon et d'ITT, et création d'un pôle regroupant toutes les activités de communication d'entreprise.
- Cession de la SESA par Alcatel Electronique.
- Reprise de GSI par ses salariés (RES).
- Prise de participation de 51% dans Trocadero. Participations, ce qui donne à la CGE 41 % de la Générale Occidentale.
- Cession de CERAVER.
- Alsthom participe à l'équipement du réseau TGV Atlantique et prend la tête du consortium d'entreprises françaises, belges et anglaises chargées du réseau nord du TGV.

1988

- Alliance Alsthom/General Electric Company (GB) :
- Réunion des activités d'Alsthom et de la division « Power Systems » de GEC au sein d'une société commune.
- Cession des filiales d'ITT ne correspondant pas aux axes prioritaires de développement du groupe.
- Recentrage de la Générale Occidentale et constitution du nouveau Groupe de la Cité (Presses de la Cité, Larousse et Nathan).
- Acquisition par les Câbles de Lyon de Thomson Cuivre qui devient Alcatel Cuivre.

1989

- Accord CGE-General Electric Company et naissance de GEC-Alsthom.
- Débuts de la mise en œuvre de l'intégration du groupe, la CGE absorbant la Compagnie Financière et Alsthom.
- CGEE-Alsthom prend le nom de Cegelec.

1990

- Accord CGE-Fiat. Alcatel prend le contrôle de Telettra et Fiat devient majoritaire dans la CEAC.
- Acquisition par les Câbles de Lyon de la Société des Câbleries de Dour (Belgique) et des activités câble d'Ericsson aux États-Unis.
- Accord sur la composition du capital de Framatome, la CGE détenant 44,12 %.

1991

- La Compagnie Générale d'Électricité prend une nouvelle dénomination et devient Alcatel Alsthom.
- Rachat de la division systèmes de transmission du groupe américain Rockwell Technologies.
- Alcatel NV devient le premier groupe mondial de télécommunications.
- Les Câbles de Lyon deviennent Alcatel Câble et prennent le contrôle d'AEG Kabel.
- Acquisition par SAFT de la société Nife.

1992

- Alcatel Alsthom devient l'unique actionnaire d'Alcatel NV en rachetant ses parts à ITT.

Les présidents de la Compagnie Générale d'Électricité

Charles Herbault *(1898-1909)*

Edmond Rodier *(1909-1910)*

Paul Doumer *(1910-1927)*

Pierre Azaria *(1927-1937)*

Jacques Jourdain *(1927-1955)*

Émile Marterer *(1955-1965)*

Jean-Marie Louvel *(1965-1970)*

Ambroise Roux *(1970-1982)*

Jean-Pierre Brunet *(1982-1984)*

Georges Pebereau *(1984-1986)*

Pierre Suard *(depuis 1986)*

COURBES

COMPARAISON DE L'ACTION ALCATEL ALSTHOM ET DE L'INDICE SBF

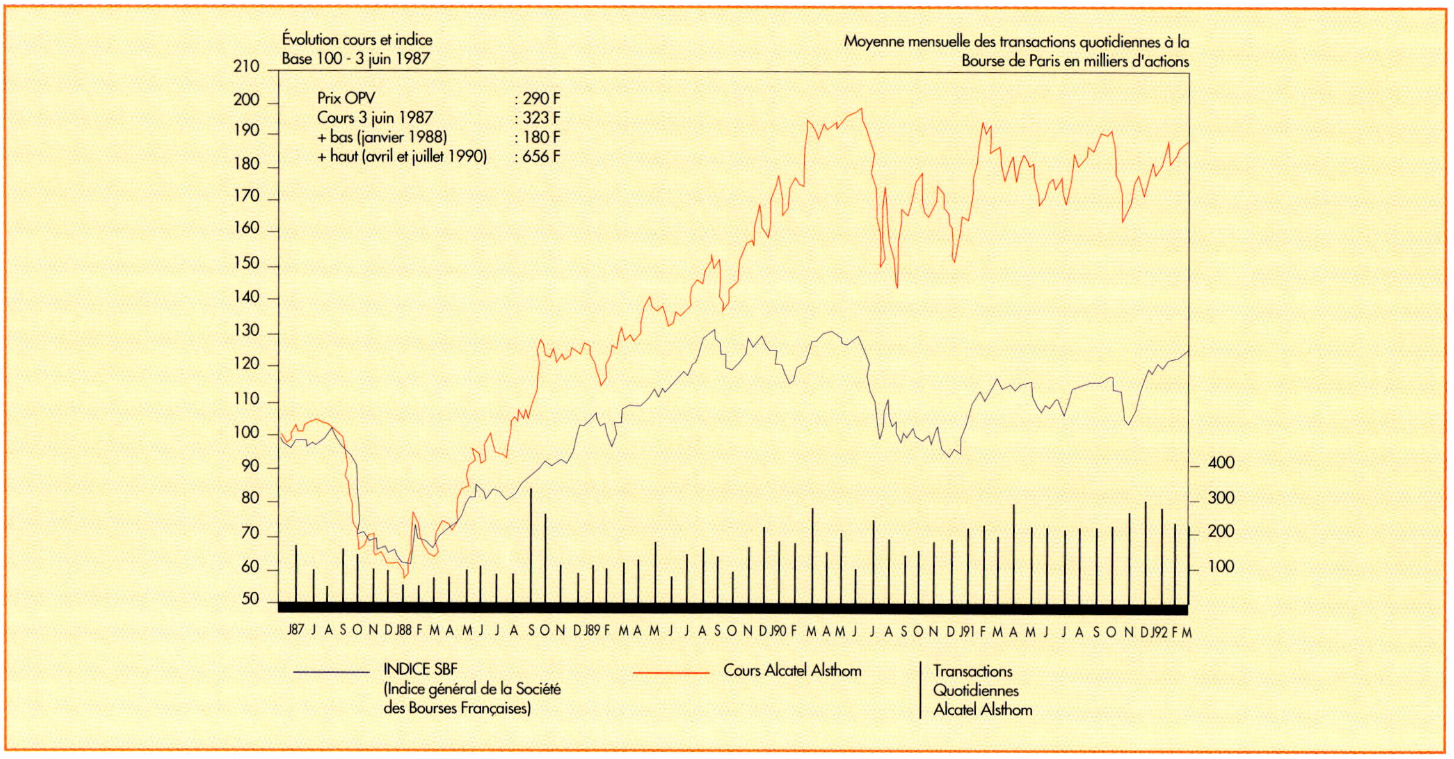

COURBES DES ACTIVITÉS LES PLUS IMPORTANTES

Évolution des ventes

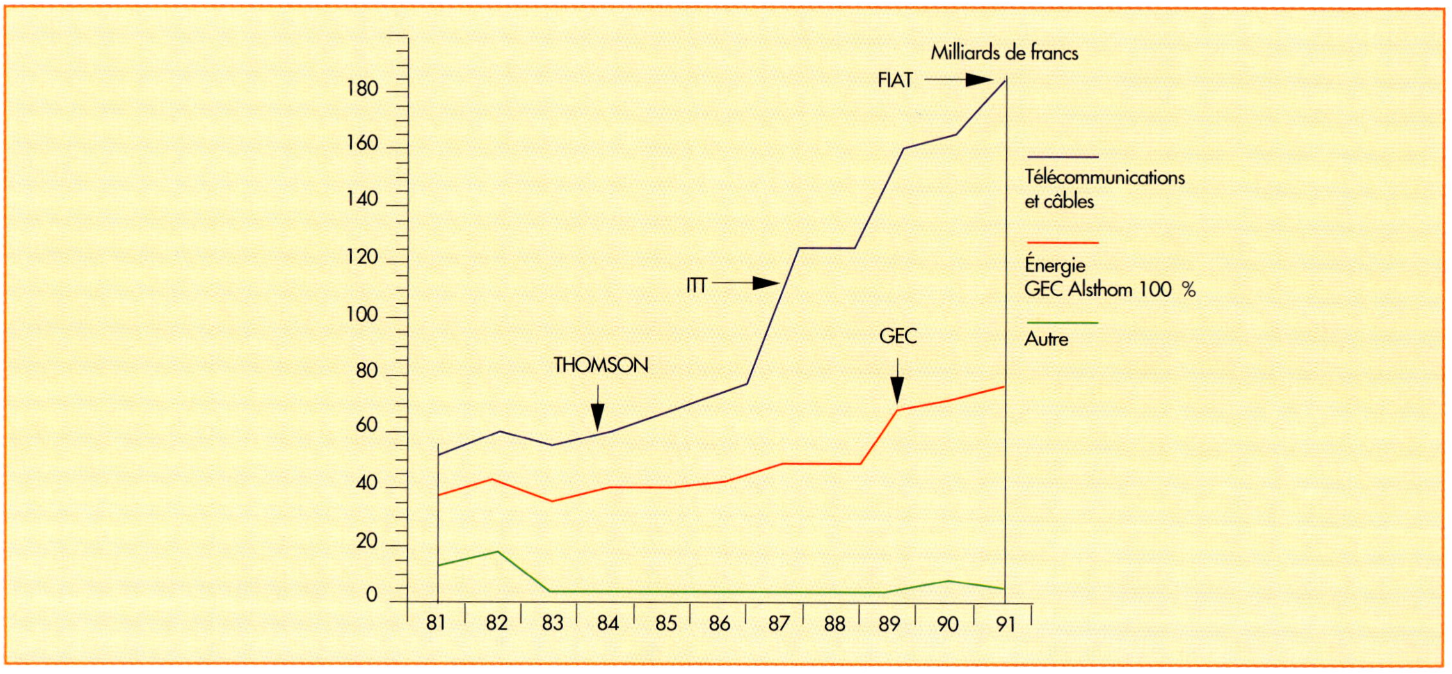

Compagnie Générale d'Électricité

Bénéfices sur Fonds Propres (pourcentages)*

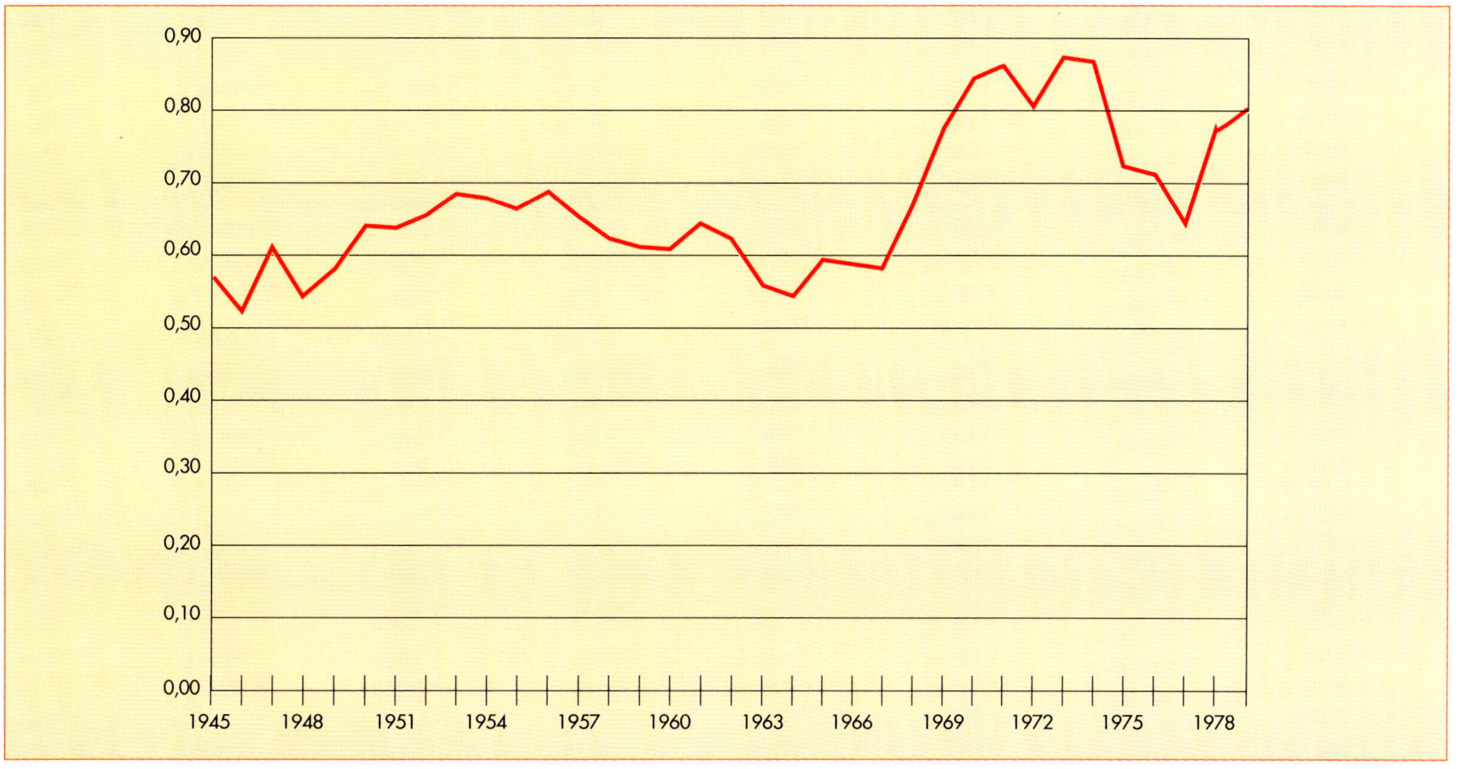

Total Bilan (millions de Francs 1981)*

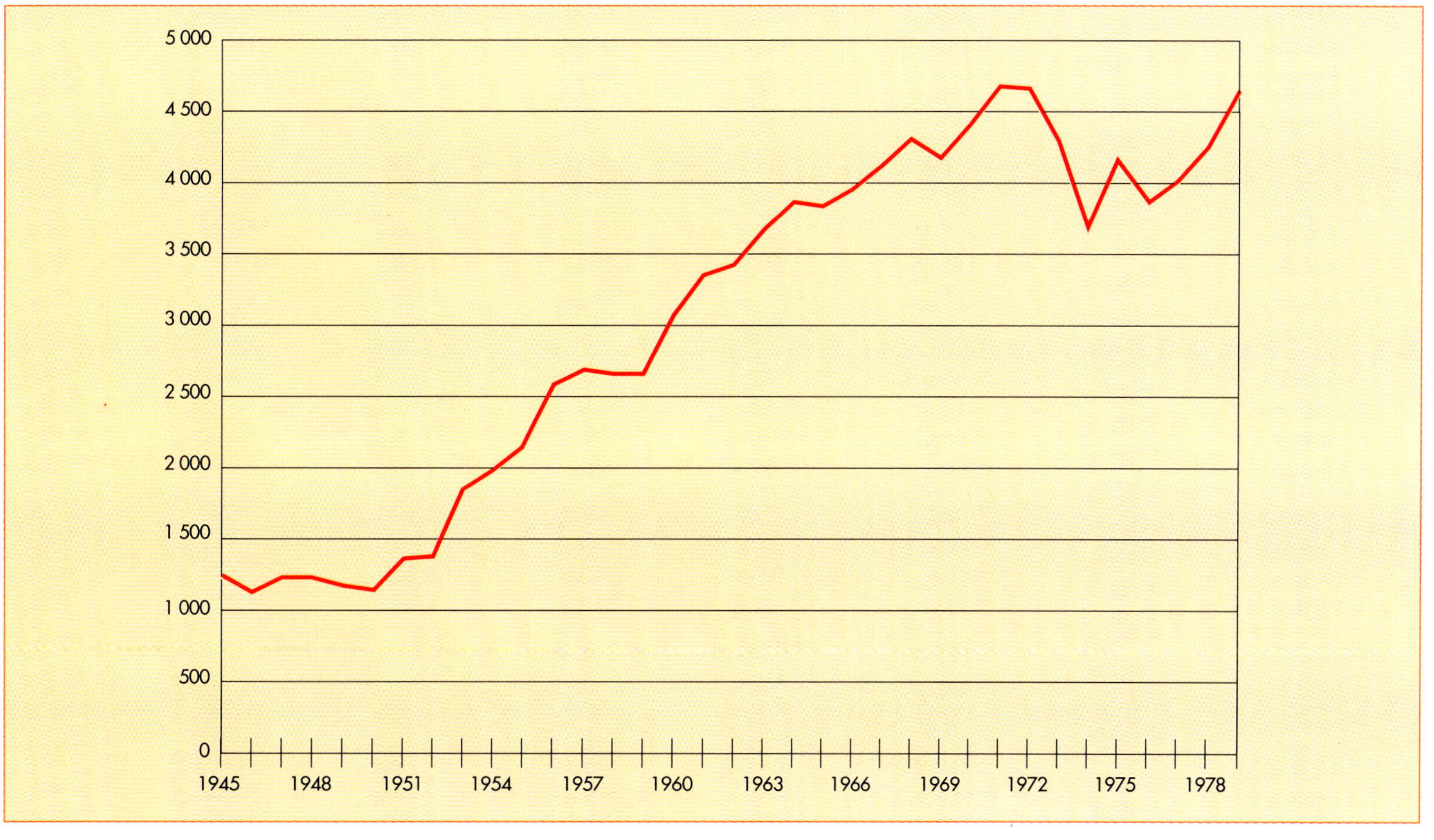

* Source : Annuaire de la cote Desfossés.

ORGANIGRAMME FINANCIER (avril 1992)

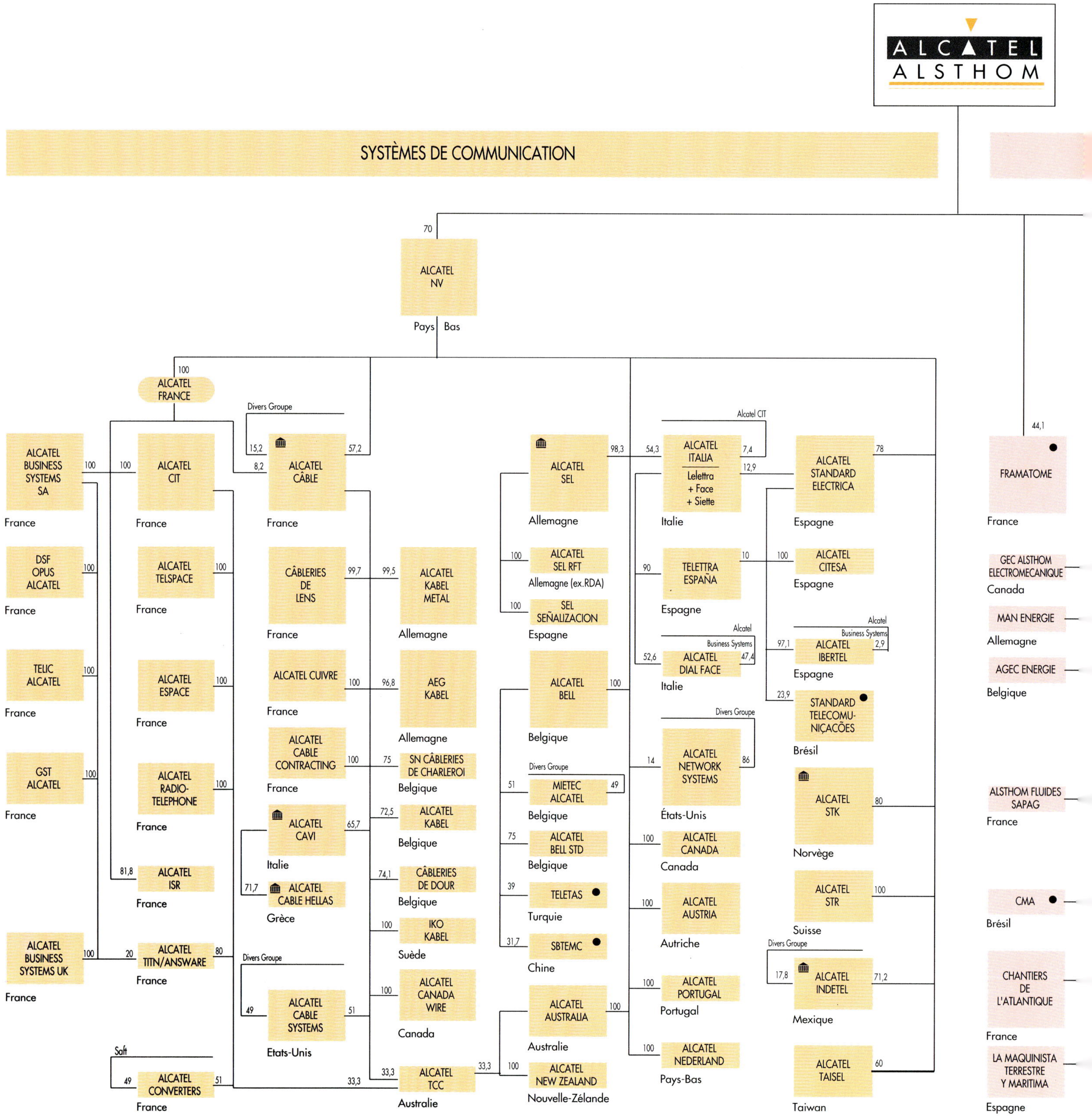

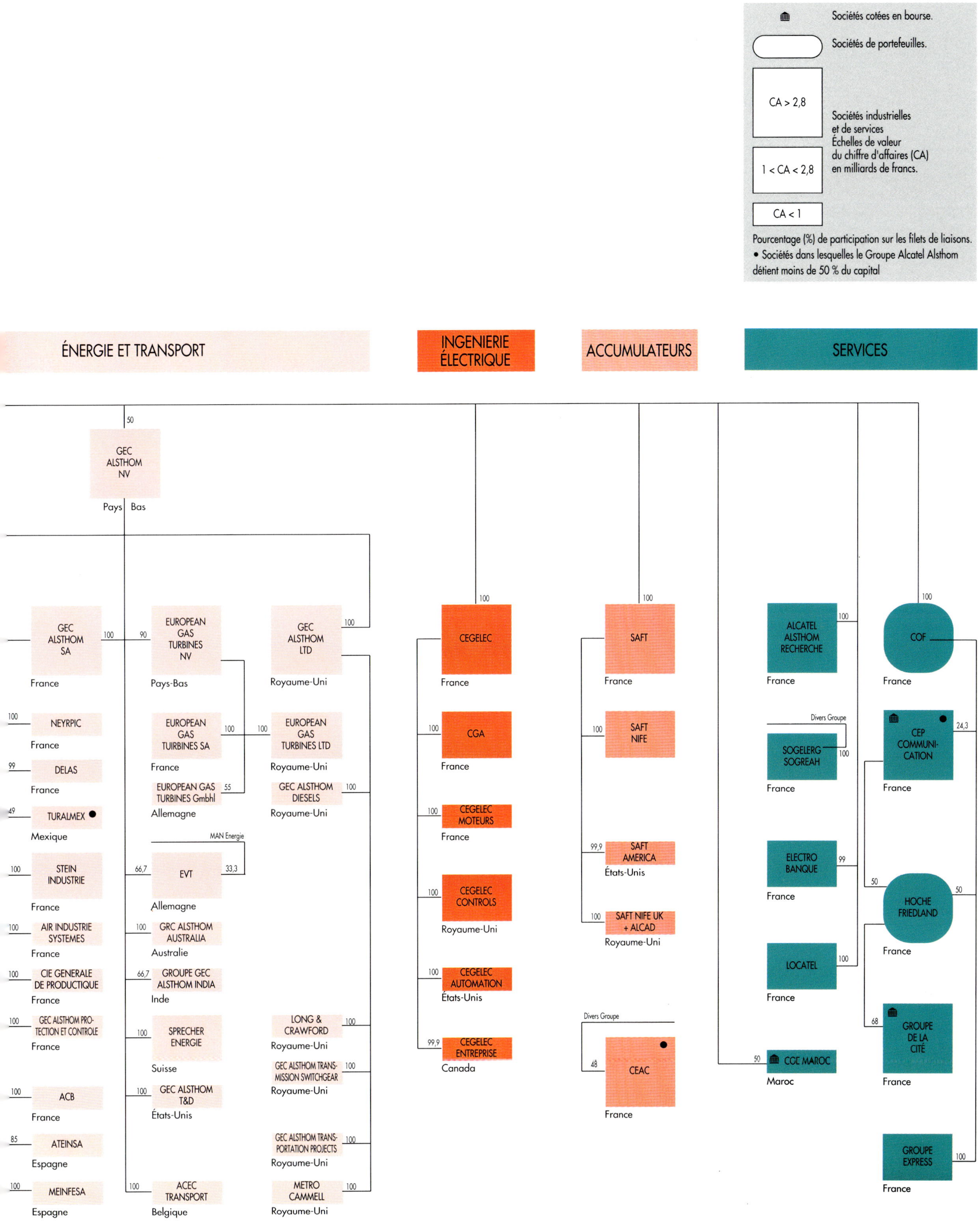
Sociétés cotées en bourse.
Sociétés de portefeuilles.
CA > 2,8
1 < CA < 2,8
CA < 1
Sociétés industrielles et de services Échelles de valeur du chiffre d'affaires (CA) en milliards de francs.
Pourcentage (%) de participation sur les filets de liaisons.
• Sociétés dans lesquelles le Groupe Alcatel Alsthom détient moins de 50 % du capital
ÉNERGIE ET TRANSPORT
INGENIERIE ÉLECTRIQUE
ACCUMULATEURS
SERVICES
50
GEC ALSTHOM NV
Pays Bas
GEC ALSTHOM SA
France
100
90
EUROPEAN GAS TURBINES NV
Pays-Bas
GEC ALSTHOM LTD
Royaume-Uni
100
100
NEYRPIC
France
99
DELAS
France
49
TURALMEX •
Mexique
100
STEIN INDUSTRIE
France
100
AIR INDUSTRIE SYSTEMES
France
100
CIE GENERALE DE PRODUCTIQUE
France
100
GEC ALSTHOM PROTECTION ET CONTROLE
France
100
ACB
France
85
ATEINSA
Espagne
100
MEINFESA
Espagne
EUROPEAN GAS TURBINES SA
France
100
100
EUROPEAN GAS TURBINES LTD
Royaume-Uni
EUROPEAN GAS TURBINES GmbhI
Allemagne
55
GEC ALSTHOM DIESELS
Royaume-Uni
100
MAN Energie
66,7
EVT
33,3
Allemagne
100
GRC ALSTHOM AUSTRALIA
Australie
66,7
GROUPE GEC ALSTHOM INDIA
Inde
100
SPRECHER ENERGIE
Suisse
100
GEC ALSTHOM T&D
États-Unis
100
ACEC TRANSPORT
Belgique
LONG & CRAWFORD
Royaume-Uni
100
GEC ALSTHOM TRANSMISSION SWITCHGEAR
Royaume-Uni
100
GEC ALSTHOM TRANSPORTATION PROJECTS
Royaume-Uni
100
METRO CAMMELL
Royaume-Uni
100
100
CEGELEC
France
100
CGA
France
100
CEGELEC MOTEURS
France
100
CEGELEC CONTROLS
Royaume-Uni
100
CEGELEC AUTOMATION
États-Unis
99,9
CEGELEC ENTREPRISE
Canada
100
SAFT
France
100
SAFT NIFE
99,9
SAFT AMERICA
États-Unis
100
SAFT NIFE UK + ALCAD
Royaume-Uni
Divers Groupe
48
CEAC •
France
ALCATEL ALSTHOM RECHERCHE
100
France
Divers Groupe
SOGELERG SOGREAH
100
France
ELECTRO BANQUE
99
France
LOCATEL
100
France
50
CGE MAROC
Maroc
100
COF
France
CEP COMMUNICATION •
24,3
France
50
HOCHE FRIEDLAND
50
France
68
GROUPE DE LA CITÉ
France
GROUPE EXPRESS
100
France

SOURCES ET BIBLIOGRAPHIE

De façon générale ont été consultées les archives d'Alcatel Alsthom (CGE) et ses filiales : bilans, procès-verbaux des assemblées générales d'actionnaires et des conseils d'administration, rapports et documents internes, dossiers de presse, etc.

De nombreux acteurs de cette histoire ont par ailleurs apporté leur témoignage :
MM. les présidents SUARD, ROUX, BRUNET, PEBEREAU,
et MM. BADRINATH, BISSARA, BOLLACHE, BONAFE, BOULANGER, BOURDIN, BOVIS, BUDIN, CAMUSET, CARPENTIER, de CAUSANS, CLAUDEL, CORNU, COURBON, CRESPEL, DALLERY, DARGENTON , DELATTRE, DESCHAMPS, DILLARD, DUBART, DUFOUR, DUHAMEL, DUREAU, GAUCHAT, GLASSER, GOGUEL, GOSSOT, GREGOIRE †, HANCY, HONO, de LAAGE DE MEUX, LARGUIER, LE SAGET, LEGRAND, LIBOIS, MARCILHACY, LEMARQ, MARTY, MERLIN, MONTAGNIER, MURANO, PELLETIER, PINET, de PLACE, POUILLEVET, RICHARD, RICHER, RONZE, RUELLE, SCHULZ, SILVERE, TALLEGAS, TRUELLE, VAINGNEDROYE, VANDAMME, VERHOLLE, VIANEY, VIARD, WETTSTEIN, WILLIEME.

Bibliographie sélective

1 - avant 1945

- A.E.G., *25 Jahre A.E.G.*, Berlin, 1926 ; *50 Jahre A.E.G.*, Berlin 1956.
- Alain Beltran, *La Fée électricité*, Paris, Gallimard, collection « Découvertes Sciences et Techniques », 1991.
- Alain Beltran, Patrice A. Carré, *La Fée et la servante*, Paris, Belin, 1991.
- Alain Beltran, Pascal Griset, *Histoire des techniques aux XIXe et XXe siècles*, Paris, Armand Colin, 1990.
- Catherine Bertho, *Télégraphes et Téléphones. De Valmy au microprocesseur*, Paris, Le Livre de Poche, 1981 ; *Histoire des télécommunications en France*, Éditions Érès, Toulouse, 1984.
- Albert Broder, « La multinationalisation de l'industrie électrique française, 1880-1931. Causes et pratiques d'une dépendance », *Annales ESC*, 39e année, n° 5, septembre 1984 ; « L'expansion internationale de l'industrie allemande dans le dernier tiers du XIXe siècle : le cas de l'industrie électrique : 1880-1913 », *Relations internationales*, n° 29, printemps 1982 ; « Électricité et relations internationales dans l'entre-deux-guerres », *Relations internationales*, n° 41, automne 1985 ; « Le commerce des matériels électrotechniques, Comparaison France-Allemagne, 1880-1938 », *Revue du Nord*, tome LXVII, n° 265, avril 1985.
- *Des entreprises pour produire de l'électricité. Le génie civil, la construction électrique, les installateurs*, Actes du cinquième colloque de l'Association pour l'histoire de l'électricité en France réunis et édités par Fabienne Cardot, Paris, Association pour l'histoire de l'électricité en France, 1988.
- Pascal Griset, *Les Révolutions de la communication, XIXe-XXe siècle*, Paris, Hachette, coll. "Carré Histoire", 1992.
- *Histoire de l'électricité en France*, tome Premier 1881-1918, sous la direction de François Caron et Fabienne Cardot, Paris, Fayard, 1991.
- *Historique de la Thomson, 1893-1977*, Paris, hors commerce, 1979.
- T. P. Hugues, *Networks of Power, Electrification in Western Society, 1880-1930*, Baltimore, 1983.
- J. Kocka, *Unternehmensverwaltung und Angestelltenschaft am Beispiel Siemens, 1847-1914*, Stuttgart, 1969 ; « Siemens und der aufhaltsame Aufstieg der AEG », *Tradition*, XVII, 1972.
- Pierre Lanthier, *Les constructions électriques en France, 1880-1914*, thèse, université de Paris X-Nanterre.
- René Lecat, *L'Industrie de la construction électrique en France*, thèse d'État, Aix-en-Provence, 1933.
- Louis-Joseph Libois, *Genèse et croissance des télécommunications*, Masson, Paris, 1983.
- Louis Mario, « L'industrie électrique », *Revue des deux mondes*, n° 6, 1931.
- I. Passer, *The Electrical Manufacturers, 1875-1900*, Cambridge, Massachusetts, 1953.
- Jules Rapp, *Histoire d'une entreprise d'électricité : la Compagnie générale d'électricité*, thèse de 3e cycle, université de Paris X-Nanterre, 1985 ; « Aux origines de la Compagnie générale d'électricité », *Bulletin d'histoire de l'électricité*, n° 6, décembre 1985.
- Gérard Robin, *Les Télécommunications*, Paris, Presses universitaires de France, 1985, coll. « Que sais-je ? ».
- *Un siècle d'électricité dans le monde, 1880-1980*, Actes du premier colloque international d'histoire de l'électricité, réunis et édités par Fabienne Cardot, Paris, Presses universitaires de France, 1987.
- Georg Siemens, *Geschichte des Hauses Siemens*, Munich, 2e édition, 1961, 3 vol. (1re édition 1947-1952).

2 - après 1945

- Claire Andrieu, Lucette Le Van, Antoine Prost (dir.), *Les nationalisations de la Libération : de l'utopie au compromis*, Paris, Presses de la Fondation nationale des sciences politiques, 1987.
- Rand V. Araskog, *The ITT Wars*, Henry Holt and Company, New York, 1988.
- Michel Bauer, Bénédicte Bertin-Mourot, *Les 200. Comment devient-on un grand patron ?*, Paris, Éditions du Seuil, coll. « L'Épreuve des faits », 1987.
- Alain Boublil, *le Soulèvement du sérail*, Paris, Albin Michel, 1990.
- *Le Centre national d'études des télécommunications, 1944-1974. Genèse et croissance d'un centre public de recherche*, CRCT, 1990.
- Sébastien Clerc, « La religion de la taille critique. Le groupe Thomson de 1944 à 1974 », *Revue française de gestion*, n° 70, septembre-octobre 1988.
- Élie Cohen, *Le Colbertisme « high-tech ». Économie des Télécom et du Grand Projet*, Paris, Hachette, coll. « Pluriel », 1992.
- Élie Cohen, Michel Bauer, *les Grandes Manœuvres industrielles*, Paris, Pierre Belfond, coll. « Documents », 1992.
- *Colloque sur l'histoire de l'informatique en France*, Grenoble, 3-5 mai 1988, Actes édités par Philippe Chatelin, Grenoble, 1988 ; *Deuxième Colloque sur l'histoire de l'informatique en France*, Paris, Conservatoire national des arts et métiers, Actes édités par Philippe Chatelin et Pierre-Éric Mounier-Kuhn, Paris, 1990.
- Compagnie générale d'électricité, *L'Épopée électrique*, ouvrage édité à l'occasion du 75e anniversaire de la CGE, Paris, Édition régidée, 1973.
- Maurice Daumas (dir.), *Les Techniques de la civilisation indusrielle*, Paris, PUF, 1979.
- Michel Durupty, *Les Privatisations en France*, Notes et Études documentaires, La Documentation française, Paris, 1988.
- Jules Guéron, *L'Énergie nucléaire*, Paris, PUF, 1982, coll. « Que sais-je ? ».
- Abdelilah Hamdouch, *L'état d'influence. Nationalisations et privatisations en France*, Paris, Presses du CNRS, 1989.
- Lucien Karpik, « Une révolution industrielle sans la France? », *le Débat*, n° 40, mai-septembre 1986.
- Colette Lewiner, *Les Centrales nucléaires*, Paris, PUF, 1991, coll. « Que sais-je ? ».
- Andrée Michel et Frans Longin, *Siemens : trajectoire d'une entreprise mondiale*, coll. « Histoire d'Entreprise », Paris, Institute, 1990.
- Jean-François Picard, Alain Beltran, Martine Bungener, *Histoires de l'EDF. Comment se sont prises les décisions de 1946 à nos jours*, Paris, Bordas, 1985.
- Public Histoire, *Une histoire pour l'avenir. Merlin Gerin, 1920-1992*, Public Histoire Albin Michel, Paris, 1992.
- Jean-Michel Quatrepoint et Jacques Jublin, *French ordinateurs. De l'affaire Bull à l'assassinat du Plan Calcul*, Paris, Éditions Alain Moreau, 1976.
- Joël de Rosnay, *Les Rendez-vous du futur*, Paris, Fayard, 1991.
- Anthony Sampson, *The Sovereign State. The Secret History of ITT*, Holder and Soughton, Londres 1973, trad. française, ITT, *L'État souverain*, Paris, Éditions Alain Moreau.
- Théma (encyclopédie), vol. I. « Sciences et Techniques », Paris, Larousse, 1990.
- Trinh Xuan Than, *La Mélodie secrète... et l'Homme créa l'Univers*, Paris, Fayard, 1988.

Crédits photographiques

Chapitre 1

p.10-11 : Explorer (fond de page) ; p.10 : Roger-Viollet ; p.11 : Roger-Viollet (A, B, C) ; p.12-13 : Explorer (fond de page) ; p.12 : Roger-Viollet ; p.13 : Roger-Viollet (A, B), Larousse (C) ; p14-15 : Larousse (fond de page) ; p.16 : ouvrage : *l'Éclairage électrique* ; p.17 : Sygma (A), Alcatel Alsthom (B) ; p.18 : ouvrage : *l'Éclairage électrique* ; p.19 : Edimédia (A), Sygma (B) ; p.20 : Explorer ; p.21 : : Edimédia (A), Siemens (B) ; p.22 : Explorer ; p.23 : Explorer ; p.24 : Jean-Loup Charmet (A), Explorer (B) ; p.25 : Explorer (A), *l'Équipe* (B) ; p.26 : Larousse ; p.28 : ouvrage : *l'Éclairage électrique* (A), Explorer (B) ; p.29 : Jean-Loup Charmet ; p.30 : Explorer ; p.31 : Explorer (A), CEA (B) ; p.32 : Roger-Viollet ; p.33 : Explorer (A, B) ; p.34 : Jean-Loup Charmet (A, B, C, D, E, F) ; p.35 : Roger-Viollet (A), Jean-Loup Charmet (B) ; p.36 : Alcatel Alsthom ; p.37 : Roger-Viollet ; p.38 : Alcatel Alsthom ; p.39 : Jean-Loup Charmet ; p.40 : Alcatel Alsthom ; p.41 : Alcatel Alsthom ; p.43 : Larousse ; p.44 : Larousse ; p.45 : Alcatel Alsthom ; p.46 : Alcatel Alsthom ; p.47 : Alcatel Alsthom (A, B) ; p.48 : Alcatel Alsthom ; p.49 : Alcatel Alsthom ; p.50 : Alcatel Alsthom (A), Roger-Viollet (B) ; p.51 : Alcatel Alsthom (A, B) ; p.52 : Alcatel Alsthom (A), Roger-Viollet (B), Alcatel Alsthom (C) ; p.53 : Alcatel Alsthom ; p.54 : Alcatel Alsthom (A, B, C) ; p.55 : Alcatel Alsthom ; p.56 : CEAC ; p.57 : CEAC ; p.58 : Alcatel Alsthom ; p.59 : Alcatel Alsthom ; p.60 : Larousse ; p.61 : Sygma (A), Larousse (B).

Chapitre 2

p.62-63 : Giraudon ; p. 64-65 : Explorer (Jean-Loup Charmet) ; p.66 : Explorer ; p.67 : Alcatel Alsthom ; p.68 : Alcatel Alsthom ; p.69 : Alcatel Alsthom ; p.70 : Alcatel Alsthom ; p.71 : Explorer (Jean-Loup Charmet) (A), Alcatel Alsthom (B) ; p.72 : Edimédia ; p.74 : Larousse ; p.76-77 : Alcatel Câbles ; p.78 : Roger-Viollet ; p.79 : Cegelec ; p.80 : Alcatel Alsthom (A,B) ; p.81 : Roger-Viollet ; p.82 : Edimédia (A), Roger-Viollet (B) ; p.83 : Edimédia (A), Larousse (B,C) ; p.84 : Roger-Viollet ; p.85 : CEAC ; p.86 : Alcatel Alsthom ; p.87 : Roger-Viollet ; p.88 : Explorer ; p.89 : Alcatel Alsthom ; p.90 : Alcatel Alsthom.

Chapitre 3

p.92-93 : Giraudon ; p.94 : Alcatel Câble ; p.95 : Larousse (A), Alcatel Alsthom (B) ; p.96 : Explorer ; p.99 : Sygma (*l'Illustration*) ; p.100 : Cegelec ; p.101 : Larousse (A), Alcatel Câble (B) ; p.102 : Jean-Louis Charmet ; p.103 : Explorer (A), Roger-Viollet (B) ; p.104 : Sygma (*l'Illustration*) ; p.106 : Jean-Loup Charmet ; p.107 : Cegelec (A,B) ; p.108 (Cegelec) ; p.109 : Cegelec (A), Sygma (*l'Illustration*) (B) ; p.110 : Larousse (A, B) ; p.111 : Musée des Arts décoratifs (Larousse) ; p.113 : Cegelec (A, B, C, D) ; p.114 : Explorer ; p.116 : Presse Sports (*l'Équipe*) ; p.117 : Larousse (A), Sygma (B) ; p.118-119 : Alcatel Alsthom ; p.120-121 : Alcatel Alsthom ; p.122 : Alcatel Câble ; p.123 : Roger-Viollet ; p.124 : Alcatel Câble (A, B) ; p.125 : Alcatel Alsthom ; p.126 : Roger-Viollet ; p.127 : Alcatel Alsthom ; p.128-129 : SAFT ; p.130 : SAFT (A), Ceac (B) ; p.131 : Explorer ; p.132 : Explorer ; p.133 : GEC Alsthom ; p.134 : Gec Alsthom ; p.135 : Explorer (A), Gec Alsthom (B) ; p.136 : Larousse ; p.137 : Larousse (A), Explorer (B), Presse Sports (*l'Équipe*) (C) ; p.138 : Alcatel Alsthom ; p.139 : Presse Sports (*l'Équipe*) (A), Alcatel Alsthom (B) ; p.140 : Alcatel Alsthom ; p.141 : Alcatel Câble ; p.142 : Sygma (*l'Illustration*) ; p.143 : Alcatel Alsthom.

Chapitre 4

p. 144-145 : Larousse ; p.144 : Larousse ; p.145 : Roger-Viollet (A), Explorer (B) ; p.146-147 : Explorer ; p.146 : Explorer (Jean-Loup Charmet) ; p.147 : Explorer (A,B,C) ; p.148-149 : Larousse ; p.151 : Roger-Viollet ; p.153 : Sygma ; p.155 : Larousse ; p.156 : Roger-Viollet ; p.158 : Jean-Loup Charmet ; p.160 : Explorer ; p.161 : Larousse (A,B), Jean-Loup Charmet (C) ; p.163 : Explorer ; p.164 : Gec Alsthom ; p.165 : Cegelec (A,B) ; p.166 : Edimédia (Musée d'Art moderne) ; p.167 : Larousse (A, B, E) ; Roger-Viollet (C), Explorer (Jean-Loup Charmet) (D) ; p.168 : Roger-Viollet ; p.169 : Ceac (A,B) ; p.170 : Ceac (A, B, C, D, E) ; p.171 : Larousse ; p.172 : Alcatel Alsthom ; p.173 : Alcatel Alsthom ; p.174 : Alcatel CIT (A), Alcatel Câble (B) ; p.175 : Alcatel CIT (A,B) ; p.176 : Edimédia (A), Collection historique des Télécommunications (CNET) (B) ; p.177 : Collection historique des Télécommunications (A, B, C, D, E, F, G) (CNET) ; p.179 : Jean-Loup Charmet.

Chapitre 5

p.182-183 : Larousse (fond de page) ; p.184 : Larousse ; p.186 : Larousse (A), Explorer (B) ; p.187 : Explorer (A, B), Larousse (C) ; p.188 : Alcatel Alsthom ; p.189 : Alcatel Câble ; p.190 : Alcatel Alsthom ; p.191 : Explorer ; p.192 : Explorer ; p.194 : Grégoire ; p.195 : Larousse ; p.197 : Alcatel CIT ; p.198 : Explorer ; p.199 : Alcatel Câble (A, B) ; p.200 : Jean-Loup Charmet ; p.201 : Jean-Loup Charmet (A), Explorer (B) ; p.202 : Roger-Viollet ; p.203 : Roger-Viollet ; p.205 : Explorer ; p.206 : GEC Alsthom ; p.208 : Jean-Loup Charmet ; p.210 : Alcatel Câble (A, B) ; p.211 : Rapho ; p.212 : Alcatel Câble ; p.213 : Alcatel Alsthom ; p.214 : Alcatel Alsthom.

Chapitre 6

p.216-217 : Explorer ; p.218 : Alcatel Alsthom ; p.219 : Edimédia ; p.221 : Keystone ; p.223 : Alcatel Alsthom ; p.224 : Alcatel Alsthom ; p.226 : Gec Alsthom ; p.227 : Gec Alsthom ; p.228 : Alcatel Câble ; p.229 : Alcatel Câble ; p.230 : Alcatel Câble ; p.231 : Alcatel Câble (A), SAFT (B) ; p.232 : SAFT (A, B) ; p.233 : Ceac (A), SAFT (B) ; p.235 : J.-A. Grégoire ; p.236 : Magnum (Henri Cartier-Bresson) ; p.237 : Alcatel Câble ; p.238 : Gec Alsthom ; p.239 : Gec Alsthom ; p.240 : Gec Alsthom ; p.241 : Alcatel Câble ; p.242 : Magnum (Henri Cartier-Bresson) ; p.243 : Alcatel Alsthom ; p.244 : Alcatel CIT (A, B) ; p.245 : Alcatel Câble ; p.246 :D.R. ; p.247 : Alcatel Alsthom ; p.248 : Alcatel CIT ; p.249 : Alcatel CIT ; p.250 : Alcatel Alsthom ; p.251 : Alcatel Alsthom ; p.252 : Larousse ; p.253 : Alcatel Alsthom ; p.254 : Alcatel Alsthom (A, B) ; p.255 : Alcatel Alsthom ; p.256 : Magnum (Henri Cartier-Bresson) ; p. 257 : Alcatel Alsthom ; p.258 : Alcatel Alsthom (A, B) ; p.259 : Alcatel Alsthom ; p.260-261 : Cegelec ; p.262 : Edimédia ; p.263 : SAFT ; p.264 : Alcatel Alsthom ; p.265 : Alcatel Alsthom ; p.266 : Alcatel Alsthom (A,B) ; p.267 : Alcatel Alsthom Recherche (A, B) ; p.268 : Alcatel Alsthom Recherche ; p.269 : Alcatel Alsthom Recherche (A, B, C) ; p.270 : CNET-Lannion (A,B) ; p.271 : Alcatel Alsthom (A), CNET-Lannion (B,C) ;

Chapitre 7

p.272-273 : Larousse (fond de page) ; p.272 : Explorer ; p.273 : Magnum (A, B), Keystone/Sygma (C) ; p.274-275 : Explorer (fond de page) ; p.274 : Magnum ; p.275 : Explorer (A, B), Magnum (C). p.276-277 : Alcatel Alsthom ; p.279 : Larousse ; p.280 : Magnum ; p.282 : GEC Alsthom ; p.283 : GEC Alsthom (A, B, C) ; p.284 : Cegelec ; p.285 : Alcatel Alsthom ; p.286 : Alcatel Alsthom (A), GEC Alsthom (B) ; p.287 : Alcatel Alsthom ; p.288 : Alcatel Alsthom ; p.289 : Alcatel Alsthom ; p.290 : Centre historique des Télécommunications ; p.291 : Alcatel Alsthom (A, B) ; p.292 : Alcatel (Télic) ; p.293 : Magnum ; p.294 : Alcatel (Télic) (A, B) ; p.295 : Alcatel (Télic) (A, B) ; p.296 : Alcatel CIT (A), Alcatel Alsthom (B) ; p.297 : Larousse (A), Alcatel Alsthom (B) ; p.298 : Alcatel Alsthom ; p.299 : Alcatel Alsthom (A), Alcatel CIT (B) ; p.300 : Alcatel Alsthom (A, B) ; p.301 : Alcatel Alsthom ; p.302 : Nasa (Larousse) ; p.303 : SGE ; p.304 : SGE (A, B) ; p.305 : EDF ; p.306 : Thomson ; p.307 : GEC Alsthom (A, B) ; p.308 : Alcatel Alsthom (A, B) ; p.309 : Alcatel Alsthom ; p.310 : Rapho ; p.311 : Alcatel Alsthom ; p.312 : Alcatel Alsthom (A, B) ; p.313 : Alcatel Alsthom (A, B) ; p.314 : Alcatel Alsthom (A, B, C) ; p.315 : Alcatel Alsthom (A, B, C) ; p.316 : Explorer ; p.317 : Explorer (A, B), Alcatel Alsthom (C) ; p.318 : Alcatel Alsthom ; p.319 : Magnum ; p.320 : Alcatel Alsthom ; p.321 : Alcatel Alsthom ;

Chapitre 8

p.322-323 : Alcatel CIT ; p.324 : Sygma ; p.325 : Alcatel Alsthom ; p.326 : Alcatel Alsthom (A,B) ; p.327 : Alcatel Alsthom ; p.328 : Alcatel Alsthom (A,B,C) ; p.329 : Alcatel Alsthom (A,B,C) ; p.330 : Cegelec ; p.331 : GEC Alsthom (A,B) ; p.332 : Rapho ; p.333 : GEC Alsthom ; p.334 : GEC Alsthom (A,B) ; p.335 : GEC Alsthom (A,B) ; p.336 : GEC Alsthom (A), Explorer (B) ; p.337 : Gamma (A), Matra-Transports (B) ; p.338 : Alcatel Câble ; p.339 : Alcatel Alsthom ; p.340 : Alcatel Câble ; p.341 : Alcatel Câble ; p.342 : Explorer ; p.343 : Explorer (A), Sygma (B) ; p.345 : GEC Alsthom ; p.346 : Explorer (A), GEC Alsthom (B) ; p.347 : GEC Alsthom (A), Explorer (B) ; Explorer (C) ; p.348 : EDF ; p.350 : GEC Alsthom ; p.351 : GEC Alsthom (A,B) ; p.353 : Alcatel CIT ; p.355 : CNET-Lannion (A) ; CNET (B) ; p.356 : CNET-Lannion ; p.357 : CNET-Lannion ; p.358 : CNET-Lannion ; p.360 : Centre historique Bull ; p.363 : Centre historique Bull ; p.365 : Explorer ; p.366 : Alcatel CIT ; p.367 : Alcatel CIT ; p.368 : Alcatel-CIT ; p.369 : Explorer (A, B, C) ; p.371 : J.A. Grégoire ; p.373 : J.A. Grégoire (A), Alcatel Alsthom Recherche (B) ; p.375 : Explorer ; p.376 : Explorer ; p.377 : Explorer (A, B) ; p.378 : Alcatel CIT ; p.379 : GEC Alsthom ; p.380 : Larousse ; p.381 : Cegelec ; p.382 : Cegelec ; p.383 : Alcatel Alsthom (A,B).

Chapitre 9

p.384-385 : GEC Alsthom ; p.387 : Alcatel Alsthom ; p.388 : GEC Alsthom (A,B) ; p.389 : Alcatel ; p.390 : Ceac (A), Sygma (A) ; p.391 : Explorer ; p.393 : Larousse ; p.394 : Alcatel ; p.395 : Alcatel ; p.396 : Alcatel (Télic), p.397 : GEC Alsthom (A,B) ; p.398 : GEC Alsthom (A,B) ; p.399 : GEC Alsthom (A,B) ; p.400 : GEC Alsthom ; p.401 : GEC Alsthom ; p.402 : GEC Alsthom (A,B, C) ; p.403 : GEC Alsthom ; p.404 : GEC Alsthom (A,B) ; p.405 : Rapho ; p.406 : GEC Alsthom (A,B) ; p. 407 : Explorer ; p. 408 : EDF ; p.409 : Alcatel Câble (A), SAFT (B), Explorer (C) ; p.410 : Explorer (A), Alcatel Alsthom Recherche (B) ; p.411 : Alcatel Alsthom Recherche (A), Alcatel Câble (B) ; p.412 : Alcatel Câble ; p.413 : Alcatel Câble ; p.414 : Alcatel Câble ; p.415 : Ceac (A,B) ; p.416 : Cegelec ; p.417 : Alcatel ; p.419 : Explorer ; p.420 : Alcatel ; p.421 : Alcatel Alsthom ; p.423 : Alcatel Alsthom ; p.424 : Alcatel Alsthom ; p.426 : Alcatel ; p.427 : Alcatel Alsthom ; p.428 : Alcatel ; p.429 : Explorer (A), Alcatel (B) ; p.430 : Explorer ; p.431 : Alcatel ; p.433 : Alcatel (A), Magnum (B) ; p.434 : Alcatel ; p.435 : Alcatel ; p.436 : Alcatel (A), CNET (B) ; p.437 : CNET (A,B,C) ; p.438 : Alcatel ; p.439 : Alcatel ; p.440 : Alcatel ; p.441 : Alcatel ; p.442 : Alcatel Câble ; p.443 : Alcatel Câble (A, B) ; p.445 : Ceac ; p.446 : Alcatel ; p. 447 : Explorer ; p.448 : Alcatel (A), GEC Alsthom (B) ; p.449 : GEC Alsthom (A, B) ; p.450 : GEC ; p.451 : GEC (A,B) ; p.452 : GEC Alsthom ; p.453 : GEC Alsthom ; p.454 : GEC Alsthom (A) ; p.455 : GEC Alsthom (A, B, C) ; p.457 : Explorer ; p.458 : Explorer ; p.459 : Explorer ; p.460 : Alcatel Alsthom ; p.461 : Explorer (A,B) ; p.463 : Sygma - Patrick Forestier ; p.465 : Alcatel Alsthom.

Imprimé par CLERC S.A. ST-AMAND.
Reliures BRUN - MALESHERBES.
Dépôt légal octobre 1992 - N° de série éditeur 17169,
imprimé en France *(Printed in France)* - 523230 - septembre 1992.